Regard sur le
Canada
deuxième édition

AUTEUR PRINCIPAL

Garfield Newman

AUTEURS

Bob Aitken

Diane Eaton

Dick Holland

John Montgomery

Sonia Riddoch

Avec la collaboration de

Michael Begley

Consultant à l'édition française

Traduit de l'anglais par

Marie-Claude Désorcy et René Lapalme

CHENELIÈRE ÉDUCATION

Regard sur le Canada, deuxième édition

Traduction de : *Canada : A Nation Unfolding*, de Garfield Newman *et al.*
© 2000, McGraw-Hill Ryerson Limited (ISBN 0-07-560903-7).

Coordination : Christine Sheitoyan
Révision linguistique : Hélène Léveillée
Correction d'épreuves : Hélène Léveillée et Anne-Marie Théorêt
Recherche et rédaction de l'adaptation française : Dominique Lapointe
Recherche iconographique de l'adaptation française : Claudine Bourgès
Coordination de l'infographie : Pauline Lafontaine
Infographie : Annie Lafontaine

Conception graphique : Dave Murphy/ArtPlus Limited
Maquette de la couverture : Dave Murphy/ArtPlus Limited

CHENELIÈRE
ÉDUCATION

5800, rue Saint-Denis, bureau 900
Montréal (Québec) H2S 3L5 Canada
Téléphone : 514 273-1066
Télécopieur : 514 276-0324 ou 1 800 814-0324
info@cheneliere.ca

ISBN 2-89461-405-5

Dépôt légal : 1er trimestre 2001
Bibliothèque nationale du Québec
Bibliothèque nationale du Canada

Imprimé et relié au Canada

8 9 10 11 12 ITIB 24 23 22 21 20

Dans ce livre, le masculin a été utilisé dans le but d'alléger le texte. La lectrice et le lecteur verront à interpréter selon le contexte.

L'Éditeur a fait tout ce qui était en son pouvoir pour retrouver les copyrights. On peut lui signaler tout renseignement menant à la correction d'erreurs ou d'omissions.

Ce projet est financé en partie par le gouvernement du Canada | Canada

Consultants

Michael Begley
Ottawa, Ontario.

Michael Butler
Weston, Ontario.

Colleen Chandler
Scarborough, Ontario.

Halton Doyle
Orleans, Ontario.

James Ellsworth
Brantford, Ontario.

Robert Evans
Pickering, Ontario.

Murray Locke
Agincourt, Ontario

Remerciements

À l'équipe d'auteurs dont la recherche et l'expertise ont rempli ces pages, merci.

À Laura Gini-Newman, j'aimerais exprimer tout mon amour et mon admiration. Ton aide et tes points de vue sur le matériel ainsi que ta patience au long des longues nuits et des réveils très matinaux dans le cadre de mon travail ont été exceptionnels.

À mes enfants, Mathew, Geoffrey et Nikita, qui ont toléré mon imposante charge de travail au cours des derniers mois. Le Canada du XXIe siècle leur appartiendra. J'espère que ce manuel contribuera à démontrer à leur génération l'influence du passé sur le présent et décidera de leur avenir en tant que Canadiens.

Garfield Newman

À ma femme et à ma famille, qui ont su accepter mes longues absences, physiques et mentales. Leur appui m'était essentiel et je leur exprime ici ma gratitude la plus entière.

Bob Aitken

À Curtis, Brett et Sarah Eaton. Leur appui enthousiaste a permis la réussite de cette aventure.

Diane Eaton

À ma compañera, Salma Latif, qui est toujours présente et toujours forte – bohut shukria.

Dick Holland

Pour mon père et pour Val – tout mon amour.

John Montgomery

À Marc Keirstead, Paulette Courchene, John Montgomery et John Fielding; notre travail lors de la préparation des lignes directrices du programme a donné lieu à des idées et à des perspectives qui ont façonné ma contribution à ce manuel. Je suis également reconnaissante de l'encouragement et de l'appui que j'ai reçus d'Elva et de Bob McGaughey, deux bons amis et de merveilleux professeurs.

Sonia Riddoch

Cette édition n'aurait jamais été possible sans les conseils de Patty Pappas, qui a su rassembler une équipe talentueuse et qui a eu le courage de poursuivre de nouvelles idées et de nouvelles approches pour la conception du manuel.

La ténacité à toute épreuve et le superbe talent de Jennifer Burnell ont été indispensables à la réussite du projet. Jennifer a dirigé le projet de main de maître dès le départ, par son travail étroit auprès des auteurs, afin qu'ils produisent un récit de première qualité.

Parmi ceux qui ont également contribué à donner vie à Regard sur le Canada, *nous devons aussi mentionner Crystal Shortt qui a supervisé la production, John Eerkes qui a peaufiné notre style, et Jacqueline Donovan et Maria De Cambra qui ont déployé des efforts surhumains pour trouver des photos et des illustrations, et pour obtenir des permissions pour les citations.*

Bob Aitken
Diane Eaton
Dick Holland
John Montgomery
Garfield Newman
Sonia Riddoch

Table des matières

Aperçu du manuel

COUVERTURE

Conçue de façon à représenter l'histoire du Canada et des Canadiens. *Regard sur le Canada* raconte l'histoire de tous les Canadiens et s'intéresse à la fois aux événements internationaux et nationaux qui ont façonné le pays ainsi qu'aux défis et aux triomphes des régions, des groupes et des individus.

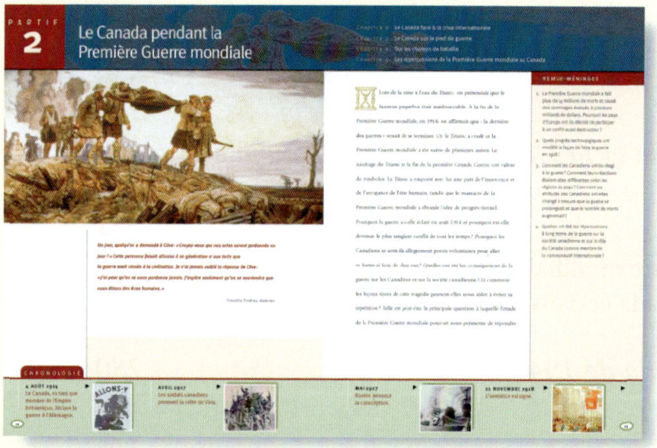

PRÉSENTATION DES PARTIES

- ***Remue-méninges*** Les principaux contenus d'apprentissage de la partie sont présentés sous forme de questions.
- Une ***peinture, une illustration*** ou ***une photo*** prépare le terrain au début de chaque partie.
- Une ***citation*** sert de canevas au contenu.
- Une ***chronologie*** dresse une liste d'événements internationaux, nationaux, régionaux et personnels qui correspondent à l'époque.

OUVERTURE DU CHAPITRE

- Chaque chapitre débute par une illustration, une photo ou une peinture représentative et accompagnée d'une légende, afin de préparer le terrain.
- ***Retour aux sources*** pose des questions directement liées au programme et qui correspondent au contenu du chapitre.
- La ***chronologie*** dresse la liste des événements clés du chapitre.
- Les ***termes importants*** sont toujours présentés en caractères **gras** et sont définis selon le contexte.

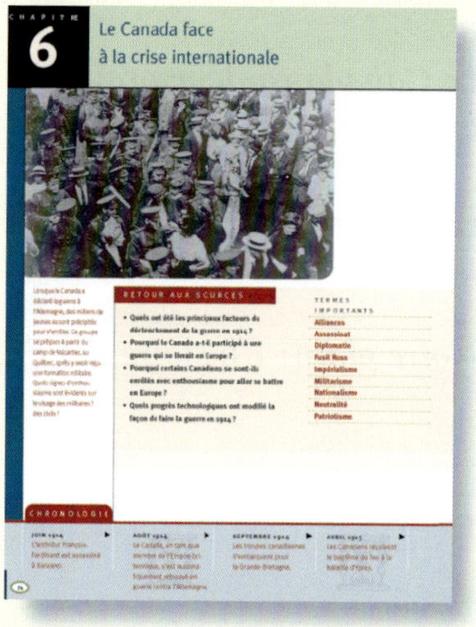

Aperçu du manuel

CONÇU ET RÉDIGÉ POUR STIMULER L'INTÉRÊT DES JEUNES D'AUJOURD'HUI POUR L'HISTOIRE DU CANADA

Regard sur le Canada met tout en œuvre pour présenter une histoire du Canada qui saura fasciner les adolescents.

- La série des **capsules** est conçue pour approfondir la connaissance du xxᵉ siècle canadien.

L'humour dans l'histoire

Chaque capsule examine comment la comédie a joué un rôle important dans l'histoire du Canada et met en valeur l'importance de l'humour comme produit d'exportation canadien.

Le tribut du Canada

Met en valeur les diverses contributions du Canada dans les domaines de la technologie, des arts et de l'éducation.

Les loisirs

Laisse entrevoir aux élèves les passe-temps favoris des Canadiens en temps de guerre et en temps de paix.

La technologie

Passe en revue les percées technologiques qui ont transformé le monde et s'intéresse particulièrement aux innovations technologiques canadiennes.

Portraits de Canadiennes et de Canadiens

Met en valeur la vie de Canadiennes et de Canadiens célèbres et moins célèbres qui ont contribué de façon importante à la société canadienne.

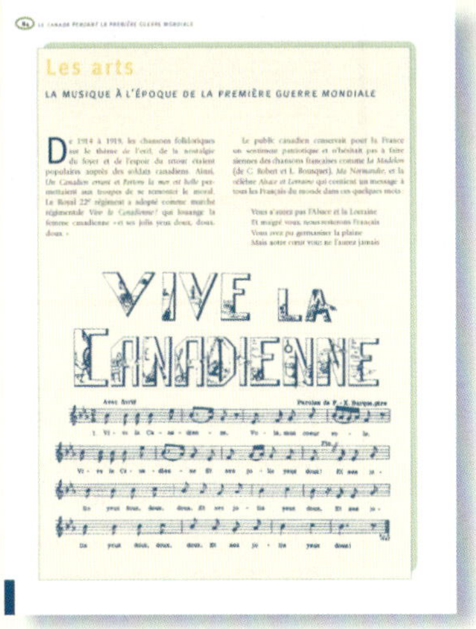

Les arts

Donne la vedette aux artistes, musiciens et auteurs canadiens. Des tableaux, des extraits de partitions musicales et d'œuvres littéraires initient les élèves au monde des arts canadiens.

Aperçu du manuel

Dans les tranchées

Hyperliens

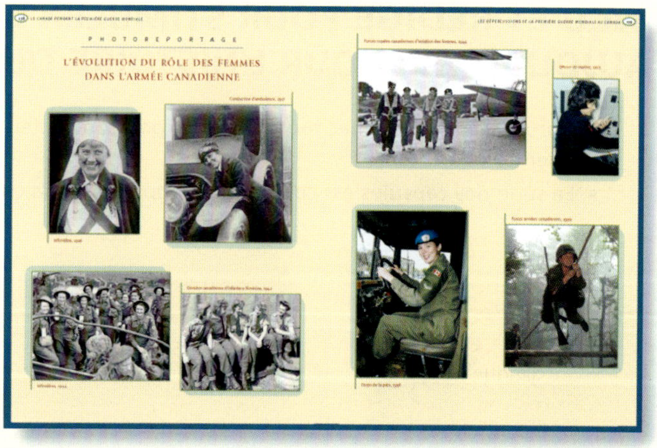
PHOTOREPORTAGE

L'ÉVOLUTION DU RÔLE DES FEMMES DANS L'ARMÉE CANADIENNE

Photoreportage – Chaque partie offre un aperçu visuel d'un aspect de l'histoire canadienne, comme les transports, la mode, les symboles canadiens, etc.

Les ***hyperliens*** (un par chapitre) encouragent les élèves à explorer davantage certains sujets par le biais d'Internet. Chenelière/McGraw-Hill effectue la sélection des sites et en ajoute régulièrement.

DÉVELOPPEMENT D'APTITUDES HISTORIQUES

Regard sur le Canada propose les outils dont les élèves ont besoin pour « faire de l'histoire ».

LES MÉTHODES DE L'HISTOIRE

COMMENT DISCERNER LE PARTI PRIS

- Les capsules ***Les méthodes de l'histoire*** qui apparaissent dans chaque partie permettent aux élèves d'apprendre et d'appliquer les méthodes d'analyse historique.

RÉCAPITULATION

- Les activités de **fin de chapitre** sont conçues pour consolider le développement des aptitudes.
- ***Résume tes connaissances*** – aide les élèves à se concentrer sur les théories et les faits essentiels.
- ***Analyse les faits historiques*** – ces casse-tête permettent aux élèves de résoudre des énigmes historiques.
- ***Exprime ton opinion*** – conçu pour les petits groupes, stimule la pensée critique et analytique.

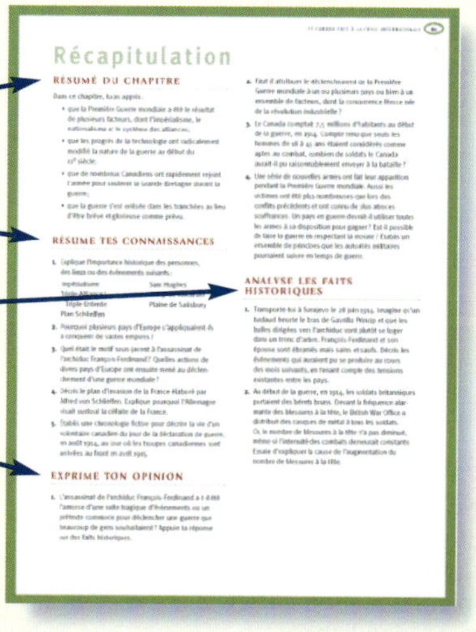
Récapitulation

RÉSUMÉ DU CHAPITRE

RÉSUME TES CONNAISSANCES

ANALYSE LES FAITS HISTORIQUES

EXPRIME TON OPINION

Aperçu du manuel

RÉVISION DE LA PARTIE

Pleins feux sur le passé passe en revue les thèmes et les questions plus larges de chaque partie et peut servir de point de départ pour des devoirs, du travail de groupe ou des présentations.

- ***Révise les faits historiques*** – idéal pour des devoirs individuels, s'intéresse au contenu de la partie.
- ***À toi la parole*** – pour du travail de groupe ou individuel, exige un esprit d'analyse et de synthèse.
- ***Établis des liens*** – aide les élèves à établir des liens entre le passé et le présent.
- ***Perspectives*** – aide les élèves à réfléchir à l'impact des événements ou des décisions selon différents points de vue.

ADAPTÉ AUX ÉLÈVES DES COURS THÉORIQUE OU APPLIQUÉ

Images

- Photos, illustrations, peintures et cartes –
- avec légendes,
- incitent les élèves à explorer davantage,
- placées près du texte approprié.

Cartes

- D'excellentes cartes détaillées, selon les règles de la géographie.

Repères de lecture

- Un nombre suffisant de repères pour aider quiconque à suivre le texte.

CHAPITRE

1 Les origines

Les cartes peuvent devenir un moyen puissant de diffuser un message. Que voulait dire ce timbre sur la position du Canada au sein de l'empire britannique?

LE PASSÉ EN DÉSORDRE

Vérifie tes connaissances de l'histoire du Canada avant 1900. Les six événements ci-dessous ont eu lieu au Canada entre 1750 et 1900. Dans quel ordre faudrait-il les placer pour obtenir une chronologie exacte ? Note la date de chacun des événements et rétablis la chronologie. Bonne chance !

CHRONOLOGIE

- Rébellion dans le Haut et le Bas Canada. ▶
- Union du Haut et du Bas Canada pour former la province du Canada. ▶
- Les Américains envahissent le Canada : début de la guerre de 1812. ▶
- Wilfrid Laurier devient le premier francophone à accéder au poste de premier ministre. ▶
- Les Britanniques remportent la bataille des Plaines d'Abraham contre les Français. ▶
- La Confédération unit les colonies britanniques en Amérique du Nord. ▶

On croit trop souvent que l'histoire se limite à l'étude des dates, des noms et des faits. On peut alors douter de l'intérêt d'un tel apprentissage. Lorsque l'on s'aperçoit que l'histoire continue d'évoluer autour de nous, la pertinence de l'étude du passé nous apparaît plus évidente. Le titre de ce manuel, *Regard sur le Canada,* a été choisi parce qu'il nous rappelle que les événements du dernier siècle s'insèrent dans une chronologie sans cesse en évolution et à laquelle nous participons tous. Le Canada du XIXe siècle était le fruit de l'héritage des siècles passés, tout comme le XXIe sera tributaire du XXe.

Lors de son premier discours à titre de gouverneur général en 1999, Adrienne Clarkson décrivait le Canada comme une expérience vieille de 450 ans dont les résultats continuent de se manifester. Elle déclarait : « Notre histoire nous démontre que nous avons l'assurance nécessaire pour agir, et agir avec succès. Nous pouvons, lorsque nous avons confiance, saisir l'énergie positive qui émane de notre choix d'être ici présents et de poursuivre ce qui demeure une expérience sans précédent. » Si nous voyons l'histoire comme un outil pour comprendre le présent et préparer l'avenir, sa pertinence ne laisse plus de doute non seulement pour nos vies, mais aussi pour la nation.

En 1999, Adrienne Clarkson, qui avait fui la Chine avec sa famille à l'âge de trois ans, est devenue le premier gouverneur général d'origine chinoise.

Le cours **L'histoire du Canada au XXe siècle** retrace l'expérience canadienne du début du XXe siècle, – alors que le premier ministre Wilfrid Laurier déclarait que le siècle appartiendrait au Canada – jusqu'à la fin du siècle – alors que les Nations Unies déclaraient que le Canada offrait la meilleure qualité de vie pour la sixième année consécutive. Cinq thèmes différents parcourent le manuel. Au cours de ton étude de l'histoire du Canada au XXe siècle, tu exploreras :

- **L'espace : communautés et mondialisation** afin de comprendre les multiples influences intérieures et extérieures qui ont façonné la société canadienne et qui ont déterminé la position du Canada dans le monde.
- **Le temps : changements et continuité** afin de comprendre les influences qui ont contribué à la transformation du pays et les aspects de la société canadienne qui ont persisté.
- **La citoyenneté : valeurs et patrimoine** afin d'apprécier les diverses contributions individuelles et collectives de Canadiens.
- **L'organisation : structures sociales, économiques et politiques** afin de comprendre l'influence du gouvernement canadien sur la société et comment les fluctuations économiques ont affecté la vie des Canadiens.

En plus de ces thèmes, *Regard sur le Canada* propose d'explorer les **méthodes de l'histoire.** Par l'entremise de textes, de questions et d'activités, tu expérimenteras les outils nécessaires à la « discipline historique ». Tu apprendras à développer ta propre pensée, à trouver de l'information et à tirer des conclusions réfléchies à partir de ces données. Avec ces outils en main, tu pourras participer à l'avenir du Canada en tant que citoyen actif et renseigné.

Espace : communautés et mondialisation

On pourrait comparer l'analyse de l'histoire du Canada à une fouille archéologique, car tout comme le sol est constitué de plusieurs couches, on peut étudier l'histoire à divers niveaux. D'ailleurs, tout comme chaque strate du sol, chaque niveau d'analyse historique représente une partie seulement d'un tout plus complexe. Afin de comprendre où tu te situes dans cette expérience canadienne, tu dois d'abord comprendre ce qui a façonné la société et la culture canadiennes. Ces

LES MÉTHODES DE L'HISTOIRE

LA RÉDACTION D'UN ESSAI HISTORIQUE

La rédaction d'un essai historique est sans doute la tâche la plus complexe qui t'attend dans le cadre de ce cours. Tu devras poser des questions réfléchies, trouver des renseignements pertinents, créer et défendre une thèse précise, organiser tes idées et écrire de façon claire et convaincante. Afin de te faciliter la tâche et contribuer à ta réussite, voici une démarche en plusieurs étapes.

Première étape : Le choix d'un sujet

Choisis d'abord un sujet qui t'intéresse vraiment. On réussit rarement lorsqu'on effectue une recherche et que l'on rédige un travail sur un sujet qui nous ennuie. Prends le temps de feuilleter des livres sur le Canada à la bibliothèque ou jette un coup d'œil rapide sur le contenu de ce manuel. Qu'est-ce qui retient ton attention ?

Deuxième étape : Des questions d'analyse

Une fois ton sujet trouvé, fais des lectures sur le sujet qui t'intéresse. Tu peux lire ce qui est écrit dans le manuel sur ton sujet, feuilleter un magazine ou un livre ou fouiller dans une encyclopédie sur cédérom. Lorsque tu as une idée globale de ton sujet, prépare une liste de trois à cinq questions pour lesquelles tu aimerais trouver des réponses. Tu dois trouver des questions analytiques et non factuelles. Par exemple, « À quel moment la Grande Dépression a-t-elle débuté ? » mérite une réponse simple et précise et ne peut former le centre d'une discussion. Par contre, la question « Pourquoi le gouvernement n'a-t-il pas réussi à contrer les effets de la Grande Dépression ? » offre la possibilité d'une analyse réfléchie, le point de départ d'un essai intéressant. Ce type de question t'aidera à préciser ta recherche, ce qui facilitera beaucoup la rédaction.

Troisième étape : La bibliographie

Tu as maintenant un sujet et plusieurs questions pour te guider dans ta recherche. Tu dois ensuite trouver diverses sources pour obtenir l'information dont tu as besoin. C'est une étape cruciale de la rédaction d'un essai. Prends le temps de préparer une liste de cinq à sept sources. Si tu ne trouves que quelques sources, tu devras peut-être revoir ton sujet. N'oublie pas qu'un essai historique solide tire ses renseignements de plusieurs sources. Lorsque tu utilises plusieurs sources, tu peux réunir divers points de vue et obtenir ainsi une image plus complète de ton sujet. Souviens-toi aussi que les ressources disponibles sont très variées : livres, vidéos, cédérom, entrevues, magazines, sites Internet, etc. Lorsque tu auras trouvé de cinq à sept références, place-les en ordre alphabétique à partir du nom de famille de l'auteur, puis indique le titre de la source en italique, la ville où la source est publiée, le nom de la maison d'édition, l'année de publication et le nombre de pages. Cela constitue ta bibliographie.

Exemple d'une référence bibliographique :
Deir, Elspeth, Fielding, John *et al.*, *Canada : un patrimoine à raconter*, Montréal, Chenelière/McGraw-Hill, 2000, 423 p.

Quatrième étape : La collecte des données

Une fois ta bibliographie terminée, tu peux commencer à recueillir l'information dont tu as besoin. Essaie d'utiliser quatre ou cinq de tes références. Lorsque tu prends des notes, indique le titre de la référence et le numéro de la page. Prends toujours des notes en style télégraphique, avec des mots que tu comprends. Une simple citation du texte ne démontre aucunement que tu as compris ce que tu as lu.

Cinquième étape : L'élaboration d'une thèse

Ce n'est qu'après avoir terminé ta recherche que tu pourras élaborer une thèse. Une thèse est une affirmation en une phrase claire et concise qui résume le point de vue de l'auteur et ce qu'il ou elle tentera de prouver tout au cours de l'essai. Ceux qui tentent d'élaborer une thèse avant d'avoir terminé leur recherche courent le risque d'interpréter les faits de façon à ce qu'ils se conforment à la thèse. L'historien qui tente d'obliger les faits à se plier à sa thèse produit une vision déformée de l'histoire.

Afin de développer ta thèse, révise tes notes avec attention. Y a-t-il une tendance qui s'en dégage ? Certaines de tes questions ont-elles déjà trouvé une réponse ? Peux-tu formuler une thèse claire sur un sujet et défendre ce point de vue à l'aide de ta recherche ? Si c'est le cas, tu peux alors commencer à organiser les parties de ton essai. N'oublie pas qu'une thèse efficace ne s'en tient pas à l'évidence, mais qu'elle propose un raisonnement qui sera étoffé tout au long de l'essai.

Sixième étape : L'élaboration d'un plan

Une fois la thèse clairement établie avec arguments à l'appui, tu es presque en mesure de rédiger ton essai. Pour que ton essai soit cohérent et logique aux yeux du lecteur, tu dois toutefois préparer un plan. La première section de ton essai servira d'introduction et contiendra ta thèse. L'essai se termine par une conclusion. Tu dois ensuite veiller à ce que les sections intermédiaires permettent une évolution naturelle des sujets et des idées. Une fois que tu auras rédigé un plan qui te semblera logique, tu pourras commencer à lier ta recherche à chacune des sections de ton essai.

Thèse faible : La Grande Dépression était éprouvante pour bien des Canadiens. (Trop évident, aucune thèse à prouver.)

Thèse solide : La Grande Dépression a dévoilé les faiblesses de l'économie capitaliste et a forcé le gouvernement à s'engager plus directement dans la gestion économique du Canada. (Cette thèse prend position sur une question qui mérite un débat. L'auteur doit maintenant prouver son affirmation.)

Septième étape : La rédaction de l'essai

Après une telle préparation, la rédaction de ton essai devrait se faire en douceur. En cours d'écriture, ne perds jamais ta thèse de vue. Chacune des sous-sections de ton essai doit être en rapport avec la thèse. Si tu inclus des renseignements qui n'aident pas à soutenir ta thèse, ils ne sont sans doute pas nécessaires. Ne retiens que l'information qui est reliée à ta thèse afin de rester précis tout au long de ton essai.

À quoi ressemble un essai efficace ?

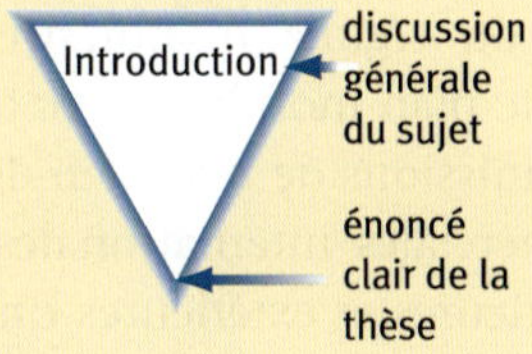

Introduction
L'introduction décrit les grandes lignes du sujet de l'essai et identifie les problèmes dont tu discuteras. L'introduction se termine par un énoncé clair de la thèse.

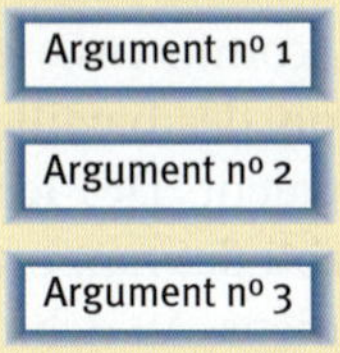

Corps
Le corps de l'essai comprend une série d'arguments qui soutiennent la thèse. Chaque argument devra faire l'objet d'un paragraphe distinct. Chaque paragraphe doit comprendre un énoncé clair du sujet qui explique l'argument. Il faut au moins trois arguments afin de soutenir la thèse.

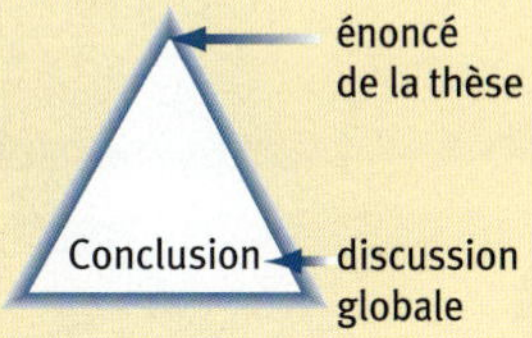

Conclusion
La conclusion énonce la thèse de nouveau et résume ensuite les arguments de la thèse. L'introduction et la conclusion jouent le rôle des portes d'entrée et de sortie de l'essai.

influences ont agi sur le plan local (dans les communautés, les écoles et les lieux de travail), sur le plan national (lors de la construction du chemin de fer transcontinental et l'instauration du régime d'assurance-maladie, par exemple) et sur le plan mondial (avec la participation du Canada aux missions de maintien de la paix et les ententes commerciales internationales, entre autres). Des forces intérieures et extérieures ont donc influencé le développement du Canada pendant plusieurs décennies.

Les forces intérieures et extérieures qui ont façonné le Canada

Pendant les milliers d'années qui ont précédé l'arrivée des Européens, les Amériques du Nord, du Sud et du Centre étaient peuplées par les Amérindiens. Des routes commerciales traversaient les continents, les peuples amérindiens se livraient parfois des batailles et des sociétés complexes se développaient. Dès leur première arrivée, les Européens ont établi des rapports commerciaux avec les peuples amérindiens. Au début, ces rapports avantageaient à la fois les Européens, qui recevaient les fourrures qu'ils appréciaient tant, et les peuples amérindiens, qui recevaient des marchandises comme des chaudrons ou des haches en métal. Au fil du temps, affaiblis par les maladies transmises par les Européens, les peuples amérindiens ne pouvaient plus résister aux pressions des forces coloniales européennes intéressées par de nouvelles terres. Au XVIIIe siècle, les peuples amérindiens se faisaient évacuer de leurs terres et repousser en marge de la société coloniale en plein développement. Au cours des deux siècles suivants, ils ont été victimes de racisme et d'exploitation, pour devenir la communauté la plus pauvre dans un pays où la richesse attirait des immigrants de partout dans le monde.

Au cours de la première moitié du XXe siècle, les mauvais traitements faits aux peuples amérindiens du Canada ont atteint un degré de violence extrême. Les enfants amérindiens étaient envoyés de force dans des pensionnats (loin des réserves), n'avaient pas le droit de parler leur langue maternelle ni de pratiquer leurs traditions culturelles; ils étaient souvent victimes d'abus. Une fois sortis des pensionnats, ils devaient affronter la pauvreté des réserves, et leurs chances de

La peinture *La mort du général Wolfe* ne se contentait pas d'illustrer un fait historique. Quels éléments du tableau laissent croire que l'artiste ne cherchait pas simplement à mettre en image une vérité historique ? Élabore des hypothèses sur quelques-unes des intentions cachées du peintre.

réussir au sein de la société canadienne ou de préserver leur héritage culturel étaient minces. Au cours des dernières décennies du XXe siècle, on a cependant reconnu l'importance des peuples amérindiens dans l'histoire passée, présente et future du Canada. L'histoire des peuples amérindiens du Canada au XXe siècle sera décrite tout au long du manuel. À toi de juger comment réparer équitablement les abus du passé.

Les rapports entre les Français et les Britanniques

Au cours des XVIIe et XVIIIe siècles, la France possédait la plupart de ce que nous appelons le Canada, alors que la Grande-Bretagne développaient des colonies le long de la côte est des États-Unis d'aujourd'hui. Les deux nations luttaient férocement pour dominer l'Europe et pour contrôler le commerce lucratif de la fourrure en Amérique du Nord. La confrontation finale entre la Grande-Bretagne et la France pour le contrôle de l'Amérique du Nord a eu lieu au cours de la guerre de Sept Ans (1756-1763), pendant laquelle la Nouvelle-France est tombée aux mains des Britanniques.

Depuis la conquête de la Nouvelle-France par les Britanniques en 1759, et l'arrivée des immigrants anglophones, le développement de la société canadienne a été influencé en partie par la coexistence des cultures française et anglaise. En 1774, 11 ans après que la Nouvelle-France est devenue la colonie britannique du Québec, la Grande-Bretagne a promulgué l'*Acte de Québec*, qui reconnaissait aux Canadiens français le droit de conserver la religion catholique romaine, le système seigneurial et les lois civiles françaises. L'*Acte de Québec* a profondément influencé l'élaboration de la Confédération et l'histoire du Canada au XXe siècle. Aujourd'hui, les souverainistes québécois justifient la séparation du Québec en déclarant que la culture française est menacée. Lorsque tu étudieras la montée du mouvement séparatiste du Québec dans la seconde moitié du XXe siècle, souviens-toi des événements et des décisions prises au XVIIIe siècle et réfléchis sur l'influence que le passé exerce toujours sur le présent.

La résistance à l'influence américaine

L'histoire du Canada est intimement liée à celle des États-Unis. Tout juste après le passage de la Nouvelle-France aux mains des Britanniques, les 13 colonies britanniques qui longeaient la côte atlantique se sont révoltées contre la Grande-Bretagne. C'est de cette révolution que sont nés les États-Unis. À l'époque, la nouvelle nation ne ressemblait à aucune autre en Occident. Elle deviendrait une république où le peuple régnerait grâce à un président élu démocratiquement et où tous les habitants, riches ou pauvres, seraient protégés par une constitution. Le Haut Canada (aujourd'hui l'Ontario) a été créé à la suite de l'exode de 10 000 loyalistes britanniques qui fuyaient les États-Unis d'Amérique. Ils avaient conservé leur loyauté au roi d'Angleterre et résistaient farouchement aux valeurs de la nouvelle république.

En 1812, alors que la Grande-Bretagne était aux prises avec les guerres napoléoniennes en Europe, les Américains ont tenté d'envahir le Canada et d'étendre les limites de leur république. Plusieurs Américains croyaient que le Canada se laisserait facilement envahir et que les citoyens du Haut et du Bas Canada accueilleraient leurs libérateurs américains à bras ouverts. À leur grande surprise, les Canadiens ont pris les armes pour repousser les intrus américains. Il semblait que le gouvernement des États-Unis avait oublié qu'à peine 30 ans auparavant, des milliers de loyalistes avaient clairement choisi les valeurs britanniques plutôt que la nouvelle république américaine.

Même la Confédération de 1867 rejetait clairement les valeurs américaines et servait de symbole pour une union solide avec la Grande-Bretagne. Lors des débats sur le type de gouvernement à adopter pour le nouveau Dominion, les Américains ont servi d'exemple… de ce qu'il fallait éviter. La guerre de Sécession, un sanglant conflit qui a sévi de 1861 à 1865 et qui a entraîné la mort de 600 000 citoyens, semblait prouver l'échec du système politique américain. Un excès de pouvoir accordé aux états avait entraîné une tragédie qui avait englouti les États-Unis. Le Canada croyait qu'un gouvernement fédéral plus fort permettrait de prévenir un tel désastre.

Au XXe siècle, toutefois, il est devenu plus difficile de résister à l'influence des Américains. La télévision, le cinéma et les magazines américains ainsi que leur pouvoir économique grandissant au Canada ont forcé un rapprochement des deux pays. Au même moment, la population canadienne s'est diversifiée au plan culturel et les liens étroits avec la Grande-Bretagne se sont relâchés. Le Canada est-il devenu un pays fort et indépendant ? Les Canadiens sont-ils toujours aussi anti-Américains ou peut-on voir l'émergence d'une culture nord-américaine partagée par les deux pays ? Le gouvernement canadien devrait-il promouvoir activement une culture propre au Canada ? Comme tu pourras le constater, ces questions ont traversé tout le XXe siècle et ont alimenté des débats passionnés au cours des dernières décennies.

Une identité canadienne

Les Canadiens se demandent souvent comment se définir en tant que peuple. Existe-t-il des éléments partagés par la plupart des Canadiens ? Les Canadiens ont-ils un passé commun qui les unit ?

L'une des réponses à l'énigme de l'identité canadienne se trouve dans l'harmonie relative entre les citoyens. La façon dont les Canadiens d'un océan à l'autre ont adopté le monde au sein de leurs frontières pourrait servir à définir l'essence même du Canada au seuil du XXIe siècle.

La femme représentée ici se nomme Laura Secord. À qui parle-t-elle ? En quelques lignes, capte l'essentiel de son propos et explique l'importance de cette conversation pour l'histoire du Canada.

Changements et continuité

Un regard rapide sur les années 1800, 1900 et 2000 nous révèle que très peu de pays se sont transformés aussi rapidement que le Canada. Il y a moins de 40 ans, de nombreux enfants allaient dans des écoles rurales d'une seule classe, et les toilettes extérieures étaient chose courante dans les régions rurales, il y a 50 ans à peine. Il y a à peine 15 ans, la plupart des téléspectateurs des régions rurales de l'Ontario ne pouvaient choisir que parmi trois réseaux : CBC, CTV et Global.

Mouvements démographiques

Au cours des trois cents dernières années, les changements dans la population et les lieux d'établissement ont contribué à façonner la société canadienne. Le succès relatif de la société canadienne au cours des dernières décennies du XXe siècle a entretenu le mythe que les Canadiens ont toujours vécu en harmonie. Mais il serait faux de croire que la société canadienne a toujours évolué dans le compromis et la tolérance, sans conflit. Par exemple, les communautés francophones hors Québec ont dû surmonter des injustices pour assurer leur survie et leur épanouissement dans les secteurs politique, religieux, socio-économique et éducatif. Il serait trompeur de suggérer que l'histoire du Canada se résume à l'adaptation des différentes cultures. Comme tu pourras le voir tout au long de ce cours, le développement d'une société cosmopolite ouverte aux différences culturelles et religieuses est parmi les grandes réussites du Canada dans la seconde moitié du XXe siècle.

Le statut international du Canada

Lorsque les États-Unis ont vaincu les Britanniques au cours de la guerre d'Indépendance, ils se sont dès lors affranchis de la Grande-Bretagne et ont établi clairement et sans conteste leur indépendance. Le Canada, toutefois, n'a atteint l'autonomie que par un long processus évolutif. À vrai dire, on pourrait avancer l'idée que le Canada n'est devenu entièrement indépendant que lors du rapatriement de la constitution en 1982, 115 ans après la Confédération ! Bien que l'autonomie canadienne se soit développée au fil du temps, la marche vers la pleine indépendance n'a jamais dévié.

Après les rébellions du Haut et du Bas Canada en 1837, Robert Baldwin et Louis Lafontaine ont trouvé une solution toute canadienne pour mettre fin aux querelles qui sévissaient dans ces deux colonies. Connu sous le nom de « gouvernement responsable », le nouveau système politique jetait les bases d'une démocratie parlementaire extrêmement efficace qui a bien servi le Canada. En quelques décennies, le Dominion du Canada émergerait du regroupement de colonies de l'Amérique du Nord britannique. Bien que le Canada n'était pas un pays entièrement indépendant, il avait déjà emprunté le chemin de l'autonomie.

Les arts

Ô CANADA

Comment une nouvelle nation peut-elle se définir en musique ? Les chants patriotiques nationaux sont un moyen connu d'identifier un pays. Ce symbolisme est toujours présent aujourd'hui lors de compétitions sportives internationales, où l'on peut entendre les hymnes nationaux des pays gagnants à la remise des médailles.

La chanson nationaliste canadienne *The Maple Leaf For Ever*, composée en 1867 par Alexander Muir (1830-1906), un professeur de Toronto né en Écosse, était très populaire à l'époque de la Confédération. Les paroles contenaient des références à la victoire des Britanniques contre les Français en 1759, toutefois, et les Canadiens français ne pouvaient l'adopter.

En 1880, le gouverneur général a demandé au compositeur britannique bien connu Sir Arthur Sullivan de composer la musique pour le « Dominion Hymn », un poème composé par le gouverneur général lui-même. C'était le premier hymne national du Canada.

L'idée que l'hymne national du Canada soit issu de la plume de deux Anglais ne plaisait pas à la Société Saint-Jean-Baptiste du Québec. Créé en 1834, cet organisme organisait la fête anniversaire du saint patron des Québécois, Saint-Jean-Baptiste, le 24 juin. La Société a tenté d'organiser un concours pour la composition d'un véritable hymne national canadien. Comme on manquait de temps pour l'organisation, on a finalement demandé à Calixa Lavallée, un compositeur bien connu, d'en composer la musique. Ernest Gagnon, président du comité musical du festival, a demandé au juge Adolpe-B. Routhier d'écrire les paroles.

L'hymne *Ô Canada* a été joué pour la première fois lors d'un banquet au Pavillon des Patineurs de Québec en 1880. Avec le recul du temps, il semble approprié que l'hymne national du Canada, que l'on entend si souvent lors de matchs de hockey, ait fait sa première audition sur une patinoire.

Pour la version anglaise de l'*Ô Canada*, ce sont les paroles du juge Robert Stanley Weir, écrites en 1908, qui ont été reteues pour la version contemporaine à l'exeption de deux vers qui ont été remplaçés. *Ô Canada* n'est devenu l'hymne national officiel que le 1er juillet 1980 lors d'une cérémonie officielle publique tenue à l'extérieur du Parlement en présence de milliers de Canadiens.

Ô Canada !
Terre de nos aïeux !
Ton front est ceint de fleurons glorieux.
Car ton bras sait porter l'épée,
Il sait porter la croix
Ton histoire est une épopée
Des plus brillants exploits.
Et ta valeur de foi trempée,
Protègera nos foyers et nos droits.
Protègera nos foyers et nos droits.

À mesure que les Canadiens prenaient de plus en plus les décisions sur leur avenir, le rôle de la Grande-Bretagne commençait à diminuer. Plusieurs premiers ministres du Canada ont cherché au XXe siècle à obtenir l'indépendance complète du pays. En étudiant le travail de William Lyon Mackenzie King, de John Diefenbaker et de Pierre Elliott Trudeau, tu apprendras que le Canada d'aujourd'hui est le produit de la longue et prudente évolution d'expériences et d'idées politiques et constitutionnelles.

Les développements scientifiques et technologiques

Au fil de son évolution, le Canada s'est transformé de pays frontière en une société rurale, puis en un mélange complexe de régions urbaines et rurales. Ces changements étaient en partie liés à d'importantes découvertes scientifiques et technologiques. Les nouvelles technologies ont d'abord fait leur apparition sur les fermes, ce qui les rendait de plus en plus rentables. Des tracteurs et des charrues motorisés en acier trempé et des variétés de blé plus résistantes ont contribué à augmenter la productivité des Prairies.

Les sciences ont également transformé l'industrie canadienne urbaine à la fin du XIXe siècle. La turbine à vapeur, l'électricité et l'hydroélectricité ont provoqué un boom industriel, tout comme une vaste gamme d'inventions dont le wagon réfrigérant, le téléphone et la machine à écrire. Mais les Canadiens n'ont pas seulement profité de ces inventions : ils en ont également été les auteurs. On accorde à Reginald Fessenden, d'East Bolton, au Québec, l'invention de l'ancêtre du sonar moderne; Elijah McCoy, un Noir canadien de Colchester, en Ontario, a créé un dispositif de lubrification pour les moteurs. Le dispositif était si populaire que ceux qui l'avaient se vantaient d'avoir le « Real McCoy », une expression encore utilisée en anglais aujourd'hui.

Tout au long du XXe siècle, le Canada est progressivement devenu une nation urbaine raffinée. Dans ce manuel, tu apprendras beaucoup sur les contributions du Canada dans le domaine des sciences et de la technologie.

L'inventeur canadien Elijah McCoy, le « Real McCoy » original.

Structures sociales, économiques et politiques

Au début du XIXe siècle, les colonies de l'Amérique du Nord britannique étaient composées d'une population amérindienne décroissante et de quelques regroupements de Britanniques et de Français éparpillés dans les Maritimes, le long du Saint-Laurent et le long de la rive nord des lacs Érié et Ontario. En un siècle à peine, cette maigre population, surtout rurale, a connu une croissance phénoménale et les villes ont suivi le mouvement. Les changements rapides de la technologie et de la population ont transformé le paysage canadien et ont forcé le gouvernement à adopter un rôle plus actif dans la vie des Canadiens.

Développement économique

Au milieu du XIXe siècle, les colonies de l'Amérique du Nord britannique ont cessé d'être de simples regroupements de fermes et de villages largement autosuffisants pour former une économie de plus en plus complexe. Peu de temps après la Confédération, John A. Macdonald concevait une stratégie économique qui, selon lui, garantirait la prospérité du pays. La **politique nationale** comprenait trois initiatives :

- des tarifs élevés pour protéger les industries canadiennes;
- le développement de l'Ouest afin qu'il devienne le grenier du Canada et offre un marché pour les produits industriels du Centre du Canada;
- un chemin de fer transcontinental pour transporter vers l'Ouest des colons et des marchandises et du blé vers l'Est.

La stratégie de Macdonald correspondait à l'idée qu'en développant l'agriculture dans l'Ouest et l'industrie dans l'Est et en encourageant le commerce Est-Ouest, on pouvait contrer la menace de domination économique américaine.

Depuis cette époque, on a beaucoup débattu l'efficacité de la politique nationale de Macdonald. A-t-elle réussi à bloquer l'expansion américaine au Canada ou a-t-elle simplement encouragé l'installation de succursales américaines en sol canadien pour éviter les tarifs ? Les tentatives pour développer l'industrie dans l'Est ont-elles freiné le développement de l'Ouest ? Aurait-il fallu que le commerce se fasse entre nord et sud plutôt qu'entre est et ouest ? Bien que ces questions datent du XIXe siècle, elles continuent à jouer un rôle critique dans les débats politiques et économiques à la fin du XXe siècle. Tout au long de ce manuel, tu découvriras les problèmes politiques et économiques que les gouvernements et les citoyens canadiens ont dû confronter au cours du dernier siècle et tu comprendras mieux les problèmes importants qui se posent aujourd'hui.

Le nouveau rôle du gouvernement

Une autre question longuement débattue par les Canadiens relève du rôle du gouvernement dans la vie des citoyens. Au cours des années qui ont suivi la Confédération, le gouvernement a joué un rôle actif dans le développement géographique, économique et social du Canada.

Tandis que le Canada devenait une société de plus en plus complexe, le rôle du gouvernement évoluait aussi. La croissance du milieu des affaires exigeait la création de lois sur le travail afin de protéger les travailleurs. Le passage d'une économie agricole à une économie industrielle entraînait la croissance des villes et le gouvernement devait maintenant s'occuper du logement et des services connexes. Aujourd'hui, à l'« ère de l'information », les gouvernements doivent jouer un rôle de plus en plus critique dans l'éducation et la formation de jeunes afin de maintenir une main-d'œuvre concurrentielle de niveau international. Le gouvernement canadien est-il suffisamment engagé ? S'occupe-t-il de trop près de la vie quotidienne des Canadiens ? Garde ces questions en tête lorsque tu étudieras l'émergence du Canada moderne au XXe siècle.

Citoyenneté et patrimoine

Lorsque l'on étudie l'histoire du Canada, il est important de conserver un point de vue large et équilibré. Il est évident que les élites politique et économique ont joué un rôle crucial dans le développement des systèmes économiques et politiques canadiens. Pourtant, ce sont les gens de tous les jours, ceux qui ne font pas

Cette photographie montre Donald Smith frappant le coup symbolique qui mettait fin à la construction du chemin de fer transcontinental. Elle a servi à promouvoir le chemin de fer et est devenue l'une des photos les plus célèbres de l'histoire du Canada.

Cette photographie des travailleurs qui ont véritablement construit le chemin de fer transcontinental et ont frappé le dernier coup a été prise immédiatement suivant le départ des dignitaires. Très peu de Canadiens reconnaissent cette photographie. Que peut-on conclure sur ceux qui façonnent nos souvenirs historiques ?

partie des élites politique, économique et sociale, qui forment l'âme d'un pays. Pour comprendre les triomphes et les échecs du Canada, il faut accorder une place à tous ceux qui ont contribué à bâtir le pays.

Les citoyens et l'identité canadienne

Les livres d'histoire du Canada ont tendance à présenter une vision politique et économique du développement du pays où l'élite de la nation joue le plus grand rôle. On parle beaucoup des leaders politiques, des riches banquiers et industriels et des scientifiques, inventeurs et héros de guerre les plus connus. Leur contribution au développement du Canada est reconnue, mais ils ne sont pas les seuls à participer à l'histoire. On oublie trop souvent, dans les livres d'histoire, les héros de la vie quotidienne sans qui le Canada n'existerait pas. Bien que les politiciens expriment une certaine vision, ce sont les efforts de toute une société qui lui donnent vie.

À travers le Canada circulent de fascinantes histoires de Canadiens qui ont travaillé dans les mines et les forêts, qui ont pêché dans les rivières, qui ont construit des villes et qui se sont battus pour améliorer le sort de notre société. Sans ces hommes et ces femmes, le Canada ne se serait jamais réalisé. Les communautés francophones hors-Québec, en particulier franco-ontarienne, ont participé à cette réalisation en développant des villes qui expriment leur culture française.

En marche vers un nouveau siècle

Dans ce chapitre, nous t'avons présenté les divers courants qui forment le cours d'histoire que tu entreprends aujourd'hui. Tu as également pu découvrir un bref aperçu des faits importants des deux siècles qui précèdent le XXe siècle et comment ces faits s'insèrent dans les divers courants analysés. Il est clair que les événements passés ont profondément influencé le XXe siècle, tout comme les événements d'aujourd'hui façonneront le siècle à venir. Envisage ton exploration du Canada au XXe siècle comme un voyage dans le passé qui te permettra d'éclairer le présent et illuminer la voie vers l'avenir.

Récapitulation

RÉSUME TES CONNAISSANCES

Les termes ci-dessous sont essentiels à la compréhension de l'histoire du Canada. Si certains ne te sont pas familiers, informe-toi avant de t'attaquer à l'histoire du Canada au XXe siècle.

Conquête de la Nouvelle-France
Acte de Québec
Guerre de 1812
Rébellions de 1837
Rapport Durham
Confédération de 1867
Rébellions de Riel
Politique nationale
Colonisation de l'Ouest

L'ÉNIGME DE L'IDENTITÉ CANADIENNE

Pourrais-tu résoudre le mystère de l'identité canadienne ? Essaie d'illustrer l'essence de l'identité canadienne par une chanson, un poème, une bande dessinée, un collage, un paragraphe ou une série d'expressions typiquement canadiennes. Choisis le support qui te convient le mieux pour saisir les éléments essentiels de l'identité canadienne. Réfléchis à ce que tu as appris dans ce chapitre et pense à ce que tu as vécu afin de saisir l'essence du Canada. Comment crois-tu que ta description du Canada pourrait être différente de celle de quelqu'un qui habite le Nord ? La côte Est ou Ouest ? Les Prairies ? Le Québec ?

PARTIE 1

Le Canada à l'aube du XXe siècle

Le Canada a eu une histoire modeste. À mon avis, elle ne fait que commencer. Elle commence dans ce siècle. Le XIXe siècle a appartenu aux États-Unis; selon moi, le XXe siècle appartiendra au Canada.

Sir Wilfrid Laurier, 1904

CHRONOLOGIE

1896
Sir Wilfrid Laurier devient premier ministre du Canada.

1899
Les contingents canadiens partent pour la guerre des Boers.

Au début du siècle dernier, le Canada traversait une période de changements profonds. Sir Wilfrid Laurier, l'un des dirigeants les plus respectés du Canada, a occupé le poste de premier ministre pendant 15 ans, soit de 1896 à 1911. Grâce à l'immigration, la population est passée d'environ cinq millions d'habitants à plus de sept millions. L'économie a prospéré; toutes les industries et toutes les régions ont récolté les fruits de la croissance démographique. L'arrivée du chemin de fer a ouvert les Prairies à la colonisation, et le Canada s'est véritablement étendu d'un océan à l'autre. Il a cherché dès lors à prendre sa place aux côtés des grandes puissances, la Grande-Bretagne et les États-Unis. Ce tableau rassurant était cependant obscurci par un nuage : toute une partie de la population n'a jamais pleinement profité de la croissance économique.

REMUE-MÉNINGES

1. Au début du xxe siècle, le Canada s'étendait-il véritablement d'un océan à l'autre, ou était-il divisé par la question linguistique et par les inégalités économiques ?
2. L'immigration a-t-elle été une cause ou une conséquence, ou les deux, de la croissance économique du Canada ?
3. Comment le statut international du Canada a-t-il changé durant la première décennie du xxe siècle ?
4. Comment les mouvements syndicaux, féministes et réformateurs ont-ils réagi par rapport aux effets de la soudaine croissance économique ?

1903
Henri Bourassa fonde la Ligue nationaliste canadienne.

1912
Nelly McClung participe à la fondation de la Political Equality League.

CHAPITRE

2 La naissance d'une nation

Le gouvernement du Canada a fait de la publicité dans d'autres pays pour favoriser l'immigration destinée à coloniser l'Ouest. Quels détails sur cette affiche visent à attirer les immigrants hollandais ? Est-ce que cette image représente bien la vie de colons au Canada ?

RETOUR AUX SOURCES

- **Quels facteurs ont favorisé l'émergence de la nation canadienne au début du xxe siècle ?**
- **Quelles politiques gouvernementales ont contribué au développement du Canada ?**
- **Quelle a été l'importance de l'immigration pendant les années Laurier ?**
- **Sur quels plans l'économie canadienne s'est-elle développée au début du xxe siècle ?**

TERMES IMPORTANTS

Chemins de fer transcontinentaux

Compromis

Diversité culturelle

Dominion

Politique nationale

Réciprocité

CHRONOLOGIE

1896 Sir Wilfrid Laurier devient premier ministre.

1896 Sir Clifford Sifton lance une campagne pour favoriser l'immigration.

1905 L'*Autonomy Act* entre en vigueur. L'Alberta et la Saskatchewan deviennent des provinces.

1910 La *Loi sur l'immigration* de Frank Oliver entre en vigueur.

Imagine que tu es journaliste de Paris ou de Londres et que tu viens en visite au Canada au début du XXe siècle. Qu'est-ce qui attire ton attention ? Tu débarques à St. John's, à Terre-Neuve (qui ne fait pas encore partie du Canada), et tu amorces ton voyage vers l'ouest, dans un pays plus grand que tous ceux que tu connais. En traversant les provinces de l'Atlantique, tu aperçois de petits villages disséminés sur la côte et tu constates que la population vit surtout de la pêche.

Tu remontes le fleuve Saint-Laurent et tu remarques autant de ressemblances que de différences entre le Québec et l'Ontario. Tu vois des exploitations agricoles rurales et de grandes villes industrielles comme Montréal et Toronto. La population des deux provinces est concentrée dans une bande de 150 km au nord de la frontière américaine; les villages du Bouclier canadien sont éloignés des villes du sud. Le Québec, fort de sa longue histoire, parle français et perpétue les traditions héritées de la France. L'Ontario vit à la manière britannique. Cependant, tu remarques aussi la présence de minorités linguistiques dans chaque province.

Tu prends un train et traverses les Prairies. Les peuples amérindiens qui y vivent depuis la nuit des temps voient arriver des immigrants venus d'un peu partout dans le monde. Plus loin, tu admires les chaînes de montagnes de la Colombie-Britannique. Enfin, tu arrives à un port modeste mais bourdonnant d'activité : te voilà à Vancouver où ton voyage se termine.

Pendant ton périple, tu rencontres surtout des travailleurs, des femmes et des hommes qui travaillent six jours par semaine comme agriculteurs, pêcheurs ou ouvriers d'usine. Tu entends parler plusieurs langues et tu côtoies des gens de diverses origines ethniques.

Le Canada en 1905.

Le Canada en 1905. Dresse la liste des modifications apportées depuis aux frontières du Canada.

Les conditions de vie d'un grand nombre de travailleurs au début du XXe siècle. Qu'y a-t-il de dangereux pour les enfants dans ce logement ?

Tu n'as jamais visité de pays aussi hétérogène que le Canada. Partout où tu vas, on parle de croissance économique. Les villes s'étendent. Les exportations augmentent. Les gens agissent comme si cela devait durer toujours. Qu'est-ce qui semble unir les Canadiennes et les Canadiens ? L'optimisme.

Où que tu ailles, tu entends chanter les mérites d'un homme qui paraît incarner l'état d'esprit du pays : le premier ministre Wilfrid Laurier. Chevelure argentée, voix chaude et amicale, regard pénétrant, il proclame :

> *Voici venir à nous la marée montante de la fortune; si nous la laissons passer, elle ne reviendra peut-être jamais. Si nous la laissons passer, le navire de notre vie nationale, aujourd'hui si fier, s'échouera sur les hauts-fonds. Nous ne pouvons attendre, car le temps n'attendra pas.*

Optimisme et prospérité

En 1900, le Canada n'avait pas encore 40 ans, mais tout le monde lui promettait un brillant avenir. Le premier ministre Laurier a exprimé l'optimisme d'une grande partie de la population lorsqu'il a déclaré :

> *Le Canada a eu une histoire modeste. À mon avis, elle ne fait que commencer. Elle commence dans ce siècle. Le XIXe siècle a appartenu aux États-Unis; selon moi, le XXe siècle appartiendra au Canada.*

La plupart des gens étaient d'ascendance britannique ou française, mais s'identifiaient de plus en plus à leur jeune pays.

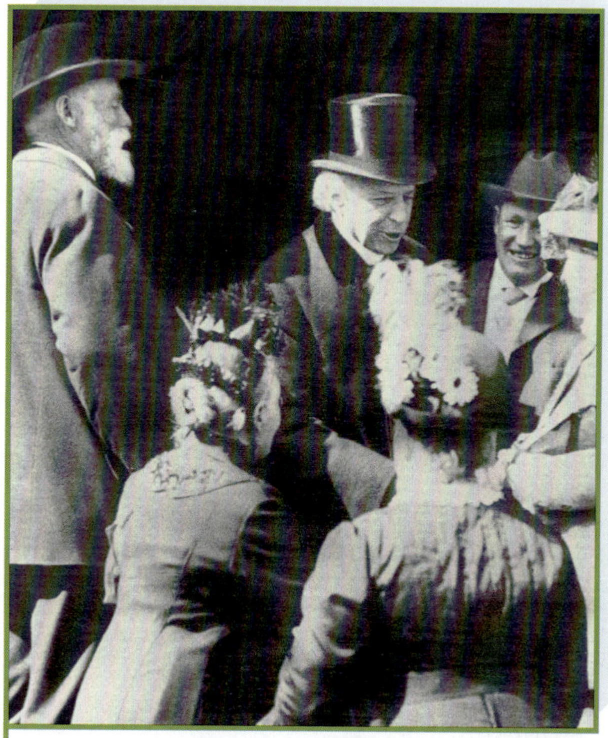

Au cours des longues années où il a été au pouvoir, Laurier est devenu l'un des symboles du Canada au début du XXe siècle.

Conquis, semble-t-il, par l'optimisme général, deux voyageurs venus de Grande-Bretagne, Henry Morgan et Lawrence Burpee, ont écrit :

> *Le destin réserve un avenir doré au jeune* ***dominion****. Les vastes forêts, la pêche côtière et continentale, les inépuisables gisements de charbon, les mines d'or, d'argent, de fer, de cuivre, de nickel et de presque tous les autres minerais connus ainsi que, par-dessus tout, le fabuleux potentiel des champs de céréales constituent pour le Canada autant de promesses d'une prospérité commerciale telle que le monde en a rarement connue.*

La perspective de la croissance économique réjouissait tout le monde, mais la prospérité cachait un certain nombre de problèmes et de divisions. Les régions n'allaient pas toutes bénéficier du boom économique. Le fossé allait s'élargir entre les riches et les pauvres. La pauvreté des peuples amérindiens et d'un grand nombre d'immigrants allait même empirer à mesure que l'industrie allait se développer.

Un chef rassembleur

Les changements économiques que connaissait le jeune pays s'accompagnaient de changements politiques. Le Parti libéral a pris le pouvoir en 1896. Personne ne paraissait plus capable que son chef, Wilfrid Laurier, de guider le pays jusqu'au stade de la maturité. La passion de Laurier pour le Canada et son enthousiasme quant au progrès économique étaient contagieux. Canadien français d'origine québécoise, Laurier avait de nombreux partisans chez les Canadiens français et les Acadiens des Maritimes qui se sentaient souvent laissés pour compte par les gouvernements à majorité canadienne-anglaise. Laurier paraissait appelé à jeter un pont entre les Canadiens anglais et les Canadiens français.

Laurier avait la réputation d'être un bon politicien et un chef plein d'assurance. Il semblait toujours pressentir les besoins et les désirs de la population. Avec ses cheveux longs, ses traits affirmés et son célèbre haut-de-forme, il projetait une image de gentleman à la page et élégant. Laurier était un orateur hors pair et représentait le Canada avec panache dans la communauté mondiale.

Sir W. Laurier en campagne électorale. Pourquoi les candidats utilisaient-ils le chemin de fer pour leur campagne ? Quel est l'équivalent moderne de cette stratégie ?

Laurier et l'art du compromis

Pendant la transition de la vie campagnarde à l'industrialisation, sous Laurier, plusieurs questions ont divisé les Canadiens. Le premier ministre a dû concilier bien des divergences. Inspirer la tolérance et la bonne foi à des groupes rivaux n'avait rien de facile. Laurier a résumé la démarche dans la déclaration suivante :

> *Lorsqu'on veut régler des problèmes politiques, il est très rare d'atteindre une solution en s'appuyant sur des principes abstraits. On arrive à une conclusion en prenant en considération plusieurs points de vue, en trouvant un fond commun parmi les différentes opinions, les différents préjugés et différentes passions. C'est ainsi que les différentes nuances de l'opinion publique sont unifiées.*

Laurier a fait de la politique l'art du **compromis** (le fait de trouver une solution satisfaisante pour tous). Son talent a été mis à l'épreuve une première fois à l'occasion du désaccord qui a opposé les anglophones et les francophones du Manitoba à propos du financement des écoles catholiques. Au moment de l'entrée de la province dans la Confédération, on avait promis aux catholiques francophones le bilinguisme officiel et des écoles catholiques distinctes. En 1890, cependant, le Manitoba a adopté le Manitoba Schools Act, une loi qui supprimait les subventions aux écoles catholiques de la province et faisait de l'anglais la seule langue d'enseignement. Les catholiques du Manitoba ont demandé l'aide du gouvernement fédéral.

Laurier cherchait un moyen de satisfaire et les francophones et les anglophones du Manitoba. Il a proposé un compromis : le Manitoba ne serait pas obligé de financer les écoles catholiques séparées, mais le système public devrait mettre une demi-heure d'enseignement religieux à l'horaire de chaque journée d'école. De plus, tous les endroits comptant au moins 10 élèves francophones devraient bénéficier des services d'une institutrice ou d'un instituteur francophone. Le compromis a été accepté, mais il ne répondait tout à fait ni aux demandes des catholiques ni aux espoirs du gouvernement du Manitoba et des protestants.

Un autre groupe, en Ontario cette fois, se méfiait du Parti libéral. La communauté des affaires avait toujours appuyé le Parti conservateur. Celui-ci avait en effet soumis les importations (produits achetés à d'autres pays) à des droits de douane afin de protéger les jeunes industries canadiennes. Les libéraux, quant à eux, avaient appuyé la **réciprocité**. Laurier sentait que cette politique devrait changer et il a fait adopter une législation très prudente qui maintenait les droits de douane tout en libéralisant les échanges commerciaux, avec la Grande-Bretagne en particulier (la « mère patrie » pour la majeure partie de la population ontarienne).

Certains historiens pensent que Laurier ne recherchait que des solutions à court terme sans se soucier de leurs conséquences à long terme. Ses célèbres compromis faisaient le bonheur des gens, mais, quelquefois, les compromis évitent à leurs auteurs de s'attaquer aux causes fondamentales des problèmes. En favorisant la croissance, le gouvernement de Laurier a donné au Canada un air de prospérité. Mais cette croissance avait un prix et, à certains égards, il en a reporté le paiement à plus tard. Ainsi, il était difficile de croire que le Canada avait les moyens de prolonger ses chemins de fer, de construire autant de villes et de développer aussi rapidement les secteurs de la forêt, des pêches et de l'industrie. Laurier, néanmoins, jouissait de la faveur populaire et est devenu le symbole vivant d'une époque que les historiens ont nommée « les années Laurier ».

Hyperliens

www.dlcmcgrawhill.ca

Visite le site Internet dont l'adresse apparaît ci-dessus pour parfaire tes connaissances sur sir Wilfrid Laurier. Clique sur ***Matériel complémentaire/ Primaire et secondaire***, puis sur ***Regard sur le Canada***, et on t'indiquera où aller ensuite.

L'économie nationale

Au début du XXe siècle, l'économie canadienne était en pleine transformation. Les industries reliées aux ressources naturelles se développaient et réclamaient des systèmes de transport, des chemins de fer en particulier. La population se concentrait dans les villes et l'Ouest s'ouvrait si bien que la demande de produits manufacturés augmentait. Aidée par les investissements britanniques et américains, l'industrie prenait son essor pour répondre à ce besoin. Les secteurs des produits et des services sont devenus les principaux employeurs. Le Canada est entré dans le XXe siècle porté par la vague de prospérité qui soulevait le monde entier.

Au péril de leur vie, des prospecteurs ont escaladé le col Chilkoot pour atteindre les champs aurifères (qui contiennent de l'or). Aurais-tu été de ceux qui allaient tenter leur chance au Yukon ?

Les ressources naturelles

L'économie canadienne bénéficiait principalement de l'expansion du secteur des matières premières et des ressources naturelles. Les régions du nord du Nouveau-Brunswick, du Québec, de l'Ontario et de la Colombie-Britannique étaient riches en forêts et l'industrie du bois se développait. On construisait des usines en vue d'exporter du bois et du papier journal principalement aux États-Unis mais aussi en Europe. Sur la côte est comme sur la côte ouest, l'industrie de la pêche demeurait florissante.

Le sous-sol livrait ses richesses. En 1898, la découverte de gisements d'or dans la région du Klondike, au Yukon, a fait la manchette dans le monde entier. Les gens sont venus d'aussi loin que l'Australie pour tenter la périlleuse expédition qui leur vaudrait peut-être la richesse. Au cours des 10 années qui ont suivi, les prospecteurs ont cependant trouvé du minerai ailleurs. On a découvert que le nord de l'Ontario était riche en ressources minières et, en 1910, le village de Cobalt est apparu autour de gisements d'argent. D'autres villes doivent aussi leur existence aux ressources naturelles : les frères Timmins ont donné leur nom à une ville située à proximité de gisements d'or et Sudbury est devenue la capitale mondiale du nickel.

La colonisation de l'Ouest

C'est la colonisation de l'Ouest qui a donné à l'économie son élan le plus vigoureux. Le Manitoba, la Saskatchewan et l'Alberta possédaient des terres arables qui comptaient parmi les plus fertiles du monde. La culture du blé et des autres céréales permettait de nourrir la population grandissante des villes canadiennes et de réaliser des exportations. Le gouvernement encourageait la colonisation de l'Ouest en faisant de la publicité dans le monde entier et en vendant des lopins de terre à bas prix. En retour, le Canada obtenait une main-d'œuvre bon marché pour défricher le sol des Prairies et cultiver les céréales qui lui rapportaient tant.

En 1900, l'économie canadienne avait tellement progressé qu'elle ne reposait plus exclusivement sur le commerce avec la Grande-Bretagne. De fait, les États-Unis étaient en voie de devenir le principal partenaire commercial du Canada. Les ressources comme le poisson, le blé, le bois et les minéraux se monnayaient non seulement sur les marchés internationaux mais aussi à l'intérieur des frontières. C'est ainsi que le blé cultivé dans l'Ouest se vendait dans l'Est et que les produits manufacturés dans l'Est se vendaient dans l'Ouest. Cet échange intérieur de biens constituait le pivot de la **politique nationale** conçue par le premier des premiers ministres du Canada, John A. Macdonald.

La communauté des affaires

Les dirigeants d'entreprise s'occupaient de tisser un réseau d'affaires national et, grâce à l'aide des banques et des investisseurs, les grandes sociétés ont pris encore plus d'ampleur. Au début du XXe siècle, plusieurs petites entreprises fusionnaient pour survivre ou, le plus souvent, étaient absorbées par de grandes sociétés. Les quelques sociétés consolidées que comptait le Canada en 1902 étaient, 10 ans plus tard, au nombre de 60 et regroupaient plus de 250 petites sociétés. Certaines de ces grandes entreprises étaient si prospères qu'elles pouvaient se tourner vers l'étranger et investir dans des usines de fabrication de tramways et des sociétés de production d'électricité situées aussi loin que le Brésil, l'Argentine, le Mexique, la Jamaïque et Cuba.

Max Aitken, un financier du Nouveau-Brunswick, était un homme d'affaires typique de son époque. Surnommé le « roi de la fusion », il a fondé la société Canada Cement en 1909 (en réunissant 11 petites entreprises de fabrication de ciment situées en Alberta, en Ontario et au Québec) et la société Stelco (Steel Company of Canada) l'année suivante, alors qu'il n'était âgé que de 30 ans. Son journal dont la devise était *"We lead, let those follow who can!"* (« Nous sommes les meneurs, que ceux qui en sont capables nous suivent ») était la première pierre d'un empire de journaux. En 1917, il a obtenu du roi d'Angleterre George V le titre de lord Beaverbrook et s'est fait plus tard protecteur des universités et des arts.

Le chemin de fer

Traversant le pays d'un océan à l'autre, le chemin de fer constituait le plus éloquent symbole du nouveau pays. Le train devenait partout à travers le monde le moyen le plus efficace de transporter les passagers, les matières premières et les produits manufacturés. Les autoroutes et les camions n'existaient pas encore et les trains alimentés au charbon pouvaient transporter en un seul voyage des tonnes de marchandises. Partout, les gouvernements aidaient les entreprises à construire des chemins de fer pour relier les villes et les régions qu'ils s'efforçaient de peupler.

Le Canada ne faisait pas exception à la règle. La construction ferroviaire avait commencé avant 1900, mais elle a connu une expansion rapide au cours des 10 premières années du siècle. L'avenir des petites colonies de peuplement des Prairies dépendait du chemin de fer et toutes réclamaient une gare et un embranchement pour les desservir. À l'époque de la Première Guerre mondiale, un bon nombre de régions du Canada étaient parcourues par plus d'une ligne ferroviaire. De nouvelles villes se sont développées le long des récentes lignes ferroviaires.

Le gouvernement du Canada avait accordé de généreux subsides au Canadien Pacifique sous la forme d'avantages fiscaux, de prêts et de concessions de terre. D'autres sociétés ferroviaires demandaient le même traitement. La Compagnie du chemin de fer canadien du Nord avait construit des segments de la ligne nationale et voulait combler les lacunes restantes en vue de devenir la deuxième ligne transcontinentale. Elle a demandé le soutien financier des gouvernements fédéral et provinciaux et a obtenu des garanties s'élevant à plus de 230 millions de dollars.

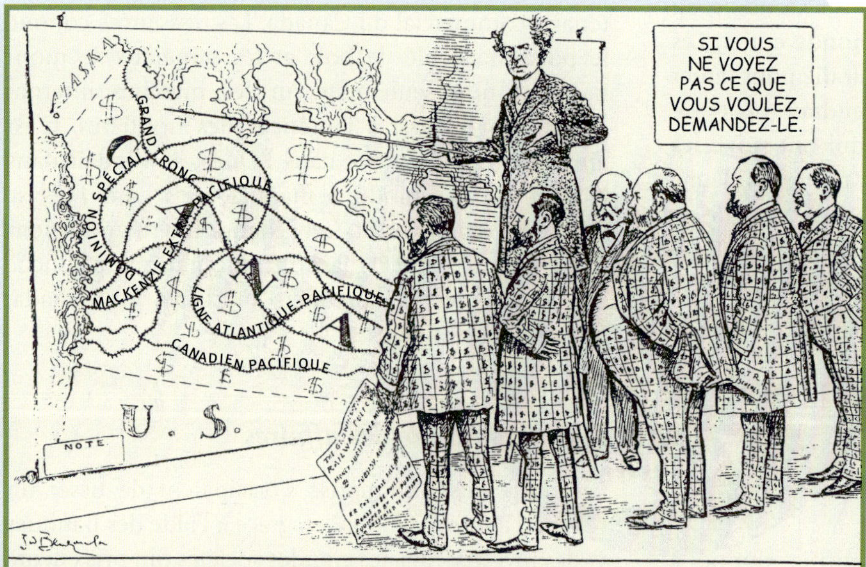

LES CHEMINS DE FER TRANSCONTINENTAUX EN PLEINE EXPANSION.
Le premier ministre : Le peuple a subventionné les chemins de fer et vous les a donnés; il vous a fait présent de ce pays. Mais que recevra-t-il en retour ?
Le chœur : Le peuple, représenté par le gouvernement recevra, euh, notre vote et notre influence, vous savez.

L'expansion du chemin de fer au Canada vue par un caricaturiste. Résume en tes propres mots les reproches que le dessinateur fait à Laurier.

Laurier a ensuite persuadé son Cabinet d'accorder des avantages semblables à la Grand Trunk Pacific Railway Company. Celle-ci a donc obtenu des garanties s'élevant à 13 000 $ par mille dans les Prairies et représentant 75 % du coût de la construction dans les Rocheuses. La Compagnie du chemin de fer canadien du Nord et la Grand Trunk n'ont jamais coopéré, malgré les encouragements en ce sens. Bientôt, le gigantesque système composé des trois **chemins de fer transcontinentaux** s'est écroulé. La Compagnie du chemin de fer canadien du Nord et la Grand Trunk sont devenues finalement le National Transcontinental.

L'immigration au début du xxe siècle

Avec les affaires, l'industrie minière et l'industrie forestière dans l'Est, l'agriculture dans l'Ouest et la construction ferroviaire dans le pays entier, le Canada manquait d'ouvriers et d'agriculteurs. En 1896, Laurier avait nommé le jeune et ambitieux Clifford Sifton ministre de l'Intérieur, et celui-ci a pris en matière d'immigration des mesures énergiques appelées « politique des portes ouvertes ».

Sifton a ciblé les pays qu'il jugeait « désirables » et les a inondé de prospectus promettant des terres gratuites dans l'ouest du Canada. Des affiches sont apparues dans les bureaux de poste et les gares des villes et des villages d'Europe. Sifton a envoyé des agents d'immigration ouvrir des bureaux à l'étranger afin que les demandes soient traitées le plus rapidement possible. Dans les pays où ces préposés n'étaient pas les bienvenus, Sifton a envoyé des agents clandestins qui se faisaient passer pour des représentants de la North Atlantic Trading Company. Pour attirer des immigrants américains, Sifton a fait publier des annonces dans les publications destinées aux agriculteurs et dans les journaux des régions rurales aux États-Unis.

En distribuant des brochures intitulées *Five Thousand Facts About Canada* (« Cinq mille renseignements sur le Canada ») ou *The Wondrous West* (« Les merveilles de l'Ouest »), le Canada se donnait l'image d'un pays idéal où tout était à bâtir. Cette campagne de marketing a séduit un grand nombre d'Européens. Les villes d'Europe étaient surpeuplées; les terres agricoles, hors de prix, appartenaient à de riches propriétaires qui les louaient en échange du gros des récoltes. En Europe de l'Est et dans l'empire de Russie, beaucoup

L'humour dans l'histoire

Stephen Leacock reste sans contredit l'un des plus grands humoristes du Canada et du monde entier. Leacock avait plus d'une corde à son arc. Il enseigne l'économie et la science politique à l'Université McGill, à Montréal, de 1903 à 1936. En 1910, il signe *Literary Lapses* en dépit des conseils d'un ami convaincu que son humour nuira à sa réputation d'économiste. Par bonheur pour ses fidèles lecteurs, Leacock fait la sourde oreille et publie en 1912 *Sunshine Sketches of a Little Town*, ouvrage dans lequel il jette un regard amusé sur la vie sociale, politique, économique et religieuse d'une petite ville canadienne fictive.

En 1903, Wilfrid Laurier donne le coup d'envoi à la mise en place d'un deuxième chemin de fer transcontinental. Les dépenses reliées au transport ferroviaire montent en flèche et le transport par rail connaît une expansion rapide. Dans « Hints to Travelers », l'un des textes du recueil *Literary Lapses*, Leacock donne quelques conseils aux voyageurs qui s'apprêtent à prendre le train au Canada.

> Dormir dans une voiture Pullman [un wagon-lit] réserve quelques difficultés au novice. Il faut veiller à apaiser tout sentiment de crainte. Les fréquents sifflements de la locomotive pendant la nuit ont de quoi semer l'inquiétude. Alors, avant de partir, apprenez la signification des divers sifflements. Un coup de sifflet signifie « gare », deux signifient « passage à niveau », et ainsi de suite. Cinq coups brefs en succession rapide dénotent un danger imminent. [...] Dès que vous les entendrez, passez votre pantalon par-dessus votre pyjama et descendez immédiatement du train. En guise de précaution supplémentaire, dormez les pieds tournés vers la locomotive si vous préférez avoir les pieds écrasés ou la tête dans le même sens si vous jugez préférable d'avoir la tête écrasée. Gardez-vous autant que possible de l'égoïsme au moment de prendre cette décision. Si la chose vous indiffère, dormez en travers de la voiture, la tête pendante dans le couloir.

de gens étaient persécutés pour leurs convictions religieuses. Le Canada devait leur apparaître comme un paradis. Bientôt, les immigrants sont arrivés par milliers d'Allemagne, des États-Unis, de Suède, de Grande-Bretagne, d'Ukraine, des Pays-Bas, d'Islande, de Norvège et de Russie. La population du Canada a augmenté de deux millions d'habitants au cours de la première décennie du XXe siècle.

Des réactions mitigées

Le Canada avait un urgent besoin d'immigrants prêts à travailler dur, mais il ne les a pas toujours accueillis à bras ouverts. Un grand nombre de Canadiens anglophones ne voulaient admettre au pays que des colons de souche britannique afin de sauvegarder les liens du Canada avec la Grande-Bretagne. Un grand nombre de Canadiens francophones, par ailleurs, craignaient de perdre leur langue et leurs écoles catholiques si les langues et les cultures se multipliaient dans l'Ouest. Cependant, depuis les dernières décennies du XIXe siècle, certains nationalistes canadiens-français avaient un grand rêve : la colonisation grâce au chemin de fer de tout le Nord canadien, depuis le Québec jusqu'au Manitoba, par des immigrants francophones et catholiques. L'un des plus fervents défenseurs de ce projet dans les années 1870-1880, le curé Antoine Labelle, y voyait l'occasion de créer un vaste « empire canadien-français du Nord ».

Sifton se faisait rassurant : le meilleur ouvrier, selon lui, était « un brave paysan vêtu d'un manteau en peau de mouton, né sur une terre et issu d'une longue lignée de fermiers ». Les immigrants d'Europe de l'Est voulaient échapper à la misère et à l'injustice et couleraient des jours heureux dans leur pays d'adoption. Le gouvernement craignait les revendications ouvrières ? Ces travailleurs n'avaient jamais appartenu à des syndicats et se montreraient bien sages.

Une affiche célèbre destinée à attirer les immigrants. Quelles techniques publicitaires les concepteurs de cette affiche ont-ils utilisées pour vanter les attraits du Canada ?

Une politique d'exclusion

Frank Oliver, un farouche opposant de la politique de Sifton, est devenu ministre de l'Intérieur en 1905. Cinq ans plus tard, il a modifié la *Loi sur l'immigration* de manière à endiguer la vague d'immigrants non anglophones au Canada. Oliver distinguait sa loi de la politique des portes ouvertes de Sifton et proclamait fièrement que sa méthode était « restrictive, exclusive et sélective ». Il disait sans ménagements qu'il ne s'agissait pas d'une loi pour promouvoir l'immigration. Ainsi, l'article 37 de la loi de 1910 stipulait que les immigrants devaient posséder une somme d'argent minimale et que cette somme pouvait « varier selon la race ». Les agents d'immigration pouvaient invoquer cet article pour refouler les individus jugés les moins désirables, particulièrement les Asiatiques, les Noirs américains, les Juifs et les Européens du Sud.

En vérité, c'est grâce à l'immigration que l'économie canadienne a pu se développer aussi rapidement au début du XXe siècle. En dépit des politiques d'Oliver, les immigrants non anglophones ont continué d'affluer de nombreux pays jusqu'au début de la guerre, en 1914. Les années Laurier ont marqué la véritable émergence de la **diversité culturelle** canadienne. Beaucoup de nouveaux arrivants se sont établis dans les centres industriels, et la plupart des grandes villes canadiennes ont eu leurs quartiers italien, polonais ou chinois. Un grand nombre d'immigrants se sont installés dans les Prairies et le nord de l'Ontario, et la carte de l'Ouest canadien est parsemée de noms venus des « vieux pays », comme Strasbourg, Esterhazy, Verigin et Stettler, ainsi que Swastika, en Ontario.

Lieux de naissance des habitants des différentes provinces en 1911 (en pourcentages)				
	Habitants nés au Canada		**Immigrants**	
	Habitants nés dans la province	**Habitants nés dans une autre province**	**Immigrants nés en Grande-Bretagne**	**Immigrants nés ailleurs qu'en Grande-Bretagne**
Nouvelle-Écosse	90,2	2,5	5,1	2,2
Nouveau-Brunswick	90,7	4,1	2,9	2,3
Île-du-Prince-Édouard	95,4	1,8	1,8	1,0
Québec	91,1	1,6	3,6	3,7
Ontario	76,6	3,3	14,2	5,9
Manitoba	37,5	20,6	20,9	21,0
Saskatchewan	20,7	29,8	16,5	33,0
Alberta	19,7	23,6	18,6	38,1
Colombie-Britannique	21,5	21,6	30,1	26,8
CANADA	70,2	7,8	11,6	10,4
Source : *Annuaire du Canada*, 1913. Chiffres arrondis.				

Lieux de naissance des habitants des différentes provinces en 1911. Quelles sont les trois conclusions que tu peux tirer après analyse de ces chiffres ?

Une décennie de changements

Au début du XXe siècle, le Canada pouvait enfin se vanter de s'étendre « d'un océan à l'autre », comme le proclamait sa devise. La frontière avec les États-Unis avait été dessinée au XIXe siècle, les côtes de l'Atlantique et du Pacifique étaient peuplées depuis longtemps et, désormais, la population des Prairies augmentait. La Saskatchewan et l'Alberta avaient accédé au rang de provinces en 1905, les trains sillonnaient le pays et les Canadiens avaient le sentiment que les différents territoires formaient enfin une seule et même nation. La population augmentait aussi dans les régions du nord grâce à l'exploitation minière, et les frontières du Québec et de l'Ontario ont été établies à leur emplacement actuel.

Si tu étais ce journaliste européen, tu rentrerais chez toi avec en tête une foule d'idées de reportages. Tu pourrais raconter que le Canada a connu sous Laurier une série de changements. Les forêts et les mines bourdonnent maintenant d'activité, les fermes poussent comme des champignons, les villages se transforment en villes et les immigrants viennent de tous les pays du monde pour commencer une nouvelle vie au Canada.

Dans tes articles, tu pourrais citer un autre voyageur, J.A. Hobson, qui s'est exclamé : « Voici venue l'ère du Canada [...] Le parent pauvre a trouvé la fortune, une seule décennie a balayé tous ses doutes et les a remplacés par une confiance sans bornes et un esprit d'entreprise conquérant. »

LES MÉTHODES DE L'HISTOIRE

LA TECHNOLOGIE AU SERVICE DE L'HISTORIEN

Comment te représentes-tu les historiens ? Comme des femmes et des hommes qui enseignent dans une université, travaillent dans un musée, font des recherches dans une bibliothèque, donnent des cours d'histoire au secondaire ? Tu les vois penchés sur des livres et des documents poussiéreux ? S'il n'y pas de microfilms, de cédéroms et de sites Web dans le décor que tu imagines, c'est que tu as oublié quelques-uns des outils les plus précieux des historiens.

Autrefois, les historiens étudiaient des documents concrets, des livres, des journaux intimes, des lettres, des registres officiels et des vestiges retrouvés dans des sépultures, des épaves et des villages abandonnés. Ils communiquaient les résultats de leurs recherches en écrivant des livres ou des articles dans des revues spécialisées. Ils se heurtaient cependant à un problème de taille : les documents et les livres intéressants sont éparpillés un peu partout dans le monde. Certains objets sont si vieux et si fragiles qu'on ne peut les mettre à la disposition des spécialistes et du grand public. Aussi les historiens devaient-ils se passer de documents qui leur auraient été utiles.

Dans les années 1960 et 1970, la technologie est venue à la rescousse des historiens. C'est en effet à cette époque qu'est apparu le microfilm, une photo très réduite que l'on peut agrandir à l'aide d'un lecteur spécial. Grâce aux microfilms, les étudiants peuvent désormais examiner facilement et à peu de frais des milliers de documents et d'objets fragiles, précieux ou conservés à l'étranger. Une historienne de Regina, par exemple, peut se rendre à la bibliothèque municipale et lire *Le Droit* de 1913.

En histoire comme dans de nombreuses autres disciplines, l'invention qui a eu le plus de répercussions sur le travail de recherche est sans contredit l'ordinateur. Cet appareil répond en effet à un besoin fondamental en histoire : obtenir et interpréter l'information. Certes, les historiens peuvent amorcer leurs recherches en consultant des livres et des journaux, mais ils peuvent ensuite passer aux cédéroms et aux DVD historiques. Tous les tomes d'une encyclopédie et tous les numéros d'un journal publiés en une année peuvent tenir sur un seul de ces disques. Beaucoup de cédéroms contiennent en outre des outils de recherche qui permettent d'accéder rapidement à l'information qu'ils renferment.

On peut archiver sur un seul microfilm tous les numéros d'un journal parus en un mois. Pourquoi le microfilm facilite-t-il l'accès aux documents ? Quels sont les inconvénients de cette technologie ?

Les historiens utilisent souvent l'ordinateur avant même d'avoir ouvert un livre ou un journal. Selon toi, quelles sources devraient-ils consulter en premier ? Pourquoi ?

Internet compte parmi les outils les plus puissants pour l'étude de l'histoire. En fait, les historiens peuvent y avoir recours au début de leurs recherches, au milieu ou à la toute fin.

Internet leur permet de visiter le Musée des civilisations à Hull, de lire le journal intime de sir Wilfrid Laurier ou d'admirer une collection de photos du début du XXe siècle conservée dans les archives de la ville de Montréal, et ce, sans sortir de leur bureau. À l'aide d'un engin de recherche, les historiens peuvent repérer les meilleurs sites Web consacrés à un sujet et bavarder avec des internautes qui partagent leur passion.

Si tu as envie de faire comme eux et de réaliser des recherches sur Internet, prends garde de te laisser tenter par des sites intéressants mais sans crédibilité ou sans rapport avec ton sujet. Voici quelques conseils que tu as intérêt à suivre pour accomplir une recherche fructueuse.

1. Assure-toi que les sites que tu visites sont fiables. Limite-toi aux sites produits ou recommandés par des organismes gouvernementaux ou des établissements d'enseignement. Consulte le localisateur de ressources uniformes (URL, ou adresse Web) ou la page d'accueil pour vérifier l'origine du site.
2. Vérifie la date de la dernière mise à jour du site. Elle est indiquée dans la plupart des sites sérieux.
3. Note tous les sites que tu visites et conserve les meilleures adresses dans ta liste de signets ou favoris. N'oublie pas que tu dois indiquer toutes tes sources, même les sites Web, dans ta bibliographie.
4. Utilise les engins de recherche perfectionnés qui effectuent des recherches poussées, mais rappelle-toi qu'ils ne répertorient pas tous les sites potentiellement intéressants.
5. Porte une attention particulière à la syntaxe de tes demandes de recherche. Place les expressions entières et les noms propres entre guillemets et tape un signe de soustraction ou d'addition à l'avant des termes que tu veux exclure ou inclure. Par exemple, tu pourrais taper : " Armée du Salut " + Canada-Grande-Bretagne.

Les historiens « branchés » ne commenceraient pas une journée de travail avant d'avoir dépouillé leur courrier électronique. Des milliers d'entre eux à travers le monde font partie d'au moins un groupe de discussion axé sur leur sujet d'étude.

L'ordinateur ne sert pas seulement aux premières phases de la recherche en histoire. Il est précieux à toutes les étapes de la démarche. Comment a-t-on pu se passer des tableurs et des grapheurs pour analyser les statistiques relatives à l'immigration ? Comment a-t-on pu se passer du traitement de texte pour rédiger toutes les versions d'un rapport ?

Les progrès de la technologie permettent aux élèves du secondaire de mettre en pratique quelques-unes des habiletés propres aux historiens chevronnés. Et toi, quel usage fais-tu de la technologie dans tes recherches ?

Récapitulation

RÉSUMÉ DU CHAPITRE

Dans ce chapitre, tu as appris :

- qu'un grand nombre de Canadiens ont compris pendant les années Laurier que leur jeune pays s'étendait enfin de l'Atlantique au Pacifique;
- que le développement de l'Ouest (qui a résulté de la productivité des exploitations agricoles et de l'arrivée de centaines de milliers d'immigrants) a alimenté une croissance économique qui allait durer plus de 10 ans;
- que le boom économique a favorisé l'expansion du transport ferroviaire, les exportations de produits agricoles et de matières premières et le développement industriel;
- que l'immigration a été le moteur de la croissance économique et le principal facteur de la diversité au Canada.

RÉSUME TES CONNAISSANCES

1. Explique l'importance historique des personnes, des lieux ou des événements suivants.

Parti libéral	Clifford Sifton
Manitoba Schools Act	Affiches pour attirer les immigrants
Cobalt (Ontario)	Curé Labelle
Max Aitken	Loi sur l'immigration de 1910
National Transcontinental	

2. À l'aide d'un tableau comparatif en deux colonnes, oppose les réalisations de Laurier (dans la première colonne) à ses défauts (dans la seconde colonne).
3. Indique six changements que l'immigration a entraînés au Canada et fais ressortir les liens qui les rattachent.
4. Qu'est-ce qui différenciait la *Loi sur l'immigration* de Frank Oliver de celle de Clifford Sifton ?
5. À l'aide d'un atlas du Canada, choisis 10 villes de l'Ouest. Pour chacune, fais une recherche sur l'origine de son nom. Combien de villes choisies ont un nom d'origine européenne ?
6. À l'aide d'un tableau en deux colonnes, compare les raisons qui poussaient les immigrants à quitter leur pays aux raisons qui les incitaient à s'établir au Canada.

EXPRIME TON OPINION

1. Est-il juste d'utiliser l'expression « les années Laurier » pour désigner la période de 1896 à 1914 ? Appuie ta réponse sur des faits historiques.
2. Pourquoi l'expansion économique a-t-elle bénéficié surtout aux gens d'affaires ?
3. En te basant sur des preuves historiques présentées dans le chapitre, rédige une critique en deux paragraphes sur la politique d'immigration de Clifford Sifton ou celle de Frank Oliver. Ta critique peut défendre ou condamner leur politique. Ton opinion doit être très claire.
4. Les périodes d'expansion économique sont souvent suivies par une période de récession. Quels étaient les points faibles de l'économie au temps de Laurier ?

ANALYSE LES FAITS HISTORIQUES

1. Formule au moins cinq questions que tu aurais posées à Wilfrid Laurier si tu avais eu l'occasion de dîner avec lui en 1910.

CHAPITRE

3

L'émergence de la diversité canadienne

RETOUR AUX SOURCES

- **Pourquoi les régions du Canada n'étaient-elles pas uniformément développées au début du xxe siècle ?**
- **Quelles ont été les conséquences de l'immigration pour les peuples amérindiens ?**
- **Pourquoi les Canadiens français pensaient-ils que leur culture était menacée par l'immigration ?**
- **Quelles difficultés attendaient les immigrants non blancs à leur arrivée au Canada ?**
- **Quel a été l'apport des immigrants au développement du Canada ?**

TERMES IMPORTANTS

Colonisation

Discrimination

Disparités régionales

Immigration

Industrialisation

Nationalisme

Racisme

Réserves

Cet immeuble préfabriqué, une banque située à Edmonton, était représentatif de l'esprit d'entreprise qui animait le Canada pendant les années Laurier. Il a fallu 20 wagons pour en transporter les pièces détachées qui ont été assemblées en 1902.

CHRONOLOGIE

1903 Henri Bourassa fonde la Ligue nationaliste canadienne.

1906 Hydro-Ontario est fondée.

1907 Des émeutes anti-asiatiques éclatent à Vancouver.

1910 Le gouvernement amende la *Loi sur les Amérindiens.*

Pendant la première décennie du XXe siècle, le Canada a traversé une crise de croissance économique. La population se rendait compte que le pays renfermait différentes économies régionales et toutes ne se développaient pas au même rythme. L'**immigration**, par ailleurs, atteignait un point culminant. Selon le lieu où ils s'établissaient et les compétences qu'ils possédaient, les immigrants prospéraient ou tombaient dans la pauvreté. Ils ne trouvaient pas toujours au Canada la vie meilleure dont ils avaient rêvé. Les peuples amérindiens, pour leur part, se voyaient refoulés en marge de la société canadienne. L'émergence de la diversité canadienne, au début du XXe siècle, a été le résultat des disparités économiques ainsi que de l'immigration massive et de ses conséquences pour les Amérindiens.

Le premier ministre Sir John A. Macdonald avait lancé sa politique nationale en 1879 pour intégrer les économies des régions. Les colons de l'Ouest devaient vendre leurs produits agricoles aux provinces de l'Est, et celles-ci devaient vendre leurs produits manufacturés aux populations de l'Ouest. Bien que logique en théorie, la politique nationale ne donnait pas les résultats escomptés : les régions ne profiteraient pas également de la prospérité au cours des années Laurier.

L'économie des Prairies

La culture du blé dans les Prairies comptait parmi les secteurs les plus florissants de l'économie au début du XXe siècle. En 1896, lorsque Wilfrid Laurier est devenu premier ministre, le Canada produisait huit millions de boisseaux de blé par année. En 1911, à la fin du mandat de Laurier, la production de blé atteignait les 230 millions de boisseaux et le blé représentait 42 % des exportations canadiennes. La prospérité de l'Ouest reposait non seulement sur la demande mondiale de blé mais aussi sur la production laitière, la polyculture et l'élevage pratiqué dans le sud de l'Alberta et dans l'est de la Colombie-Britannique. L'Ouest a bénéficié de l'expansion du chemin de fer plus que toute autre région du Canada, car la durée et le coût du transport des produits avaient diminué. Enfin, l'essor économique de l'Ouest aurait été impossible sans la persistance des colons. Ils accomplissaient un travail exténuant et ils n'étaient pas toujours récompensés pour leurs efforts.

Les colons de l'Ouest

En arrivant dans les Prairies, les colons achetaient une terre de 65 ha pour 10 $ seulement. Ils devaient aussitôt en labourer le dur sol et se construire une hutte en briques de terre pour s'abriter pendant le premier hiver. Puis ils essayaient de produire une modeste récolte. S'ils réussissaient à en vendre une partie, ils se procuraient de meilleurs outils et achetaient les produits qu'ils ne pouvaient pas cultiver eux-mêmes. Autrement, ils étaient obligés de travailler au chemin de fer ou dans des camps de bûcherons pendant une

Le village de Kimberley, en Saskatchewan, en octobre 1909 et 35 jours plus tard. Pourquoi ce village a-t-il été construit si rapidement ? Quels signes t'indiquent que l'emplacement était propice ?

partie de l'année afin de gagner le supplément d'argent nécessaire à leur survie.

Les étendues vastes et désertes des Prairies ne manquaient pas d'impressionner, et même de stupéfier, les colons. Une femme a écrit dans son journal : « Je n'oublierai jamais le sentiment de désolation qui m'a envahie quand nous nous sommes assis sur une boîte et n'avons aperçu autour de nous aucune habitation. [...] Si nous voulions un toit au-dessus de nos têtes, une étable pour nos chevaux, un puits pour avoir de l'eau potable, il fallait les construire de nos mains. » Près de 40 % des familles qui avaient obtenu une section de terrain ont été forcées par la nature d'abandonner ou de vendre leur propriété. Il suffisait d'avoir survécu dans les Prairies pendant une seule année pour mériter le titre de « vétéran ». Les familles imploraient le Ciel de leur épargner la rouille du blé, les sauterelles, les mouches à scie et la sécheresse; elles gardaient les yeux rivés sur l'horizon pour voir venir les feux de brousse allumés par la foudre, les tempêtes de grêle et les blizzards. Grâce au dur travail des immigrants, le sol des Prairies est devenu productif et les villes ont poussé comme des champignons dans l'Ouest entier. Le plus grand centre urbain de l'époque était la ville carrefour de Winnipeg.

La ville de Winnipeg

Winnipeg comptait parmi les villes canadiennes qui se développaient le plus rapidement. Sa situation stratégique en bordure est des Prairies lui donnait naturellement une vocation de portail. Toutes les exportations de céréales destinées à l'Est devaient traverser la ville par les chemins de fer; tous les immigrants et tous les produits manufacturés qui allaient vers l'Ouest devaient y transiter. Un auteur de Chicago a décrit comme suit la situation de Winnipeg en 1911 :

> *Tous les chemins mènent à Winnipeg. C'est le point d'intersection des trois chemins de fer transcontinentaux du Canada, et il n'y a pas de manufacturier, de capitaliste, de fermier, de mécanicien, d'avocat, de médecin, de marchand, de prêtre ni d'ouvrier qui puisse aller d'une partie du Canada à l'autre sans passer par Winnipeg. C'est le carrefour de tous les échanges commerciaux entre l'Est et l'Ouest, entre le Nord et le Sud.*

La rue Principale de Winnipeg en 1904. Quels signes t'indiquent que Winnipeg était une grande ville commerciale et multiculturelle à l'époque ?

L'économie des régions côtières

Pendant que les villes de l'Est vendaient à l'Ouest les produits de leurs usines et que les Prairies prospéraient grâce à la culture du blé, l'économie des régions côtières reposait toujours sur la pêche, la foresterie à petite échelle et les autres ressources traditionnelles. La pêche était l'une des industries les plus anciennes du Canada et, en théorie, les régions côtières auraient dû récolter pour très longtemps les infinies richesses de la mer. Mais la Colombie-Britannique et, surtout, les Maritimes étaient aux prises avec de graves problèmes.

Les Maritimes

L'économie de la côte Est a progressé pendant les années Laurier, mais pas autant que celle de l'Ontario et du Québec, ce qui ne manquait pas d'irriter la population. Les difficultés des Maritimes tenaient à plusieurs facteurs. La construction navale, qui formait le pivot de l'économie et qui avait le bois pour matière première, a décliné lorsque sont apparus les navires d'acier. Quant aux pêcheurs, ils n'étaient plus de taille à concurrencer les exploitants équipés d'immenses bateaux capables de parcourir de longues distances et de rester longtemps en mer.

Pour faire continuer l'industrie de la pêche, il fallait ouvrir des conserveries et des entrepôts réfrigérés au prix d'investissements énormes. Or, les banquiers et les gens d'affaires des Maritimes investissaient non pas chez eux mais dans les industries florissantes du Québec et de l'Ontario. Le développement du secteur de la métallurgie a entraîné une certaine diversification de l'économie, mais cette industrie appartenait pour l'essentiel à des investisseurs ontariens qui ne réinjectaient par leurs bénéfices dans l'économie des Maritimes. À la fin du mandat de Laurier, l'économie des Maritimes avait un lourd retard à rattraper par rapport aux autres régions du Canada.

La Colombie-Britannique

Grâce aux investissements extérieurs, l'économie de la côte Ouest canadienne se portait beaucoup mieux que celle de la côte Est. La présence dans les eaux du Pacifique de diverses espèces de saumon attirait les investisseurs. En 1902, l'industrie de la pêche était dominée par une entreprise américaine, la British Columbia Packer's Association.

La Colombie-Britannique diversifiait son économie en investissant dans les autres industries du secteur primaire. La province regorgeait de forêts, si bien que le Canada allait bientôt devenir le premier pays producteur de papier journal au monde. Les mines de la Colombie-Britannique ont bénéficié d'investissements venus du centre du Canada, de la Grande-Bretagne et des États-Unis. On avait découvert des gisements de cuivre et d'or dans la région de Kootenay en 1887 et, moins d'une génération plus tard, la société Cominco se classait parmi les principales sociétés minières du Canada. En 1910, la Colombie-Britannique n'était surpassée que par l'Ontario pour la valeur de son industrie minière.

Le Canada industriel

Le centre du Canada était devenu le moteur de l'économie nationale en 1900. Tandis que la plupart des régions du Canada s'appuyaient sur le secteur primaire, le sud du Québec et de l'Ontario connaissait une véritable révolution industrielle. Là, la production de biens de consommation comme les vêtements, les textiles et les chaussures a assuré la prospérité des usines et des villes au cours de la seconde moitié du XIXe siècle.

Après 1900, le Québec et l'Ontario ont profité d'investissements canadiens et étrangers pour se lancer dans la production des machines nécessaires à la transformation des matières premières provenant des autres régions. L'industrie minière, l'industrie forestière, l'agriculture et même la pêche avaient besoin de nouveaux équipements pour rester compétitives. Des industries connexes sont apparues près des centres de production. C'est ainsi que le raffinage du pétrole, la production de substances chimiques et d'engrais ainsi que la production d'électricité ont connu une croissance considérable dans le centre du Canada.

La croissance de l'Ontario

Presque toutes les régions du Canada ont bénéficié de la croissance économique que le pays a connue pendant les années Laurier, mais il semblait que l'Ontario récoltait au bout du compte la majeure partie des investissements. L'industrie de la métallurgie

Le port de Victoria en 1886 et en 1910. Dresse la liste des différences entre les deux situations et mets-les en rapport avec les signes de croissance énumérés dans le texte.

nécessitait une importante injection de capitaux, de sorte qu'elle s'est concentrée en Ontario. La demande de fer et d'acier était énorme, car ces métaux servaient à la construction des chemins de fer et à la fabrication d'une foule de produits : vis, écrous, forets, appareils électroménagers, bicyclettes, carrosses et voitures. Aussi la production de fer et d'acier a-t-elle été 6 fois plus grande de 1880 à 1900, puis 10 fois plus grande de 1900 à 1914.

L'établissement d'une industrie aussi importante que la métallurgie en Ontario a favorisé le développement du secteur secondaire et notamment la fabrication d'automobiles, de machines agricoles et d'appareils électroménagers. C'est ainsi que la société Massey-Harris, qui produisait des machines agricoles, s'est installée à Toronto en 1891 et est vite devenue la plus grande entreprise canadienne. Pendant les années Laurier, elle assurait à elle seule 15 % des exportations canadiennes de produits manufacturés. Le secteur tertiaire s'est développé dans la foulée des secteurs primaire et secondaire pour approvisionner une population croissante en denrées alimentaires, en vêtements et en articles de quincaillerie. C'est à cette époque que Timothy Eaton a transformé sa boutique de la rue Yonge, à Toronto, en un vaste magasin dont les succursales se sont ensuite multipliées à travers le pays. La maison Eaton a connu un succès national grâce à une idée ingénieuse : le catalogue de vente par correspondance qui mettait à la portée des régions rurales des articles introuvables dans les magasins généraux.

Le catalogue printemps-été 1907 de la maison Eaton. Pourquoi les familles du Canada entier étaient-elles tout heureuses de recevoir le catalogue ? En quoi la mode féminine de l'époque traduisait-elle la situation de la femme dans la société ?

Le Québec jouissait d'une prospérité analogue à celle du sud de l'Ontario, mais il se distinguait de son voisin de l'ouest par sa langue et sa culture.

Le Québec en mutation

L'économie québécoise s'est développée au même rythme que l'économie ontarienne pendant les années Laurier, grâce à l'énergie hydroélectrique, aux mines du Nord et aux villes industrielles qui poussaient dans la vallée du Saint-Laurent. Certaines personnes jugeaient cependant que l'**industrialisation** menaçait la société canadienne-française. En 1913, Louis Hémon a publié un hymne à la vie rurale, le roman *Maria Chapdelaine*. Or, le mode de vie qu'il célébrait était en voie de disparaître. La moitié seulement des Canadiens français vivaient encore à la campagne; les autres avaient été forcés de quitter leur village natal pour aller gagner leur vie en ville, et même aux États-Unis. Les Canadiens français craignaient pour la survie de leur langue et de leur culture.

Cette émigration vers les États-Unis était très mal vue par les élites du Québec, particulièrement par l'Église : les Canadiens français risquaient d'y perdre leur religion, leur langue ainsi que leurs valeurs rurales traditionnelles. La première solution envisagée par les dirigeants a été la **colonisation** de nouvelles terres au Québec : au Lac-Saint-Jean, en Gaspésie, dans l'Outaouais, en Abitibi. L'autre solution qui s'offrait aux Canadiens français était d'aller s'installer dans le Nord ontarien qui commençait à se développer grâce aux chemins de fer. Les curés du Québec n'ont pas hésité à encourager les Canadiens français à s'établir chez leurs voisins de l'ouest, surtout que le grand rêve d'un « empire canadien français du Nord » qui s'étendrait du Québec au Manitoba était encore bien vivant chez certains nationalistes francophones…

Trois secteurs économiques ont permis à l'époque le développement du nord de l'Ontario : les mines, le bois et l'agriculture. Les francophones qui ont immigré dans les régions de North Bay, de Sudbury et, plus tard, de Timmins ont surtout travaillé dans les secteurs forestier et agricole, bien que le secteur minier y ait été très important. Les Canadiens français qui se sont installés à Sault-Sainte-Marie ont pu s'intégrer à une économie basée en bonne partie sur l'exploitation forestière. Plus au nord, dans la zone appelée Ceinture d'argile (où nous retrouvons notamment la ville de Hearst), l'immigration francophone a été très importante, les terres de cette région étant à l'époque réputées plus fertiles que partout ailleurs dans le Nord ontarien.

Les Canadiens français s'apercevaient aussi qu'ils étaient souvent délaissés. L'Église catholique romaine, à laquelle ils appartenaient, n'était pas complètement opposée à l'industrialisation, mais elle tenait à ce que les Canadiens français conservent leurs traditions rurales, leur langue, leurs libertés et leur religion catholique. Par ailleurs, les entrepreneurs francophones qui essayaient de se tailler une place dans la nouvelle économie se heurtaient à des barrières linguistiques. L'anglais était la langue des affaires, et les anglophones étaient aux premières loges pour obtenir de l'information sur les inventions et les nouvelles méthodes de gestion. Les Canadiens français qui travaillaient pour des patrons anglophones se sentaient tiraillés : s'ils voulaient réussir dans leur milieu de travail, ils devaient apprendre l'anglais. Par contre, pour conserver leur culture et leur langue, ils devaient également se battre. Une position bien inconfortable.

La montée du nationalisme au Québec

Sauvegarder la culture québécoise, combattre les idées impérialistes et se développer en tant que peuple, tels étaient les défis que les Canadiens français s'efforçaient de relever. Un certain nombre d'organisations ont vu le jour au début du XXe siècle pour faire la promotion du **nationalisme**. La plus influente était la Ligue nationaliste canadienne, fondée en 1903 par un groupe de 10 jeunes intellectuels. Leur chef de file, Henri Bourassa, a parlé du sentiment d'isolement qui gagnait les Canadiens français. Aux yeux de ceux-ci, disait-il, le Canada n'était pas pour tous les Canadiens. « Les gens du Québec, ajoutait-il, ne peuvent que

Cornelius Krieghoff, *La ferme de l'habitant*, 1856. Galerie nationale du Canada.

La ferme de l'habitant, par Cornelius Krieghoff. Qu'évoque le peintre dans ce tableau ? Pourquoi les peintures de ce genre sont-elles restées populaires au Québec, même après la vague de changements que la province a connue ?

Les arts

LES SCULPTEURS DE SAINT-JEAN-PORT-JOLI

Le Québec a été l'un des premiers établissements européens en Amérique du Nord, et il cultive de ce fait des traditions qui datent de plusieurs siècles. Le pittoresque village de Saint-Jean-Port-Joli, au bord du fleuve Saint-Laurent, conserve les traditions culturelles qu'il a héritées. Le village, en effet, est réputé pour ses sculpteurs, ses modélistes et ses tisserands. C'est du reste à Saint-Jean-Port-Joli qu'on trouve la plus forte concentration de sculpteurs sur bois en Amérique du Nord.

La longue tradition de la sculpture sur bois s'exprime avec éclat dans l'église de Saint-Jean-Port-Joli, qui a été construite en 1779. Là se trouvent de délicates sculptures réalisées de 1740 à aujourd'hui. La pièce la plus ancienne, antérieure à l'église, est le tabernacle, sculpté en 1740 et ultérieurement recouvert de feuilles d'or. En 1937, deux des meilleurs sculpteurs de Saint-Jean-Port-Joli, Médard et Jean-Julien Bourgault, ont terminé l'un des ouvrages les plus célèbres de l'église, la chaire ornée de statues de saints.

C'est aux frères Bourgault, Médard, André et Jean-Julien, que revient le mérite d'avoir ravivé et continué la tradition de la sculpture sur bois à Saint-Jean-Port-Joli. Non seulement ces trois hommes ont-ils fait de leur village un important centre de sculpture, mais ils ont fondé la première école de sculpture sur bois au Québec.

Comme la société québécoise, l'art des sculpteurs sur bois de Saint-Jean-Port-Joli s'est profondément transformé. Dans les années 1930, les sculpteurs ont délaissé les thèmes religieux pour représenter le mode de vie traditionnel du Québec. Les scènes paysannes demeurent populaires, mais la génération actuelle de sculpteurs s'inspire de personnages jeunes qu'elle dépeint de manière personnelle.

Les trois photos qui figurent sur cette page témoignent d'autant de phases de la sculpture à Saint-Jean-Port-Joli. La première montre une pièce moderne, intitulée *Près de l'étang*, de Pier Cloutier. La deuxième fait voir une scène paysanne typique, sculptée par André Bourgault. La troisième, enfin, révèle l'influence de la religion sur la société canadienne-française traditionnelle.

conclure que le Québec est leur seul pays, car ils n'ont pas de liberté ailleurs. » La plupart des Canadiens français étaient animés d'un grand patriotisme, mais ce sentiment était nourri par le Québec et la langue française. Les Canadiens français se cherchaient des leaders prêts à lutter pour la sauvegarde de leur culture et, au fil des ans, l'influence des nationalistes de la trempe de Bourassa allait grandir au Québec.

Une politique « nationale » ?

La politique « nationale » a-t-elle favorisé l'Ontario au détriment des autres provinces ? Voilà une question qui n'a pas cessé d'occuper les historiens. Certains ont dit que l'imposition de droits de douane a aidé les usines et les sociétés de l'Ontario et du Québec mais entravé la croissance des Maritimes. La politique de colonisation de l'Ouest a ouvert les Prairies mais débouché sur la monoculture. De plus, les coûts élevés du transport ont creusé un écart persistant entre la Colombie-Britannique et les provinces du centre.

D'autres historiens ont avancé que le système économique constituait le nœud du problème. Le gouvernement Laurier, selon eux, n'avait pas la capacité d'intervenir et de changer les réalités économiques. Les investisseurs se tournaient naturellement vers les centres de population et les régions les plus prometteuses. Les Maritimes n'avaient tout simplement pas ce qu'il fallait pour attirer les investissements. Les Prairies se consacraient aux cultures rentables. La Colombie-Britannique était trop « éloignée » pour se donner une base économique solide et diversifiée. Au beau milieu du pays se trouvaient les villes en plein essor du sud de l'Ontario et du Québec, proches des centres industriels des États-Unis. Quelles qu'en aient été les causes, les **disparités régionales** en matière d'économie ont créé des tensions entre les provinces. Mais l'économie n'était pas le seul facteur à transformer le visage du Canada. Des millions d'immigrants allaient bientôt modifier la composition culturelle de la société canadienne.

La question de l'immigration

L'immigration a atteint son point culminant au Canada entre 1900 et 1911. Ses répercussions sur l'économie ne laissaient personne indifférent. Le travail des immigrants alimentait la croissance économique, mais le concept de société multiculturelle était encore étranger à beaucoup de Canadiens. Même J.S. Woodsworth, le réformateur progressiste qui luttait pour les droits de la classe ouvrière, a écrit ce qui suit dans un livre à succès intitulé *Strangers Within Our Gates* (« Des étrangers dans nos murs ») : « Les Anglais et les Russes, les Français et les Allemands, les Autrichiens et les Italiens, les Japonais et les Hindous, toute cette foule colorée s'abat sur le Canada comme amenée par une interminable chaîne. [...] Comment allons-nous fondre cette masse diversifiée en un seul peuple ? Tel est le problème qui se pose à nous. »

Certaines personnes voyaient la solution dans les services sociaux que prodiguaient les églises. D'autres affirmaient que les nouveaux arrivants devaient être instruits et, par-dessus tout, parler anglais. D'autres encore ont pris part à un mouvement de ressac qui a débouché sur des législations restrictives, des pratiques d'embauche discriminatoires et même des actes violents. Les millions d'immigrants, pourtant, faisaient leur possible pour s'adapter à une terre étrangère et souvent hostile. Avec la colonisation qui l'avait précédée, l'immigration a eu sur les peuples amérindiens des répercussions qui allaient changer pour toujours l'identité culturelle du Canada.

Le long voyage des immigrants

Quel qu'ait été leur pays d'origine, les immigrants espéraient trouver une vie meilleure au Canada. La plupart d'entre eux quittaient un pays affligé par la pauvreté, la surpopulation ou les persécutions religieuses et politiques. Après 15 jours d'une pénible traversée dans la cale bondée et insalubre d'un navire, ils débarquaient à Halifax ou à Québec. Là, on vérifiait leur état de santé et leur « admissibilité ».

Le voyage se prolongeait par un trajet en train. Les familles s'installaient dans des wagons de bois équipés d'un poêle. Un grand nombre d'entre elles descendaient à Montréal et à Toronto. Les gens demandaient du travail dans les usines et cherchaient des logements dans les quartiers où ils pouvaient parler leur langue et se faire de précieux contacts. Les autres demeuraient dans le train et traversaient un pays plus grand que l'Europe pour trouver du travail dans les villes de l'Ouest ou tenter leur chance dans l'agriculture.

Hyperliens

www.dlcmcgrawhill.ca

Visite le site Internet dont l'adresse apparaît ci-dessus pour parfaire tes connaissances sur l'immigration pendant les années Laurier. Clique sur ***Matériel complémentaire/Primaire et secondaire***, puis sur ***Regard sur le Canada***, et on t'indiquera où aller ensuite.

Les Canadiens juifs

Les premiers immigrants juifs sont arrivés en Amérique du Nord britannique dans les années 1760. L'immigration juive a beaucoup augmenté pendant les années Laurier, à cause des pogroms qui sévissaient en Russie. Les pogroms étaient des massacres organisés, l'aboutissement d'une **discrimination** systématique pratiquée par le gouvernement russe. Les Juifs s'enfuyaient en Europe de l'Ouest, se joignaient à d'autres victimes de discrimination et partaient pour les États-Unis ou le Canada. La population juive du Canada est passée de 2500 personnes à plus de 75 000 entre 1881 et 1914. Elle s'est concentrée à Montréal, mais a aussi formé des communautés à Saint John, Québec, Toronto, Hamilton et Winnipeg. Ses espoirs de liberté, cependant, ont souvent été déçus. En effet, la société canadienne pratiquait des politiques de discrimination contre les Juifs. Elle leur interdisait un grand nombre d'emplois et, parfois, les restreignait à certains quartiers des villes.

En dépit des obstacles qui se dressaient sur son chemin, la communauté juive était déterminée à conserver sa culture au sein de la société canadienne. Les Juifs ont fondé des synagogues, des écoles, des institutions financières et des journaux. Ils ont continué à parler yiddish et à pratiquer leur religion dans une société à majorité chrétienne.

Les Canadiens noirs

Au XIXe siècle, la société américaine pratiquait l'esclavage dans le Sud et la discrimination raciale dans les villes du Nord. Alors un grand nombre de Noirs ont pris le « chemin de fer clandestin » et se sont réfugiés au Canada.

Au Canada, les Noirs échappaient à l'esclavage mais pas au **racisme**. Les conseils municipaux les ont incités à retourner aux États-Unis après la guerre de Sécession (1861-1865). L'esclavage avait enfin été aboli et un bon nombre de Noirs ont saisi l'occasion de s'établir sur une terre. En 1901, on comptait moins de 18 000 Noirs au Canada. Malgré leur faible nombre, ils ont formé des communautés dynamiques en Nouvelle-Écosse, dans le sud-ouest de l'Ontario, en Colombie-Britannique et dans les Prairies. De ces communautés

John Ware est né esclave, mais a quitté le Texas pour l'Alberta (qui faisait alors partie des Territoires du Nord-Ouest) en 1882. C'est à Ware qu'on attribue l'introduction du rodéo et du bétail à longues cornes dans l'Ouest canadien. Quels obstacles lui et son épouse ont-ils été obligés de surmonter ? De quel genre d'éducation rêvaient-ils pour leurs enfants ?

Voix canadiennes

Les souvenirs de l'épouse d'Ah Sing[1]

Il y a vingt ans, lorsque j'ai quitté mon village du Tai Shan[2], en Chine, j'étais une jeune fille de seize ans promise à Ah Sing, un homme que je n'avais jamais vu et qui vivait à Nanaimo, en Colombie-Britannique.

C'était en 1898. La traversée de l'immense océan en bateau a duré trois mois. Les seules étendues d'eau que j'avais vues avant étaient les étangs de notre village.

La demande en mariage a été faite à mes parents par Min Baak[3], qui faisait de fréquents voyages entre la Chine et la Montagne dorée[4] pour recruter des ouvriers chinois et les escorter jusqu'aux chantiers de construction d'ici. Ah Sing avait prié Min Baak de demander en son nom la main d'une jeune femme travaillante qui serait disposée à vivre à Gum San et à l'aider dans la buanderie qu'il venait d'acquérir.

Min Baak a bien précisé à mes parents et à moi qu'une telle chance ne reviendrait peut-être jamais. Il avait entendu des rumeurs : la taxe que chaque personne devait payer en arrivant à Ga Na Dai[5] allait bientôt passer de cinquante à cent dollars. « Lorsque ce sera fait, a-t-il dit, personne ne sera capable d'économiser suffisamment d'argent pour faire venir un autre parent à Gum San. » Il nous a dit qu'Ah Sing se montrait très généreux en offrant de payer cette taxe pour moi, lui qui avait économisé son salaire de cheminot de un dollar par jour pour acheter la buanderie.

De notre village, je me suis rendue à Hong-Kong et, là, j'ai pris le bateau jusqu'à Gum San. La seule chose qui m'encourageait pendant le long voyage était l'espoir de ramasser un jour assez d'argent pour que mes frères aient eux aussi la chance de commencer une nouvelle vie. Nous savions tous que nous ne pouvions pas compter sur les revenus de notre minuscule coin de terre. Les récoltes n'étaient jamais suffisantes pour nourrir notre famille de dix, même les « bonnes années[6] », celles où il n'y avait pas de catastrophe naturelle.

Ah Sing s'était installé au Canada vingt ans plus tôt, à l'âge de quatorze ans, pour travailler au chemin de fer. Après, il était allé dans le quartier chinois de Nanaimo et avait travaillé comme coolie[7] pour des commerçants chinois. Il n'avait pas le choix des emplois parce qu'il ne parlait pas anglais et ne savait ni lire ni écrire le chinois. Grâce à sa détermination et à sa persévérance, cependant, il avait réussi à acheter la petite buanderie que j'allais l'aider à exploiter.

La vie à Gum San n'était pas facile. Ah Sing et moi vivions dans une petite pièce à l'arrière de la buanderie. Nous n'avions pas les moyens d'engager un employé, alors nous devions travailler toute la journée. L'air de la buanderie était chaud et humide en toute saison, à cause de la vapeur qui s'élevait de l'eau chaude, du poêle à charbon sur lequel nous faisions chauffer nos fers et des fers eux-mêmes. Nous mangions quand nous avions un moment libre. La plupart du temps, nous prenions nos repas debout à côté du bassin ou de la planche à repasser, le visage en sueur. La buanderie fermait à sept heures du soir à cause des restrictions que la ville imposait aux commerçants chinois, mais nos journées ne se terminaient pas avant minuit. Ah Sing passait les soirées à nettoyer des montagnes de vêtements pendant que moi, je m'occupais du reprisage et de la couture des boutons, des services spéciaux que nous offrions à nos clients. Nous travaillions tous les jours de l'année, même au jour de l'An chinois. Ah Sing avait investi les économies de toute une vie dans notre petite boutique, et nous ne pouvions pas nous permettre de perdre de l'argent.

Je n'ai jamais réussi à mettre assez d'argent de côté pour payer le voyage de mes frères. En 1900, deux ans après mon arrivée, la taxe d'entrée a été augmentée à cent dollars. Puis, en 1903, elle est passée à cinq cents dollars. À ce moment-là, Min Baak a décidé de prendre sa retraite parce que les nouveaux ouvriers n'auraient jamais pu gagner assez pour payer la taxe. Lui et sa famille sont retournés dans leur village ancestral en Chine. Un grand nombre de nos connaissances dans le quartier chinois ont pris la même décision parce qu'elles ne pouvaient plus supporter d'être séparées de leurs familles.

La communication avec nos familles a cessé peu de temps après. À cause des troubles politiques[8], les lettres ne se rendaient plus dans les villages agricoles de Chine. Nous avons entendu toutes sortes de rumeurs qui parlaient de famine et de pillage. Nous ne pouvions que prier pour que tous les nôtres soient sains et saufs.

Est-ce que je regrette d'être venue à la Montagne dorée ? Un peu. La vie n'est pas moins dure dans la buanderie que sur notre minuscule coin de terre dans un village de Chine. À Gum San, au moins, nous sommes certains de manger à notre faim. Nous avons plus de chance que la plupart des autres car, avec nos deux fils, nous avons une famille bien à nous et nous pouvons nous entraider. J'ai cessé de penser que je reverrai un jour mon village natal. Entretenir un tel espoir, selon moi, serait trop demander à la vie.

PROPOS RECUEILLIS PAR GLORIA FUNG. GLORIA FUNG EST ENSEIGNANTE CHARGÉE DE LA LIAISON COMMUNAUTAIRE POUR LE CONSEIL SCOLAIRE DU DISTRICT YORK EN ONTARIO.

Notes

1. Les Chinois n'emploient pas le mot « madame » mais l'expression « épouse de… » pour parler des femmes mariées.
2. À l'origine, la majorité des immigrants chinois venait de quatre préfectures, Tai Shan, San Wul, Yan Ping et Hoi Ping, situées dans le delta du fleuve Hsi-kiang, dans la province de Kuang-tung, sur la côte septentrionale.
3. Terme de civilité employé pour s'adresser aux hommes plus âgés que soi.
4. Aussi appelée *Gum San*. Ce terme désigne l'Amérique du Nord, où de nombreux ouvriers chinois travaillaient dans les mines d'or de la côte Ouest. Il arrive encore aujourd'hui que les Chinois appellent la ville de San Francisco la « Vieille Montagne dorée ».
5. Canada.
6. De 1851 à 1908, le delta du fleuve Hsi-kiang, où la préfecture de Tai Shan était située, a connu 14 inondations, 7 typhons, 4 tremblements de terre, 2 sécheresses, 4 épidémies de peste et 5 famines.
7. Ouvrier asiatique non spécialisé.
8. Au nombre des événements politiques qui ont marqué cette période figurent la rébellion des Boxers, en 1900, et le renversement de la dynastie Ching, en 1911.

sont issus des chefs de file comme James Robinson Johnston, un avocat de Halifax qui a défendu les libertés individuelles, et William Hubbard, un échevin de Toronto qui a été maire par intérim de la ville. Plusieurs autres Canadiens noirs ont apporté une précieuse contribution à l'avancement de la société canadienne. Mary Ann Shadd, par exemple, a été la première femme à devenir éditrice d'un journal, et Elijah McCoy a inventé un dispositif de lubrification des machines industrielles.

Les Canadiens d'origine chinoise et japonaise

Les premiers Chinois à s'installer au Canada venaient de San Francisco à la recherche d'or. Une communauté chinoise s'est établie à Victoria, en Colombie-Britannique, dès 1858. Au cours des 30 années suivantes, des milliers d'ouvriers ont quitté le sud de la Chine pour travailler à la construction du tronçon occidental du chemin de fer. Le Canadien Pacifique leur réservait les tâches les plus dangereuses, creuser les tunnels et manipuler les explosifs par exemple, et leur versait des salaires inférieurs à ceux des ouvriers blancs. On a dit que la construction de chaque kilomètre de voie ferrée avait coûté la vie à trois ouvriers chinois.

Un certificat de taxe d'entrée délivré par le Canada à un immigrant chinois. Pourquoi les descendants de cet homme ont-ils conservé le certificat ? Quels souvenirs leur rappelle-t-il ?

La main-d'œuvre chinoise était importante pour l'économie canadienne. De plus, de nombreux ouvriers voulaient rester au Canada pour échapper à l'instabilité et à la pauvreté qui régnaient à cette époque dans leur pays d'origine. Cependant, les habitants de l'Ouest, d'origine britannique, craignaient que les immigrants chinois et japonais ne leur prennent leurs emplois. Le gouvernement de la Colombie-Britannique a alors adopté des lois interdisant aux non-Blancs (y compris les Japonais et les ressortissants de l'Asie méridionale) de voter et d'occuper certains emplois. Il a imposé une taxe d'entrée à chaque nouvel immigrant du Canada. En 1885, cette taxe s'élevait à 50 $, un montant considérable à l'époque; elle a été haussée à 100 $ en 1902, puis à 500 $ en 1903. À compter de 1907, les Chinois qui arrivaient à Victoria étaient enfermés pour une période allant jusqu'à six mois dans une prison appelée *the Piggery*. L'établissement a été démoli en 1978, et on a alors trouvé le poème suivant écrit sur un des murs :

J'ai toujours rêvé de la Montagne dorée,
Mais j'y ai trouvé l'enfer et la misère.
J'y suis emprisonné et les larmes inondent mon visage.
Mon épouse, au pays, attend une lettre de moi.
Qui peut dire quand je retournerai chez nous ?
Le sommeil me fuit parce que mon cœur est rempli de haine.
Quand je pense aux barbares étrangers, je ne contiens plus ma colère.
Ils m'ont jeté en prison et me font souffrir.
Je gémis jusqu'à l'aurore,
Mais qui me consolera ?

En 1907, le ressentiment à l'égard des Asiatiques était devenu si virulent que des émeutes ont éclaté dans le quartier chinois de Vancouver. Les émeutiers se sont livrés au vandalisme et au pillage, mais la police fermait les yeux. Le gouvernement fédéral a fini par verser des dédommagements aux victimes, mais les communautés asiatiques sont restées amères.

Une procession aux abords d'une église orthodoxe ukrainienne située à Vegreville, en Alberta, en 1906. Compare cette église à un édifice religieux que tu connais. Qu'est-ce que son architecture t'indique à propos de la culture ukrainienne ?

Afin d'assimiler les Amérindiens à la culture canadienne, le gouvernement a interdit la pratique de leurs rituels comme celui qui apparaît sur cette photographie.

Les Canadiens d'origine ukrainienne

Les premiers Ukrainiens sont arrivés au Canada à la fin du XIXe siècle, portés par la vague d'émigration qui déferlait sur l'Empire austro-hongrois. De 1870 à 1914, environ un million d'Ukrainiens, des hommes en majorité, ont quitté l'Empire; 170 000 d'entre eux se sont installés au Canada, dans les Prairies en particulier. Ces hommes s'attaquaient seuls, sans le soutien de leurs familles, à la tâche de démarrer une exploitation agricole. Ils avaient la réputation de travailler dur et d'être loyaux envers le Canada, mais ils n'étaient pas épargnés par la méfiance générale à l'égard des étrangers. Les Canadiens anglais comme les Canadiens français leur reprochaient de conserver leurs traditions et d'exprimer leur culture dans leur architecture et leur mode de vie.

Les groupes d'immigrants dont nous venons de traiter n'ont pas été les seules victimes des préjugés. Avec les immigrants britanniques et français de longue date, ils se sont eux-mêmes rendus coupables d'intolérance envers les premiers habitants du Canada : les Amérindiens.

Les peuples amérindiens en 1900

Il y a un siècle, les peuples amérindiens du Canada étaient encore sous la dépendance des colons européens. Les relations entre Amérindiens et colons suivaient un cycle qui semblait se répéter sans cesse. Il y avait d'abord des échanges commerciaux, puis la fondation d'établissements européens, puis des pertes de territoire pour les Amérindiens. Les peuples amérindiens possédaient des villages, des fermes et un territoire commercial qui s'étendait d'un bout à l'autre de ce qu'ils appelaient l'Île de la Tortue. Traité après traité, cependant, ils étaient forcés de renoncer à leur liberté et à leur autonomie. Ils étaient décimés par les maladies que les colons apportaient d'Europe. Chassés des rives où les Blancs s'installaient, ils s'exilaient dans les forêts du Nord.

Le système des réserves

En 1906, à la suite de 10 importants traités, le gouvernement avait cantonné des dizaines de milliers d'Amérindiens dans des **réserves**, c'est-à-dire des parcelles de terres de la Couronne. Le gouvernement cherchait par ce moyen à limiter la dispersion des peuples amérindiens et à mettre leurs terres à la disposition des immigrants aux fins d'agriculture, d'élevage, d'exploitation minière ou d'exploitation forestière. Le racisme à l'égard des Amérindiens était si bien ancré qu'un grand nombre de Canadiens pensaient leur rendre service en les gardant dans des réserves. Ils ne se doutaient pas que les groupes amérindiens étaient des sociétés civilisées et structurées où les décisions se prenaient de manière démocratique. Ils n'avaient aucune idée de leurs routes commerciales transcontinentales, de leurs religions complexes et de leur vision du monde raffinée.

Avec le système des réserves, le gouvernement fédéral visait à rendre les Amérindiens dépendants de l'État. Or, il n'a tenu qu'une infime partie des promesses qu'il avait faites dans les traités relativement à la construction d'écoles, à la fourniture d'outils agricoles et au versement de petites sommes d'argent. Les colons ont même fait pression auprès du gouvernement en 1910 pour qu'il reprenne une part du territoire des réserves. Frank Oliver, le ministre de l'Intérieur, a alors amendé la *Loi sur les Amérindiens* pour offrir au gouvernement le pouvoir de donner suite à ces revendications. C'est ainsi qu'un an plus tard le gouvernement avait repris plus de la moitié de la réserve Blackfoot, en Alberta, en échange d'un modeste dédommagement. Puis, en 1912, le gouvernement a déplacé un certain nombre de réserves dans des territoires un peu plus grands mais beaucoup moins hospitaliers. Pendant ce temps, les immigrants qui arrivaient par milliers des États-Unis ou d'Europe continuaient de défricher un territoire de plus en plus étendu. L'arrogance et la discrimination dont les Amérindiens ont fait l'objet a marqué l'histoire du Canada comme une cicatrice douloureuse.

Un amalgame de régions et de peuples

Le visage du Canada s'est transformé pendant les années Laurier. Avec ses neuf provinces étendues d'un océan à l'autre et reliées par un chemin de fer transcontinental, le Canada était encore un mélange de régions possédant leur culture et leur économie propres. Les immigrants laissaient leur empreinte dans le tissu social du pays et chaque groupe ethnique apportait sa contribution à la croissance et au développement du Canada.

Récapitulation

RÉSUMÉ DU CHAPITRE

Dans ce chapitre, tu as appris :

- que les régions du Canada se sont développées à des rythmes différents pendant les années Laurier et que l'Ontario a connu la croissance la plus marquée;
- que le nationalisme canadien-français a pris de l'ampleur dans la foulée des changements que connaissait le Québec;
- que les immigrants faisaient face à de nombreuses difficultés;
- que les immigrants non blancs et les Amérindiens ont été victimes du racisme et de l'exclusion.

RÉSUME TES CONNAISSANCES

1. Explique l'importance historique des personnes, des lieux ou des événements suivants.

Timothy Eaton	Taxe d'entrée
Maria Chapdelaine	*The Piggery*
Colonisation	Système des réserves
Henri Bourassa	

2. Quelles sont les faiblesses d'une économie qui repose sur les industries du secteur primaire, telles la pêche, la foresterie, les mines et l'agriculture ?
3. Pourquoi l'Ontario était-elle la région la plus riche pendant les années Laurier ?
4. L'industrialisation a ébranlé la société traditionnelle du Québec et exacerbé les tensions entre francophones et anglophones. Quels faits historiques mentionnés dans ce chapitre appuient cette affirmation ?
5. Quelles solutions de rechange les Canadiens français du Québec ont-ils adoptées pour contrer l'exil aux États-Unis ? Pourquoi ?

EXPRIME TON OPINION

1. Si l'on avait posé la question « Qu'est-ce qu'un Canadien ? » à des gens de tous les coins du pays en 1900, est-ce qu'on aurait obtenu une seule réponse ou plusieurs ? Justifie ta réponse.
2. Imagine que tu es conseiller ou conseillère du gouvernement Laurier en matière d'affaires amérindiennes. Prépare une liste d'au moins cinq recommandations claires en vue d'améliorer le traitement accordé aux Amérindiens.
3. La politique « nationale » est-elle à l'origine des disparités régionales en matière de développement ? Justifie ta réponse.
4. Dans quelle mesure le mouvement indépendantiste actuel au Québec est-il l'héritier du mouvement nationaliste du début du XXe siècle ? Justifie ta réponse.
5. La discrimination et le racisme à l'égard des immigrants découlaient-ils d'une politique gouvernementale ? Cette politique traduisait-elle la volonté de la population ?

ANALYSE LES FAITS HISTORIQUES

1. Le gouvernement a restreint l'immigration pendant les années Laurier, mais il n'a pas pu interdire officiellement l'immigration asiatique. Pourquoi ?
2. La discrimination envers les immigrants aurait-elle été moins intense pendant les années Laurier si les gens avaient pu surmonter les barrières linguistiques et communiquer librement ? Justifie ta réponse.

CHAPITRE

4 La vie au Canada au début du xxe siècle

NOTRE ACCUEIL DE L'IMMIGRANT

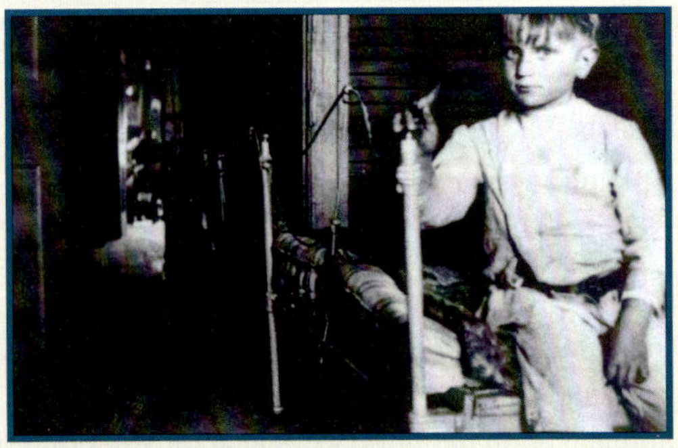

Une famille russe à Hamilton.

C'EST NOTRE DEVOIR *D'ACCUEILLIR NOS INVITÉS EN FAISANT DE NOUVEAUX SONDAGES ET EN CONSTRUISANT DES MAISONS ET DES ÉGOÛTS.*

MAIS NOUS AVONS ÉCHOUÉ *EN LES LAISSANT S'ENTASSER DANS DES TAUDIS SOMBRES, INSALUBRES ET CHERS DU CENTRE-VILLE OÙ NOUS REFUSONS DE VIVRE.*

Les organisations religieuses diffusaient des affiches comme celle-ci pour sensibiliser et mobiliser la population.

RETOUR AUX SOURCES

- **Pourquoi les Canadiens ne participaient-ils pas tous à la prospérité des années Laurier ?**
- **Quels mouvements de réforme sont apparus au début du xxe siècle ?**
- **Quels ont été les effets des progrès technologiques sur la vie des Canadiens ?**
- **Comment les familles canadiennes vivaient-elles pendant les années Laurier ?**

TERMES IMPORTANTS

Assimilation
Évangile social
Exode rural
Mécanisation
Production de masse
Progrès
Prohibition
Secteur des services
Suffrage

CHRONOLOGIE

1897 Fondation du premier institut féminin.

1899 Fondation du Frontier College.

1901 Première communication sans fil transatlantique.

1909 Premier vol d'un avion au Canada.

Qu'est-ce que le **progrès** ? Voilà une question qui se pose depuis fort longtemps. Elle se posait certainement au début du XXe siècle. Pour certaines personnes, le progrès consistait à accumuler des biens : de l'argent, des vêtements, des meubles, etc. Pour d'autres, le progrès correspondait à une amélioration de la santé publique et à une diminution du nombre de décès occasionnés par la maladie. Le réformateur social J.S. Woodsworth déclarait à ce propos : « La véritable prospérité ne peut se mesurer au nombre d'échanges commerciaux et de transactions bancaires. Elle réside dans le bien-être social et moral de la population. »

En 1900, le Canada était un pays de contrastes économiques. Tandis que les premiers millionnaires menaient la belle vie, plus d'un bébé sur quatre mourait avant l'âge d'un an dans les taudis des quartiers pauvres. Les appareils électroménagers faisaient leur apparition dans les magasins, mais la plupart des citoyens n'avaient pas les moyens de se les procurer. Devant l'écart qui se creusait entre les nantis et les démunis, certaines personnes se sentaient moralement obligées de venir en aide aux pauvres. C'est ainsi que des mouvements de réforme ont vu le jour un peu partout au pays dans le tourbillon des changements qui bouleversaient la vie domestique, familiale et professionnelle.

En 1909, la maison Eaton proposait cet aspirateur de marque Chatham au coût de 25 $. Quelle classe de travailleurs cette nouvelle machine occupait-elle ? Qui bénéficiait de l'apparition des appareils électroménagers ?

Les effets de la technologie dans les foyers

Les gadgets étaient en vogue au début du XXe siècle. Il ne se passait pas une année sans que les inventeurs ne lancent de nouveaux appareils. Les rasoirs de sécurité, les fers à repasser électriques, les aspirateurs, les tondeuses à gazon et même les automobiles étaient vite achetés par les familles riches.

Les loisirs

Avant 1900, les temps libres se limitaient aux dimanches et à deux grandes fêtes chrétiennes : Noël et Vendredi saint. Puis, grâce aux nouveaux appareils qui facilitaient les tâches, les gens se sont mis à parler de loisirs et à prendre des congés. Quelques travailleurs avaient désormais une demi-journée de liberté le samedi et pouvaient planifier des activités en plus de leur visite à l'église le dimanche. Le mot *week-end* est apparu dans le vocabulaire.

Les familles de la classe moyenne pouvaient même s'offrir des vacances et, une fois par année, prendre le train pour aller rendre visite à des parents dans une autre partie de la province. Les plus riches traversaient le Canada pour passer quelques jours dans les Rocheuses.

La vie familiale

La plupart des familles se contentaient de rêver aux gadgets modernes et aux vacances à la campagne. Les familles des agriculteurs et des travailleurs de la classe ouvrière avaient souvent besoin d'un supplément au salaire du mari. Alors les femmes devaient non seulement prendre soin des enfants et de la maison, mais, en plus, occuper un emploi rémunéré.

Portraits de Canadiennes et de Canadiens

REGINALD FESSENDEN, L'INVENTEUR OUBLIÉ

La fin du XIXe siècle était une époque de changement en Amérique du Nord. Les inventeurs canadiens et américains mettaient au point des produits qui révolutionnaient le mode de vie. Les noms d'Alexander Graham Bell, de Thomas Edison et de Guglielmo Marconi sont restés célèbres dans l'histoire de la technologie. Mais qui se souvient de Reginald Fessenden ? Bien qu'il ait inventé plus de 500 produits et contribué à la création de la radio, du sonar et de la télévision, Fessenden est un grand oublié de l'histoire canadienne.

Travailleur infatigable, Reginald Fessenden consacrait d'innombrables heures à la mise au point de ses inventions.

Reginald Fessenden est né à East Bolton, au Québec, le 6 octobre 1866. Il a fait ses études au Trinity College, à Port Hope, en Ontario, et à l'université Bishop, au Québec. Passionné de mathématiques et de sciences, Fessenden était doté d'une grande imagination. Il a dit un jour : « Un inventeur est quelqu'un qui peut trouver les moyens de satisfaire la demande cinq ans avant les spécialistes. »

La persévérance était l'une des plus grandes qualités de Fessenden. À l'âge de 20 ans, fatigué des études, il est parti pour New York; là, après de nombreuses tentatives, il a finalement été engagé par Thomas Edison, l'inventeur le plus renommé de l'époque. Impressionné par le talent de son employé, Edison l'a nommé au poste de chimiste en chef après seulement trois mois. Après la faillite d'Edison, Fessenden a travaillé pour Westinghouse, le service de météorologie des États-Unis et deux universités américaines.

Fessenden s'est surtout illustré dans le domaine de la télégraphie et de la transmission sans fil de la voix humaine. Il ne s'est pas limité à ce domaine pour autant. Ainsi, il a inventé une lampe que les réparateurs pouvaient monter et descendre à l'intérieur des cheminées d'usines. Après le naufrage du *Titanic*, Fessenden a élaboré un système de détection des icebergs par impulsions électriques. Pendant la Première Guerre mondiale, il a mis au point l'ancêtre du sonar actuel, une radio qui reliait les sous-marins à la côte.

Inventeur prolifique, Fessenden était respecté par ses collègues, mais méconnu dans son propre pays. L'Université McGill lui a refusé la direction du département de génie électrique qu'elle venait d'ouvrir et a confié le poste à un Américain. Puis en 1909, Fessenden et un groupe d'hommes d'affaires de Montréal ont fondé la Fessenden Wireless Telegraph Company of Canada afin que les communications transatlantiques restent entre les mains de Canadiens. Or, le gouvernement Laurier a accordé les droits exclusifs de télégraphie sans fil à la Marconi Wireless Telegraph Company of Canada.

Fessenden jouissait de l'estime de ses pairs et d'une enviable réputation d'inventeur, mais les Canadiens d'aujourd'hui connaissent mal ses réalisations. Fessenden demeure l'un de nos héros méconnus.

Les enfants aussi étaient souvent forcés de travailler et, en moyenne, ils quittaient l'école à la fin de leur troisième année. En 1896, 20 % des femmes et 4 % des enfants avaient un travail rémunéré, et ces pourcentages ont monté en flèche pendant les années Laurier. Le travail des enfants préoccupait bien des gens, dont J.S. Woodsworth, qui a eu le commentaire suivant : « Plusieurs enfants quittent l'école en très bas âge pour travailler. Leur santé en souffre, leur moralité se corrompt et leurs possibilités d'éducation s'évanouissent pour toujours. »

Les conditions de vie

Les villes s'étendaient pendant l'essor économique de l'ère Laurier, mais leur territoire était rigoureusement divisé par des frontières économiques. Les plus beaux emplacements étaient réservés aux demeures des riches, c'est-à-dire les propriétaires d'usines et de grandes entreprises. Le quartier de la classe moyenne, avec ses maisons construites sur de petits terrains, s'agrandissait d'année en année. Le quartier le plus vaste était celui des taudis, des logements malpropres occupés par les familles des travailleurs. Ce morcellement du territoire urbain était en partie attribuable aux changements technologiques. À l'origine, les zones industrielles et résidentielles se voisinaient, car les gens se rendaient au travail à pied. Puis l'automobile et le tramway sont apparus, et les gens qui pouvaient se permettre d'utiliser ces moyens de transport se sont éloignés de la fumée et du vacarme des usines et des chemins de fer. Les pauvres sont restés dans les quartiers les plus bruyants et les plus malpropres.

Les réformateurs sociaux qui étudiaient la vie urbaine à l'époque étaient bouleversés par leurs constatations. Herbert Ames a décrit la situation de la classe ouvrière à Montréal dans un livre publié en 1897, *A City Below the Hill* (« Une ville au pied de la montagne »). Des familles de cinq s'entassaient dans des logements de deux pièces, sans électricité ni aération. Les toilettes étaient installées à l'extérieur et dangereusement sales, surtout en été. Les gens tombaient malades à force de respirer de la fumée, de vivre au milieu des déchets et de boire de l'eau non filtrée et du lait non pasteurisé. Le taux de mortalité chez les adultes de Montréal s'établissait à 25 ‰, plus qu'à Rome, Paris ou Londres. La proportion atteignait 35 ‰ chez les pauvres. Pire, 26,8 % des bébés mouraient avant leur premier anniversaire.

Il était à peu près impossible d'échapper à ces conditions. En 1901, le salaire de l'ouvrier moyen se chiffrait à environ 425 $ par année (beaucoup moins pour les femmes et les enfants), une somme insuffisante pour faire face au coût de la vie. Un logement en sous-sol se louait 12 $ par pièce par mois; le gouvernement estimait à 13,38 $ le prix minimal du panier d'épicerie hebdomadaire (qui contenait une

La maison LaPrell (*à gauche*) était considérée comme la plus belle demeure d'Edmonton en 1902. Les familles de la classe ouvrière devaient se contenter de logements d'une seule pièce (*à droite*). En règle générale, les gens habitaient dans le quartier où ils travaillaient. Qu'auraient pensé les LaPrell en voyant le logement de la famille photographiée à droite (dont le nom est inconnu) ? Qu'aurait dit la famille pauvre si elle avait su comment vivaient les LaPrell ?

LÈCHE-VITRINE DANS LE PASSÉ

Au début du xxe siècle, les journaux et les revues regorgeaient de réclames publicitaires. La prospérité et l'optimisme des années Laurier s'exprimaient dans la publicité entourant les nouveaux produits de consommation. À feuilleter les journaux de 1900, on se dit qu'il y avait de bonnes aubaines à faire à l'époque : les chaussures valaient 2 $, les voitures 800 $ et les fromages 0,25 $! Mais, à bien y réfléchir, ces articles étaient-ils vraiment aussi abordables qu'ils le paraissent aujourd'hui ?

Remonte le temps jusqu'au début du xxe siècle. Fais un peu de lèche-vitrine et choisis quelques-uns des objets représentés (en imaginant que tu as trois enfants). Calcule le coût total. Note bien que les femmes gagnent en moyenne 182,50 $ par année et les hommes, 389,00 $. Réserve 40 % du revenu familial à la nourriture et au logement et n'oublie pas les dépenses pour les vêtements. Tu n'as pas d'impôt à payer, heureusement. Rappelle-toi que les femmes mariées sont très peu nombreuses à travailler à l'extérieur du foyer.

Costume pour dames 15,00 $

Chaussures pour dames 2,00 $

Pantalon pour hommes 1,25 $

Bicyclette 25,00 $

Grille-pain 4,00 $

Cuisinière au charbon 42,75 $

[Prix tirés de *Maclean's*, 1912]

Fromage à la crème Ingersoll 0,25 $

Ford modèle T 775,00 $

Les articles représentés ici sont-ils à la portée de la famille moyenne ? (Suppose que seul le mari a un emploi rémunéré.) Sont-ils à la portée d'une mère célibataire ayant trois enfants ? Une famille moyenne peut-elle s'offrir une automobile ? Les salaires ont-ils augmenté proportionnellement au coût de la vie pendant le xxe siècle ? Compte tenu que le revenu moyen des Canadiens s'établit aujourd'hui à 28 000 $ par année, les gens sont-ils plus à l'aise maintenant qu'au début du xxe siècle ?

petite quantité de viande et d'où les fruits et les légumes étaient absents). Il ne restait plus grand-chose à la fin du mois pour les vêtements et les autres nécessités.

Le travail

Le monde du travail était en pleine mutation en 1900. Un grand nombre de gens travaillaient encore dans le secteur primaire (la pêche, l'agriculture, la foresterie et les mines), mais la majeure partie de la main-d'œuvre était employée dans des usines ou dans le secteur le plus dynamique de l'économie, celui des services.

Le service de sténographie du bureau du Canadien Pacifique de Calgary en 1915. Pourquoi les postes de sténographe étaient-ils presque toujours confiés à des femmes ?

La production de masse

En 1900, les grandes sociétés se multipliaient et beaucoup de petites entreprises devaient fusionner pour faire face à la concurrence. La méthode de production la plus efficace consistait à diviser le travail : les travailleurs accomplissaient la même tâche jour après jour. Tel était l'esprit de la **production de masse**. Trente ans plus tôt, les membres d'une famille travaillaient ensemble à fabriquer des produits à la main. Désormais, les fils travaillaient en usine à fabriquer les mêmes produits sur des chaînes de montage.

Le secteur des services

Le **secteur des services** destinés au grand public était en expansion. On trouvait toutes sortes d'emplois dans ce secteur : chauffeur de taxi, facteur, porteur, caissier, comptable, vendeur, teinturier, etc. Les possibilités d'emploi se multipliaient dans les bureaux. Les opérateurs de téléphone, les commis au classement, les sténographes, les comptables et les secrétaires remplaçaient les employés de bureau non spécialisés. Des inventions comme le téléphone, la machine à écrire et la machine à cartes perforées Hollerith transformaient le travail de bureau.

Le secteur des services faisait appel à un nombre grandissant de femmes. On prétendait en effet que les emplois de ce secteur convenaient mieux aux femmes parce qu'elles avaient le souci du détail et possédaient des mains agiles pour faire fonctionner les nouvelles machines. Ce n'était là qu'un prétexte, cependant. En réalité, les employeurs pouvaient payer les femmes moins cher que les hommes.

La mécanisation des fermes

Le vent de la technologie soufflait sur l'agriculture comme sur tous les autres secteurs de l'économie. Les gros producteurs s'équipaient de machines qui facilitaient le travail; les petits qui n'en avaient pas les moyens individuellement se regroupaient pour louer ou acheter les machines. Dans les champs, on voyait apparaître des batteuses, des moissonneuses, des faucheuses et des tracteurs motorisés. La productivité augmentait à un rythme stupéfiant. Un fermier pouvait faucher 40 fois plus de foin que son père en une journée et il pouvait récolter un boisseau de blé 100 fois plus rapidement.

L'agriculture se jumelait à l'industrie. Trente ans plus tôt, les produits laitiers et les fruits étaient transformés à la ferme même, par les femmes le plus souvent. À présent, les agriculteurs envoyaient leurs produits dans des usines et des conserveries. En 1901, par exemple, 40 % du fromage canadien était produit en usine.

L'exode rural

La concentration des exploitations et la **mécanisation** laissaient peu de débouchés aux agriculteurs. De plus, les pères léguaient les fermes à leurs aînés, obligeant ainsi leurs autres enfants à chercher du travail ailleurs. Le Canada a alors connu un **exode rural**. Les jeunes quittaient les campagnes dans l'espoir de trouver une vie meilleure en ville. Les femmes en faisaient autant, car la technologie agricole avait éliminé une foule de tâches qui leur étaient traditionnellement attribuées. Pire, la loi leur interdisait de posséder une propriété foncière et le travail qu'elles faisaient n'avait jamais été rémunéré. Elles n'avaient d'autre choix que de s'établir en ville.

Tous ces changements inquiétaient beaucoup les intellectuels, qui idéalisaient la vie rurale et jugeaient l'air de la campagne plus sain que les tracas de la vie urbaine. Ces romantiques ignoraient sans doute les réalités du métier d'agriculteur: le travail exténuant, les journées interminables, l'insécurité financière, l'isolement et l'ennui.

Les femmes au travail

Rares étaient les femmes qui travaillaient à l'extérieur du foyer au début du siècle. Dans une société dominée par les hommes, les femmes étaient censées s'occuper à des travaux légers entre la fin de leurs études, à l'âge de 15 ans environ, et leur mariage, célébré autant que possible au début de la vingtaine. L'idéal était que les femmes se mettent au service de leurs familles. La cuisine, la couture, le lavage et, bien entendu, l'éducation des enfants, telle était leur destinée.

Malheureusement, cet idéal était souvent hors de portée. Un grand nombre de femmes vivaient seules ou ne pouvaient joindre les deux bouts avec l'unique revenu de leur mari. Alors ces femmes trouvaient un emploi à l'extérieur du foyer ou faisaient chez elles des travaux de couture ou de lavage pour lesquels elles étaient rémunérées à la pièce.

L'occupation la plus courante pour les femmes du début du XXe siècle, particulièrement pour les immigrantes et les jeunes filles de la campagne, était celle de domestique. Le titre de « bonne à tout faire » en disait long: les domestiques faisaient le ménage, la cuisine, le lavage, bref tout ce que leurs employeurs demandaient.

Les femmes travaillaient aussi en usine, où elles étaient considérées comme une main-d'œuvre bon marché. Les employeurs recherchaient des femmes (et des enfants) parce qu'elles étaient plus délicates que les hommes et, par conséquent, plus adroites à faire fonctionner les machines. Les femmes qui avaient de l'éducation pouvaient espérer travailler comme

Quelle conception du Canada rural se dégage de cette peinture de Clarence Gagnon intitulée *La Récolte* ? Est-ce là un portrait exact de la vie rurale au début du XXe siècle ? Justifie ta réponse.

employées de bureau, enseignantes ou infirmières, des occupations considérées comme convenables parce que conformes au stéréotype voulant que les femmes aient le souci du détail et le désir d'aider les autres.

Les conditions de travail

Au début du XXe siècle, la plupart des gens travaillaient de 10 à 12 heures par jour, 6 jours par semaine, pour un salaire de misère. La mécanisation avait transformé certaines méthodes de travail, mais la majeure partie des tâches étaient encore exécutées à la main. Pour économiser, les entreprises engageaient le plus de femmes et d'enfants possible. Dans le comté de Cumberland, en Nouvelle-Écosse, les enfants représentaient près de 16 % de la main-d'œuvre parce qu'ils étaient capables de s'insinuer dans les étroits passages des mines. Le travail dans les mines était du reste l'un des plus pénibles et des plus dangereux. Les accidents étaient fréquents. Le pire s'est produit à la mine Hillcrest, dans les Rocheuses, le 9 juin 1914. Ce jour-là, une explosion causée par le méthane a tué 189 travailleurs.

Le travail en usine n'était pas de tout repos non plus. Les employeurs économisaient sur l'éclairage et la ventilation pour diminuer les coûts d'exploitation. Les lieux de travail étaient sales et bruyants et les machines, extrêmement dangereuses. Il n'existait aucun règlement relatif aux concentrations de substances toxiques comme le zinc et l'amiante. Après avoir respiré des poussières pendant des années, les employés des mines et des filatures tombaient malades et étaient forcés de prendre une retraite prématurée.

La notion de sécurité d'emploi étant totalement étrangère aux employeurs, le chômage était élevé. Il n'existait pas de compensations pour les travailleurs blessés et les familles des travailleurs tués. On voyait un grand nombre de personnes handicapées dans les rues du Canada il y a 100 ans. Une personne malade ou amputée était condamnée au chômage. Les gouvernements commençaient à adopter des lois sur les accidents du travail, mais ils accordaient très peu d'argent et d'autorité aux organismes chargés de les appliquer.

Au début du XXe siècle, il y avait peu de normes d'hygiène et de sécurité dans les usines. Quels dangers vois-tu dans ce dessin ?

L'instabilité du marché du travail

À la médiocrité des conditions de travail s'ajoutait l'instabilité des emplois. Il y avait bien une pénurie de main-d'œuvre de temps en temps, car les travailleurs se déplaçaient pour occuper les emplois saisonniers, mais, en règle générale, le travail était difficile à dénicher. Les employeurs s'en réjouissaient parce qu'ils pouvaient verser de maigres salaires et menacer les travailleurs de congédiement à la moindre faute : il y en avait toujours d'autres pour les remplacer.

L'immigration massive empirait le problème. Malgré le cliché du fier pionnier de l'Ouest défrichant le sol des Prairies, 70 % des immigrants se retrouvaient dans l'industrie ou les transports. Les employeurs disposaient de ces travailleurs à leur gré; ils leur versaient des salaires inférieurs et les embauchaient comme briseurs de grève au besoin. Ils faisaient même pression auprès du gouvernement pour qu'il admette toujours plus d'ouvriers en bonne santé au Canada. Ils allaient jusqu'à préciser le genre d'immigrants qui leur convenait. Thomas Shaughnessy, un président du CP, ne mâchait pas ses mots. Il en avait assez « des hommes qui débarquent ici en s'attendant à trouver un salaire élevé, un lit de plume et une baignoire ».

Les mouvements de réforme

Les conditions de vie et de travail se dégradaient, pour la classe ouvrière pauvre en particulier, mais le gouvernement Laurier ne faisait pas grand-chose pour remédier aux problèmes urbains qu'étaient l'exploitation des travailleurs, la pauvreté, la criminalité et la maladie. Les organismes de charité privés étaient seuls à porter secours aux pauvres et aux malades. Les réformateurs sociaux sont alors passés à l'action.

L'Évangile social

Le mouvement de réforme social s'appuyait sur un regain de la ferveur religieuse. Les gens se rendaient compte que le devoir des chrétiens, à une époque de changements sociaux, était de travailler avec et pour les autres. Les protestants adeptes de l'**Évangile social** enseignaient qu'il incombait à chacun d'améliorer le sort des moins fortunés. Des groupes à caractère religieux comme la Women's Christian Temperance Union (WCTU), la Young Men's Christian Association (YMCA) et l'Armée du Salut ont pris une part importante dans la réforme. La WCTU attribuait la violence familiale, la corruption morale de la jeunesse et l'inefficacité au travail à la consommation d'alcool et menait une vigoureuse campagne en faveur de la **prohibition**, l'interdiction des boissons alcooliques.

On remarquait un mouvement semblable chez les francophones catholiques. Inspiré par les écrits du pape de l'époque, Léon XIII, le clergé canadien-français prônait l'application des valeurs chrétiennes dans la société, notamment l'aide aux plus démunis et la bonne conduite morale. C'est ce catholicisme social qui a inspiré les actions de plusieurs regroupements nés au Québec à cette époque, tels que la Fédération nationale Saint-Jean-Baptiste (un regroupement des femmes) et l'Association catholique de la jeunesse canadienne-française.

La réforme urbaine

Avec l'arrivée de milliers d'immigrants à la recherche de travail, les grands centres urbains comme Montréal, Toronto, Edmonton et Calgary ont connu une croissance explosive. Les autorités municipales se préoccupaient peu de planification et les citadins étaient privés de logements convenables, d'écoles, de parcs, d'eau courante et de services d'hygiène. La malpropreté régnait dans les villes. Faute de programmes de santé publique, le taux de mortalité infantile atteignait des sommets. Les réformateurs de la classe moyenne se sont alors rendu compte que l'amélioration de la société dans son ensemble passait par l'amélioration des conditions de vie des pauvres et de la classe ouvrière. Grâce à leurs interventions, les villes ont mis en place des conduites d'eau et de gaz, construit des usines d'épuration, installé le téléphone et l'électricité et établi des réseaux de transport en commun.

Les réformateurs s'inquiétaient aussi pour les enfants sans foyer qui erraient dans les rues. Un reporter du quotidien *World* de Toronto, John Kelso, était convaincu que la seule manière d'aider ces enfants était de fonder un organisme qui s'occuperait d'eux jusqu'à ce qu'ils puissent être adoptés par des familles stables. C'est ainsi qu'une Société de protection de l'enfance a ouvert le premier refuge pour enfants de Toronto en 1892.

L'éducation

L'éducation était au nombre des causes que défendaient les mouvements de réforme. En 1905, la plupart des provinces avaient adopté des lois relatives à l'instruction gratuite et obligatoire pour les enfants de 7 à 12 ans. Deux programmes innovateurs se sont ajoutés aux services offerts par le système scolaire public. La première maternelle publique a ouvert ses portes à Toronto dans un esprit « d'amour inconditionnel pour l'enfant et de respect profond pour son individualité ».

Une classe canadienne typique du début du XXe siècle. Quels signes révèlent les buts du système d'éducation de l'époque ?

Portraits de Canadiennes et de Canadiens

Dre LEONORA HOWARD KING

Si l'on demandait aux gens de nommer 50 héros canadiens, rares seraient ceux qui penseraient à Leonora Howard King. Née en 1851 dans une famille d'agriculteurs près de Farmersville (dans la région de Kingston, en Ontario), Leonora rêvait de devenir médecin. Or, les facultés de médecine du Canada n'admettaient pas de femmes dans les années 1870. Mais Leonora n'était pas du genre à se laisser décourager et elle s'est inscrite au Women's Medical College de l'université du Michigan, aux États-Unis. Elle a été l'une des premières Canadiennes à obtenir un diplôme en médecine. À la fin de ses études, Dre Howard a posé sa candidature auprès de la Women's Foreign Missionary Society et a été envoyée en Chine à l'âge de 26 ans. C'est là qu'elle a passé la majeure partie de sa vie.

Deux ans après son arrivée dans la province de Chihli, Dre Howard a été appelée au chevet de Mme Li, l'épouse du gouverneur. Les autorités lui ont cédé une partie du temple de Tseng Kuo-fan pour le traitement de Mme Li, et Dre Howard en a profité pour ouvrir le premier hôpital de Chine pour les femmes et les enfants. Puis, après son mariage avec Alex King, elle a fondé la première école de médecine pour les femmes. Son dévouement envers la société chinoise a été reconnu par l'impératrice mère, qui a fait d'elle la première femme occidentale mandarin (membre officiel de l'élite chinoise). En 1895, Dre Howard a été décorée de l'Ordre du double dragon et ainsi élevée au rang de la famille royale.

Dre Leonora Howard King a poursuivi sa mission en dépit de la guerre et de la révolution et elle a pris sa retraite en 1916. Le 30 juin 1925, 47 ans après son arrivée en Chine, elle est morte d'une maladie virale à l'âge de 74 ans. Son œuvre, cependant, lui survit : l'hôpital pour les femmes et les enfants est devenu le centre d'ophtalmologie de Tian-jin et l'école de médecine, l'école de sciences infirmières de Tian jin. Dre Leonora Howard King est une héroïne méconnue de l'histoire canadienne, une femme qui a sauvé d'innombrables vies par son dévouement et son engagement.

Hyperliens

www.dlcmcgrawhill.ca

Visite le site Internet dont l'adresse apparaît ci-dessus pour parfaire tes connaissances sur les activités passées et présentes des femmes et de leur droit de vote. Clique sur ***Matériel complémentaire/ Primaire et secondaire,*** puis sur ***Regard sur le Canada,*** et on t'indiquera où aller ensuite.

Les pédagogues qui y travaillaient estimaient que « la liberté et l'activité autonome sont les conditions les plus propices au développement physique, intellectuel et spirituel ». En Nouvelle-Écosse, par ailleurs, Alfred Fitzpatrick s'était donné pour mission d'éduquer les ouvriers qui travaillaient dans les camps éloignés des grands centres. Alors, il a fondé le Frontier College à la baie Georgienne, en Ontario, en 1899. Les ouvriers-enseignants, dont les salaires étaient payés par des donateurs, se rendaient dans les chantiers forestiers et ferroviaires. Ils travaillaient avec les hommes le jour et, le soir, leur enseignaient à lire et à écrire.

Au début du siècle, on considérait l'éducation comme un outil d'**assimilation** des immigrants, un moyen de leur enseigner les valeurs et les coutumes canadiennes. On cherchait à intégrer les nouveaux venus à la culture, à les faire parler et agir comme des Canadiens au lieu de laisser chaque groupe valoriser son héritage.

Les réformateurs se préoccupaient aussi de l'éducation des femmes des régions rurales. L'Ontarienne Adelaide Hoodless avait perdu l'un de ses enfants, mort après avoir bu du lait contaminé. Pour éviter une répétition de cette tragédie, elle a fondé dans sa province un organisme voué à la promotion de l'hygiène et de la nutrition, le Women's Institute. Les instituts féminins se sont ensuite multipliés au Canada et à l'étranger.

Le mouvement féministe

Préoccupées par la situation des femmes, de nombreuses réformatrices ont formé des groupes féministes qui ont défrayé la manchette. Le Women's Literary Club de Toronto a lancé la campagne pour le **suffrage** féminin. Sa présidente, Emily Stowe, était médecin; elle avait fait ses études aux États-Unis parce que les écoles de médecine canadiennes n'admettaient pas de femmes, puis elle avait été refusée dans l'Ordre des médecins et chirurgiens. La cause du suffrage féminin gagnait des adeptes un peu partout au pays, et le club est devenu la Canadian Women's Suffrage Association. Les groupes de femmes des Prairies étaient particulièrement dynamiques. Infatigables, les Nellie McClung, Emily Murphy et Henrietta Edwards bouleversaient les idées reçues à coups de discours, de rassemblements et de pétitions.

Du côté francophone, les femmes ont aussi lutté pour leurs droits même si, au Québec, elles étaient étroitement surveillées par le clergé catholique. Les féministes québécoises ont d'abord œuvré aux côtés des protestantes au sein de la branche montréalaise du Conseil national des femmes du Canada (fondé en 1893). Puis, en 1907, Marie Gérin-Lajoie a fondé avec quelques consœurs la Fédération nationale Saint-Jean-Baptiste, un regroupement réservé aux francophones catholiques où l'on retrouvait une autre célèbre féministe de l'époque, Idola Saint-Jean.

En Ontario, Almanda Walker-Marchand a été à l'origine de la Fédération des femmes canadiennes-françaises, fondée à la fin de la Première Guerre mondiale. Cette femme, mère de 9 enfants, a été présidente générale de l'organisme durant plus de 30 ans, œuvrant pour diverses causes sociales et pour les droits des francophones en Ontario.

Lorsque la Première Guerre mondiale a éclaté, en 1914, les femmes n'avaient toujours pas le droit de voter ni de se présenter en politique (sauf dans certaines municipalités), mais les réformatrices avaient au moins ouvert les yeux des Canadiens sur un grand nombre d'injustices.

Almanda Walker-Marchand (1868-1949) a été présidente de la Fédération des femmes canadiennes-françaises (FFCF) pendant 32 ans. Au cours de son mandat, plus de 20 sections sont fondées en Ontario, au Québec et dans l'Ouest canadien.

La montée du syndicalisme

Stimulés par les mouvements de réforme sociale qui prenaient corps un peu partout au pays, les ouvriers se rendaient compte qu'ils devaient se battre eux aussi pour obtenir de meilleures conditions de travail. Les femmes et les hommes de la classe ouvrière ont donc uni leurs forces.

Les premières organisations ouvrières s'occupaient d'amasser de l'argent auprès de leurs membres pour venir en aide aux familles des hommes blessés ou tués au travail. Elles se sont structurées au fil du temps et sont devenues des syndicats, des regroupements qui négociaient avec les employeurs pour améliorer les salaires, les horaires et les conditions de travail. La vague d'immigration a emmené au Canada des syndicalistes chevronnés. À la fin des années 1880, les Chevaliers du travail, un syndicat dont le siège social était aux États-Unis, regroupaient des milliers de travailleurs canadiens, en Ontario et au Québec principalement.

Une autre organisation américaine, l'International Workers of the World (IWW), avait été mise sur pied en 1905 et avait pour objectif de rassembler tous les travailleurs en un seul grand syndicat. L'IWW voulait se servir du seul levier que possédaient les travailleurs, la grève. Le problème avec cette stratégie était que les employeurs n'auraient eu aucun mal à remplacer les grévistes. Les patrons, en effet, ne se gênaient pas pour embaucher des briseurs de grève, d'autant qu'il n'existait aucune loi interdisant cette pratique.

Voix canadiennes

LE COMBAT DE NELLIE McCLUNG

Le début du XXe siècle était une époque de changements profonds au Canada. L'industrialisation rapide, la croissance des villes et les nombreuses inventions qui transformaient le mode de vie constituaient autant de motifs d'optimisme. Malheureusement, beaucoup de Canadiennes étaient incapables de participer pleinement à la vie de la société, faute de posséder l'égalité politique et juridique. Avant 1917, en effet, les femmes, « les personnes de race mongole ou chinoise », les « idiots », les « aliénés » et les criminels n'avaient pas le droit de vote.

Les femmes étaient dépourvues non seulement de droits politiques mais aussi de sécurité économique. Elles gagnaient moins cher que les hommes et le salaire des femmes mariées revenait aux maris. Les hommes avaient pleine autorité sur leurs enfants et ils avaient le droit de maltraiter physiquement leur épouse.

Plusieurs femmes combattaient pour leurs droits pendant les années Laurier. Elles militaient principalement pour obtenir le droit de vote, car ce droit leur aurait donné la possibilité d'influencer les décisions politiques. En tête du mouvement pour le suffrage féminin figurait Nellie McClung. En 1912, un an après avoir commencé sa campagne à Winnipeg, McClung a participé à la fondation de la Political Equality League.

L'attitude du gouvernement du Manitoba n'était pas le moindre des obstacles que McClung a dû surmonter. Le premier ministre Sir Rodmond Roblin a fait un jour le commentaire suivant : « Je ne veux pas me faire parler de politique par une hyène en jupons. Je veux une créature douce et gentille qui m'apporte mes pantoufles. » Roblin a donné aussi la réponse suivante à une délégation de femmes qui, dirigée par McClung, lui réclamait le droit de vote :

Sachez que le gouvernement Roblin estime que le suffrage des femmes est illogique et absurde pour autant que le Manitoba soit concerné. L'égalité politique des femmes sèmerait la zizanie dans les ménages, [...] détruirait les foyers et jetterait les enfants dans les bras des servantes. [...] La majorité des femmes sont émotives et agissent sous l'impulsion d'enthousiasmes malavisés; elles seraient une menace plutôt qu'un atout si elles avaient le droit de vote.

McClung a saisi l'occasion pour se moquer des arguments contre le suffrage des femmes. Le lendemain de la déclaration de Roblin, la Political Equality League a tenu une parodie de séance parlementaire au cours de laquelle McClung s'est faite railleuse :

Le problème, c'est que si les hommes commencent à voter, ils voteront trop. La politique trouble les hommes, et dans le sillage d'hommes troublés viennent des lois bâclées, des meubles brisés, des vœux rompus et des divorces. [...] Si les hommes prenaient l'habitude de voter, qui sait ce qui pourrait arriver ? Il est déjà assez difficile de les garder à la maison ! L'histoire est remplie d'hommes à qui la politique n'a pas réussi : Néron, Hérode, le roi Jean...

En profitant de toutes les occasions de parler en public, Nellie McClung est parvenue à rallier un nombre considérable de partisans du vote féminin. Les Manitobaines ont enfin gagné leur bataille le 27 janvier 1916, avec l'adoption de l'*Enfranchisement of Women Act*, la loi qui leur donnait le droit de vote. Dans les années qui ont suivi, le travail de Nellie McClung et des autres suffragettes a porté ses fruits; toutes les Canadiennes ont fini par obtenir leurs pleins droits politiques.

La Britannique Emmeline Pankhurst (à gauche) et la Canadienne Nellie McClung étaient en tête du mouvement pour l'égalité politique et juridique des femmes. Malgré le succès obtenu par les suffragettes au début du siècle, la lutte des femmes pour l'égalité n'est pas encore terminée. Que faut-il encore changer dans notre société pour assurer la pleine égalité des hommes et des femmes ?

Le Congrès des métiers et du travail du Canada (CMTC) employait des méthodes beaucoup plus prudentes que celles de l'IWW. Selon lui, les travailleurs parviendraient à leurs fins en négociant et non en exigeant une transformation radicale du système. Puisque les patrons pouvaient faire appel aux forces armées pour mettre fin aux grèves, il fallait prendre le parti des négociations pacifiques. D'autres syndicats ont vu le jour à la même époque : les United Mine Workers, la Fishermen's Protective Union et les regroupements d'agriculteurs ont fait des adhérents en Ontario et dans les Prairies.

Au Québec, les travailleurs syndiqués étaient en majorité membres de syndicats américains affiliés à la Fédération américaine du travail, ce qui était très mal vu par l'Église catholique. Afin de soustraire les Canadiens français à l'influence étrangère et à assurer la présence des valeurs catholiques dans le mouvement ouvrier, l'Église a lancé un nouveau courant : le syndicalisme catholique. Encore modeste dans la première décennie du XXe siècle, c'est après la Première Guerre mondiale que le syndicalisme catholique a pris vraiment de l'importance : en 1921 a été fondée la Confédération des travailleurs catholiques du Canada, qui allait devenir plus tard la Centrale syndicale nationale (CSN).

En dépit de tous les efforts déployés par les réformateurs, le gouvernement n'a que très timidement appuyé les revendications des syndicats. En 1900, le gouvernement fédéral a créé le ministère du Travail et a voté en 1907 une première loi importante, la *Loi Lemieux*. Cette loi interdisait les grèves et les *lockouts* dans certains secteurs tant qu'un groupe de conciliation n'avait pas été formé pour étudier le litige et chercher à rapprocher les parties. En limitant le recours à la grève, le gouvernement enlevait sa meilleure arme au mouvement syndical et semblait prendre la part des patrons.

La campagne des classes ouvrière et moyenne du Canada paraissait se solder par un échec. Certes, le niveau de vie du pays dans son ensemble s'était amélioré. Mais tandis qu'une partie de la population récoltait les premiers fruits de la technologie moderne, l'autre se sentait laissée pour compte. La société était consciente des bouleversements causés par l'essor économique : l'industrie s'était développée au prix de la souffrance des familles ouvrières et de la destruction de l'environnement. À la veille de la Première Guerre mondiale, le Canada avait grandement amélioré sa situation économique, mais l'avenir lui réservait des progrès plus importants et des changements encore plus profonds.

Une grève à Saint John, au Nouveau-Brunswick, en 1914. Imagine que tu aies participé à cette manifestation et que tu racontes l'événement à un ami quelques heures plus tard. Comment décrirais-tu la scène ?

Récapitulation

RÉSUMÉ DU CHAPITRE

Dans ce chapitre, tu as appris :

- que le niveau de vie s'est amélioré au Canada pendant les années Laurier, mais que les Canadiens ne profitaient pas tous de l'essor économique;
- que divers mouvements de réforme se sont formés à la suite des changements des conditions de vie et de travail;
- que les nouvelles technologies ont eu de profondes répercussions sur la vie familiale et professionnelle, tant à la campagne que dans les villes;
- qu'un grand nombre des changements économiques et technologiques ont transformé la vie familiale.

RÉSUME TES CONNAISSANCES

1. Explique l'importance historique des personnes, des lieux ou des événements suivants.

   J.S. Woodsworth
   Women's Christian Temperance Union
   Société de protection de l'enfance
   Frontier College
   Nellie McClung
   Almanda Walker-Marchand
   Congrès des métiers et du travail
   Loi Lemieux

2. En un paragraphe, compare le Canada rural des années 1880 au Canada rural des années 1920. Appuie-toi sur les faits présentés dans ce chapitre.
3. On considère généralement le début du XXe siècle comme une époque prospère. Mais était-ce une époque prospère pour tous les Canadiens ? Justifie ta réponse.
4. Pourquoi considérait-on l'apparition de services municipaux comme l'hydroélectricité et le transport en commun comme des progrès importants ?
5. Dessine un emblème ou une bannière pour une école canadienne typique du début du XXe siècle. Veille à exprimer les objectifs de l'éducation de l'époque.

EXPRIME TON OPINION

1. Dans ton cahier de notes, dessine un schéma conceptuel qui rend compte des diverses réponses à la question : « Qu'est-ce que le progrès ? »
2. Imagine que tu es journaliste au quotidien *Le Droit* en 1913. Tu fais enquête sur le mythe de la « belle vie » des agriculteurs. Écris un reportage de 200 à 300 mots dans lequel tu décriras la vie dans les régions rurales du Canada au début du XXe siècle.
3. Les écoles d'aujourd'hui suivent-elles encore le modèle établi au début du XXe siècle ? Que faudrait-il changer au système scolaire pour l'adapter aux réalités du XXIe siècle?
4. Les syndicats se sont enracinés dans la société canadienne à la fin du XIXe siècle et au début du XXe. Ont-ils joué un rôle utile ou néfaste ? Les chefs d'entreprise et les travailleurs s'entendent-ils sur leurs préoccupations respectives ? Justifie ta réponse
5. Le mouvement de réforme urbaine du début du XXe siècle cherchait à faire des villes un meilleur milieu de vie. Les réformateurs ont-ils eu une influence durable et bénéfique sur la société canadienne ? Cite des exemples précis à l'appui de ton opinion.

ANALYSE LES FAITS HISTORIQUES

1. Essaie d'imaginer ce qui se serait produit si les femmes avaient obtenu le droit de vote à l'époque de la Confédération. Qu'est-ce que cela aurait changé à la politique canadienne ? Énumère cinq lois que les femmes auraient réclamées.

CHAPITRE

5 Le Canada et le monde en 1900

Cette image, qui ornait la une du *Globe* de Toronto en 1900, exprimait toute la fidélité du Canada envers l'Empire britannique. Peux-tu nommer les deux personnages représentés ?

RETOUR AUX SOURCES

- **Pourquoi le Canada se sentait-il pris en étau entre deux grandes puissances, la Grande-Bretagne et les États-Unis ?**
- **Quel appui le Canada allait-il accorder à la Grande-Bretagne pendant la guerre des Boers (individus de race blanche, d'origine hollandaise, qui habitaient l'Afrique du Sud) et la crise navale ?**
- **Comment l'appui du Canada pour la Grande-Bretagne a-t-il pu créer de la tension centre les Canadiens anglais et les Canadiens français ?**
- **Quelles étaient les caractéristiques des relations entre le Canada et les États-Unis pendant les années Laurier ?**

TERMES IMPORTANTS

Expansionnisme

Impérialisme

Nationalisme

Réciprocité

Souveraineté

CHRONOLOGIE

1899–1902 La guerre des Boers fait rage en Afrique du Sud.

1903 La question de la frontière de l'Alaska oppose le Canada et les États-Unis.

1910 Le gouvernement adopte le projet de loi sur la marine.

1911 Robert Borden devient premier ministre lors de la première élection générale tenue au Canada.

Il y a un siècle la fête de la Reine était dans nombre de villes et de villages canadiens anglais l'occasion de célébrer l'héritage britannique. Le 24 mai, les gens brandissaient l'Union Jack, le drapeau britannique, défilaient dans les rues et entonnaient les chansons anglaises que jouaient les fanfares. En 1897, on avait institué la fête de la Reine pour souligner le soixantième anniversaire du couronnement de la reine Victoria.

À chaque fête de la Reine, les écoliers anglophones se rassemblaient pour chanter la gloire de l'Empire britannique. Le ministère de l'Éducation de l'Ontario avait émis des directives quant au déroulement de la journée dans les écoles. « Dans tous ses propos sur le Canada et l'Empire, l'instituteur devrait viser à rendre le patriotisme canadien intelligent, global et ferme. »

La Patrie

22e ANNÉE — DIX PAGES — MONTREAL MARDI 22 JANVIER 1901 — LE NUMERO, UN CENTIN

LA REINE EST MORTE !

Sa Majesté a rendu le dernier soupir cet après-midi à 6.55 hrs, au château d'Osborne

Les derniers moments et l'agonie de notre bien-aimée souveraine

Londres, 22.—Sa Majesté la Reine Victoria est décédée cet après-midi à 6.55, au Château d'Osborne.

SA MAJESTE LA REINE VICTORIA, (d'après une photographie recente)

NAISSANCE DE VICTORIA

La une de l'édition du 22 janvier 1901 du journal *La Patrie* de Montréal. Que représentaient la reine Victoria et la monarchie britannique pour les Canadiens au début du XXe siècle ?

La fête de la Reine était l'une des plus grandes fêtes de l'année au Canada. En dépit de sa popularité, elle ne rassemblait pas tous les Canadiens, dont les racines n'étaient pas seulement britanniques. Le Canada, en effet, avait d'abord été peuplé par des nations amérindiennes. Les Canadiens français, qui l'habitaient depuis plus longtemps que les Britanniques, célébraient aussi à leur façon. En effet, le 24 mai, ils fêtaient Dollard des Ormeaux, officier français tué en combattant les Iroquois, et le 24 juin, ils fêtaient leur saint patron, saint Jean-Baptiste, héros catholique. En cette occasion, des défilés avaient lieu à Montréal et à Ottawa. Cette date du 24 juin marquait aussi le solstice d'été. De plus, pendant les années Laurier, une forte proportion des deux millions d'immigrants qui s'étaient installés au Canada ne parlaient ni français ni anglais. Le Canada comptait un grand nombre d'habitants de souche britannique ou française, mais il était en voie de constituer un pays multiethnique et multiculturel.

Le nationalisme

Les Canadiens ne rendaient pas seulement hommage à la reine à l'occasion du congé du 24 mai. Ils célébraient aussi l'appartenance de leur pays à l'Empire britannique. La fête de la Reine matérialisait une attitude observée dans le monde : le **nationalisme**, c'est-à-dire l'amour du pays. Au début du XXe siècle, de nombreux Canadiens croyaient que leur pays était destiné à devenir l'une des plus grandes puissances. Des chefs de file du domaine des affaires et de la science formèrent la Ligue de l'Empire britannique pour le clamer haut et fort. Ils pensaient que la croissance économique engendrée par le développement des villes et la colonisation de l'Ouest allait faire accéder le Canada au rang des grandes puissances du siècle naissant. Agnes Laut, une analyste politique de l'époque, a terminé un ouvrage intitulé *The Canadian Commonwealth* en citant des statistiques qui témoignaient de la taille et de la croissance du Canada. Elle promettait : « À moins que le cours de l'histoire ne s'inverse et que des furies malveillantes ne jouent aux dés avec le sort, le Canada ne peut avoir qu'une seule destinée : devenir la Grande-Bretagne d'outre-mer. »

Dans un pays où se côtoyaient tant de cultures, cependant, le nationalisme ne pouvait faire l'unanimité. Les adversaires de la Ligue de l'Empire britannique jugeaient qu'un authentique nationaliste devait souhaiter l'indépendance de son pays. Selon eux, le Canada avait atteint la maturité et il était temps pour lui de rompre ses liens avec la mère patrie, la Grande-Bretagne. De plus, pour les adversaires de la Ligue de l'Empire britannique, le nationalisme supposait que le Canada ne vive pas dans l'ombre des États-Unis. L'optimisme suscité par la croissance économique en poussait certains à affirmer que le Canada pouvait survivre de manière autonome.

La plupart des Canadiens français croyaient en un Canada fort et respectaient les droits linguistiques et les droits de la personne garantis par la Constitution de 1867. Cependant, ils reprochaient au Canada anglais de conserver avec la Grande-Bretagne un lien affectif qui les rendait aveugles à la réalité du peuple canadien. Ils étaient profondément patriotes, mais leur fidélité allait au Canada et à la langue française. Au Québec et dans les provinces de l'Ouest, surtout, la majorité des gens n'éprouvaient pas de sentiment particulier envers la Grande-Bretagne et la famille royale. Ces divergences allaient engendrer des problèmes pour le Canada.

L'impérialisme

En plus du nationalisme, une autre importante tendance se manifestait dans le monde au début du XXe siècle. Il s'agissait de l'**impérialisme**, la politique qui consiste pour un État à étendre son autorité en s'accaparant le territoire ou l'économie d'autres pays et en formant un empire avec ses colonies.

La majeure partie du monde vivait sous un régime impérialiste au début du XXe siècle. Des pays d'Europe comme la Grande-Bretagne, la France, l'Allemagne et la Belgique avaient colonisé d'immenses régions de l'Afrique et de l'Asie. En Europe, les vieux ennemis rivalisaient d'ardeur pour la conquête des colonies. Même les États-Unis, qui n'avaient conquis leur indépendance que depuis un siècle à peine, se constituaient un empire fait de bases stratégiques et de zones commerciales réparties un peu partout dans le monde.

En 1900, l'appartenance à l'Empire britannique bénéficiait à de nombreux Canadiens. La Grande-Bretagne accordait sa protection aux colons établis au Canada et, grâce au commerce et aux investissements, constituait le principal partenaire économique du Canada. Elle voulait renforcer ses liens avec toutes ses colonies, et elle espérait que le Canada lui fournisse de l'argent et des armes et intensifie ses échanges commerciaux avec elle.

La carte reproduite sur ce timbre, émis le 7 décembre 1898, était accrochée dans bien des classes du Canada. Quel message cette image véhiculait-elle et pourquoi en a-t-on fait un timbre ?

Entre deux feux

Le Canada se situait au carrefour des tendances nationalistes et impérialistes. Géographiquement et sentimentalement, il se trouvait pris en étau entre la Grande-Bretagne et les États-Unis. Le Canada avait avec les deux pays des liens économiques dont dépendait sa prospérité, mais Laurier refusait la domination de l'un ou de l'autre.

Laurier et le Canada avaient un autre défi à relever sur le plan des relations internationales : celui de la **souveraineté**, c'est-à-dire de l'indépendance politique. Le Canada, comme colonie britannique, était devenu un État à part entière en 1867. La Confédération avait fait du Canada un *dominion* autonome ; il pouvait édicter ses propres lois et établir ses propres politiques. Le statut de *dominion*, cependant, supposait que les affaires étrangères, le commerce international notamment, relevaient encore de la Grande-Bretagne. Beaucoup de Canadiens s'accommodaient de cette situation, mais un nombre croissant d'entre eux jugeaient que leur pays devait prendre lui-même les décisions.

Le gouvernement de Laurier a dû concilier ces divergences d'opinion. En Ontario et dans les Maritimes, les gens d'affaires et les descendants des loyalistes défendaient l'unité de l'Empire et le renforcement des liens avec la Grande-Bretagne. Cependant, un grand nombre d'agriculteurs et d'ouvriers n'étaient pas de descendance britannique et pensaient que le Canada devait raffermir ses relations commerciales avec les États-Unis, d'autant que l'économie se renforçait. Les Canadiens français, de leur côté, refusaient une alliance trop étroite avec l'une ou l'autre des puissances, pour sauvegarder l'identité de leur pays.

Lors de la « Conférence coloniale » tenue à Londres dans le cadre de la fête de la reine Victoria, en 1901, puis lors des conférences qui ont suivi en 1902, en 1903 et en 1907, Laurier est demeuré fidèle à son style conciliant et a cherché à plaire à tout le monde. Il a prêté serment d'allégeance à l'Empire et dit espérer que le Canada obtienne un jour son indépendance. Il a affirmé dans ses discours que le Canada soutiendrait toujours l'Empire. Pour renforcer l'Empire, a-t-il déclaré, les Canadiens devaient renforcer leur pays et le rendre prospère. Les *dominions* (le Canada, l'Australie et la Nouvelle-Zélande) devaient devenir indépendants dans l'avenir. Tel était le seul changement nécessaire. L'attitude de Laurier allait plus tard diviser la population canadienne.

Des soldats canadiens à l'hôpital de campagne de Paardeburg, le 19 février 1900. Décris les conditions dans lesquelles ont vécu les Canadiens durant la guerre des Boers.

La guerre des Boers

La rivalité des grands empires menait parfois à des guerres d'expansion territoriale. L'Afrique du Sud était le théâtre de tels affrontements en 1899. Pour la première fois, le Canada allait devoir prendre position dans les affaires internationales.

La pointe sud de l'Afrique était peuplée depuis le XVIIe siècle par des colons hollandais (les Boers) qui avaient forcé les Noirs à s'installer sur des terres plus pauvres. Des immigrants britanniques et indiens s'étaient installés depuis dans le territoire, et la Grande-Bretagne avait annexé la province du Cap en 1806. Farouchement indépendants, les Boers se sont regroupés dans deux territoires voisins, le Transvaal et l'État libre d'Orange. Là, ils se sont opposés aux *uitlanders* (des immigrants britanniques pour la plupart). Le conflit portait sur l'émigration des *uitlanders* vers les champs contenant de l'or nouvellement découverts et sur leurs droits civils sous la domination des Boers. La tension montait entre les Boers et les Britanniques. Dirigés par le président du Transvaal Paul Kruger, les Boers ont déclaré la guerre à la Grande-Bretagne en 1899. Celle-ci a fait savoir au Canada qu'elle avait besoin de troupes pour l'aider à vaincre les Boers en Afrique du Sud.

Cette demande a divisé les Canadiens en deux camps : les impérialistes et les anti-impérialistes. Pire, elle a dressé les Canadiens français et les Canadiens anglais les uns contre les autres. Aux yeux des impérialistes et de la presse anglophone, la guerre était pour le Canada l'occasion rêvée de concrétiser sa fidélité à l'Empire et d'entrer de plain-pied sur la scène internationale. Les impérialistes jugeaient que les *uitlanders* étaient victimes d'oppression politique et qu'il fallait se porter à leur secours.

Les Canadiens français, à l'instar d'Henri Bourassa et du groupe nationaliste qu'il venait de former, la Ligue nationaliste canadienne, s'opposaient pour la plupart à la participation du Canada. Ils ont reçu l'appui de regroupements d'agriculteurs qui estimaient eux aussi que rien n'obligeait les Canadiens à se battre aux côtés des Britanniques sur un continent lointain. Le Canada, à leur avis, n'avait pas à ajouter les déboires de l'Empire britannique à l'étranger à la longue liste de ses problèmes internes. Les Canadiens qui s'opposaient à l'envoi de troupes en Afrique du Sud craignaient par ailleurs que cette intervention ne crée un précédent et que le Canada ne soit ensuite contraint de prendre part à toutes les guerres que livrerait la Grande-Bretagne.

La participation du Canada à la guerre des Boers

Le premier ministre Laurier était déterminé à trouver un moyen terme acceptable tant pour les francophones que pour les anglophones. Sinon, pensait-il, le pays allait se séparer, ce qui aurait constitué « la pire calamité » pour le Canada. La situation a atteint un point critique lorsqu'il est apparu que le commandant britannique des troupes canadiennes avait déjà promis une intervention du Canada. Convaincu que la

PHOTOREPORTAGE

LES CANADIENS ONT LA BOUGEOTTE

Un carrosse aux abords du Banff Springs Hotel, en Alberta.

Un traîneau de la Poste royale, 1908.

Deux femmes à bicyclette.

La 8e Avenue à Calgary, 1908.

Un train traverse un pont à chevalets, vers 1900.

Un traversier à vapeur, le *Duchess of York*.

Les membres de la Aerial Experimental Association à côté du *Baddeck I*, à Petawawa, en Ontario, 1909.

Un rallye automobile.

Henri Bourassa, le fondateur du journal *Le Devoir*, a dirigé le mouvement d'opposition à la participation du Canada à la guerre des Boers. Selon toi, les journaux canadiens-français et canadiens-anglais ont-ils couvert la guerre de la même façon ? Sinon, quelles en étaient les différences ?

population anglophone ne serait pas satisfaite sans au moins un appui symbolique du Canada, Laurier a décidé d'envoyer un contingent de 1000 volontaires en Afrique du Sud et de laisser à la Grande-Bretagne le soin de leur entretien à compter de leur arrivée au Cap.

Environ 7300 soldats canadiens, y compris un groupe d'infirmières, ont participé à la guerre des Boers, qui a duré trois ans. Quatre-vingt-huit Canadiens ont péri au combat, 252 ont été blessés et 136 autres sont morts des suites d'une maladie ou d'un accident. Les Canadiens avaient accepté à contrecœur le compromis de Laurier, et la plupart en étaient mécontents. Bourassa lui a reproché de n'avoir pas pris de position ferme quant au rôle du Canada au sein de l'Empire britannique. Certains Canadiens anglais, pour leur part, ont reproché à Laurier son soutien à la Grande-Bretagne. Quelques années plus tard, la crise navale allait encore une fois mettre à l'épreuve le talent d'arbitre de Laurier.

La crise navale

La Grande-Bretagne et l'Allemagne comptaient parmi les plus grandes forces économiques d'Europe au début du XXe siècle. Elles s'étaient engagées dans une dangereuse course aux armements et tentaient toutes deux de construire la marine la plus puissante. La situation a basculé en 1906, quand la Marine royale britannique a lancé un navire de guerre à la fine pointe de la technique, le *H.M.S. Dreadnought*. Ce bâtiment allait donner son nom à une nouvelle classe de navires, les « cuirassés ». Aussi long qu'un terrain de football, il était actionné par des turbines et armé de 10 canons de 30 centimètres. Le *Dreadnought* déclassait tous les autres navires de guerre, et la course aux armements entrait dans une nouvelle phase.

En 1909, la course aux armements sur mer a pris une nouvelle tournure. Les espions britanniques ont appris que l'Allemagne construisait en secret quatre navires militaires comparables au *Dreadnought*. La population des Îles britanniques réclamait à cor et à cri des bâtiments supplémentaires, et la Grande-Bretagne s'est tournée vers ses *dominions*. L'Australie et la Nouvelle-Zélande ont répondu oui sur-le-champ, et le Canada s'est retrouvé en fâcheuse position.

Comme le Canada était un *dominion*, le gouvernement Laurier était engagé dans la politique navale et la protection du Canada dans le sein de l'Empire. Cependant, il ne voulait pas être obligé d'accorder des sommes importantes à la Grande-Bretagne pour la construction des navires de guerre. Une fois de plus, Laurier a proposé un compromis, sous la forme cette fois d'un projet de loi sur la marine. Plutôt que de contribuer aux dépenses de la marine britannique, le Canada se formerait lui-même une petite marine que la Grande-Bretagne pourrait réquisitionner avec le consentement du Parlement du Canada. Les Canadiens favorables à la Grande-Bretagne se sont moqués de la proposition de Laurier, qu'ils considéraient comme un nouvel exemple d'appui symbolique.

Wilfrid Laurier, l'as des jongleurs. Qu'exprime cette caricature à propos du leadership de Laurier pendant la guerre des Boers ?

Ils ont ridiculisé les cinq croiseurs et les six destroyers proposés et accusé Laurier d'intervenir trop peu et trop tard.

Les regroupements d'ouvriers et d'agriculteurs estimaient que le Canada était entré trop vite dans une course aux armements qui risquait de mettre le feu aux poudres en Europe. Les nationalistes canadiens-français se sont indignés du fait que le Canada soit disposé à aider la Grande-Bretagne. Ils pensaient encore que le reste de l'Empire britannique devait s'occuper seul de ses problèmes.

C'est en partie pour contrer le projet de marine de Laurier qu'Henri Bourassa a fondé le quotidien *Le Devoir* en 1910. Bourassa et ses partisans jugeaient que le Canada serait automatiquement impliqué dans toutes les batailles que la Grande-Bretagne allait livrer dans le monde. Ils soutenaient que la conscription (l'enrôlement obligatoire en temps de guerre) ne tarderait pas à suivre.

Les compromis de Laurier avaient encore divisé les Canadiens. Mais Laurier n'était pas au bout de ses peines. Il devait aussi s'occuper des relations du pays avec son voisin du sud, les États-Unis.

L'expansionnisme américain

Tout au long des années Laurier, le Canada a eu des relations difficiles avec la Grande-Bretagne et les États-Unis. La proximité du géant américain avait toujours posé un dilemme aux Canadiens. D'une part, les deux pays avaient des affinités naturelles, ne serait-ce qu'en matière d'histoire et de migration. Et puis, le commerce et les investissements américains augmentaient d'année en année. D'autre part, les Canadiens s'étaient toujours méfiés de la taille et de la puissance militaire des États-Unis.

Les États-Unis n'avaient jamais dissimulé leur goût pour l'**expansionnisme**, la politique qui consistait à étendre à toute l'Amérique du Nord la domination américaine. Les expansionnistes américains prétendaient que la « destinée manifeste » de leur pays était de former une nation continentale comprenant le Mexique et le Canada. Les États-Unis avaient déjà acquis des portions considérables du continent nord-américain. Comme le faisait remarquer avec colère le colonel G.T. Denison, de la Ligue de l'Empire britannique : « Les Américains voulaient la Floride et ils l'ont prise ; ils ont annexé la Louisiane et l'Alaska ; ils ont conquis la Californie et le Mexique ; le Texas, ils l'ont volé. »

Dans les années qui ont suivi la Confédération, les États-Unis ont semblé changer de stratégie pour s'emparer du territoire canadien ; ils ont pris la voie de la politique et de la diplomatie plutôt que de la force armée. Les Canadiens, cependant, n'avaient pas oublié la guerre de 1812, et ils n'écartaient pas la possibilité d'une autre invasion américaine. En 1898, le Canada et les États-Unis ont établi une commission internationale pour trancher les conflits mineurs qui les opposaient. Les deux gouvernements ont confié à des fonctionnaires la tâche d'enquêter sur les plaintes et les litiges. La Ruée vers l'or, cependant, a ravivé un vieux désaccord.

La frontière de l'Alaska

En 1825, un traité mal rédigé avait créé une vague frontière entre le Canada et les États-Unis dans une bande de terre d'un millier de kilomètres qui s'étendait le long de la côte nord de la Colombie-Britannique, parallèlement à la péninsule de l'Alaska. Pendant la Ruée vers l'or, à la fin des années 1890, les marchands canadiens et américains se faisaient concurrence auprès des chercheurs d'or. Les marchandises qu'ils leur vendaient devaient être expédiées par bateau puis transportées sur la terre ferme. Mais à qui appartenaient les ports côtiers ? Telle était la plus

Le conflit à propos de la frontière de l'Alaska

Le territoire litigieux sur la côte ouest du Canada. En te reportant à la carte, explique pourquoi une différence de quelques kilomètres revêtait autant d'importance pour les Américains et les Canadiens.

importante question. Les Américains prétendaient qu'ils possédaient le territoire, y compris les bras de mer et le canal Lynn. S'ils avaient gain de cause, le Canada perdrait son accès maritime au Yukon et, par le fait même, ses possibilités de commerce dans la région. Les Canadiens exigeaient donc que la frontière passe beaucoup plus près de la côte.

En 1903, on a donc chargé une commission internationale formée de trois Américains, deux Canadiens et un Britannique de trancher le litige. Le Canada avait épaulé la Grande-Bretagne pendant la guerre des Boers, et Laurier était certain d'avoir l'appui du *Foreign Office*, qui s'occupait encore des affaires étrangères du Canada. Mais le président américain, Theodore Roosevelt, était renommé pour son esprit combatif. Il a nommé trois commissaires expansionnistes et batailleurs et a fait pression sur la Grande-Bretagne afin qu'elle prenne le parti des États-Unis.

La Grande-Bretagne tenait beaucoup à se faire bien voir des États-Unis, et le représentant britannique s'est rangé du côté des Américains à l'issue des délibérations. La majeure partie de la bande de terre a été attribuée aux États-Unis. Les Canadiens en ont voulu autant aux États-Unis qu'à la Grande-Bretagne. Un journal a écrit que la Grande-Bretagne avait amené le Canada « à l'abattoir comme un agneau »; dans un théâtre de Vancouver, le public a hué le *God Save the King*. L'incident a confirmé aux Canadiens que les Américains ne reculaient devant rien et que la Grande-Bretagne plaçait ses propres intérêts diplomatiques avant ceux du Canada. Un grand nombre de Canadiens ont résolu de prendre leur destinée en main.

Hyperliens

www.dlcmcgrawhill.ca

Visite le site Internet dont l'adresse apparaît ci-dessus pour parfaire tes connaissances sur le conflit à propos de la frontière de l'Alaska. Clique sur ***Matériel complémentaire/Primaire et Secondaire***, puis sur ***Regard sur le Canada***, et on t'indiquera où aller ensuite.

L'amélioration des relations canado-américaines

Les relations entre le Canada et les États-Unis se sont améliorées pendant le mandat de Laurier. Des problèmes plus graves que la frontière de l'Alaska se dessinaient en Europe et le ressentiment des Canadiens s'est atténué. La tension montait entre les grandes puissances impériales d'Europe, et le triangle formé dans l'Atlantique Nord par la Grande-Bretagne, le Canada et les États-Unis s'est resserré.

Le Canada a établi le ministère des Affaires étrangères en 1909 pour se détacher de la Grande-Bretagne, d'une part, et se rapprocher des États-Unis, d'autre part. L'époque où les messages diplomatiques devaient passer par Londres avant d'aboutir à Washington ou à Ottawa était dépassée. Le Canada et les États-Unis allaient désormais pouvoir négocier directement.

La réciprocité

Les relations canado-américaines sont entrées dans une nouvelle phase lorsque Washington a soulevé de façon inattendue l'idée d'un nouveau traité de **réciprocité** par lequel les deux pays se consentiraient mutuellement des privilèges commerciaux. L'entente devait abolir les droits de douane sur les matières premières canadiennes comme les produits agricoles, le poisson et le bois mais les conserver sur les produits manufacturés américains. Cet arrangement paraissait taillé sur mesure pour les régions agricoles et industrielles prospères du Canada, et le gouvernement de Laurier s'est empressé de le ratifier.

Laurier a fait dans l'Ouest une tournée pendant laquelle le bien-fondé de sa décision a semblé se confirmer. Les fermiers de l'Ouest éprouvaient un profond ressentiment envers les grandes entreprises du centre, dont les banques, les chemins de fer, les silos à grain, les usines et les minoteries. La réciprocité était censée leur faciliter l'accès au marché américain et, par le fait même, les disposer favorablement à l'égard du Parti libéral aux élections à venir.

Laurier était convaincu que l'Ouest allait applaudir l'accord de réciprocité et que le reste du pays allait l'accepter de bon gré. Les conservateurs en pensaient autant, et ils en étaient désespérés. La victoire semblait acquise à Laurier et aux libéraux aux élections de 1911. Pourtant, les conservateurs n'ont pas lâché prise. Ils ont riposté en prédisant que la réciprocité toucherait bientôt les produits manufacturés et en avançant que les industries canadiennes avaient besoin de mesures de protection pour demeurer prospères.

Les adversaires de la réciprocité étaient dirigés par un groupe d'industriels, de banquiers et de gens d'affaires mécontents du centre du Canada. Rassemblés sous la bannière de l'Association des manufacturiers canadiens, ils ont fait valoir que les droits de douane avaient grandement favorisé les investissements directs au Canada puisque les entreprises américaines avaient ouvert des usines au Canada. La réciprocité, selon eux, allait réduire ce flot d'argent américain essentiel à la croissance économique.

Dans les rangs des adversaires de la réciprocité se trouvaient des membres influents du Parti libéral, dont l'ancien ministre Clifford Sifton. Il y avait aussi des hommes d'affaires comme J.C. Eaton, président de T. Eaton Co., R.J. Christie de Christie and Co., une société qui fabriquait de la farine et des biscuits, et William Van Horne, du Canadien Pacifique. Ce dernier craignait que les nouvelles relations commerciales nord-sud ne ruinent le chemin de fer est-ouest. Il est sorti de sa retraite, a-t-il dit, seulement pour faire échec à l'accord de réciprocité.

La réciprocité avait néanmoins de nombreux partisans, particulièrement parmi les fermiers et les ouvriers, car les droits de douane élevés avaient fait monter le prix des aliments, des vêtements et des autres articles importés. Ces partisans ont contre-attaqué. Ils ont affirmé que les industries canadiennes avaient besoin de l'immense marché américain pour survivre et prospérer. Ils ont aussi avancé que l'accord commercial ferait baisser le prix des marchandises que les gens ordinaires achetaient.

Les élections générales de 1911

Il n'y avait ni radio ni télévision lors de la campagne électorale de 1911. Cette année-là, les chefs de parti ont sillonné le pays en train pour conquérir les électeurs, mais le gros de la lutte s'est joué dans les journaux. La plupart des journaux ont appuyé un parti ou l'autre. En Ontario, par exemple, le *Toronto Star*, d'allégeance libérale, et le *Toronto News*, d'allégeance conservatrice, ont collé dans leurs vitrines des affiches pour ou contre la réciprocité. Les adversaires de la réciprocité étaient si bien organisés qu'ils ont distribué des tracts et des dépliants à plus de 300 quotidiens et hebdomadaires à travers le pays.

Une caricature à propos de la réciprocité. Explique le message de l'auteur. Que représentent les différents éléments du dessin ?

Les continentalistes canadiens s'en sont mêlés. Selon eux, la seule façon de sauver le pays était de voter pour Laurier et pour la réciprocité. Ils croyaient que l'accord commercial améliorerait les perspectives économiques du Canada sans pour autant compromettre son indépendance politique. Quand son économie sera forte, disaient-ils, la nation canadienne sera plus en mesure de résister aux Américains.

Mais des politiciens américains ont fait des commentaires qui ont amené de l'eau au moulin des adversaires de la réciprocité. Un membre du Congrès, Champ Clark, a lancé qu'il était pour la réciprocité parce qu'il espérait « voir un jour le drapeau américain flotter au-dessus de chaque pied carré des possessions britanniques en Amérique du Nord, jusqu'au Pôle Nord ». Le sénateur Porter McCumber a proclamé : « L'annexion du Canada est la conclusion logique de la réciprocité. » C'en était assez pour persuader bien des Canadiens inquiets que l'objectif véritable des États-Unis, malgré leur apparente bonne volonté, était d'attirer le Canada dans une union économique, puis de l'annexer.

La Patrie

Journal du Peuple

33e ANNEE—No 174 — QUATORZE PAGES — MONTREAL, LUNDI 18 SEPTEMBRE 1911 — LE NUMERO : UN CENTIN

Canadiens-français, faites passer les intérêts du pays avant ceux des partis !

La réciprocité pourra faire l'affaire de quelques-uns, mais elle exposera fatalement les classes laborieuses des villes à la misère et à la ruine, en élevant le cout de la vie et en dépréciant le prix de la main-d'oeuvre.

Les américains ne désarmeront que lorsqu'ils auront réussi à faire disparaitre le mur protecteur qui empêche leurs produits de traverser la frontière. Ils nous imposeront le libre-échange et l'annexion.

Ce sera la mort de notre autonomie commerciale, la destruction de nos industries nationales, la perte de nos institutions auxquelles notre peuple attache tant de valeur.

La Province de Québec votera en bloc contre la réciprocité !

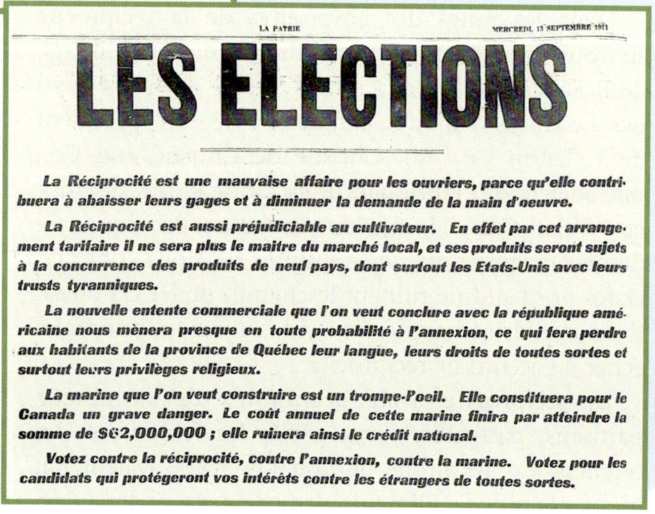

LA PATRIE — MERCREDI, 13 SEPTEMBRE 1911

LES ELECTIONS

La Réciprocité est une mauvaise affaire pour les ouvriers, parce qu'elle contribuera à abaisser leurs gages et à diminuer la demande de la main d'oeuvre.

La Réciprocité est aussi préjudiciable au cultivateur. En effet par cet arrangement tarifaire il ne sera plus le maitre du marché local, et ses produits seront sujets à la concurrence des produits de neuf pays, dont surtout les Etats-Unis avec leurs trusts tyranniques.

La nouvelle entente commerciale que l'on veut conclure avec la république américaine nous mènera presque en toute probabilité à l'annexion, ce qui fera perdre aux habitants de la province de Québec leur langue, leurs droits de toutes sortes et surtout leurs privilèges religieux.

La marine que l'on veut construire est un trompe-l'oeil. Elle constituera pour le Canada un grave danger. Le coût annuel de cette marine finira par atteindre la somme de $62,000,000 ; elle ruinera ainsi le crédit national.

Votez contre la réciprocité, contre l'annexion, contre la marine. Votez pour les candidats qui protégeront vos intérêts contre les étrangers de toutes sortes.

Voici deux articles publiés par le journal *La Patrie*, datés du 13 septembre et du 18 septembre 1911. Résume les arguments défavorables à la réciprocité et à la marine.

Le débat, qui était à l'origine économique, avait dérivé vers la question du patriotisme et de la survie nationale. Les nationalistes soutenaient qu'un accord de réciprocité aboutirait tôt ou tard à l'annexion politique. Cependant au Québec, en plus de la question de la réciprocité, le projet de loi sur la marine devait constituer l'autre enjeu important des élections. Le compromis proposé par le premier ministre Laurier sur la question de la marine de guerre n'avait semblé faire que des mécontents : les Canadiens anglais profondément attachés à l'Empire britannique trouvaient l'effort insuffisant, alors que les nationalistes canadiens-français y voyaient une atteinte à l'autonomie du Canada. Ces derniers, dirigés par Bourassa, ont fait une campagne féroce contre ce qu'ils considéraient comme une position impérialiste de la part de Laurier, n'hésitant pas à s'allier aux conservateurs de Borden pour faire la lutte aux libéraux. La double offensive des adversaires de la réciprocité et des opposants à la *Loi sur la marine* allait porter un dur coup au gouvernement Laurier.

Le 21 septembre 1911, jour des élections, près d'un million et demi d'hommes ont élu leurs représentants au Parlement (les femmes n'avaient pas encore le droit de vote). Le Parti conservateur l'a emporté, mais avec une faible majorité des voix. Les libéraux étaient vainqueurs en Alberta, en Saskatchewan et dans les Maritimes. Ils ont fait une importante percée au Québec, mais ils ont été écrasés en Ontario. Les conservateurs ont obtenu la majorité des sièges au Parlement et Robert Borden est devenu premier ministre du Canada.

La fin de la récréation

Lorsque Borden a pris le pouvoir, le Canada possédait plus de maturité et d'indépendance politique qu'à l'arrivée de Laurier. Il s'était taillé une place sur la scène internationale. Mais il avait payé le prix de ses avancées. La guerre des Boers avait fait un grand nombre de victimes, le conflit à propos de la frontière de l'Alaska avait semé le désenchantement à l'égard de la Grande-Bretagne et, par-dessus tout, le Canada ne pouvait plus échapper aux forces qui attiraient l'Europe et le reste du monde dans la guerre.

Récapitulation

RÉSUMÉ DU CHAPITRE

Dans ce chapitre, tu as appris :

- que les années Laurier ont été marquées par l'optimisme et la prospérité mais parfois assombries par les événements qui se déroulaient à l'étranger ;
- que le Canada a tenté de s'éloigner à la fois de la Grande-Bretagne et des États-Unis mais qu'il n'était pas tout à fait prêt pour l'autonomie ;
- que le Canada a dû admettre qu'il entrait en guerre aussitôt que la Grande-Bretagne entrait en guerre et que les États-Unis étaient prêts à tous les stratagèmes politiques pour avoir gain de cause en matière d'économie.

RÉSUME TES CONNAISSANCES

1. Explique l'importance historique des personnes, des lieux ou des événements suivants.

Fête de la Reine	*Le Devoir*
Jour de Victoria	Péninsule de l'Alaska
Uitlanders	Henri Bourassa
Ligue de l'Empire britannique	*H.M.S. Dreadnought*

2. À l'aide d'un tableau en deux colonnes, compare les pressions exercées sur le Canada par la Grande-Bretagne et les pressions exercées sur le Canada par les États-Unis.
3. Explique de quelle manière la construction du cuirassé *Dreadnought* a accéléré la course aux armements.
4. À l'aide d'un tableau en deux colonnes, compare les arguments pour ou contre le projet de réciprocité.
5. Pourquoi les ressources naturelles (comme l'or au Transvaal) sont-elles parfois à l'origine de conflits internationaux ?
6. Quelles étaient les forces et les faiblesses de Laurier en matière d'affaires internationales ?

EXPRIME TON OPINION

1. Était-il raisonnable ou illusoire pour le Canada de croire qu'il aurait pu devenir la « Grande-Bretagne d'outre-mer » ?
2. Dessine une caricature politique ou rédige une chronique de 200 à 300 mots qui auraient pu paraître dans un journal canadien en 1910. Le thème à développer porte sur les relations canado-américaines au début du xxe siècle.
3. Quel camp aurais-tu choisi pendant la crise navale, celui de Bourassa ou celui de Laurier ? Justifie ta réponse.
4. Pour qui aurais-tu voté en 1911 ? Justifie ta réponse.

ANALYSE LES FAITS HISTORIQUES

1. Avec sa politique nationale, John A. Macdonald essayait de protéger les industries canadiennes en augmentant les droits de douane (taxes à l'importation) sur les produits fabriqués aux États-Unis. Cette politique a souvent eu pour conséquence de faire passer des industries canadiennes aux mains des Américains. Pourquoi en a-t-il été ainsi ?
2. Les premiers camps de concentration ont été établis par les Britanniques pendant la guerre contre les Boers pour incarcérer des prisonniers civils. Les Boers menaient une guerre d'embuscades et de raids éclair. Pourquoi les Britanniques ont-ils jugé bon de riposter en enfermant des civils dans des camps de concentration ?

Révision de la partie 1

PLEINS FEUX SUR LE PASSÉ

RÉVISE LES FAITS HISTORIQUES

1. À l'aide d'un tableau, compare les facteurs d'*unité* et les facteurs de *division* qui existaient au Canada au début du xxe siècle.
2. Compare les attitudes contemporaines face à l'immigration et aux immigrants à celles qui ont été décrites dans cette partie du livre.
3. À l'aide d'un dessin ou d'un diagramme, résume la position du Canada dans les affaires internationales en la comparant à celle de la Grande-Bretagne et des États-Unis.
4. Explique l'affirmation suivante. « Les mouvements de réforme du début du xxe siècle ont préparé d'importants progrès de la politique sociale. »

ÉTABLIS DES LIENS

1. À l'aide d'un schéma conceptuel, représente les liens qui unissent les concepts dont il a été question dans cette partie du livre. Choisis au moins un concept dans chacune des colonnes du tableau suivant.

À TOI LA PAROLE

1. Les adolescents d'aujourd'hui sont-ils plus heureux que ceux du début du xxe siècle ? Appuie ta comparaison sur au moins cinq critères.
2. Évalue la compétence du gouvernement Laurier dans trois des domaines suivants : la politique d'immigration, les questions ouvrières, les affaires internationales et le développement économique.
3. Choisis un symbole qui pourrait représenter le Canada pendant les années Laurier. Justifie ton choix en invoquant des faits historiques.

DOMAINE NATIONAL	DOMAINE INTERNATIONAL	DOMAINE RÉGIONAL	DOMAINE PERSONNEL
Dominion	Impérialisme	Discrimination	Mécanisation
Fédéralisme	Militarisme	Racisme	Dépeuplement
Nationalisme	Réciprocité	Colonisation	Assimilation
Immigration	Autonomie politique	Politique nationale	Réforme

PERSPECTIVES

1. Le chant national canadien *Ô Canada* a été chanté pour la première fois le 24 juin 1880 à l'occasion du Congrès national des Canadiens français. La musique a été composée par Calixa Lavallée et les paroles sont de sir Adolphe-Basile Routhier. Au cours des années, ce chant est donc devenu de plus en plus populaire. Le 1er juillet 1980, donc un siècle plus tard, il a été proclamé hymne national du Canada. Voici le texte original et intégral.

   Ô Canada

   Ô Canada ! Terre de nos aïeux,
   Ton front est ceint de fleurons glorieux !
   Car ton bras sait porter l'épée,
   Il sait porter la croix !
   Ton histoire est une épopée
   Des plus brillants exploits.
   Et ta valeur, de foi trempée,
   Protégera nos foyers et nos droits
   Protégera nos foyers et nos droits.

   Sous l'œil de Dieu, près du fleuve géant,
   Le Canadien grandit en espérant,
   Il est né d'une race fière,
   Béni fut son berceau ;
   Le ciel a marqué sa carrière
   Dans ce monde nouveau.
   Toujours guidé par Sa lumière,
   Il gardera l'honneur de son drapeau,
   Il gardera l'honneur de son drapeau.

   De son patron, précurseur du vrai Dieu,
   Il porte au front l'auréole de feu ;
   Ennemi de la tyrannie,
   Mais plein de loyauté,
   Il veut garder dans l'harmonie
   Sa fière liberté.
   Et par l'effort de son génie,
   Sur notre Sol asseoir la vérité,
   Sur notre Sol asseoir la vérité !

   Amour sacré du trône et de l'autel
   Remplis nos cœurs de ton souffle immortel.
   Parmi les races étrangères
   Notre guide est la foi ;
   Sachons être un peuple de frères,
   Sous le joug de la loi ;
   Et répétons comme nos pères
   Le cri vainqueur : « Pour le Christ et le Roi »
   Le cri vainqueur : « Pour le Christ et le Roi ».

   Qu'est-ce que ce chant pouvait inspirer à chacun des quatre Canadiens suivants ?

   a) Un nationaliste canadien-français du Québec.
   b) Un aîné ojibwé.
   c) Un ancien combattant de la guerre des Boers.
   d) Un agriculteur ukrainien.

2. Le colonel G.T. Denison et Henri Bourassa se préparent à un débat sur la participation du Canada à la guerre des Boers. Dresse une liste d'arguments que chaque homme pourrait avancer.

3. Choisis l'un des groupes ethniques dont il a été question dans cette partie du livre. Imagine que tu fais partie de ce groupe et que ton arrivée au Canada date d'un mois. Écris une lettre à des parents restés dans ton pays.

4. Imagine que tu es une réformatrice sociale qui vit en 1900. Consigne dans ton journal des renseignements sur les mouvements que tu appuies (droits des travailleurs, prohibition ou suffrage des femmes). Exprime aussi ton opinion à propos de la situation des femmes à l'époque.

PARTIE

2 Le Canada pendant la Première Guerre mondiale

Un jour, quelqu'un a demandé à Clive : « Croyez-vous que nos actes seront pardonnés un jour ? » Cette personne faisait allusion à sa génération et aux torts que la guerre avait causés à la civilisation. Je n'ai jamais oublié la réponse de Clive : « J'ai peur qu'on ne nous pardonne jamais. J'espère seulement qu'on se souviendra que nous étions des êtres humains. »

Timothy Findley, *Guerres*.

CHRONOLOGIE

4 AOÛT 1914
Le Canada, en tant que membre de l'Empire britannique, déclare la guerre à l'Allemagne.

AVRIL 1917
Les soldats canadiens prennent la crête de Vimy.

Chapitre 6 : Le Canada face à la crise internationale

Chapitre 7 : Le Canada sur le pied de guerre

Chapitre 8 : Sur les champs de bataille

Chapitre 9 : Les répercussions de la Première Guerre mondiale au Canada

Lors de la mise à l'eau du *Titanic*, on prétendait que le luxueux paquebot était insubmersible. À la fin de la Première Guerre mondiale, en 1918, on affirmait que « la dernière des guerres » venait de se terminer. Or, le *Titanic* a coulé et la Première Guerre mondiale a été suivie de plusieurs autres. Le naufrage du *Titanic* et la fin de la première Grande Guerre ont valeur de symboles. Le *Titanic* a emporté avec lui une part de l'innocence et de l'arrogance de l'être humain, tandis que le massacre de la Première Guerre mondiale a ébranlé l'idée de progrès éternel. Pourquoi la guerre a-t-elle éclaté en août 1914 et pourquoi est-elle devenue le plus sanglant conflit de tous les temps ? Pourquoi les Canadiens se sont-ils allègrement portés volontaires pour aller se battre si loin de chez eux ? Quelles ont été les conséquences de la guerre sur les Canadiens et sur la société canadienne ? Et comment les leçons tirées de cette tragédie peuvent-elles nous aider à éviter sa répétition ? Telle est peut-être la principale question à laquelle l'étude de la Première Guerre mondiale pourrait nous permettre de répondre.

REMUE-MÉNINGES

1. La Première Guerre mondiale a fait plus de 14 millions de morts et causé des dommages évalués à plusieurs milliards de dollars. Pourquoi les pays d'Europe ont-ils décidé de participer à un conflit aussi destructeur ?
2. Quels progrès technologiques ont modifié la façon de faire la guerre en 1918 ?
3. Comment les Canadiens ont-ils réagi à la guerre ? Comment leurs réactions étaient-elles différentes selon les régions du pays ? Comment les attitudes des Canadiens ont-elles changé à mesure que la guerre se prolongeait et que le nombre de morts augmentait ?
4. Quelles ont été les répercussions à long terme de la guerre sur la société canadienne et sur le rôle du Canada comme membre de la communauté internationale ?

MAI 1917
Borden annonce la conscription.

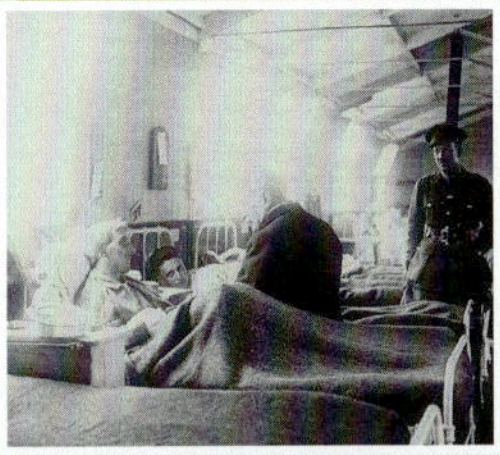

11 NOVEMBRE 1918
L'armistice est signé.

CHAPITRE

6 Le Canada face à la crise internationale

Lorsque le Canada a déclaré la guerre à l'Allemagne, des milliers de jeunes se sont précipités pour s'enrôler. Ce groupe se prépare à partir du camp de Valcartier, au Québec, après y avoir reçu une formation militaire. Quels signes d'enthousiasme sont évidents sur le visage des militaires ? des civils ?

RETOUR AUX SOURCES

- **Quels ont été les principaux facteurs du déclenchement de la guerre en 1914 ?**
- **Pourquoi le Canada a-t-il participé à une guerre qui se livrait en Europe ?**
- **Pourquoi certains Canadiens se sont-ils enrôlés avec enthousiasme pour aller se battre en Europe ?**
- **Quels progrès technologiques ont modifié la façon de faire la guerre en 1914 ?**

TERMES IMPORTANTS

Alliances
Assassinat
Diplomatie
Fusil Ross
Impérialisme
Militarisme
Nationalisme
Neutralité
Patriotisme

CHRONOLOGIE

JUIN 1914
L'archiduc François-Ferdinand est assassiné à Sarajevo.

AOÛT 1914
Le Canada, en tant que membre de l'Empire britannique, s'est automatiquement retrouvé en guerre contre l'Allemagne.

SEPTEMBRE 1914
Les troupes canadiennes s'embarquent pour la Grande-Bretagne.

AVRIL 1915
Les Canadiens reçoivent le baptême du feu à la bataille d'Ypres.

Robert Borden a pris le pouvoir le 21 septembre 1911. Les Canadiens connaissaient alors une vague de prospérité et d'optimisme. Mais les choses allaient bientôt changer. La croissance économique dont le Canada avait profité pendant toute l'ère Laurier a pris brutalement fin à l'automne 1913. Prévoyant une guerre en Europe, les investisseurs britanniques ont retiré tout d'un coup une grande partie de leurs capitaux du Canada. Des dizaines de milliers de travailleurs canadiens se sont retrouvés sans emploi au printemps 1914; le mouvement syndical a alors exigé que cesse l'immigration afin de protéger les emplois des Canadiens.

Il y avait des années que la tension montait en Europe. Les événements presque impensables qui, pendant l'été 1914, ont entraîné l'Europe dans une guerre catastrophique ont pourtant pris à peu près tout le monde par surprise. Le premier ministre Borden ne se doutait certainement pas du bain de sang dans lequel le Canada allait être entraîné.

La place du Canada dans l'Empire britannique

La Grande-Bretagne a déclaré la guerre à l'Allemagne le 4 août 1914. La nouvelle est parvenue à Ottawa le soir même. En tant que membre de l'Empire britannique, le Canada entrait automatiquement en guerre contre l'Allemagne; il ne restait plus au gouvernement canadien qu'à déterminer le degré de sa participation. Or, l'appartenance à l'Empire britannique représentait bien plus qu'une formalité juridique pour la plupart des Canadiens en 1914. Un bon nombre d'entre eux avaient vu le jour en Grande-Bretagne ou y avaient des ancêtres. Ils demeuraient loyaux au roi et à l'Empire. De plus, l'économie du Canada était encore étroitement liée à celle de la Grande-Bretagne. La prospérité de l'économie canadienne dépendait de celle de l'Empire.

Quand Laurier avait déclaré que le XXe siècle appartiendrait au Canada, il imaginait que le pays profiterait de la croissance économique et deviendrait le « joyau de la couronne » britannique. Il n'est donc pas étonnant que les Canadiens se soient précipités dans les rues en apprenant la nouvelle de la déclaration de guerre et qu'ils aient manifesté leur **patriotisme** en agitant leurs mouchoirs et leurs chapeaux. Les stratèges militaires prédisaient une défaite rapide et humiliante de l'Allemagne. Presque tout le monde pensait que la guerre serait courte et que les soldats seraient rentrés chez eux pour Noël. Il y aurait des morts et des blessés graves, bien sûr, mais la plupart des soldats auraient une glorieuse aventure à raconter à leurs enfants.

En 1914, le Canada était un jeune pays en plein essor comptant 7,5 millions d'habitants. Il avait accueilli au cours des décennies précédentes près de deux millions d'immigrants qui peinaient encore pour défricher et cultiver la terre. Quelle devait être la contribution d'un tel pays à une guerre qui se déroulait en Europe ? Les citoyens du Canada avaient-ils l'obligation de contribuer à l'effort de guerre en raison de l'héritage britannique de leur pays et de ses liens économiques avec la Grande-Bretagne ? Certains

Essaie d'imaginer une conversation entre le premier ministre Sir Robert Borden et l'un de ces soldats canadiens en 1918, après quatre ans de guerre.

prétendaient que le Canada devait envoyer 50 000 soldats sur les champs de bataille. Les différentes régions devaient-elles en envoyer autant les unes que les autres ? Sinon, où allait-on recruter les soldats ?

Quand la nouvelle de la déclaration de guerre est parvenue au Canada, des jeunes hommes enthousiastes ont attendu pendant des heures sous un soleil brûlant leur tour de signer leur engagement. Certains d'entre eux craignaient que la guerre ne se termine avant leur arrivée au front. Les soldats canadiens sont revenus à Noël, mais seulement en 1918, après quatre années de violence et de sang. Plus de 60 000 Canadiens sont morts à la guerre et 250 000 autres en sont revenus blessés. Le Canada a envoyé en Europe plus de 650 000 hommes et femmes enrôlés dans l'infanterie, la marine ou l'aviation. Ce nombre équivalait à 8 % de la population ! Le Canada avait-il outrepassé ses limites ? La conscription — l'engagement obligatoire des civils — a creusé entre le Canada français et le reste du Canada un gouffre qui ne s'est jamais refermé. Le pays a-t-il sacrifié l'unité nationale aux terribles exigences de la première guerre moderne ?

La naissance de la guerre moderne

Sous Laurier, la technologie avait été un facteur de croissance économique et de richesse. Pendant la Première Guerre mondiale, cependant, la technologie a servi à créer des armes meurtrières. Au cours des quatre longues années qu'a duré ce conflit, le monde a assisté, consterné, à la naissance de la guerre moderne. En 1914, c'était des soldats à cheval qui montaient à l'assaut de l'ennemi; en 1918, les soldats marchaient derrière des chars d'assaut, appelés à l'origine « chevaux de fer ». Avant 1914, l'usage d'armes aussi horribles que les gaz toxiques aurait été considéré comme barbare, de même que le largage de bombes sur des victimes sans moyens de défense tant dans la population civile que sur les militaires. Les progrès technologiques si prometteurs du XIXe siècle allaient causer la mort de millions de soldats au cours de la Grande Guerre.

La terrible efficacité de l'armement moderne a entraîné une augmentation importante du nombre de victimes. L'artillerie lourde lançait des centaines d'explosifs sur les troupes, déchirant le sol sous leurs pieds. Les mitrailleuses abattaient des dizaines de soldats en une fraction de seconde. Les canons à tir rapide projetaient des shrapnels qui éclataient en une pluie de balles. Des nuages de gaz toxiques couvraient le champ de bataille et infligeaient une mort lente et horrible à des milliers d'hommes en même temps. Plus tard, les chars d'assaut, les avions et les sous-marins se sont ajoutés à l'arsenal de la terreur. Seuls quelques techniciens militaires avaient mesuré avec exactitude la puissance destructrice des armes de guerre du XXe siècle.

Les morts et les blessés ne représentaient qu'une partie du prix que le Canada a payé pour la Première Guerre mondiale. Les Canadiens ont dû tout donner, même leur vie, pour l'effort de guerre. Pendant le conflit, le Canada a souffert sur tous les fronts, en Europe comme à l'intérieur de ses frontières. Le Canada est entré en guerre de bon cœur à titre de membre de l'Empire britannique en 1914. En 1918, les sacrifices consentis par tous les Canadiens, sur les champs de bataille et dans les usines de guerre, autour des tables de négociation et sur les tables d'opération des hôpitaux militaires, avaient hissé le Canada au rang de nation à part entière.

Les nouvelles technologies ont rendu la guerre plus meurtrière que jamais. Combien de types d'armes dénombres-tu dans cette peinture ?

Les causes de la Première Guerre mondiale

Au XIXe siècle, la révolution industrielle a remplacé les petits ateliers indépendants par de grandes usines. Cette transformation des procédés de fabrication s'est répercutée sur l'économie, la politique et la **diplomatie** en Europe. Les nouvelles usines avaient besoin de sources constantes de matières premières et de marchés stables pour vendre leurs produits. C'est ainsi que des pays comme la Grande-Bretagne avaient besoin de dominer l'économie d'États étrangers. Pendant la majeure partie du XIXe siècle, la Grande-Bretagne a régné sur les mers et sur un empire colonial qui s'étendait sur le quart des terres émergées du globe. À la fin du siècle, cependant, la Grande-Bretagne a dû faire face à la concurrence acharnée que lui livrait l'Allemagne en matière de marine et d'économie. Grâce à la productivité de ses usines, l'Allemagne s'est mise à vendre plus de marchandises que la Grande-Bretagne.

Non seulement l'Allemagne se transformait-elle rapidement en puissance industrielle importante, mais elle cherchait en plus à se constituer un empire colonial et à renforcer ses liens avec les autres pays. Elle y est parvenue, entre autres en renforçant sa flotte de guerre, une stratégie qui menaçait directement la suprématie des Britanniques sur les mers. En dépit de la prospérité économique et de l'optimisme général dont jouissaient l'Europe et l'Amérique du Nord au début du XXe siècle, plusieurs d'observateurs perspicaces de la politique internationale pensaient que la guerre était devenue inévitable.

En 1914, les puissances européennes étaient réparties en deux camps : la France, la Russie et la Grande-Bretagne d'un côté, et l'Allemagne, l'Autriche-Hongrie et l'Italie de l'autre. Chacun de ces trios tentait de faire valoir sa supériorité morale sur l'autre. Pour ce qui est des causes, en réalité, la Première Guerre mondiale n'a pas été différente de tant d'autres guerres passées et futures : elle a découlé de conflits économiques que les gouvernements et les diplomates n'étaient pas parvenus à résoudre pacifiquement par le compromis. Cela étant dit, des facteurs comme le nationalisme, l'impérialisme et le militarisme avaient préparé le terrain, de sorte qu'il ne manquait plus qu'une étincelle pour qu'éclate une guerre mondiale.

L'impérialisme

L'**impérialisme** est la politique qui consiste pour un État à étendre son autorité ou sa domination à d'autres pays par des moyens économiques, politiques ou militaires. Les pays conquérants deviennent des métropoles et les pays conquis, des colonies. Au début du XXe siècle, l'impérialisme reposait principalement sur des motifs économiques. Les pays d'Europe se disputaient la possession de colonies lointaines, car celles-ci avaient une grande importance économique. Les métropoles s'y approvisionnaient en matières premières et y vendaient leurs produits manufacturés. Par la colonisation, les pays se constituaient des empires qui couvraient de grandes régions du globe. La France occupait ainsi une partie du nord-ouest de l'Afrique et l'Extrême-Orient. La Russie possédait un immense territoire en Europe du Nord et en Asie. Les États-Unis avaient pris possession des îles Hawaii et des Philippines, dans le Pacifique.

L'empire le plus vaste appartenait à la Grande-Bretagne et comprenait entre autres le Canada, la Nouvelle-Zélande, l'Australie, le Myanmar, la Malaisie, l'Inde, les Antilles ainsi qu'une partie de l'Afrique et des îles du Pacifique. La Grande-Bretagne conservait ses colonies existantes et en conquérait de nouvelles grâce à sa marine. L'Allemagne, pour sa part, n'était une puissance européenne que depuis peu; elle n'existait même pas en tant que pays avant les années 1870 et ne possédait pas beaucoup de colonies. Si elle voulait avoir son rôle à jouer sur la scène mondiale, elle devait se créer un empire elle aussi.

Pour combler son appétit de matières premières et de nouveaux marchés, l'Allemagne regardait du côté du Moyen-Orient et des Balkans (une région qui comprend la Grèce, l'Empire ottoman et l'ancienne Yougoslavie). Elle a construit un chemin de fer pour relier sa capitale, Berlin, à Bagdad au cœur de l'Empire ottoman, et elle projetait de nouvelles lignes en Égypte et ailleurs en Afrique. La Grande-Bretagne se sentait menacée par la détermination de l'Allemagne, et elle s'opposait aux projets de sa rivale. La Russie, quant à elle, craignait que le chemin de fer allemand dans les Balkans ne lui coupe l'accès à la mer Méditerranée. Les querelles liées à l'accès aux ressources et aux marchés éloignés entretenaient la tension entre les puissances d'Europe.

Les empires coloniaux vers 1900

Quel rôle ont joué les empires coloniaux établis au début du XXe siècle dans le déclenchement de la Première Guerre mondiale ?

Le nationalisme

La fin du XIXe siècle et le début du XXe ont été caractérisés par la montée du **nationalisme**. Le nationalisme naît du sentiment de partager le même héritage culturel, la même langue, parfois la même religion et le même passé historique, et se traduit souvent par une grande fierté patriotique. Porté à l'extrême, le nationalisme peut pousser un peuple à croire qu'il est seul à avoir droit de cité dans un certain territoire. L'impérialisme se teintait souvent de nationalisme, car de nombreux États pensaient que l'expansion de leur empire faciliterait l'accès aux marchés et aux ressources et renforcerait ainsi leur économie.

Au cours des décennies qui ont précédé la Première Guerre mondiale, le nationalisme poussait chacune des grandes puissances européennes à vouloir créer la plus grande armée et la marine de guerre la plus puissante. Le nationalisme radical nourrissait aussi la course aux colonies d'outre-mer. Chaque fois qu'un pays d'Europe s'emparait d'un nouveau territoire, il montait dans l'échelle de la domination économique. La possession d'un empire outre-mer était un symbole de fierté nationale. Pour ajouter à leur gloire, les puissances européennes cherchaient toujours à s'étendre sur leur continent et au-delà.

Le militarisme

Dans une époque marquée du sceau du nationalisme et de l'impérialisme, le militarisme semblait aller de soi. Le **militarisme** est la politique qui consiste à augmenter continuellement la puissance militaire d'un pays et à menacer ses ennemis d'attaques armées. Partout, on ajoute des fortifications. La durée du service militaire est prolongée. Les uniformes et les défilés militaires sont à l'honneur. Les puissances européennes ont fait appel à cette politique pour s'emparer de nouveaux territoires ou protéger leurs empires existants. La Grande-Bretagne et l'Allemagne ont dépensé des millions de dollars pour équiper leurs armées et leurs marines avec les armes les plus modernes.

Avec leurs dimensions et leur puissance colossales, les cuirassés ont modifié radicalement l'art de la guerre navale. Pourquoi les empires avaient-ils absolument besoin de ces navires puissants au début du XXe siècle ?

Au début du XXe siècle, l'Allemagne possédait la plus puissante armée d'Europe, mais la Grande-Bretagne régnait sur les océans et déployait de grands efforts pour conserver cet avantage. En 1906, les chantiers navals britanniques ont commencé à construire un nouveau genre de navires, les *dreadnoughts*, ou cuirassés. C'étaient de grands vaisseaux rapides dont la force de frappe était concentrée dans 10 canons géants enfermés dans des tourelles chacune pouvant lancer des obus de 35 cm de diamètre. Les cuirassés britanniques dépassaient en vitesse et en puissance tous les bateaux de la marine allemande.

En 1908, l'Allemagne a commencé à renforcer sa flotte. La Grande-Bretagne a riposté en construisant quatre cuirassés supplémentaires. En 1914, la marine allemande était formée de 17 navires de guerre et de 7 cuirassés, tandis que la marine britannique comptait 29 cuirassés prêts à la bataille.

Le système des alliances

À mesure qu'augmentaient les tensions militaires en Europe, plusieurs pays ont créé des **alliances** pour assurer leur sécurité. La Grande-Bretagne, la France et la Russie — les « Alliés » — ont formé la Triple-Entente. L'Allemagne, l'Autriche-Hongrie et l'Italie — les « Puissances centrales » — ont constitué la Triple-Alliance. Ce système d'alliances, ou de traités entre gouvernements, était censé maintenir la paix en

L'Europe et le système des alliances en 1914 (avant la Première Guerre mondiale)

Au début du XXe siècle, l'Europe était en grande partie divisée entre deux camps adverses, la Triple-Alliance et la Triple-Entente. Selon cette carte, quels avantages la Triple-Alliance possédait-elle vis-à-vis de la Triple-Entente ?

Europe. En effet, une déclaration de guerre contre une nation alliée équivalait à une déclaration de guerre contre l'alliance entière. Mais c'était là un système dangereux. Si une petite querelle éclatait quelque part dans la « poudrière de l'Europe », elle se répandait à coup sûr dans tout le continent, provoquant une « guerre générale ».

Les événements déclencheurs

À la fin du XIXe siècle et au début du XXe, il n'était pas rare que les grandes puissances annexent les petits peuples voisins. L'Empire austro-hongrois, par exemple, regroupait plusieurs nationalités, dont les Autrichiens, les Hongrois et les Slaves. Puis, en 1908, l'Autriche-Hongrie s'est emparé de la Bosnie et de l'Herzégovine. Les Slaves de ces deux provinces méprisaient leurs dirigeants austro-hongrois et souhaitaient s'unir à un nouveau petit État, la Serbie. Comme les Bosniaques, les Serbes rejetaient la domination austro-hongroise. Un jeune nationaliste serbe, Gavrillo Princip, allait tirer les coups de feu qui déclencheraient la Première Guerre mondiale.

The Granger Collection, New York

« Les coups de feu qui ont retenti à travers le monde. » Pourquoi a-t-on décrit ainsi le geste du meurtrier de l'archiduc François-Ferdinand ?

Assassinat à Sarajevo

Au matin du 28 juin 1914, l'archiduc d'Autriche, François-Ferdinand, héritier du trône d'Autriche-Hongrie, devait être officiellement accueilli à Sarajevo, la capitale de la province de la Bosnie. Le cortège défilait dans les rues tandis que l'archiduc et son épouse Sophia saluaient de la main les curieux massés le long du trajet. Pendant ce temps, sept terroristes serbes appartenant à un groupe appelé la « Main noire » prenaient position dans la foule. Leur cible : l'archiduc. À l'improviste, un Serbe de 19 ans, Gavrillo Princip, s'est avancé, a pointé un pistolet vers François-Ferdinand et a tiré à deux reprises sur l'archiduc et sa femme. Plus tard, un message codé de la Main noire est parvenu dans la capitale serbe : « Excellente vente des deux chevaux. » L'archiduc et son épouse étaient morts.

La guerre se propage en Europe de l'Ouest

Les deux coups tirés dans un coin éloigné de l'Europe ont mis le feu aux poudres : la majeure partie de l'Europe s'est retrouvée presque aussitôt en guerre. L'Autriche a accusé la Serbie de l'**assassinat** de l'archiduc et a déclaré la guerre au petit royaume slave. La Russie, slave elle aussi, a mobilisé son armée pour défendre la Serbie. Puis les alliances sont entrées en jeu. L'Allemagne, favorable à l'Autriche-Hongrie, a déclaré la guerre à la Russie. La France a déclaré la guerre à l'Allemagne. L'Allemagne a riposté en voulant envahir la France et en passant par la Belgique, un pays que la Grande-Bretagne avait promis de protéger dans un traité signé près d'un siècle plus tôt. Le Canada n'était pas pleinement indépendant et faisait partie de l'Empire britannique. Si la Grande-Bretagne était en guerre, le Canada l'était aussi. La Première Guerre mondiale était commencée.

Le plan Schlieffen

La première cible de l'Allemagne a été la France. Quelques années avant la guerre, le général allemand Alfred von Schlieffen avait planifié une invasion de la France. Il savait que l'Allemagne devrait affronter la France et la Russie. L'armée russe était nombreuse mais mal entraînée, mal équipée et disséminée sur un immense territoire. Elle aurait été longue à mobiliser. Schlieffen comptait vaincre la France pendant que la Russie s'efforçait de rassembler son armée. Ensuite, se disait le général, l'Allemagne pourrait tourner toute sa puissance contre la Russie.

La France avait lourdement fortifié sa frontière avec l'Allemagne. Schlieffen savait qu'il serait trop difficile d'attaquer cette frontière de plein fouet. Il a donc résolu d'envahir la France en passant par la « porte d'en arrière », c'est-à-dire par la Belgique, en dépit de la **neutralité** de ce pays. Conformément à un plan établi de longue date, il a envoyé une petite armée de l'autre côté de la frontière franco-allemande pour attirer les troupes françaises. L'armée allemande devait reculer et entraîner l'armée française à sa suite dans les montagnes de la Lorraine. Pendant ce temps, de nombreuses troupes allemandes devaient envahir la France en passant par la Belgique neutre. Une fois rendues en sol français, elles devaient se déployer vers l'ouest et avancer vers Paris, prenant l'armée française dans un piège gigantesque.

Schlieffen n'ignorait pas que l'invasion de la Belgique attirerait d'autres pays, et particulièrement la Grande-Bretagne dans la guerre, mais il croyait que le risque en valait la peine s'il apportait une victoire rapide sur la France. Or, le plan a échoué. Les troupes françaises se sont ralliées et ont arrêté l'armée allemande le long de la rivière Marne près de Paris, en septembre 1914. Les Allemands avaient eu le temps de s'emparer de la riche région industrielle de la France et d'avancer jusqu'aux portes de Paris, mais ils n'avaient pas remporté de victoire décisive. Le plan Schlieffen avait donc échoué et la guerre n'allait pas être de courte durée. Le conflit était dans l'impasse. On a alors assisté à la naissance d'un nouveau genre de guerre, la guerre de tranchées.

Après la bataille de la Marne, à l'approche de l'hiver, les armées se sont cachées dans des tunnels creusés dans le sol. Bientôt, deux réseaux de tranchées sont apparus dans le paysage européen, de la Mer du Nord jusqu'en Belgique, et de la France jusqu'en Suisse. Les ennemis sortaient des tranchées pour des combats face-à-face dans les flaques de boue et les enchevêtrements de fils barbelés qui formaient le *no man's land*. Ce nouveau genre de guerre, sale et brutal, allait continuer de 1914 jusqu'en 1918.

Le plan Schlieffen, 1905

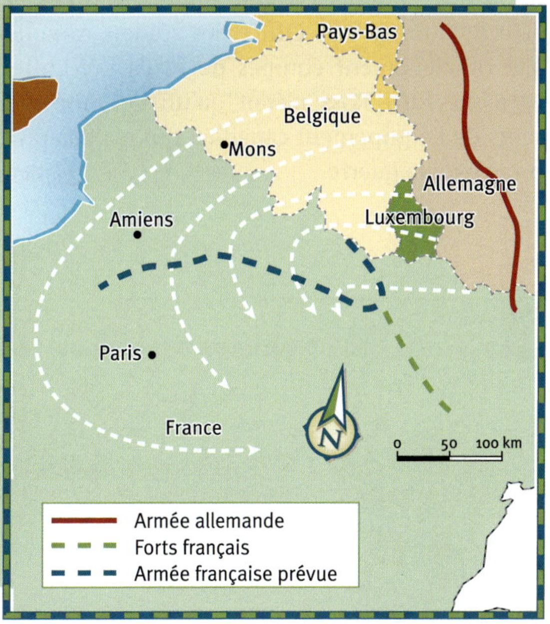

D'après le plan Schlieffen, conçu en 1905, l'Allemagne devait envahir la France en passant par la Belgique, qui était neutre. La réussite du plan reposait sur sa vitesse d'exécution. Pourquoi ce plan était-il risqué ?

Le Canada se prépare à la guerre

En tant que membre de l'Empire britannique, le Canada se retrouvait automatiquement en guerre contre l'Allemagne. Il avait cependant la possibilité de décider dans quelle mesure il aiderait la Grande-Bretagne. Dans les premiers jours de la guerre, l'appui du Canada a été plus qu'enthousiaste : il a été délirant. Lorsqu'on a demandé des volontaires prêts à se battre en Europe, tous les bureaux de recrutement du pays ont été envahis par des hommes impatients de s'enrôler. En septembre 1914, plus de 30 000 hommes s'étaient engagés.

Contrairement à ce que beaucoup de gens pensaient, le Canada était bien préparé à la guerre. Les dépenses militaires étaient six fois plus élevées qu'au début du siècle. À compter de 1909, la plupart des provinces avaient rendu l'entraînement obligatoire pour les garçons dans les écoles secondaires. Il existait des plans de défense des ponts, des canaux et des ports. Il existait même un plan détaillé concernant la formation d'une force armée de 25 000 volontaires.

Lorsque la guerre a été déclarée en 1914, beaucoup de volontaires étaient impatients de s'enrôler, comme ceux que l'on voit ici au départ de St. Thomas, en Ontario. Pourquoi l'enthousiasme des volontaires s'était-il éteint en 1917 ?

Le ministre de la Milice, Sam Hughes, a ordonné la construction d'un immense camp d'entraînement à Valcartier, près de la ville de Québec. Dans la plaine sablonneuse, une troupe de travailleurs a entrepris la construction de routes, de cantines, de toilettes, de terrains d'exercice et du plus grand champ de tir du monde. Trente jours plus tard, le village de tentes était prêt. Il comprenait une centrale électrique, un système d'approvisionnement en eau chlorée et une liaison ferroviaire avec Québec. Au début de septembre 1914, plus de 30 000 soldats et 8000 chevaux étaient arrivés au camp de Valcartier. Les volontaires ont reçu leur matériel et l'entraînement a alors commencé.

Cependant, le matériel était mal conçu et de mauvaise qualité. Un jour, un lot de bottes est arrivé, mais il comprenait seulement des bottes pour le pied droit. Hughes tenait à ce que les soldats utilisent le **fusil Ross** parce qu'il était fabriqué au Canada et qu'il constituait une excellente arme de précision. Malheureusement, le fusil Ross n'était d'aucune utilité dans les tranchées. Il était long, lourd et s'enrayait facilement sous l'effet de la poussière. Utilisé à répétition, le mécanisme de tir surchauffait et se coinçait. Sur le champ de bataille, les soldats se sont munis en cachette de fusils Lee-Enfields qu'ils prenaient à des soldats britanniques morts ou volaient dans des entrepôts britanniques, quittes à être traduits en cour martiale. Après une enquête du British War Office, les soldats canadiens ont été officiellement équipés de fusils Lee-Enfields en 1916. Le fusil Ross n'était qu'un des nombreux éléments de l'équipement canadien qui n'a pas résisté à l'épreuve de la guerre.

Sam Hughes a fait construire le camp de Valcartier pour entraîner les recrues avant leur départ pour l'Europe. Que voulait démontrer le photographe dans cette vue du camp ?

Hughes voulait mettre fin à l'entraînement et envoyer les hommes au front avant le début de l'hiver. Le camp de Valcartier n'était pas conçu pour résister au froid. Le premier ministre Borden a autorisé le départ de 32 000 volontaires. Le 23 septembre, les soldats étaient prêts à partir pour la Grande-Bretagne. Mais l'embarquement des hommes, des chevaux et du matériel sur les 30 navires s'est fait dans un désordre indescriptible. Quand le convoi a pu enfin prendre le départ de la ville de Québec, Hughes a distribué des feuillets portant l'inscription : « Soldats, vous faites l'émerveillement du monde entier. » De nombreux soldats ont froissé rageusement les feuillets et les ont jeté par terre.

Durant leur entraînement, les troupes canadiennes défilent devant Stonehenge dans la plaine de Salisbury. Est-ce que les conditions d'entraînement en Angleterre auraient pu changer leur point de vue sur la guerre ?

Hyperliens

www.dlcmcgrawhill.ca

Visite le site Internet dont l'adresse apparaît ci-dessus pour parfaire tes connaissances sur le Canada et la Première Guerre mondiale. Clique sur ***Matériel complémentaire/Primaire et secondaire***, puis sur ***Regard sur le Canada***, et on t'indiquera où aller ensuite.

Les soldats canadiens ont passé l'hiver de 1914 sous la tente dans la plaine venteuse de Salisbury, dans le sud de la Grande-Bretagne. L'hiver a été exceptionnellement pluvieux et le sol s'est transformé en une mer de boue. Chaque matin, les soldats étendaient leurs couvertures sous la pluie pour les laver de la boue séchée. Ils étaient trempés, gelés et affamés. Les rations étaient maigres. Avec un peu de chance, les soldats recevaient du gruau et du thé pour déjeuner; pour souper, ils se contentaient de restes de gruau et d'un peu de ragoût. Cependant, quelques aspects de leur vie se sont améliorés. On a remplacé certains éléments de l'équipement canadien par du matériel britannique plus solide. Un soldat canadien a écrit : « Nous avons reçu de nouvelles bottes, de magnifiques bottes noires, énormes et lourdes. Elles sont très grosses et elles ressemblent à des bacs, mais au moins nous avons les pieds secs. » Les soldats ont continué leur préparation au combat et rêvaient de leur départ pour la France et les tranchées.

À ce stade de la guerre, les officiers canadiens n'étaient pas encore prêts à commander une division complète. Les soldats canadiens étaient dirigés par un général britannique, Sir Edwin Alderson, qui s'est débarrassé des recrues de Hughes les moins bien préparées. Le véritable entraînement pouvait commencer. Les soldats canadiens ont marché, tiré, creusé des tranchées et se sont exercés au maniement de la baïonnette sous la pluie froide de l'Angleterre. Ils n'ont découvert la réalité de la bataille que dans les tranchées de France. En février 1915, la division canadienne s'est transportée au front de l'Ouest. Elle a pris position près de la petite ville d'Ypres, en Belgique. Là, les Canadiens ont été initiés aux horreurs de la guerre de tranchées.

La guerre qui devait être la dernière de toutes a éteint l'optimisme qui avait marqué la première décennie du XXe siècle. On aurait dit que tous les progrès réalisés au XIXe siècle avaient soudainement été employés à semer le désordre et la désolation en Europe. La technologie qui avait fait miroiter l'espoir d'une vie meilleure transformait les champs de bataille en bains de sang. Ni les soldats qui s'étaient empressés de se porter volontaires en 1914 ni les politiciens qui avaient envoyé au front des Canadiens dans la fleur de l'âge n'auraient pu imaginer le sort qui attendait leur jeune pays. Il ne fait aucun doute que les événements des quatre années à venir allaient laisser des cicatrices durables au Canada.

Les arts

LA MUSIQUE À L'ÉPOQUE DE LA PREMIÈRE GUERRE MONDIALE

De 1914 à 1919, les chansons folkloriques sur le thème de l'exil, de la nostalgie du foyer et de l'espoir du retour étaient populaires auprès des soldats canadiens. Ainsi, *Un Canadien errant* et *Partons la mer est belle* permettaient aux troupes de se remonter le moral. Le Royal 22e régiment a adopté comme marche régimentale *Vive la Canadienne!* qui louange la femme canadienne « et ses jolis yeux doux, doux, doux. »

Le public canadien conservait pour la France un sentiment patriotique et n'hésitait pas à faire siennes des chansons françaises comme *La Madelon* (de C. Robert et L. Bousquet), *Ma Normandie*, et la célèbre *Alsace et Lorraine* qui contient un message à tous les Français du monde dans ces quelques mots :

Vous n'aurez pas l'Alsace et la Lorraine
Et malgré vous, nous resterons Français
Vous avez pu germaniser la plaine
Mais notre cœur vous ne l'aurez jamais

Récapitulation

RÉSUMÉ DU CHAPITRE

Dans ce chapitre, tu as appris :

- que la Première Guerre mondiale a été le résultat de plusieurs facteurs, dont l'impérialisme, le nationalisme et le système des alliances;
- que les progrès de la technologie ont radicalement modifié la nature de la guerre au début du XXe siècle;
- que de nombreux Canadiens ont rapidement rejoint l'armée pour soutenir la Grande-Bretagne durant la guerre;
- que la guerre s'est enlisée dans les tranchées au lieu d'être brève et glorieuse comme prévu.

RÉSUME TES CONNAISSANCES

1. Explique l'importance historique des personnes, des lieux ou des événements suivants :

Impérialisme	Sam Hughes
Triple-Alliance/ Triple-Entente	Camp de Valcartier
Plan Schlieffen	Plaine de Salisbury

2. Pourquoi plusieurs pays d'Europe s'appliquaient-ils à conquérir de vastes empires ?
3. Quel était le motif sous-jacent à l'assassinat de l'archiduc François-Ferdinand ? Quelles actions de divers pays d'Europe ont ensuite mené au déclenchement d'une guerre mondiale ?
4. Décris le plan d'invasion de la France élaboré par Alfred von Schlieffen. Explique pourquoi l'Allemagne visait surtout la défaite de la France.
5. Établis une chronologie fictive pour décrire la vie d'un volontaire canadien du jour de la déclaration de guerre, en août 1914, au jour où les troupes canadiennes sont arrivées au front en avril 1915.

EXPRIME TON OPINION

1. L'assassinat de l'archiduc François-Ferdinand a-t-il été l'amorce d'une suite tragique d'événements ou un prétexte commode pour déclencher une guerre que beaucoup de gens souhaitaient ? Appuie ta réponse sur des faits historiques.
2. Faut-il attribuer le déclenchement de la Première Guerre mondiale à un ou plusieurs pays ou bien à un ensemble de facteurs, dont la concurrence féroce née de la révolution industrielle ?
3. Le Canada comptait 7,5 millions d'habitants au début de la guerre, en 1914. Compte tenu que seuls les hommes de 18 à 45 ans étaient considérés comme aptes au combat, combien de soldats le Canada aurait-il pu raisonnablement envoyer à la bataille ?
4. Une série de nouvelles armes ont fait leur apparition pendant la Première Guerre mondiale. Aussi les victimes ont été plus nombreuses que lors des conflits précédents et ont connu de plus atroces souffrances. Un pays en guerre devrait-il utiliser toutes les armes à sa disposition pour gagner ? Est-il possible de faire la guerre en respectant la morale ? Établis un ensemble de principes que les autorités militaires pourraient suivre en temps de guerre.

ANALYSE LES FAITS HISTORIQUES

1. Transporte-toi à Sarajevo le 28 juin 1914. Imagine qu'un badaud heurte le bras de Gavrillo Princip et que les balles dirigées vers l'archiduc vont plutôt se loger dans un tronc d'arbre. François-Ferdinand et son épouse sont ébranlés mais sains et saufs. Décris les événements qui auraient pu se produire au cours des mois suivants, en tenant compte des tensions existantes entre les pays.
2. Au début de la guerre, en 1914, les soldats britanniques portaient des bérets bruns. Devant la fréquence alarmante des blessures à la tête, le British War Office a distribué des casques de métal à tous les soldats. Or, le nombre de blessures à la tête n'a pas diminué, même si l'intensité des combats demeurait constante. Essaie d'expliquer la cause de l'augmentation du nombre de blessures à la tête.

CHAPITRE

7 Le Canada sur le pied de guerre

Ce relief en bronze s'intitule *Le déjeuner dans une usine de munitions*. La guerre a créé des milliers d'emplois dans les usines de munitions et a ouvert aux femmes des occupations traditionnellement réservées aux hommes. Quelle sorte d'expression trouve-t-on sur le visage de ces femmes ?

RETOUR AUX SOURCES

- **Pourquoi la contribution de certains groupes de Canadiens à l'effort de guerre n'a-t-elle pas été aussi appréciée que celle des autres groupes ?**
- **Pourquoi certains groupes de Canadiens ont-ils été déclarés « étrangers ennemis » ? Comment ont-ils été traités ?**
- **Comment la guerre a-t-elle donné naissance à de nouvelles industries au Canada ?**
- **Quels nouveaux rôles les femmes ont-elles assumés pendant la guerre ?**
- **Pourquoi la question de la conscription a-t-elle divisé les anglophones et les francophones au Canada ?**

TERMES IMPORTANTS

Bataillons
Camps d'internement
Conscription
Étranger ennemi
Exemption
Mobilisation
Pacifistes
Recrutement
Suffragettes
Volontaires
Xénophobie

CHRONOLOGIE

PRINTEMPS 1915 ▶
Le Canada ouvre ses premiers camps d'internement.

AUTOMNE 1916 ▶
Le 2e Bataillon de construction (formé de Noirs seulement) est mis sur pied.

MAI 1917 ▶
Borden annonce la conscription.

SEPTEMBRE 1917 ▶
La *Loi des élections en temps de guerre* est adoptée.

La gloire et l'horreur de la guerre avaient pris possession du Canada à l'hiver 1914-1915. Au cours des quatre années qui ont suivi, l'effort de guerre allait donner lieu à des actes héroïques et à de nobles sacrifices de la part de milliers de personnes, tant sur le champ de bataille qu'à l'intérieur des frontières du Canada. Mais la guerre allait en même temps révéler le racisme et la **xénophobie** de certains Canadiens. De même, quelques personnes ont profité de l'occasion que leur donnait la guerre pour réaliser d'énormes profits pendant que des milliers de gens subissaient des blessures pour la vie ou mouraient de façon horrible. Les années de guerre ont correspondu à une phase de l'histoire du Canada, qui a été marquée par les imperfections et les maladresses. Mais durant cette période, le Canada a beaucoup appris sur sa propre situation, ce qui lui a permis d'acquérir une plus grande maturité.

Le Canada se prépare à la guerre

Lorsque la guerre a éclaté, les Canadiens ne connaissaient pas les horreurs que vivaient leurs frères et leurs voisins dans les tranchées. Le bureau de la **censure** du gouvernement fédéral éliminait tous les reportages jugés nuisibles à l'effort de guerre. Le gouvernement collait des affiches de propagande à tous les carrefours du pays et commandait à des artistes des tableaux à la gloire de la « Grande Guerre ».

En 1914, la population canadienne s'est mobilisée. Seules quelques personnes étaient contre la participation du Canada à une guerre livrée entre pays d'Europe. Des centaines de groupes religieux, d'organisations féminines et d'organismes de charité se sont lancés dans l'effort de guerre. Le Fonds patriotique canadien, créé par une loi du Parlement et administré pour l'essentiel par des bénévoles, a entrepris une collecte pour aider les familles de soldats qui tentaient de joindre les deux bouts avec la solde de 1,10 $ par jour d'un simple soldat. L'organisme a recueilli six millions de dollars en trois mois et a commencé à verser aux familles dans le besoin des sommes allant jusqu'à 50 $ par mois. Il a établi aussi des petits magasins coopératifs où les familles de soldats pouvaient se procurer des aliments et du combustible aux plus bas prix possibles. La commission des hôpitaux militaires a ouvert des hôpitaux et des cliniques au Canada pour les soldats malades et blessés. Un autre organisme a fondé un hôpital de la Croix-Rouge à Londres, en Grande-Bretagne et un autre groupe a offert d'organiser un hôpital en France. Les groupes de femmes fournissaient bénévolement de la nourriture, des vêtements, des médicaments et des ambulances aux soldats qui revenaient du front. En Grande-Bretagne et au Canada, la Young Men's Christian Association (YMCA) et d'autres groupes ont mis sur pied des lieux de rencontre et des cantines pour les soldats en permission (qui étaient en congé).

En se prolongeant, la guerre a engendré une pénurie de nourriture et de combustible. Alors les familles ont modifié de plein gré leurs habitudes alimentaires pour envoyer du beurre, de la viande, du sucre et de la farine aux soldats. Des centaines de milliers de jeunes hommes étant partis pour le front, les femmes et les enfants ont dû s'occuper des récoltes. Près de 12 000 jeunes garçons sont devenus « soldats de la terre » et se sont mis au travail dans les fermes du pays. Même les enfants faisaient leur part; ils se passaient de leurs mets préférés et achetaient les « timbres d'épargne » à 25 ¢ pour aider le gouvernement. Quand ils avaient collé pour 4 $ de timbres dans leurs carnets, ils recevaient du gouvernement un timbre qui valait 5 $ environ après la guerre. On organisait des marches d'écoliers et des spectacles de variétés pour amasser de l'argent et envoyer aux soldats des bonbons, du savon et du matériel. Pendant la pénurie de combustible, les enfants ramassaient les morceaux de charbon le long des voies ferrées pour chauffer les maisons.

Selon toi, les affiches comme celle-ci persuadaient-elles la population à faire des dons au Fonds patriotique canadien ?

Le racisme dans l'armée canadienne

Tous les Canadiens voulaient faire leur part, mais leurs contributions n'étaient pas également appréciées. Les minorités visibles, et notamment les Noirs, les Asiatiques et les Amérindiens, se sont souvent heurtés à des attitudes racistes. Gordon Wilson, un Noir de Halifax, a décrit ainsi la situation : « Les Noirs n'acceptaient pas que ce soit une guerre de Blancs. En tant que citoyens loyaux, nous voulions servir notre pays. C'était notre devoir, notre responsabilité. » Au début de la guerre, seuls les Amérindiens étaient franchement refusés dans l'armée, mais d'autres minorités visibles étaient rejetées pour toutes sortes de raisons, malgré les déclarations contraires de l'armée canadienne. Certains responsables prétendaient que les Amérindiens ne feraient pas l'objet d'un traitement civilisé s'ils étaient faits prisonniers par l'ennemi; d'autres soutenaient que la présence des minorités visibles perturberait le fragile équilibre des unités militaires. Un agent de **recrutement** est même allé jusqu'à dire à 50 Canadiens noirs de Sydney, en Nouvelle-Écosse : « Ce n'est pas votre place, les gars, c'est une guerre de Blancs. » Ces mauvais prétextes recouvraient bien entendu des attitudes racistes, malheureusement trop répandues à l'époque. Ils dénotaient même une forme de paranoïa : le fait de permettre à des non-Blancs de tuer des Blancs sur le champ de bataille n'allait-il pas engendrer des problèmes au retour de la guerre ?

Or, la guerre traînait en longueur et le nombre de victimes augmentait. Il a bien fallu se résoudre à admettre des non-Blancs dans l'armée. Les Canadiens amérindiens ont pu commencer à s'enrôler à l'automne 1915 et, à l'été 1916, les Canadiens d'origine japonaise et chinoise ont été admis de mauvais gré dans quelques **bataillons**. Les Noirs ont aussi pu

Voix canadiennes

LA PARTICIPATION DES AMÉRINDIENS À LA PREMIÈRE GUERRE MONDIALE

Les Amérindiens du Canada ont participé à tous les aspects de la Première Guerre mondiale : ils ont combattu sur terre et dans les airs, et ils ont servi dans les unités affectées aux chemins de fer et aux forêts.

Au début, le ministre de la Milice, Sam Hughes, ne voulait pas accepter les recrues amérindiennes. Néanmoins, beaucoup d'Amérindiens s'étaient déjà enrôlés et se préparaient à servir activement outre-mer. En 1915, le besoin de recrues augmentait et Hughes s'est ravisé. À la fin de la guerre, plus de 3 500 Amérindiens venant de toutes les provinces du Canada s'étaient engagés.

Le soldat David Kisek, de la bande de Shoal Lake, en Ontario, a reçu la Médaille de conduite distinguée pour sa bravoure. La citation qui accompagnait la médaille se lisait comme suit :

> *Il a démontré un courage et une intelligence remarquables lors de l'attaque des positions ennemies à Tilloy le 1er octobre 1918. Pendant que sa compagnie était retenue par un tir nourri, il a pris l'initiative de courir à découvert et, portant son fusil Lewis à hauteur de la hanche, il a tiré quatre fois dans les mitrailleuses ennemies. Son tir a été si efficace qu'un détachement de la compagnie, à droite, est parvenu à avancer et à capturer 4 mitrailleuses et environ 70 prisonniers. [...]*

Deux autres Amérindiens, Henry Norwest et Francis Pegahmagabow, se sont distingués pendant la Première Guerre mondiale. On a dit de Norwest, un Cri de l'Alberta, qu'il comptait parmi les meilleurs tireurs sur le front de l'Ouest. Au moment de sa mort, le 18 août 1918, l'armée lui reconnaissait officiellement 115 tirs réussis. Pegahmagabow, un Ojibwé de la bande de Parry Island, en Ontario, était lui aussi un excellent tireur. Sa bravoure lui a valu trois fois la Médaille militaire : à Mount Sorrel en 1916, à Passchendaele en 1917 et à Amiens en 1918. Pegahmagabow, Norwest et Kisek étaient trois des nombreux soldats amérindiens qui ont fourni d'inestimables contributions à l'effort de guerre au Canada.

Le soldat David Kisek.

s'engager, mais surtout dans des bataillons non combattants formés seulement de Noirs. Malgré ces changements, les minorités visibles n'ont jamais été pleinement intégrées à l'armée. Ceux de leurs membres qui avaient franchi tous les obstacles placés sur leur route et qui servaient outre-mer étaient souvent séparés des soldats blancs sur les bateaux et dans les camps. Même les divertissements leur étaient offerts par un YMCA « de couleur ». En tout, plus de 3 500 Canadiens amérindiens, plus de 1 000 Canadiens noirs et quelques centaines de Canadiens d'origine asiatique ont servi outre-mer dans l'armée canadienne pendant la Première Guerre mondiale.

Le 2e Bataillon de construction

Lorsque la guerre a éclaté, en 1914, il a été vite évident que les Canadiens noirs étaient considérés comme des citoyens de seconde classe. Le brigadier général W.E. Hodgins a écrit dans une note de service datée d'octobre 1915 : « Il n'existe ni règlement ni limitation qui interdise ou entrave l'engagement et l'enrôlement d'hommes de couleur possédant les compétences nécessaires. L'admission de tout candidat, quels que soient sa couleur et ses autres attributs, doit évidemment relever du commandant de l'unité à laquelle l'homme en question désire se joindre. » Autrement dit, l'armée laissait la politique de recrutement entre les mains des officiers. Or, c'était justement dans l'état-major que les attitudes racistes se manifestaient de la manière la plus inquiétante. Le colonel Ogilvie, le commandant du district 11, à Victoria, en Colombie-Britannique, a fait le commentaire suivant : « Les commandants d'unité ont fait état de plusieurs demandes déposées par des candidats de couleur. L'opinion la plus répandue veut que l'acceptation de telles demandes serait très préjudiciable, car les Blancs ici ne veulent pas se retrouver dans les mêmes rangs que des nègres ou des personnes de couleur. »

Il était clair que les autorités ne voulaient pas encourager l'intégration de Canadiens noirs dans les bataillons. C'est pourquoi l'armée a mis sur pied un bataillon formé seulement de Canadiens noirs. Le 2e Bataillon de construction, contrairement aux autres, a obtenu la permission de recruter dans tout le Canada. Malgré les refus que les Canadiens noirs avaient déjà essuyés, ils se sont enrôlés en grand nombre, si bien que le 2e Bataillon de construction comptait 575 membres en décembre 1916.

Le 2e Bataillon de construction était formé exclusivement de volontaires noirs venus de tous les coins du pays. Que révèle l'existence d'un tel bataillon à propos de la tolérance au Canada dans les premières décennies du XXe siècle ?

Lorsque le bataillon a débarqué en France, il était composé de 624 jeunes hommes. Rattachés au Corps forestier canadien, ses membres creusaient des tranchées, construisaient des ponts et désamorçaient des mines. Quelques-uns ont fini par être mutés dans des unités combattantes et ont affronté l'ennemi dans les tranchées, mais la majorité est demeurée confinée à des affectations non combattantes. Un grand nombre de Canadiens noirs sont morts au champ d'honneur après avoir affronté comme les autres les horreurs de la guerre et notamment les attaques au gaz toxique. Leurs sacrifices n'ont pourtant pas été appréciés à leur juste valeur. La chanson intitulée *The Black Lament* (*La complainte des Noirs*), du capitaine George Borden, exprime la loyauté des soldats noirs à l'égard du Canada et leur consternation devant l'ingratitude dont ils ont fait l'objet. Voici une traduction libre de cette chanson.

Nous avons fait notre travail dans l'affliction,
Malgré la honte, dépouillés de notre humanité.
Nous avons bâti et réparé sans relâche
Pour prouver notre valeur de fiers hommes noirs
Et hâter la défaite du Kaiser.

Des ports d'Écosse à Seaford Square,
Dans toute la France en guerre,
À Villa La Joux et à Péronne,
Pour Dieu et le roi, pour redresser les torts,
Les six cents hommes du 2e Bataillon

Torse nu, ruisselants de sueur,
Ne s'arrêtant que pour de trop brèves pauses
Ont creusé, tiré et soulevé,
Du fond des tranchées et jusqu'au ciel.
Nous ne nous battons pas mais mourons quand même.

Une fois la paix revenue, la bataille gagnée,
L'ennemi vaincu grâce au labeur des Noirs,
Le sang noir versé, les corps noirs mutilés,
Nul homme noir n'a reçu de médaille
Mais notre fierté n'a pas vacillé.

Le temps ramènera d'autres guerres,
Nous imposera d'autres devoirs
Pour que nous puissions prouver notre courage
Défendre le bien, combattre le mal.
Et fiers encore nous entonnerons le chant de la bataille.

L'opposition à l'effort de guerre

Les Canadiens n'étaient pas tous animés de la même ardeur guerrière. Quelques-uns en effet s'opposaient à la guerre pour des raisons religieuses ou encore sympathisaient avec l'Allemagne ou l'Empire austro-hongrois. Ces Canadiens n'ont pas eu la vie facile pendant les années de guerre, car ils s'attiraient la méfiance de leurs concitoyens.

Les pacifistes

Avant 1914, une bonne partie de la population canadienne s'opposait en principe à la guerre. Une fois la guerre déclarée, cependant, beaucoup de **pacifistes** (personnes qui s'opposent à la guerre pour des raisons morales) sont devenus de farouches partisans du conflit armé. Les rares pacifistes qui ont continué à s'exprimer publiquement, tel le réformateur social James S. Woodsworth, ont perdu leur emploi. Certains agriculteurs ne s'opposaient pas à la guerre en principe mais refusaient d'y participer en donnant comme excuse qu'ils devaient demeurer dans les fermes pour produire les récoltes dont le pays avait tant besoin. Un bon nombre d'entre eux se sont prononcés contre la guerre en 1918, au moment où le gouvernement a levé l'**exemption** du service militaire dont ils bénéficiaient.

Des groupements religieux pacifistes qui avaient été les bienvenus au Canada avant la guerre, comme les Doukhobors, les Mennonites et les Hutterites, étaient désormais traités avec méfiance et hostilité. Beaucoup de gens croyaient que les Canadiens avaient le devoir moral de vaincre les Allemands. Certains pensaient même que les pacifistes étaient aussi dangereux que les ennemis de l'autre côté de l'Atlantique. C'est ainsi qu'une loi est venue interdire l'enseignement en langue allemande, privant ainsi certains groupements religieux pacifistes de leur droit à l'éducation. De même, la *Loi du service militaire* adoptée en 1917 a retiré le droit de vote à tous ceux qui s'opposaient à la guerre pour des motifs religieux en même temps qu'elle l'accordait à tous les soldats.

Les exemptions de service militaire consenties à plusieurs groupements religieux avant 1914 ont été abolies en 1917. Après une audience portant sur le maintien de l'exemption accordée aux Mennonites, un officier a déclaré: « J'accorde cette exemption, mais je pense que vous faites fausse route avec vos attitudes. Vous bénéficiez de la protection du meilleur gouvernement au monde, et vous ne faites rien pour démontrer votre gratitude. » Ces paroles ont ébranlé la communauté mennonite. Les Mennonites de l'Ontario ont fondé la Non-Resistant Relief Organization afin de ramasser des sommes « qui seront versées au gouvernement en guise de témoignage d'appréciation pour les privilèges que sont la liberté religieuse et l'exemption du service militaire ». L'Organisation avait pour objectif de recueillir 100 $ par jeune Mennonite exempté. Une seule condition était rattachée au don : que l'argent ne soit pas utilisé à des fins militaires. Depuis, les Mennonites n'ont pas cessé de procéder à des collectes de fonds pour venir en aide aux victimes de guerre et d'autres catastrophes.

Pourquoi a-t-on jeté un buste de l'empereur allemand Guillaume II dans un étang à Kitchener, en Ontario, pendant la Première Guerre mondiale ?

Les Canadiens d'origine allemande

La guerre a placé les Canadiens d'origine allemande en fâcheuse position. Certains affichaient publiquement leur appui à l'Allemagne, tandis que d'autres hésitaient à se battre contre leur ancienne patrie. On les appelait des traîtres à l'Empire et au Canada. Certains individus ont fait pression auprès du gouvernement afin qu'il congédie les fonctionnaires d'origine allemande et autrichienne. Ils ont fait cesser les cours d'allemand dans les écoles et les universités canadiennes et se sont objectés lorsque des orchestres jouaient les œuvres de compositeurs allemands comme Beethoven. Des manifestations hostiles à l'Allemagne se sont organisées dans plusieurs villes. À Calgary, une bande de soldats et de civils s'est répandue dans le vaste quartier allemand, a brisé des fenêtres et pillé des magasins, pendant que les familles terrorisées se barricadaient dans les maisons.

C'est à Berlin, une petite ville industrielle du sud de l'Ontario, que les divisions créées par la guerre se sont matérialisées avec le plus d'évidence. Berlin était en grande partie peuplée par des immigrants allemands, et elle affichait fièrement sa langue et sa culture allemandes. Lorsqu'a retenti l'appel aux armes, les engagements ont été beaucoup moins nombreux à Berlin qu'ailleurs. Un groupe de citoyens offusqués par la tiédeur de la ville a décidé de passer à l'action. Au cours des premiers mois de la guerre, ils ont jeté un buste de l'empereur allemand Guillaume II dans un étang, vandalisé un club social allemand et assailli puis traîné dans les rues un pasteur luthérien qui continuait de prêcher en allemand. Lorsque le ressentiment à l'égard de l'Allemagne a commencé à nuire aux usines de Berlin, quelqu'un a suggéré de changer le nom de la ville. On a tenu un vote et la proposition a été acceptée avec une très faible minorité. Berlin a pris le nom d'un héros de guerre britannique, Kitchener.

Les « étrangers ennemis »

Le contraire du patriotisme canadien s'est exprimé non seulement à l'égard des pacifistes et des Allemands mais aussi des Ukrainiens. En 1914, 170 000 Ukrainiens vivaient au Canada. Un grand nombre d'entre eux avaient fui l'exploitation économique et la domination politique de l'Empire austro-hongrois. Lorsque la guerre a été déclarée à l'Autriche-Hongrie, ses émigrants récents sont devenus suspects. Quiconque n'avait pas encore obtenu sa citoyenneté canadienne et venait d'un pays en guerre contre le Canada devenait un **étranger ennemi**. L'inquiétude, cependant, était devenue une véritable paranoïa, et le gouvernement du Canada a été contraint de prendre des mesures contre des milliers d'immigrants récents.

Un étranger ennemi était obligé de porter des papiers d'identité et de se rapporter régulièrement à la police. En avril 1915, le gouvernement fédéral a ordonné l'arrestation de près de 9 000 personnes (des immigrants récents pour la plupart, dont plus de 5 000 venus d'Ukraine) et leur détention dans 24 **camps d'internement** situés dans des régions éloignées. Les détenus ont été relâchés au bout de six ans, mais ils n'ont jamais récupéré les biens qu'on leur avait confisqués pendant leur internement.

Le conflit linguistique et la crise de la conscription

Le conflit entre les francophones et les anglophones prenait aussi des allures de problème permanent. Le Canada était entré en guerre uni, mais il fut presque aussitôt déchiré par la pire querelle entre francophones et anglophones depuis l'exécution de Louis Riel, en 1885.

En 1913, le ministère de l'Éducation de l'Ontario a adopté le *Règlement 17* qui imposait l'usage de l'anglais dans les écoles, même dans les régions où la population francophone était majoritaire. L'enseignement en français était toléré jusqu'à la deuxième année du primaire mais devait par la suite être limité à une heure par jour. Ces mesures étaient le résultat des pressions de la part d'anglophones, protestants et Irlandais catholiques, qui se sentaient menacés par l'augmentation rapide à cette époque de la population franco-ontarienne. L'un d'eux, Howard Ferguson, qui est devenu plus tard premier ministre de l'Ontario, a déclaré : « Un système scolaire bilingue favorise les divisions raciales... L'expérience des États-Unis, où le système scolaire national ne reconnaît qu'une seule langue, prouve bel et bien la sagesse d'un tel système ». Les francophones de l'Ontario et du Québec, indignés, considéraient le *Règlement 17* comme une violation des droits linguistiques garantis par l'*Acte de l'Amérique du nord britannique* (AANB).

Les droits de la personne (comme la liberté de parole et la liberté d'association) sont-ils immuables ou peut-on les suspendre en temps de crise ? Ces hommes détenus au camp d'internement de Castle Mountain, près de Banff, en Alberta, ont perdu leurs droits fondamentaux pendant la Première Guerre mondiale sous prétexte qu'ils venaient de pays en guerre contre le Canada.

Au début de la guerre, le nationaliste québécois Henri Bourassa espérait que l'Ontario abroge le *Règlement 17* pour favoriser l'unité nationale. Or, la guerre semblait augmenter l'intolérance de certains anglophones : en 1916, les provinces des Prairies rejetèrent les compromis qui avaient fait place au français dans les écoles. Le gouvernement fédéral refusa de se mêler du conflit provoqué par le *Règlement 17*. Le ton monta dans les deux camps et Henri Bourassa, furieux, déclara que la guerre véritable ne se livrait pas en Europe mais en Ontario, où la majorité anglophone sabrait dans les droits de la minorité francophone. Beaucoup de Canadiens français convenaient avec lui que les pires ennemis du Québec ne se trouvaient pas de l'autre côté de l'Atlantique mais bien de l'autre côté de la rivière des Outaouais. Pleins d'amertume envers le Canada anglais, les Québécois montraient peu d'enthousiasme pour la guerre.

Le déclin des enrôlements volontaires

Dès 1914, les **volontaires** s'étaient présentés en grand nombre aux bureaux de recrutement. Parmi eux se trouvait un jeune avocat fraîchement reçu au barreau du Québec : Georges Vanier. Enrôlé en 1914, comme officier, il a participé à la fondation du Royal 22e Régiment. En 1915, il s'est distingué par ses actes de bravoure et a reçu la Croix Militaire. Le premier ministre Borden avait déclaré que la **conscription** ne serait jamais nécessaire au Canada mais, en 1916, le nombre de volontaires avait chuté. De juillet 1916 à octobre 1917, seulement 2 810 hommes se sont enrôlés dans l'infanterie canadienne. Il y avait de bonnes raisons à cela. Déjà, au début de 1917, un sixième des hommes de 15 à 45 ans avaient joint les rangs de l'infanterie. Des milliers de volontaires s'étaient engagés dans d'autres services, comme l'artillerie, les forêts, les chemins de fer, le génie, le corps médical et le Corps royal d'aviation. Toutes proportions gardées, le Canada avait donné plus de soldats que la Grande-Bretagne et la France. Certaines personnes, dont Henri Bourassa, l'éditeur du *Devoir* à Montréal, estimaient que le Canada avait envoyé suffisamment d'hommes en Europe. L'envoi d'effectifs supplémentaires, pensaient-elles, empêcherait le Canada de fournir des denrées alimentaires et du matériel.

Cependant, Borden est revenu d'une visite en Grande-Bretagne persuadé que le Canada devait continuer d'envoyer des soldats en Europe. Il avait passé beaucoup de temps dans des hôpitaux militaires et s'était arrêté pour discuter avec des blessés. Il a ainsi appris que plusieurs seraient renvoyés dans les

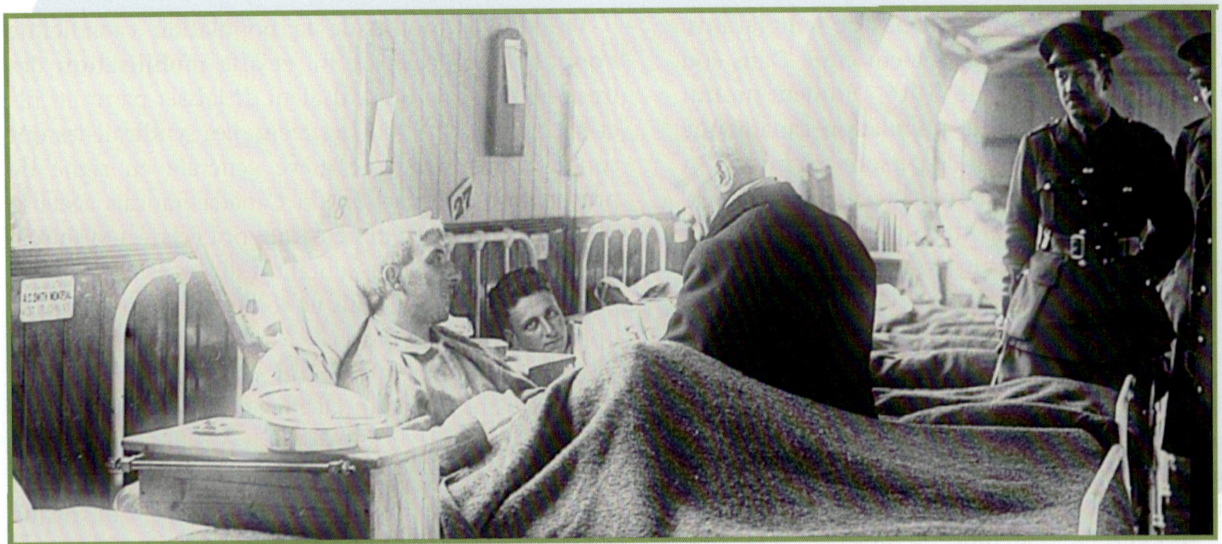

En visite en Europe, Borden a pu mesurer les souffrances des blessés de guerre dans un hôpital militaire et a résolu d'envoyer encore des soldats en renfort. Formule un argument contre cette décision en tenant compte du nombre élevé de victimes.

Tableau 7.1 Enrôlements volontaires par province et par nationalité, d'août 1914 au 31 octobre 1917

Enrôlements par province	Population en 1916†		Enrôlements volontaires
Ontario	2 713 000	—	191 632
Québec	2 154 000	—	48 934
Nouvelle-Écosse et Île-du-Prince-Édouard**	597 000	—	23 436
Nouveau-Brunswick	368 000	—	18 022
Manitoba	554 000	—	52 784
Saskatchewan	648 000	—	26 111
Alberta	496 000	—	36 279
Colombie-Britannique et Yukon**	463 000	—	42 608
			439 806
Enrôlements par nationalité			
Nés au Canada			197 473
Nés en Grande-Bretagne			215 769
Nés ailleurs			26 564
			439 806

† Les statistiques démographiques sont des estimations calculées à partir de l'*Annuaire du Canada*, 1938, p. XXXI.

** Le fait que les populations de la Nouvelle-Écosse et de l'Île-du-Prince-Édouard d'une part et de la Colombie-Britannique et du Yukon d'autre part soient regroupées laisse supposer que ce tableau a été établi d'après des statistiques compilées par les districts militaires. Ces régions étaient en effet comprises dans les districts militaires 6 et 11 respectivement. Si tel est le cas, les enrôlements dénombrés dans quatre comtés faiblement peuplés de l'ouest du Québec, qui faisaient partie du district militaire 3 (dont le quartier général était situé à Kingston), sont attribués à l'Ontario. De même, les enrôlements dénombrés dans une région faiblement peuplée de l'Ontario, qui faisait partie du district militaire 10 (dont le quartier général était situé à Winnipeg), sont attribués au Manitoba.

À partir des données contenues dans ce tableau, calcule le pourcentage d'enrôlements par province et classe les résultats en ordre décroissant. Selon toi, qu'est-ce qui explique le classement des différentes provinces ?

tranchées si on ne leur trouvait pas de remplaçants. Le sort des soldats l'a profondément ému. Dans son message du Nouvel An de 1916, Borden promit 500 000 soldats, même si la population canadienne ne s'élevait qu'à 7,5 millions de personnes environ.

Où Borden allait-il trouver les recrues ? Les engagements volontaires étaient moins nombreux au Québec et dans les Maritimes qu'ailleurs au pays. Le Canada anglais reprochait au Québec de ne pas faire sa part. Beaucoup de Canadiens anglais jugeaient qu'il fallait chercher au Québec les nouvelles recrues aptes au combat.

Plusieurs facteurs expliquaient la tiédeur du Québec. Là comme dans les Maritimes, les gens se mariaient jeunes et les hommes mariés étaient peu enclins à s'enrôler. De plus, le Québec était une province agricole et on avait besoin d'hommes dans les fermes. Certains historiens accusent Sam Hughes d'avoir fait du Québec le parent pauvre de l'armée canadienne. Cependant, le Québec comptait ses propres bataillons : le 22e, le 41e et le 178e. Créé en 1914, le 22e Bataillon s'est distingué à la guerre et a récolté plus de 150 décorations. C'est en 1919 que son nom deviendra le Royal 22e Régiment. En Ontario, dans l'Ouest et en Acadie, les volontaires francophones étaient répartis dans des unités anglophones où on ne tenait aucun compte des différences linguistiques. Les commandements, les directives et les manuels leur étaient fournis en anglais seulement. Les Canadiens français se sentaient traités comme des inférieurs.

La Loi du service militaire

Pour beaucoup de Canadiens, il était impensable et inacceptable de ne pas adhérer totalement à la cause des Alliés. Si les hommes aptes au combat ne s'engageaient pas de plein gré, disaient-ils, il fallait alors les conscrire de force. Borden savait que la conscription allait être très mal reçue au Québec. Puisque les Québécois résistaient à s'enrôler volontairement, qu'allaient-ils faire si on les y obligeait ? Borden était quand même convaincu qu'il fallait augmenter le nombre de soldats. Le 18 mai 1917, il s'est levé à la Chambre des communes pour annoncer ses intentions. « Tous les citoyens sont responsables de la défense de leur pays, dit-il, et j'estime que la bataille pour la liberté et l'autonomie du Canada se livre en ce moment dans les plaines de France et de Belgique. » Un mois plus tard, un projet de loi rendant le service militaire obligatoire pour tous les hommes âgés de 20 à 45 ans a été présenté à la Chambre des communes.

Près de la moitié de la population canadienne s'opposait au projet de loi et à la **mobilisation** des troupes. Les fermiers refusaient de laisser partir les fils et les ouvriers qui leur restaient. Les syndicalistes ont songé à organiser une grève générale en signe de protestation. La réaction du Canada français a été la plus forte de toutes; des émeutes ont éclaté à Montréal le lendemain de la présentation du projet de loi. Les gens se sont calmés, mais ils sont restés farouchement opposés à la conscription.

Henri Bourassa s'est prononcé contre le service militaire dans un éditorial du *Devoir*. Le chef libéral, Sir Wilfrid Laurier, a joint sa voix à celle de Bourassa. « Si cette *Loi du service militaire* est adoptée, a-t-il déclaré, nous ferons face à un clivage qui risque de déchirer notre pays jusque dans ses racines.

Cette affiche tentait de faire appel à la fibre française des Québécois pour inciter les jeunes hommes à s'enrôler. Combien de symboles hérités de la France peux-tu relever ?

Les arts

LES AFFICHES, LE PATRIOTISME ET LA PROPAGANDE GOUVERNEMENTALE

Pendant la Première Guerre mondiale, le gouvernement fédéral tentait par tous les moyens d'amener la population à contribuer à l'effort de guerre. Il incitait tout le monde, au pays comme sur le front de l'Ouest, à faire sa part pour la victoire. À cette époque où la radio et la télévision n'existaient pas, les affiches et les annonces dans les journaux comptaient parmi les stratégies les plus efficaces pour rejoindre la population.

La plupart des affiches produites par le gouvernement pendant la Première Guerre mondiale visaient l'un des quatre objectifs suivants : 1) inciter les jeunes hommes à s'enrôler; 2) convaincre les gens d'acheter des obligations de la Victoire pour financer la guerre; 3) encourager les gens à économiser la nourriture; 4) inciter les gens à contribuer au Fonds patriotique canadien, le fonds qui aidait les familles des soldats envoyés outre-mer.

Étudie attentivement chacune des affiches reproduites sur cette page, puis réponds aux questions suivantes :

1. Quel est l'objectif de chaque affiche ?
2. Comment les Allemands sont-ils dépeints ? En quoi ce portrait aidait-il le gouvernement à atteindre son objectif ? Quels sont les dangers d'une telle propagande ?
3. Qu'est-ce qui distingue les affiches de recrutement destinées aux Canadiens anglais des affiches destinées aux Canadiens français ? Selon toi, pourquoi le gouvernement employait-il des tactiques différentes pour les deux groupes ?
4. Dans l'affiche n° 2, peux-tu identifier les symboles qui se rattachent à la Grande-Bretagne et ceux qui se rattachent à la France ? Selon toi, comment réagissaient les Canadiens français en lisant : « Pour le roi, pour la patrie, pour la France » ?

La *Loi du service militaire* a reçu la sanction royale à la fin d'août 1917, après un été de débats. Borden a formé un gouvernement d'union (une coalition de conservateurs et de libéraux de l'extérieur du Québec) et a fait de la conscription le thème central de sa campagne électorale en 1917. Cela a été la plus passionnée des campagnes électorales de l'histoire du Canada. Comme Laurier, le chef de l'Opposition, l'avait prédit, la question de la conscription a déchiré le pays. Le gouvernement d'union a remporté les élections, mais Borden se trouvait désormais à la tête d'un pays profondément divisé.

La Loi du service militaire est entrée en vigueur après les élections. Quand le premier groupe de 404 395 conscrits a été appelé, 380 510 hommes ont demandé une exemption. Un grand nombre de ceux qui n'ont pas obtenu d'exemption ont tout simplement disparu et, en fin de compte, 20 000 hommes seulement se sont présentés à l'entraînement. Pendant le congé de Pâques de 1918, la police militaire de la ville de Québec a arrêté un jeune homme qui ne portait pas de papiers d'exemption. Un groupe s'est aussitôt formé, et les manifestants ont attaqué un bureau d'enregistrement de l'armée. Ils ont jeté les dossiers par les fenêtres puis ils ont pillé des commerces appartenant à des Canadiens anglais. Comme la police locale n'intervenait pas, Ottawa a envoyé des soldats ontariens pour rétablir l'ordre. Le lundi de Pâques, une foule en colère a encerclé des soldats sur une place de la ville et s'est mise à leur lancer des briques et des boules de neige. Les soldats ont ouvert le feu tuant quatre manifestants et faisant de nombreux blessés. Finalement, 24 000 conscrits se sont battus en Europe. Certaines personnes se sont demandé si la conscription avait valu le prix de la discorde nationale.

Les femmes pendant la guerre

La guerre a radicalement modifié la vie des Canadiennes. Inquiètes, les femmes voyaient partir leurs pères, leurs maris, leurs frères et leurs fils au combat et elles restaient seules pour assumer les responsabilités familiales. Beaucoup d'entre elles ont perdu un être cher à la bataille. La guerre a demandé de grands sacrifices aux femmes, mais elle a aussi favorisé leur émancipation.

Au début de la guerre, un petit nombre de femmes a joint les rangs de formations semblables à celles des militaires qui leur ont donné des cours de tir. Fallait-il préparer les femmes au combat ou plutôt leur confier exclusivement d'autres formes de travail patriotique ?

Les femmes ont joué un rôle capital dans l'essor industriel du Canada. Elles travaillaient dans les usines depuis 1880, mais elles n'avaient jamais eu accès aux emplois de l'industrie lourde. À la fin de 1915, cependant, il restait si peu d'hommes au pays que les industries canadiennes avaient un urgent besoin de main-d'œuvre. Environ 30 000 femmes se sont mises à travailler dans les ateliers, les fonderies, les usines de munitions, les usines de construction d'avion et les chantiers navals. Elles ont trouvé aussi des emplois dans les transports, la police, la fonction publique, les banques, les compagnies d'assurances et les fermes.

Beaucoup de Canadiennes ont traversé l'Atlantique comme les hommes. En tout, 2400 infirmières canadiennes se sont occupées des soldats alliés dans les hôpitaux militaires. Certaines ont trouvé la mort dans les bombardements et d'autres ont été décorées pour leur bravoure. Des Canadiennes sont devenues conductrices d'ambulance, ont ouvert des lieux de rencontre et des cantines pour les soldats en permission et sont entrées dans les forces armées comme infirmières. Au Canada comme à l'étranger, les femmes ont porté leur juste part du fardeau, mais il n'était pas simple pour elles de travailler pendant la guerre. Au début, les syndicats s'opposaient à l'embauche des femmes. Les ouvrières d'usine faisaient le même travail que les hommes, mais elles étaient payées deux fois moins qu'eux.

Les conditions de travail dans les usines étaient dans certains cas malsaines, et même dangereuses. Dans les usines de munitions, par exemple, les émanations acides des explosifs endommageaient les poumons et jaunissaient la peau. Le risque d'explosion était toujours présent. Les employeurs n'ont pas fait beaucoup d'efforts pour aider les femmes à s'adapter au monde du travail. Rares étaient ceux qui pensaient à offrir des services de garde ou à installer des toilettes pour les femmes. Le message lancé aux femmes était clair : dès que les hommes seront revenus d'Europe, vous retournerez à la maison et vous redeviendrez des épouses, des mères et des domestiques.

L'usine de munitions
par Charles Ginner.
Des femmes au travail dans une usine de munitions.
À quoi servent les nombreuses courroies qui semblent descendre du plafond ?

La réforme sociale et le suffrage féminin

Malgré les problèmes, les femmes s'affirmaient de plus en plus dans la vie publique. Elles prenaient leur place dans des domaines comme le travail social, le journalisme, l'enseignement et la santé publique. Elles accédaient lentement à la médecine et au droit et elles continuaient à promouvoir des réformes politiques et sociales. Dans les villes, elles réclamaient une amélioration des conditions de travail, du logement et de l'hygiène. Le Halifax Local Council of Women a créé un centre d'emploi pour les femmes afin de fournir aux travailleuses une formation professionnelle solide et des possibilités d'avancement.

Dans les Prairies, les femmes réclamaient le droit à la propriété foncière. Des réformatrices comme Emily Murphy ont persuadé les législateurs albertains d'adopter le *Married Women's Relief Act*, une loi qui accordait aux veuves une partie de la succession de leurs maris. D'autres femmes de l'Ouest ont tenté de faire modifier les lois qui empêchaient les femmes célibataires et certaines épouses d'obtenir les droits de propriété gratuits prévus par le *Homestead Act*.

En Colombie-Britannique, les réformatrices voulaient changer le sort des travailleuses soumises à des conditions de travail misérables. Helena Rose Gutteridge a participé à la création de syndicats pour les ouvrières des buanderies et des ateliers de couture. C'est en partie grâce à Gutteridge que le gouvernement a adopté en 1918 une loi qui réduisait les heures de travail des femmes. Les réformatrices des autres provinces exigeaient aussi des mesures de protection pour les travailleuses et, en 1920, les Maritimes, l'Ontario, le Québec et les provinces des Prairies avaient adopté des lois en ce sens.

En 1914, cependant, les femmes n'avaient pas encore le droit de vote. Les **suffragettes** (femmes réclamant le droit de vote) continuaient de militer pour le suffrage féminin aux élections provinciales et fédérales. Elles ont connu leur première victoire dans l'Ouest, le 26 janvier 1916. Grâce à un groupe de femmes journalistes dont faisaient partie Nellie McClung, Cora Hind et Francis Beynon, les Manitobaines ont obtenu le droit de voter aux élections provinciales. La Saskatchewan, l'Alberta, la Colombie-Britannique et l'Ontario ont emboîté le pas au Manitoba quelques mois plus tard. En 1925, les femmes du Nouveau-Brunswick, de la Nouvelle-Écosse et de l'Île-du-Prince-Édouard avaient le droit de vote à leur tour. Seul le Québec résistait opiniâtrement; ce n'est qu'en avril 1940 que les Québécoises ont pu participer aux élections dans leur province.

En 1917, Robert Borden a orienté sa campagne électorale sur la question de la conscription. Conscient qu'il aurait besoin de tous les appuis possibles, il a fait adopter la *Loi des élections en temps de guerre*, qui permettait aux infirmières de l'armée ainsi qu'aux femmes ayant un mari, un frère ou un fils à la guerre de voter aux élections fédérales à venir. Borden a promis d'accorder le droit de vote à toutes les femmes s'il était réélu. Sa stratégie a donné la victoire aux partisans de la conscription. Conformément à la

Avec l'adoption de la *Loi des élections en temps de guerre*, en 1917, beaucoup de femmes ont obtenu le droit de vote. Ces infirmières canadiennes postées dans un hôpital de France votaient pour la première fois.

promesse de Borden, ce sont toutes les femmes de 21 ans et plus qui ont obtenu le droit de voter aux élections fédérales après la guerre.

La contribution du Canada à l'effort de guerre

Les principales contributions du Canada à l'effort de guerre ont été, en plus de milliers de soldats, la production de denrées alimentaires et la fabrication de munitions. Quand la guerre a éclaté, la Russie a brusquement cessé d'exporter du blé en Europe. L'armée allemande a déferlé en France peu de temps après, et une grande partie des riches terres agricoles du pays sont tombées aux mains des Allemands. Les Alliés avaient désespérément besoin de nourriture pour les soldats et les civils. Ils avaient besoin de tout ce que les agriculteurs canadiens pouvaient produire.

Hyperliens

www.dlcmcgrawhill.ca

Visite le site Internet dont l'adresse apparaît ci-dessus pour en savoir plus sur la contribution du Canada à la Première Guerre mondiale. Clique sur ***Matériel complémentaire/Primaire et secondaire***, puis sur ***Regard sur le Canada***, et on t'indiquera où aller ensuite.

Les denrées alimentaires

En 1915, heureusement, les producteurs de blé de l'Ouest ont fait la plus grosse récolte de leur histoire. Le prix du blé est monté en flèche et des milliers de gens qui n'avaient jamais pratiqué l'agriculture se sont précipités dans les Prairies pour acheter ou louer des terres. De 1914 à 1918, la surface consacrée à la culture du blé a augmenté de 16 millions d'hectares.

Pendant les années de guerre, les fermiers canadiens ont fourni des millions de tonnes de nourriture à la Grande-Bretagne et à la France. Les denrées alimentaires, dont la viande et les produits laitiers, ont été parmi les principales contributions du Canada à l'effort de guerre. Les rendements ont diminué de moitié en 1917, mais le prix du blé avait tellement augmenté que les fermiers ont réalisé encore plus de profits qu'en 1915. Or, la culture intensive épuisait le sol des Prairies. Le désastre des années 1930 se préparait.

L'industrie des munitions

La fabrication de munitions a été une autre importante contribution du Canada à l'effort de guerre. En 1917, les expéditions canadiennes d'obus et d'explosifs se chiffraient en millions de dollars. Plus de 250 000 personnes travaillaient dans les 600 usines de munitions. Au début de la guerre, pourtant, il n'existait qu'une seule petite usine gouvernementale de munitions au Canada; elle était située près de la ville de Québec et produisait seulement 75 obus par jour. Il n'a pas été facile de trouver les machines et la main-d'œuvre nécessaires à la production de munitions. L'activité exigeait en effet des instruments de précision et des travailleurs hautement spécialisés. Un obus défectueux pouvait faire exploser un canon et tuer le soldat qui l'utilisait. Or, on comptait peu d'instruments de précision et encore moins de travailleurs spécialisés au Canada en 1914.

La Grande-Bretagne avait un urgent besoin de munitions et elle était prête à payer le prix pour s'en procurer. Les industriels canadiens se sont aperçu rapidement qu'ils pouvaient s'enrichir dans ce secteur. Le ministre de la Milice, Sam Hughes, a aidé un groupe de ses amis à former le « Comité des obus ». Le rôle de ce comité était de présenter des soumissions à la Grande-Bretagne pour la fabrication d'obus et de trouver des manufacturiers canadiens pour remplir les commandes. Le comité de Hughes a récolté 170 millions de dollars en contrats avec les Britanniques; les manufacturiers canadiens qui avaient de l'expérience dans le travail des métaux, tels les fabricants de matelas, de machines agricoles, de rails et de poutres d'acier, se sont convertis à la fabrication de munitions.

Mais le comité était submergé par les problèmes. On a découvert en 1915 que les amis de Hughes réalisaient d'énormes bénéfices en négociant des contrats malhonnêtes. Les livraisons, en retard pour la plupart, représentaient seulement 5,5 millions des 170 millions de dollars que valaient les contrats britanniques. Le nouveau ministre des Munitions de la Grande-Bretagne, David Lloyd George, a annoncé au premier ministre Borden que le Canada ne recevrait plus de commandes britanniques tant que son industrie des munitions ne serait pas complètement remaniée.

Borden a accepté de démanteler le Comité des obus et a institué la Commission impériale des munitions, qui dépendait directement du gouvernement britannique. Un riche exportateur de viande, Joseph Flavelle, a été nommé à la direction de la Commission. Il a constitué une équipe d'hommes d'affaires expérimentés qui avaient fait fortune pendant le boom économique des années Laurier. Flavelle et ses collaborateurs ont fait le grand ménage dans l'industrie canadienne des munitions. Ils ont obligé des entrepreneurs cupides à abaisser les prix exorbitants qu'ils demandaient. Certains entrepreneurs fabriquaient des produits de mauvaise qualité; quelques-uns allaient même jusqu'à imiter les timbres de l'inspection et à remplir

L'humour dans l'histoire

Pour oublier les horreurs de la guerre qu'ils affrontaient jour et nuit, les soldats recherchaient au front les occasions de se détendre et de rire. L'un des divertissements comiques les plus courus était celui du YMCA (Young Men's Christian Association). Le Dumbells Concert Party proposait un divertissant mélange de chansons, de numéros comiques et d'imitations présenté par des soldats de la troisième division canadienne. Des numéros tels que « The Dumbell Rag » et « Oh, it's a lovely war » faisaient les délices des soldats. Le clou du spectacle était un numéro de travestis dont les costumes étaient à l'origine fabriqués à l'aide de pansements.

Les Dumbells ont connu un tel succès avec leur mélange de comédie et de musique qu'après la guerre, la troupe a fait fureur à Londres et sur Broadway, à New York.

Le Dumbells Concert Party en 1916. Sans cesse menacés, les soldats utilisaient souvent l'humour pour parvenir à se détendre. Si tu étais chargé de divertir les troupes, quelle sorte d'événements organiserais-tu ?

avec de la peinture les perforations du revêtement des obus. Flavelle et la Commission impériale ont fait en sorte que les munitions canadiennes soient conformes aux normes de sécurité.

En 1917, l'industrie canadienne des munitions établissait des records de quantité et de variété. Elle s'est mise à prospérer lorsque les États-Unis sont entrés en guerre et ont eu besoin de toutes sortes de nouvelles armes. En 1918, le Canada fabriquait des avions, des moteurs d'avion, des fusils, des navires, des produits chimiques et une foule d'autres armes. Les 1500 usines réparties dans 90 villes canadiennes employaient plus de 300 000 personnes.

Catastrophe à Halifax : l'explosion de 1917

La guerre a apporté la prospérité à plusieurs villes canadiennes. Halifax, en Nouvelle-Écosse était du nombre, mais la richesse a eu pour elle un revers catastrophique. Halifax était devenue le port d'attache de la Marine royale au Canada. De ses quais, les navires chargés de matériel de guerre partaient pour l'Europe, protégés contre les sous-marins allemands par des convois. En tant que grand port de guerre, Halifax recevait aussi des cargos du monde entier et notamment le navire norvégien *Imo* et le navire français *Mont Blanc*.

Le matin du 6 décembre 1917 était un matin comme les autres. Les soldats de la garnison avaient pris leur poste, les ouvriers s'étaient mis au travail, les gens d'affaires se rendaient à leurs bureaux et les enfants prenaient le chemin de l'école. Pendant ce temps, le *Mont Blanc* chargé de 2400 tonnes d'explosifs et l'*Imo* sortaient du port et se dirigeaient vers le détroit avant d'entreprendre leur traversée de l'Atlantique. La suite des événements n'est pas claire, mais on sait que les deux navires sont entrés en collision.

Plan de Halifax en 1917

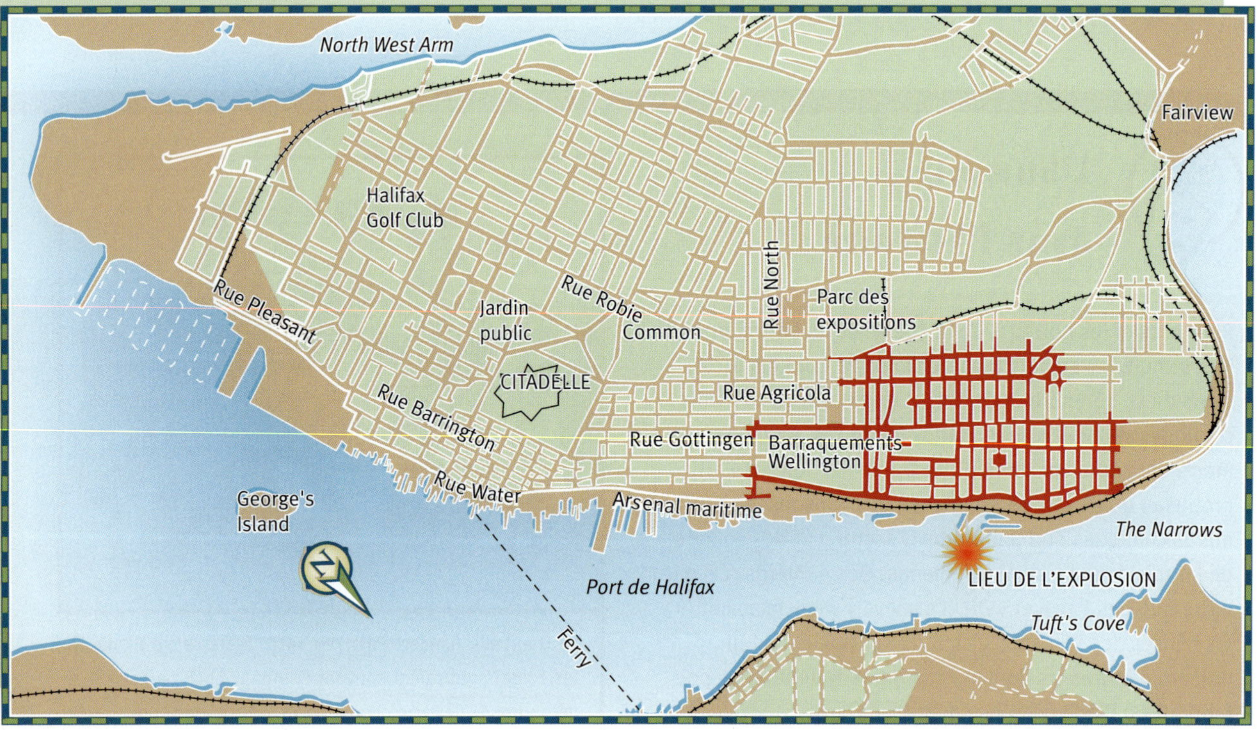

La collision entre les navires *Mont Blanc* et *Imo* qui s'est produite à l'approche du détroit a provoqué l'Explosion de Halifax. La partie ombrée du plan représente le quartier de Halifax qui a été complètement détruit par l'explosion.

Rasée par une gigantesque explosion, Halifax a été la seule ville canadienne à souffrir de la puissance destructrice des armes modernes. Comment la catastrophe pouvait-elle changer l'attitude des Canadiens face à la guerre ?

Les témoins de la collision estiment tout de suite le danger que représente l'incendie d'un bateau rempli de munitions. Vincent Coleman, un contrôleur de gare, s'empresse de communiquer avec la gare de Truro afin d'arrêter le train parti pour Halifax : « Navire de munitions en feu se dirige vers quai numéro 6. Adieu. » C'est le dernier message que Coleman expédiera. À 8 h 55, le *Mont Blanc* explose. La déflagration est entendue à plus de 300 km de distance et détruit une grande partie de la ville. Elle fait 2000 morts, 9000 blessés et des milliers de sans-abri. Un témoin rend compte de l'étendue des dommages :

> *Pour celui qui a observé les effets destructeurs que l'explosion a eus sur le verre dans Halifax et Dartmouth, le nombre des blessés n'est pas étonnant; en effet, les éclats de verre ont dû voler par millions, projetés comme autant de grêlons à une vitesse terrifiante.*

La tragédie de Halifax a apporté les atrocités de la guerre aux portes du Canada. C'était un exemple de l'horreur meurtrière qui s'abattait sur l'Europe depuis trois ans et qui continuerait ses ravages pendant encore une année entière.

Le scandale

La participation du Canada à la Première Guerre mondiale a été assombrie par le racisme et les préjugés, et par la convoitise et la corruption. Tandis que certains commettaient des actes malhonnêtes, d'autres faisaient des sacrifices héroïques. Beaucoup de gens, en effet, s'étaient serré la ceinture et avaient grelotté de froid pendant la pénurie de nourriture et de combustible. Ils ont été dégoûtés de voir des industriels s'enrichir malhonnêtement avec les contrats de guerre. Dans tout le pays, des voix se sont élevées pour demander au gouvernement de mater « les pirates de la nourriture et les tripoteurs de prix » et d'instituer « la conscription des richesses ». Certaines personnes exigeaient même que le gouvernement nationalise les banques et les industries jusqu'à la fin de la guerre.

Borden avait promis en 1914 de ne pas intervenir dans les affaires. En 1916, il a failli à son engagement en nommant un contrôleur du combustible et un contrôleur des denrées alimentaires. Le premier avait le pouvoir d'emprisonner ceux qui stockaient le charbon et le second avait pour rôle de surveiller la hausse du prix des aliments. Or, le contrôleur des denrées alimentaires n'a pas fait baisser le prix de la nourriture, conformément à ce que les gens attendaient de lui; il a plutôt demandé à la population de manger moins et de changer d'habitudes alimentaires. Il n'y a donc eu aucune tentative sérieuse pour éliminer la corruption dans l'entreprise privée pendant la Première Guerre mondiale.

Le financement de la guerre

Avec la corruption, l'incompétence et les combats qui n'en finissaient plus, le coût de la participation canadienne à la Première Guerre mondiale montait en flèche. En 1918, il avait atteint la somme fabuleuse de un million de dollars par jour. Le gouvernement de Borden cherchait de nouveaux moyens de financement. Les gens avaient cru que la guerre serait courte et que l'Allemagne la perdrait. Mais la guerre s'éternisait et le gouvernement dépensait des sommes importantes. Les dépenses militaires se chiffraient à environ 72 millions de dollars en 1914 mais atteignaient 439 millions de dollars par année en 1918.

Comment trouver autant d'argent ? La création de nouvelles taxes était une solution. Le gouvernement Borden s'est donc résolu à instaurer deux nouveaux impôts sur le revenu, à titre exceptionnel et temporaire. L'impôt sur le revenu des sociétés a été institué en 1916 et l'impôt sur le revenu des particuliers en 1917. Or, ces deux impôts n'ont rapporté qu'un peu plus de 50 millions de dollars et le gouvernement a dû chercher de l'argent ailleurs. Il a contracté des prêts qu'il comptait faire rembourser par les générations futures. Le ministre des Finances, Thomas White, a expliqué que les générations futures devaient payer une partie du prix de la Première Guerre mondiale parce que le Canada combattait « pour la liberté humaine et pour leur bien ».

Pour la première fois dans l'histoire, Ottawa a émis des obligations appelées « obligations de la Victoire » (mieux connues sous le nom de « bons de la Victoire ») qui rapportaient un intérêt de 5 %. Cette initiative a remporté un succès inespéré. Le gouvernement a récolté plus de 100 millions de dollars avec la vente des obligations, soit deux fois plus que prévu en 1915. En 1917, le gouvernement a procédé à une émission spéciale d'obligations de la Victoire. Il comptait cette fois en vendre pour 150 millions de dollars. Il en a vendu pour 500 millions de dollars. L'émission d'obligations et les impôts sur le revenu avaient été institués à titre de mesures d'urgence temporaires, mais ils ont tellement rapporté qu'ils sont devenus des sources de revenu permanentes pour le gouvernement canadien.

Avec des affiches comme celle-ci, le gouvernement incitait la population à acheter des obligations de la Victoire qui serviraient à financer la participation du Canada à la guerre. Selon toi, pourquoi ces affiches étaient-elles si persuasives ?

Un pays transformé

Les soldats qui sont revenus chez eux ont trouvé un Canada profondément divisé par la question de la conscription, et l'amertume allait persister bien longtemps après la guerre. Pourtant, le Canada sortait de la guerre plus confiant qu'auparavant. Le conflit avait donné lieu à des actes de corruption et à des scandales, mais beaucoup de Canadiens avaient donné le meilleur d'eux-mêmes pour l'effort de guerre. Les progrès spectaculaires que le Canada avait réalisés dans les domaines de l'agriculture et de l'industrie étaient une source de fierté nationale. Les femmes avaient avancé sur la voie de l'égalité. Elles avaient largement contribué à l'effort de guerre dans leurs foyers et elles avaient accédé à de nouvelles fonctions sur le marché du travail. Elles avaient été à l'origine de réformes sociales et elles conquéraient peu à peu le droit de vote.

Récapitulation

RÉSUMÉ DU CHAPITRE

Dans ce chapitre, tu as appris :

- que la contribution de certains Canadiens à l'effort de guerre n'a pas été aussi appréciée que celle des autres ;
- que certains immigrants récents, tels les Ukrainiens, étaient traités avec méfiance et, parfois, détenus dans les premiers camps d'internement ;
- que les femmes ont joué un rôle capital dans l'économie pendant la guerre ;
- que le Canada a contribué à la guerre en envoyant des milliers de soldats, des denrées alimentaires et des armes en Europe ;
- que la question de la conscription et de la crise scolaire en Ontario a amèrement divisé les Canadiens anglais et les Canadiens français.

RÉSUME TES CONNAISSANCES

1. Explique l'importance historique des personnes, des lieux ou des événements suivants :

   2e Bataillon de construction
   Fonds patriotique canadien
   Loi des élections en temps de guerre de 1917
   Loi du service militaire
   Étrangers ennemis
   Obligations de la Victoire
   Robert Borden
   Explosion de Halifax

2. Nomme trois événements qui, au cours de la Première Guerre mondiale, ont révélé le racisme de certains Canadiens.
3. Les années de guerre ont été décisives pour les Canadiennes. Combien de rôles les femmes ont-elles joués ? Quelles réformes politiques et sociales les femmes ont-elles favorisé pendant cette période ?
4. Comment le gouvernement du Canada a-t-il financé l'effort de guerre ?
5. Donne trois raisons pour lesquelles les enrôlements volontaires étaient rares chez les Canadiens français.

EXPRIME TON OPINION

1. Es-tu d'accord avec le fait que certaines personnes soient exemptées de la guerre pendant que d'autres meurent au combat ? Était-il juste et équitable de la part du gouvernement canadien de retirer le droit de vote aux pacifistes ?
2. Le gouvernement canadien était-il justifié d'enlever aux immigrants récents d'origine allemande et austro-hongroise leurs droits et, parfois, de les mettre dans des camps d'internement ? Suggère une façon qui aurait protégé la sécurité du Canada tout en respectant les droits de la personne.
3. Une société a-t-elle intérêt à laisser des personnes et des entreprises tirer profit de la guerre ? Justifie ta réponse.
4. Relis la *Loi des élections en temps de guerre*. Pourquoi le premier ministre Borden a-t-il fait adopter cette loi ? Aurais-tu été d'accord avec cette loi ? Justifie ta réponse.
5. Dans ton cahier, dresse un tableau semblable au suivant. Inscris-y les arguments pour et contre la conscription pendant la Première Guerre mondiale. Si tu avais vécu à cette époque, qui aurais-tu appuyé : Borden et son gouvernement d'union ou Laurier et les adversaires de la conscription ?

ARGUMENTS POUR LA CONSCRIPTION	ARGUMENTS CONTRE LA CONSCRIPTION
[illegible]	[illegible]
[illegible]	[illegible]

ANALYSE LES FAITS HISTORIQUES

1. En 1913, le ministère de l'Éducation de l'Ontario a adopté le ***Règlement 17***. a) Peux-tu expliquer en quoi consiste ce règlement ?
   b) Peux-tu expliquer pourquoi les francophones de l'Ontario et du Québec ont été indignés ?
   c) Quelle conséquence majeure le ***Règlement 17*** a-t-il eu sur l'enrôlement des Canadiens français ?
2. À la fin de la guerre, la majeure partie de la population canadienne s'attendait à accueillir de fiers et glorieux héros de guerre. Or, les soldats sont revenus au pays exténués, désillusionnés et même amers. Comment expliques-tu la différence entre l'image que les Canadiens se faisaient et la réalité qu'ils ont découverte ?

CHAPITRE

8 Sur les champs de bataille

Ce tableau de Richard Jack, intitulé *La deuxième bataille d'Ypres*, représente ce que certains ont appelé le « baptême du feu du Canada ».

RETOUR AUX SOURCES

- **Pourquoi les jeunes hommes étaient-ils si nombreux à vouloir devenir pilotes malgré les dangers qu'ils couraient dans l'armée de l'air ?**
- **En quoi l'héroïsme des Canadiens sur les champs de bataille a-t-il renforcé le sentiment patriotique au Canada ?**
- **Quelle était la vie des soldats dans les tranchées ?**
- **En quoi la capitulation de la Russie et l'entrée en guerre des États-Unis ont-elles modifié le cours de la Première Guerre mondiale ?**

TERMES IMPORTANTS

Armistice
Belligérant
Blocus naval
Communisme
Croix de Victoria
Guerre de tranchées
No man's land
Parapets
Sous-marins allemands
Tirs de barrage
Troupes d'assaut

CHRONOLOGIE

AVRIL 1915 ▶
Les Canadiens reçoivent leur baptême du feu à Ypres.

AVRIL 1917 ▶
Les États-Unis déclarent la guerre à l'Allemagne.

AVRIL 1917 ▶
Les Canadiens prennent la crête de Vimy.

NOVEMBRE 1918 ▶
La guerre prend fin avec la signature de l'armistice.

Certains historiens ont dit que le XXe siècle a véritablement commencé avec la Première Guerre mondiale, en 1914. Au début du conflit, les soldats attaquaient à cheval; quatre ans plus tard, des chars d'assaut sillonnaient les champs de bataille, des avions larguaient des bombes du haut des airs, des gaz toxiques empoisonnaient les soldats et des sous-marins semaient la terreur dans l'océan Atlantique. On n'avait jamais consacré autant de ressources à l'anéantissement des militaires et des civils. La guerre n'avait jamais été si impersonnelle; désormais, des milliers de gens étaient tués par des gaz toxiques ou des bombes tombées du ciel. Le mythe de la guerre honorable n'a pas survécu à la Première Guerre mondiale. Il est tombé sous les coups de la nouvelle technologie militaire.

Les soldats canadiens ont reçu le « baptême du feu » à Ypres, en avril 1915. Essaie d'expliquer cette expression en te reportant à cette peinture de la ville d'Ypres après la bataille.

La technologie et la guerre moderne

La révolution industrielle avait transformé l'économie et la vie quotidienne des Européens et des Nord-Américains au cours du XIXe siècle. Qui aurait pu se douter qu'elle allait avoir d'aussi puissants effets sur la façon de faire la guerre ? En 1897, un banquier et économiste polonais nommé I.S. Bloch avait prévu les conséquences de la nouvelle technologie en cas de conflit. Il a décrit avec une exactitude étonnante le déroulement de la prochaine guerre.

> *Au début, le massacre deviendra si terrible qu'il sera impossible pour les troupes de donner une issue décisive à la bataille. [...] La guerre ne sera plus un face à face entre adversaires qui mesurent leur supériorité physique et morale mais se réduira à une sorte d'impasse. [...] Tout le monde combattra dans des tranchées lors de la prochaine guerre; la bêche deviendra aussi indispensable au soldat que le fusil.*

Les nouvelles usines étaient capables de produire 100 fois plus de métal qu'un siècle plus tôt. Convaincus de défendre une juste cause, la plupart des scientifiques s'attachaient à inventer des armes de plus en plus meurtrières. Le résultat : des réserves à peu près inépuisables de balles et de bombes.

La nouvelle technologie trouvait des applications dans tous les aspects de la guerre, sur terre, dans les airs et en mer. Le **belligérant** (celui qui participe à une guerre) le mieux adapté aux réalités du XXe siècle possédait un avantage décisif sur ses adversaires. Cet avantage a appartenu à l'Allemagne au début des hostilités. Les autorités militaires britanniques sous-estimaient le potentiel des nouvelles armes, comme la mitrailleuse, et essayaient de se défendre à la manière du XIXe siècle contre des armes du XXe. Les Allemands allaient être les premiers à profiter des nouveaux armements.

Les Canadiens victimes des gaz toxiques à Ypres

La première division canadienne est arrivée au front de l'Ouest en février 1915. À Ypres, en Belgique, la dernière parcelle de territoire belge sous le commandement allié, les soldats canadiens venaient de se joindre aux troupes coloniales franco-algériennes dans les tranchées.

Les positions des Canadiens et des Algériens étaient entourées de tranchées allemandes sur trois côtés. Pendant des nuits, les Allemands ont transporté 5730 obus de gaz moutarde jusqu'à la ligne de feu. Le 22 avril, au début de la soirée, ils ont lâché le gaz.

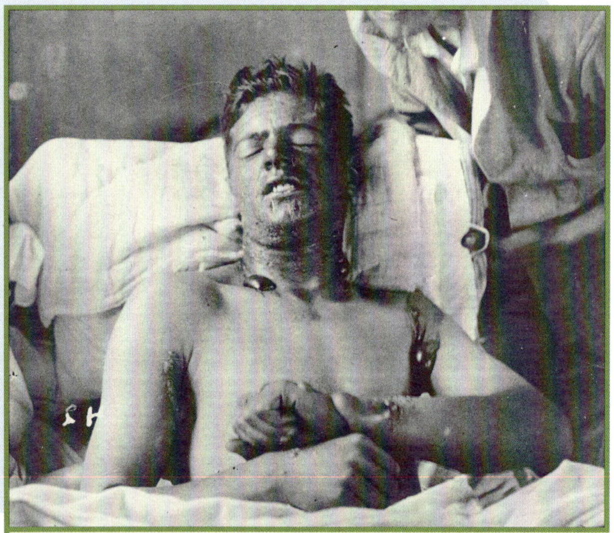

Les blessures de ce soldat ont été occasionnées par le gaz moutarde. Dans une guerre où a été utilisée une grande quantité d'engins meurtriers, de la mitrailleuse au char d'assaut, le gaz moutarde était-il une arme pire que les autres ?

Le haut commandement allié avait été averti de la possibilité d'une attaque au gaz, mais il n'avait pas fourni de masques à gaz aux soldats. À la vue d'un étrange nuage vert, les soldats algériens ont pris panique et se sont enfuis. Les Allemands se sont précipités vers le vide laissé par les soldats apeurés. Les Canadiens devaient étirer leurs rangs pour fermer la ligne. Presque en même temps, le nuage de gaz d'environ 3 m de haut s'est approché des positions canadiennes. En respirant le gaz, les soldats se mettaient à hurler et suffoquaient. Venaient ensuite les vagues d'attaquants allemands, équipés de masques à gaz.

Les soldats canadiens ont résisté pendant trois jours aux tirs d'artillerie et aux attaques au gaz, puis ils ont été relevés par des renforts britanniques. Un soldat britannique a décrit comme suit ce qu'il a vu en arrivant au front : « Il y avait de 200 à 300 hommes étendus dans un fossé. Certains se tenaient la gorge. Leurs boutons de laiton étaient devenus verts. Leur corps était boursouflé. Quelques-uns étaient encore vivants. Certains se tordaient sur le sol, la langue sortie. »

Quand les Canadiens se sont retirés du champ de bataille, quatre jours plus tard, plus de la moitié des hommes étaient morts. Malgré les 6037 tués et blessés, les soldats canadiens avaient tenu bon. Partout, on acclamait leur courage. Cette première grande bataille n'était pourtant que le commencement; ce qui allait suivre allait être encore pire.

Dans les tranchées

Au début de la guerre, les deux camps avaient planifié d'avancer rapidement vers l'ennemi. Or, les batailles comme celle d'Ypres ont empêché les uns et les autres de réaliser ce projet. Comme I.S. Bloch l'avait prédit, la nouvelle technologie militaire a enlisé les adversaires dans une interminable bataille. Chacun savait qu'il devait ériger une ligne de défense continue pour parer à une manœuvre de débordement de l'ennemi. Les adversaires ont donc passé l'hiver 1915-1916 à constituer deux lignes ininterrompues de tranchées qui s'étendaient de la mer du Nord aux Alpes suisses, soit une distance de 640 km.

Le labyrinthe de tranchées zigzaguait dans la boue entre les trous d'obus, les champs de mines et les barrières de barbelés. Les tranchées les plus rapprochées des canons ennemis formaient la ligne de tir. Les mitrailleuses étaient placées de façon à balayer les lignes ennemies. Trois lignes ou plus de tranchées de soutien, à l'arrière, servaient de postes de commande et de ravitaillement. Elles étaient perpendiculaires aux tranchées de communication. Ici et là, de petites tranchées appelées sapes menaient à des postes d'observation ou à des nids de mitrailleuses dans le ***no man's land***. On trouvait aussi des culs-de-sac destinés à confondre l'ennemi s'il s'emparait des tranchées.

Les soldats demeuraient généralement six jours dans les tranchées de la ligne de tir. Ensuite, ils passaient six autres jours dans les tranchées de l'arrière, d'où ils apportaient des munitions et des rations jusqu'à l'avant. Enfin, les hommes avaient droit à 12 jours de repos dans des baraques recouvertes de papier goudronné, des granges ou des villages abandonnés, à l'arrière du champ de bataille.

Hyperliens

www.dlcmcgrawhill.ca

Visite le site Internet dont l'adresse apparaît ci-dessus pour voir comment tu te débrouillerais dans les tranchées. Clique sur ***Matériel complémentaire/Primaire et secondaire***, puis sur ***Regard sur le Canada*** et on t'indiquera où aller ensuite.

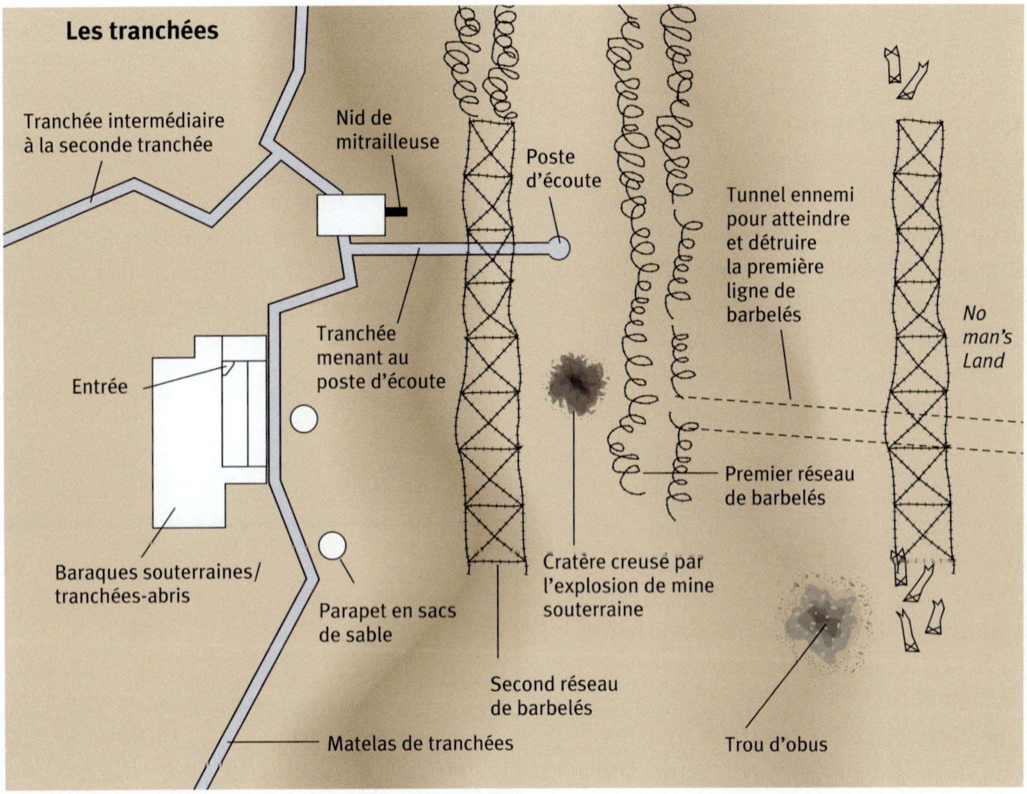

Les tranchées formaient un réseau complexe de tunnels, d'excavations, de barbelés et de postes de commande improvisés. Qui était favorisé par la technique des tranchées, l'attaquant ou le défenseur ? Justifie ta réponse. N'oublie pas que l'adversaire avait un système semblable.

Quand les soldats étaient de service, ils mangeaient, combattaient et dormaient dans les tranchées. Sur la ligne de tir, ils passaient leurs journées à faire le guet et à réparer les parois affaissées. Les tranchées de première ligne avaient 2 m de largeur sur 2 m de profondeur et l'eau coulait au fond. Quand il pleuvait, les hommes s'enfonçaient dans la boue jusqu'aux genoux. Un soldat a décrit comme suit son premier passage dans une tranchée de communication : « La tranchée avait environ trois pieds de profond et elle serpentait à travers un marécage. À chaque pas qu'on faisait dans la boue, on posait le pied sur un des cadavres qui jonchaient le fond de la tranchée. Les parois étaient soutenues en partie par des sacs de sable et en partie par des cadavres, certains rigides et d'autres en état de décomposition avancée. »

Les soldats passaient souvent des semaines sans se laver ni changer de vêtements et la plupart d'entre eux étaient couverts de poux. D'autres contractaient des gelures aux pieds à force de patauger dans la boue. Leurs pieds doublaient ou triplaient de volume et s'engourdissaient. Quand l'enflure se résorbait, la douleur était intolérable. Si la gangrène s'installait, il fallait amputer. L'humidité et la saleté étaient telles que même les petites plaies s'infectaient.

Ces conditions misérables ne représentaient qu'une partie de l'horreur de la **guerre de tranchées**. Au front, le jour était dangereux. Les tranchées de la ligne de tir ne se trouvaient souvent qu'à 25 m des lignes ennemies, et les soldats se déplaçaient tête baissée. Une tête qui dépassait de la tranchée était une cible facile pour les francs-tireurs d'élite allemands.

La nuit était plus redoutable que le jour. Les hommes devaient sortir des tranchées pour patrouiller le *no man's land* et réparer les **parapets** (murs bas à l'avant des tranchées) et les barbelés. La nuit était aussi le moment des attaques à l'improviste. Les combattants rampaient dans le *no man's land* et se frayaient un chemin à travers les barbelés au moyen de cisailles. Armés de couteaux et de gourdins, ils abattaient ensuite en silence l'ennemi.

Les loisirs

LE REPOS DU GUERRIER

Après avoir passé d'interminables journées à subir des bombardements dans des tranchées malodorantes, les soldats avaient hâte de prendre un peu de repos derrière les lignes. Ils profitaient de leurs quelques jours de congé pour se laver, passer des vêtements propres, faire du sport et, pourquoi pas, rire un peu.

BAIN DU SOLDAT

Prendre un bain chaud était le plus grand luxe que les soldats pouvaient imaginer. Chacune des aires de repos aménagées le long du front comprenait une salle de bain improvisée. Les soldats laissaient leurs vêtements sales à l'entrée afin que des femmes des environs les lavent et les reprisent. Ils passaient ensuite dans une autre pièce où, pendant 10 minutes, ils pouvaient se laisser tremper dans une baignoire remplie d'eau chaude et savonneuse.

UNE VISITE AU YMCA

Lavés et vêtus de propre, les soldats en permission aimaient bien se divertir. Le YMCA (Young Men's Christian Association) avait installé des tentes ou des huttes dans toutes les aires de repos. Là, les soldats pouvaient écrire des lettres, lire des journaux, des revues et des livres ainsi que consommer du café, des friandises et des boissons gazeuses. Le YMCA organisait aussi des conférences sur toutes sortes de sujets : le droit, la philosophie, la littérature anglaise, etc.

DU CHAMP DE BATAILLE AU TERRAIN DE JEU

Au cours de leurs brèves périodes de répit, les soldats ne demandaient pas mieux que de participer à des compétitions sportives amicales. On organisait pour eux des journées sportives pendant lesquelles des équipes s'affrontaient au soccer, à la boxe et à la course; les soldats pouvaient aussi pratiquer des sports aquatiques comme le plongeon, la plongée sous-marine et les courses de baignoires. Non seulement ces jeux permettaient-ils aux soldats de faire du sport, mais ils leur donnaient aussi l'occasion de fraterniser avec des concitoyens. Les jeux, les rires et la détente étaient essentiels pour des hommes qui passaient le plus clair de leur temps en face à face avec la mort.

Le championnat canadien d'athlétisme tenu en France en 1917.

ACTIVITÉ

Imagine que tu es au front pendant la Première Guerre mondiale et que tu as la responsabilité de divertir les troupes. Que fais-tu ? Mets un peu de gaieté dans la vie des soldats en accomplissant l'une des tâches suivantes :

- composer une chanson drôle à propos de la guerre;
- préparer un sketch humoristique;
- écrire une histoire à raconter aux troupes;
- organiser une activité sportive;
- créer une affiche pour annoncer un événement à venir dans une aire de repos.

L'aube était la pire heure de la journée, car c'était à ce moment qu'on passait à l'attaque. En traversant le *no man's land*, les soldats affrontaient les balles et les éclats d'obus ou se prenaient dans les barbelés. Ceux qui parvenaient aux tranchées ennemies devaient se battre au corps à corps. Si l'attaque échouait et s'il fallait se retirer, les blessés qui gisaient dans le *no man's land* n'étaient pas secourus. Leurs compagnons, impuissants, pouvaient entendre leurs cris d'agonie pendant des jours.

Certains soldats ne pouvaient pas supporter les misères et les dangers de la guerre de tranchées. Ils souffraient de dépression nerveuse, d'épuisement et de psychose traumatique occasionnée par le bombardement, une grave maladie nerveuse causée par l'exposition prolongée aux tirs d'artillerie. Ils devenaient inaptes au combat et étaient envoyés dans des asiles d'aliénés au Canada et en Grande-Bretagne. Beaucoup d'entre eux ne se sont jamais rétablis. Certains soldats souhaitaient être blessés assez gravement pour être renvoyés en Grande-Bretagne. À un moment ou à un autre, presque tous les soldats se sont demandé ce qu'ils faisaient au front.

La bataille de la Somme

La bataille de la Somme (en 1916) a révélé dans toute son ampleur la terrible efficacité de l'artillerie moderne et de la mitrailleuse. De toutes les nouvelles techniques apparues pendant la Première Guerre mondiale, c'est l'artillerie qui a fait le plus de victimes. Près de 50 % des blessures infligées aux soldats ont été causées par des éclats d'obus ou des *shrapnels*. Ces blessures étaient toujours plus cruelles et souvent plus mortelles que les plaies causées par des balles. Les balles créaient des perforations nettes, tandis que beaucoup d'obus étaient remplis de clous ou de morceaux de métal qui lacéraient et brûlaient le corps des soldats au moment de l'explosion.

La mitrailleuse était une autre arme redoutable. L'Allemagne en avait mesuré le potentiel dès le début de la guerre. En 1914, elle possédait 2500 mitrailleuses *Maxim* et en recevait 200 nouvelles unités par mois. Elle en recevait 14 400 par mois en 1917. Pendant l'hiver 1915-1916, l'Allemagne a constitué et entraîné des unités de mitrailleurs appelées *MG Scharfshutzentrupps* (ce qui signifie « détachements de mitrailleurs de précision »). En 1914, les Britanniques croyaient pour leur part que la mitrailleuse n'avait pas en réalité la valeur qu'on lui attribuait. Au début de la guerre, ils n'ont fourni que deux mitrailleuses à chaque bataillon d'infanterie et n'ont donné aucune formation particulière aux soldats qui allaient utiliser ces armes.

En 1916, pendant que l'armée allemande attaquait sans relâche les troupes françaises à la bataille de Verdun, le commandant en chef des Britanniques, Douglas Haig, a décidé de prendre l'offensive et de percer les lignes allemandes le long de la rivière Somme. La bataille de la Somme allait commencer. Le

Les grandes batailles, celle de la Somme notamment, ont laissé le paysage dans un état lamentable. Quels obstacles les agriculteurs devaient-ils surmonter s'ils voulaient se remettre à cultiver des terres comme celle-ci ?

général Haig n'avait pas encore compris le rôle des mitrailleuses et les leçons de la guerre des tranchées. Pendant cinq mois, il a ordonné attaque après attaque contre les tranchées allemandes, toujours avec d'énormes pertes. En novembre, quand la bataille a cessé, Haig avait perdu 600 000 hommes, sans rien gagner. Le 1er juillet 1916, 100 000 soldats britanniques et canadiens se sont lancés à l'assaut des tranchées allemandes. À la fin de cette seule journée, plus de 57 000 hommes avaient été perdus. C'est ainsi que d'innombrables soldats alliés sont morts dans une série de batailles mal planifiées et mal exécutées sur les rives de la Somme.

Avant l'attaque alliée, les Britanniques et les Français avaient bombardé les lignes allemandes pendant cinq jours, lâchant sur elles 1,5 million de cartouches. Haig espérait abattre le front allemand et percer les barbelés. Or, les Allemands se sont abrités dans des tranchées protégées par des murs de béton et des rouleaux de barbelés de 9 m de diamètre. Les pertes allemandes ont été beaucoup moins lourdes que Haig ne l'avait espéré et les barbelés allemands sont restés en place. De plus, les obus avaient creusé des cratères si larges que les unités de cavalerie et d'infanterie alliées avaient de la difficulté à charger la ligne allemande. De plus, les cratères faisaient des cachettes idéales pour les mitrailleuses allemandes.

Lorsque les bombardements alliés ont cessé, les Allemands savaient qu'une attaque se préparait. Haig avait surestimé l'efficacité des **tirs de barrage** et cette erreur allait avoir des conséquences catastrophiques. Cent mitrailleuses allemandes s'apprêtaient à projeter une pluie de balles sur les attaquants alliés. La première bataille de la campagne de la Somme s'est engagée le 1er juillet 1916, sous un ciel sans nuage. Un officier britannique a rampé hors des tranchées et fait signe à ses troupes d'avancer.

Les principales batailles des soldats canadiens pendant la Première Guerre mondiale

À l'aide d'un atlas, essaie d'établir l'influence que la topographie a exercée sur le cours de la guerre. Par exemple, pourquoi les Allemands sont-ils passés par la Belgique neutre au lieu d'attaquer la France directement ?

Après une bataille comme celle de la Somme, les soldats survivants n'avaient pas le cœur à sourire. Quelle conséquence durable le nombre élevé de victimes allait-il avoir pour le Canada après la guerre ?

Il faisait plein jour lorsque la première vague de soldats britanniques, gallois et écossais a été envoyée dans le *no man's land*. Les mitrailleurs allemands n'ont mis que quelques minutes à la massacrer au complet.

Quand Haig a appris que la première vague n'avait pas réussi à prendre de territoire ennemi, il a ordonné à la deuxième, formée par le régiment de Terre-Neuve, de monter à l'assaut. Chargés de 75 kg de matériel, les soldats ont reçu l'ordre de traverser le *no man's land*. Ils ont ensuite été obligés de s'engouffrer dans l'unique brèche percée à travers les barbelés, sous un feu nourri de mitrailleuses. Les mitrailleurs allemands les ont abattus un à un. Tout était terminé en 22 minutes; des 801 hommes du régiment de Terre-Neuve, il n'en restait que 68 ! Un témoin a dit des Terre-Neuviens qu'ils avaient donné « un splendide exemple de courage et de discipline » et que leur intervention avait échoué « parce que les morts ne peuvent plus avancer ».

Les atrocités de la première journée sur la Somme n'ont pas découragé les Alliés. Haig tenait absolument à aller de l'avant, en dépit de pertes alarmantes. Au cours des cinq mois qui ont suivi, les Allemands ont tué ou blessé plus de 600 000 soldats français et britanniques. Les Canadiens ont été épargnés jusqu'au 15 septembre 1916, jour où le Corps canadien s'est emparé de la ville de Courcelette et l'a tenue en dépit d'attaques allemandes sauvages. Un colonel canadien-français a écrit dans son journal : « Si l'enfer ressemble à ce que j'ai vu à Courcelette, je ne le souhaite pas à mon pire ennemi. »

Les troupes canadiennes ont livré bataille sur bataille pendant la campagne de la Somme, à Courcelette, à la raffinerie de sucre, à la crête de Pozières, à Fabeck Graben et dans la tranchée Regina. Elles ont atteint la plupart de leurs objectifs mais perdu plus de 24 000 hommes. Au bout de 141 jours, des pluies d'automne intenses ont forcé Haig à mettre fin aux combats. Des deux côtés, les armées étaient épuisées. En tout, 1 250 000 hommes avaient été tués ou blessés pendant les cinq mois de la campagne de la Somme. L'armée britannique n'avait cependant avancé que de 12 km à peine. À la fin de 1916, l'humeur des Canadiens, au front comme au pays, était passée de l'espoir au désespoir. La guerre, semble-t-il, n'aurait jamais de fin.

Les arts

GENERALS DIE IN BED : LE ROMAN DE CHARLES YALE HARRISON

Le roman *Generals Die in Bed* (« Les généraux meurent dans leur lit ») brosse un tableau saisissant de la vie des soldats canadiens sur le front de l'Ouest. L'auteur, Charles Yale Harrison, a lui-même combattu dans le Corps canadien. Il décrit les effets abrutissants de la guerre et détruit le mythe de la guerre civilisée. Dans l'extrait suivant, il dépeint les horreurs que vivaient les soldats dans les tranchées.

J'entends des détonations sèches et rapprochées dans les lignes allemandes. Puis les comètes des minenwerfer *prennent leur envol et décrivent des paraboles de lumière rouge en descendant vers nous. Elles sont belles à voir, comme les feux d'artifice quand nous avons quitté Montréal. À bout de souffle, le sergent se précipite dans la niche de la tranchée.*

« Des minnies », lance-t-il avant de poursuivre sa course.

À cet instant, un grondement terrible se fait entendre juste derrière nous.

Les sifflements et les éclats rouges déchirent la nuit.

La tranchée roule et vacille.

La boue et la terre projetées dans les airs nous retombent dessus en paquets.

Nous nous jetons contre le sol, enfonçant nos ongles dans la terre molle du fond de la tranchée.

Une autre !

Celle-là vole en éclats à environ vingt pieds de la niche.

Une partie du parapet s'effondre.

Nous tentons de nous enfouir dans le sol comme des rats apeurés.

Les explosions assourdissantes font voler des millions de fragments. J'ai un goût de sel sur les lèvres. La force des détonations me fait saigner du nez.

Les fusées d'urgence montent le long du front pour signaler à l'artillerie que nous avons besoin d'aide. Elles s'élancent dans les airs puis explosent en déversant une pluie de lumières rouges, blanches et bleues accrochées à un parachute de soie.

Le ciel est illuminé par des centaines d'élégants feux d'artifice, comme par une nuit de carnaval.

L'air est plein de cris et de feulements.

Et elles tombent toujours.

Je suis terrifié. J'étreins la terre, enfonçant mes doigts dans chaque trou, chaque crevasse.

Un éclair aveuglant et un tonnerre d'explosion à quelques pieds de la tranchée.

Mes entrailles se liquéfient.

La fumée acide mord la gorge, assèche la bouche. J'ai dépassé le stade de la peur. Je suis paralysé par une terreur insensée qui me garde replié sur moi-même au fond de la tranchée. Je suis couché sur le ventre et j'attends…

Soudain, tout s'arrête.

Le feu passe par-dessus nous et se dirige vers les tranchées de l'arrière.

Nous restons immobiles, incapables de remuer. La peur nous a dérobé la force d'agir. J'entends Fry qui gémit à mes côtés. Je rampe jusqu'à lui au prix du plus grand effort. Il est à moitié enseveli sous la terre et les débris. Nous commençons à le dégager…

L'air semble crier et hurler comme une femme qui a perdu l'esprit.

Et ça reprend de plus belle. Encore une fois nous nous jetons au fond de la tranchée et nous rampons comme des sauvages au milieu de cette frénésie démoniaque.

Les explosions nous secouent sans interruption.

Me voilà assommé. Je reviens à moi et, de nouveau, j'entends le vacarme des bombardements.

Ça crie, ça rage et ça bouillonne comme une mer démontée.

J'éprouve une sensation de picotement à l'arrière des yeux.

Un obus atterrit dans la niche voisine avec un hurlement monstrueux. Le choc me retourne sur le dos. Je vois les étoiles briller sereinement au-dessus de nous. Un autre obus s'abat au même endroit. Les étoiles se mettent à tourner tout d'un coup. J'atterris sur l'épaule. J'ai été projeté dans les airs.

Je prie.

« Mon Dieu, mon Dieu, je vous en supplie… »

Je commence à tousser. La fumée est dense. Elle roule en nuages épais au-dessus de la tranchée et embrouille les lumières aveuglantes des explosions.

Un obus éclate près du parapet.

Les fragments heurtent les sacs de sable comme autant de grêlons d'acier.

Une poignée de boue m'entre dans la bouche, rafraîchissante. Elle a un goût de terre.

Et encore tout s'arrête soudainement.

J'enfouis mon visage dans la terre fraîche et humide. J'ai envie de pleurer. Mais je suis trop faible et trop secoué pour verser des larmes.

Nous restons immobiles, dans l'attente…

TIRÉ DU ROMAN DE CHARLES YALE HARRISON, ***Generals Die in Bed***, Waterdown, Potlatch Publications, 1999, 1974.

Une attaque allemande lancée sur l'hôpital canadien d'Étaples, en France, a tué trois infirmières, en a blessé gravement plusieurs autres et a détruit les quartiers des infirmières. Est-ce que toutes les cibles sont légitimes en temps de guerre ? Dresse une liste de lieux qui, selon toi, ne devraient jamais être attaqués.

Sauver des vies au milieu de la bataille

Quand on pense à l'héroïsme en temps de guerre, on a à l'esprit l'image de soldats au front. À quelques kilomètres à l'arrière du front, cependant, d'autres actes héroïques sont accomplis par les personnes qui tentent de sauver des vies dans les conditions les plus primitives et les plus difficiles. Pendant la Première Guerre mondiale, des milliers de médecins et d'infirmières se sont dévoués dans les hôpitaux de campagne où étaient envoyés les soldats blessés à la bataille. Ces hommes et ces femmes ont effectué un travail qui tenait du miracle compte tenu des conditions dans lesquelles ils œuvraient et de la gravité des blessures qu'ils soignaient. Une infirmière canadienne qui a servi au front pendant toute la durée de la guerre livrait ses impressions dans les lettres qu'elle envoyait chez elle.

Je pensais avoir vu ma part de merveilles, mais je ne croyais pas qu'il était possible de redonner une forme humaine à des visages en morceaux et même, dans certains cas, d'éliminer les cicatrices. On prend des photos quand ils arrivent, puis à différents stades de la convalescence. J'ai vu l'un des pires cas le dernier jour où j'ai travaillé. Il doit encore subir une opération pour réparer un petit trou sur le côté de son nez, et puis il sera rétabli.

Les infirmières travaillaient souvent de 7 h à 21 h dans les hôpitaux de campagne. Elles pouvaient s'occuper de 18 patients à la fois, alités pour la plupart. La charge de travail des infirmières s'alourdissait encore quand les soldats souffraient de blessures occasionnées par les gaz. Ces hommes avaient besoin de soins constants jusqu'à ce qu'ils soient hors de danger.

Le 28 septembre 1918, Sir Frederick Banting, qui était membre du Corps médical canadien, a affronté des bombardements intenses pour rejoindre un bataillon canadien dont plusieurs hommes avaient été blessés. Sous un tir nourri, Banting a soigné les blessés pendant 17 heures, en dépit de ses propres blessures. Il a reçu la Croix militaire en récompense. Banting est célèbre aussi pour un autre accomplissement. Quel est-il ?

La guerre en mer et dans les airs

Les avions, nouvelles armes de guerre

En 1914, l'aéronautique en était à ses premiers balbutiements. Le premier vol réussi avait eu lieu 11 ans plus tôt seulement, mais les deux camps en présence cherchaient à tirer parti du moindre avantage et essayaient d'exploiter au maximum la technologie moderne. Au début, les avions servaient uniquement à examiner le territoire ennemi. Le 19 août 1914, les Allemands et les Alliés ont fait leurs premiers vols de reconnaissance au-delà des lignes ennemies. Les Alliés ont saisi l'importance de ces manœuvres en septembre 1914, quand des pilotes français et britanniques ont découvert que l'armée allemande s'était étendue. Forts de ce renseignement, les Alliés ont pu arrêter l'avance des Allemands à la bataille de la Marne.

Les avions sont dès lors devenus un élément primordial de la stratégie. Les pilotes ont commencé à transporter des pistolets, des fusils, des mitrailleuses légères et même des briques pour attaquer les appareils ennemis. Bientôt, on a inventé des armes plus perfectionnées pour la guerre aérienne. Les Allemands ont équipé leurs avions Fokker d'un dispositif qui synchronisait le tir des mitrailleuses et la rotation des hélices. Les Alliés n'ont pas tardé à copier le dispositif et à attaquer les avions allemands avec une invention allemande.

La guerre dans les airs

Les as de l'aviation allemande et alliée sont devenus les chevaliers des temps modernes sur le front de l'Ouest. Les pilotes n'avaient pas à endurer la boue et la crasse des tranchées. Ils avaient droit à des lits propres et à de bons repas. Ils ne mouraient pas dans l'indifférence générale, comme les fantassins et les cavaliers tués par des ennemis sans visage lors d'attaques au gaz ou de tirs de barrage. Non, ils se battaient en duel, haut dans le firmament. Leurs noms étaient connus et leurs exploits étaient individuellement consignés.

Les prouesses de pilotes comme Billy Bishop, Raymond Collishaw, « Wop » May et Roy Brown étaient source de consolation et de fierté nationale au Canada. Les journaux du monde entier citaient leurs noms, et toute une génération de Canadiens racontait leur histoire. On se plaisait, par exemple, à narrer l'exploit légendaire de Roy Brown qui, un jour, est sorti des nuages pour surprendre Manfred von Richthofen, le célèbre « Baron rouge », juste au moment où celui-ci s'apprêtait à ouvrir le feu sur « Wop » May. Le Baron rouge a ensuite été tué par des troupes terrestres australiennes après l'écrasement de son avion. La carrière de Billy Bishop a aussi été fertile en actes héroïques. Bishop a participé à plus de 170 batailles aériennes et abattu le nombre record de 72 appareils ennemis. Mais rares étaient les pilotes qui pouvaient profiter de leur célébrité. Leur tâche était probablement la plus périlleuse de toutes. En deux semaines exactement, les escadrons allemands commandés par le Baron rouge ont abattu 13 avions alliés.

Billy Bishop, l'as canadien de l'aviation, avec le Nieuport 17. Qu'aurais-tu éprouvé si tu avais survolé les lignes ennemies à bord d'un tel avion ?

Les sous-marins allemands

Au début de la Première Guerre mondiale, la Grande-Bretagne possédait encore la plus grande marine du monde et elle régnait toujours sur les océans. Cependant, les nouveaux vaisseaux allemands étaient imposants et efficaces et, contrairement à la plupart des navires britanniques, ils étaient dotés de coques d'acier. Les Allemands se sentaient capables de vaincre la Grande-Bretagne en mer, même s'ils étaient moins nombreux. Ils avaient en effet des armes de guerre révolutionnaires, de redoutables sous-marins armés de 12 torpilles. À la fin de 1914, les **sous-marins allemands** avaient déjà coulé 200 navires de ravitaillement britanniques.

C'est le pilote Roy Brown qui a abattu le célèbre Baron rouge.

Les Allemands savaient que la domination des mers était la clé de la victoire sur la Grande-Bretagne. Pays insulaire, la Grande-Bretagne ne pouvait pas se passer des marchandises que lui apportaient les navires marchands. L'Allemagne comptait donc affamer et soumettre la Grande-Bretagne en la privant de matériel de guerre, de troupes, de matières premières, de produits manufacturés et de denrées alimentaires. Les sous-marins allemands pourchassaient les navires marchands britanniques sans relâche. Ici au Canada, les sous-marins allemands représentaient une menace pour les navires, les lignes côtières et les ports canadiens. Des patrouilles de détection de sous-marins ont été organisées le long du fleuve Saint-Laurent et dans les ports de Halifax et de Sydney.

Les sous-marins allemands menaçaient même les paquebots civils. Le gouvernement allemand a du reste annoncé que ces navires seraient coulés à vue. Le 2 mai 1915, une torpille a coulé le paquebot britannique *Lusitania,* qui faisait la traversée de New York à Liverpool. Les 1198 personnes qui se trouvaient à bord ont trouvé la mort dans les flots près des côtes de l'Irlande. Au nombre des victimes figuraient 128 citoyens américains, pour la plupart des femmes et des enfants. Les Américains étaient indignés. Les États-Unis étaient neutres et, jusqu'au jour de l'attaque, beaucoup de citoyens américains avaient été ouvertement favorables à l'Allemagne. Apparemment, le *Lusitania* ne transportait qu'une petite quantité de balles, mais l'Allemagne a expliqué qu'elle l'avait coulé

Les Allemands croyaient que le luxueux paquebot britannique *Lusitania* transportait des armes et ils l'ont coulé près des côtes de l'Irlande. L'événement a provoqué l'entrée en guerre des États-Unis. En temps de guerre, devrait-on pouvoir tirer sur les vaisseaux transportant des civils et des armes ? Ceux qui utilisent des navires civils pour transporter des armes devraient-ils être tenus responsables des catastrophes maritimes ?

parce qu'il était armé et chargé d'explosifs. Les Américains ont changé complètement d'opinion et se sont mis à détester tout ce qui était allemand. Le naufrage du *Lusitania* a été à l'origine de la déclaration de guerre des États-Unis à l'Allemagne en 1917.

Le blocus naval

La Grande-Bretagne a riposté au **blocus naval** allemand en empêchant à son tour le ravitaillement de l'Allemagne par voie maritime. Elle y est si bien parvenue que, pendant l'hiver 1916-1917, l'Allemagne était pratiquement à bout de ressources. Le peu qui restait de viande et de produits laitiers était envoyé aux soldats allemands, au front. Il ne restait aux hommes âgés, aux femmes et aux enfants que des navets cultivés pour nourrir les animaux. Cet hiver-là a été appelé « l'hiver des navets ».

Les perspectives de l'Allemagne étaient si sombres en février 1917 que l'empereur allemand, Guillaume II, cherchait par tous les moyens à accélérer la victoire. Les Allemands pouvaient encore gagner la guerre s'ils empêchaient complètement le ravitaillement des pays alliés. Les sous-marins ont reçu l'ordre d'attaquer tous les bateaux naviguant en eaux britanniques, quelle que soit leur nationalité. À la fin de 1917, les sous-marins allemands avaient détruit six milliards de tonnes de marchandises destinées à la Grande-Bretagne.

La guerre en mer

Le Canada n'a pas ménagé ses efforts pour aider la Grande-Bretagne à se battre en mer. En effet, le Canada a fabriqué plus de 500 vedettes et plus de 60 navires d'acier anti-sous-marins. La marine canadienne s'est transformée. En 1914, elle était composée de 2 navires et de 350 membres d'équipage. En 1918, elle comptait 112 vaisseaux de guerre et 5500 officiers et marins commandés par un officier de la Marine royale britannique.

La bataille du Jutland

Les deux camps savaient à quel point il était important de dominer les mers, et ils hésitaient à mettre leurs flottes en péril dans des batailles navales en règle. De fait, les flottes britanniques et allemandes n'ont livré qu'une seule bataille d'envergure : elle a eu lieu au Jutland, la grande péninsule du Danemark, le 31 mai 1916. À la fin de la bataille, la Grande-Bretagne avait perdu 6000 hommes (deux fois plus que d'Allemands) dans les eaux glaciales de la mer du Nord. Mais la flotte britannique était encore assez imposante pour défendre les Îles britanniques contre les Allemands. La marine allemande est retournée au port et n'a plus jamais pris la mer. Dès lors, les Allemands se sont employés à construire toujours plus de sous-marins.

Durant la première année de la Première Guerre mondiale, les sous-marins allemands ont coulé près de 200 navires de fret. Pourquoi l'Allemagne croyait-elle que pour vaincre la Grande-Bretagne elle devait contrôler les mers ?

Le front de l'Ouest en 1917 et 1918

L'année 1917 a été décisive; la victoire était encore incertaine. Deux longues années de combats étaient encore à venir. Mais la reddition de la Russie et l'entrée en guerre des États-Unis ont modifié l'équilibre des forces. Tout le monde croyait que la fin des hostilités approchait… Mais personne ne pouvait prédire qui de l'Allemagne ou des Alliés triompherait.

Les États-Unis en guerre contre l'Allemagne

Curieusement, le succès des sous-marins a été l'un des facteurs de la défaite allemande. Le président des États-Unis, Woodrow Wilson, était si révolté par la politique de guerre sous-marine qu'il a rompu les relations diplomatiques avec l'Allemagne. Puis, les navires américains *City of Memphis* et *Illinois* ont été torpillés par des sous-marins allemands. Le 6 avril 1917, le Congrès américain a déclaré la guerre à l'Allemagne, un geste qui a marqué un tournant dans l'histoire de la guerre. Juste au moment où les belligérants avaient presque épuisé leurs ressources, l'entrée des États-Unis dans la guerre faisait pencher la balance du côté des Alliés.

Les Américains, cependant, n'étaient pas encore prêts à combattre. L'armée américaine comptait moins de 200 000 soldats, et la majeure partie de ses armes étaient désuètes. Il fallait des mois de préparation aux États-Unis. Les Allemands se sont donc lancés dans une course contre la montre. Ils espéraient remporter une victoire décisive avant que les Américains ne soient prêts au combat. Soudainement, une bonne occasion de gagner rapidement la guerre s'est présentée à l'Allemagne : la Russie était disposée à faire la paix avec elle.

La Russie en paix avec l'Allemagne

Le même jour, en mars 1917, les sous-marins allemands ont torpillé deux vaisseaux américains et un gouvernement révolutionnaire a renversé la monarchie russe. Mais le nouveau gouvernement russe a été presque aussitôt renversé à son tour par Vladimir Lénine et ses révolutionnaires communistes. Quelques jours seulement après avoir pris le pouvoir, Lénine a annoncé que la Russie voulait négocier les conditions de la paix avec l'Allemagne. Le pays était épuisé par la guerre, son peuple mourait de faim, et le nouveau gouvernement avait la ferme intention d'instituer le **communisme**. La Russie était prête à accepter la défaite. Les Russes vaincus, l'Allemagne pouvait diriger toute son attention, et toute sa puissance de tir, sur le front de l'Ouest.

La bataille de Vimy

Dans les tranchées du front de l'Ouest, les troupes canadiennes étaient reconnues pour leur endurance, leur efficacité et leur courage. La bataille de la crête de Vimy, un tournant décisif de la guerre, a été la plus belle victoire des forces canadiennes à la Première Guerre mondiale. La crête de Vimy était une longue élévation de terrain de 60 m de haut qui surmontait la plaine de Douai, en France. Elle donnait aux Allemands un bon poste d'observation sur les tranchées alliées. De plus, elle protégeait une région minière et industrielle où les Allemands s'approvisionnaient. Les Allemands avaient creusé un labyrinthe de tranchées et de casemates. Certains de ces abris souterrains étaient assez vastes pour protéger des bataillons entiers contre les tirs alliés. Les Allemands avaient posé leurs mitrailleuses sur d'épaisses

La technologie

LA TECHNOLOGIE ET L'ART DE LA GUERRE

La Première Guerre mondiale a été la première guerre véritablement moderne et, à cette occasion, la nouvelle technologie industrielle a trouvé des applications sur les champs de bataille d'Europe. Une nouvelle ère militaire s'amorçait, une ère au cours de laquelle l'expertise technologique allait le plus souvent déterminer l'issue d'une bataille. Les Britanniques étaient commandés par des officiers qui avaient été formés au XIXe siècle. Ils ont mis du temps à admettre que l'époque de la guerre traditionnelle était révolue, que les soldats ne marcheraient plus au pas sur les champs de bataille et seraient remplacés par des machines. À l'ère de la guerre moderne, marcher au pas sur les champs de bataille équivalait à une sentence de mort.

Au début de la guerre, en 1914, les Britanniques estimaient que la mitrailleuse n'avait pas l'utilité qu'on lui reconnaissait et refusaient de croire qu'un pays d'Europe puisse un jour recourir aux gaz toxiques. L'attitude des généraux britanniques, de Douglas Haig en particulier, quant aux nouvelles technologies militaires allait avoir des conséquences désastreuses à Ypres et sur les rives de la Somme. Les soldats canadiens ont trop souvent compté parmi les victimes d'une armée allemande à la fine pointe de la technologie.

Grâce à leur ingéniosité et à leur inventivité, cependant, les Canadiens ont réussi à s'adapter à la nouvelle réalité. Ils ont conçu des armes et des tactiques qui leur ont permis de jouer un rôle important dans la défaite de l'efficace armée allemande.

Au cours des deux premières années de la guerre, il n'était pas rare que la proportion de pertes dans les rangs canadiens atteigne 30 % ou 40 %. Au cours des deux dernières années du conflit, en revanche, les pertes avaient diminué de moitié. Quels ont été les facteurs de cette amélioration ? Les Canadiens se sont adaptés à la guerre industrielle et ont utilisé d'efficaces tactiques de leur invention. L'ingéniosité des soldats canadiens constituait en fait un moyen de survie sous les obus et les balles.

Les mitrailleuses ont modifié la façon de faire la guerre.

Activité

Si tu avais été un officier chargé de chasser l'armée allemande d'une colline stratégique, quelle démarche aurais-tu employée ? Suppose que, pour défendre sa position, l'ennemi possède plusieurs nids de mitrailleuses, des rangées de barbelés et une artillerie lourde. Tu dois parvenir à couvrir l'avancée de tes troupes au moyen de l'artillerie, à percer les barbelés et à faire cesser le mitraillage. N'oublie pas que tu dois obtenir un résultat maximal avec des pertes minimales. Relis la section précédente du chapitre pour faire l'inventaire des armes qui sont à ta disposition. Suppose enfin que l'attaque doit se produire au printemps 1918.

fondations de béton et les avaient entourées de barbelés denses. Les troupes françaises et britanniques avaient bien tenté à quelques reprises de capturer la crête, mais l'artillerie allemande les avait arrêtées et refoulées. L'armée allemande était certaine que personne ne pourrait la déloger de la crête de Vimy.

La prise de la crête de Vimy a incombé au Corps canadien commandé par le général britannique Julian Byng. Celui-ci avait sous ses ordres le major général Arthur Currie, qui était à la tête de la Première division canadienne. Currie a dit un jour : « Une bonne préparation nous mènera à la victoire. Ne négligez rien. » Contrairement aux attaques antérieures des Alliés à la crête de Vimy, l'offensive canadienne n'a rien laissé au hasard. Chaque étape de l'assaut a été répétée jusque dans les moindres détails.

Currie et Byng estimaient tous deux que la stratégie employée sur les rives de la Somme avait échoué. Les troupes allemandes avaient su à quoi s'attendre quand le tir d'artillerie avait cessé, juste avant l'assaut. Les Alliés avaient perdu l'avantage de la surprise. La stratégie, à Vimy, consistait à former un « barrage roulant », c'est-à-dire à déployer un rideau de projectiles devant les troupes allemandes. Le plan a réussi grâce à la rigueur de ses concepteurs et à la discipline des soldats canadiens. À midi, les Canadiens étaient au sommet de la crête de Vimy, observant la retraite de milliers de soldats allemands.

En préparation de l'attaque de la crête de Vimy, les Canadiens ont construit une voie ferrée légère qui a servi d'épine dorsale au « barrage roulant ».

La victoire de Vimy a coûté très cher au Canada. Plus de 3500 hommes ont péri. Les Alliés avaient cependant ouvert une brèche dans les lignes allemandes et ils s'étaient emparés d'une importante position stratégique. Les Canadiens, en particulier, avaient montré au monde entier qu'ils étaient capables de planifier et d'exécuter une attaque victorieuse. Currie a été promu au rang de commandant du Corps canadien en juin 1917. Pour la première fois, le Corps canadien était commandé par des officiers canadiens. C'est la naissance de l'armée canadienne !

La bataille de Passchendaele

Malheureusement, Vimy n'a pas été la dernière bataille de la guerre. Sourd à tous les conseils, le général britannique Douglas Haig était déterminé à passer au travers du front allemand. Il a lancé une attaque désastreuse en Belgique en 1917 et, au début d'octobre, le Corps canadien a reçu l'ordre de se préparer à la prise de Passchendaele. Le Canada avait déjà défendu ce front à la bataille d'Ypres en 1915. Quatre millions d'obus avaient détruit les digues et le système de drainage dans ce pays marécageux. Les Allemands, installés sur une élévation de terrain, avaient les forces alliées à leur merci. Currie a estimé que la prise de Passchendaele allait demander le sacrifice de 16 000 Canadiens. Il ne pouvait pas croire que l'objectif valait autant de morts, mais Haig tenait obstinément à l'offensive.

Les Canadiens ont effectué une série d'attaques à compter de la fin d'octobre. Ils rampaient dans la boue sous une grêle d'obus allemands. Finalement, ils ont atteint les abords du village de Passchendaele en ruine et ont tenu bon pendant cinq jours. À l'arrivée des renforts, les Canadiens étaient décimés; un cinquième seulement des attaquants avaient eu la vie sauve. Quand les combats ont cessé, le 15 novembre, les Britanniques n'avaient avancé que de 6 km et les pertes canadiennes se chiffraient à 15 654 hommes. Malgré tout, les soldats canadiens s'étaient admirablement comportés. Neuf d'entre eux ont reçu la **Croix de Victoria**, le plus grand honneur militaire de l'Empire britannique.

Portraits de Canadiennes et de Canadiens

LA VIE AU FRONT : LE POINT DE VUE D'UN SOLDAT

Il est difficile d'imaginer l'horreur des conditions dans lesquelles ont vécu les soldats qui combattaient sur le front de l'Ouest pendant la Première Guerre mondiale. Les photos et les peintures, malgré leur réalisme, ne peuvent pas exprimer les pensées et les sentiments des individus qui ont subi d'innombrables bombardements dans la boue des tranchées. Heureusement, un grand nombre de lettres de soldats ont été conservées. Bien que censurées par l'armée, ces lettres regorgent de renseignements précieux sur la vie des soldats.

Les lettres suivantes ont été écrites par Roy Macfie à sa famille. Macfie venait d'une ferme située près de Parry Sound, en Ontario. Membre de la première brigade du premier bataillon canadien d'infanterie, Macfie a participé à presque toutes les batailles que les Canadiens ont livrées, y compris Ypres, la Somme, Vimy et Passchendaele.

De Roy à Muriel — ***Comblain l'Abbé, France***
14 avril 1917

Une autre courte lettre ce soir [...] Je sais que tu en as assez de ces petites notes, mais je ne peux rien y faire pour l'instant. Vous êtes les seuls à qui j'ai le temps d'écrire. Vous avez probablement lu tout un baratin dans les journaux à l'heure qu'il est et vous savez pourquoi nous sommes si occupés. Nous profitons de toutes les occasions de dormir et le temps est encore abominable. Il a plu ou neigé tous les jours depuis le début du mois, je crois, et nous avons fait dans la boue ici la même chose que vous faites dans la neige chez nous [...] La boue a jauni et durci mes vêtements de la tête aux pieds [...]

Arthur a eu beaucoup de chance de s'en tirer comme il l'a fait, mais c'est curieux qu'il ne m'écrive pas une ligne pour me dire où il est. John, lui, ne m'écrit jamais. Et moi, je ne lui écris jamais non plus, parce que je ne sais pas où il est [...] Je ne sais pas ce qui est arrivé aux autres gars, il y a longtemps que je les ai vus. Henry Payette a été blessé en même temps qu'Arthur.

Non, nous n'avons même pas eu l'occasion de dormir dans une grange. Nous serions bien contents que ça nous arrive, je vous le dis. Nous avons une tranchée-abri recouverte d'une vieille toile percée. La seule façon de rester au sec la nuit est de dormir tout habillé, mais ça ne semble pas nous faire de mal. Si les chevaux étaient aussi en forme que nous, je serais content, mais ils s'épuisent tout de suite et nous avons beaucoup de mal à faire avancer les choses. [...]

Je n'ai plus aucun de mes vieux amis avec moi. Le sergent Murphy est devenu le lieutenant Murphy. Je me retrouve tout seul jusqu'à la fin de la guerre et je ne me sens pas aussi bien que je l'étais quand toute la bande était là. C'est ici qu'un bon copain ou deux compte, je vous le dis. [...] Bon, je ferais mieux de m'arrêter, sinon tu vas penser que je deviens mélancolique. Je vais m'en tirer, ne t'en fais pas. S'ils ne m'ont pas tué jusqu'ici, ce n'est sûrement pas maintenant qu'ils m'auront. Bonne nuit Molly [...]

De Roy à Muriel — ***France***
8 janvier 1918

[...] Alors j'ai une sœur qui travaille dans une usine de munitions, pas vrai ? C'est bien (d'une certaine façon), mais je souhaiterais que le monde entier cesse de fabriquer des munitions. Avoir su que tu avais contribué à faire le tapage que nous avons essuyé à la dernière place où nous avons été, j'aurais eu quelques mots à te dire en revenant chez nous. [...]

De Roy à Muriel — ***Buxton***
15 février 1918

[...] Depuis plus de deux semaines, je m'attends que chaque jour soit le dernier que je passe ici. Pourtant, je suis encore collé ici. Mon nom n'est pas sur la liste ce soir, alors c'est un jour de plus. [...]

Alors le censeur a pris des libertés avec une de mes lettres ? Je suppose que je devrai faire attention, sinon je vais avoir des problèmes. Je ne me rappelle pas ce qui a pu l'offenser, alors je suppose que tu ne sauras jamais ce qui en était.

Bon, je dois te laisser, je ne peux plus écrire de lettres. Je suppose que je rentrerai bientôt à la maison. Il y a des chances pour que nous ayons une permission au printemps, mais n'y crois pas tant que tu ne me verras pas.

SOURCE : Tiré de *Letters Home*, par John Macfie, 1990.

Cambrai et le rôle des chars d'assaut

L'apparition du char d'assaut sur les champs de bataille de la Première Guerre mondiale a eu un impact déterminant sur l'orientation de la guerre. Conçus au cours de l'année 1915 par la France et la Grande-Bretagne, les premiers spécimens de chars de combat (appelés *tanks* par les Britanniques) ont d'abord été éprouvés à petite échelle, notamment à l'automne 1916 à la bataille de la Somme où une cinquantaine d'engins blindés ont été employés pour la première fois par les Britanniques. L'année suivante, à Cambrai, a eu lieu la première utilisation massive du char d'assaut : le 20 novembre 1917, près de 400 *Mark IV* anglais ont été lancés dans la mêlée, parvenant à forcer temporairement la ligne de défense allemande.

Les dernières batailles

Au printemps de 1918, l'Allemagne a décidé de frapper un grand coup avant que les États-Unis n'arrivent au front. Le 21 mars, les forces allemandes ont entrepris une nouvelle attaque sur le front de l'Ouest. Au moyen de nouvelles tactiques fondées sur la mobilité et l'effet de surprise, l'armée allemande a écrasé les défenses alliées et pris la direction de Paris.

L'offensive allemande a presque réussi. L'armée allemande s'est emparée des positions avancées des Alliés, a interrompu leur ravitaillement et a coupé leurs lignes de communication. Avec ses avions, ses camions et ses mitrailleuses mobiles, elle a avancé jusqu'à 70 km de Paris. Les troupes alliées, épuisées, reculaient sous l'assaut, mais le front allié ne s'est pas effondré. La dernière tentative désespérée de l'Allemagne avait échoué.

Les deux camps avaient essuyé de lourdes pertes, mais les Allemands avaient souffert plus que les Alliés. Leur ravitaillement avait été coupé par le blocus naval des Britanniques, et leur moral, tant au pays qu'au front, était au plus bas. L'Allemagne était pratiquement incapable de remplacer les milliers de soldats qu'elle avait perdus. De plus, les Américains arrivaient en grand nombre pour renforcer les rangs alliés. L'armée alliée était désormais la plus forte. Le sort avait tourné : il était temps pour les Alliés de monter une dernière offensive.

Les Cent jours du Canada

Utilisant toutes les techniques de la guerre de mouvement, les troupes alliées ont avancé pour reconquérir le territoire français et belge que l'Allemagne avait pris dans les premiers mois de la guerre. Le Corps canadien jouissait d'une réputation enviable et c'est lui qui fournissait les **troupes d'assaut**. Il a formé la pointe de flèche qui a percé les défenses allemandes. La période comprise entre le 8 août et le 11 novembre 1918 a été appelée les « Cent jours du Canada ». Les Canadiens ont avancé de 130 km et capturé 31 537 prisonniers, 623 canons, 2842 mitrailleuses et 336 mortiers.

L'armée allemande était sur le point de s'effondrer. L'empereur Guillaume II a abdiqué et s'est exilé aux

La couche de boue était si profonde à Passchendaele que les troupes canadiennes ont dû installer des « matelas de tranchée » sur le champ de bataille pour pouvoir avancer.

Pays-Bas, qui étaient restés neutres. Un gouvernement républicain a pris le pouvoir en Allemagne et il a demandé un **armistice** (accord pour mettre fin aux hostilités). Les Allemands, à bout de forces, étaient disposés à discuter des conditions de leur reddition. Le jour même où l'armistice a mis fin à la Première Guerre mondiale, les troupes canadiennes ont pénétré dans la ville de Mons, en Belgique. Cette ville, qui avait été le théâtre de la première bataille entre les Britanniques et les Allemands, en 1914, représentait ce jour-là la fin du voyage des Canadiens. Les hommes pouvaient rentrer chez eux.

Le peu d'intérêt manifesté par les Allemands pour le char d'assaut a sans doute été un point tournant de la guerre : un seul modèle de char allemand (le *A 7V*) a été mis au point au cours de cette période et son utilisation est demeurée très limitée. Du côté allié, par contre, des modèles perfectionnés de chars français (notamment *le Renault « FT »*) et britanniques (le *Mark V*) étaient élaborés et leur présence lors des offensives finales de 1918 a joué un rôle décisif dans la victoire des Alliés.

La paix

La première guerre moderne se terminait enfin après quatre années de tueries. La nouvelle technologie, fruit de la révolution industrielle, avait fait miroiter l'espoir d'une vie meilleure. Mais une longue guerre qui avait fait plus de 14 millions de morts était venue prouver que les machines avaient aussi la capacité de détruire des millions de vie. Qu'avait-on gagné à la fin de la guerre ? Peu de choses, en fin de compte, mais on avait beaucoup perdu. Des vies humaines, des villes et des terres arables avaient été dévastées.

Le Canada, en revanche, avait grandement progressé sur la voie de la maturité. Les Canadiens étaient entrés en guerre en tant que sujets britanniques et ils s'étaient battus dans l'armée britannique pour défendre des intérêts britanniques. À la fin de la guerre, cependant, les soldats canadiens formaient l'« armée canadienne ». Leurs commandants étaient canadiens et leur uniforme les identifiait comme Canadiens. Cette fierté et ce patriotisme ont subsisté jusque dans l'après-guerre, alors que les politiciens canadiens ont réclamé une place pour leur pays sur la scène internationale. Le Canada avait franchi un pas décisif vers l'indépendance.

Les Canadiens avaient l'habitude de donner des noms aux obus qu'ils lançaient sur les Allemands.

Comme tu peux le voir, les noms sont écrits en anglais. Pourquoi ?

Récapitulation

RÉSUMÉ DU CHAPITRE

Dans ce chapitre, tu as appris :

- que la technologie a transformé la nature de la guerre;
- que l'héroïsme des soldats canadiens aux batailles d'Ypres, de la Somme et de la crête de Vimy a été déterminant pour la victoire des Alliés;
- que les soldats connaissaient des conditions horribles dans les tranchées et qu'ils avaient absolument besoin de leurs jours de repos à l'arrière des lignes;
- que les médecins et les infirmières ont accompli un travail primordial en soignant les blessés au front;
- que la capitulation de la Russie et l'entrée en guerre des États-Unis, en 1917, ont fait pencher l'équilibre des forces en faveur des Alliés.

RÉSUME TES CONNAISSANCES

1. Explique l'importance historique des personnes, des lieux ou des événements suivants :

Guerre de tranchées	Gaz moutarde
Bataille de la Somme	Ypres
Douglas Haig	Billy Bishop
Sous-marins allemands	Crête de Vimy
Barrage roulant	Arthur Currie
Passchendaele	

2. Décris les événements qui se sont déroulés à Ypres. Quelle arme y a fait son apparition ? Pourquoi les Canadiens ont-ils été félicités pour leur conduite à cette bataille ?
3. Énumère les événements qui ont suscité l'entrée en guerre des États-Unis en 1917.
4. La planification a été un facteur déterminant du succès des Canadiens à la crête de Vimy. Résume les mesures que les Canadiens ont prises pour se préparer à attaquer la crête de Vimy.
5. La bataille de Passchendaele s'est inscrite dans les mémoires comme l'un des pires affrontements auxquels les Canadiens ont participé pendant la Première Guerre mondiale. Décris les conditions dans lesquelles les soldats ont vécu à Passchendaele.
6. Les belligérants se sont enlisés pendant quatre ans dans une guerre de tranchées parce que ni l'un ni l'autre ne parvenait à remporter de victoire décisive. Quels événements ont finalement fait pencher l'équilibre des forces en faveur des Alliés ? Lequel de ces événements te semble le plus important ?

EXPRIME TON OPINION

1. Choisis trois des armes qui ont fait leur apparition pendant la Première Guerre mondiale. Explique de quelle manière chacune a modifié la façon de combattre.
2. Réfléchis à ce que tu as appris au sujet de l'officier britannique Douglas Haig et de son leadership à la bataille de la Somme. Si tu avais été en position d'autorité, aurais-tu promu Haig au rang de maréchal après la bataille de la Somme ? Justifie ta réponse.
3. Pour gagner une guerre, un pays est-il justifié d'employer tous les moyens à sa disposition, y compris le blocus commercial, l'attaque de navires civils et le bombardement de villes ? Justifie ta réponse.
4. De quels facteurs tiendrais-tu compte si tu songeais à entrer dans l'aviation pendant la Première Guerre mondiale ? Quels sont les facteurs qui influenceraient le plus ta décision ?

ANALYSE LES FAITS HISTORIQUES

1. Les boîtes de nuit étaient presque inconnues à Londres, en Grande-Bretagne, avant la Première Guerre mondiale. Puis, pendant la guerre, des centaines de boîtes de nuit ont ouvert leurs portes et accueilli des hommes et des femmes qui voulaient danser jusqu'au matin. Pourquoi l'apparition des boîtes de nuit a-t-elle coïncidé avec la guerre ?
2. Nous avons insisté sur l'importance des nouvelles armes tout au long du chapitre. À l'aide d'un réseau de concepts, présente les répercussions de la mitrailleuse sur la conduite de la guerre entre 1914 et 1918.

CHAPITRE 9

Les répercussions de la Première Guerre mondiale au Canada

Le retour des soldats blessés et handicapés a soulevé la question de la responsabilité du gouvernement à l'égard des anciens combattants. Ce tableau de Stanley F. Turner, intitulé *A War Record*, représente une scène qui se répétait dans beaucoup de villes et de villages du Canada.

RETOUR AUX SOURCES

- **La Première Guerre mondiale s'est terminée en novembre 1918. Pourquoi la plupart des soldats n'ont-ils revu leurs familles qu'un an plus tard ?**
- **Quels problèmes les soldats éprouvaient-ils au cours de leur réadaptation à la vie civile après la guerre ?**
- **Quel a été l'effet du retour de la paix sur le rôle des femmes dans la société canadienne ?**
- **Qu'est-ce que la participation à la guerre a changé à la situation du Canada sur la scène internationale ?**

TERMES IMPORTANTS

Autonomie
Démobilisation
Épidémie
Prestations
Rapatriement
Réparations
Syndicats

CHRONOLOGIE

11 NOVEMBRE 1918
L'armistice est déclaré.

JANVIER 1919
Les anciens combattants adoptent la résolution de Calgary.

MAI 1919
Une grève générale éclate à Winnipeg.

28 JUIN 1919
Les belligérants signent le traité de Versailles, et les Alliés créent la Société des Nations.

Chaque fois que revient le jour du Souvenir, le 11 novembre, les Canadiens d'un océan à l'autre marquent un temps d'arrêt à 11 h pour se rappeler les sacrifices consentis par des centaines de milliers d'hommes et de femmes pendant les guerres du XXe siècle. La Première Guerre mondiale s'est officiellement terminée à la onzième heure du onzième jour du onzième mois de 1918. Ses répercussions sur la vie des Canadiens ont cependant continué de se faire sentir pendant encore plusieurs années. La Grande Guerre aura été une période déterminante dans l'histoire du Canada.

Hyperliens

www.dlcmcgrawhill.ca

Visite le site Internet dont l'adresse apparaît ci-dessus pour parfaire tes connaissances sur John McCrae, l'auteur de *Quelque part en Flandre* – un poème que l'on récite dans de nombreux pays le jour du Souvenir. Clique sur ***Matériel complémentaire/ Primaire et secondaire,*** puis sur ***Regard sur le Canada,*** et on t'indiquera où aller ensuite.

Le Canada sur la scène internationale

En 1914, enthousiaste et naïf, le Canada a répondu « Toujours prêt » à l'appel aux armes lancé par la Grande-Bretagne. En tant que membre de l'Empire britannique, le Canada avait le devoir de prêter main-forte à la Grande-Bretagne, même s'il avait été totalement étranger aux différends à l'origine de la guerre. Une fois la guerre commencée, les soldats canadiens ont été commandés par des officiers britanniques. Cependant, le gouvernement canadien n'était pas tenu au courant de la politique de guerre de la Grande-Bretagne, de sorte que le premier ministre Robert Borden devait se contenter de l'information fournie par les journaux et des rumeurs lancées par les observateurs officieux. Il se plaignait du manque de consultation entre Londres et Ottawa et exigeait que le Canada ait son mot à dire. Mais les autorités britanniques faisaient la sourde oreille.

En décembre 1916, Borden a enfin obtenu satisfaction. Le nouveau premier ministre de la Grande-Bretagne, David Lloyd George, a résolu de demander aux premiers ministres des colonies britanniques de se joindre à son Cabinet de guerre impérial. Lloyd a invité le Canada et les autres colonies à « discuter des meilleurs moyens de coopérer dans le domaine de la guerre ». « Après tout, a confié Lloyd George à son secrétaire, ils ne se battent pas pour nous mais avec nous. »

Plusieurs milliers de soldats canadiens ont été envoyés en Russie pour mater les forces communistes avant de revenir au pays, comme le démontre cette peinture de Louis Keene, intitulée *Canadians Outside Depot, Russia*. Si tu avais été dans l'armée canadienne et que tu avais combattu sur le front de l'Ouest, comment aurais-tu réagi en apprenant que tu ne retournais pas chez toi même si la guerre était finie ?

LES MÉTHODES DE L'HISTOIRE

COMMENT DISCERNER LE PARTI PRIS

Le but premier de l'historien est de comprendre le passé en s'appuyant sur des faits avérés. Pour atteindre cet objectif, l'historien doit souvent étudier des montagnes de données… et en rejeter la majeure partie. L'historien tente de reconstituer le passé en interprétant les données qu'il a recueillies. Or, les documents que lit l'historien peuvent être entachés de partis pris susceptibles de déformer ses conclusions. Discerner et comprendre la partialité compte parmi les aspects les plus importants du travail de l'historien.

La partialité est une attitude injuste ou déformée qui empêche de présenter les faits de manière claire et véridique. On peut avoir des opinions personnelles sans pour autant être partial. Le secret? Tirer des conclusions qui reposent sur les faits et non sur des idées préconçues ou des préjugés.

Si tu sais comment discerner la partialité et comment y réagir, tu éviteras de prendre des opinions personnelles pour des faits. Différents facteurs jouent sur les opinions personnelles: le lieu de résidence, le contexte culturel et religieux, la situation socioéconomique. Il est fort probable que certains Canadiens anglais, par exemple, peuvent avoir des opinions opposées à propos des droits constitutionnels du Québec. On observe fréquemment de telles divergences en étudiant l'histoire.

Le fait de discerner la partialité dans les textes peut éclairer les événements passés, les comptes rendus individuels de ces événements et la période étudiée elle-même. L'éditorial qui suit est tiré du numéro de janvier 1919 du magazine *Maclean's*. L'auteur se prononce très fermement en faveur du versement de dommages de guerre par l'Allemagne. Sa position est-elle fondée sur des faits ou entachée de partialité? Réponds aux questions suivantes chaque fois que tu te demanderas si un texte est partial. Il s'agit de questions générales que tu peux te poser pour évaluer différentes sources d'information. Rappelle-toi cependant que les questions ne s'appliqueront pas à toutes les sources.

1. Qui est l'auteur? Quels sont ses antécédents?
2. Quelle intention l'auteur avait-il en écrivant ce texte? Son intention a-t-elle influencé son point de vue?
3. À qui le texte est-il destiné? Ce facteur a-t-il eu une influence sur les propos de l'auteur?
4. La période au cours de laquelle le texte a été écrit a-t-elle eu une influence sur l'opinion de l'auteur à propos des événements ou des questions traités?
5. Les affirmations de l'auteur reposent-elles sur des preuves attestées ou sur de simples spéculations?
6. Est-ce que les autres documents portant sur le même sujet appuient ou rejettent l'opinion exprimée?
7. L'opinion de l'auteur repose-t-elle sur un nombre suffisant de faits?
8. Quels mots ou quelles expressions du texte dénotent la partialité de l'auteur?

L'Allemagne peut et doit payer

Le peuple allemand est responsable et doit payer lui-même les dédommagements

Dans son ouvrage Nineteenth Century, *H.F. Wyatt dit craindre que le peuple allemand n'échappe aux conséquences de sa propre infamie. La Société des Nations ne s'établira sur des bases solides qu'à condition d'obliger l'Allemagne à payer le prix fort pour ses crimes.*

N'est-il pas temps, et plus que temps, de renoncer à l'idée dérisoire selon laquelle nous ne sommes pas en guerre avec le peuple allemand? Il n'y a pas un soldat en France et en Grande-Bretagne, américain ou français, pas un homme et pas une femme sains d'esprit dans les pays de l'Entente, qui puisse croire à la véracité de cet argument. Si nous, les Alliés, ne sommes pas en guerre contre le peuple allemand, alors aucun pays n'a jamais été en guerre contre un autre depuis le début des temps. Le peuple allemand, avec son cœur de brute et son âme de bête, a appuyé ceux qui ont planifié et préparé la guerre dès son début, même avant, et jusqu'à l'heure où la défaite est devenue inévitable. Pour parler la langue populaire, le peuple allemand en entier « a les mains sales jusqu'à l'épaule ». Il n'y a pas eu d'infamie, nulle part, qu'il n'a pas applaudie en l'apprenant. Il a hurlé de joie lorsque Londres a été rasée par les zeppelins et les aéroplanes. Il a rugi de satisfaction lorsque le Lusitania *a été coulé. Il s'est réjoui dans son âme traîtresse de chaque meurtre, de chaque viol, de chaque incendie criminel, de chaque séance de torture, des premiers instants de l'hécatombe mondiale jusqu'à aujourd'hui. Tel est le peuple contre lequel « nous ne sommes pas en guerre ». Tel est le peuple envers lequel nous ne devons pas nourrir de « sentiment vindicatif ». Tels sont ces suppôts de Satan qu'il ne faut pas tenir responsables des actes que le kaiser et les chefs militaires ont accomplis et pour lesquels ils ont été acclamés et portés aux nues.*

Devons-nous laisser subsister un tissu de mensonges ? La vérité ne sera-t-elle donc jamais révélée, même à un moment où le sort de l'humanité est dans la balance et où les âmes des héros morts parlent aux vivants ? Que périsse cette absurde fiction de la non-responsabilité du peuple allemand. Par tout ce qui est sacré pour l'homme, il est responsable et il sera tenu responsable.

La juste punition de l'Allemagne est de payer, de payer tous les coûts de la guerre, de payer pour les terres dévastées et les villes en ruine, de payer pour chaque maison qu'elle a bombardée à Londres ou ailleurs en Europe, de payer avec tous ses navires marchands et encore plus pour les cargaisons qu'elle a coulées, de payer pour l'arrêt des industries de la guerre et pour les dépenses qu'elle a imposées aux industries de la guerre. Cela serait justice. Cela prouverait que la Société des Nations est plus qu'un nom ou un vœu pieux. Cela la mettrait, mieux que n'importe quoi d'autre, sur le droit chemin et établirait la prédominance du droit international parmi les hommes.

Mais, direz-vous, comment procédera-t-on ? […] Où une Allemagne exténuée et ruinée trouvera-t-elle les sommes nécessaires pour redresser les torts économiques qu'elle a causés ? Elle paiera en nature et le remboursement s'étalera sur de longues années. D'autres que moi ont déjà dressé la liste des possibilités. Les gisements de charbon de la Westphalie ont à eux seuls une valeur estimée de 400 milliards de dollars. Les réserves de potasse constituent une autre source à laquelle l'Allemagne peut puiser. En mettant au travail une génération d'ouvriers, l'Allemagne pourrait extraire une grande partie de cette richesse et la rendre à ses créanciers. Que toute la main-d'œuvre boche se consacre pendant 30 ans au moins à l'acquittement de la dette de l'Allemagne envers l'humanité et ne conserve pour elle que le strict nécessaire. Certains auteurs allemands ont écrit que si l'Allemagne avait conquis la Grande-Bretagne, elle nous aurait fait payer une indemnité de 100 milliards de dollars et aurait forcé notre population entière au travail jusqu'au versement total de cette somme. La manière dont l'Allemagne a traité les habitants des régions conquises de France, d'Italie, de Roumanie, de Serbie, du sud de la Russie et d'ailleurs ne laisse planer aucun doute quant au traitement qu'elle nous réservait. Sa haine pour nous était non pas moindre mais pire que sa haine pour ces populations, et la conduite qu'elle aurait eue envers nous si le Ciel avait permis que nous tombions sous sa coupe aurait été d'une hargne et d'une cruauté défiant l'imagination. Mais nous, nous ne devons pas nous rendre coupables de la même conduite. Violer des femmes, torturer des hommes, mutiler des enfants et infliger volontairement la famine ne sont pas au nombre des méthodes qu'emploie un Anglais. Mais ce qui est bon pour l'un l'est aussi pour l'autre. Ces cruciales différences étant entendues, traitons donc les Boches comme ils avaient l'intention de nous traiter.

QUELQUES QUESTIONS POUR FINIR

Quelle est la valeur de ce document pour l'étude de la Première Guerre mondiale ? Fournit-il des preuves factuelles solides ? Le ton du texte renseigne-t-il sur l'humeur de l'époque ? Les partis pris de l'auteur enlèvent-ils tout crédit au document ou nous aident-ils à comprendre le passé ? Quelle a été l'influence de la partialité, par opposition à l'objectivité, sur l'opinion de l'auteur ?

Borden ne pouvait pas se contenter d'une vague promesse « d'**autonomie** au sein de l'Empire ». Il voulait un engagement écrit de la part de la Grande-Bretagne, et il l'a obtenu avec la résolution IX du Cabinet de guerre. La résolution IX a été attribuée au général Jan Smuts d'Afrique du Sud, mais, en réalité, c'est Robert Borden qui l'a rédigée. Elle stipulait que le Canada et les autres colonies obtenaient « une reconnaissance complète en tant qu'États autonomes ». Les détails devaient être précisés après la guerre, mais, en principe, la Grande-Bretagne reconnaissait le Canada comme un partenaire à part entière dans l'Empire britannique.

Selon toi, est-ce que la participation du premier ministre Borden à la conférence de paix de Paris a revêtu une importance réelle ou symbolique pour le Canada ?

La conférence de paix de Paris

À la fin de la guerre, Lloyd George a convoqué Borden à Paris, où les dirigeants alliés se rassemblaient pour discuter du sort des vaincus et redessiner la carte de l'Europe. Lloyd George supposait que Borden serait ravi de se joindre aux quatre autres délégués de l'Empire britannique à la conférence de paix. Or, Borden a refusé purement et simplement. Il tenait absolument à ce que le Canada ait un siège à lui. Le Canada avait payé son autonomie au prix du sang, et Borden entendait bien obtenir gain de cause.

Le traité de Versailles et le nouveau visage de l'Europe

En dépit d'une forte résistance, de celle des États-Unis en particulier, le Canada a obtenu deux sièges à la conférence de paix de Paris. Par contre, les délégués canadiens n'avaient pas le droit de voter, et les traités de paix ont été signés par les grandes puissances. Le Canada, cependant, avait remporté une victoire symbolique. Il a signé en tant que pays indépendant le traité de Versailles, qui s'appliquait à l'Allemagne, et les quatre traités qui concernaient les autres pays vaincus.

La participation à la conférence de paix garantissait aussi au Canada un siège (et un droit de vote) à la Société des Nations nouvellement formée. La Société des Nations était une création du traité de Versailles. Son rôle était de maintenir la paix et de punir les pays querelleurs. Le traité de Versailles visait à garantir que la Première Guerre mondiale serait véritablement la « dernière des guerres » et que l'Europe jouirait d'une paix durable. En 1918, le Canada avait atteint la maturité, aux yeux de sa population comme aux yeux du monde entier.

Une nouvelle Europe a émergé des cendres de la Première Guerre mondiale. Les vieux empires russe, allemand et autrichien ont disparu. La Grande-Bretagne, la France et les États-Unis, les « trois grands », ont redessiné la carte de l'Europe. Ils ont terrassé l'Allemagne et l'ont dépouillée de ses richesses et de la majeure partie de sa puissance militaire. Ils ont pris aussi les moyens de l'humilier. Le traité de Versailles forçait l'Allemagne à accepter tout le blâme de la guerre.

Les conditions du traité de Versailles

Le traité de Versailles obligeait l'Allemagne à céder tous ses investissements d'outre-mer aux puissances alliées et à payer de lourdes **réparations** à la France, à la Grande-Bretagne, à la Russie et à d'autres pays qui avaient souffert de la guerre. L'Allemagne a dû aussi céder à la France ses riches mines de charbon du bassin de la Saar. Elle a été obligée de réduire sa puissance militaire et de démanteler sa marine et son aviation. Elle a été forcée de reconnaître l'indépendance de l'Autriche et de la Tchécoslovaquie et elle a perdu le droit de former quelque alliance que ce soit. Totalement épuisée, l'Allemagne n'avait d'autre choix que d'accepter les conditions du traité.

L'article 231 du traité de Versailles a peut-être été ce qui a le plus contrarié l'Allemagne. Cet article, en effet, obligeait l'Allemagne à se reconnaître responsable de la Première Guerre mondiale, même si beaucoup d'Allemands croyaient qu'ils s'étaient battus pour se défendre contre la Grande-Bretagne et la France. Conformément à la clause de la responsabilité de la guerre, l'Allemagne a aussi été obligée de faire réparation pour les dommages qu'elle avait causés pendant la guerre. Le versement des dommages de guerre gâchera l'atmosphère de l'Europe pendant des années. Le traité de paix ne précisait pas le montant des dommages de guerre, mais la France et la Grande-Bretagne étaient déterminées à faire payer l'Allemagne pour la dévastation qu'elle avait causée.

Le traité, d'une grande rigueur, a mécontenté les Allemands et créé en Europe une paix fragile. Que réservait l'avenir à la nouvelle Europe ? Le jour de l'armistice, Borden a écrit ce qui suit dans son journal : « Le monde a dérivé de son vieil ancrage et personne ne peut prédire les résultats avec certitude. » En 1918, personne ne se rendait compte que le traité de Versailles était le germe de la Deuxième Guerre mondiale. Vingt ans plus tard, la récolte a empoisonné le monde entier.

L'Europe en 1919

Compare cette carte à celle de la page 79, qui représente l'Europe en 1914. Quels sont les principaux changements apportés par le traité de Versailles ? Quels pays semblent perdre le plus ? Considérant les changements territoriaux, dirais-tu que le traité était juste ?

Un pénible retour à la normale

L'armistice signé le 11 novembre 1918 a fait taire les canons sur le front de l'Ouest, mais la plupart des Canadiens postés en Europe ont dû attendre au moins six mois avant de revoir leurs familles. Certains d'entre eux allaient encore devoir se battre en Russie. Les autres allaient endurer un séjour dans des camps de **démobilisation**, en Grande-Bretagne, puis une pénible traversée de l'Atlantique.

Les anciens combattants n'étaient pas au bout de leurs peines en arrivant. Le gouvernement n'a pas fait grand-chose pour faciliter leur réadaptation à la vie civile et les dédommager pour les sacrifices qu'ils avaient consentis. Aussi un grand nombre de soldats handicapés et leurs familles en ont-ils été réduits à la pauvreté. Le gouvernement lui-même faisait de grands efforts pour s'adapter à son nouveau rôle dans l'après-guerre. Les femmes allaient elles aussi être forcées de réévaluer leurs fonctions dans la société canadienne. L'armistice avait mis fin à la guerre et propulsé le Canada dans une ère nouvelle.

La grippe espagnole

Une catastrophe d'une ampleur inédite a secoué le monde au cours des derniers mois de la guerre. Au printemps 1918, pendant que les pays tentaient de se sortir du chaos créé par quatre années de guerre, ils ont fait face à une **épidémie** mondiale de grippe espagnole. Cette forme mortelle de la grippe emportait ses victimes en quelques jours à peine. La guerre la plus sanglante de l'histoire venait de faire 14 millions de morts en quatre ans, avec des centaines de tonnes de munitions. Le virus de la grippe espagnole a tué 100 millions de personnes en quelques mois.

Les jeunes hommes qui s'étaient portés volontaires pour défendre leur pays à l'autre bout du monde ont dû y voir une ultime injustice. Ceux qui avaient survécu aux horreurs de la guerre de tranchées depuis 1915 se retrouvaient encore en face à face avec la mort à leur retour au pays. C'est ainsi qu'un soldat canadien qui avait miraculeusement survécu à quatre ans de combats en Europe a appris en débarquant enfin à Montréal que ses sept frères et sœurs étaient morts de la grippe espagnole. Parmi les Canadiens, seuls de très rares civils ou militaires ont eu le bonheur de conserver tous leurs amis et tous leurs parents pendant l'épidémie de grippe espagnole.

La démobilisation et le retour à la vie civile

Au début de la guerre, le Canada avait préparé de jeunes hommes et de jeunes femmes en pleine santé à se battre outre-mer. La guerre terminée, le gouvernement avait sur les bras la tâche monumentale de réadapter plus de 600 000 Canadiens, dont une bonne proportion de malades et de blessés, à la vie civile.

Le retour

La paix, bien entendu, a réjoui tout le monde, mais la signature de l'armistice a pris le gouvernement au dépourvu en 1918. Les autorités ont repoussé le processus de démobilisation jusqu'au printemps au lieu de rapatrier les troupes immédiatement. L'hiver

Les soldats avaient hâte de se retrouver chez eux après avoir enduré les horreurs de la guerre. Voici des soldats qui attendent patiemment d'être démobilisés. Qu'est-ce que le gouvernement aurait pu faire pour raccourcir l'attente ou, du moins, la rendre plus tolérable ?

Le tribut du Canada

LES MONUMENTS À LA MÉMOIRE DES SOLDATS CANADIENS EN EUROPE

Chaque année, le 11 novembre, tous les Canadiens se remémorent l'héroïsme des soldats canadiens qui se sont sacrifiés par milliers à l'autre bout du monde. Plusieurs monuments ont été érigés sur les champs de bataille où ces soldats sont tombés afin de les immortaliser et de rendre hommage au Canada pour sa contribution à la paix dans le monde.

LE PARC COMMÉMORATIF DE BEAUMONT-HAMEL À TERRE-NEUVE

Terre-Neuve n'est devenue une province canadienne qu'en 1949. En 1914, elle était encore une colonie autonome de la Grande-Bretagne. Lorsque l'appel aux armes a retenti, plus de 6000 soldats et officiers ont joint les rangs du Régiment royal de Terre-Neuve. Ces hommes se sont battus courageusement à Gallipoli, en Turquie, puis en France et en Belgique, où ils ont participé à la bataille de la Somme. Le Corps canadien n'est arrivé sur les rives de la Somme qu'en octobre 1916, mais le Régiment royal de Terre-Neuve faisait partie des troupes britanniques qui ont amorcé l'assaut le 1er juillet 1916.

L'attaque a commencé par un matin ensoleillé. Les Allemands s'y étaient préparés en construisant de lourdes fortifications. Leurs mitrailleurs ont ouvert le feu sur les 100 000 hommes qui avançaient au coude à coude. Ils ont décimé la première vague d'attaquants en une demi-heure. Soixante-huit seulement des 801 Terre-Neuviens qui sont montés à l'assaut ce matin-là ont survécu. Tous les officiers ont été tués ou blessés.

Après la guerre, les femmes de Terre-Neuve ont fait des collectes de fonds en vue d'acheter le terrain où tant de fils, de maris et de frères avaient succombé. Sur ce terrain de 16 ha s'élève aujourd'hui un imposant monument de bronze entouré d'épinettes, de sapins, de sorbiers et de genévriers apportés de Terre-Neuve et plantés dans le sol où des centaines de ses fils sont inhumés.

Le parc commémoratif de Beaumont-Hamel à Terre-Neuve.

LE MONUMENT COMMÉMORATIF DU CANADA À VIMY

La bataille de la crête de Vimy compte parmi les événements les plus marquants de l'histoire canadienne. On a souvent dit que le patriotisme canadien était né sur le champ de bataille de Vimy. Il est donc approprié que le plus impressionnant des monuments aux morts du Canada se trouve à Vimy. Dominant majestueusement la plaine de Douai, ce monument est érigé sur un terrain donné par « la nation française au peuple du Canada ». Il a fallu 11 ans pour construire l'imposante structure dont la base a nécessité 11 000 tonnes de béton et 5500 tonnes de pierre. La base du monument porte l'inscription suivante, gravée en français et en anglais :

EN SOUVENIR DE SES COMPATRIOTES
TOMBÉS À LA GRANDE GUERRE

ET EN MÉMOIRE DE SES
SOIXANTE MILLE MORTS

CE MONUMENT FUT ÉRIGÉ
PAR LE PEUPLE CANADIEN

Les noms des 11 285 Canadiens « portés disparus et présumés morts » sont gravés sur les remparts du monument dont les imposantes dimensions sont à la mesure du courage des soldats canadiens qui ont contribué à la victoire des Alliés.

CONSTRUIS UN MONUMENT

Choisis l'une des batailles auxquelles les Canadiens ont participé pendant la Première Guerre mondiale et fabrique le modèle d'un monument commémoratif. Essaie d'utiliser des formes, des images ou des matériaux typiquement canadiens. Rédige aussi une inscription appropriée. Tu peux travailler avec n'importe quels matériaux : argile, papier mâché ou Lego, par exemple. Prépare aussi un court « guide du visiteur » dans lequel tu décriras le monument et résumeras le déroulement de la bataille.

Le monument commémoratif de la crête de Vimy.

approchant l'eau des ports allait bientôt geler, les possibilités d'emploi allaient diminuer et le mauvais temps sur l'Atlantique allait compromettre le transport des troupes. En outre, les voies ferrées étaient détériorées après des années d'usage intensif, les navires disponibles étaient rares et l'un des principaux ports du Canada sur l'Atlantique, Halifax, avait été détruit par une explosion en 1917. Même les entreprises et les syndicats pressaient le gouvernement d'attendre jusqu'au printemps afin de laisser à l'économie le temps de se reprendre avant d'absorber des milliers de soldats en quête d'un emploi.

Le jour où l'armistice a été signé, les soldats canadiens avaient lancé leurs casques en l'air et crié de joie à l'idée de retourner chez eux. Quelques semaines plus tard, plusieurs brigades canadiennes ont reçu l'ordre d'amorcer une longue marche à travers la Belgique vers l'Allemagne. Les soldats canadiens allaient encore demeurer en Europe pendant des mois, dans les rangs des forces d'occupation de l'Allemagne. C'en était trop pour certains d'entre eux. La guerre était finie. Pourquoi, alors, ne rentraient-ils pas chez eux ?

La démobilisation a enfin commencé à la mi-janvier 1919. Sortir de l'armée était presque aussi difficile et certainement plus fatigant que de se préparer à y entrer. Les soldats ont d'abord été envoyés en Grande-Bretagne. Là, ils ont dû subir des examens médicaux, assister à des exposés sur le retour à la vie civile et remplir une série de questionnaires en quatre exemplaires avant d'embarquer sur des bateaux en partance pour Halifax à peine reconstruite après l'explosion de 1917.

Frustrés par les délais, affaiblis par une grippe qui avait frappé les camps militaires avec une dureté particulière et frissonnants sous les vents d'un hiver exceptionnellement rigoureux, les soldats canadiens ont perdu patience. Des émeutes ont éclaté dans plusieurs camps de **rapatriement** au cours du printemps de 1919. Le gouvernement s'est alors réveillé et a ramené au Canada la majorité des hommes pendant l'été, beaucoup plus tôt que les experts ne l'avaient prévu.

La longue attente prenait fin. Les soldats débarquaient en sol canadien. Ils ont été accueillis par des défilés et des fêtes organisées dans les hôtels de ville. Là, ils recevaient le dernier ordre : « Rompez ! » Ils rendaient leurs fusils et leur équipement le lendemain et obtenaient une épinglette, un bon de transport, 35 $ pour acheter des vêtements civils et une

Les gens se sont précipités dans les rues en apprenant que la guerre était finie. Toi, comment célébrerais-tu la victoire du Canada à une guerre ?

gratification de services de guerre qui s'élevait en moyenne à 240 $. Ils étaient redevenus des civils.

La réadaptation à la vie civile

Pour revenir à la vie civile, il ne suffit pas d'abandonner l'uniforme. Les jeunes hommes qui s'étaient battus au front avaient connu plus d'horreurs et de stress que la plupart des gens n'en endurent dans toute leur existence. Plusieurs milliers d'entre eux étaient marqués pour toujours : ils avaient perdu un bras, une main, une jambe, avaient des dommages aux poumons occasionnés par les gaz, portaient de hideuses cicatrices ou étaient victimes d'une maladie comme la pneumonie.

Un bon nombre de soldats canadiens étaient atteints de traumatisme à la suite des bombardements. En 1919, les anciens combattants victimes de ce trouble nerveux ne recevaient ni sympathie ni soutien. On croyait alors que la maladie était « une manifestation d'infantilisme ou de féminité » et que le meilleur moyen de la traiter était de ne pas s'en occuper. Les victimes ne touchaient pas de **prestations** et leur dossier médical n'en faisait même pas mention.

Souvent, les amis et les familles ne faisaient rien pour faciliter la réadaptation des anciens combattants à la vie civile. Les soldats qui avaient affronté la mort dans les tranchées ne rentraient chez eux que pour entendre leurs proches se plaindre de la pénurie de viande et de combustible. Ces épreuves paraissaient bien légères en comparaison des batailles. Pendant la guerre, le gouvernement n'avait pas indexé à l'inflation la solde des combattants et les prestations accordées à leurs familles, de sorte que les anciens combattants retrouvaient des familles pauvres. Beaucoup d'anciens combattants étaient amers et les politiques gouvernementales n'avaient rien pour les encourager.

Pendant la campagne électorale de 1917, Robert Borden avait promis la réintégration complète des anciens combattants. Il a donc institué le ministère du Rétablissement civil des soldats en février 1918. Comme tant d'autres promesses politiques, cependant, celle-là était ambitieuse mais vague. Lorsque la

De retour dans leur pays natal, les soldats se voyaient accueillis par une célébration officielle. Pourquoi tant de ces soldats avaient-ils du mal à se réintégrer à la vie civile ?

guerre a pris fin, le gouvernement a précisé que « plein rétablissement » signifiait en fait « droit de gagner sa vie ». Au cours des mois qui ont suivi l'armistice, plusieurs personnalités en vue ont fait pression auprès du gouvernement pour qu'il s'abstienne d'accorder un soutien excessif aux anciens combattants. « Les soldats doivent réapprendre à être autonomes », disait-on. Lord Atholstan, le propriétaire du *Montreal Star*, a même déclaré : « On ne doit pas laisser les anciens combattants se considérer comme des créanciers permanents de l'État qu'il faut payer à ne rien faire. » La solde des hommes était restée très faible même si les prix et les salaires étaient montés en flèche pendant la guerre. Les soldats n'étaient pas dédommagés non plus pour les pertes de revenus qu'ils avaient subies pendant leur séjour à l'étranger.

Les anciens combattants ont donc uni leurs forces pour réclamer un juste dédommagement au nom du droit moral. Ils se sont rassemblés au Allen Theatre de Calgary par un froid dimanche de janvier 1919 et ils ont adopté la « résolution de Calgary ». Ils exigeaient une prime de 2000 $ en compensation des salaires perdus pendant la guerre. Le parti conservateur de Borden a catégoriquement rejeté la demande des anciens combattants en alléguant qu'elle allait coûter deux milliards de dollars.

Certes, le gouvernement a pris quelques mesures pour aider les anciens combattants à réintégrer leurs emplois ou à en trouver de nouveaux. Il a mis sur pied un programme d'établissement des soldats afin d'offrir des prêts à faible taux d'intérêt aux anciens combattants qui voulaient acheter des terres et du matériel. Il ne s'agissait pas de concessions de terre mais bien d'une aide à l'emprunt. Les prêts n'étaient consentis qu'aux anciens combattants qui pouvaient démontrer leur force physique et mentale et qui avaient de grandes chances de réussir. Le gouvernement encourageait aussi les entreprises à embaucher des anciens combattants, et un grand nombre d'entre elles l'ont fait par sens du devoir. Mais ce sens du devoir s'est vite évanoui, et les anciens combattants n'ont plus eu droit à un traitement de faveur.

Les anciens combattants qui souffraient de handicaps mentaux ou physiques étaient les plus désavantagés sur le marché de l'emploi. À la fin de 1921, 20 % des anciens combattants, y compris l'immense majorité des handicapés, étaient encore sans emploi. En 1939, par ailleurs, le tiers seulement des anciens combattants qui avaient acheté une terre grâce au programme d'établissement des soldats vivaient encore dans une ferme. Les autres avaient pour la plupart renoncé à l'agriculture, soit parce qu'ils avaient payé leur terre trop cher, soit parce qu'ils avaient acheté une terre improductive.

Les invalides, les veuves et les orphelins

Le gouvernement a fait peu de choses pour éviter la pauvreté aux anciens combattants handicapés et à leurs familles. Le montant des prestations d'invalidité était calculé en fonction du salaire d'un ouvrier non spécialisé. Certains députés concédaient que le gouvernement du Canada avait l'obligation morale d'aider les anciens combattants handicapés et leurs familles mais ajoutaient : « Tout le monde doit comprendre que des hommes sans bras ou sans jambes sont capables de gagner leur vie. » Quelques fonctionnaires ont même avancé qu'après une longue hospitalisation, les soldats invalides « s'habituent à ce que les autres fassent tout à leur place, perdent toute ambition et n'ont plus aucune volonté de s'en sortir ». Le gouvernement pensait inciter les anciens combattants

Des milliers de soldats canadiens sont revenus handicapés de la guerre. Toi, aurais-tu appuyé les regroupements d'anciens combattants qui réclamaient une aide financière pour les handicapés ? Quel genre de soutien le gouvernement aurait-il dû donner aux soldats handicapés ?

invalides à chercher un emploi convenable en ne leur versant que de faibles prestations.

Les prestations canadiennes étaient faibles par rapport aux salaires, mais le montant maximal était à l'époque le plus généreux du monde. Un observateur cynique a lancé que le secret du Canada, pour se classer au premier rang, consistait à n'accorder de prestations qu'à un très petit nombre d'anciens combattants. L'immense majorité des anciens combattants qui avaient droit à des prestations recevait seulement 25 % du montant maximal. Par exemple, un soldat qui avait été renversé par un autobus pendant une extinction des lumières à Londres n'avait pas droit au montant maximal parce que, selon le gouvernement, la pension n'était pas une assurance. Les familles des soldats morts outre-mer se trouvaient souvent à la merci du gouvernement. Ainsi, le gouvernement a refusé de verser une pension à la famille d'un soldat de Toronto mort au combat parce que le chef de police de la ville prétendait que la femme était d'une moralité douteuse. Pour obtenir la pension de veuve, une femme devait démontrer qu'elle en avait besoin, ne pas se remarier et faire la preuve de sa bonne conduite.

Le travail dans l'après-guerre

Tout de suite après la guerre, les prix et le coût de la vie ont monté en flèche au Canada. Les usines de munitions ont fermé leurs portes sans que de nouvelles usines n'ouvrent pour les remplacer. Les emplois étaient rares. Puis des milliers de soldats sont revenus au pays et se sont mis à chercher du travail : le chômage a empiré. Les femmes ont dû céder leurs emplois aux anciens combattants. Malgré cela, il n'y avait pas encore assez de travail pour eux.

Les ouvriers de guerre en voulaient au gouvernement et à l'industrie. Le gouvernement Borden avait aboli le droit de grève pendant la guerre et le premier ministre avait mollement recommandé aux employeurs de négocier avec leur personnel et de payer des salaires décents. La plupart des employeurs n'avaient tenu aucun compte des directives du gouvernement.

Les revendications ouvrières n'ont pas cessé en même temps que la guerre. La hausse des prix des aliments et des vêtements affaiblissait le pouvoir d'achat. Des travailleurs de divers secteurs, dont les policiers, les employés municipaux, les bûcherons de la côte Ouest ainsi que les ouvriers des industries de la viande et de la couture de Toronto et de Montréal, ont alors formé des **syndicats** pour obtenir des augmentations de salaire. Lors d'un grand rassemblement syndical tenu à Calgary en mars 1919, les délégués ont réclamé la journée de six heures et proposé de réunir tous les syndicats sous une même bannière. À peine formé, le grand syndicat unifié s'est effondré en raison de l'opposition des organisations d'anciens combattants, des industriels et des conseillers municipaux. Mais dans l'agitation ouvrière de l'après-guerre, rien ne pouvait arrêter le mouvement syndical. En 1919, il y avait eu plus de 420 grèves au Canada, et beaucoup de travailleurs non syndiqués avaient manifesté pour exprimer leur solidarité.

La grève générale de Winnipeg

Les conflits entre patrons et ouvriers ont abouti à la grève générale de Winnipeg, en mai 1919. Les métallurgistes, appuyés par plus de 30 000 travailleurs, ont paralysé la ville pendant six semaines. Dans la foulée de la grève de Winnipeg, des dizaines de grèves se sont déclenchées de l'île de Vancouver à la Nouvelle-Écosse. Beaucoup de politiciens et d'employeurs ont pris panique devant l'ampleur du mouvement, qu'ils assimilaient au « péril rouge » (communiste). Les travailleurs russes avaient renversé l'empereur russe en 1917, et certains Canadiens pensaient qu'une révolution communiste semblable se préparait ici.

La grève générale de Winnipeg a dégénéré en violence le 21 juin 1919, jour qui a été appelé le « samedi sanglant ». Des manifestants s'étaient rassemblés dans la rue principale de la ville pour protester contre l'arrestation de 10 ouvriers rebelles et contre le retour au travail des chauffeurs de tramway. Quelques manifestants ont immobilisé un tramway près de l'hôtel de ville et y ont mis le feu. Le maire de Winnipeg a demandé l'aide de la police. Les policiers à cheval ont chargé les manifestants qui ont répliqué en lançant des briques et des bouteilles. La police a ouvert le feu. Bilan de la journée : deux morts, des douzaines de blessés et des centaines d'arrestations.

En juin 1919, le chaos régnait à Winnipeg. Crois-tu que la police a réagi de manière adéquate ou qu'elle a utilisé une force excessive ?

La grève générale était réprimée et le mouvement ouvrier, écrasé. Après le samedi sanglant, les employeurs canadiens ont lancé, avec l'aide de l'armée et de la police, une vigoureuse campagne antisyndicale. Les syndicalistes ont été congédiés et les grévistes remplacés par des briseurs de grève. Le nombre de syndiqués a chuté pendant les années 1920. La grève générale de Winnipeg avait néanmoins marqué le début d'un temps nouveau pour la classe ouvrière. Au cours des années suivantes, des syndicalistes ont été élus à tous les paliers du gouvernement. Lors des élections provinciales de 1920, au Manitoba, la population a porté au pouvoir 11 représentants syndicaux, dont 3 personnes qui avaient purgé des peines d'emprisonnement à la suite de la grève générale. Puis lors du scrutin fédéral de 1921, un autre militant qui avait participé à la grève générale, J.S. Woodsworth, a été élu député.

Les femmes dans la société canadienne de l'après-guerre

Le rôle des femmes dans la société canadienne a commencé à susciter des controverses dès la fin de la guerre. Marjory MacMurchy, une journaliste respectée de l'époque, a écrit : « Ce n'est qu'avec l'aide des femmes que nous pouvons assurer notre avenir. La participation des Canadiennes à la vie industrielle et à la reconstruction est indispensable. » Comme bien d'autres féministes de 1919, MacMurchy était encouragée par les progrès que les femmes avaient accomplis au cours des années précédentes. Le travail des femmes pendant les années de guerre avait débouché sur le suffrage (droit de vote) féminin et amorcé une ère de réforme sociale. Les femmes étaient persuadées que la période de reconstruction serait propice à l'égalité.

D'autres, cependant, étaient convaincus du contraire. La plupart des hommes pensaient que la fin de la guerre et le rapatriement des soldats marqueraient le retour des femmes à la maison. Le gouvernement fédéral a lancé une campagne d'affichage pour inciter les femmes à quitter leurs emplois rémunérés. Le texte de l'une des affiches du gouvernement se lisait comme suit : « Vous sentez-vous justifiée de conserver un emploi qui pourrait être occupé par un homme qui doit gagner sa vie et celle de sa famille ? Pensez-y. » La section féminine de l'Association pour la reconstruction du Canada a publié un dépliant intitulé « Que vais-je faire à présent ? Comment travailler pour le Canada en paix. » Les auteurs du dépliant tenaient aux femmes les propos suivants : « Il n'existe pas de travail plus important pour les femmes que d'entretenir leurs foyers et de prendre soin de leurs enfants. » C'est ainsi qu'un grand nombre de femmes ont perdu ou abandonné l'emploi qu'elles avaient occupé pendant la guerre. À la fin de 1918, le taux de chômage était très élevé chez les femmes. Et celles qui avaient réussi à garder leur emploi ont écopé de diminutions de salaires en dépit de l'inflation.

Durant les années 1920, les attitudes se sont améliorées quant au travail des femmes célibataires; les jeunes filles avaient peu à peu accès à la formation professionnelle et à l'éducation supérieure. La société persistait cependant à considérer le travail comme une phase de la vie des femmes, une phase qui se terminerait avec le mariage. On incitait les femmes à chercher des emplois « féminins ». On jugeait que le journalisme, le travail social, la vente, l'enseignement et la nutrition constituaient des domaines appropriés pour les femmes célibataires instruites.

L'ère nouvelle que les Marjory MacMurchy et les Nelly McClung souhaitaient tant était encore à venir. Du reste, la lutte des femmes pour l'égalité sociale, juridique et économique n'est toujours pas terminée. Les femmes ont néanmoins accompli des progrès considérables au cours des années de guerre. L'obtention du droit de vote leur a donné un poids politique sur lequel elles pouvaient asseoir leurs revendications. Par ailleurs, elles ont réussi à se faire accepter sur le marché du travail grâce à la force du nombre. En 1921, les femmes formaient 15 % de la main-d'œuvre rémunérée au Canada. Les féministes de l'époque n'ont peut-être pas assisté à la naissance de la société parfaite, mais elles n'ont pas non plus subi l'affront d'un retour intégral aux conditions d'avant-guerre.

Que révèle la couverture de ce magazine de 1914 à propos du rôle réservé aux femmes dans la société canadienne de l'avant-guerre ? La guerre a-t-elle entraîné des changements notables ?

La technologie dans la société de l'après-guerre

Ne dirait-on pas que la guerre et le développement technologique vont de pair ? Lorsque la guerre a éclaté, un grand nombre des percées technologiques du demi-siècle précédent ont trouvé des applications dans le domaine militaire. La guerre a suscité des avancées technologiques qui ont ensuite été mises à profit dans la société civile de l'après-guerre. Ainsi, les pénuries de main-d'œuvre et l'énorme demande de matériel créées par la Première Guerre mondiale ont poussé les usines à moderniser leurs procédés et leurs équipements. Non seulement la guerre a-t-elle fait naître des usines de munitions, mais elle a transformé les opérations industrielles.

L'aéronautique a fait des pas de géants pendant la guerre. Par la suite, les répercussions de cette nouvelle technologie se sont surtout fait sentir dans les régions éloignées du Canada qui devenaient enfin accessibles. La construction d'avions a connu un très grand essor après 1918, car on adaptait les anciens avions de guerre à des usages civils. Un bon nombre des aviateurs qui s'étaient distingués à la guerre sont devenus pilotes de brousse. Avec d'anciens avions militaires, ces pilotes ont réussi à briser un peu l'isolement du Nord canadien, et ils ont contribué au développement des industries minière et forestière de cette région. Le gouvernement canadien a encouragé ces modifications en créant l'Associate Air Research Committee en 1919.

PHOTOREPORTAGE

L'ÉVOLUTION DU RÔLE DES FEMMES DANS L'ARMÉE CANADIENNE

Conductrice d'ambulance, 1917

Infirmière, 1916

Infirmières, 1944

Division canadienne d'infanterie féminine, 1942

Forces royales canadiennes d'aviation des femmes, 1944

Officier de marine, 1965

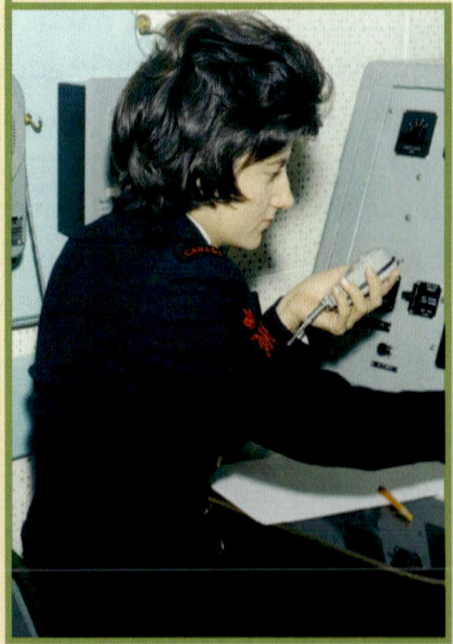

Corps de la paix, 1998

Forces armées canadiennes, 1999

Le nouveau rôle du gouvernement

Dans les premières années de la guerre, le premier ministre Borden a tenté de réduire au minimum les interventions du gouvernement à l'époque où il préparait le Canada à la guerre. Or, les combats et la contribution du Canada ont pris une ampleur imprévue, de sorte que le gouvernement a dû renoncer à cette attitude. C'est ainsi qu'il a institué la conscription et l'impôt sur le revenu, par exemple. Au début des années 1920, le gouvernement jouait un rôle encore plus actif que jamais dans la vie des Canadiens. En 1919, il a créé le ministère de la Santé pour combattre l'épidémie de grippe espagnole. À la même époque, il versait des pensions aux invalides, offrait des prêts aux anciens combattants et percevait des taxes pour éponger une dette qui frôlait les deux milliards de dollars. Le gouvernement a aussi commencé à distribuer des subventions pour la construction de maisons et d'autoroutes, à promouvoir l'éducation technique et a fondé des hôpitaux spécialisés et des écoles techniques.

Une nouvelle décennie commence

Au début des années 1920, la société canadienne recommençait à éprouver un certain sentiment de sécurité. Elle se faisait, cependant, des illusions, car les années précédentes avaient soulevé trop de questions brûlantes. La conscription avait creusé un fossé entre les Canadiens français et les Canadiens anglais. Les Canadiens qui avaient été identifiés comme des étrangers ennemis se sentaient isolés du reste de la société. Pire, peut-être, la guerre avait laissé des répercussions psychologiques à la société canadienne. Elle avait anéanti l'insouciance et l'optimisme de l'ère Laurier. Avec des innovations technologiques qui avaient entraîné la mort cruelle de millions de jeunes hommes et de jeunes femmes, la guerre avait réduit en miettes la confiance des Canadiens en l'avenir. Les années 1920 allaient être marquées par l'insouciance et la gaieté, mais ce goût de la fête allait servir à fuir la réalité du monde moderne plus qu'à la célébrer.

Les avions militaires excédentaires comme ce Curtiss Canuck ont joué un rôle capital pour le développement des industries minière et forestière après 1919. Peux-tu dire comment ?

Récapitulation

RÉSUMÉ DU CHAPITRE

Dans ce chapitre, tu as appris :

- que la plupart des soldats canadiens ne sont revenus au pays que près d'un an après l'armistice;
- que la dévastation laissée par la guerre a été suivie par la pire épidémie que le monde ait jamais connue;
- que la démobilisation de quelque 600 000 soldats a constitué une tâche monumentale pour le gouvernement canadien;
- que la réadaptation à la vie civile a réservé de nombreuses difficultés aux anciens combattants;
- que la contribution du Canada à l'effort de guerre a renforcé sa position sur la scène internationale et lui a valu un siège à la conférence de paix de Paris.

RÉSUME TES CONNAISSANCES

1. Explique l'importance historique des personnes, des lieux ou des événements suivants.

   Cabinet de guerre impérial
   Traité de Versailles
   Société des Nations
   Anciens combattants
   Grippe espagnole
   Ministère du Rétablissement civil des soldats
   Résolution de Calgary
   Programme d'établissement des soldats
   Grève générale de Winnipeg

2. À l'aide d'un histogramme, compare les nombres de morts qu'ont faits la Première Guerre mondiale et la grippe espagnole.
3. Sous forme d'un tableau, présente et décris les diverses mesures que le gouvernement a prises pour aider les anciens combattants.
4. En quoi les opinions de féministes comme Marjory MacMurchy étaient-elles différentes de celles de nombreux Canadiens, dont certains faisaient partie du gouvernement.
5. À l'aide d'un tableau, présente les causes et les conséquences de la grève générale de Winnipeg.
6. Quels ont été les effets des progrès technologiques réalisés pendant la guerre sur la société et l'industrie canadiennes de l'après-guerre ?

EXPRIME TON OPINION

1. La Première Guerre mondiale a fait plus de 60 000 morts au Canada et coûté au pays des milliards de dollars. D'un autre côté, elle a permis aux femmes d'obtenir le droit de vote, au Canada d'acquérir de l'autonomie par rapport à la Grande-Bretagne et aux industries canadiennes de se développer. Finalement, la Première Guerre mondiale a-t-elle été bénéfique ou nuisible pour le Canada ? Justifie ta réponse.
2. Selon toi, quelles étaient les obligations du gouvernement à l'égard des anciens combattants ? Les mesures gouvernementales ont-elles été appropriées, excessives ou insuffisantes ?
3. Quelle devrait être la fonction d'un traité de paix : imposer la volonté du vainqueur, punir le vaincu ou établir une paix durable ? Selon toi, le traité de Versailles était-il juste et équitable ? Justifie ta réponse.
4. L'une des conséquences durables de la Première Guerre mondiale a été de multiplier les interventions du gouvernement dans la vie quotidienne des Canadiens. Selon toi, l'expansion des fonctions du gouvernement a-t-elle été bénéfique ou nuisible pour le Canada ? Justifie ta réponse.

ANALYSE LES FAITS HISTORIQUES

1. Essaie d'imaginer le cours qu'aurait pris le Première Guerre mondiale si les États-Unis étaient demeurés à l'écart. L'Allemagne aurait-elle gagné ? Quel aurait été le caractère du traité de paix ? Quelle aurait été la carte de l'Europe en 1919 ? Adopte la démarche basée sur des hypothèses et des déductions, et imagine la manière dont la guerre se serait terminée si les États-Unis étaient restés neutres.
2. En novembre 1918, les troupes canadiennes ont repris aux Allemands la ville de Mons, en France, sans subir de pertes importantes. Malgré cette victoire relativement facile, plusieurs soldats canadiens étaient très mécontents après la bataille. Pourquoi ?

Révision de la partie 2

PLEINS FEUX SUR LE PASSÉ

RÉVISE LES FAITS HISTORIQUES

1. Le traité de Versailles était-il sage et équitable compte tenu des causes sous-jacentes de la Première Guerre mondiale ? Les Alliés ont-ils eu raison d'attribuer à l'Allemagne la responsabilité de la dévastation ? Justifie ta réponse.
2. Pourquoi des milliers de Canadiens étaient-ils si empressés de s'enrôler en 1914 ? Étaient-ils patriotes, naïfs, inconscients des réalités de la guerre moderne, avides d'aventures ou un peu de tout cela ? Justifie ta réponse.
3. Imagine qu'un soldat ait participé à la répression de la rébellion du Nord-Ouest, en 1885, et à la Première Guerre mondiale. Quels changements ce soldat a-t-il constatés dans la manière de faire la guerre ?
4. Pourquoi certains Canadiens se sont-ils sentis rejetés et dévalorisés dans leur propre pays pendant les années de guerre ? Toi, aurais-tu été pour ou contre les mesures que le gouvernement a prises contre ces personnes ? Justifie ta réponse.
5. On a souvent dit que le nationalisme canadien est né sur les champs de bataille de la Première Guerre mondiale. Quels exploits militaires des Canadiens ont suscité cette fierté ? Quelles batailles demeurent dans les mémoires comme de grandes réussites du Canada ? Justifie ta réponse.
6. Préparer un pays à la guerre représente un défi de taille pour un gouvernement. Le gouvernement du Canada a-t-il relevé ce défi avec succès ? Nomme au moins trois importantes difficultés auxquelles le gouvernement a fait face et évalue la manière dont il les a surmontées.

À TOI LA PAROLE

Réponds à deux des questions suivantes. Prépare soigneusement tes réponses et appuie tes opinions sur des faits historiques.

1. Les historiens n'ont jamais cessé de débattre des répercussions de la Première Guerre mondiale sur le Canada. Personne ne conteste que la participation à la guerre a radicalement transformé le Canada, mais tout le monde n'est pas d'accord sur la pertinence des changements survenus. Dresse un tableau semblable à celui qui apparaît au bas de la page. Ensuite, rédige un bref commentaire personnel à propos des conséquences de la guerre pour le Canada.
2. On a dit que le xxe siècle avait commencé avec la Première Guerre mondiale. Dresse la liste des différences entre les années de guerre et les décennies précédentes ou encore la liste des changements survenus dans la société canadienne à cause de la guerre. Compte tenu de la nature des changements qui se sont produits pendant les années de guerre, faut-il se réjouir du fait que le Canada soit entré dans le xxe siècle à ce moment ou, au contraire, faut-il le déplorer ? Justifie ta réponse.
3. Il est incontestable que les Canadiens ont joué un rôle capital dans la victoire des Alliés. Mais le Canada a-t-il surestimé ses forces ? A-t-il sacrifié trop de vies et dépensé trop d'argent ? Rédige un éditorial de un paragraphe dans lequel tu louangeras ou critiqueras le gouvernement pour ses décisions. Suppose que tu écris en 1917.
4. Compte tenu des sacrifices consentis par les soldats, quel genre de soutien le gouvernement aurait-il dû offrir aux anciens combattants ?

EFFETS BÉNÉFIQUES DE LA GUERRE SUR LA SOCIÉTÉ CANADIENNE	EFFETS NUISIBLES DE LA GUERRE SUR LA SOCIÉTÉ CANADIENNE
[illegible]	[illegible]
[illegible]	[illegible]
[illegible]	[illegible]

Dresse la liste des mesures que le gouvernement a prises. Indique si tu juges chacune juste et équitable ou non, justifie ton opinion et explique ce que tu y aurais changé pour la rendre acceptable.

ÉTABLIS DES LIENS

Au bas de la page apparaissent des termes essentiels à la compréhension de la participation canadienne à la Première Guerre mondiale. Ces termes sont répartis en quatre catégories : domaine international (le monde), domaine national (le Canada), domaine régional et domaine personnel. Choisis trois des termes et indique les rapports qui les relient.

Tu pourrais, par exemple, choisir le premier ministre Borden (échelon national), la bataille de la Somme (domaine international) et la diminution des enrôlements volontaires (domaine régional). Tu expliquerais ensuite que les lourdes pertes enregistrées dans les batailles comme celle de la Somme et la réticence des volontaires ont poussé Borden à instituer la conscription, ce qui a mécontenté les Canadiens français.

Représente les liens entre les trois termes choisis en dessinant une affiche qui commémore le rôle du Canada dans la Première Guerre mondiale.

PERSPECTIVES

1. **a)** Tu viens d'émigrer de la France au Canada et tu commences à peine à t'adapter à la vie de fermier dans les Prairies. Tu espères que ton dur labeur te rapportera bientôt des bénéfices. Ta femme et toi êtes parents d'un bébé et tu projettes de construire une vraie maison pour remplacer ta hutte de terre. Pendant l'été 1914, juste au moment des récoltes, tu apprends que la France a déclaré la guerre à l'Allemagne. Toujours loyal à la République et à la France, tu es tenté de te porter volontaire, mais ta femme te supplie de rester pour t'occuper de la ferme. Quelle sera ta décision ? Justifie-la.

   b) Reprends le scénario précédent, mais, cette fois, imagine que tu viens d'émigrer de l'Allemagne. Y retourneras-tu pour te battre ou seras-tu loyal à ton pays d'adoption ?

   c) Imagine que tu es un fermier canadien-français du Québec qui cultive la terre que possède sa famille depuis 200 ans. Est-ce que tu vas t'enrôler dans l'armée canadienne ?

2. Imagine que tu es journaliste et que tu fais une enquête sur l'appui ou l'opposition de la population à la conscription à la veille des élections de 1917. Tu comptes poser la question suivante aux personnes que tu vas rencontrer : « Le jour du scrutin, allez-vous appuyer Laurier et les adversaires de la conscription ou Borden et les partisans de la conscription ? » Écris la réponse que tu t'attends à recevoir des personnes suivantes. Réfléchis attentivement à la situation de chacune.
   a) Un couple dont les trois fils se battent en Europe.
   b) Un fermier des Prairies à qui ses deux fils prêtent main-forte.
   c) Un ouvrier d'usine canadien-français.
   d) Un Amérindien canadien.
   e) Un médecin de l'Ontario père de deux jeunes enfants qui vient d'ouvrir un cabinet.
   f) Un Canadien noir qui a déjà été refusé dans l'armée.

3. Écris une conversation imaginaire entre deux frères après la Première Guerre mondiale. L'un est resté au pays pendant la guerre et a réalisé des profits considérables en investissant dans l'industrie des munitions. L'autre a passé trois ans au front, a subi une blessure et a été rapatrié. À présent, les deux frères réfléchissent à ce que la guerre a représenté pour eux. Ont-ils le même point de vue ? Avance jusqu'en 1937. Adolf Hitler est en train d'armer l'Allemagne et la guerre menace encore une fois en Europe. Imagine une conversation entre les frères à propos d'une nouvelle participation du Canada à une guerre.

DOMAINE INTERNATIONAL	DOMAINE NATIONAL	DOMAINE RÉGIONAL	DOMAINE PERSONNEL
Alliance Bataille de la Somme Crête de Vimy Ypres	Premier ministre Borden Gouvernement d'union Conscription Fierté nationale	2e bataillon de construction Diminution des enrôlements volontaires Explosion à Halifax Grève générale de Winnipeg	Étranger ennemi Programme d'établissement des soldats Obligations de la Victoire Pacifistes

PARTIE 3

Du boom au krach : le Canada durant les années 1920 et 1930

« Les Canadiens étaient plutôt arrogants au cours des années 1920. Nous formions une nation. Nous avions l'âge de raison. Le XXe siècle nous appartenait. Étrangement, ironiquement, c'est en bâtissant une nation avec autant de fierté que nous avons contribué au désastre qui a suivi. L'avarice et un excès d'optimisme ont coûté cher au Canada. »

EXTRAIT DE *THE GREAT DEPRESSION* DE PIERRE BERTON

CHRONOLOGIE

1921
William Lyon Mackenzie King est élu premier ministre du Canada.

1929
Krach des marchés boursiers.

La Patrie
GIGANTESQUE KRACH A LA BOURSE DE NEW-YORK
Les libéraux remportent une victoire dans Richelieu

Chapitre 10 : Les hauts et les bas de l'économie

Chapitre 11 : Les années de la Grande Dépression

Chapitre 12 : La vie dans l'entre-deux-guerres

Chapitre 13 : Le Canada en quête d'autonomie

Pendant les 20 ans de l'entre-deux-guerres, les Canadiens ont connu à la fois une richesse sans précédent au cours des Années folles et la plus atroce pauvreté durant la Grande Dépression. Devant ces mouvements extrêmes de l'économie, le gouvernement canadien s'est mis à jouer un rôle beaucoup plus actif dans la société. De nouveaux partis politiques tels que la Fédération du Commonwealth coopératif et le Parti Crédit Social ont fait leur apparition dans le paysage politique canadien. De bien des manières, ces deux décennies ont contribué à façonner le Canada. L'avion et l'automobile ont facilité le transport, le développement de l'industrie de la radio et du cinéma ont révolutionné le monde du spectacle et le Canada s'affranchissait de plus en plus nettement de la tutelle britannique. Mais les Canadiens partageaient-ils tous la même prospérité au cours des années 1920 ? La culture canadienne subissait-elle l'influence menaçante des États-Unis ? Le gouvernement a-t-il apporté suffisamment d'aide aux Canadiens pendant la pire crise économique de l'histoire ?

REMUE-MÉNINGES

1. Quel a été l'impact de la conjoncture économique sur la vie des Canadiens pendant les années 1920 et 1930 ? Les conséquences ont-elles été les mêmes sur toutes les régions du Canada ?
2. Comment les divers paliers du gouvernement canadien ont-ils réagi à la conjoncture économique au cours de la Grande Dépression de 1929 ?
3. Quelles nouvelles technologies ont fait leur apparition pendant les années 1920 et 1930 et comment ont-elles changé la vie de Canadiens ?
4. Quelle influence la culture populaire américaine a-t-elle exercée sur les Canadiens au cours de ces deux décennies ?

1929
La loi canadienne accorde aux femmes le statut de « personnes ».

1936
Création de la Société Radio-Canada.

CHAPITRE

10 Les hauts et les bas de l'économie

Plusieurs Canadiens ont profité de la prospérité économique des années 1920. L'année 1929, toutefois, marquait la fin de ces Années folles.

RETOUR AUX SOURCES

- **Si les régions du Canada n'ont pas toutes connu la même prospérité pendant les années 1920, quelles régions semblaient les moins riches ?**
- **Comment les progrès techniques ont-ils alimenté l'économie pendant les années 1920 ?**
- **Pourquoi des milliers de gens ont-ils décidé d'investir dans les marchés boursiers ?**
- **Comment une crise économique aussi terrible a-t-elle pu éclater au milieu d'une époque aussi prospère ?**

TERMES IMPORTANTS

Grande Dépression
Industries secondaires
Industries dérivées
Marché boursier
Sécheresse
Valeur marchande

CHRONOLOGIE

1922 Fondation de la société Canadian Tire.

1925 Grève des mineurs du Cap-Breton.

1929 Krach du marché boursier.

1933 Terre-Neuve se voit obligée d'abandonner son indépendance en raison de ses dettes.

De véritables montagnes russes, avec leurs hauts et leurs bas et une excitation mêlée de peur, voilà qui décrit plutôt bien l'économie du Canada entre la fin de la Première Guerre mondiale en 1918 et le début de la Deuxième Guerre mondiale en 1939. Les années 1920 avaient débuté par une récession, mais dès le milieu de la décennie, l'économie mondiale s'était redressée et le monde entier s'est mis à acheter davantage de produits canadiens. Le Canada a ainsi connu un véritable boom économique dans la deuxième moitié des années 1920. Certains étaient d'ailleurs convaincus que ces belles années allaient durer toujours. Mais en 1929, le marché boursier s'est effondré, marquant la fin des Années folles. Depuis, on surnomme les années 1930 la **Grande Dépression.**

L'économie canadienne en croissance

Jusqu'à 1924, l'économie canadienne continuait à souffrir des effets de la Grande Guerre. La dette de guerre des pays européens était énorme et les débouchés extérieurs pour les produits canadiens ont connu un déclin spectaculaire. Les agriculteurs de l'Ouest ont de plus gravement souffert d'une quasi-sécheresse dans le sud des Prairies. Une augmentation des tarifs aux États-Unis a également affaibli le Canada, dont l'économie dépendait du commerce extérieur. Les produits canadiens ne trouvaient tout simplement plus de marché. Le taux de chômage a donc augmenté, tout comme le nombre de faillites, et plusieurs Canadiens ont alors quitté le pays pour s'installer aux États-Unis, où l'on ne ressentait pas autant les effets de la guerre. Pendant les années 1920, près de un million de Canadiens ont quitté les régions rurales de l'est du Canada pour aller aux États-Unis.

L'exportation

En 1924, toutefois, la conjoncture était beaucoup plus favorable. L'Europe était de nouveau en mesure d'acheter des produits canadiens, en partie grâce aux prêts provenant des États-Unis qui devaient l'aider à rebâtir son économie. Puisque les États-Unis, tout comme le Canada, avaient traversé la guerre sans subir de dommages physiques, leur forte économie leur permettait de prêter de l'argent aux pays dévastés de l'Europe. Le retour à la vitalité de l'économie européenne a entraîné à son tour une demande pour des produits américains et canadiens. La valeur de l'exportation du blé a augmenté, passant de 45,5 millions de dollars en 1911 à 353,1 millions de dollars en 1928. Au même moment, grâce à une augmentation de la demande aux États-Unis et dans d'autres pays, des industries comme les pâtes et papiers, l'hydroélectricité et les mines ont pu se développer et prendre de l'expansion. Les investissements américains au Canada ont monté en flèche et des immigrants sont venus encore une fois saisir les nouvelles occasions qui se présentaient au pays.

La demande en papier journal, particulièrement de la part des États-Unis, était considérable. Les investissements dans les usines de papier ont augmenté de plus de 250 % entre 1918 et 1928, tout comme la production. À la fin des années 1920, le Canada était le plus important fabricant mondial de papier. On a ouvert des usines de pâtes et papiers en Colombie-Britannique, au Manitoba, en Ontario, au Québec, au Nouveau-Brunswick et en Nouvelle-Écosse. La concurrence entre les plus importants fabricants de papier journal, notamment l'International Paper Company aux États-Unis et l'Abitibi Power and Paper Company, a fortement augmenté au cours de ces années.

Si la forte demande en papier journal transformait rapidement le paysage canadien, la recherche de richesses sous la terre était tout aussi intense. Une bonne partie de ces richesses provenaient du Bouclier canadien. La découverte de nouvelles utilisations du

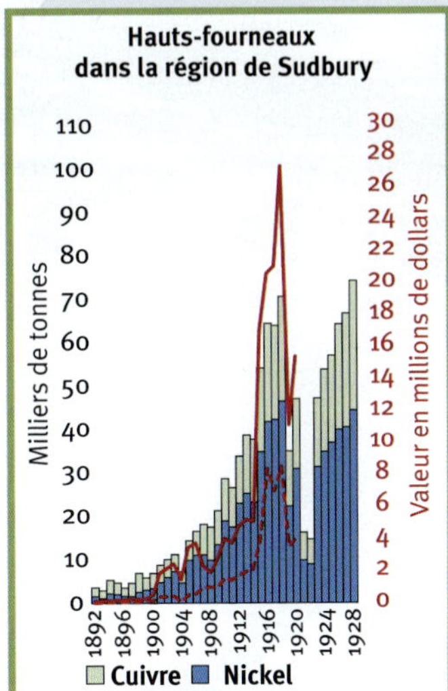

Source : *Atlas historique du Canada*, vol. 3, Montréal, les Presses de l'Université de Montréal, 1990, Planche 16.

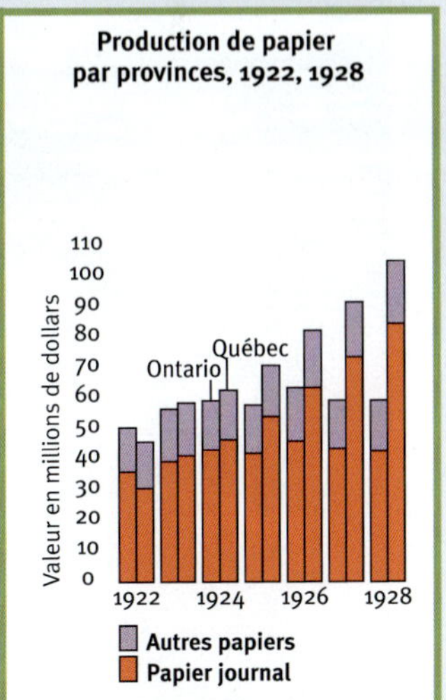

Source : *Atlas historique du Canada*, vol. 3, Montréal, les Presses de l'Université de Montréal, 1990, Planche 16.

L'exploitation minière et l'industrie des pâtes et papiers ont connu une augmentation spectaculaire au cours des années 1920.

nickel, particulièrement dans la fabrication de pièces d'automobiles, a permis à l'International Nickel Company (Inco) de Sudbury d'augmenter sa production de 200 %. La ville de Noranda, dans le nord du Québec, est apparue presque immédiatement après la découverte d'immenses gisements de cuivre. Des villes comme Shawinigan, au Québec, ont également profité de l'expansion de la production d'aluminium, fabriqué à partir de bauxite importée des Antilles. L'Aluminum Company of Canada (Alcan), issue de l'Aluminum Company of America (Alcoa), est devenue le deuxième producteur en importance au monde. Des communautés minières telles que Kirkland Lake, Flin Flon et Trail ont commencé à s'épanouir. Mais bien d'autres industries ont prospéré tout autant.

La croissance de l'industrie de l'automobile

En 1926, le Canada était au deuxième rang après les États-Unis pour le nombre de voitures privées. Douze mille travailleurs fabriquaient 200 000 automobiles par année dans 11 usines canadiennes. À la fin de la décennie, on comptait plus de 1,25 million de véhicules motorisés au pays. La fabrication d'automobiles a provoqué l'augmentation de la production de cuir, de caoutchouc, de verre, d'acier, d'étain, de plomb, d'aluminium et de nickel et la recherche de pétrole s'est intensifiée. Plusieurs **industries dérivées** ont également fait leur apparition, comme la construction des routes, les usines de pièces de voiture, les stations-service et les marchands d'accessoires de voiture. En 1922, les frères Billes ont formé une société de produits pour automobiles connue aujourd'hui sous le nom de Canadian Tire. En 1934, ils ont commencé à franchiser leur concept et leurs produits par l'entremise d'un magasin « associé » et, en 1939, la société Canadian Tire comptait 71 magasins associés.

Cependant, les entrepreneurs canadiens qui s'intéressaient directement au marché de l'automobile n'ont connu que des résultats variables. En 1927, le Modèle T de la compagnie américaine Ford coûtait 500 $ et le prix de la dernière voiture véritablement canadienne, la

En 1928, un foyer canadien sur deux avait une automobile. Comment ce moyen de transport allait-il transformer la vie des Canadiens ?

La construction des routes et les magasins de pneus sont parmi les nombreuses industries dérivées de l'automobile. Peux-tu penser à d'autres industries dérivées ?

Brooks Steamer (fabriquée à Stratford, en Ontario), s'élevait à 3 885 $. Étant donné cette différence de prix, les fabricants canadiens d'automobiles ne pouvaient concurrencer les Américains et, à la fin de la décennie, ils se sont résignés à fabriquer et à vendre des modèles américains.

Un véhicule proprement canadien devait cependant bientôt apparaître : l'autoneige de Joseph-Armand Bombardier, un jeune inventeur de Valcourt dans les Cantons-de-l'Est, au Québec. Très tôt, Joseph-Armand Bombardier avait impressionné sa famille par ses talents de mécanicien : en 1922, à l'âge de 15 ans, il avait construit son premier véhicule pour circuler dans la neige. Des années plus tard, malgré le scepticisme des gens de la région, le jeune homme reprenait ses recherches dans le garage dont il était propriétaire et mettait au point, en 1936, une autoneige baptisée *B7* pour laquelle il obtenait son premier brevet.

Une abondance inégalement répartie

L'économie du pays semblait donner son plein rendement, mais la prospérité était plus apparente dans certaines régions. La richesse était surtout concentrée dans le centre du Canada et dans les centres urbains, pourtant même les villes canadiennes étaient peuplées de riches et de pauvres. Les prix augmentaient, mais les revenus diminuaient. Plusieurs emplois au pays ne payaient que de faibles salaires. Les femmes et les nouveaux immigrants en particulier ne gagnaient pas beaucoup et travaillaient dans des conditions souvent déplorables. Moins de 5 % cent de tous les travailleurs gagnaient un salaire annuel de plus de 2 500 $ et bien des Canadiens devaient donc se contenter de lire les réclames annonçant les nouveaux appareils électroménagers. En 1931, une seule ferme canadienne sur 10 possédait l'électricité et une ferme sur 50 avait l'eau courante. Même en 1948, moins du tiers des foyers canadiens possédaient un réfrigérateur mécanique.

Les agriculteurs canadiens

La fortune était capricieuse aussi dans les Prairies, où le prix du blé faisait le bonheur ou le malheur des producteurs. De 1920 à 1924, les revenus des producteurs de blé ont diminué de 40 %. Après 1924, le prix du blé

Armand Bombardier a construit sa première autoneige à partir du traîneau familial, d'un moteur de voiture et d'une hélice d'avion. Comment l'invention de l'autoneige viendrait-elle en aide aux communautés du Nord ?

et la demande mondiale ont augmenté de manière constante. En 1927, les revenus des agriculteurs de l'Alberta totalisaient près de 170 millions de dollars. Certains agriculteurs se sont laissés emporter et se sont construit de grandes maisons. Ils ont acheté des machines plus perfectionnées afin de cultiver leurs fermes maintenant davantage mécanisées. Les voitures et les camions se sont substitués aux chevaux dans les cours de ferme et un nombre croissant de tracteurs et de batteuses se sont mis à sillonner les prairies.

Or, dans bien des cas, l'achat de terres et de machines entraînait de lourdes dettes. Par la suite, bien des familles d'agriculteurs devaient porter le fardeau de dettes qu'elles ne pouvaient régler. Même dans les bonnes années du milieu de la décennie, de nombreux fermiers canadiens menaient une vie ennuyeuse et incertaine. Chaque semaine, des gens quittaient leur ferme à la recherche d'une meilleure vie en ville.

Glace Bay, par Lawren Harris, 1925. Ce tableau représentant une femme et ses enfants en Nouvelle-Écosse montre bien que les Canadiens ne profitaient pas tous de la prospérité du pays. Si tu avais été premier ministre, comment aurais-tu réagi à la situation difficile des Maritimes ?

Les Maritimes

La majeure partie de l'économie des Maritimes s'appuyait sur l'exploitation des ressources naturelles et la production de charbon, d'acier, de poisson et de produits agricoles. La plupart des habitants des Maritimes avaient goûté à la prospérité pendant la Première Guerre mondiale, mais une série d'événements avait entraîné le déclin de l'économie de la région. Après la Première Guerre mondiale, comme la construction de chemins de fer était ralentie, la demande en acier des Maritimes a baissé. De plus, le charbon produit par les mines des Maritimes était non seulement ce qui faisait rouler l'économie de la région, mais aussi un produit majeur d'exportation vers le centre du Canada. Cependant, la demande du charbon de Nouvelle-Écosse a diminué, suivant l'augmentation de la consommation d'huile et d'électricité au Québec et en Ontario. De plus, des tarifs plus faibles ont permis au charbon et à l'acier des États-Unis, moins chers, de répondre à ce qu'il restait de la demande. Sans être mis à pied, les mineurs et les travailleurs ont vu leurs salaires, déjà bien maigres, subir d'énormes réductions. La British Empire Steel Company (BESCO), par exemple, comprenait plusieurs producteurs d'acier, de charbon et de navires de la Nouvelle-Écosse. Pour contrer la conjoncture difficile, elle a choisi de réduire du tiers le salaire des mineurs.

Dans le journal qu'il dirigeait, le *Maritime Labour Herald*, le syndicaliste J.B. McLachlan a illustré l'impact de ces compressions sur les mineurs et leurs familles. Les journaliers qui travaillaient dans les mines gagneraient maintenant un salaire annuel de 707,60 $ seulement, moins de la moitié de ce qui serait plus tard le minimum nécessaire selon le ministère du Travail. McLachlan est allé encore plus loin dans un article intitulé « How Can They Live ? » (« Comment peuvent-ils vivre ? »). Le tableau ci-dessous montre les calculs qu'avait effectués McLachlan pour comprendre comment une famille de cinq personnes répartissait son salaire annuel.

Besoin	Coût
Vêtements	125,00 $
Loyer pour le logement fourni par l'entreprise	100,00 $
Commodité/taxes : charbon, eau, assainissement	120,50 $
Déductions : médecin, hôpital, église, syndicat, assurances	136,40 $
Nourriture	225,70 $
Total	**707,60 $**

Une famille de 5 personnes ne disposait que de 225,70 $ par année pour se nourrir, soit environ 13 ¢ par personne par jour. Pour obtenir cette somme pitoyable, les mineurs, parfois dès l'âge de neuf ans, devaient effectuer certaines tâches parmi les plus dures, les plus salissantes et les plus dangereuses. À cette époque, la plupart du travail se faisait avec des outils à main — l'exploitation minière manuelle — et les travailleurs étaient payés en fonction de leur production. Deux hommes travaillaient dans une « chambre » et faisaient « débouler » le charbon de la paroi de la mine après l'avoir « havée » (entaillée) en creusant le long de la base, comme le décrit ici l'un de ces mineurs :

> *Il fallait se coucher sur le côté après avoir mis de la houille tendre sous l'épaule… et on pouvait s'y glisser un peu. Bien sûr, quand l'ouverture havée était assez large, on pouvait se mettre sur les genoux. Ensuite, il fallait s'y glisser tellement loin qu'il fallait se coucher sur le côté de nouveau, sous la paroi de charbon, pour creuser encore… à peu près cinq pieds, je crois, le plus loin qu'on pouvait se rendre. Ensuite, on se retirait, on forait et on faisait sauter [une décharge]… on faisait tomber toute la paroi.*

L'exploitation minière était également très dangereuse. Les explosifs étaient composés de poudre noire non compactée déposée dans des trous forés à la main. Trop de poudre, un trou mal foré et c'était la mort. Et bien sûr, le méthane risquait toujours de déclencher une gigantesque explosion.

Si l'on songe à tous ces facteurs, il n'est pas étonnant que les mineurs aient refusé les réductions de salaire qu'exigeait la BESCO. Le Cap-Breton, en Nouvelle-Écosse, a connu toute une série de grèves violentes qui se sont échelonnées de 1921 à 1925. Lorsque la compagnie a coupé les services essentiels comme l'électricité et l'eau pour forcer les mineurs à se soumettre, ces derniers, soutenus par leurs familles, ont fait une émeute et ont pris le pouvoir dans la région de Glace Bay. Le gouvernement a demandé à l'armée d'agir. On a donc envoyé plusieurs miliciens dans la région pour mettre fin à la violence et jusqu'à la moitié de l'armée canadienne s'est retrouvée en service au Cap-Breton.

Les mineurs travaillaient souvent dans des positions inconfortables comme celle-ci.

D'autres facteurs ont contribué au ralentissement de l'économie des Maritimes. La plupart des **industries secondaires** (des entreprises qui fabriquaient un produit fini à partir de matières premières) étaient contrôlées par des propriétaires de Montréal ou de Toronto tels que Roy Wolvin, qui dirigeait BESCO depuis Montréal. N'ayant aucune attache dans les Maritimes, devant la crise économique du début des années 1920, ces propriétaires ont tout simplement plié bagage et se sont réinstallés au centre du Canada. Entre 1921 et 1925, en Nouvelle-Écosse et au Nouveau-Brunswick, 42 % des emplois spécialisés ont disparu. Les articles que les Maritimes continuaient de produire ont pour leur part souffert de l'augmentation du prix de transport. Entre 1917 et 1923, le prix de transport dans les Maritimes a augmenté d'environ 140 à 216 %, en plus des frais d'expédition. Les articles produits par les Maritimes étaient maintenant trop chers pour le centre du Canada; les produits du Québec et de l'Ontario avaient l'avantage.

Autre coup dur, les États-Unis ont augmenté les tarifs sur le poisson ainsi que les produits agricoles. Les pommes de Nouvelle-Écosse et les pommes de terre de l'Île-du-Prince-Édouard ainsi que du Nouveau-Brunswick ne risquaient plus de se retrouver dans les cuisines américaines. De nouveaux règlements américains ont également frappé l'industrie de la pêche des Maritimes. Les États-Unis n'acceptaient plus de cette région que les habitants eux-mêmes et plus de 100 000 de ces derniers ont émigré vers les États du Nord-Est au cours des années 1920.

Terre-Neuve dans les années 1920 et 1930

Terre-Neuve fait partie du Canada depuis 1949, mais les événements qui ont mené à cette décision datent de la Première Guerre mondiale. Terre-Neuve avait fortement payé le prix de sa contribution à la guerre : son taux de volontariat et le nombre de ses pertes étaient parmi les plus élevés de tout l'Empire britannique. À la suite de la guerre, Terre-Neuve devait également s'attaquer à une dette de 13 millions de dollars. De plus, des milliers de vétérans blessés et handicapés, de veuves et d'orphelins laissés par les soldats tués en guerre dépendaient maintenant de Terre-Neuve pour survivre. En 1923, la dette de Terre-Neuve s'élevait à 60 millions de dollars. Ajoutons à cela l'effondrement d'une des industries principales de Terre-Neuve dans les années 1920 et 1930 : la pêche à la morue.

NOUVELLES ETRANGERES, 3ème PAGE

TEMPS PROBABLE DEMAIN
NUAGEUX ET FROID

La Patrie
DE MONTRÉAL

NOUVELLES LOCALES, 5ème PAGE

LISEZ L'EXTRA de LA PATRIE
A 5 heures tous les jours
Dernières Nouvelles de Finance et Sport.

51e ANNEE—No. 209 — MARDI 29 OCTOBRE 1929 — 16 PAGES — 2 CENTS LE NUMERO

GIGANTESQUE KRACH À LA BOURSE DE NEW-YORK

Le total des ventes est de 3,259,800 parts pendant la première demi-heure de la séance.

Les libéraux remportent une victoire dans Richelieu

DIRECTEUR DU "AUDIT BUREAU"

SUR LA SCÈNE DE L'ACTUALITÉ

L'ambassadeur de France présente un vase de Sèvres à Roch Pinard

M. J.-A.-C. Turcotte est élu par une majorité de 956 voix sur ses deux adversaires.

LUTTE CONTESTEE

Une étrangleuse?

LE CINQUANTENAIRE DE L'UNION DES BRIQUETEURS

La nouvelle du krach boursier en octobre 1929 a fait la une des journaux du monde entier.

Au début des années 1920, la valeur de l'exportation de morue a chuté de près de 50 %. Puis, en 1930, un désastre est survenu : le prix de la morue a atteint son taux le plus bas en 20 ans et les marchés traditionnels ont augmenté les tarifs afin de protéger leurs propres industries de la pêche. La dette a alors atteint 100 millions de dollars et l'intérêt à lui seul représentait jusqu'à 65 % du revenu annuel de Terre-Neuve. Par conséquent, en 1933, Terre-Neuve s'est vue forcée d'abandonner son indépendance au sein de l'Empire et de se soumettre à un gouvernement contrôlé par la Grande-Bretagne. La décision des Terre-Neuviens de se joindre au reste du Canada, 16 ans plus tard, est le résultat direct de ces catastrophes.

Le début de la Grande Dépression

Plusieurs Canadiens croyaient que le potentiel économique du Canada était sans limites. En plus de l'essor des industries minière, des pâtes et papiers et hydroélectrique, les exploitations de blé de l'Ouest jouissaient de nouveau d'une période d'abondance et, à la fin de la décennie, leur production représentait 40 % du marché mondial d'exportation. Le pays inspirait confiance à la fin des années 1920, mais la prospérité des Années folles tirait à sa fin.

Le marché boursier : des gains rapides

À la fin des années 1920, le **marché boursier** est devenu une « nouvelle frontière pour les amasseurs d'argent ». De plus en plus, la valeur des actions n'était plus liée au véritable actif d'une entreprise mais bien à la **valeur marchande** des actions. On déterminait cette valeur selon la demande des investisseurs. Étant donné l'augmentation de la demande en 1926, 1927 et 1928, on ne pouvait imaginer une méthode plus sûre, ou plus rapide, d'amasser de l'argent. Il était plus facile d'investir, car presque tout le monde pouvait emprunter pour acheter des actions. Tant et aussi longtemps que le prix des actions augmentait, les investisseurs pouvaient vendre leurs actions, payer leurs dettes et réaliser des profits.

Bien sûr, plus les gens investissaient, plus la valeur marchande des actions augmentait. Les actions de

Canadian Marconi, un fabricant d'appareils radiophoniques dont les affaires n'avaient pas été très profitables, auraient dû se vendre à 1 $ chacune, mais la valeur marchande en a fait monter le prix à 28 $ l'action. Bien que Marconi possédait un actif réel de seulement 5 millions de dollars, la bourse de New York fixait la valeur de l'entreprise à 130 millions de dollars. Une société de placement collectif canadienne, qui achetait et vendait des actions pour le compte d'investisseurs très nombreux, est passée de 2 employés, un bureau et un capital de 17 000 $ au milieu des années 1920 à une énorme entreprise de 40 bureaux, 1500 employés et des milliers de kilomètres de câbles les reliant à des bourses importantes à la fin de la décennie.

Les Canadiens ne faisaient pas qu'investir à titre individuel dans ces valeurs gonflées : les grandes sociétés étaient aussi de la partie. Les chefs d'entreprises ont commencé à croire que la valeur de leurs sociétés correspondait vraiment à la valeur affichée sur les marchés boursiers et ils empruntaient fréquemment pour augmenter la production. Les banques se sont également mises de la partie : non seulement ont-elles prêté de l'argent aux individus comme aux entreprises, elles ont aussi investi l'argent de leurs déposants.

La chance tourne : le krach boursier de 1929

L'économie qui se développait dans les nations industrialisées était en fait un énorme réseau lié à la « valeur » des actions sur le marché. Le mardi 29 octobre 1929 — le « mardi noir » — les actionnaires, de plus en plus inquiets de la hausse vertigineuse des valeurs des actions au fil des semaines précédentes, ont finalement décidé que les actions étaient surévaluées. C'était un peu comme piquer d'une aiguille un ballon trop gonflé. Tout comme l'air s'échapperait d'un coup du ballon, la « valeur » des actions surévaluées est disparue. Les gens se sont précipités pour convertir leurs actions en argent et la panique s'est installée. Mais il n'y avait maintenant que peu d'acheteurs et les prix ont continué à chuter. Même les sociétés les plus solides ont été dévastées, comme le révèle le tableau ci-dessous.

Des milliers d'investisseurs, petits et grands, ont été anéantis faute de pouvoir vendre leurs actions pour une fraction du prix qu'ils avaient payé à l'origine. Les banques ont commencé à exiger le remboursement des prêts accordés aux investisseurs pour acheter des actions, mais plusieurs étaient incapables de s'exécuter. Pire encore, plusieurs banques avaient utilisé les dépôts de leurs clients afin d'acheter des actions. Maintenant, la valeur de celles-ci avait tellement chuté que les banques ne pouvaient plus récupérer l'argent de leurs déposants.

Plusieurs sociétés avaient également emprunté de l'argent pour financer une augmentation de production et ne pouvaient plus rembourser leurs prêts. Elles étaient alors forcées de fermer leurs portes ou de ralentir sérieusement leur production. Même les travailleurs qui n'avaient pas investi dans le marché boursier ont perdu leurs économies, les banques ayant investi leurs dépôts. Maintenant, ils perdaient aussi leur travail, puisque les sociétés fermaient leurs portes. Les travailleurs ayant perdu à la fois leur emploi et leur revenu, les marchands qui leur fournissaient nourriture, vêtements et autres marchandises ont fait faillite, augmentant ainsi le nombre de chômeurs.

VALEURS DES ACTIONS, 1929 ET 1932

Société	Sommet 1929 ($)	Point le plus bas, 1932 ($)	Chute (%)
Abitibi Power	57,75	1	98,3
Canadien Pacifique	67,5	8,5	87,4
Ford Canada	70	5,75	91,4
Imperial Oil	41,25	7,375	82,5
International Nickel	72,5	4,125	94,3
Massey-Harris	99,5	2,5	97,4
Stelco	69,25	11	84,1
Winnipeg Electric	109,5	2	98,1

Les 50 valeurs dirigeantes sur le marché canadien ont perdu 85,9 % de leur valeur entre le prix le plus haut en octobre 1929 et le prix le plus bas obtenu par les actionnaires en mai 1932. Ce tableau illustre ce qui s'est produit pour huit grandes sociétés.

Le « mardi noir » était le début d'une descente en vrille de plusieurs années : les dettes et les faibles salaires éliminaient tout pouvoir d'achat; les sociétés faisaient des réductions ou fermaient leurs portes à la suite d'une demande plus faible; de nouveaux travailleurs perdaient leur emploi; la demande diminuait de nouveau; d'autres entreprises fermaient leurs portes et ainsi de suite. C'était le début de la Grande Dépression pour le Canada, la pire crise économique de l'histoire.

Du boom au krach : variations régionales

Les statistiques peuvent nous donner une idée globale de l'impact de ces difficiles années 1930, mais la vraie histoire se trouve au-delà des chiffres. Comme l'illustre le tableau ci-dessous, la crise n'a pas affecté toutes les provinces également.

Pour les habitants des Maritimes, la perte de revenus était moins importante qu'ailleurs au Canada parce qu'ils n'avaient pas profité de la prospérité des années 1920 et qu'en ce sens, ils avaient moins à perdre. La Colombie-Britannique, comme une bonne partie du pays, dépendait de l'exportation de ses ressources et la crise, en éliminant certains marchés, a donc entraîné la mise à pied de nombreux mineurs, pêcheurs et travailleurs forestiers. Les fabriques du centre du Canada ne pouvaient plus vendre leurs produits et des milliers de travailleurs se sont retrouvés en chômage.

Mais ce sont les Prairies qui ont le plus souffert de cette crise. Les agriculteurs des Prairies avaient prospéré au cours de la deuxième moitié des années 1920, grâce à la qualité des récoltes et au rétablissement des marchés européens. Les agriculteurs avaient donc commencé à cultiver de plus grandes terres, à acheter de l'équipement plus coûteux et à faire du blé leur culture de choix. Toutes ces décisions n'ont fait qu'intensifier l'impact désastreux de la Grande Dépression.

Une récolte considérable en 1928 a d'abord fait chuter le prix du blé, mais les véritables conséquences n'ont été ressenties que l'année suivante. En 1931, un boisseau de blé, qui rapportait 1,63 $ en 1928, a chuté à moins de 0,30 $. Entre 1931 et 1934, les coûts de

REVENU CANADIEN PAR HABITANT, PAR PROVINCE, 1928-1929 ET 1933

Province	Revenu moyen par habitant 1928-1929 ($)	Revenu moyen par habitant 1933 ($)	Diminution (%)
Colombie-Britannique	594	314	47
Ontario	549	310	44
Alberta	548	212	61
Saskatchewan	478	135	72
Manitoba	466	240	49
Québec	391	220	44
Nouvelle-Écosse	322	207	36
Nouveau-Brunswick	292	180	39
Île-du-Prince-Édouard	278	154	45

Le revenu moyen de chaque province a connu une baisse importante en 1933. Pourquoi les Prairies ont-elles connu la pire chute et les Maritimes, la plus faible ?

production du blé étaient plus élevés que ce que cette même production pouvait rapporter. Ensuite, le sud de l'Alberta et de la Saskatchewan a été frappé de **sécheresse** pendant plusieurs années et la couche de terre arable s'est transformée en fine poussière. Plus rien n'arrivait à pousser dans de telles conditions. Les sauterelles et les maladies des plantes ont détruit le peu de récoltes qui survivaient encore. Sur certaines fermes, il ne restait plus un seul épi de blé. En 1928, le revenu moyen d'un agriculteur de la Saskatchewan était de 1614 $, mais en 1933, le même agriculteur ne gagnait que 66 $. Il n'est pas étonnant qu'entre 1931 et 1941, près de 200 000 personnes aient quitté les Prairies.

Une crise impossible à contrôler

La Grande Dépression, qui avait débuté à la fin des années 1920, a démontré les limites de l'indépendance du Canada. L'économie de la nation était intimement liée à la conjoncture mondiale, particulièrement à celle de l'Europe et des États-Unis. La prospérité des années 1920 dépendait en grande partie de la production et de la vente de produits comme le bois, le papier journal et les produits miniers. Quatre-vingt pour cent de cette production était vendue sur les marchés internationaux. Mais le Canada n'était pas seul à souffrir. La Grande Dépression était un désastre économique mondial qui avait commencé aux États-Unis en 1929 pour se propager au cours des années suivantes par une réaction en chaîne. Tour à tour, le Canada (1930), l'Amérique du Sud (1930), le Japon (1931), l'Autriche (1931), l'Allemagne (1931), l'Europe centrale (1931), la Grande-Bretagne (1931) et finalement la France (1932) seront touchés par la crise. La perte de ces marchés étrangers a non seulement affecté l'agriculture, le secteur forestier et les mines, mais également tout ce qui était relié à ces industries clés.

Même avant le krach boursier d'octobre 1929, certains signes indiquaient que le Canada et quelques autres pays produisaient davantage d'articles que ce que les marchés étaient en mesure d'absorber. La production de papier journal, par exemple, avait augmenté de 350 % au Canada au cours des années 1920. Toutefois, le prix du papier journal s'est effondré en 1927, signe que l'on produisait plus de papier journal que ce qui se vendait. Il en était de même pour la production d'automobiles et de blé.

En plus de la surproduction, de nombreux facteurs ont contribué à mettre fin au commerce externe dont dépendait le Canada pour assurer le tiers de son revenu national. Plusieurs pays ont augmenté leurs tarifs afin de protéger leurs marchés intérieurs de la concurrence étrangère. Cela a entraîné un déclin du commerce international et le Canada, qui dépendait de ce commerce, en a particulièrement ressenti les effets.

Des tempêtes de poussière comme celle-ci ont soulevé la couche de terre arable de plusieurs fermes des Prairies dans les années 1930. La sécheresse et la Grande Dépression ont plongé l'Ouest dans la misère au cours de ces années.

Le tribut du Canada

SOUVENIRS D'UNE ÉPOQUE DIFFICILE

La mémoire de ceux qui ont vécu les événements historiques reste encore une des ressources les plus riches pour les historiens qui tentent de décrire l'histoire du XXe siècle. La transmission de ces souvenirs forme ce qu'on appelle la tradition orale. Pour en savoir plus long sur la tradition orale, consulte « Techniques d'investigation historique » dans la cinquième partie. Le texte qui suit raconte les souvenirs d'une femme qui a vécu dans les Prairies pendant la Grande Dépression.

Je me souviens de l'année 1936, l'année de mon mariage, et de comment c'était, ce sentiment que tout ce qu'on avait traversé pendant cinq ans pendant la Dépression, ça devait cesser bientôt parce que c'était complètement fou. La sécheresse et les sauterelles et la douleur et la peine, ça ne pouvait pas durer beaucoup plus longtemps. Ça semblait injuste que Dieu nous punisse comme ça, que les agriculteurs de toute la région, qui craignaient Dieu et étaient d'honnêtes hommes, doivent subir de telles conditions — ainsi que leurs femmes et leurs familles.

Les jeunes, on n'avait aucun espoir. Les jeunes hommes pensaient qu'ils étaient un poids pour leurs familles et c'est pour ça que beaucoup d'entre eux sont partis. Ils appelaient ça « faire les rails ». Vous savez, traverser le pays dans tous les sens dans des wagons couverts pour trouver du travail. Il n'y avait rien dans les villes d'ici, rien, parce que les villes et les villages, ils dépendaient des agriculteurs pour l'argent, pour vivre, et les agriculteurs n'avaient pas d'argent. On faisait du troc, aussi, bien sûr. On prenait une caisse d'œufs ou six livres de beurre en échange de produits dont on avait besoin. Et je veux dire, de produits dont on avait vraiment besoin. On ne pouvait pas être frivoles.

À Noël, un enfant avait de la chance si on lui donnait un jouet à 50 cents et un sac de bonbons et une orange et c'était tout. Pour un petit enfant, disons, de huit ou neuf ans, ce n'était pas si mal, parce qu'ils n'avaient jamais connu l'époque d'avant la Dépression.

Alors, on n'avait pas d'argent. Mon mari et moi, on le savait bien. On a décidé qu'on ne pouvait pas encore attendre. Quand on cultive une terre sèche, l'avenir ne sera peut-être jamais meilleur alors on a décidé de se marier. Le 23 mai 1936, en plein milieu de la Grande Dépression. Un samedi, et il faisait un temps superbe. On s'est mariés à Coaldale et on a fait la réception sur la ferme et tout le monde est venu. Même les huttérites de la région et ça, c'était quelque chose. Bon, les aînés, les patrons. Pas les gens eux-mêmes. Mon père était très populaire. Une grosse fête, un mariage, à 10 heures du matin, et ensuite la fête et avez-vous déjà entendu parler d'un couple qui part en lune de miel en camion ? Eh bien, John et moi, c'est ce qu'on a fait. Une Ford 1928 avec l'arrière enlevé et transformé en camion et vers 15 heures, on est allés à Waterton (…)

Quand personne n'a d'argent, on se fie à autre chose, soi-même, la famille, les voisins et j'imagine, tout simplement l'esprit communautaire. On s'aidait les uns les autres. C'était incroyable, comment on arrivait à survivre et bien manger et se sentir bien. Je crois qu'on savait tous que ça allait changer.

Bien sûr, les choses ont changé. Il a recommencé à pleuvoir vers 1938, juste au bon moment. Cette année, la récolte a été bonne dans le district. Ensuite, il y a eu la guerre, bien sûr. On n'a pas perdu trop de nos hommes, mais plusieurs d'entre eux se sont inscrits à l'armée. C'était la fin de la Dépression. En 1941, je crois bien que tout le monde s'était remis et que tout allait bien. Quelques années après, on avait tous oublié la Dépression. On ne faisait plus qu'en parler de temps en temps.

BARRY BROADFOOT, *NEXT-YEAR COUNTRY: VOICES OF PRAIRIE PEOPLE*, TORONTO, MCCLELLAND & STEWART, 1994, P. 89-91.

ACTIVITÉ

Imagine que tu es invité au mariage décrit dans cet extrait. La Dépression est à son sommet, l'argent se fait rare, mais tu veux offrir un cadeau digne des mariés. Que comptes-tu faire ? Décris ta solution à ce problème et le cadeau que tu désires offrir.

Les Américains, de leur côté, ont cessé d'investir dans des pays comme le Canada pour se concentrer sur le marché intérieur, afin de stabiliser leur économie. Les banquiers américains ont également exigé le remboursement des prêts qui avaient servi à rebâtir les économies européennes dévastées par la Première Guerre mondiale. Pour plusieurs pays européens, cela était difficile, voire impossible. Ils ne pouvaient donc plus se permettre d'acheter des produits canadiens.

Tout au long des années 1920, dans la plupart des pays, y compris le Canada et les États-Unis, on avait également négligé un autre problème. Le salaire moyen au Canada en 1929 était de 1200 $. Le ministère du Travail avait évalué en 1929 que la somme nécessaire pour qu'une famille canadienne moyenne puisse vivre selon des « normes minimales de santé et de décence » était de 1430 $. Puisque le salaire du Canadien moyen était de presque 20 % sous le seuil de pauvreté, il lui était impossible d'acheter la plupart de ce que les sociétés du pays produisaient en aussi grande quantité.

Il est vrai que le krach boursier d'octobre 1929 n'était pas la seule cause de la Grande Dépression, mais les entrepreneurs ont perdu confiance et les problèmes que la prospérité des années 1920 avait escamotés apparaissaient maintenant au grand jour. Au Canada, la perte des marchés intérieur et extérieur du blé, du bois, des pâtes et papiers, du poisson et des produits miniers a fini par affecter l'économie tout entière.

Bien que la plupart des Canadiens pensaient surtout à leurs propres problèmes au cours des années 1930, il ne faut pas oublier que la Grande Dépression était un désastre à l'échelle mondiale. Plus important encore, les effets de la crise et sa très longue durée (près de 10 ans) ont tellement marqué la mémoire collective que la simple possibilité du retour d'une dépression économique déclenche un signal d'alarme à la grandeur de la planète.

Hyperliens

www.dlcmcgrawhill.ca

Visite le site Internet dont l'adresse apparaît ci-dessus pour parfaire tes connaissances sur l'impact de la Grande Dépression sur la ville de Montréal et à travers le Canada. Clique sur ***Matériel complémentaire/Primaire et secondaire***, puis sur ***Regard sur le Canada***, et on t'indiquera où aller ensuite.

Voix canadiennes

UNE ÉPOQUE BÉNIE ?

Je suis une jeune femme juive de 17 ans et je vis à Toronto. Comme bien d'autres jeunes, je n'ai jamais été très bien renseignée sur ma propre religion. Bien que je célèbre toutes les fêtes juives et que je vais à la synagogue de temps en temps, je n'ai jamais vraiment connu les racines de ma famille. En explorant l'histoire de mes ancêtres, j'ai réussi à trouver des réponses à mes questions sur l'écart culturel entre l'époque de mes grands-parents et la mienne. Que voulait dire être Juif à Toronto dans les années 1930 ? Où vivaient les Juifs ? Que faisaient-ils pour gagner leur vie ? Comment faisaient-ils face à l'antisémitisme (l'hostilité ou les préjugés envers les Juifs) ? L'un des défis les plus importants de notre génération est de connaître ces événements historiques, car ce sont les événements passés qui ont façonné notre vie aujourd'hui.

En 1931, il y avait 45 305 Juifs à Toronto, ce qui représentait seulement 7,2 % de la population totale de la ville. Plusieurs Juifs s'étaient établis dans le centre-ville. Plusieurs travaillaient à la fabrication ou à la mise en marché pour le compte des petits magasins ou pour celui des fabriques le long de l'avenue Spadina. Au début des années 1930, Toronto entrait dans les pires années de la Grande Dépression et pendant cette époque, les Juifs, à titre de minorité ethnique, étaient tolérés mais toujours traités en étrangers.

Au fur et à mesure que la conjoncture se détériorait, plusieurs journaux antisémites ont écrit des articles troublants qui disaient, à tort, que les Juifs étaient dangereux pour la ville de Toronto. Les Juifs étaient victimes de discrimination ethnique, religieuse, linguistique, culturelle et économique. Certaines professions leur étaient défendues, comme la médecine ou l'enseignement, et non seulement n'étaient-ils pas les bienvenus dans bien des endroits, mais on en leur refusait souvent l'accès. Plusieurs vacanciers enthousiastes venus passer l'été dans des centres de villégiature de Toronto se voyaient accueillis par des écriteaux qui annonçaient : « Interdit aux Juifs et aux chiens. »

Bien que l'antisémitisme représentait une menace pour tous les Juifs de la ville, les adolescents à l'école publique et au secondaire souffraient encore plus souvent de discrimination que leurs parents. Ils devaient souvent faire face aux préjugés de leurs professeurs et de leurs compagnons de classe, et ce, jour après jour. On permettait et même encourageait les enfants juifs à quitter l'école avant d'avoir 16 ans. On forçait les jeunes Juifs à apprendre ce qui composait leur territoire — des endroits où ils pouvaient aller sans avoir peur des attaques qui guettaient si souvent la plupart des Juifs à cette époque.

Les Juifs ont combattu plusieurs formes de discrimination pour arriver à se tailler une place et gagner leur vie à Toronto. Devaient-ils supporter la médiocre qualité de vie de Toronto ou essayer de trouver un peu de confort dans une ville plus accueillante ? Bien que plusieurs aient choisi de quitter, la plupart sont restés et ont supporté la haine pendant des années. Sans ces braves Juifs, tels que mes grands-parents, qui sont restés même au pire moment, Toronto ne serait pas ce qu'elle est aujourd'hui : une ville multiculturelle où les Juifs peuvent vivre et travailler librement et croire en ce qu'ils désirent.

Compagnons adolescents, souvenez-vous que nous traversons une époque où les occasions abondent. Mais n'oubliez jamais le passé — la vie de nos grands-parents, cette époque que bien des gens ont décrite en disant que « c'était la meilleure des époques, c'était la pire des époques ». J'ai du mal à croire qu'il s'agissait de la meilleure des époques. Et vous ?

L'antisémitisme était présent à travers tout le Canada comme en témoigne cette affiche placardée en 1939 à Sainte-Agathe (un lieu de villégiature dans les Laurentides, au nord de Montréal).

UN TEXTE DE JENNIFER FINK. JENNIFER APPARTIENT À LA COMMUNAUTÉ JUIVE DE THORNHILL EN ONTARIO ET ÉTUDIE À L'ÉCOLE SECONDAIRE VAUGHAN.

Récapitulation

RÉSUMÉ DU CHAPITRE

Dans ce chapitre, tu as appris :

- comment certaines régions du Canada sont passées du boom au krach au cours des années 1920 et 1930, alors que d'autres sont passées de la récession à la dépression;
- comment de nouvelles industries, particulièrement la fabrication de papier journal, les mines et l'industrie des produits de consommation domestique, ont créé une nouvelle économie nationale au Canada dans les années 1920;
- comment un optimisme non contrôlé a provoqué une spéculation boursière massive qui a entraîné à son tour un gigantesque krach;
- comment plusieurs facteurs, y compris la surproduction, les tarifs élevés et les faibles salaires, ont contribué à la Grande Dépression.

RÉSUME TES CONNAISSANCES

1. Explique l'importance historique des personnes, des lieux ou des événements suivants.

   Frères Billes — Gains rapides
   Armand Bombardier — « Mardi noir »
   BESCO

2. Trace une carte conceptuelle, avec pour centre l'automobile, qui démontre les nouvelles industries que la grande popularité des voitures dans les années 1920 a soit permis de démarrer, soit stimulées.
3. On utilise parfois l'expression « effet domino » pour décrire ce qui se produit lorsqu'un événement ou un développement important donne lieu à une série de conséquences. À partir du krach boursier de 1929, explique comment celui-ci a donné lieu à chacune des conséquences suivantes :
   - l'augmentation de dettes, et même de la faillite de certaines entreprises;
   - la fermeture et la quasi-faillite de plusieurs banques;
   - la montée rapide du chômage;
   - la perte des économies de ceux qui n'avaient pas investi dans le marché boursier;
   - l'effondrement ou la quasi-faillite de centaines de magasins.
4. Dresse la liste des principales causes de la Grande Dépression. Place-les en ordre d'importance. Prépare-toi à défendre et à expliquer tes décisions.

EXPRIME TON OPINION

1. Qu'aurais-tu suggéré aux travailleurs canadiens dans les années 1920 pour les aider à améliorer leurs conditions de travail et leur salaire ?
2. L'expression « les Années folles » décrit-elle vraiment la situation dans les Prairies et dans les Maritimes ? Comment le gouvernement fédéral aurait-il pu agir afin d'assurer une certaine prospérité économique à toutes les régions du Canada ?
3. En groupe, créez la première page de votre journal local du 29 octobre 1929. N'oubliez pas d'inclure des titres et des articles sur ce qui se passe au pays et dans la région.

ANALYSE LES FAITS HISTORIQUES

1. La première moitié du XXe siècle n'a pas été facile pour Terre-Neuve. En juillet 1916, plusieurs des jeunes hommes les plus prometteurs de Terre-Neuve sont morts au cours de la bataille de la Somme. Moins de 20 ans plus tard, une crise financière a obligé Terre-Neuve à se soumettre au contrôle de la Grande-Bretagne et, éventuellement, à se joindre au Canada en 1949. Quelle rapport y a-t-il entre la bataille de la Somme et la crise de Terre-Neuve pendant les années 1930 ?

CHAPITRE

11 Les années de la Grande Dépression

C'est aux premiers ministres Mackenzie King et R.B. Bennett qu'est revenue la tâche de guider le Canada pendant la Grande Dépression.

RETOUR AUX SOURCES

- **Quelles qualités ont contribué au succès du premier ministre Mackenzie King ?**
- **Comment le gouvernement fédéral a-t-il réagi devant une crise nationale de l'ampleur d'une dépression économique ?**
- **Quelles ont été les réactions politiques des diverses régions du Canada quant à la Grande Dépression ?**
- **La contribution des femmes pendant la Première Guerre mondiale a-t-elle permis de franchir de nouvelles étapes dans les années qui ont suivi ?**

TERMES IMPORTANTS

Conseil privé
Crédit social
Cycle économique
Laisser-faire
Manifeste de Regina
Marche sur Ottawa
Menace communiste
Secours direct
Union nationale
Vagabonds

CHRONOLOGIE

1921
Mackenzie King est élu premier ministre pour la première fois.

1928
Grâce à l'affaire des « personnes », les femmes reçoivent le statut juridique de « personnes ».

1930
R.B. Bennett remporte la victoire sur Mackenzie King et devient premier ministre au début de la Grande Dépression.

1935
Mackenzie King redevient premier ministre.

Au cours de la décennie de l'entre-deux-guerres, le système politique canadien a dû relever de nombreux défis. En réaction, plusieurs nouveaux partis politiques ont vu le jour et bien souvent, les partis libéraux et conservateurs ont été contraints d'adopter de nouvelles politiques pour s'adapter à ces nouvelles réalités. Les nouveaux chefs de partis politiques devaient non seulement s'attaquer aux fluctuations d'une récession, d'une reprise, puis d'une dépression économiques, mais aussi aux inégalités économiques régionales de plus en plus typiques du développement économique du Canada. Tous ces remous économiques avaient de sérieuses conséquences sociales et les femmes luttaient de plus en plus pour obtenir la reconnaissance, ce qui compliquait davantage le tableau. Finalement, la Grande Dépression des années 1930, qui semblait s'étirer sans fin, a stimulé la création de nouvelles idées politiques et de nouveaux programmes qui ont bouleversé les approches traditionnelles. Ces années auront été dominées surtout par un seul leader : William Lyon Mackenzie King.

La politique à l'ère de Mackenzie King

Le chef du Parti libéral fédéral depuis 1881, Wilfrid Laurier, est mort peu de temps après la fin de la Première Guerre mondiale. Mackenzie King a pris la tête du parti en 1919, à l'âge de 45 ans. King était fier d'avoir pour grand-père William Lyon Mackenzie, l'ardent réformateur qui avait préparé la rébellion de 1837 au Haut-Canada. Mais William Lyon Mackenzie King était bien différent de son aïeul. Prudent et modéré, il s'est illustré comme fonctionnaire et comme modérateur de conflits de travail. Tout comme Laurier, il était prêt à faire des compromis pour assurer l'unité du pays. Et, tout comme Laurier, King a fait de l'unité du Canada sa priorité.

Mackenzie King détient le record des mandats au poste de premier ministre. Élu pour la première fois en 1921, il a remporté ensuite les élections de 1925, 1926, 1935, 1940 et 1945. Il n'est resté à l'écart du pouvoir que pendant l'été de 1926 et de 1930 à 1935. King s'est entouré de ministres compétents qui reflétaient les intérêts des diverses régions du pays. Entre autres, puisqu'il ne parlait par français, King s'en remettait aux excellents conseils d'Ernest Lapointe et à Louis Saint-Laurent pour s'assurer le soutien du Québec. Les conseils qu'il recevait de ses « lieutenants » provinciaux, et sa propre compréhension des désirs des Canadiens, lui donnaient un tel avantage qu'il réussissait coup sur coup à déjouer son principal adversaire politique dans les années 1920, le chef du Parti conservateur, Arthur Meighen.

Mackenzie King : une nature contradictoire

Peu de gens ont été témoins de la vie privée de Mackenzie King; sa vie intime était tenue à l'écart des curieux, contrairement aux politiciens d'aujourd'hui. Auteur d'un journal intime, King notait soigneusement chaque jour chacun de ses actes, chacune de ses pensées et le moindre de ses sentiments. Rendu public 30 ans après son décès, ce journal a choqué plusieurs historiens, car il dévoilait Mackenzie King sous un autre jour. Aux yeux du monde, Mackenzie King était perçu comme un éternel célibataire prudent et dévoué à sa mère. Le Mackenzie King privé laisse toutefois entrevoir un tout autre individu. Il semble s'être intéressé au mysticisme, assistait souvent à des séances de spiritisme, consultait les diseurs de bonne aventure et utilisait même une boule de cristal pour communiquer avec les esprits. Alors qu'il était premier ministre, King demandait souvent conseil à sa mère, Isabel, décédée en 1917, et à son chien, Pat, décédé lui aussi.

Parmi les contradictions qui caractérisaient Mackenzie King, en voici une révélée par un épisode rapporté dans son journal. Un soir d'hiver, il est venu en aide à un homme qui était tombé sur la glace. Cet homme était un immigrant juif d'origine russe qui avait fait fortune au Canada. Dans son journal, King se disait fier qu'un Juif russe pouvait fuir la persécution et prospérer au Canada. En conclusion, toutefois, il s'avouait troublé de voir les Juifs commencer à s'installer dans son quartier de la Côte-de-sable, à Ottawa. Le premier ministre était bien plus complexe que le public ne le percevait.

Manifestations régionales dans les années 1920

Pour ceux qui n'habitaient pas le centre du Canada, l'effervescence des années 1920 n'était souvent rien de plus qu'un bourdonnement lointain. Pour les pêcheurs des Maritimes et les agriculteurs, il semblait de plus en plus évident que les intérêts économiques de l'Ontario et du Québec décidaient du programme national. Dès le début du XXe siècle, les politiques des Partis libéral et conservateur étaient subordonnées aux intérêts des chefs d'entreprises, de plus en plus riches et de plus en plus puissants. Ce sentiment grandissant de détachement politique a provoqué la création de mouvements contestataires dans l'Ouest et dans les Maritimes. C'est ainsi que sont nés les premiers d'une série de partis contestataires régionaux au Canada dont le Parti progressiste, le Crédit social et l'Union nationale.

Le Parti progressiste

Lors de l'élection sur la réciprocité de 1911, gens d'affaires et agriculteurs avaient combattu pour protéger leurs propres intérêts, preuve que les temps changeaient. Laurier, qui avait décidé de poursuivre l'entente de réciprocité après s'être informé des inquiétudes des agriculteurs des Prairies, avait sous-estimé le nouveau pouvoir politique du milieu canadien des affaires. Dès le début des années 1920, plusieurs provinces possédaient des organismes agricoles et, dans certains cas, des partis provinciaux tels que les Cultivateurs unis de l'Alberta et les Cultivateurs unis de l'Ontario.

Le succès du Parti progressiste aux élections fédérales de 1921 en a surpris plus d'un. Le Parti progressiste était devenu un parti national qui représentait les intérêts des agriculteurs. Profitant de l'insatisfaction des agriculteurs quant aux Partis libéral et conservateur, le Parti progressiste a remporté 64 sièges, 14 de plus que les conservateurs, pour devenir l'opposition officielle à la Chambre des communes. Malgré ce premier succès étonnant, le Parti progressiste n'est jamais parvenu à devenir un parti national solide. Bien que les agriculteurs appuyaient en bloc l'élimination rapide des tarifs, bien des questions restaient sujettes à débat, telles que la nationalisation des chemins de fer et des services publics, ainsi que la mise en marché des céréales.

Les ailes féminines des organismes agricoles appuyaient fortement toute forme de coopération, les communautés rurales ne pouvant selon elles tirer leur force que d'une action concertée. Dans plusieurs communautés rurales de l'Ouest, les femmes créaient elles-mêmes les hôpitaux, les cliniques, les centres communautaires ainsi que les théâtres et tentaient d'améliorer les écoles rurales. Certains des organismes agricoles féminins, tels que le United Farm Women of Alberta (UFWA), ont essayé de propager cet esprit coopératif au-delà de la communauté, dans le monde entier, afin de mettre fin à la guerre. Unissant leurs efforts à ceux d'autres groupes de femmes qui œuvraient pour la paix, le UFWA encourageait les écoles à développer des programmes tournés vers la tolérance et la résolution non violente des conflits, plutôt que la violence et le racisme.

Ironiquement, l'aptitude des députés progressistes à réagir aux besoins des électeurs de leur comté était à l'origine à la fois de leur attrait et de la rupture du parti. La nature populaire du Parti progressiste l'empêchait de devenir un organisme national en mesure de contrôler les circonscriptions locales. Puisque le Parti progressiste n'avait pas de programme unifié, Mackenzie King a réussi à attirer plusieurs progressistes au sein du Parti libéral en diminuant les tarifs sur l'équipement agricole et en réduisant le tarif sur le transport du blé par chemin de fer, un tarif qui agaçait les fermiers; on avait suspendu cette réduction sur les frais de transport des céréales pendant la Première Guerre mondiale. Pour plusieurs des anciens progressistes maintenant membres du Parti libéral, le mouvement avait été un succès. Quoi qu'il en soit, à la fin de la décennie, le Parti progressiste avait perdu son élan. Lors des élections de 1930, il n'a remporté que 12 sièges. En 1932, les quelques progressistes qui restaient ont fait appel à des groupes de travailleurs et d'agriculteurs pour former la Fédération du commonwealth coopératif (FCC).

Le Mouvement des droits des Maritimes

En 1920, A.P. Paterson, un épicier de Saint-Jean au Nouveau-Brunswick, a pris la tête d'un groupe de gens d'affaires et de professionnels influents afin de créer le Mouvement des droits des Maritimes. Convaincus qu'ils pouvaient se faire entendre s'ils se serraient les coudes, les membres du mouvement croyaient que le Canada se devait de venir en aide à toute région défavorisée sur le plan économique par sa position géographique. Ils ont donc exigé une augmentation des subventions fédérales pour les provinces des Maritimes, un commerce international accru dans les ports de Halifax et de Saint-Jean, ainsi qu'une augmentation des tarifs afin de protéger les industries de l'acier et du charbon de la région.

Pendant ce temps, les habitants des Maritimes quittaient la région pour se trouver du travail ailleurs et la représentation des Maritimes à la Chambre des communes a chuté du quart. Devant un tel déclin, les revendications des Maritimes se trouvaient éclipsées par la représentation de plus en plus importante des provinces de l'Ouest, qui exigeaient une baisse des tarifs. Le premier ministre Mackenzie King ne pouvait pas se permettre de perdre l'appui des provinces de l'Ouest et a refusé l'augmentation des tarifs que souhaitaient les Maritimes. Le charbon, le fer et l'acier américains, moins chers, ont alors inondé le marché canadien. Les Maritimes n'ayant cependant pas les ressources nécessaires pour rivaliser, King a décidé d'établir une commission royale d'enquête (la Commission Duncan) afin d'examiner les plaintes du Mouvement. La commission a recommandé de nombreux changements importants, notamment une réduction des tarifs ferroviaires et une augmentation des subventions de l'État. Les libéraux de King n'ont toutefois effectué que quelques changements mineurs. Découragé, désabusé, le Mouvement des droits des Maritimes s'est dissout en 1926.

La réaction du gouvernement à la crise

Au moment du krach boursier, Mackenzie King avait affirmé aux Canadiens que les affaires n'avaient jamais été meilleures et que la foi en l'avenir du Canada n'avait jamais été plus justifiée. Il n'était pas le seul à penser que les difficultés seraient temporaires. Il était normal qu'une croissance rapide de l'économie soit suivie par une tendance à la récession, puis par un retour à la prospérité. Tout cela faisait partie d'un **cycle économique**, une alternance de redressements et de baisses de l'économie. Bien des gens, dont d'importants banquiers et le premier ministre, croyaient avoir traversé le pire de la crise à la fin de l'année 1929. Mais alors que celle-ci s'aggravait, la pauvreté et la misère se répandaient dans tout le pays.

Au cours de l'hiver de 1929-1930, plusieurs des gouvernements provinciaux (dont certains étaient dirigés par le Parti conservateur) demandaient des subventions du gouvernement fédéral pour aider la masse des sans-emploi. King a déclaré que le gouvernement fédéral libéral ne leur accorderait même pas « une pièce de cinq cents », une remarque que l'on surnomme aujourd'hui le « discours de la pièce de cinq cents ». Le chef de l'opposition, R.B. Bennett, a accusé King de baisser les bras devant la crise, et les Canadiens l'ont appuyé. Aux élections de 1930, les conservateurs ont remporté la victoire sur les libéraux de King. C'est donc Bennett qui a gouverné le Canada pendant les pires années de la Grande Dépression.

L'augmentation du taux de chômage partout au Canada était devenu un problème national en 1930. Si tu t'étais retrouvé sans emploi, comment aurais-tu réagi au « discours de la pièce de cinq cents » de Mackenzie King ?

Bennett prend le pouvoir

Au cours de ses cinq années au pouvoir, Bennett, un homme d'affaires, a cru presque jusqu'au bout que, si le milieu des affaires parvenait à survivre et à se développer, les travailleurs trouveraient du travail. Ils auraient alors suffisamment d'argent pour acheter des articles, stimulant ainsi l'économie et la création d'emplois. La terrible descente en vrille que traversait alors le Canada ferait place à une remontée de l'emploi et de la production. La tactique de Bennett était d'augmenter les tarifs afin de protéger les entreprises canadiennes contre la concurrence étrangère. Ces entreprises, certaines de pouvoir vendre sur le marché canadien, pourraient alors amorcer le redressement.

Mais les industries qui dépendaient de l'exportation de leurs produits, telles que l'exploitation du blé, la foresterie, l'exploitation minière et la pêche, ont plutôt souffert de l'augmentation des tarifs. Bennett et ses conseillers ont cru à tort qu'une augmentation des tarifs obligerait les pays étrangers à diminuer leurs propres tarifs, puisqu'ils avaient besoin de ces produits de base. En 1935, seule la Grande-Bretagne avait accepté de diminuer ses tarifs pour les produits canadiens. Le commerce extérieur stagnait et au pays la baisse des prix ne suffisait pas à redémarrer l'économie. Les personnes sans emploi ou sous-employées ne pouvaient même pas se permettre d'acheter les articles au plus bas prix.

Devant ce désastre, bien des gens ont commencé à croire que les gouvernements, qui représentaient les citoyens, devaient jouer un rôle important dans le bien-être du pays. Le gouvernement de Bennett a effectivement aidé les chômeurs en déboursant 20 millions de dollars en 1930, mais bien des Canadiens ont commencé à exiger de celui-ci une participation plus étendue et davantage d'imagination. Certains ont même conclu que les partis politiques au pouvoir n'avaient pas l'imagination ou la volonté nécessaires.

Les camps de travail

Pour les **vagabonds**, des milliers d'hommes célibataires et sans abri qui traversaient le pays en quête d'emploi, Bennett a créé les camps de travail. Beaucoup de gens croyaient que ces errants compromettaient l'ordre et la sécurité. Pour les écarter des villes et des villages, le gouvernement fédéral a construit au fond des bois des camps de travail dont le maigre budget était administré par le ministère de la Défense nationale. Les hommes étaient logés, nourris et vêtus à la façon des soldats et ils recevaient 0,20 $ par jour. En retour, ils construisaient des ponts et des routes, coupaient des arbres, creusaient des fossés et travaillaient à d'autres projets.

Au Québec et en Ontario, une autre solution a été envisagée par les gouvernements provinciaux : le retour à la terre. L'idée était simple : financer l'installation de

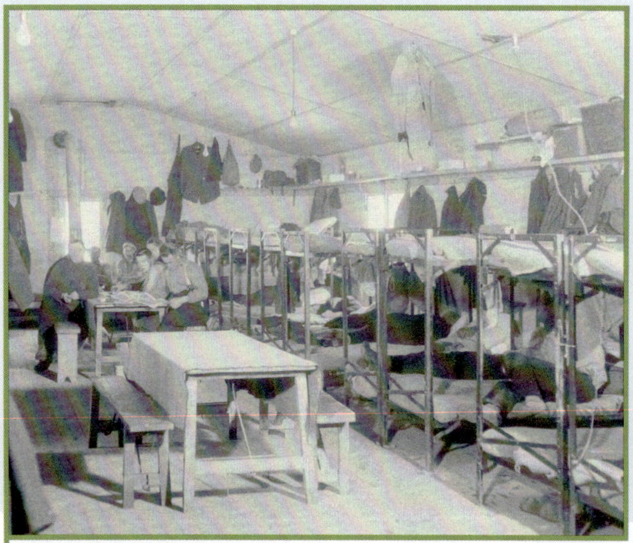

Bien que les camps de travail proposaient aux chômeurs trois repas par jour en plus d'un toit, ceux-ci se plaignaient du maigre salaire fourni pour un travail aussi dur et du manque d'activités de loisirs. Le gouvernement de Bennett a-t-il accompli suffisamment pour aider ces hommes en créant ces camps, ou a-t-on plutôt exploité les travailleurs ?

familles à la campagne pour qu'elles puissent subvenir à leurs besoins. Ce programme a connu une certaine popularité, mais les terres visées – l'Abitibi au Québec et la région de Cochrane en Ontario – étaient difficiles à cultiver et ces gens manquaient d'expérience : la plupart d'entre eux sont retournés à la ville.

Le New Deal *de Bennett*

Le premier ministre Bennett se rendait compte que pour remporter les élections de 1935, son gouvernement devait apporter des changements. Le 3 janvier 1935, il a prononcé un discours à la radio, diffusé d'un océan à l'autre, et qui a ébranlé bien des Canadiens. « Je suis pour la réforme, disait-il, et, à mes yeux, réforme signifie intervention gouvernementale, réglementation et surveillance gouvernementales, et fin du **laisser-faire**. » Dans une série de discours radiophoniques, Bennett a présenté ce que l'on a nommé par la suite son *New Deal*. Bennett s'était inspiré des promesses du nouveau programme économique du président des États-Unis Franklin Roosevelt, qui avait promis une nouvelle « donne » pour les États-Unis. Le *New Deal* de Bennett était composé de promesses et de lois conçues pour contrôler les heures de travail, établir un salaire minimum, améliorer les conditions de travail et offrir une assurance-maladie, une assurance contre les accidents industriels et une assurance-chômage.

Les milliers de Canadiens déjà chômeurs n'ont toutefois pas réellement profité de ces mesures. D'autres encore croyaient que le *New Deal* de Bennett n'était qu'une tentative désespérée pour obtenir des votes à la prochaine élection. Plusieurs des propositions de Bennett ont été adoptées par le Parlement, pour être ensuite invalidées par les tribunaux, qui jugeaient que la sécurité sociale (l'assurance-chômage, par exemple) était du ressort unique des provinces. Le *New Deal* de Bennett n'a pas réussi à aider son parti à obtenir l'appui des Canadiens.

Vivre sur le Secours direct

Dans la langue populaire de l'époque, l'obtention de coupons pour la nourriture, les bottes, les vêtements, le charbon et un abri revenait à vivre sur le **Secours direct**. Bien des travailleurs trouvaient pénible d'avoir à demander ainsi de l'aide. On réservait à dessein des sommes plus faibles pour les allocations de secours que le plus faible des salaires afin de dissuader les gens d'en faire la demande. Plusieurs familles canadiennes vivaient au seuil de la famine. La malnutrition et la maladie, surtout chez les enfants, étaient fréquentes.

La marche sur Ottawa

Tandis que Bennett essayait de capter l'attention du public par son *New Deal*, la situation dans les camps de travail se détériorait de plus en plus. Les camps débordaient de chômeurs insatisfaits des efforts du gouvernement pour améliorer leur sort. Au cours de l'été de 1935, ces travailleurs ont organisé une **marche sur Ottawa** afin de réclamer un travail salarié. Des milliers de jeunes hommes ont quitté les camps pour monter dans des wagons de marchandises et se rendre vers l'est. Mais Bennett n'avait aucune sympathie pour eux et il a donné l'ordre à la Gendarmerie Royale de les refouler. Interceptés à Regina, ils ont été sommés de ne plus avancer.

Le premier juillet 1935, la police et les manifestants se sont finalement affrontés au cours d'une émeute, provoquant la mort d'un officier et laissant plusieurs blessés dans les deux camps. Un seul des chefs des grévistes a reçu la permission de se rendre à Ottawa afin de rencontrer un premier ministre très peu accueillant. La rencontre n'a d'ailleurs pas porté fruits, mais en exigeant l'intervention de la police à Regina, Bennett s'était aliéné l'appui de nombreux canadiens. Lors des élections fédérales cette année-là, les Canadiens ont reporté Mackenzie King au pouvoir.

Environ 1200 chômeurs ont « voyagé par train » vers Ottawa pour manifester contre l'inaction du gouvernement. On les voit ici à la fin de leur voyage, à Regina, où des émeutes ont éclaté. Pourquoi crois-tu que le premier ministre Bennett a bloqué la marche sur Ottawa à Regina ?

Le retour de Mackenzie King

Mackenzie King a dirigé le Canada au cours des dernières années de la Grande Dépression. Son gouvernement a maintenu la politique de soutien financier aux agriculteurs des Prairies de Bennett et a voté la *Loi sur le rétablissement agricole des Prairies.* Cette loi attribuait des sommes au développement de nouvelles techniques agricoles, à l'ensemencement de terrains vides et au déplacement de certaines familles vers des terres plus productives dans le Nord. King a également abaissé les tarifs et a signé un nouvel accord commercial avec les États-Unis. Son but premier était de sabrer dans les dépenses et d'équilibrer le budget fédéral. Par-dessus tout, le premier ministre attendait la fin de la crise.

La réaction politique des régions à la crise

Les deux principaux partis politiques semblaient proposer la même vieille rengaine aux Canadiens : « Soyez patients, vous verrez. » Les libéraux, tout comme les conservateurs, préféraient ne faire aucune ingérence et prônaient le laisser-faire économique. Tous craignaient de modifier le système économique de façon importante. Pendant ce temps, des dizaines de milliers de Canadiens se désespéraient de leur situation économique. En signe de frustration, ils ont commencé à donner à leurs solutions de fortune le nom du premier ministre Bennett. Ceux qui n'avaient pas suffisamment d'argent pour l'essence et le pétrole ont retiré le moteur de leurs voitures pour atteler ces dernières à des chevaux à l'aide des pare-chocs. Les véhicules mi-voitures, mi-charrettes ainsi créés étaient surnommés les « carrosses à Bennett ». Il y avait également les couvertures à Bennett (des journaux), les basses-cours à Bennett (des fermes abandonnées), le café à Bennett (du blé grillé, puis préparé comme du café) et les Bennettbourgs (des bidonvilles où vivaient les sans-abri).

Comme l'argent était rare, les gens trouvaient, pour joindre les deux bouts, des moyens aussi ingénieux que les « carrosses à Bennett », des automobiles sans moteur tirées par des chevaux et des bœufs.

Le pays attendait impatiemment des réponses autres que celles que proposaient les principaux partis politiques. Dégoûtés, plusieurs s'en sont d'ailleurs éloignés. Bientôt, de nouveaux partis politiques ont fait surface, particulièrement dans les régions les plus durement atteintes.

La Fédération du commonwealth coopératif

En 1933, sans doute la pire année de la crise, un parti régional a vu le jour en Saskatchewan. Les fondateurs de la Fédération du commonwealth coopératif, le précurseur du Nouveau Parti démocratique (NPD) d'aujourd'hui, croyaient que l'on pouvait éviter les cycles de boom et de krach qui semblaient faire partie intégrante du système capitaliste de l'économie de marché. Les membres de groupes d'agriculteurs et de travailleurs socialistes se sont rencontrés à Regina afin d'élaborer, non sans peine, un programme politique, le **Manifeste de Regina,** qui mettait en place les objectifs principaux de la Fédération. Les agriculteurs, un des groupes fondateurs du parti, avaient depuis longtemps recours à des coopératives pour regrouper leurs efforts et pour la mise en marché de leurs récoltes. Certains fermiers pensaient que cette approche pouvait s'étendre à la population entière.

Certains, comme le nouveau chef du parti, J.S. Woodsworth, croyaient que les gouvernements, en tant que représentants des citoyens, devaient s'impliquer davantage dans l'économie. Ils souhaitaient que le gouvernement fournisse, à un prix raisonnable, des services essentiels comme l'eau, l'hydroélectricité, le transport et les services bancaires. Les groupes de travailleurs, un autre des groupes fondateurs du parti, exigeaient du gouvernement qu'il offre une meilleure protection aux travailleurs en difficulté. Ils avaient appris des années précédentes qu'il fallait voter des lois sur le salaire minimum, le nombre d'heures de travail, l'assurance-chômage et l'indemnisation pour les accidents de travail.

Certains employeurs traitaient les membres de la Fédération de communistes et proposaient l'arrestation des chefs du parti. Bien que certains des chefs de la Fédération, dont Woodsworth lui-même, croyaient qu'il fallait bel et bien éliminer le système capitaliste, ils insistaient pour que la transition se fasse de manière démocratique, par l'élection de députés au Parlement. Woodsworth, un ancien pasteur méthodiste, était un

J.S. Woodsworth (assis, à l'avant, au centre) était pasteur, réformateur social et syndicaliste. Il a dirigé la Fédération du commonwealth coopératif, représentée ici, qui deviendrait éventuellement le Nouveau Parti démocratique (NPD).

membre bien en vue du Parlement depuis le début des années 1920 et même ses ennemis ne pouvaient l'accuser de prôner un renversement violent du gouvernement. La FCC était un parti politique démocratique qui laissait aux organismes locaux le soin de choisir leurs candidats aux élections.

La Fédération n'a pas formé de gouvernement dans les années 1930, mais elle était le deuxième parti en importance en Colombie-Britannique et en Saskatchewan dès 1934. Son influence était telle au pays que Mackenzie King s'est vu obligé de songer à effectuer des réformes. (La FCC et son successeur, le NPD, ont toujours réussi à forcer les partis au pouvoir à adopter certaines de leurs politiques.)

Le Crédit social

Tout comme les conditions lamentables de la Saskatchewan étaient en partie responsables de la fondation de la FCC, les conditions tout aussi pénibles de l'Alberta ont donné lieu à la création d'un autre parti au succès retentissant. Le **Crédit social** n'est devenu un parti politique officiel qu'en 1934, mais il a remporté 56 des 63 sièges de la province lors des élections de 1935 en Alberta. L'étonnante victoire du Crédit social (qui a remporté près de 90 % des sièges) était le résultat de la rencontre fortuite de trois éléments : un chef populaire et charismatique, une « solution » simple à la crise d'un formidable attrait pour l'Albertain moyen et, enfin, la crise qui sévissait toujours au plus grand désespoir de bien des gens.

Le Crédit social de l'Alberta est le fruit des réflexions du directeur d'une école secondaire de Calgary nommé William Aberhart, également pasteur à la radio. Le dimanche après-midi, Aberhart y prononçait des sermons qu'écoutaient un quart de million d'auditeurs albertains. Au début, Aberhart ne prêchait que le christianisme sur les ondes, puis, convaincu que la théorie économique du Crédit social, d'origine britannique, règlerait le problème de la crise, il s'est mis à prôner la doctrine du parti. Selon le Crédit social, il y avait beaucoup de produits à vendre au Canada, mais les gens n'avaient pas assez d'argent ou de crédit pour les acheter. C'était « la pauvreté au milieu de l'abondance ».

Aberhart a proposé que le gouvernement distribue des « dividendes sociaux » (de 25 $ par mois) à chaque personne afin que la population ait de quoi manger. « D'où vient tout l'argent ? a-t-il demandé aux

Les arts

LA PETITE POULE D'EAU

En dépit de la mauvaise situation économique et de la sécheresse qui ravageait les récoltes, les Canadiens de l'Ouest ont traversé les années 1930 grâce à leur ingéniosité et à leur solidarité. Gabrielle Roy, l'une des plus célèbres romancières canadiennes d'expression française, s'est inspirée de sa vie dans les Prairies où elle a grandi et où elle a enseigné durant les années 1930. Dans son roman *La Petite Poule d'Eau*, elle a raconté la vie d'une famille d'une région isolée du nord du Manitoba.

Dans les extraits suivants, l'auteure raconte l'arrivée d'une jeune institutrice dans la région, puis décrit une soirée dansante réunissant les gens du canton. Lis ces extraits en essayant de t'imaginer comment tu aurais réagi dans des circonstances semblables. Ensuite, ajoute un ou deux paragraphes de ton invention à chacun des extraits.

L'ARRIVÉE À PORTAGE-DES-PRÉS

La petite demoiselle était loin d'avoir envie de rire, elle. Depuis deux semaines seulement, elle détenait son brevet tout neuf d'enseignement. En robe blanche, les cheveux bouclés pour l'occasion, elle avait reçu le parchemin enroulé sous un large ruban rouge des mains d'un représentant officiel du Department of Education, qui l'avait félicitée de ses bonnes notes. Si forte que fût Mademoiselle Côté, elle n'avait jamais cru que le Manitoba put être si grand, si peu habité. Elle n'avait pour ainsi dire jamais quitté son gros village du Sud, dans la vallée de la rivière Rouge, que pour fréquenter l'école normale de Winnipeg. Au reste, elle y avait brillé en géographie aussi bien qu'en toutes autres choses apprises dans les manuels. De rouler aujourd'hui de relais en relais, de Ford démantibulée en Ford encore plus branlante l'avait morfondue. Depuis bien des heures, la pauvre enfant n'avait plus la moindre idée du lieu où elle se trouvait. Arrivée au settlement du Portage-des-Prés, elle avait découvert, un peu à l'écart des cinq maisons du hameau, une petite bâtisse en planches qui, à la rigueur, eût pu passer pour une école. Elle avait cru que c'était là son école, et le cœur déjà lourd, elle s'était apprêtée à demander la clé au marchand Bessette. Celui-ci avait bien ri. Ici, c'était le village, lui avait-il signifié. Ici, ils avaient une maîtresse depuis belle lurette. Mademoiselle Côté avait compris que son poste serait beaucoup moins considérable que celui du settlement. Elle avait continué à rouler, cette fois en compagnie d'un petit homme peut-être muet puisqu'il ne s'exprimait que par des espèces de grognements. Et maintenant elle découvrait ce à quoi elle avait tendu de tout son cœur à travers tant d'années d'application, de prix d'excellence et de magnifiques illusions : c'était donc cela, sa première école, l'échelon initial de la carrière la plus méritoire, la plus exaltante à ses yeux !

LA SOIRÉE DANSANTE

La danse avait lieu en plein air, sur une petite plateforme de planches érigée entre quelques trembles et bouleaux nains, à plusieurs milles de chez Luzina, du côté du trappeur Tom Mackenzie. [...] L'éclairage était ingénieux, distribué par trois falots attachés aux branches des arbres qui entouraient la plateforme. [...] Tant de lumière attirait les moustiques de loin. Ils tournaient avec les danseurs, assoiffés de sang; ils bourdonnaient si fort dans les cheveux, aux oreilles, qu'on les entendait presque mieux que le Red River reel *du trappeur-violoneux.*

[...]

Ils étaient une quarantaine, adultes et enfants, venus de tous les côtés et du fin fond du pays. Le Français, Perrochon, ou Peisson, ou Rochon, y était, un homme silencieux qui ne paraissait pas très liant. La plupart étaient du Portage-des-Prés et prêts à bien s'amuser. Tous étaient arrivés comme ils avaient pu, débordant à pleins bords des deux vieilles autos réquisitionnées pour l'occasion.

[...]

C'étaient de vieux airs d'Écosse que le violoneux entremêlait à son gré. Tout en jouant, il callait, c'est-à-dire qu'il dirigeait les figures du quadrille :

— Gentlemen and ladies meet... à la main droite... À la main gauche... promenade around the place... tout autour de la place... Swing !

Un accès de gaieté folle soulevait tout le monde à cet instant.

[...]

Il ne resta bientôt plus que trois personnes assises sur la petite plateforme : le capucin à côté de Mademoiselle Côté et, de l'autre, leur faisant face, le Français. D'un pétillement de l'œil, d'un petit mouvement de la tête, le père Joseph-Marie avait bien l'air de les inciter à danser ensemble. Cette invitation eut-elle enfin raison de la réticence du vieux garçon ? Il vint s'incliner très bas devant

Mademoiselle Côté, la saluant d'une manière qui ne s'était jamais vue dans la contrée de la Petite Poule d'Eau. Elle se leva, rougissante, flattée de la façon d'agir du Français. Autour d'eux, les métis applaudirent. Ils avaient craint de s'exposer au ridicule en demandant comme partenaire cette Miss Côté du Sud, diplômée maîtresse d'école dans les deux langues. Mais il n'en allait pas de même à leurs yeux du Français. Si quelqu'un pouvait convenir à Miss Côté, c'était bien le représentant parmi eux de la France, pays par excellence des grands saluts, de la galanterie et de tout ce qui s'ensuit. Ils se sentirent donc très fiers de disposer de lui, en cette occasion de gala. Tom, par égard pour ce beau pays du Français, essaya même de franciser sa vieille ritournelle.

GABRIELLE ROY, *LA PETITE POULE D'EAU*, MONTRÉAL, ÉDITIONS DU BORÉAL, 1993, COLLECTION « BORÉAL COMPACT », NO 48, P. 68, 249-254.

auditeurs. Nous n'utilisons pas d'argent. Alors, d'où vient tout le crédit ? Mais, de la pointe d'une plume. » Bien que critiqué par la plupart des économistes, le message d'Aberhart était attrayant pour les gens que la pauvreté et l'endettement effrayaient. Aberhart a été porté au pouvoir en 1935. Son parti n'a jamais versé de dividendes sociaux. Aberhart a formé en Alberta un gouvernement fort semblable au gouvernement fédéral conservateur. Les créditistes ont gouverné à plusieurs reprises en Alberta de 1935 à 1971 et, en Colombie-Britannique, ils ont été presque continuellement au pouvoir de 1952 à 1992.

L'ancien professeur et pasteur William « Bible Bill » Aberhart diffusait le message du Crédit social aux Albertains grâce à la radio.

L'Union nationale

Profitant des revendications de la population québécoise, qui réclamait de meilleures conditions de travail, des subventions pour les agriculteurs et la fin de la corruption politique, Maurice Duplessis a fondé un nouveau parti, l'**Union nationale,** qui a pris le pouvoir en 1936. Une fois au pouvoir, toutefois, Duplessis s'est contenté de quelques rares réformes. Son objectif premier était de protéger l'autonomie nationale du Québec contre l'ingérence du gouvernement fédéral dans les affaires provinciales. Bien qu'il n'était pas séparatiste, Duplessis visait une plus grande autonomie provinciale.

Pour s'assurer un succès politique, Duplessis soutenait également les agriculteurs du Québec par des prêts à faible taux d'intérêt et des programmes d'électrification. Il s'est de plus attaqué à ceux qui, selon lui, entretenaient des liens avec les communistes. La *Loi du cadenas* de 1937 accordait au gouvernement du Québec le droit de cadenasser les portes et de fermer tout organisme soupçonné d'être liés aux communistes. Il s'est ainsi assuré l'appui de l'Église catholique romaine au Québec, car l'Union soviétique, un pays communiste, avait officiellement nié l'existence de Dieu.

Duplessis a su conserver l'appui des employeurs en luttant contre les syndicats et n'a pas hésité à se servir de la police provinciale pour mettre fin à des grèves. De nombreuses preuves existent qui démontrent que

Maurice Duplessis (au centre) et l'Union nationale attiraient les foules au Québec. Les principaux objectifs de l'Union nationale étaient de préserver la culture canadienne française, d'obtenir une plus grande autonomie gouvernementale pour le Québec et de limiter le contrôle des entreprises québécoises par les Canadiens de langue anglaise.

Duplessis tenait ses opposants en respect en les menaçant de leur retirer leur emploi et de leur supprimer les contrats du gouvernement. L'Union nationale a également falsifié les élections à l'aide de fausses listes électorales, de boîtes de scrutin truquées et bien d'autres activités illégales. Mais à l'exception des années de guerre, de 1939 à 1944, Duplessis a conservé le pouvoir jusqu'à sa mort en 1959.

Le Parti communiste du Canada

Dirigé par Tim Buck, le Parti communiste du Canada, petit mais actif, organisait des rassemblements et tentait de structurer les travailleurs et les chômeurs. Il désirait amorcer une révolution qui changerait entièrement le système économique du Canada. Le gouvernement canadien craignait cette menace de révolution, ou « **menace communiste** » (en anglais, *red menace*, le rouge étant associé à la révolution et au drapeau de l'Union soviétique). Le Parti communiste a été banni et Buck a été emprisonné de 1932 à 1934. Toutefois, la révolution n'avait jamais représenté une menace réelle pour le gouvernement canadien.

Les femmes et la politique dans les années 1920

De nombreuses femmes continuaient à militer pour obtenir le droit de vote, convaincues qu'il favoriserait l'égalité des femmes et leur accession à la vie publique. Mais leur succès initial a fait place à la déception. En 1920, les femmes avaient le droit de voter aux élections fédérales et, partout sauf au Québec, aux élections provinciales. Les élections fédérales de 1921 ont été les premières où les femmes de plus de 21 ans ont pu voter et poser leur candidature. Mais sur les cinq femmes qui se sont présentées, une seule, Agnes Macphail de l'Ontario, a été élue.

Macphail, réélue à quatre reprises, a été la seule femme à siéger à la Chambre des communes jusqu'en 1935. Au cours de ces années, elle a dû faire face au mépris de ses collègues masculins sous toutes ses formes. Elle s'est dévouée entièrement, mais sans recevoir sa juste part. Traitée avec condescendance de « dame », elle a un jour rétorqué : « Je ne suis pas une dame, je suis députée. Cet esprit chevaleresque d'antan est entièrement creux. Il ne signifie rien, sinon que les hommes croient que les femmes leur sont inférieures. Je ne suis pas un simple Gulf Stream dans l'océan politique glacé. » À l'autre extrême, elle a également dû supporter des remarques haineuses telles que : « Ne souhaiteriez-vous pas devenir un homme ? » Ce à quoi elle a répondu : « Et vous ? »

Agnes Macphail : « Je désire obtenir pour moi-même ce que je désire pour toutes les femmes : l'égalité absolue. »

Macphail proposait un système de bien-être national qui comprendrait l'assurance-chômage et les prestations de vieillesse. En 1930, des étudiantes de l'Université de Toronto ont élu Agnes Macphail comme étant la femme à qui elles désiraient le plus ressembler. Elle était pacifiste et parlait avec passion de l'obtention de droits égaux pour les femmes, de l'égalité des salaires, du soutien financier pour les femmes abandonnées, du divorce, des garderies et des déductions d'impôt sur le revenu pour les femmes au travail — et elle le faisait seule.

En dépit de l'admiration que lui portaient de nombreuses femmes, les tenants du rôle traditionnel des femmes n'approuvaient pas Macphail. Pour leur répondre, elle déclarait: « Si les femmes ne s'intéressent qu'à la vie privée et non à prendre leur place dans le monde, elles ne méritent pas le droit de vote. » Épuisée avant l'heure par sa poursuite de la justice, Agnes Macphail est morte le 11 février 1954 à l'âge de 63 ans. Les Canadiennes suivent encore aujourd'hui son conseil des plus simples: « Une femme trouve sa place là où elle le veut. »

Emily Murphy (au premier rang) a mené la lutte pour que la loi reconnaisse aux femmes le statut de « personnes ».

L'affaire des « personnes »

Lorsque la constitution canadienne a enfin accordé aux femmes le statut de « personnes » en 1929, Agnes Macphail siégeait déjà au Parlement depuis sept ans. L'article 24 de l'*Acte de l'Amérique du Nord britannique* déclarait que toute « personne qualifiée » pouvait devenir sénateur, et d'autres lois sur les postes gouvernementaux étaient rédigées de manière similaire. Mais les femmes étaient-elles des « personnes » au regard de la loi ? Pendant des années, les fonctionnaires du gouvernement déclaraient qu'il n'en était rien, alors que les groupes féministes déclaraient que les femmes étaient bel et bien des « personnes ». Le débat s'est transformé en véritable combat juridique, oscillant d'un camp à l'autre pendant plus d'une décennie. Cinq femmes réformatrices de l'Alberta, surnommées en anglais les *Famous Five*, ont mené le combat: Emily Murphy, la première femme juge de l'Empire britannique, Irene Parlby, la première femme ministre du Cabinet au Canada, Nellie McClung, membre de l'assemblée législative de l'Alberta ainsi qu'Henriette Edwards et Louise McKinney, deux suffragettes et prohibitionnistes.

La juge Emily Murphy était aux premières lignes. Nommée magistrat à Edmonton en 1916, elle a été la première femme juge de l'Empire britannique. Les avocats qui plaidaient dans son tribunal soutenaient qu'elle n'était pas juge, car, d'après la loi sur la nomination des juges, elle n'était même pas une « personne ». Jour après jour, la juge Murphy notait les objections des avocats, les rejetait et continuait de faire son travail. Finalement, en 1920, un avocat a essayé d'utiliser l'argument de la « personne » pour faire libérer son client (un contrebandier reconnu coupable au tribunal de la juge Murphy) pour cause de vice de forme. Il a porté la cause en appel à la Cour suprême de l'Alberta. La Cour a tranché: la juge Murphy était une personne et, par conséquent, elle était admissible à la fonction de juge.

La juge Murphy, toutefois, ne s'est pas contentée de la décision d'un tribunal provincial. Elle voulait créer un précédent national et vérifier si les femmes pouvaient être nommées au Sénat canadien. La Cour suprême du Canada avait décidé en 1928 que les femmes n'étaient pas des personnes; Murphy et ses partisans ont porté sa cause jusqu'au **Conseil privé** de la Grande-Bretagne, la plus haute cour d'appel du

Canada à cette époque. Le Conseil privé lui a donné raison en 1929 en déclarant que l'exclusion des femmes de toutes les charges publiques était un reliquat d'une époque barbare. C'était un véritable triomphe pour les Canadiennes, mais après cette affaire, le mouvement féministe a perdu de sa vigueur. Il ne la retrouvera que dans les années 1960.

Hyperliens

www.dlcmcgrawhill.ca

Visite le site Internet dont l'adresse apparaît ci-dessus pour parfaire tes connaissances sur les *Famous Five* et d'autres féministes canadiennes. Clique sur ***Matériel complémentaire/Primaire et secondaire***, puis sur ***Regard sur le Canada***, et on t'indiquera où aller ensuite.

De nouvelles solutions à de vieux problèmes

À bien des égards, les années 1920 et 1930 ont contribué à la formation politique du Canada. Les mouvements extrêmes de l'économie ont forcé le gouvernement canadien à s'impliquer beaucoup plus directement dans la société. Alors que la pauvreté s'étendait sur tout le pays, plusieurs Canadiens croyaient que l'effort des partis politiques traditionnels était insuffisant et ils ont commencé à appuyer des nouveaux partis tels que la Fédération du commonwealth coopératif et le Crédit social. D'autres partis, comme l'Union nationale, ont lutté pour protéger la culture française au Québec. Sur le plan national, après une longue lutte, les femmes ont reçu le statut officiel de personnes au Canada. Les Canadiens croyaient de plus en plus que les gouvernements devaient s'impliquer davantage pour offrir à la population les nécessités premières de la vie, un rôle qui s'intensifierait au fil des années à venir.

Récapitulation

RÉSUMÉ DU CHAPITRE

Dans ce chapitre, tu as appris :

- comment Mackenzie King a été premier ministre pour la majeure partie des années 1920 et 1930;
- comment R.B. Bennett a essayé en vain de mettre fin à la crise, d'abord par une augmentation des tarifs, puis par une série de réformes tardives telles que le salaire minimum, de meilleures conditions de travail, l'assurance-chômage et le nombre d'heures de travail;
- comment les partis politiques régionaux, y compris la Fédération du commonwealth coopératif, l'Union nationale et le Crédit social ont fait surface en réaction à la Grande Dépression;
- comment les femmes ont enfin obtenu le statut juridique en remportant l'affaire des « personnes » en 1929.

RÉSUME TES CONNAISSANCES

1. Explique l'importance historique des personnes, des lieux ou des événements suivants :

« Discours de la pièce de cinq cents »	Crédit social
Camps de travail	Union nationale
New Deal de Bennett	Agnes Macphail
« Carrosses à Bennett »	Affaire des « personnes »
Fédération du commonwealth coopératif	

2. Nomme certaines des forces du premier ministre Mackenzie King.
3. Explique comment R.B. Bennett a réagi aux critiques qui, jusqu'en 1935, déclaraient que son gouvernement n'avait rien fait pour mettre fin à la crise.
4. Pour chacun des chefs de parti suivants, écris une phrase qui explique ce qui, selon lui, serait la meilleure solution pour mettre fin à la crise.

   a) J.S. Woodsworth (FCC)
   b) Maurice Duplessis (Union nationale)
   c) William Aberhart (Crédit social)
   d) Tim Buck (Parti communiste)

5. En tes propres termes, explique la signification et l'importance du jugement lors de l'affaire des « personnes ».

EXPRIME TON OPINION

1. Comment chacun des individus suivants aurait-il qualifié les efforts de R.B. Bennett pour mettre fin à la crise ? Explique toujours ta réponse.

   a) un chômeur
   b) un cultivateur de blé
   c) un fabricant de l'Ontario

2. Explique pourquoi, selon toi, les Canadiens ont choisi de réélire Mackenzie King en 1935 plutôt que voter de nouveau pour R.B. Bennett ?
3. Parmi toutes les solutions proposées par les partis politiques régionaux pour mettre fin à la crise, laquelle te plaît davantage et pourquoi ?
4. Nous sommes le 12 février 1954 et Agnes Macphail vient de mourir. Écris un éditorial pour décrire son importance historique pour le Canada.

ANALYSE LES FAITS HISTORIQUES

1. Plusieurs économistes ont attaqué l'idée qu'avait William Aberhart d'imprimer et de distribuer de l'argent pendant la Grande Dépression. À l'époque, la valeur du dollar canadien dépendait de la réserve en or du pays. Que serait-il arrivé à la valeur du dollar canadien si le gouvernement avait accordé le « crédit social » sans une augmentation des réserves en or ? Explique ta réponse.
2. C'est le Conseil privé de la Grande-Bretagne qui a donné raison à la juge Emily Murphy dans l'affaire des « personnes » et non pas la Cour suprême du Canada. Peux-tu expliquer pourquoi ?

CHAPITRE

12 La vie dans l'entre-deux-guerres

Les hauts et les bas de l'économie n'ont pas ôté aux Canadiens, grands et petits, leur goût pour le sport.

RETOUR AUX SOURCES

- **De quelle manière les artistes canadiens ont-ils exprimé l'âme de leur pays ?**
- **Quels ont été les effets de l'évolution des transports et des communications sur le mode de vie des Canadiens ?**
- **Comment les Amérindiens et les Noirs du Canada ont-ils réagi à la situation qui leur était dévolue dans les années 1920 et 1930 ?**
- **Quelle était la situation des immigrants dans les années 1920 et 1930 ?**

TERMES IMPORTANTS

Âge d'or du jazz

Contrebande

Culture

Danse du soleil

Débits clandestins

Pensionnats

Potlatch

CHRONOLOGIE

1919
XWA, la première station de radio commerciale, commence à diffuser à Montréal.

1928
Le quai 21 est inauguré à Halifax.

1931
Le Maple Leaf Gardens ouvre ses portes à Toronto.

1936
La Société Radio-Canada est créée à Ottawa.

En 1920, le Canada était sur le point d'accomplir de grands progrès. Il avait déjà acquis une partie de son indépendance politique et renforcé son économie. Désormais, il était prêt à prendre son envol sur le plan culturel et à tirer parti des innovations technologiques apparues depuis le début du siècle. L'avenir souriait aux femmes depuis que la Première Guerre mondiale leur avait permis de s'illustrer dans la société et sur les champs de bataille. Les Amérindiens et les Noirs, de même que les immigrants qui arrivaient au pays pleins d'espoir, allaient contribuer à la richesse et à la diversité de la vie canadienne dans l'entre-deux-guerres. Tous ces changements allaient malheureusement se dérouler sur un fond de récession économique.

L'émergence de l'identité culturelle canadienne

La **culture** d'un peuple correspond à ses coutumes et à son mode de vie. Dans les années 1920, les artistes canadiens, les écrivains et les peintres en particulier, ont commencé à s'inspirer des divers aspects de la culture nationale.

Les arts

La nostalgie, le sentiment de mélancolie que l'on éprouve en pensant au passé, était aussi répandue dans les années 1920 qu'elle l'est aujourd'hui. Alors que les campagnes se dépeuplaient, des auteurs comme Ralph Connor et Sir Gilbert Parker chantaient les joies de la vie rurale. Dans *Jalna* et *Whiteoaks of Jalna*, Mazo De la Roche dépeignait l'Ontario rural sous un jour romantique. Les romanciers québécois, tel Ringuet dans *Trente arpents*, décrivaient une société agricole, familiale et pieuse au moment même où le Québec s'urbanisait.

D'autres écrivains, tels Germaine Guèvremont, Frederick Philip Grove, Martha Ostenso et Morley Callaghan, donnaient une vision moins idéalisée de la vie au Canada. Dans *Le Survenant*, madame Guèvremont montrait que certains habitants des campagnes vivaient repliés sur eux-mêmes en se méfiant de tout ce qui leur était étranger.

En peinture, les membres du Groupe des Sept soutenaient que l'art devait s'épanouir pour que le pays devienne véritablement une patrie pour son peuple. Si l'on exclut Tom Thomson, mort tragiquement en 1917, le Groupe des Sept rassemblait à l'origine Lawren Harris, J.E.H. MacDonald, A.Y. Jackson, Arthur Lismer, Franklin Carmichael, Frank Johnston et Fred Varley. Au début, ces artistes peignaient des paysages du parc Algonquin, de la région d'Algoma et de la baie Georgienne, en Ontario. Ils ont ensuite transporté leurs chevalets jusque dans les Rocheuses, l'Arctique, le Québec et la Nouvelle-Écosse. Leur style, fait de touches généreuses et éclatantes et de formes puissantes, célébrait le caractère nordique du Canada.

À cette époque, deux tendances dominaient la peinture québécoise: le décor d'églises, notamment avec Ozias Leduc, et, surtout, le paysage avec Marc-Aurèle de Foy Suzor-Côté, Clarence Gagnon et Marc-Aurèle Fortin. Au cours de cette période, Alfred Pellan et Paul-Émile Borduas ont passé beaucoup de temps en France: à leur retour, ils auront une grande influence sur le développement de la peinture moderne au Québec.

Tom Thomson s'est noyé pendant une expédition en canot au parc Algonquin en 1917. Ses premières œuvres, dont celle-ci, intitulée *Afternoon, Algonquin Park*, ont donné un élan nouveau à la peinture canadienne.

Les arts

DEUX ARTISTES DES ANNÉES 1920 ET 1930

SOURCE : EMILY CARR, *Big Raven*, 1931. TOILE 87,3 X 114,4 CM.
VANCOUVER ART GALLERY, FIDÉICOMMIS EMILY CARR.

EMILY CARR

Née en 1871 à Victoria, en Colombie-Britannique, Emily Carr est devenue l'une des peintres les plus célèbres du Canada. Après avoir étudié les beaux-arts à San Francisco, elle a voyagé en Angleterre et en France. Son style s'est affirmé après son retour à Victoria. À la fin des années 1920, les tableaux de Carr connaissaient une grande popularité. Influencée par le Groupe des Sept, Carr peignait la nature de l'archipel de la Reine-Charlotte et le mode de vie de ses habitants Amérindiens.

PARASKEVA CLARK

Comme Emily Carr, Paraskeva Clark était une peintre canadienne renommée. Mais là s'arrête la ressemblance entre les deux artistes. Clark est née en 1898 à Saint-Pétersbourg, en Russie, et elle a émigré au Canada avec son mari canadien en 1931. Son style, influencé par le cubisme, se nourrissait à des sources russes et se démarquait nettement de la manière du Groupe des Sept. Clark peignait des scènes de la vie torontoise dans les années 1930 et 1940 et elle exprimait la détresse sociale des années de crise.

SOURCE : PARASKEVA CLARK, *Petroushka*, 1937.
MUSÉE DES BEAUX-ARTS DU CANADA.
REPRODUIT AVEC LA PERMISSION DE LA SUCCESSION DE PARASKEVA CLARK.

La technologie et la société

La radio, le téléphone, l'automobile, l'avion, le cinéma et bien d'autres nouveautés sont entrés dans la vie quotidienne au cours des années 1920. La diffusion des technologies et des inventions, dans les années 1920 et 1930, a contribué à unifier un pays immense et faiblement peuplé. Les barrières de temps et d'espace qui avaient séparé les Canadiens ont commencé à tomber.

La radio

L'inventeur canadien Reginald Fessenden avait réalisé la première transmission sans fil de la voix humaine en 1901. Son message humoristique, « Est-ce qu'il neige chez vous, M. Thiessen ? », est parvenu en crépitant à un assistant situé à 1 600 m de distance. Cependant, on attribue généralement l'invention de la radio au physicien italien Guglielmo Marconi. Il a ouvert la première station de radio commerciale, la station XWA, à Montréal. Celle-ci a diffusé sa première émission en 1919; au programme : informations, bulletin météorologique et musique enregistrée. Elle existe encore : c'est la station anglophone CFCF de Montréal.

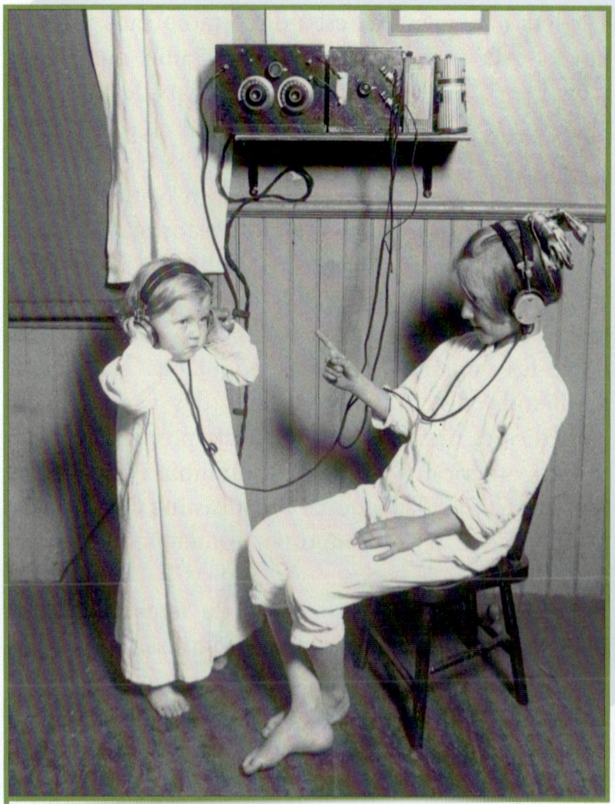

Imagine quelle a été l'excitation de ces enfants la première fois qu'ils ont écouté la radio !

La station XWA, à Montréal, a été la première station de radio commerciale du monde. Qu'est-ce que la radio a changé dans la vie des Canadiens au cours des années 1920 ?

Trois ans plus tard, le 2 octobre 1922, c'était au tour de la station CKAC, à Montréal, propriétaire du journal *La Presse,* de diffuser sa première émission. Elle est la première station de radio francophone en Amérique du Nord. Au début, sa programmation était surtout axée sur la musique classique et le théâtre. En 1925, CKAC a diffusé la première campagne électorale et la première soirée d'élections en direct. Dans les années 1930, le premier feuilleton radiophonique a été mis en ondes : *L'Auberge des chercheurs d'or*. Dès les premières années, CKAC avait une portée de diffusion qui permettait de capter les émissions jusqu'en Ontario et, plus tard, jusqu'en Nouvelle-Angleterre ; ainsi, des communautés francophones isolées de diverses régions du Canada et des États-Unis pouvaient-elles partager en français divertissements et informations grâce à la magie des ondes... Et ainsi conserver leur langue française.

Les premiers postes de radio fonctionnaient à piles. Un jeune et brillant ingénieur en électronique de Toronto, Ted Rogers, a inventé au milieu des années 1920 un poste de radio que l'on pouvait brancher dans une prise de courant. Il a ensuite ouvert une station de radio appelée CFRB. Les lettres CF indiquaient que la station était canadienne et les lettres RB signifiaient

« Rogers Batteryless », c'est-à-dire « radio sans piles de Rogers ». Le nombre de postes de radio que possédaient les Canadiens est passé de moins de 10 000 en 1923 à 297 000 en 1929.

En 1924, on comptait 51 stations de radio au Canada. Un an plus tôt, le Canadien National (CN) avait installé des récepteurs radio dans ses trains en vue d'attirer des passagers. En combinant ses propres stations à celles qu'il captait le long du chemin de fer, le CN a créé le premier réseau pancanadien. Cependant, les émissions les plus populaires étaient des feuilletons, des drames policiers, des westerns, des comédies et des reportages sportifs produits par des réseaux américains comme le Columbia Broadcasting System (CBS) et la National Broadcasting Corporation (NBC). Cette règle comportait toutefois une exception : *La Soirée du hockey*.

Le 22 mars 1923, un reporter du *Toronto Star* s'est installé dans une petite cabine insonorisée du Mutual Street Arena de Toronto. Foster Hewitt, alors âgé de 20 ans, a fait la première description en direct d'un match des Maple Leafs. Au cours de sa carrière, Hewitt a électrisé des générations d'amateurs de hockey avec sa fameuse exclamation : « Il lance et compte ! » La première partie du club de hockey Canadien de Montréal a été retransmise à la radio de Radio-Canada à l'automne 1937 : à cette époque, Rolland Beaudry décrivait les matchs. Michel Normandin et René Lecavalier allaient plus tard lui succéder.

L'émission *Hockey Night in Canada* est entrée en ondes en 1923. L'annonceur Foster Hewitt décrivait alors les matchs des Maple Leafs de Toronto. Pourquoi les reportages de Hewitt ont-ils contribué à faire du hockey le sport national du Canada ?

Le réseau expérimental du CN ne suffisait pas à calmer les inquiétudes suscitées par l'invasion de la culture américaine au Canada. En 1928, le gouvernement a chargé la commission Aird de faire enquête sur la radiodiffusion. Les recommandations de la commission ont abouti en 1932 à la création de la Canadian Radio Broadcasting Corporation. L'organisme a été réorganisé en 1936 et appelé Société Radio-Canada (SRC). Il avait pour mandat de produire des émissions de qualité à caractère national, éducatif et non commercial. C'était la première d'une longue série de mesures visant à augmenter et à valoriser le contenu canadien dans les médias électroniques.

La radio revêtait une grande importance pour de nombreuses familles canadiennes pendant la crise économique des années 1930. Elle apportait un peu de distraction dans un quotidien marqué par le chômage, les diminutions de salaire, les mauvaises récoltes et la chute des prix des produits agricoles. Les émissions fantaisistes comme *The Happy Gang* faisaient plus que divertir : leurs animateurs répondaient aux demandes de milliers d'auditeurs et les invitaient à leur communiquer des histoires drôles. C'était le début de l'interactivité ! À la même époque, Radio-Canada proposait des émissions canadiennes au lieu des émissions américaines et diffusait dans les régions éloignées. La SRC a contribué à briser l'isolement des régions et à créer un sentiment d'unité nationale.

Le téléphone et l'automobile

Les téléphones étaient rares en 1920, mais, dès 1929, trois familles canadiennes sur quatre en possédaient un. Le téléphone offrait en effet aux Canadiens un autre moyen de communiquer avec l'autre bout du pays sans sortir de chez eux. Les communications interurbaines se sont accélérées et stabilisées grâce à la mise sur pied de réseaux téléphoniques. Au début, plusieurs foyers se partageaient la même ligne, de sorte qu'il était possible d'écouter les conversations des autres abonnés.

En 1930, plus de un million d'automobiles étaient immatriculées au Canada. Le nombre de voitures immatriculées à Toronto avait augmenté de 800 % de 1916 à 1928 et atteignait les 80 000.

Les 128 000 kilomètres de routes pavées que comptait le pays en 1930 menaient tout droit vers une révolution. Peu à peu, les villes se sont entourées de banlieues, la campagne s'est ouverte aux citadins et les déplacements sont devenus plus faciles.

L'humour dans l'histoire

LES JOYEUX TROUBADOURS

S'inspirant de l'émission canadienne anglophone *The Happy Gang*, *Les Joyeux Troubadours* a certainement été l'une des émissions les plus populaires du réseau français de Radio-Canada en tenant l'antenne 36 ans, soit de 1941 à 1977. L'émission était diffusée tous les jours de la semaine et enregistrée devant un public. Les animateurs, Jean-Maurice Bailly, Gérard Paradis et Estelle Caron, amusaient les nombreux auditeurs avec leurs saynètes, leurs blagues et leurs chansonnettes.

L'émission commençait toujours ainsi :
(On entend frapper à la porte.)
– *Qui est là?*
– *Les Joyeux Troubadours !*
– *Mais entrez, voyons !*
– *Entrons !*

Et les animateurs se mettaient à chanter :
Durant toute la semaine
Les Joyeux Troubadours
Ont confiance en leur veine
Et rigolent toujours
Ce sont des philosophes
Au lieu de s'affoler
Devant une catastrophe
Se mettent à rigoler
Ne jamais croire
Toutes ces histoires
Et c'est comme ça qu'on est heureux
Savoir sourire
Quant tout chavire
Et c'est comme ça qu'on est heureux

Aimer la vie
Et ses folies
Et c'est comme ça qu'on est heureux
Et trouver le ciel bleu
Quand il tonne ou quand il pleut
C'est comme ça qu'on est heureux !

Les animateurs aimaient se taquiner entre eux.
Voici un échantillon :
(Blague)
Estelle : Ça c'est bien passé votre party *hier soir Gérard ?*
Gérard : Un peu trop oui. J'aurais dû servir moins de boisson.
Estelle : Ah ! Comment ça ?
Gérard : Ça aurait empêché Bailly vers deux heures du matin, sous prétexte qu'il avait trop dansé, de se faire tremper les pieds dans l'aquarium.

Les fidèles de cette émission ont vigoureusement protesté contre sa disparition en 1977 en accaparant les lignes d'une tribune téléphonique de la SRC.

Un grand nombre de Canadiens achetaient des automobiles dans les années 1920. À l'abri dans leurs voitures fermées, les gens découvraient le plaisir de conduire sur des routes bien pavées.

Pour démarrer les premières voitures, il fallait tourner une manivelle malcommode et dangereuse. L'apparition du démarreur électrique a rendu les voitures plus attrayantes, mais pas nécessairement plus abordables. Réservées aux riches, les automobiles des années 1920 n'avaient rien de fiable. Les phares, les pédales d'embrayage et les freins étaient fragiles. Il n'était pas exceptionnel qu'un trajet de 200 km soit ponctué de 10 crevaisons. À la fin des années 1930, cependant, le modèle T de Ford, noir et trapu, a été remplacé par des voitures colorées et élégantes, munies d'une boîte de vitesse automatique et dotées d'un intérieur spacieux et confortable.

Les nouvelles machines agricoles

Dans les campagnes, les camions facilitaient le transport des céréales entre les fermes et les silos de même que les voitures facilitaient la mise en marché des produits agricoles. Or, les camions et les voitures n'étaient pas les seuls engins à transformer la vie rurale dans les années 1920 et 1930.

Le nombre de chevaux dans les fermes canadiennes a atteint un point culminant en 1926 puis il a progressivement diminué avec l'avènement de machines de plus en plus perfectionnées. Un modèle standardisé de tracteur est apparu au début des années 1920. Mais le changement technologique le plus important de l'époque, pour les producteurs de blé des Prairies en particulier, a été la moissonneuse-batteuse. Non seulement cette machine accélérait-elle la moisson dans une région où les étés étaient courts, mais elle se substituait à des dizaines d'ouvriers et éliminait tout le travail manuel relié aux récoltes.

Lorsque les Lignes aériennes Trans-Canada ont commencé à transporter des passagers, en 1937, elles les accueillaient dans de luxueux appareils Lockheed Electra de 10 places.

Le transport aérien

Pendant les années 1920 et 1930, les Canadiens voyageaient surtout en automobile, en train et en bateau. Il n'y a eu qu'une seule ligne aérienne pour le transport des passagers jusqu'en 1927. Quelques liaisons interurbaines se sont alors ajoutées. Il existait plusieurs compagnies aériennes dans les années 1930, mais il a fallu attendre jusqu'en 1937 pour que le gouvernement fédéral fonde une société nationale d'aviation, les Lignes aériennes Trans-Canada.

La moissonneuse-batteuse permettait aux agriculteurs de combiner deux opérations. Quelles ont été les conséquences néfastes de cette merveille technologique ?

En 1939, les Lignes aériennes Trans-Canada possédaient 15 appareils Lockheed de 10 places. Ces avions étaient fabriqués aux États-Unis, car il n'existait pas encore d'industrie aéronautique au Canada. Le premier vol pour le transport des passagers a eu lieu le 1er avril 1939 entre Vancouver et Montréal. Le trajet, entrecoupé de quelques escales, durait 15 heures, une nette amélioration par rapport aux 3 jours et 4 nuits que durait le même voyage en train. Le prix du billet, cependant, s'établissait à 130,90 $ pour un aller simple, une somme que seuls les riches pouvaient se permettre de débourser.

Le cinéma

Le cinéma a fait son entrée au Canada en 1896. Les premiers exploitants avaient pour la plupart fait leurs débuts dans le domaine du théâtre ou des fêtes foraines. Ils achetaient eux-mêmes les films et allaient de ville en ville pour les projeter. Tout a changé dans les années 1920. Les gros producteurs américains présentaient leurs propres films dans les chaînes de salles qu'ils ouvraient un peu partout au pays. La production cinématographique et les chaînes canadiennes étaient étouffées. La chaîne Allen, par exemple, avait été fondée à Brantford, en Ontario, en 1906. Elle possédait 45 salles en 1919, mais elle a été achetée en 1923 par le réseau de distribution américain Famous Players.

Les Canadiens adoraient les films d'Hollywood et idolâtraient les vedettes américaines comme Charlie

Chaplin, Rudolph Valentino et Greta Garbo. Beaucoup de bons acteurs canadiens sont allés chercher la gloire et la fortune à Hollywood. Quelques-uns ont réussi. Mary Pickford, de son vrai nom Gladys Louise Smith, a été surnommée « l'enfant chérie de l'Amérique ». Elle est née à Toronto en 1893 et elle y a fait ses débuts de comédienne à l'âge de cinq ans. Dès 1907, elle est partie pour Hollywood, où elle est devenue l'actrice la plus populaire des années 1920. Avec son mari Douglas Fairbanks et son camarade Charlie Chaplin, Mary Pickford a fondé le studio United Artists en 1919.

Pour encourager l'industrie cinématographique, le gouvernement fédéral a subventionné des maisons de production canadiennes, mais la plupart des films alors produits, tel *Fishing for Fun*, ont été de coûteux échecs. L'industrie cinématographique canadienne n'a remporté ses premiers succès qu'après la fondation de l'Office national du film (ONF), une société d'État, en 1939.

L'actrice d'origine canadienne Mary Pickford est devenue une grande vedette à Hollywood, où elle a été surnommée « l'enfant chérie de l'Amérique ».

L'âge d'or du jazz

On considère souvent les années 1920 comme l'**âge d'or du jazz**. En effet, ce genre musical révolutionnaire était extrêmement populaire à l'époque. Héritier des traditions musicales d'Europe et d'Afrique occidentale, le jazz est né dans la communauté noire de la Nouvelle-Orléans au XIXe siècle; il prenait déjà plusieurs formes au début du XXe siècle, dont le blues et le ragtime. Grâce à des étoiles comme Louis Armstrong, Bessie Smith et Duke Ellington et avec l'aide de la radio, le jazz a franchi les frontières des États-Unis et a conquis le Canada. Le premier enregistrement de jazz réalisé au Canada s'est fait à Toronto en 1926 : le Gilbert Watson Orchestra y exécutait la pièce *St. Louis Blues*. L'âge d'or du jazz s'est peut-être terminé autour des années 1930, mais l'influence du jazz se fait encore sentir dans la musique populaire.

Le jazz a déferlé sur les années 1920 comme un raz de marée. Né à la Nouvelle-Orléans, il a envahi les boîtes de nuit d'Amérique du Nord et d'Europe avec ses cuivres, ses batteries, ses contrebasses et son piano. Le jazz a fait son entrée dans les villes canadiennes grâce à des formations comme le Elks Jazz Band, photographié ici.

Le théâtre ambulant

Le jazz faisait le gros de ses adeptes dans la classe moyenne des villes. À la campagne, l'attraction la plus populaire était un théâtre ambulant appelé Chautauqua qui présentait, en plus de pièces de théâtre, des conférences sur les dernières nouveautés (comme la radio), des numéros de prestidigitation et des spectacles de marionnettes. Avec ses trois à six représentations quotidiennes, Chautauqua a marqué la culture rurale du Canada anglais, celle de l'Ouest en particulier, des dernières années de la crise économique au milieu des années 1930.

PHOTOREPORTAGE

LA MODE DANS LES ANNÉES 1920

Du côté des communautés francophones, la troupe de la Bolduc et de Jean Grimaldi attirait les spectateurs au cours de ses tournées au Québec, en Ontario ainsi qu'en Nouvelle-Angleterre. La Bolduc (Mary Travers) était une chanteuse très populaire à l'époque et vendait de nombreux disques. Les spectacles de la troupe réservaient donc une grande place à la chanson et intégraient des petites scènes de théâtre comiques ainsi qu'une partie musicale à saveur folklorique (gigue, harmonica, etc.). Ces tournées constituaient un divertissement très apprécié par les gens des régions isolées et permettaient aux francophones de l'Ontario et des États-Unis d'avoir un contact avec la culture populaire francophone.

Le théâtre ambulant était immensément populaire, mais la crise économique lui a porté un dur coup. Et puis la radio et le cinéma l'ont achevé. Même s'il est disparu, la troupe pouvait se vanter d'avoir amusé et informé les foules à une époque où les divertissements étaient rares.

Le sport professionnel

Dans les années 1920, les villes s'étendaient, les temps libres s'étiraient et la prospérité revenait peu à peu. La radio et les journaux étaient en voie de créer de grands marchés de consommation. Les conditions étaient propices au développement explosif du sport professionnel. Aux États-Unis, des milliers d'amateurs de baseball se massaient au stade des Yankees de New York pour acclamer l'étoile des frappeurs, l'as des coups de circuit : George Herman « Babe » Ruth.

En 1927, la Ligue nationale de hockey (LNH) brassait déjà de grosses affaires dans les grandes villes d'Amérique du Nord. Elle comptait 10 équipes à l'origine : deux à Montréal, deux à New York et une à Ottawa, Toronto, Detroit, Boston, Pittsburgh et Chicago. En plus du hockey, le football, la crosse, le baseball et l'athlétisme avaient des milliers d'adeptes au Canada dans les années 1920.

Le chômage entraîné par la crise économique empêchait de nombreux sportifs d'estrade d'assister aux matchs de leur équipe favorite, mais les reportages détaillés présentés dans les journaux et à la radio entretenaient la flamme.

Au Canada, durant les années 1920, de nombreux spectateurs assistaient aux matchs de football.

Les femmes et le sport

La période comprise entre 1920 et 1935 environ a été l'âge d'or du sport féminin. Beaucoup d'organismes pour les jeunes, la Young Women's Christian Association (YWCA) en particulier, encourageaient l'activité physique chez les jeunes femmes. C'est ainsi que sont apparus des clubs de sport féminin amateur. Le basketball et le baseball comptaient parmi les sports les plus populaires. La meilleure équipe de compétition en basket-ball était les Edmonton Grads. Au cours de ses 20 années d'existence, la formation a remporté 502 des 522 parties qu'elle a disputées et elle a récolté 4 médailles d'or olympiques.

Les femmes n'excellaient pas seulement au basket-ball. En patinage de vitesse, par exemple, Gladys Robinson s'est illustrée aux Jeux olympiques de Lake Placid, en 1932, tandis que Lela Brooks a établi six records mondiaux en 1926. Ethel Smith a remporté la médaille d'or au relais quatre fois 100 m aux Jeux olympiques de 1928 à Amsterdam. Ethel Catherwood, surnommée *the Saskatoon Lily*, a mérité le même honneur au saut en hauteur. Fanny « Bobbie » Rosenfeld, pour sa part, a brisé des records canadiens au saut en longueur. Athlète accomplie, Rosenfeld a aussi fracassé des records au lancer du disque et elle s'est distinguée au tennis et au hockey. Elle a été intronisée au Temple canadien de la renommée dans les sports. En 1934, la nageuse Phyllis Dewar, de Moose Jaw, en Saskatchewan, a reçu quatre médailles d'or aux Jeux de l'Empire britannique.

Les Edmonton Grads ont été la meilleure équipe de basket-ball de l'histoire. Selon toi, pourquoi l'intérêt porté au sport féminin a-t-il diminué dans les années 1930 ?

À compter des pires années de la crise économique, les femmes ont été obligées de renoncer aux podiums et de retourner à des rôles traditionnels. Les médecins et les éducateurs jugeaient les femmes trop fragiles pour les sports de compétition comme le baseball. On a alors mis sur pied des règlements pour limiter les contacts et les efforts physiques dans le sport féminin. Par la suite, celui-ci a connu une éclipse qui a duré jusque dans les années 1960.

Fanny « Bobbie » Rosenfeld est la seule femme qui a été intronisée au Temple canadien de la renommée dans les sports en qualité d'athlète universelle.

La prohibition

Au cours des années 1920 et 1930, un sujet était sur toutes les lèvres : la prohibition. Le gouvernement fédéral avait adopté des lois pour restreindre la consommation d'alcool pendant la Première Guerre mondiale et, en 1918, toutes les provinces sauf le Québec avaient fait de même. La prohibition a été bénéfique au début; la fermeture des *saloon* et des bars a entraîné une diminution de désordre public et de la violence familiale. La prohibition, cependant, créait des problèmes en même temps qu'elle en éliminait d'autres.

La prohibition aux États-Unis, qui a duré de 1919 à 1933, était le principal facteur de l'activité criminelle au Canada. Un grand nombre d'Américains désiraient consommer de l'alcool et étaient prêts à s'en procurer illégalement. Or, les distilleries des Prairies continuaient de produire de l'alcool avec la bénédiction du gouvernement à des fins médicales. Une grande partie de cet alcool était vendu en cachette à des Américains « assoiffés ».

La **contrebande** d'alcool rapportait des profits énormes. Une caisse de 12 bouteilles payée 50 $ en Saskatchewan pouvait se vendre jusqu'à 300 $ de l'autre côté de la frontière. Les **débits clandestins** se

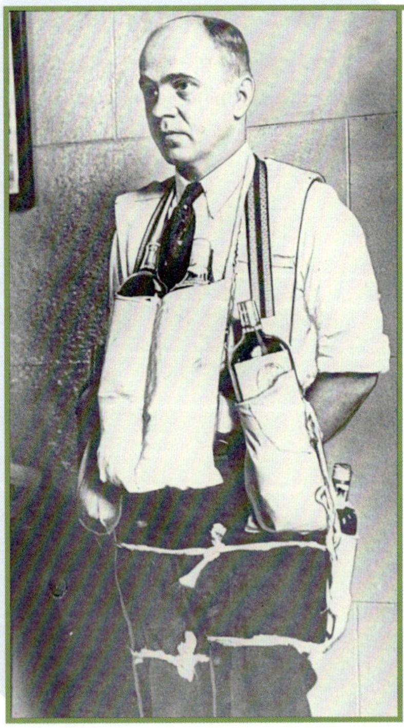

Beaucoup de contrebandiers trouvaient des moyens ingénieux d'introduire de l'alcool aux États-Unis. Selon toi, combien de bouteilles cet homme pouvait-il cacher sous un manteau ample ?

multipliaient dans tout le Canada. Quelques-unes des plus riches familles du pays ont empoché leurs premiers millions avec la vente illégale d'alcool pendant la prohibition américaine.

Aux États-Unis, la perspective de gros bénéfices alléchait des criminels violents qui se livraient au règlement de compte, au meurtre et à la corruption. Les policiers, les juges et les fonctionnaires résistaient mal à la tentation des pots-de-vin. La criminalité a traversé la frontière. En 1923, un prohibitionniste du Manitoba a déclaré que les contrebandiers, les bandits et les voleurs de banque avaient mis le monde sens dessus dessous. « Le remède, a-t-il déploré, est 10 fois pire que la maladie. » La prohibition devenait une plaie sociale, tout comme l'alcoolisme qu'elle avait pour but d'éliminer.

Le gouvernement américain ne prenait pas la contrebande d'alcool à la légère. En 1929, l'équipage de la goélette *I'm Alone* de la Nouvelle-Écosse a essayé d'introduire de l'alcool aux États-Unis. La garde côtière américaine n'avait pas le droit d'arraisonner le bateau tant qu'il restait à l'extérieur des eaux territoriales des États-Unis. Mais les Américains ont pourchassé le *I'm Alone* pendant deux jours et l'ont coulé à coups de canon même s'il se trouvait en eaux internationales. L'incident a déclenché une vive controverse, mais les Canadiens ont continué d'introduire de l'alcool aux États-Unis jusqu'à la fin de la prohibition, en 1933.

La lutte contre l'injustice

Quelques groupes de Canadiens ont connu le pire des deux décennies de l'entre-deux-guerres. Ils n'ont pas connu la prospérité des Années folles et ils ont souffert plus que la plupart des autres pendant la crise économique. Confrontés à un marché de l'emploi fermé, à des politiques gouvernementales restrictives et à la discrimination, les Amérindiens, les Noirs et les femmes ont connu de grandes difficultés durant les années 1920 et 1930. Chacun de ces groupes, cependant, a trouvé des moyens de faire valoir ses droits dans la société canadienne.

Les Amérindiens

Les Amérindiens du Canada ont continué à souffrir de la discrimination et de la pauvreté après la Première Guerre mondiale. Depuis que le gouvernement fédéral les avait pris en charge, en 1867, son objectif avoué était de les assimiler, c'est-à-dire de les intégrer totalement à la culture occidentale. Il s'est donc efforcé de faire disparaître tous les éléments de la culture amérindienne. Il a interdit au début des années 1920 les cérémonies traditionnelles comme la **danse du soleil** exécutée par certaines tribus des Prairies et le ***potlatch*** (dons faits à un groupe rival qui sera obligé d'être plus généreux quand viendra son tour) pratiqué sur la côte Nord-Ouest. Le gouvernement s'est aussi appliqué à miner l'autorité des chefs traditionnels. Il démettait de leurs fonctions ces chefs et leurs conseils et faisait élire à leur place des conseils gagnés aux visées de l'État. Il envoyait la police dans les réserves pour dissoudre les conseils, saisir des documents importants et perquisitionner les habitations.

L'une des meilleures stratégies d'assimilation consiste à éloigner les enfants de leur culture. Le gouvernement séparait donc les enfants Amérindiens de leurs familles et les mettait dans des **pensionnats**. Cette mesure faisait partie d'une politique de « civilisation agressive ». Les règlements des pensionnats visaient à couper les élèves de toutes leurs racines amérindiennes. Les pratiques religieuses traditionnelles étaient interdites. Les enfants qui parlaient leur langue maternelle étaient sévèrement punis. On habillait les élèves à l'européenne et on les obligeait à se transformer en bons chrétiens.

Les Amérindiens ont résisté pendant des décennies à l'endiguement et à l'assimilation. Dès les années 1920, plusieurs d'entre eux se sont donné pour

En dépit des tentatives d'assimilation du gouvernement à la culture occidentale, les peuples amérindiens se sont regroupés pour défendre leurs droits. On voit ici une délégation chargée de négocier les droits relatifs aux ressources naturelles avec le premier ministre du Manitoba John Bracken en 1929.

mission d'assurer la survie économique et culturelle de leur peuple. Le chef mohawk F.O. Loft de l'Ontario s'était battu pendant la Première Guerre mondiale. À son retour au Canada, il a tenté d'attirer l'attention du public sur le sort de son peuple. Frustré par l'indifférence générale, Loft a fondé un organisme national appelé Ligue des Amérindiens. Il exigeait que les Amérindiens puissent voter sans être contraints de renoncer à leur statut particulier. Il voulait aussi qu'ils aient leur mot à dire dans la gestion de leurs réserves et de leurs finances. À la même époque, des chefs haïdas et tsimshians ont fondé des regroupements comme le Native Brotherhood of British Columbia pour représenter les pêcheurs amérindiens. Leurs initiatives ont marqué les débuts de l'activisme amérindien qui allait culminer dans les années 1960.

Les Noirs du Canada

Durant les années 1920, la majorité des Noirs vivait dans les villes et en particulier à Halifax, à Montréal, à Toronto et à Vancouver. Ils se heurtaient à la discrimination (le fait de traiter un groupe différemment des autres, de manière injuste généralement) dans tous les domaines de la vie, l'emploi y compris. Ainsi, les hommes noirs pouvaient travailler comme manœuvres, concierges, serveurs, barbiers et porteurs, mais pas comme gardiens de sécurité. Les emplois ouverts aux femmes noires étaient encore plus rares. Au début de la Première Guerre mondiale, au moins 80 % des Noires des villes canadiennes travaillaient comme domestiques.

En 1919, un Noir de Montréal a poursuivi en justice le propriétaire d'un théâtre parce qu'on l'avait forcé à s'asseoir au balcon. Le juge a déclaré le propriétaire non coupable. En 1924, une cour de l'Ontario a établi qu'il était légal de refuser les Noirs dans les restaurants et les bars ou de les obliger à s'asseoir dans une section à part parce qu'aucune loi n'interdisait cette pratique. Les tribunaux ont ainsi été réduits à cautionner la discrimination raciale jusqu'à ce que les gouvernements fédéral et provinciaux adoptent des lois pour l'interdire. La discrimination a subsisté tant que la population canadienne l'a tolérée et n'a commencé à diminuer qu'au moment où le public a exigé des lois relatives aux libertés individuelles.

Les Noirs ne pouvaient donc compter que sur eux-mêmes pour sortir de la misère. Partout au Canada et aux États-Unis, les Noirs trouvaient réconfort et encouragement dans leurs églises. Les services sociaux

Les Noirs qui travaillaient dans les wagons-lits des chemins de fer canadiens ont formé la Canadian Brotherhood of Sleeping Car Porters. Quel genre de soutien ce regroupement offrait-il aux Noirs ?

que les communautés paroissiales offraient par l'entremise des femmes noires constituaient le ciment de la communauté. De même, c'était souvent des leaders religieux qui prenaient la parole pour réclamer des changements.

Un grand nombre de Noirs travaillaient dans les wagons-lits des chemins de fer canadiens. Comme ils sillonnaient le pays à bord des trains, ils demeuraient en contact avec les différentes communautés noires. Le regroupement qu'ils ont formé, la Canadian Brotherhood of Sleeping Car Porters, est devenu un syndicat membre de la Fraternité canadienne des employés des chemins de fer. Plusieurs défenseurs des droits des Noirs sont issus de ce groupe. L'un d'eux, Harry Gairey, a publié ses mémoires sous le titre *A Black Man's Toronto, 1914-1980*. Les lois antidiscrimination ne sont apparues au Canada qu'à compter des années 1940, mais les femmes et les hommes de la communauté noire avaient commencé bien avant à sensibiliser la population canadienne au problème du racisme.

À la suite de son congédiement en 1923 par le conseil scolaire, Jeanne Lajoie, surnommée la « pucelle de Pembroke », a ouvert une école privée pour pouvoir enseigner en français. Elle est morte en 1930 de la tuberculose.

Les Franco-Ontariens

Pour les Franco-Ontariens, la lutte contre l'assimilation s'était concentrée autour de la crise scolaire amorcée en 1912 : des enseignantes ont été congédiées pour avoir enseigné en français; Samuel Genest, le président du Conseil des écoles séparées d'Ottawa, a été condamné pour avoir rémunéré des enseignants malgré les dispositions du *Règlement 17*; des mères ont chassé les policiers de l'école Guigues en les menaçant de leurs épingles à chapeau; ensuite, elles ont occupé l'école jour et nuit, permettant la reprise des cours. Cet incident a été baptisé la « bataille des épingles ». En 1921, la crise scolaire s'est résorbée. Mais la lutte n'est pas terminée, car Jeanne Lajoie, enseignante à Pembroke, est congédiée par le conseil scolaire en 1923 pour avoir voulu défendre l'enseignement en français. Cependant en 1927, le fameux *Règlement 17* est devenu pratiquement sans effet, ce qui a constitué une grande victoire pour la communauté franco-ontarienne.

Les femmes

Les études sur les sombres années de la crise économique font largement état de la situation des hommes, qui devaient avoir recours à toutes sortes d'expédients pour gagner un peu d'argent. Or, les femmes n'avaient pas la vie facile non plus. Elles avaient peut-être obtenu le droit de vote après la Première Guerre mondiale, mais leur rôle dans la société était encore assujetti à des préjugés bien ancrés. Lorsque les congédiements massifs ont commencé, en 1929, beaucoup de gens pensaient que les emplois restants appartenaient aux hommes et que les femmes, les femmes mariées en particulier, devaient retourner dans leur milieu « naturel », le foyer. Médéric Martin, le maire de Montréal, a déclaré ce qui suit :

> *La vie nationale ne serait-elle pas plus heureuse, plus sensée, plus sûre, si un grand nombre de ces hommes [les chômeurs] pouvaient occuper des emplois qu'occupent actuellement des femmes, quitte à ce que les femmes sacrifient leur indépendance financière et retournent au foyer, à la charge de leur père, de leur mari ou de leur frère, comme cela était au bon vieux temps d'avant le féminisme ?*

Le monde du travail n'était pourtant pas un paradis pour les femmes. Plus de 70 % des travailleuses étaient concentrées dans 6 des 25 catégories d'emplois qui existaient à l'époque : le textile et le vêtement (couturières); la vente de gros et de détail (dactylographes et vendeuses); l'éducation ainsi que la santé et les services sociaux (enseignantes, infirmières et travailleuses sociales); la restauration et l'hôtellerie (serveuses et femmes de chambre); les services personnels et récréatifs (domestiques). Comme il y avait forcément plus de candidates que d'emplois, les employeurs procédaient à de fréquents congédiements et refusaient d'améliorer les conditions de travail.

La Première Guerre mondiale avait permis aux femmes d'espérer une ère nouvelle. N'avaient-elles pas fait leur entrée sur le marché du travail et conquis le droit de vote ? Plusieurs ont en effet obtenu de grandes victoires personnelles et accompli des pas de géant. Cependant, les vieux stéréotypes avaient la vie dure, et les femmes ont dû attendre pendant quelques décennies encore l'aube de l'ère nouvelle qu'elles souhaitaient tant.

L'immigration dans les années 1920

La question de l'immigration était matière à controverse dans les années 1920. Massive pendant l'essor économique du début du XXe siècle, l'immigration avait presque cessé durant la Première Guerre mondiale. Elle a remonté à la faveur des brèves années de prospérité de l'après-guerre et le Canada a alors accueilli 150 000 immigrants par année. Les partisans de l'immigration prétendaient qu'une augmentation du nombre de colons créerait des revenus et grossirait les marchés. On avait besoin d'immigrants pour écouler les produits des entreprises canadiennes. Un industriel a d'ailleurs résumé cette opinion en disant : « Il y a trop de chaussures et pas assez de pieds au Canada. »

Quels immigrants fallait-il laisser entrer au Canada ? Avait-on admis trop d'immigrants non britanniques ? Était-il possible d'intégrer tous ces gens à la « civilisation » britannique ? Le premier ministre de la Colombie-Britannique a déclaré en 1923 : « Nous tenons à conserver le caractère britannique de notre pays. Nous voulons des Britanniques et personne d'autre. » Il n'était pas le seul à penser ainsi. Le chef du Parti conservateur, R.B. Bennett, de même qu'une foule de médecins, de politiciens, d'éducateurs et de journalistes partageaient son point de vue.

Les Canadiens français se préoccupaient quant à eux de l'effet que pourrait avoir l'immigration sur leur situation au sein du pays. Les immigrants venaient de Grande-Bretagne ou d'ailleurs dans le monde, mais pas de pays francophones. Ils n'étaient pas enclins à apprendre la langue française et à adopter la culture française. Leur arrivée allait-elle rendre les francophones encore plus minoritaires qu'ils ne l'étaient déjà ?

Le quai 21, porte d'entrée du Canada

Presque tous les immigrants européens qui sont entrés au Canada entre 1928 et 1971, soit plus de 1,5 million de personnes, ont débarqué au quai 21 dans le port de Halifax. Dès leur arrivée, les immigrants subissaient des examens médicaux. S'ils ne présentaient pas de signes de maladie, ils recevaient un certificat d'immigrant reçu. Ils se procuraient ensuite un billet de train et, s'ils possédaient encore un peu d'argent, ils achetaient du fromage, du pain et de la viande en conserve. Ils montaient enfin dans le train qui les amènerait vers une vie meilleure. C'est du moins ce qu'ils espéraient.

Nombre d'immigrants ont trouvé la terre promise dont ils avaient rêvé, mais d'autres ont été amèrement déçus. Les adultes et même les enfants travaillaient pour presque rien comme domestiques ou ouvriers d'usine. Les tâches étaient dures, les journées longues, les salaires peu élevés et les conditions de travail pénibles. Les immigrants ne se sont pas découragés pour autant et ils ont réussi à force de persévérance à gagner leur vie dans leur pays d'adoption. Le Canada ne serait pas devenu ce qu'il est aujourd'hui sans le courage et la détermination des hommes et des femmes qui ont débarqué au quai 21.

La déportation des immigrants chômeurs

La discrimination à l'égard des immigrants était déjà manifeste dans les années 1920, mais elle a empiré au plus fort de la crise. Les syndicats prétendaient que les nouveaux venus volaient les emplois des Canadiens de souche en acceptant des salaires inférieurs. En réalité, les immigrants souffraient davantage de la crise que les autres ouvriers. Le gouvernement leur refusait souvent toute forme d'aide et il a même commencé à les déporter en leur reprochant de chômer, de présenter un handicap physique ou mental ou encore une maladie infectieuse. Les autorités disaient procéder à une élimination des chômeurs et s'en prenaient de la sorte partout au pays à des gens qui se retrouvaient malgré eux sans emploi. Comme les immigrants récents étaient habituellement les premiers congédiés, ils formaient le groupe le plus vulnérable.

Survivre dans les années 1930

Les années 1930 ont été une époque abominable pour un grand nombre de Canadiens. Certaines personnes cherchent en vain les bons côtés de ces années de désespoir. Un homme à qui l'on demandait ses souvenirs de la crise a répondu comme suit : « Ces sales années 1930 ! Je dirais que je n'avais jamais reculé dans ma vie jusqu'à ce que la crise m'étrangle, me prenne ma femme, ma maison et une parcelle de bonne terre en Saskatchewan. J'ai tout perdu. Écrivez ça. »

D'autres Canadiens ont pris le parti de l'humour et inventé des blagues comme celle-ci à propos de la sécheresse en Saskatchewan : « Pendant une violente tempête, un fermier va à la banque pour hypothéquer sa terre. Le banquier lui dit : "Je voudrais voir votre terre." Juste à ce moment-là, une bourrasque ébranle le mur de la banque. Le fermier répond : "Ouvrez votre fenêtre, la voilà, ma terre." » Il est vrai qu'à certains égards la crise économique a eu pour effet de rapprocher les gens. Il n'en reste pas moins qu'elle a surtout créé de profondes divisions dans la société canadienne.

Les loisirs

Beaucoup de Canadiens cherchaient des moyens d'échapper aux soucis de la crise, au moins pour un moment. Les gens s'amusaient comme ils le pouvaient. Ils se rassemblaient dans les parcs publics pour jouer au baseball l'été et au football l'hiver. Le curling est devenu un sport d'hiver populaire. À l'école, les enfants y jouaient avec des boîtes de conserve remplies de boue gelée et munies de poignées en fil de fer. Les gens aimaient les bons vieux passe-temps comme les courses de chevaux, les pique-niques, la baignade, la cueillette de petits fruits, les promenades en traîneau, le théâtre amateur et les activités paroissiales.

Hyperliens

www.dlcmcgrawhill.ca

Visite le site Internet dont l'adresse apparaît ci-dessus pour en savoir plus sur le quai 21. Clique sur ***Matériel complémentaire/Primaire et secondaire***, puis sur ***Regard sur le Canada***, et on t'indiquera où aller ensuite.

Par-dessus tout, il y avait les films parlants, et les gens qui avaient les moyens de débourser 25 ¢ ou 50 ¢ pouvaient voir l'actrice Fay Wray, originaire de l'Alberta, se débattre entre les doigts velus de King Kong ou la jeune Judy Garland gambader sur les pavés jaunes dans *Le Magicien d'Oz*. *Autant en emporte le vent*, dont la première a eu lieu à la fin de 1939 et qui mettait en vedette Vivien Leigh et Clark Gable, était le film le plus populaire de l'heure.

Le pire et le meilleur

La vie au Canada dans l'entre-deux-guerres a été marquée par des changements technologiques radicaux et des bouleversements économiques et sociaux tout aussi dramatiques. La propagation de la radio, du téléphone et de l'automobile, l'essor du transport aérien et l'apparition de nouveaux produits de consommation ont favorisé les communications entre les Canadiens et changé leur mode de vie à tout jamais. Cette génération a connu à la fois la richesse économique et culturelle de l'âge d'or du jazz et la pire crise économique du siècle. Les immigrants tenaient une chance de commencer une nouvelle vie, mais ils ont été les premières victimes de la crise. Les femmes, les Noirs et les Amérindiens ont trouvé des moyens de s'organiser, de s'exprimer et de s'entraider, mais ils étaient encore loin d'obtenir la place qui leur appartenait dans la société canadienne.

Récapitulation

RÉSUMÉ DU CHAPITRE

Dans ce chapitre, tu as appris :

- que les artistes comme le Groupe des Sept, Marc-Aurèle Fortin et les institutions comme la Société Radio-Canada ont contribué à l'épanouissement de la culture canadienne;
- que les innovations technologiques comme la radio, le téléphone, le cinéma et l'automobile ont entraîné de profonds changements sociaux et culturels;
- que le désespoir de la crise économique a succédé à l'insouciance de l'âge d'or du jazz;
- que les femmes, les immigrants, les Noirs, les Amérindiens et les Franco-Ontariens ont fait face à de grandes difficultés dans les années 1920 et 1930.

RÉSUME TES CONNAISSANCES

1. Explique l'importance historique des personnes, des lieux ou des événements suivants :

Groupe des Sept	Mary Pickford
Paul-Émile Borduas	Théâtre ambulant
Ted Rogers	« Bobbie » Rosenfeld
Les Joyeux Troubadours	*I'm Alone*
Moissonneuse-batteuse	Quai 21

2. Pourquoi considère-t-on les années 1920 et 1930 comme l'âge d'or du sport féminin ?
3. Crée une affiche pour la tournée canadienne du théâtre ambulant de la Bolduc. Pense aux raisons pour lesquelles cette forme de spectacle plaisait à tant de gens et évoque-les dans ton dessin.
4. Quels ont été les groupes de notre société qui ont commencé à défendre leurs droits dans les années 1920 et 1930 ? Et de quelles façons ?
5. Établis une chronologie illustrée qui rend compte d'au moins six événements qui ont marqué la société canadienne dans l'entre-deux-guerres. Choisis des photos ou des illustrations appropriées pour représenter ces événements.

EXPRIME TON OPINION

1. Écris un éditorial sur l'un des sujets suivants. Recommande un plan d'action en apportant autant d'arguments que tu le peux. Tiens compte des conditions qui existaient à l'époque.
   a) Le rôle que devrait jouer le gouvernement en matière de protection et de promotion de la culture canadienne.
   b) La discrimination au Canada : ses manifestations et les moyens de l'éliminer.
2. Compose un dialogue entre un fonctionnaire qui pense que les pensionnats sont bénéfiques pour les jeunes Amérindiens et un Amérindien qui pense le contraire.
3. Pourquoi le gouvernement a-t-il créé la Société Radio-Canada ? A-t-on encore besoin aujourd'hui d'une radio et d'une télévision d'État pour produire des émissions canadiennes de qualité ?
4. Compte tenu des scandales qui ont éclaté pendant la prohibition, quel est le meilleur moyen de lutter contre les problèmes reliés à la consommation excessive d'alcool : réglementer le commerce de l'alcool ou interdire complètement la consommation ?

ANALYSE LES FAITS HISTORIQUES

1. Les années 1920 et 1930 ont vu la naissance des télécommunications (radio – téléphone – cinéma). Peux-tu expliquer comment ces nouveaux médias ont changé le mode de vie canadien de l'époque et celui d'aujourd'hui ?
2. Durant les années 1920, on utilisait beaucoup de mots en joual. Peux-tu donner la signification des mots suivants ?

grocerie	amanché	dérennché	ousque
écornifler	achaler	watcher	

CHAPITRE

13 Le Canada en quête d'autonomie

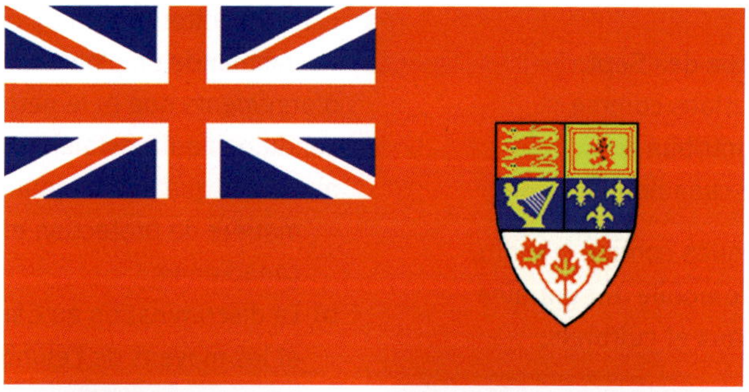

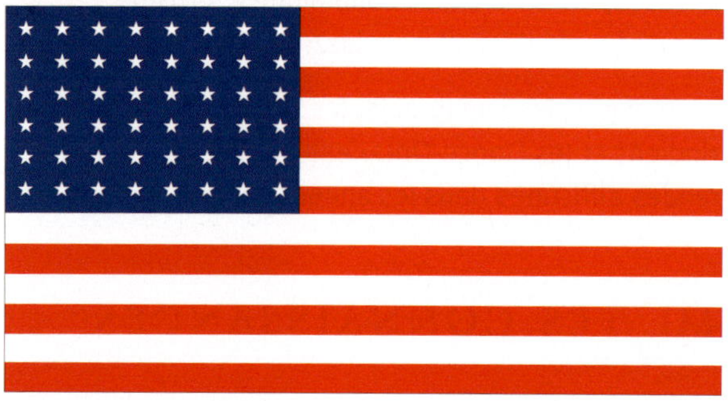

Après la Première Guerre mondiale, le Canada s'est dégagé peu à peu des liens étroits qui l'unissaient à l'Empire britannique. Au même moment, ses rapports avec les États-Unis se resserraient. Crois-tu qu'il était possible pour le Canada de parvenir à une véritable autonomie ?

RETOUR AUX SOURCES

- **Pour quelles raisons le Canada désirait-il s'affranchir davantage de la Grande-Bretagne dans les années 1920 ?**
- **Pourquoi les Canadiens préféraient-ils rester à l'écart des crises internationales dans les années 1920 et 1930 ?**
- **Quelle influence le resserrement des liens avec les États-Unis exercerait-il sur les Canadiens ?**

TERMES IMPORTANTS

Autonomie

Conférence impériale

Haut-commissaire

Investissement de portefeuille

Investissement direct

Politique étrangère

Souveraineté

CHRONOLOGIE

1919 ▶ Le Canada devient membre de la Société des Nations.

1922 ▶ Le Canada refuse d'aider l'Empire à Chanak.

1926 ▶ La Conférence impériale reconnaît l'autonomie du Canada.

1931 ▶ Le *Statut de Westminster* reconnaît formellement l'indépendance du Canada.

À l'issue de la Première Guerre mondiale, les Canadiens avaient pris de l'assurance et comprenaient mieux les effets de la guerre. La bravoure des Canadiens pendant celle-ci devait beaucoup à la quête d'**autonomie** politique du pays au cours des années 1920. Mackenzie King, premier ministre pendant la majeure partie des années 1920 et 1930, avait d'ailleurs deux objectifs principaux, selon lui étroitement liés : s'affranchir de la tutelle britannique et maintenir l'unité nationale.

Alors qu'il se dégageait peu à peu du contrôle britannique, le Canada resserrait ses liens économiques et culturels avec les États-Unis. Bien que la plupart des Canadiens appréciaient cette influence grandissante, certains s'inquiétaient des conséquences à plus long terme, particulièrement dans le domaine de la radiodiffusion publique. En effet, en entretenant des liens économiques plus étroits avec son voisin, le Canada souffrirait des moindres remous de l'économie américaine. Au cours des années 1920 et 1930, le Canada devait mesurer l'étendue des conséquences, heureuses ou non, de ces nouveaux rapports.

Vers une plus grande autonomie

Après la guerre, le Canada et son nouveau premier ministre en avaient assez des conflits de l'Europe. Au début des années 1920, Mackenzie King était bien déterminé à garder le Canada en dehors des guerres qui pourraient avoir lieu de l'autre côté de l'Atlantique. Témoin des conflits qui avaient divisé le Canada lorsque le pays s'était impliqué dans les affaires étrangères de la Grande-Bretagne, il voulait que le Canada se libère de la tutelle britannique et décide de ses rapports avec les autres nations.

Alors qu'il était membre du Parti libéral, King avait observé Sir Wilfrid Laurier essayer, puis échouer, de maintenir le juste milieu pendant la guerre des Boers et sur les questions d'ordre naval. L'opposition était forte entre probritanniques et antibritanniques, un conflit en partie responsable de la défaite de Laurier en 1911. Suivant les résultats de l'élection de 1921, King était convaincu du danger politique de s'impliquer dans les affaires étrangères. Le Parti conservateur, maintenant dirigé par Arthur Meighen, avait instauré la conscription pendant la Première Guerre mondiale sous Robert Borden et en avait payé le prix. Au Québec, où des émeutes contre la conscription avaient éclaté, les conservateurs de Meighen n'ont remporté que 3 des 65 sièges. Pour la majeure partie des deux prochaines décennies, King et la majorité des Canadiens étaient d'accord : il ne fallait en aucun cas se mêler des affaires étrangères.

King savait que le meilleur moyen pour éviter que le Canada ne s'implique dans les conflits à l'étranger était d'obtenir la pleine autonomie. Un Canada entièrement indépendant pourrait contrôler sa propre politique étrangère. En ce sens, la Première Guerre mondiale avait ouvert la voie. Grâce à ses contributions et à ses sacrifices importants, le Canada avait maintenant son propre siège à la Conférence de Paris sur la paix et pouvait signer les divers traités de paix à titre indépendant. Toujours grâce à sa participation, le Canada est également devenu membre de la nouvelle Société des Nations. Cette adhésion a valu, par la suite, certains ennuis à King, mais au début des années 1920, il s'agissait d'un véritable tremplin pour permettre au Canada de s'affranchir de la tutelle britannique.

L'affaire Chanak

La première épreuve de Mackenzie King est survenue en 1922. Dans le cadre des traités de paix signés après la Première Guerre mondiale, la Grande-Bretagne avait accepté de laisser des troupes à Chanak, un village de Turquie. Ces troupes devaient surveiller les Dardanelles, un ensemble de détroits qui reliaient la mer Noire à la Méditerranée, un territoire neutre. En 1922, toutefois, des forces turques dirigées par le nationaliste Mustapha Kemal ont menacé une petite garnison britannique.

La Grande-Bretagne a demandé l'aide de son Empire pour protéger les détroits. À cause d'un délai dans la livraison du télégramme, King a reçu l'appel de la Grande-Bretagne de la même façon que la plupart des Canadiens : en lisant son journal du matin ! Après avoir consulté son Cabinet, King a informé le premier ministre britannique Lloyd George qu'il n'enverrait pas de troupes à Chanak sans avoir d'abord consulté le Parlement canadien. King annonçait ainsi que le Canada n'accepterait pas d'emblée les demandes d'appui de la Grande-Bretagne. Il tenait compte de l'avis des Canadiens, fatigués de la guerre, contrairement au

Toujours sous le choc des horreurs de la Première Guerre mondiale, bien des Canadiens n'avaient aucunement envie d'envoyer des troupes pour soutenir la Grande-Bretagne dans l'affaire Chanak. Comment cette caricature publiée dans *Le Soleil* de Québec exprime-t-elle ce sentiment ?

chef conservateur Arthur Meighen, qui avait déclaré que le Canada se devait de répondre « oui, nous sommes prêts; nous vous soutenons ». Une fois la question débattue en Chambre, la menace de Chanak s'était dissipée. King avait toutefois envoyé un message clair : le Parlement déciderait du rôle du Canada dans les affaires étrangères.

King se doutait que l'affaire Chanak n'était qu'un moyen pour la Grande-Bretagne de mesurer à quel point l'Empire était prêt à s'unir autour d'une même politique étrangère impériale — une politique contrôlée, évidemment, par la Grande-Bretagne. La Conférence impériale de 1923, une rencontre de tous les pays membres de l'Empire britannique, a confirmé ses doutes. En effet, au cours de la Conférence, la Grande-Bretagne a essayé de persuader les délégués de maintenir leur appui unifié à la politique étrangère britannique. Mais King a rappelé à la Grande-Bretagne que le Canada était un pays autonome. Il a ajouté que « nous croyons qu'il revient au peuple canadien de décider de toute question importante, qu'elle relève de l'intérieur ou de l'extérieur ». Ce rappel insistant de l'indépendance du Canada irritait profondément le secrétaire au Foreign Office britannique, mais le premier ministre King a tenu bon. Le Canada pourrait donc lui-même fixer ses politiques extérieure et intérieure.

La déclaration de Balfour

C'est à la **Conférence impériale** de 1926 que Mackenzie King a enfin obtenu la déclaration formelle de l'autonomie du Canada qu'il souhaitait. Des nations telles que le Canada, l'Australie, la Nouvelle-Zélande et l'Afrique du Sud, toutes colonisées en grande partie par des Britanniques ou des Européens, sont alors devenues des pays autonomes, « de même statut » et « librement associés » à la Grande-Bretagne pour former un nouveau « Commonwealth des Nations ». Pour ces pays, un rapport formel connu plus tard sous le nom de « Déclaration de Balfour » marquait la fin de l'ancien impérialisme de la Grande-Bretagne et le début d'une association de nations égales, liées par des intérêts communs et leur loyauté au souverain britannique. La Grande-Bretagne continuait toutefois de contrôler les pays d'Afrique et d'Asie où la population n'était pas jugée prête pour l'indépendance.

Mackenzie King (le deuxième à partir de la droite) à la Conférence impériale de 1926. Il est accompagné (de gauche à droite) de Peter Larkin, le haut-commissaire du Canada en Grande-Bretagne, d'Ernest Lapointe, ministre de la Justice et lieutenant québécois de King, et de Vincent Massey, ambassadeur du Canada aux États-Unis.

La technologie

Dr FREDERICK BANTING

Né dans une région agricole de l'Ontario, Frederick Banting est tout juste parvenu à terminer ses études en médecine. À l'âge de 31 ans, il était devenu l'enfant chéri des Canadiens et une célébrité mondiale. Banting avait atteint la célébrité grâce à ses expériences et à sa découverte de l'insuline en 1922. Les expériences sur l'insuline de Banting, en collaboration avec le Dr Charles Best, le Dr J.J.R. McLeod et le Dr J.B. Collip, ont permis de développer un traitement qui a sauvé la vie de nombreux patients atteints du diabète sucré.

La flamme de l'espoir.

Pour sa découverte, Banting a partagé le prix Nobel de médecine en 1923 avec son collègue J.J.R. McLeod. Il a ensuite reçu la Starr Gold Medal de l'Université de Toronto, le prix George Armstrong Peters, le prix Reeve et le Charles Mickle Fellowship Award. Banting est devenu le premier professeur titulaire en recherche médicale de l'Université de Toronto et le gouvernement canadien, reconnaissant, lui a offert la direction de son propre centre de recherches.

Avant sa découverte de l'insuline à l'Université de Toronto, Banting avait été médecin en Flandres pendant la Première Guerre mondiale. Il avait aussi ouvert un cabinet à London, en Ontario. C'était un ardent patriote qui s'est dévoué à l'effort de guerre lorsque la Deuxième Guerre mondiale a éclaté. Il a trouvé la mort à l'âge de 50 ans, dans un accident d'avion, alors qu'il se rendait en Angleterre pour une mission en 1941.

Une « flamme de l'espoir » a été allumée dans le Sir Frederick Banting Square à London, en Ontario, afin de rendre hommage à Banting et à ceux qui sont morts du diabète. Elle sert aussi à rappeler que l'insuline ne peut que contrôler le diabète. Lorsqu'un véritable remède verra le jour, alors seulement pourrons-nous éteindre la flamme de l'espoir.

JANE MCGAUGHEY. JANE ÉTAIT ÉTUDIANTE AU KINGSTON COLLEGIATE VOCATIONAL INSTITUTE ET POURSUIT AUJOURD'HUI SES ÉTUDES À L'UNIVERSITÉ DE TORONTO.

L'affaire King-Byng

Malgré la déclaration de Balfour, l'« impérialisme à l'ancienne », du moins selon Mackenzie King, n'était pas tout à fait mort. En juin 1926, les libéraux de King n'avaient qu'une minorité des sièges au Parlement. Ils ont alors tenté de former un gouvernement minoritaire en recherchant l'appui du Parti progressiste nouvellement créé. Bien des progressistes ont toutefois retiré leur appui en apprenant que certains fonctionnaires, peut-être même un ministre du Cabinet, s'étaient compromis dans une histoire de contrebande d'alcool. King a essayé d'éviter un débat sur la question en Chambre des communes en demandant au gouverneur général, Lord Byng, de proclamer la dissolution du Parlement, suivie d'élections. King espérait ainsi remporter la majorité des sièges par une élection rapide, avant que le public n'apprenne l'ampleur véritable du scandale de contrebande d'alcool. Par le passé, le gouverneur général acceptait ce genre de demande presque sans hésiter. Mais à la grande surprise (et à la grande colère) de King, Lord Byng, un ancien militaire britannique nommé par son gouvernement, a refusé d'accéder à la demande du premier ministre.

Lord Byng croyait qu'on devait donner au chef conservateur, Arthur Meighen, l'occasion de former un gouvernement et d'épargner aux contribuables canadiens les frais d'une deuxième élection en deux ans. Aux yeux de King, il s'agissait d'un nouvel exemple de l'ingérence britannique dans les affaires du Canada. Toutefois, la tentative de Meighen pour former un gouvernement minoritaire a échoué en quelques semaines. Les conservateurs ont perdu l'appui

LES MÉTHODES DE L'HISTOIRE

LES DOCUMENTS PRIMAIRES

On peut diviser les sources de renseignements historiques en deux groupes : les sources primaires et les sources secondaires. Les sources primaires comprennent pratiquement tout ce qui est issu de l'époque et du lieu à l'étude. Il peut s'agir d'une lettre ou d'une entrée de journal, d'une peinture, d'une chanson ou d'un édifice. Une source secondaire, par contre, représente l'interprétation que fait l'historien des événements à partir des sources primaires et qui est consignée par écrit après la période à l'étude. La plupart des sources de ta bibliothèque sont des sources secondaires.

Selon le lieu et la période étudiés, il est plus ou moins facile de trouver des sources primaires. Plus la période est lointaine, plus il peut être difficile de trouver des sources primaires, car les artefacts et les documents disparaissent ou sont détruits au fil des ans. Lorsqu'il trouve une source primaire, le chercheur doit en évaluer la valeur historique.

L'ÉVALUATION DES SOURCES PRIMAIRES

1. *Les limites de l'information*

La solidité de chacune des sources dépend de son lien direct avec le lieu étudié. Il faut toutefois se rappeler que chaque source a également ses propres limites. Ainsi, un historien qui étudie l'architecture des années 1920 à Toronto doit examiner plusieurs types de sources primaires (des édifices) afin de tirer des conclusions précises et nuancées. Les architectes qui ont construit l'impressionnante gare Union à Toronto et les édifices qui l'entourent, vers la fin des années 1920, voulaient de toute évidence impressionner les voyageurs qui arrivaient à la ville, mais les édifices de l'époque n'étaient pas tous du même style. On ne peut donc pas tirer de conclusions en s'inspirant uniquement de la gare Union.

ACTIVITÉ

Chacune des photographies suivantes provient des années 1930. Il s'agit donc de sources primaires qui semblent représenter les conditions à l'époque. Examine les photos, puis réponds aux consignes de la page suivante.

a) Dresse la liste des conclusions que tu peux tirer quant aux conditions de l'époque à partir des photos.

b) Dresse la liste des doutes que tu pourrais avoir quant à la validité de ces conclusions et expliques-en les raisons.

c) Dresse la liste de ce que tu crois pouvoir affirmer avec assez de certitude sur l'époque à partir des photos. Explique tes réponses.

d) Comment pourrais-tu confirmer ou infirmer le portrait des conditions des années 1930 élaboré à partir de ces photos ?

2. *Le parti pris*

Nous avons déjà vu comment détecter le parti pris dans la section « Les méthodes de l'histoire » de la partie 2. Les historiens doivent également pouvoir détecter le parti pris dans les sources primaires. Il faut se rappeler que toutes les sources reflètent un parti pris — la perspective particulière, le point de vue ou l'expérience de la personne ou des personnes à l'origine de la source.

ACTIVITÉ

L'extrait qui suit est tiré d'une lettre d'Agnes Macphail traitant du mariage dans les années 1930. Lis l'extrait, puis réponds aux questions qui suivent.

> *J'adore les enfants et j'ai toujours compté des hommes parmi mes bons amis; c'était une source de grande tristesse pour moi de ne pas pouvoir faire tout ce que j'aimerais que les femmes puissent faire, être mariée et mère, mais aussi une personne active et libre d'entraves qui se réalise dans des domaines comme l'apprentissage, l'agriculture, l'industrie, les affaires, les arts ou le gouvernement. J'étais pauvre et si je m'étais mariée, mon mari n'aurait pas été riche ou même confortable, financièrement parlant. De plus, je n'ai jamais aimé le travail ménager. Je peux le faire, s'il le faut, mais je ne m'y sens pas du tout accomplie. Je le regrette, mais c'est ainsi.*

a) Qui est Agnes Macphail ? Peut-on dire que son opinion du mariage était typique de l'époque ?

b) Quels sont les partis pris de cet extrait ?

c) Un chercheur pourrait-il tirer des conclusions exactes sur l'opinion des femmes sur le mariage dans les années 1930 à partir de cet extrait ?

d) Quelles recherches pourrait-on effectuer afin de pouvoir tirer des conclusions plus nuancées ?

3. *La crédibilité des sources*

En plus du parti pris, les historiens doivent également mettre la crédibilité, ou la fiabilité, des sources primaires à l'épreuve. D'où provient la source ? Désirait-on que le public puisse voir ou lire le document ? Essayait-on d'exprimer un point de vue précis ? Était-on véritablement présent au moment et à l'endroit où les événements ont eu lieu ? Par exemple, un chercheur qui regarde une peinture représentant une bataille de la Première Guerre mondiale devrait se poser les questions suivantes :

1. Qui était l'artiste ?
2. Quel était le but de l'œuvre ? S'agissait-il d'encourager davantage de volontaires à s'inscrire ? Quel effet cela aurait-il eu sur l'œuvre de l'artiste ?
3. L'artiste était-il réellement sur le champ de bataille afin de dessiner la scène, ou a-t-il imaginé ce qu'était un champ de bataille ?

Le recours aux sources primaires est une étape stimulante de l'étude de l'histoire, mais comme toutes les sources, il faut les examiner et les évaluer avec soin. Avec des bonnes questions, tu seras en mesure d'utiliser correctement les sources primaires que tu trouves.

À titre d'officier de l'armée britannique, Lord Byng avait mené le Corps de l'armée canadienne vers la victoire à la crête de Vimy pendant la Première Guerre mondiale. Il a été gouverneur général du Canada de 1921 à 1926.

nécessaire des progressistes et ont dû déclencher des élections. Cette fois, Lord Byng a accepté la demande. King, furieux qu'un fonctionnaire britannique décide de la tenue des élections canadiennes, a fait du nationalisme canadien l'enjeu de sa campagne électorale. Il a remporté la victoire avec un gouvernement majoritaire et a immédiatement cherché à limiter les pouvoirs du gouverneur général. Un **haut-commissaire** (ou ambassadeur) canadien était en poste à Londres, en Angleterre, et un ambassadeur britannique se trouvait à Ottawa. C'est donc un représentant du gouvernement canadien, et non le gouverneur général, qui servait de lien entre le Canada et la Grande-Bretagne. Bientôt, le Canada et les États-Unis ont également nommé leurs ambassadeurs respectifs et le Canada a amorcé des relations diplomatiques avec la France et le Japon. Il ne restait plus à la Grande-Bretagne qu'à reconnaître formellement le statut d'indépendance du Canada.

Le Statut de Westminster

En 1931, le Parlement britannique a adopté le *Statut de Westminster*, qui donnait au Canada (ainsi qu'à d'autres pays du Commonwealth britannique) pleine autorité sur ses relations extérieures. La reprise de certaines expressions extraites du rapport Balfour de 1926 ne laissaient aucun doute : Le Canada était une « communauté autonome... de statut égal » à la Grande-Bretagne et les nations n'étaient « aucunement subordonnées les unes aux autres en matière de politique intérieure ou extérieure ». Il restait cependant quelques liens politiques directs entre les gouvernements canadien et britannique. Ainsi, le Parlement britannique devait amender officiellement la Constitution canadienne (l'*Acte de l'Amérique du Nord britannique*), surtout en raison du désaccord entre les gouvernements fédéral et provinciaux du Canada au sujet de la procédure. À partir de 1947, les immigrants obtiennent la citoyenneté canadienne et non plus le statut de sujets britanniques. Le Comité judiciaire britannique du Conseil privé est demeuré la plus haute cour d'appel du Canada jusqu'en 1949. Le *Statut de Westminster* a permis au Canada de franchir une étape décisive sur sa route vers la **souveraineté.**

Hyperliens

www.dlcmcgrawhill.ca

Visite le site Internet dont l'adresse apparaît ci-dessus pour parfaire tes connaissances sur le Statut de Westminster et d'autres documents constitutionnels canadiens. Clique sur ***Matériel complémentaire/ Primaire et secondaire***, puis sur ***Regard sur le Canada***, et on t'indiquera où aller ensuite.

Le Canada et les conflits européens dans les années 1930

Alors que la guerre menaçait encore une fois l'Europe vers la fin des années 1930, Mackenzie King tentait d'éviter au Canada tout engagement à l'étranger. Lorsque le dictateur fasciste Benito Mussolini a envahi l'Éthiopie en 1935, King a refusé d'appuyer toute forme d'intervention de la part de la Société des Nations en vue de contrôler Mussolini. Lorsque la guerre civile a éclaté en Espagne en 1936, King a de nouveau refusé toute forme d'engagement, bien que 1600 Canadiens aient risqué leur vie — et des centaines de ces volontaires aient été tués — pour défendre la république espagnole contre le leader fasciste Francisco Franco. L'unité nationale importait davantage à King et sa politique de « non-**politique étrangère** » a permis aux Canadiens de s'attaquer à leurs propres problèmes plutôt qu'à ceux d'autres nations.

Les arts

LA MUSIQUE CANADIENNE PENDANT L'ENTRE-DEUX-GUERRES

L'entre-deux-guerres marque l'émergence d'une conscience artistique nationale au Canada. La musique canadienne, toutefois, conservait une approche soit française, soit britannique. Les compositeurs du Canada français étudiaient généralement à Paris, alors que les compositeurs canadiens anglais venaient d'Angleterre ou y avaient étudié. Parmi les compositeurs canadiens, les représentants les plus connus de ces deux groupes de l'entre-deux-guerres étaient Healy Willan et Claude Champagne.

HEALEY WILLAN

Healy Willan est né à Londres, en Angleterre, en 1880 et est arrivé au Canada en 1913 pour enseigner au Conservatoire de musique de Toronto. En plus de sa carrière de professeur, Willan était organiste et chef de chœur dans plusieurs églises. En 1921, il est devenu directeur musical de l'église St. Mary Madgalene de Toronto, un poste qu'il a occupé presque jusqu'à sa mort en 1968. Pendant ses 47 années à St. Mary Madgalene, il a composé plusieurs pièces pour orgue et pour chœur dans la tradition de la fin du romantisme anglais. Les compositions de Willan, soit plus de 800, ont fait le tour du monde, faisant de lui le compositeur canadien le plus connu du XXe siècle.

CLAUDE CHAMPAGNE

Claude Champagne est né en 1891 à Montréal et a commencé à composer de la musique sans avoir reçu de formation musicale. Ses compositions étaient si bien accueillies qu'Alfred Laliberté, un professeur de musique bien connu à Montréal, a amassé les fonds nécessaires afin qu'il puisse étudier à Paris. À son retour au Canada, Champagne a travaillé comme professeur et administrateur à l'Université McGill et au Conservatoire de musique du Québec à Montréal. Il s'inspirait largement du folklore canadien français, ajoutant ainsi une touche proprement canadienne au style français du XXe siècle. Il est mort à Montréal en 1965.

Le resserrement des liens avec les États-Unis

Alors qu'il s'affranchissait de la tutelle britannique, le Canada subissait de plus en plus l'influence des États-Unis. Les autres nations investissaient de moins en moins au Canada, comme le démontre le tableau suivant.

INVESTISSEMENTS ÉTRANGERS AU CANADA, 1900-1930 (%)

Pays	1900	1910	1920	1930
Grande-Bretagne	85	76	51	36
États-Unis	13	20	45	61
Autres	2	4	4	3

SOURCE : *Atlas historique du Canada, vol. 3, Montréal, Les Presses de l' Université de Montréal, 1990, planche 3.*

Non seulement les États-Unis ont-ils investi davantage au cours de ces années, mais ils ont investi différemment. La plupart des investissements britanniques ressemblaient à des prêts : les prêteurs britanniques remportaient une partie des profits, mais la propriété des investissements demeurait au Canada. C'est ce qu'on appelle l'**investissement de portefeuille.** Toutefois, la plupart des investissements américains dans les années 1920 s'effectuaient par l'achat pur et simple des entreprises canadiennes. C'est ce qu'on appelle l'**investissement direct** et le Canada a ainsi perdu une partie du contrôle de ses propres affaires.

Autre conséquence de l'investissement direct, le nombre de « succursales » a augmenté. Il s'agissait de sociétés manufacturières et commerciales que les Américains installaient au Canada afin d'éviter les tarifs d'importation imposés par la politique nationale. Les investisseurs américains ont également acheté d'immenses terres pour en obtenir les droits de coupe du bois et les droits miniers. En 1930, plus de 30 % de l'industrie canadienne des pâtes et papiers et 40 % de l'industrie minière appartenaient aux Américains. Bien peu de Canadiens semblaient se soucier des conséquences de ces événements sur la nouvelle indépendance du Canada et les provinces luttaient pour obtenir de vastes sommes de leurs voisins du sud pour se développer. Les États-Unis remplaçaient la Grande-Bretagne, non seulement comme source principale d'investissements étrangers, mais aussi comme principal partenaire commercial.

Une nouvelle indépendance ?

Pendant les années 1920 et 1930, le Canada est devenu une nation davantage nord-américaine. Le pays a diminué ses liens politiques et économiques avec la Grande-Bretagne pour atteindre une plus grande autonomie. Au même moment, il a développé des liens économiques et culturels plus étroits avec les États-Unis. Il n'était pas clair, à la fin des années 1930, si ces liens allaient miner la nouvelle indépendance du Canada ou la renforcer.

Récapitulation

RÉSUMÉ DU CHAPITRE

Dans ce chapitre, tu as appris :

- comment plusieurs facteurs, y compris la fatigue face à la guerre, le désir d'unité nationale et le rôle de Mackenzie King, ont contribué à l'autonomie grandissante du Canada;
- comment le Canada est devenu membre de la Société des Nations, mais sans s'engager activement dans le nouvel organisme mondial en raison de ses problèmes intérieurs;
- comment les États-Unis ont remplacé la Grande-Bretagne comme principale source d'investissements étrangers et comme principal partenaire commercial du Canada.

RÉSUME TES CONNAISSANCES

1. Explique l'importance historique des personnes, des lieux ou des événements suivants :

   Chanak
   Déclaration de Balfour
   Lord Byng
   Statut de Westminster

2. Nomme les deux principaux objectifs politiques de Mackenzie King dans les années 1920 et explique comment ils sont reliés.
3. Explique comment l'« affaire King-Byng » de 1926 a démontré l'habileté de King à éviter la défaite politique.
4. Dans tes propres termes, explique la différence entre l'investissement « direct » et « de portefeuille ».

EXPRIME TON OPINION

1. Mackenzie King écrivait un journal intime. Imagine que tu es King et explique dans ton journal intime pourquoi tu désires que le Canada puisse élaborer sa propre politique extérieure et qu'il évite de s'engager dans les affaires à l'étranger.
2. Lord Byng avait-il pris les bonnes décisions lors des élections de 1926, ou King avait-il raison de faire des actes de Byng une question d'ordre national ?
3. Les Canadiens auraient-ils dû s'inquiéter de l'influence grandissante qu'exerçaient les États-Unis dans la vie quotidienne du pays ? Si oui, pourquoi ? Si non, pourquoi ?

ANALYSE LES FAITS HISTORIQUES

1. Au milieu des années 1930, le roi Edward VIII d'Angleterre a rencontré et s'est épris d'une Américaine du nom de Wallis Simpson. Il s'est alors vu forcé de choisir entre le trône et la femme qu'il aimait. Le roi Edward a choisi d'abdiquer (abandonner le trône) pour marier madame Simpson. Pourquoi était-il obligé de faire ce choix ?
2. Deux Canadiens se sont donné rendez-vous pour le dîner dans un restaurant chinois local à Shelburne, en Ontario, avant de se rendre à la Fiddlefest. L'un des deux était le père du fils de l'autre. Comment cela était-il possible ?

Révision de la partie 3

PLEINS FEUX SUR LE PASSÉ

RÉVISE LES FAITS HISTORIQUES

1. Effectue un montage photo pour illustrer comment la technologie a influencé la vie des Canadiens dans les années 1920 et 1930.

2. On dit que pendant les années 1920 et 1930, le Canada est devenu un « pays industriel moderne». Parmi les caractéristiques d'un tel pays, on retrouve :
   - une augmentation du nombre d'usines;
   - une augmentation de la production industrielle;
   - le développement des ressources nécessaires à cette production;
   - une urbanisation accrue;
   - une augmentation de l'offre de main-d'œuvre;
   - l'innovation technologique;
   - le développement du commerce étranger;
   - une augmentation des investissements;
   - de nouvelles sociétés, souvent plus grandes.

   À partir des faits recueillis dans cette partie, es-tu d'accord ou non avec l'énoncé du début ? Donne des exemples précis pour appuyer tes affirmations.

3. Quels défis les femmes devaient-elles affronter au cours des années 1920 et 1930 ? Comment ont-elles surmonté ces obstacles ? Écris un article de journal intitulé « Les défis des femmes » qui discute de la façon dont les femmes ont réagi aux divers défis de ces deux décennies.

4. Dresse un tableau de deux colonnes comme celui qui suit pour illustrer comment le gouvernement canadien a réussi ou non à faire face aux transformations économiques, sociales et culturelles des années 1920 et 1930. Réfléchis aux questions suivantes : la diversité régionale entre les Maritimes et les Prairies, l'influence grandissante de la culture américaine, le chômage pendant la Grande Dépression et les conditions de vie des Amérindiens.

CONDITION – PROBLÈME	ACTION GOUVERNEMENTALE

5. Pendant les années 1920, Mackenzie King luttait pour obtenir l'autonomie du Canada. Bien qu'il ait réussi à libérer le Canada de la tutelle britannique, les États-Unis ont exercé une influence grandissante sur le Canada. Discute de la question en t'appuyant sur le monde du spectacle, des investissements et de la politique.

ÉTABLIS DES LIENS

Au bas de la page, tu trouveras certains termes essentiels à la compréhension du Canada pendant les années 1920 et 1930. Ces expressions se divisent en quatre catégories : International (le monde), National (le Canada), Régional et Personnel. Choisis trois termes et montre comment ils sont reliés aux autres.

DOMAINE INTERNATIONAL	DOMAINE NATIONAL	DOMAINE RÉGIONAL	DOMAINE PERSONNEL
Statut de Westminster	Marche sur Ottawa	Tempête de poussière	Les « carrosses à Bennett »
Prohibition	Le *New Deal* de Bennett	Le Mouvement des droits des Maritimes	Secours direct
Conseil privé	Quai 21	FCC	La déportation des immigrants chômeurs
Krach boursier	L'affaire des « personnes »	Théâtre ambulant	Camps de travail

À TOI LA PAROLE

1. Au cours des années 1920 et 1930, le Canada était inondé d'émissions de radios et de films américains. Au même moment, on pouvait observer un sentiment renouvelé d'unité et de fierté nationales dans le travail du Groupe des Sept, de Radio-Canada et de l'ONF. Crois-tu que la culture canadienne se développait pendant les années 1920 et 1930, ou penses-tu plutôt que le Canada perdait son identité unique au profit de l'américanisation ? Justifie ta réponse.
2. Prépare le scénario d'une émission de radio intitulée *Les années 1920 et 1930 : le point de vue de (une des régions du Canada)*. Choisis les Maritimes, les Prairies ou l'une des provinces du centre du Canada. Sers-toi des faits recueillis dans cette partie pour élaborer ton scénario.
3. Certaines personnes croient que les nouvelles technologies transformaient complètement la vie des Canadiens de l'époque, qu'il s'agissait d'une révolution technologique. Dresse une liste des nouvelles inventions importantes de l'époque. Explique comment chacune d'elles a changé la vie des gens et si elles ont affecté quelques-uns, plusieurs ou la plupart des Canadiens. À partir de tes exemples, peut-on dire qu'une révolution technologique avait lieu ?
4. Conçois une fiche de rendement pour évaluer l'efficacité de Mackenzie King et de R.B. Bennett quant aux problèmes suivants : les variations dans le développement des régions, la dépression économique, la domination culturelle étrangère et la pauvreté. Décris ce qui a été fait ou non, indique si les résultats ont été positifs ou négatifs et détermine s'ils étaient bons, satisfaisants ou insatisfaisants.

PERSPECTIVES

1. Écris un poème ou une chanson pour représenter le désespoir des Amérindiens dans les années 1920 et 1930 et la volonté de survie culturelle qui a donné naissance à l'activisme des Amérindiens. Tu peux aussi illustrer ton poème ou ta chanson et l'exposer par la suite.
2. Pendant les années 1920 et 1930, plusieurs groupes ont été victimes de discrimination sur tous les plans. À partir de l'information contenue dans la partie 3, rédige un paragraphe pour décrire comment chacune des personnes ci-dessous répondrait à la question suivante : « Avez-vous été victime de discrimination au cours de ces années ? Si c'est le cas, de quelle façon ? »
   a) une femme
   b) un jeune Canadien noir
   c) un adolescent amérindien
   d) un nouvel immigrant
3. Effectue une recherche pour comprendre la vie dans les camps de travail. Imagine que tu es l'un des hommes qui travaillent dans ces camps. Écris une lettre à un ami et décris ton expérience de travail et tes espoirs pour l'avenir.

PARTIE 4

La démocratie menacée : le Canada et la Deuxième Guerre mondiale

Cette peinture intitulée *Champ de bataille près d'Ortona, en Italie, en 1943* est l'œuvre de l'artiste canadien Lawren Harris, qui était membre du Groupe des Sept.

« Rappelez-vous au cours des jours à venir que la guerre a des effets inexplicables sur les gens et que nul ne peut prédire ceux qu'elle aura sur lui tant qu'il n'y a pas goûté sérieusement. [...] Les plus malheureux après n'importe quelle guerre ne sont pas les amputés; ce sont ceux qui se sont fait arracher leurs racines spirituelles. »

Farley Mowat, *And No Birds Sang*.

CHRONOLOGIE

10 SEPTEMBRE 1939
Le Canada entre dans la Deuxième Guerre mondiale.

AOÛT 1942
La bataille de Dieppe fait de nombreuses victimes dans les rangs canadiens.

La Première Guerre mondiale, celle qui a fait rage de 1914 à 1918, n'a pas été la dernière des guerres comme prévu. Quelque 20 ans après, le monde entrait de nouveau dans un conflit sanglant. Comme la Grande-Bretagne et les États-Unis, le Canada a espéré tout au long des années 1930 qu'une autre guerre dévastatrice lui serait évitée. C'est ainsi que l'Italie, l'Allemagne et le Japon ont pu consolider leur puissance militaire et passer à l'attaque. En 1939, les puissances occidentales ont résolu de combattre le fascisme et la Deuxième Guerre mondiale a éclaté.

Une fois de plus, le Canada va jouer un rôle capital dans la victoire des Alliés. Il va contribuer à l'effort de guerre en envoyant des soldats et des denrées essentielles en Europe. Mais il va souffrir de cette guerre comme de la précédente : des milliers de soldats vont mourir au champ d'honneur, la question de la conscription va mettre encore l'unité canadienne à l'épreuve et la paranoïa guerrière va priver certains Canadiens de leurs libertés fondamentales.

REMUE-MÉNINGES

1. Le gouvernement du Canada s'y est-il pris autrement qu'en 1914 pour gérer l'économie de guerre ?
2. Quelles ont été les différences entre les rôles que les femmes ont joués dans les deux guerres mondiales ?
3. Quelles ont été les contributions des divers groupes ethniques et culturels à l'effort de guerre ?
4. Quel rôle les soldats canadiens ont-ils joué aux batailles de Dieppe, de Hong-Kong, d'Ortona et de Normandie ?
5. Qu'est-ce que les nouvelles technologies ont changé à la manière de faire la guerre ? Quelles ont été les applications civiles de ces technologies dans l'après-guerre ?
6. Quelles ont été les répercussions de la victoire des Alliés sur les relations internationales après 1945 ?

AVRIL 1945 ▶
Les Alliés libèrent les survivants des camps de concentration.

6 AOÛT 1945 ▶
La première bombe atomique explose à Hiroshima.

▶

CHAPITRE

14 Le retour de la guerre

Les premiers soldats canadiens envoyés outre-mer se sont embarqués à Halifax le 18 décembre 1939. Après l'expérience de la Première Guerre mondiale, comment les volontaires voyaient-ils la guerre ?

RETOUR AUX SOURCES

- **Pourquoi le fascisme a-t-il gagné certains pays d'Europe dans les années 1920 et 1930 ?**
- **Pourquoi les pays occidentaux ont-ils laissé Adolf Hitler enfreindre les dispositions du traité de Versailles ?**
- **Quelle a été l'attitude du Canada quant au traitement dont les Juifs faisaient l'objet en Allemagne ?**
- **Comment l'Allemagne nazie a-t-elle utilisé la nouvelle technologie militaire pour révolutionner la conduite de la guerre ?**

TERMES IMPORTANTS

Antisémitisme
Apaisement
Dictature
Fascisme
Kristallnacht
Nazisme
Puissances alliées
Puissances de l'Axe

CHRONOLOGIE

30 JANVIER 1933 ▶
Hitler devient chancelier d'Allemagne.

29 SEPTEMBRE 1938 ▶
La Grande-Bretagne, la France, l'Italie et l'Allemagne signent les accords de Munich.

1er SEPTEMBRE 1939 ▶
L'Allemagne envahit la Pologne.

10 SEPTEMBRE 1939 ▶
Le Canada déclare la guerre à l'Allemagne.

À la fin de la Première Guerre mondiale, la plupart des pays d'Europe étaient des démocraties. Ainsi, l'empereur Guillaume d'Allemagne avait été remplacé par un gouvernement parlementaire conformément aux dispositions du traité de Versailles. Aux yeux de millions d'Allemands, cependant, la démocratie n'apportait rien de plus qu'une terrible dépression économique et un profond sentiment d'humiliation nationale. La population de l'Europe entière se rétablissait péniblement des ravages de la guerre. Un grand nombre de gens remettaient en question les systèmes politiques et économiques traditionnels. Ils ont fait confiance aux partis fascistes et communistes qui voyaient le jour sur tout le continent, de sorte qu'au début des années 1940, des dictateurs impitoyables étaient à la tête de l'Allemagne, de l'Italie, de l'Espagne et de l'Union soviétique.

Le Canada n'était pas épargné par le courant d'extrémisme. Certains Canadiens adhéraient ouvertement aux nouvelles idées fascistes et communistes; d'autres, tout occupés à survivre à la crise économique, se souciaient peu de la politique européenne. À la fin des années 1930, cependant, les événements allaient obliger le monde entier à s'intéresser à l'Europe. La planète se retrouvait de nouveau au bord de la guerre.

Une ère d'extrémisme politique : la montée du fascisme et du communisme

L'Italie fasciste

Le **fascisme**, un mouvement politique dirigé par Benito Mussolini, a émergé en Italie en 1919. Les fascistes s'opposaient vigoureusement aux valeurs démocratiques et notamment à l'égalité et à la liberté individuelle. Ils pensaient que la démocratie affaiblissait l'État en accordant trop d'importance à l'individu. L'État par-dessus tout : telle était la base de l'idéologie fasciste. Pour les fascistes, par conséquent, la vie humaine n'avait de sens et de valeur que dans la mesure où elle répondait aux besoins de l'État. Mussolini a effacé la frontière entre vie publique et vie privée lorsqu'il a déclaré : « Pour le fasciste, l'État prime tout le reste; il n'existe aucune valeur humaine ou spirituelle hors de lui. » L'accession de Mussolini au pouvoir a été rapide et sanglante.

En 1922, les fascistes italiens, les « chemises noires », ont marché sur Rome et renversé le fragile gouvernement démocratique. Mussolini a pris le titre de *Il Duce* (« le chef »). Les fascistes ont immédiatement banni les partis d'opposition et les syndicats. Ils ont censuré les journaux pour éliminer la liberté d'expression. En faisant main basse sur les médias, Mussolini a pu diffuser de la propagande à la gloire du parti fasciste, de l'État italien et du Duce. Il a créé une police secrète pour contraindre ses adversaires à lui obéir. Désormais, le gouvernement surveillait et régissait tous les aspects de la vie. La première **dictature** totalitaire était née.

L'Allemagne de l'après-guerre : inflation, dépression et agitation politique

Le traité de Versailles avait imposé à l'Allemagne des conditions rigoureuses qui visaient à empêcher sa reconstruction. Non seulement limitait-il sévèrement sa puissance militaire, mais il l'obligeait, en outre, à verser d'importantes sommes d'argent aux pays qui, comme la France et la Belgique, avaient subi de lourds dommages pendant la Première Guerre mondiale. Le gouvernement allemand a imprimé une énorme quantité de billets de banque pour payer sa dette. Il a ainsi entraîné une dévaluation du mark (la monnaie nationale allemande) et déclenché une croissance rapide de l'inflation qui a ruiné l'économie et écrasé la classe moyenne. Le pain qui valait 2 marks en 1918 coûtait environ 6 *millions* de marks en 1924 ! Les familles désespérées prenaient le chemin des campagnes pour trouver à manger dans les champs et les forêts, mais les fermiers les repoussaient à la pointe du fusil. Les villes sont devenues des jungles où erraient les affamés qui cherchaient du travail. Qu'est-ce qui aurait pu sauver l'Allemagne ?

Adolf Hitler et la montée du nazisme

La personne qui a le plus profité de la stagnation économique allemande a été Adolf Hitler. D'une éloquence flamboyante, Hitler disait tout haut ce que beaucoup d'Allemands pensaient tout bas. Il a promis de déchirer le traité de Versailles, de rendre à l'Allemagne sa grandeur perdue, de lever une puissante armée et de redonner à l'Allemagne les peuples et les territoires situés dans les pays créés par le traité de Versailles : l'Autriche, la Tchécoslovaquie et la Pologne. Les vainqueurs de la Première Guerre mondiale seraient sous le joug d'un nouvel empire germanique.

Adolf Hitler est né en Autriche en 1889. Il a quitté l'école très jeune et vécu de petits travaux jusqu'au début de la Première Guerre mondiale. Il a alors combattu sur le front de l'Ouest dans les rangs de l'armée allemande. Il a été l'un des rares simples soldats à recevoir la Croix de fer pour son courage dans la bataille. Après la défaite, il a consacré sa vie à restaurer la gloire militaire de l'Allemagne. Dans la ville de Munich, il a pris la tête d'un petit groupe politique de droite dont il a augmenté le nombre d'adhérents et qu'il a nommé Parti national-socialiste des ouvriers allemands, mieux connu sous le nom de Parti nazi.

Hitler voulait s'emparer du pouvoir et, pour commencer, il a fait, en novembre 1923, une tentative de renversement du gouvernement bavarois. Le « putsch de la brasserie » a échoué et Hitler a été jeté en prison, mais il avait réussi à attirer l'attention du pays sur lui. Pour tirer le meilleur parti de sa célébrité naissante, il a écrit *Mein Kampf* (« Mon combat ») en prison. Cet ouvrage était un ramassis d'anecdotes personnelles et de menaces contre les « ennemis » du peuple allemand.

Mein Kampf exposait les objectifs qui ont rallié la nation allemande. Hitler y affirmait que les « aryens » (les Caucasiens de sang allemand pur) formaient une race supérieure destinée à dominer les Juifs et les Slaves de l'Europe de l'Est, et particulièrement les Polonais, les Tchèques et les Russes. Hitler réclamait un élargissement du *Lebensraum* (« espace vital ») de la population allemande en expansion, et il prônait l'*Anschluss*, c'est-à-dire l'unification de l'Autriche et de l'Allemagne. Il projetait d'étendre la domination allemande jusque sur les territoires détenus par les Polonais, les Tchèques et les Russes. Il comptait conquérir l'Europe en créant une armée toute-puissante. Il promettait de mener la nation allemande à la gloire. En quelques années à peine, Hitler s'est fait un grand nombre de partisans avec ses promesses. Il a été élu chancelier en 1933 et s'est alors donné le titre de *der Führer* (« le chef »). Peu de temps après, il a démantelé le *Reichstag* (le Parlement allemand). C'était la fin de la république démocratique d'Allemagne et le début du Reich nazi.

Misant sur son extraordinaire éloquence, Adolf Hitler répandait ses idées racistes et exposait ses projets grandioses pour l'Allemagne. Un dirigeant comme Hitler peut-il parvenir à ses fins en période de prospérité ?

L'antisémitisme et l'Holocauste

Le régime nazi a écrit l'une des pages les plus sombres de l'histoire de l'humanité en tentant d'exterminer systématiquement la population juive d'Europe. La sélection négative, c'est-à-dire l'élimination des membres indésirables de la société, constituait la politique officielle de l'Allemagne sous Hitler. L'**antisémitisme** (la haine des Juifs) était de retour : les Juifs étaients les premiers visés. Depuis des siècles, ils se démarquaient des autres Européens par leur religion et leur culture et, de ce fait, ils faisaient souvent office de boucs émissaires dans les périodes difficiles. Or, l'après-guerre était une période difficile.

La persécution des Juifs d'Allemagne a commencé en 1933. Au début, les nazis ont congédié les Juifs qui occupaient des emplois dans la fonction publique, l'enseignement et les médias. Ils leur ont interdit l'entrée de nombreux magasins et des terrains de sport publics. Ils les ont obligés à fréquenter des écoles séparées et à respecter un couvre-feu. Ils les ont empêchés d'épouser des personnes d'une autre religion que la leur. Les nazis attaquaient les Juifs dans les rues et vandalisaient leurs maisons et leurs commerces. Plus tard, ils les ont arrêtés systématiquement et les ont déportés dans des camps de concentration.

Les Allemands qui prenaient la défense de leurs amis et voisins juifs faisaient eux aussi l'objet de la répression. Hitler ne reculait devant rien pour supprimer ses « ennemis ». Hitler était la loi, la seule loi.

Le fascisme, le nazisme et l'antisémitisme au Canada

Le fascisme n'a pas tardé à déborder des frontières de l'Europe et à se répandre au Canada. À l'instigation des représentants du gouvernement italien, des fascistes se sont infiltrés dans les communautés italiennes de Toronto et de Montréal pour gagner des appuis à l'offensive fasciste dans le bassin méditerranéen. Par ailleurs, le consulat allemand faisait germer des idées nazies dans l'esprit de certains Allemands du Canada. Le mouvement était surtout actif en Saskatchewan, où vivait une grande population germanophone, et à Winnipeg.

Le Canada avait aussi ses propres groupements fascistes. À Winnipeg, à Toronto et à Montréal, des groupes nazis de plus en plus hardis se sont manifestés publiquement. Le chef nazi au Québec, Adrien Arcand, a même reçu le soutien financier du Parti conservateur de R.B. Bennett. Les membres du Canadian Nationalist Party, qui avaient leur quartier général à Winnipeg, portaient des insignes composés d'une croix gammée (l'emblème du Parti nazi) entourée de feuilles d'érable et surmontée d'un castor. Les nazis canadiens publiaient des journaux remplis de slogans fascistes. Vêtus de chemises identiques, ils déambulaient dans les rues en criant des slogans hostiles aux « étrangers » et aux Juifs. Quelques affrontements entre manifestants fascistes et antifascistes ont dégénéré en émeutes à Toronto, à Winnipeg et à Montréal.

Certains Canadiens étaient tentés par le fascisme, car cette doctrine semblait offrir des solutions à la crise économique. Hitler paraissait revigorer l'économie allemande et remettre les gens au travail. Les nazis canadiens souhaitaient une transformation semblable ici. Il n'en reste pas moins que l'**antisémitisme** (la haine des Juifs) était la pierre angulaire du mouvement fasciste au Canada.

L'antisémitisme s'est manifesté dans plusieurs régions du Canada. On restreignait l'embauche des Juifs dans les entreprises, dans la fonction publique et dans les professions. Dans plusieurs villes, les Juifs n'avaient pas le droit d'acheter des biens fonciers ni d'adhérer à certaines organisations. À Winnipeg, à Toronto et à Montréal, il est arrivé que la violence éclate entre Juifs et antisémites. L'escalade de la violence antisémite en Europe a poussé des milliers de Juifs d'Allemagne, d'Autriche et de Tchécoslovaquie à demander au Canada le statut de réfugié pendant l'été de 1938, mais peu de Canadiens étaient prêts à accueillir ces gens.

En mai 1939, 907 Juifs se sont embarqués sur le *St. Louis* et ont quitté l'Allemagne nazie dans l'espoir de trouver refuge à Cuba. Or, le gouvernement cubain a refusé leurs visas, imité en cela par tous les autres

Pour certains Canadiens, la politique de Hitler était attirante. Ces jeunes hommes, appelés les « chemises bleues », font le salut nazi lors d'un rassemblement tenu à Montréal dans les années 1930.

pays d'Amérique latine. Désespérés, les passagers du *St. Louis* se sont tournés vers le Canada et les États-Unis, mais en vain. Frederick Blair, le directeur des services d'immigration canadiens, a affirmé qu'aucun pays ne pouvait ouvrir assez grand ses portes pour accueillir les centaines de milliers de Juifs qui voulaient quitter l'Europe. « Il faut, dit-il, tirer la ligne quelque part. » Les passagers du *St. Louis* n'ont pu que retourner en Europe. Un grand nombre d'entre eux ont péri dans les camps de la mort des nazis. En 1945, le Canada avait accepté 4000 immigrants juifs, alors que la Grande-Bretagne en avait accueilli 85 000 et les États-Unis, 240 000. Le Canada n'a pas été une terre d'accueil pour les Juifs d'Europe.

L'Union soviétique : l'ascension de Joseph Staline

Pendant que le fascisme progressait en Europe centrale, Joseph Staline resserrait son emprise sur l'Union soviétique. Le vieil empire russe gouverné par les tsars ne pouvait pas supporter les contraintes créées par la Première Guerre mondiale. En 1917, alors que la guerre se préparait et que les famines décimaient la Russie, les révolutionnaires communistes dirigés par Vladimir Illitch Lénine ont renversé le dernier empereur, Nicolas II, et établi le premier gouvernement communiste du monde.

L'objectif premier du communisme était de créer une société sans classes où les ressources seraient partagées également. L'élimination de la propriété privée et la collectivisation des moyens de production (les fermes, les usines, les mines, etc.) était censée supprimer les inégalités qui caractérisaient les sociétés industrielles modernes. À la mort de Lénine, en 1924, Joseph Staline s'était gagné suffisamment d'appuis au Parti communiste pour assurer sa victoire dans la course à la direction qui s'annonçait.

Tout de suite après son accession au pouvoir, Staline a instauré une série de plans quinquennaux en vue de l'industrialisation rapide de l'économie soviétique. L'Union soviétique a réalisé en 10 ans des progrès que des pays plus petits avaient mis des décennies à accomplir. Elle en a cependant payé très chèrement le prix. Quiconque s'opposait aux projets de Staline faisait l'objet d'une cruelle répression. Ainsi, lorsque les fermiers d'Ukraine ont refusé de céder leurs terres au gouvernement, Staline a saisi les récoltes et envoyé plus de trois millions de personnes dans des camps de travaux forcés en Sibérie. Staline disait pratiquer « une politique de liquidation de la classe des koulaks [fermiers ukrainiens] ». La famine ainsi provoquée a fait sept millions de morts selon les estimations.

Comme les dictateurs fascistes, Staline a établi un État totalitaire et ne tolérait aucune opposition. Il était tellement méfiant que, de 1935 à 1938, il a éliminé

Ce bateau transportant des réfugiés juifs quitte le Canada pour Israël après la guerre. Peux-tu lire la bannière accrochée à la coque ?

Joseph Staline a gouverné l'Union soviétique d'une main de fer de 1924 jusqu'à sa mort en 1953.

tous ceux qu'il soupçonnait de désobéissance. Ceux qui refusaient de dénoncer les adversaires de Staline étaient exécutés. La peine de mort guettait même les enfants de 12 ans qui omettaient de rapporter les crimes de leurs parents. Les « grandes purges » ont fait plus de un million de victimes en trois ans.

L'affrontement entre le gouvernement communiste d'Union soviétique et le nouveau gouvernement fasciste d'Allemagne était devenu inévitable au milieu des années 1930. Le communisme prêchait le bien-être de tous les travailleurs tandis que le fascisme vantait la primauté de l'État sur les droits et libertés individuels. Tous deux désirant conquérir le monde, ces régimes entretenaient la plus grande méfiance l'un envers l'autre. L'ère de l'extrémisme politique allait forcément déboucher sur un face-à-face entre ces deux ennemis jurés. Ce n'était qu'une question de temps.

Les germes de la guerre

L'Axe

Le but de Mussolini était d'édifier un nouvel empire italien autour de la mer Méditerranée. Dans les journaux et à la radio, sur les écrans de cinéma et sur les affiches, des slogans fascistes incitaient les Italiens à la guerre : « Une minute sur le champ de bataille vaut une vie de paix ! » « Croyez ! Obéissez ! Combattez ! » En 1936, l'armée italienne est entrée en Afrique et s'est emparée de l'Abyssinie (l'Éthiopie actuelle). L'Italie a tissé avec l'Allemagne de Hitler des liens étroits qu'elle a rendus officiels dans une alliance conclue en 1936 et appelée l'Axe. À cette époque, Hitler se préparait à envahir l'Autriche, et Mussolini a promis de ne pas faire obstacle à ses projets. En retour, Hitler s'est engagé à limiter le futur empire allemand à l'Europe du Nord et du centre. Le Duce avait les coudées franches pour bâtir un empire italien dans le sud de l'Europe.

Le réarmement de l'Allemagne et la militarisation de la Rhénanie

En mars 1935, Hitler a manifesté les premiers signes de son mépris pour les conditions du traité de Versailles qui limitaient la puissance militaire de l'Allemagne. Il a révélé l'existence d'une aviation allemande et annoncé qu'il comptait instituer la conscription et former une armée de 36 divisions. En public, Hitler assurait que l'Allemagne s'armait pour atteindre l'« égalité » militaire avec les pays d'Europe les plus forts. En secret, cependant, il visait la supériorité militaire. Une fois que l'Allemagne posséderait suffisamment de soldats et d'armes pour faire pencher la balance en sa faveur, Hitler pourrait ignorer le traité de Versailles. Il a déclaré à son Cabinet qu'au cours des années à venir, ce serait « tout pour les forces armées ».

Adolf Hitler (deuxième à partir de la droite), le chef de l'Allemagne nazie, et Benito Mussolini (deuxième à partir de la gauche), le chef de l'Italie fasciste, étaient deux des dictateurs les plus puissants dans les années 1920 et 1930. Pourquoi certains pays se sont-ils détournés de la démocratie et ont-ils choisi de se soumettre à des dictateurs ?

En mars 1936, Hitler était prêt à entreprendre la deuxième étape de son plan. Il a envoyé ses troupes en Rhénanie, une région allemande voisine de la France qui avait été démilitarisée conformément au traité de Versailles. Il a indiqué à ses soldats de donner à l'occupation l'apparence la plus paisible possible, car il ne voulait pas que l'Europe soupçonne une invasion immédiate. Les troupes allemandes sont entrées en Rhénanie avec les canons antiaériens et les escadrons de son aviation, mais sans les chars d'assaut ni les bombardiers. Pour l'heure, Hitler voulait que ses soldats feignent de prendre simplement des postes défensifs dans leur propre pays. Le jour où les troupes nazies ont pénétré en Rhénanie, Hitler a déclaré au monde : « Nous n'avons aucune revendication territoriale à faire en Europe. L'Allemagne ne brisera jamais la paix. »

La politique de l'apaisement

Le nouveau premier ministre de la Grande-Bretagne, Neville Chamberlain, est arrivé au pouvoir en 1937, alors que sévissait la pire dépression économique de tous les temps et que menaçait une guerre potentiellement dévastatrice. Comme la plupart des dirigeants européens, Chamberlain n'avait ni les moyens financiers ni la volonté de participer à une guerre coûteuse déclenchée à propos de ce qu'il considérait comme des coins perdus d'Europe. Les souvenirs de la Première Guerre mondiale étaient encore frais à l'esprit des Britanniques, et Chamberlain, craignant une autre « grande guerre », ne désirait pas s'opposer à Hitler. Il espérait sauver la paix chancelante par la diplomatie. Il a par conséquent recommandé une politique d'**apaisement**. Il croyait que Hitler était un dirigeant sensé et que certaines revendications

Les grandes manifestations qu'organisaient les nazis, tel le Congrès de Nuremberg, visaient à nourrir l'enthousiasme et la loyauté du peuple allemand. Pourquoi ce genre de propagande constitue-t-il un outil puissant ?

Portraits de Canadiennes et de Canadiens

Le DR Norman Bethune

Si Norman Bethune est un inconnu pour un grand nombre de Canadiens, il est un grand héros en Chine. Né à Gravenhurst, en Ontario, en 1890, Norman Bethune a étudié à l'Université de Toronto, puis il a fait des voyages qui l'ont mené à Detroit, à Montréal, en Espagne et, enfin, en Chine.

Bethune était déterminé à faire du bien et il n'a jamais perdu son objectif de vue. Jeune homme, il a été brancardier sur les champs de bataille de la Première Guerre mondiale. Après avoir été gravement blessé à une jambe à la deuxième bataille d'Ypres, Bethune a été renvoyé au Canada et a terminé ses études de médecine. Il a ensuite repris du service en qualité de médecin à bord du H.M.S. *Pegasus*, qui naviguait dans la mer du Nord.

Après la guerre, Bethune a accepté un poste à l'hôpital Royal Victoria de Montréal. Lorsque la guerre civile a éclaté en Espagne en 1937, Bethune a fait comme tant d'autres défenseurs de la démocratie et il est parti pour l'Espagne. Là, il a constaté avec stupéfaction qu'un grand nombre de soldats mouraient sur les civières au bout de leur sang. Il a alors mis sur pied un service mobile de transfusion sanguine qui a sauvé des milliers de vie depuis.

Après un bref séjour au Canada, Bethune s'est installé en Chine afin d'apporter un soutien médical aux révolutionnaires de Mao Zedong. Il a formé une équipe médicale mobile qui portait secours aux soldats sur le terrain au lieu d'attendre les blessés dans un centre médical. Cette initiative a été à l'origine des hôpitaux militaires de campagne. Bethune ne se contentait pas de soigner les blessés sur les champs de bataille : il travaillait sans relâche à fournir des traitements médicaux aux paysans chinois.

En octobre 1939, Bethune s'est infligé une petite coupure à un doigt pendant qu'il réalisait une opération chirurgicale. La septicémie n'a pas tardé à s'installer. Bethune est mort le 12 novembre 1939. Il avait passé moins de deux ans en Chine, mais il y avait acquis une qualité de héros, un honneur rarement conféré à des étrangers. De nos jours, le nom de Norman Bethune est mieux connu en Chine qu'au Canada.

Activité

Imagine que la Monnaie royale canadienne a décidé d'émettre une série de pièces commémoratives pour célébrer les exploits des héros canadiens. On te demande de dessiner la pièce en l'honneur de Norman Bethune. Quel sera ton dessin ? N'oublie pas de dessiner les deux faces de la pièce.

allemandes, telles la réduction des paiements de réparation et la présence militaire alliée en Rhénanie, étaient justes. Le premier ministre britannique voulait que Hitler dise exactement au monde ce que l'Allemagne désirait. Puis, au moyen de négociations diplomatiques, les besoins de l'Allemagne pourraient être satisfaits (« apaisés ») et la *Wehrmacht* (l'armée allemande) resterait à l'intérieur des frontières allemandes. Chamberlain était convaincu que Hitler était un homme de parole.

Le premier ministre du Canada, Mackenzie King, était aussi en faveur de l'apaisement. En 1937, il s'est rendu à Londres, à Paris et à Berlin pour négocier un règlement pacifique du conflit européen. À Berlin, il a rencontré le Führer et s'est entretenu avec lui. Hitler a fait une impression favorable sur lui. Après la rencontre, Mackenzie King a écrit dans son journal que Hitler était un homme sincère dénué d'intentions belliqueuses. Comme Chamberlain, Mackenzie King était certain que le dictateur nazi pouvait être rapidement apaisé.

Mackenzie King avait ses raisons pour préconiser l'apaisement. Il estimait que l'Allemagne avait été traitée trop durement après la Première Guerre mondiale et que des mesures plus souples s'imposaient. Beaucoup de Canadiens partageaient son opinion. Le journal *Winnipeg Tribune* soutenait, par exemple, que « redonner à l'Allemagne sa dignité pourrait être le moyen de dissiper les nuages de guerre qui planent si dangereusement sur l'Europe ». Mackenzie King n'appréciait peut-être pas la tactique grossière de Hitler, mais le Führer n'était pas le seul dictateur en Europe. En Union soviétique, Joseph Staline exécutait par centaines de milliers les généraux, les intellectuels, les politiciens et les citoyens ordinaires qui s'opposaient à lui. Les nazis et les communistes étaient des ennemis mortels, et une Allemagne nazie forte avait des chances de freiner la propagation du communisme en Europe. Par-dessus tout, Mackenzie King refusait de prendre une position ferme contre l'Allemagne de peur que le Canada ne soit entraîné dans une autre guerre mondiale. « Aucun sacrifice n'est trop grand, a-t-il écrit dans son journal, pour éviter la guerre. »

L'invasion de l'Autriche

Le premier sacrifice consenti pour la paix a été l'Autriche. C'était un nouvel État démocratique que le traité de Versailles avait établi dans le vieil Empire austro-hongrois. Sa population parlait allemand, ce qui donnait à Hitler le prétexte qu'il lui fallait pour l'*Anschluss*, c'est-à-dire l'« union » de l'Autriche et de l'Allemagne en une « grande Allemagne ». Aucun pays d'Europe n'était prêt à risquer la guerre pour empêcher Hitler d'annexer l'Autriche.

Le premier ministre d'Autriche n'avait pas le choix; son pays était trop petit pour combattre seul les nazis. Quand l'armée allemande a envahi l'Autriche, le 12 mars 1938, elle n'a rencontré aucune résistance. Sans perdre un seul soldat, elle s'est emparée de Vienne et soumis le gouvernement. Le lendemain, rayonnant, Hitler a proclamé l'*Anschluss*. Il triomphait : la reddition passive de l'Autriche signifiait que l'invasion nazie correspondait à la réunion de peuples malencontreusement séparés par le traité de Versailles.

Mackenzie King a rencontré Hitler le 29 juin 1937. Le premier ministre canadien a alors dit souhaiter que rien ne vienne entraver le régime du Führer. Pourquoi les dirigeants étrangers ont-ils flatté Hitler en dépit de ses désobéissances flagrantes au traité de Versailles ?

L'expansion de l'Allemagne en 1939

L'Allemagne avait commencé à agrandir son territoire avant le déclenchement de la guerre en septembre 1939. Quelle était l'importance stratégique des territoires conquis par l'Allemagne ?

La Tchécoslovaquie et les accords de Munich

La deuxième cible de Hitler a été la Tchécoslovaquie, un autre pays créé par le traité de paix de 1919. Le territoire des Sudètes, qui fait aujourd'hui partie de la République tchèque, recevait depuis le XIIe siècle des émigrants allemands. La région n'avait jamais appartenu à l'Allemagne, mais Hitler a prétexté la libération des Allemands des Sudètes pour s'emparer de la Tchécoslovaquie. Une fois encore, la Grande-Bretagne et la France ne voulaient pas risquer une guerre contre l'Allemagne pour défendre un petit pays d'Europe centrale. Le 27 septembre 1938, Neville Chamberlain s'est adressé sur les ondes à la nation britannique : « Qu'il serait horrible, invraisemblable, incroyable que nous ayons à creuser des tranchées et à porter des masques à gaz ici à cause d'une querelle dans un pays lointain entre des peuples dont nous ne connaissons rien. Si nous devons nous battre, que ce soit pour des raisons plus importantes que celle-là. »

Les représentants de l'Italie (Mussolini), de la France (Daladier) et de la Grande-Bretagne (Chamberlain) ont rencontré Hitler à Munich en septembre 1938 pour décider du sort de la Tchécoslovaquie. Ni l'Union soviétique ni la Tchécoslovaquie n'ont été invitées. Les quatre chefs d'État ont convenu d'un marché : Hitler pouvait garder le territoire des Sudètes (soit un tiers de la Tchécoslovaquie), mais il devait cesser là ses revendications territoriales. Hitler a accepté solennellement ces conditions et Chamberlain, ravi, est retourné à Londres annoncer les accords conclus à Munich. « Je crois que c'est la paix pour notre époque », a-t-il déclaré à des foules enthousiastes. Chamberlain croyait vraiment que la crise était passée. La Tchécoslovaquie a été contrainte d'accepter les revendications de Hitler ou de se battre seule. Une autre petite démocratie venait d'être abandonnée pour apaiser Hitler. Au Canada, les accords de Munich ont été accueillis avec soulagement; les Canadiens pensaient que la menace de la guerre s'était dissipée. Espérant que la paix durerait, le gouvernement canadien n'a donc pas augmenté le maigre budget qu'il consacrait à la défense cette année-là.

L'Allemagne resserre l'étau

L'optimisme n'a pas duré deux mois. Le soir du 10 novembre 1938, en Allemagne, les nazis ont

LES MÉTHODES DE L'HISTOIRE

COMMENT INTERPRÉTER LES CARICATURES POLITIQUES

Les caricatures politiques présentent aux lecteurs des journaux un point de vue satirique et, souvent, comique sur les enjeux de l'heure. Comme les éditoriaux, les caricatures politiques expriment des opinions à propos de personnes, de questions et d'événements importants. En tant que sources de première main, les caricatures politiques jettent un éclairage révélateur sur le passé. Il faut, pour les apprécier pleinement, en analyser rigoureusement les éléments. Voici, en quatre étapes, une démarche simple qui t'aidera à comprendre et à interpréter les caricatures politiques du passé.

Première étape : se documenter

Les caricatures politiques sont des documents historiques et il faut les situer dans leur contexte pour les comprendre. Tu n'as probablement aucun mal à comprendre les caricatures politiques contemporaines, car elles traitent de sujets d'actualité. Mais pour interpréter une caricature politique qui date de 1942, tu dois te documenter sur les événements historiques qu'elle commente. Assure-toi donc de posséder des renseignements généraux sur le sujet, l'événement ou la personne dont il est question avant d'essayer d'interpréter une caricature politique.

Deuxième étape : déterminer le sujet

Connaître le contexte historique général est un point de départ essentiel, mais cela ne suffit pas toujours pour apprécier pleinement le propos d'une caricature. Il faut aussi déterminer le sujet. Si tu possèdes des connaissances générales sur la Deuxième Guerre mondiale, par exemple, tu discerneras sans peine que la caricature reproduite ci-après traite de la controverse de la conscription. Mais à quel sujet en particulier fait-elle allusion ? À y regarder de plus près, on s'aperçoit que le caricaturiste commente l'attitude hésitante de Mackenzie King. Pour bien apprécier cette caricature, tu dois comprendre à la fois le contexte historique et l'événement particulier auquel elle fait allusion.

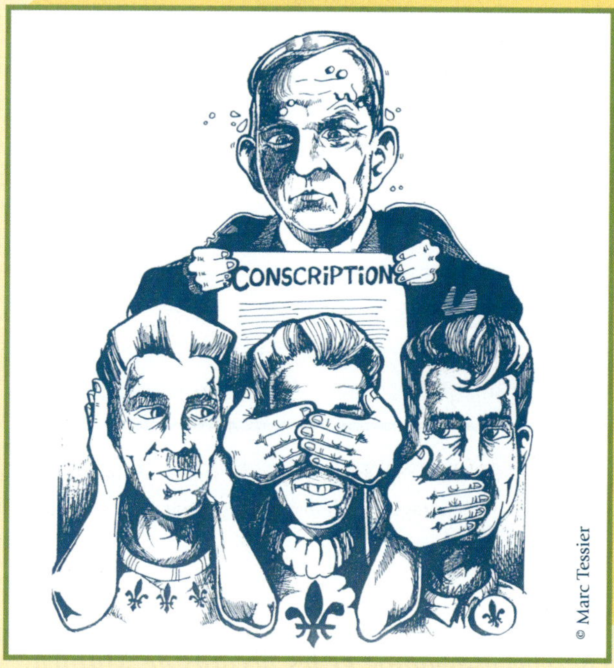

© Marc Tessier

Troisième étape : discerner les procédés employés par le caricaturiste

Lorsque tu analyseras une caricature politique, détermine parmi les procédés suivants ceux que le caricaturiste a employés.

- *Caricature :* C'est la technique privilégiée des caricaturistes politiques. Il s'agit d'une satire visuelle qui consiste à exagérer ou à déformer les traits physiques d'une personne afin de la rendre facilement reconnaissable ou de révéler une facette de son caractère.
- *Analogie :* Les caricaturistes choisissent souvent d'exprimer leur point de vue au moyen de l'analogie plutôt que du portrait. Ils établissent un parallèle entre des faits historiques, littéraires ou culturels et l'événement qu'ils commentent. Ainsi, le fait de représenter un premier ministre sous les traits d'un capitaine à la barre d'un navire en perdition est une analogie qui représente un gouvernement en perte de popularité.

- *Symboles :* Les caricaturistes utilisent parfois des symboles pour exprimer une idée ou révéler un trait de caractère. Un crâne, par exemple, symbolise la mort, tandis qu'une colombe ou un rameau d'olivier représente la paix. Un lion, par ailleurs, symbolise le courage, tandis qu'un âne évoque l'entêtement. La taille des éléments d'une caricature a aussi valeur de symbole. Le fait de donner à un personnage une taille disproportionnée par rapport aux autres peut suggérer la puissance, la force ou l'importance. Il arrive que les caricaturistes aient recours aux stéréotypes pour véhiculer leurs idées. Ainsi, ils peuvent dessiner des travailleurs maigres et habillés de haillons et des chefs d'entreprise gras et richement vêtus.
- *Expressions du visage et gestes :* Les caricaturistes peuvent dépeindre toutes sortes d'émotions en donnant aux visages de leurs personnages des mines espiègles, souriantes ou méprisantes et en évoquant des mouvements des mains, des bras et des pieds.
- *Texte :* La plupart des caricaturistes associent l'image et le texte pour exposer leur point de vue. Le texte peut apparaître sous forme de légendes, de titres, de dialogues et d'étiquettes apposées sur les personnages ou les objets.

Quatrième étape : déceler le parti pris du caricaturiste

Dans la deuxième partie de ce livre, tu as vu que la partialité est une attitude injuste ou déformée qui empêche de présenter les faits de manière claire et véridique et tu as appris comment la discerner. Les caricaturistes sont souvent partiaux. Ils ont tendance à exprimer des opinions extrêmes et à présenter ce qui est mauvais comme très mauvais et ce qui est bon comme très bon. Il leur arrive d'exagérer les problèmes et de déformer les faits. Ils espèrent toucher leur public pour le convaincre et, en général, ils insistent sur les aspects négatifs d'une personne, d'un événement ou d'une question afin de discréditer le point de vue contraire au leur. Lorsque tu étudieras des caricatures politiques, pose-toi les questions suivantes afin de reconnaître les différentes formes de la partialité :

- *Parti pris national, régional ou local :* Où le caricaturiste est-il né ? Où vit-il ?
- *Parti pris politique :* Le caricaturiste est-il partisan d'une idéologie ou d'une cause politique en particulier ?
- *Parti pris religieux :* Les opinions du caricaturiste sont-elles influencées par ses croyances religieuses ?
- *Parti pris racial ou ethnique :* Les opinions du caricaturiste sont-elles influencées par ses origines raciales ou ethniques ?
- *Parti pris économique :* Les opinions du caricaturiste sont-elles influencées par sa situation économique ?
- *Parti pris lié au sexe :* La caricature contient-elle des marques d'un parti pris lié au sexe ?
- *Valeurs personnelles :* La caricature traduit-elle les valeurs morales personnelles du caricaturiste ?

Tu as maintenant tout ce qu'il te faut pour interpréter les caricatures politiques historiques. Bonne analyse !

© Marc Tessier

Activité

Choisis l'une des caricatures reproduites dans ces deux pages, puis fais l'activité suivante.

1. En un paragraphe, présente le contexte historique de la caricature et explique la question dont elle traite. Révise les chapitres de cette partie du livre pour te faciliter la tâche.
2. Nomme et explique les procédés employés par le caricaturiste (énumérés à la troisième étape).
3. Décris les marques de la partialité que tu trouveras dans la caricature.
4. Résume la caricature en un paragraphe. Expliques-en clairement le message principal et prononce-toi sur son efficacité.

Adapté de Charles et Cynthia Hou, *The Art of Decoding Political Cartoons : A Teacher's Guide*, Vancouver, Moody's Lookout Press, 1998.

vandalisé et pillé des synagogues et des commerces juifs avec l'aide de la police allemande. Le lendemain du ***Kristallnacht*** (« nuit de cristal »), 20 000 Juifs ont été arrêtés et envoyés dans les camps de concentration de Dachau et de Buchenwald, en Allemagne. À Toronto, des milliers de personnes se sont rassemblées au Maple Leaf Gardens pour protester contre le traitement infligé aux Juifs. Le journal *Toronto Daily Star* a écrit :

> *Il n'y avait plus ni races, ni religions, ni classes hier, alors que les Torontois ont uni leurs voix pour protester contre le martyre des Juifs allemands aux mains des nazis. Plus de 16 000 personnes se sont rassemblées au Maple Leaf Gardens pour assister à un service commémoratif en l'honneur des victimes de la persécution et de l'oppression; on a dû refuser l'entrée des lieux à des milliers d'autres personnes, faute de place [...].*

Six mois après la signature des accords de Munich, Hitler a assené un autre coup à la fragile paix : il a envahi la Tchécoslovaquie. Le 15 mars 1939, il était au palais présidentiel, à Prague, et proclamait la fin de l'indépendance tchèque. Chamberlain a alors compris

Scandalisée par le meurtre d'un citoyen allemand par un jeune Juif à Paris, l'Allemagne a été prise d'une rage antisémite. En une nuit, les émeutiers ont détruit des synagogues ainsi que les résidences et les commerces de milliers de Juifs.

que Hitler s'était mis en tête de conquérir le monde et que seule la guerre pourrait l'arrêter. La Grande-Bretagne était déterminée à lui interdire l'accès de la Pologne, mais Hitler était tout aussi déterminé à la conquérir. La propagande nazie a réclamé « justice », c'est-à-dire la restitution du « couloir de Dantzig », une bande de terre qui donnait à la Pologne un accès à la mer et qui divisait l'Allemagne en deux. Mais Hitler devait d'abord s'assurer que les Soviétiques ne s'allieraient pas aux Polonais lorsque l'armée allemande pénétrerait en Pologne.

Le pacte germano-soviétique

Hitler détestait le communisme autant que Staline détestait le **nazisme**. Il semblait donc improbable que l'Allemagne et l'Union soviétique en viennent à un accord à propos de la Pologne. En 1939, cependant, les deux pays ont pris le monde entier de court en signant le pacte germano-soviétique, une entente dans laquelle ils promettaient de ne pas entrer en guerre l'un contre l'autre et convenaient en secret de se diviser la Pologne.

Staline savait probablement que le pacte tomberait un jour, mais il croyait que Hitler s'attaquerait en premier lieu à l'Europe de l'Ouest. Rien ne lui faisait plus plaisir qu'une guerre entre ses ennemis, les pays démocratiques et fascistes d'Europe. Pendant que les deux camps s'épuiseraient à mener une longue et difficile guerre de tranchées, l'Union soviétique aurait tout le temps voulu pour lever son armée et se préparer à un conflit inévitable avec l'Allemagne.

Hitler savait lui aussi que le pacte n'était que temporaire, mais il ne désirait pas se battre sur deux fronts à la fois. Il voulait d'abord conquérir l'Europe de l'Ouest, puis tourner ses canons vers l'Union soviétique. Le pacte germano-soviétique avait pour lui l'avantage de garder l'Union soviétique tranquille pendant qu'il utilisait ses armées ailleurs. Une fois le pacte signé, Hitler était libre de prendre la Pologne. À l'aube du 1er septembre 1939, l'armée allemande a traversé la frontière germano-polonaise. Il n'y a pas eu de déclaration de guerre officielle. La paix précaire a été rompue par un tir d'artillerie allemand.

L'Europe en guerre

Deux jours après l'invasion de la Pologne, la Grande-Bretagne et la France ont déclaré la guerre

Cette carte montre les territoires perdus par l'Allemagne à la suite de la Première Guerre mondiale. Pourquoi l'Allemagne accorde-t-elle de l'importance au corridor de Dantzig ?

Les frontières politiques en Europe en 1919

à l'Allemagne. L'Europe était encore en guerre. Le Canada allait-il se battre aux côtés de la Grande-Bretagne ? En 1914, le Canada était encore une colonie et les questions de politique étrangère relevaient des autorités britanniques. En 1939, cependant, la décision de participer ou non à la Deuxième Guerre mondiale appartenait au gouvernement canadien. Le premier ministre Mackenzie King s'est empressé de rappeler le Parlement pour un débat et un vote d'urgence. Le seul député à s'opposer au conflit armé a été le chef de la FCC, le pacifiste J.S. Woodsworth. La réponse du Canada était connue d'avance, même si elle s'est fait attendre. Le 10 septembre 1939, la Société Radio-Canada a interrompu sa programmation pour diffuser un bulletin spécial : le Canada avait officiellement déclaré la guerre à l'Allemagne.

L'enthousiasme délirant qui avait enflammé les Canadiens lors de la déclaration de guerre de 1914 ne s'est pas répété. Cette fois, les Canadiens sont tranquillement restés chez eux à penser à l'épreuve atroce qui les attendait. C'était la seconde fois en 20 ans que la guerre frappait à leur porte. Presque toutes les familles avaient perdu un être cher dans les champs de France ou de Belgique. Toutes les villes du Canada avaient parmi leurs citoyens des anciens combattants qui portaient dans leur corps ou dans leur esprit les cicatrices d'une guerre horrible.

Les Canadiens pensaient bien qu'Adolf Hitler serait vaincu un jour et ils le faisaient savoir au moyen d'affiches comme celle-ci. Que révèle cette affiche à propos du rôle que jouait l'aviation dans la Deuxième Guerre mondiale ?

Les loisirs

Les divertissements pendant la Deuxième Guerre mondiale

De 1939 à 1945, l'effort de guerre se répercutait sur presque tous les aspects de la vie, ici comme à l'étranger. La vie continuait, néanmoins, et les gens déployaient des efforts louables pour s'amuser un peu malgré tout.

La danse

Le jitterbug était la danse en vogue dans les années 1940. C'était une danse endiablée que les couples exécutaient au son du swing. Les danseurs les plus audacieux faisaient passer leur partenaire par-dessus leur épaule. Le boogie-woogie était aussi très populaire. On le dansait au son de la musique du même nom, un blues joué au piano et à la contrebasse.

La mode

La guerre limitait beaucoup les choix de vêtements, mais certains jeunes hommes se moquaient des restrictions en portant des costumes extravagants appelés *zoot suits*. Ils arboraient de longs vestons drapés avec de larges épaulettes ainsi que d'amples pantalons à taille haute qui se resserraient à la cheville. Ils complétaient leur tenue avec des chemises de couleur claire, d'énormes nœuds papillons, des chapeaux à large bord, des chaussures jaunes à bout pointu et une longue chaîne qui se terminait dans une poche du veston. Les *zoot sooters* passaient pour des antisociaux, surtout aux yeux des militaires, et ils étaient bannis de certains établissements.

Les sports

De nombreux athlètes ont dû troquer le bâton de hockey ou de baseball contre le fusil, mais les sportifs professionnels n'en continuaient pas moins de jouer. Fidèles à leurs héros, les partisans encourageaient toujours aussi chaleureusement leurs équipes locales.

La guerre éclair et l'invasion de la Pologne

Les progrès technologiques qui avaient révolutionné l'art de la guerre en 1914 allaient de nouveau constituer le facteur déterminant des victoires dans la Deuxième Guerre mondiale. Au cours des six années qui ont précédé le conflit, Hitler avait reconstruit les forces armées de l'Allemagne. La nouvelle armée allemande possédait des armes de pointe et son plan d'attaque était établi en conséquence. Avec l'invasion de la Pologne, le monde a fait la découverte de la guerre éclair, une forme de guerre implacable et rapide fondée sur l'attaque surprise. La clé du succès de la guerre éclair résidait dans l'étroite coopération entre les divisions de chars d'assaut et de bombardiers allemands. Une vague de chars d'assaut s'introduisait sans prévenir dans les failles de la ligne ennemie et avançait aussi vite et aussi loin que possible. Du haut des airs, les avions lâchaient leurs bombes sur les unités ennemies. L'attaque soudaine et massive répandait la confusion et la panique parmi les troupes ennemies.

Pendant ce temps, des unités de sabotage en parachute ou en planeur se posaient derrière les lignes polonaises pour détruire les postes de transport et de communication stratégiques. Ensuite, le gros de l'infanterie, en véhicules motorisés, contournait les poches de résistance et fondait sur les régions mal défendues à l'arrière des lignes ennemies. L'infanterie était précédée par des soldats à motocyclette qui, armés de mitrailleuses, faisaient en éclaireurs le relevé des positions ennemies.

La guerre éclair a eu un effet dévastateur. Les Allemands ont attaqué la Pologne par trois côtés en même temps (le nord, l'ouest et le sud), et elle a progressé avec une rapidité étonnante vers la capitale, Varsovie. Pendant ce temps, les forces soviétiques attaquaient les front de l'est. Les défenseurs polonais étaient sidérés par la vitesse de l'attaque et par la puissance des moyens employés contre eux. Le haut commandement polonais, abasourdi, a perdu contact avec ses armées et n'a pu organiser la défense. Les Polonais ont bravement tenté de riposter, mais ils n'avaient que des troupes de cavalerie et un matériel lourd et désuet à opposer aux armes modernes et perfectionnées des Allemands. En moins d'un mois, les Allemands ont défait une armée de plus de 700 000 Polonais et n'ont perdu que 14 000 soldats dans l'offensive.

La « drôle de guerre »

Plusieurs des **puissances alliées**, dont le Canada, avaient déclaré la guerre à l'Allemagne dès septembre 1939, mais les sept premiers mois du conflit se sont limités à une guerre des nerfs sur le front de l'Ouest. Personne ne tirait. Le calme bizarre de la « drôle de guerre » a régné sur l'Europe de l'Ouest tout au long de l'automne 1939 et de l'hiver 1940.

Pendant que la majeure partie de l'armée allemande se lançait à l'assaut de la Pologne, des troupes beaucoup plus modestes étaient postées le long de la frontière française, espérant que les combats soient retardés jusqu'à ce que les armées reviennent de l'est. De l'autre côté, les troupes britanniques et françaises les regardaient en face, sans bouger. Les Français fondaient beaucoup d'espoir sur une stratégie défensive fondée sur la ligne Maginot, un système de fortifications construit dans les années 1930 le long de la frontière française. Les Français croyaient que la ligne Maginot pouvait arrêter les avancées allemandes, mais ils n'étaient pas prêts pour une offensive. Les Britanniques, pendant ce temps, hésitaient encore à consacrer des ressources humaines et matérielles à un conflit qui se déroulait à l'extérieur de leurs frontières. Les deux camps ont laissé passer l'hiver en se demandant ce que le printemps leur réserverait.

La guerre dans le Pacifique

L'Europe n'était pas le seul continent au bord de la guerre en 1939. En Asie, le Japon menait une campagne agressive pour étendre son empire et sa sphère d'influence. Les politiques protectionnistes des États-Unis avaient eu un effet dévastateur sur l'économie japonaise; les Japonais étaient plus que jamais déterminés à chasser les puissances occidentales du Pacifique et à dominer eux-mêmes la région. Leur priorité : la conquête de la Chine. En 1932, les Japonais ont envahi la Mandchourie. En 1936, peu de temps après leur alliance avec l'Allemagne nazie, ils ont amorcé la conquête d'une grande partie du pays sans même prendre la peine de lui déclarer officiellement la guerre. Leur sauvagerie a horrifié le monde entier. Après leur victoire à Nankin, une ville chinoise, ils ont violé, torturé et assassiné les citoyens de la ville. On estime à 200 000 le nombre de leurs victimes. Les puissances occidentales, et notamment le Canada, les États-Unis et la Grande-Bretagne, ont alors coupé les liens diplomatiques avec le Japon et y ont interdit les livraisons de pétrole et de matériel de guerre. Craignant d'autres assauts de la part du Japon, les États-Unis ont lancé des menaces de représailles et commencé à se préparer à une guerre dans le Pacifique.

La Deuxième Guerre mondiale dans le Pacifique

En 1936, le Japon a amorcé une campagne en vue de conquérir une grande partie de la Chine et de dominer la région du Pacifique.

Les troupes japonaises sont entrées en Chine en 1932. Après leur victoire en Mandchourie, les militaires japonais ont assassiné le premier ministre du Japon et d'autres politiciens afin de prendre la tête du pays. Le Japon avait clairement opté pour le militarisme. En quoi les stratégies du Japon ressemblent-elles à celles de l'Allemagne ?

La guerre à contrecœur

Le retour de la guerre a fait naître divers systèmes d'alliances. L'Allemagne, l'Italie, le Japon et les territoires conquis par Hitler avant 1939 ont formé les **puissances de l'Axe**. En face, la Grande-Bretagne, les pays du Commonwealth, la France et la Pologne constituaient les puissances alliées. L'Union soviétique et les États-Unis sont venus plus tard renforcer les Alliés. Paradoxalement, la plus grande puissance communiste et la plus grande puissance capitaliste unissaient leurs forces contre le fascisme.

L'entre-deux-guerres a été une période agitée pour l'Occident. Le Canada, la Grande-Bretagne et les États-Unis, entre autres pays, cherchaient à éviter une autre guerre à tout prix, tandis que l'Allemagne était déterminée à venger l'humiliation du traité de Versailles et se préparait résolument à la bataille. Le premier ministre du Canada, Mackenzie King, était du nombre des politiciens qui pensaient que la négociation pouvait éviter la guerre. Lorsque les dirigeants des puissances occidentales se sont rendu compte que Hitler les avait trompés, il était malheureusement trop tard. L'armée nazie était sur le pied de guerre. En 1939, le Canada et les puissances alliées sont retournés à contrecœur sur les champs de bataille d'Europe.

Hyperliens

www.dlcmcgrawhill.ca

Visite le site Internet dont l'adresse apparaît ci-dessus pour parfaire tes connaissances sur la participation du Canada à la Deuxième Guerre mondiale. Clique sur ***Matériel complémentaire/Primaire et secondaire,*** puis sur ***Regard sur le Canada*** et on t'indiquera où aller ensuite.

Récapitulation

RÉSUMÉ DU CHAPITRE

Dans ce chapitre, tu as appris :

- que des idéologies politiques extrémistes sont apparues en Italie, en Allemagne et en Russie après la Première Guerre mondiale;
- que le gouvernement canadien espérait éviter une autre guerre et misait sur une politique d'apaisement;
- que le fascisme et l'antisémitisme ont fait des adeptes au Canada;
- que le Canada n'a pas suffisamment aidé les Juifs qui fuyaient les persécutions en Allemagne nazie.

RÉSUME TES CONNAISSANCES

1. Explique l'importance historique des personnes, des lieux ou des événements suivants :

Adolf Hitler	Norman Bethune
Mein Kampf	Accords de Munich
Le *St. Louis*	*Kristallnacht*
Joseph Staline	Pacte germano-soviétique
Neville Chamberlain	Guerre éclair

2. Décris le traitement dont les Juifs faisaient l'objet dans le régime nazi.
3. Établis la chronologie des événements qui ont abouti à l'Holocauste, en commençant par la publication de *Mein Kampf*.
4. Certains Canadiens partageaient les attitudes antisémites de l'Allemagne nazie. Parmi les faits présentés dans ce chapitre, lesquels indiquent que d'autres étaient dégoûtés par le traitement infligé aux Juifs ?
5. En quoi la guerre éclair a-t-elle révolutionné la manière de faire la guerre ?

EXPRIME TON OPINION

1. Certains historiens ont dit qu'il n'y a pas eu deux guerres mondiales, mais une guerre civile européenne de 10 ans avec une interruption de 20 ans au milieu. Compte tenu des questions et des événements qui ont entouré le déclenchement de la Deuxième Guerre mondiale, es-tu d'avis que ce conflit a été le résultat des problèmes laissés sans solution après la Première Guerre mondiale ? Justifie ta réponse.
2. Comme bien d'autres pays, le Canada a choisi de ne rien faire lorsque Hitler a armé l'Allemagne dans les années 1930. Compte tenu des actions de Hitler avant l'invasion de la Pologne, le Canada aurait-il dû prendre une position plus rapide et plus ferme face à l'Allemagne nazie ? Justifie ta réponse.
3. Hitler a pris des risques considérables et il a réussi à tromper ses adversaires. C'est pourquoi on a déjà dit qu'il avait été le joueur le plus habile de l'histoire. Es-tu d'accord avec cette affirmation ? Cite des exemples concrets à l'appui de ta réponse.
4. La communauté internationale a-t-elle l'obligation de venir en aide aux victimes de persécutions ? Le Canada aurait-il dû ouvrir ses portes aux Juifs qui fuyaient l'Allemagne nazie ?
5. Le fascisme et le communisme ont été les idéologies dominantes en Europe dans l'entre-deux-guerres. Lequel des deux systèmes aurais-tu le plus redouté ? Justifie ta réponse.

ANALYSE LES FAITS HISTORIQUES

1. Joseph Staline et Adolf Hitler étaient des ennemis jurés qui se méfiaient farouchement l'un de l'autre. Les deux hommes avaient cependant un point en commun : le désir de conquérir l'Europe puis le monde entier. En août 1939, les deux rivaux ont signé un pacte. Pourquoi chacun croyait-il tirer parti d'une alliance avec son pire ennemi ?
2. Hitler paraissait déterminé à faire la guerre tôt ou tard. Quel aurait été le cours des événements si Chamberlain s'était opposé aux accords de Munich ? Hitler aurait-il envahi le territoire des Sudètes ? La guerre aurait-elle éclaté en 1939 ? Imagine que Chamberlain se soit opposé aux visées de Hitler sur la Tchécoslovaquie et établis une chronologie hypothétique qui commence à ce moment. Rends compte d'au moins cinq événements.

CHAPITRE

15 Le Canada et la défaite du fascisme

Ce tableau de Charles Comfort, intitulé *Raid sur Dieppe*, exprime toute la violence des combats auxquels ont participé les soldats canadiens lors de l'attaque manquée d'août 1942.

RETOUR AUX SOURCES

- **La composition de l'armée canadienne a beaucoup changé entre les deux guerres mondiales. À quels points de vue ?**
- **Pourquoi la bataille de Dieppe fait-elle encore aujourd'hui l'objet d'une controverse ?**
- **Quelle a été la contribution du Canada au débarquement de Normandie ? Pourquoi le succès de l'offensive a-t-il été déterminant pour la victoire des Alliés ?**
- **Qu'est-ce que l'Holocauste ? Pourquoi peut-on le comparer à une guerre dans une guerre ?**

TERMES IMPORTANTS

Antisémitisme
Brigades
Destroyers
Divisions
Escadrons
Génocide

CHRONOLOGIE

DÉCEMBRE 1941
Les Canadiens sont défaits à la bataille de Hong-Kong.

19 AOÛT 1942
Les Canadiens enregistrent de lourdes pertes à la bataille de Dieppe.

27 DÉCEMBRE 1943
Les Canadiens remportent la victoire à la bataille d'Ortona.

AVRIL 1945
Les Canadiens libèrent les Pays-Bas.

Une génération seulement après la guerre la plus sanglante de l'histoire de l'humanité, le Parlement canadien a voté en faveur d'une déclaration de guerre contre l'Allemagne. La majeure partie de la population lui donnait raison avec regret et, à la fin du premier mois du conflit, 70 000 Canadiennes et Canadiens s'étaient engagés dans l'armée. Ils seront plus de un million à servir dans les forces armées et, de ce nombre, 42 042 trouveront la mort.

La guerre éclair en Europe de l'Ouest

Le calme en Europe de l'Ouest a été rompu en avril 1940, lorsque la guerre éclair (*blitzkreig*) a frappé le Danemark et la Norvège. Aussitôt, les troupes canadiennes ont reçu l'ordre de se rendre en Écosse et de s'embarquer pour la Norvège. Mais, le lendemain, un ordre différent est arrivé, et les troupes britanniques ont pris la place des troupes canadiennes. Les Canadiens ont ainsi évité l'épreuve d'une défaite rapide et humiliante. En mai, la Norvège et le Danemark étaient tombés aux mains des nazis; l'armée allemande avait conquis les Pays-Bas et la Belgique et atteint la ville française d'Amiens. Le 21 mai, les chars d'assaut allemands étaient au bord de la Manche. Les forces britanniques et françaises en retraite étaient prises au piège dans la ville portuaire de Dunkerque, en France. Mais, Hitler a ordonné à l'armée allemande de s'arrêter et de laisser à l'aviation allemande l'honneur de porter le coup fatal. C'était la première grande erreur de Hitler. En effet, un brouillard épais a retenu les avions allemands au sol et donné aux Alliés le temps de planifier leur embarquement. Le nouveau premier ministre de la Grande-Bretagne, Winston Churchill, a quand même averti la Chambre des communes de se préparer au désastre.

Ces soldats étaient au nombre des 340 000 hommes qui ont échappé au massacre sur les plages de France lors du « miracle de Dunkerque ». De quelle façon les événements auraient-ils pu tourner si la météo n'avait pas empêché l'aviation allemande d'attaquer ?

Les conquêtes de l'Allemagne et de l'Italie en 1940

En 1940, les forces fascistes avaient conquis une grande partie du bassin méditerranéen.

Le miracle de Dunkerque

Certains historiens croient que seul le « miracle de Dunkerque » a empêché Hitler de gagner la guerre avant la fin de mai 1940. On a lancé un appel pour aider les troupes alliées à fuir Dunkerque. Près de 900 embarcations de toutes sortes, des bacs, des chalutiers et des bateaux de plaisance, sont parties de la Grande-Bretagne pour Dunkerque à côté des énormes **destroyers** britanniques pour ramener les soldats en Grande-Bretagne. L'opération a eu un succès inespéré. On s'attendait à sauver 10 000 hommes, mais on a arraché 340 000 soldats aux mains de l'armée allemande.

Pendant ce temps, la France était confrontée au désastre. Son armée, autrefois la plus puissante du monde, était en piteux état. Le 14 juin 1940, les nazis sont entrés sans encombre dans Paris et, trois jours plus tard, la France a capitulé. Hitler, vindicatif, a obligé la France à signer sa reddition dans le wagon où l'Allemagne avait accepté la défaite en 1918. Hitler était désormais maître de l'Europe, de la Pologne à l'Atlantique.

Il ne restait plus que la Grande-Bretagne et ses alliés du Commonwealth pour empêcher les nazis d'annexer toute l'Europe. Il ne faisait aucun doute que Hitler attaquerait massivement la Grande-Bretagne. Quand la France est tombée aux mains des nazis, un général français a prédit que la Grande-Bretagne céderait dans les trois semaines. Pour contrer l'attaque allemande, la Grande-Bretagne n'avait que sa marine, son aviation efficace mais petite et quelques **divisions** d'infanterie, y compris la division canadienne bien équipée.

Le succès étonnant de l'armée allemande en Europe alarmait le Canada. Une défaite de la Grande-Bretagne aurait été catastrophique, car l'économie canadienne reposait sur les ventes de marchandises aux Britanniques. La menace d'une invasion nazie en Amérique du Nord était plus terrifiante encore. Le Canada comptait sur la marine britannique pour protéger sa côte est. Privé de cette sécurité, le Canada n'avait plus qu'un seul espoir: les États-Unis. Mackenzie King et Franklin Delano Roosevelt, le président des États-Unis, se demandaient tous deux comment protéger l'Amérique du Nord contre Hitler.

Le temps était venu pour le Canada de mobiliser toutes ses ressources en vue de la guerre contre Hitler. Les Canadiens attachaient à leurs revers des épinglettes qui disaient « Courage, il y aura toujours une Angleterre », et ils se disposaient à faire leur part. Dans tout le pays, les usines, les fermes, les organismes de bénévoles et les familles se préparaient à appuyer l'effort de guerre pendant que des milliers de citoyens s'enrôlaient pour aller se battre outre-Atlantique.

L'armée canadienne en mutation

Certains ont dit que la Première Guerre mondiale était une « guerre d'hommes blancs » et ils étaient loin d'avoir tort. Au début du conflit à tout le moins, il n'y avait pas beaucoup de place dans l'armée pour les femmes et les minorités ethniques. En 1939, cependant, les attitudes avaient changé, si bien que les femmes et les minorités visibles ont pu se joindre aux Forces armées canadiennes.

L'armée canadienne ne pratiquait plus la discrimination pendant la Deuxième Guerre mondiale, contrairement à ce qu'elle avait fait pendant la Première. Il était devenu inacceptable en 1939 de séparer les soldats selon leur race ou leur ethnie. L'armée canadienne comptait désormais dans ses rangs des soldats de diverses origines, y compris des filles et des fils d'immigrants allemands et des personnes d'origine japonaise. La population se diversifiait de plus en plus et les membres de plusieurs minorités visibles se montraient déterminés à défendre leur pays, le Canada. Dès le début de la Deuxième Guerre mondiale, ceux-ci ont accédé sans peine à des fonctions de combat, et même à des postes d'officier. Gerry Carter, un Canadien noir de Saint John, au Nouveau-Brunswick, a eu l'honneur de devenir le plus jeune officier du Canada en 1943; il a en effet été nommé sous-lieutenant d'aviation à l'âge de 18 ans.

Le racisme n'était plus généralisé comme à la Première Guerre mondiale, mais il persistait à l'échelon individuel. De nombreux Canadiens d'origine japonaise ont tenté de s'enrôler mais ont essuyé le refus des forces armées. Certains soldats ont fait l'objet d'insultes racistes de la part de leurs compagnons d'armes et ont été tenus à l'écart des activités de loisir.

Les Amérindiens avaient une situation particulière au Canada. En 1939, ils ne possédaient pas encore les droits et les responsabilités associés à la citoyenneté, mais cela ne les a pas empêchés de s'engager en grand

Les Amérindiens, comme le sergent Thomas Prince (au centre), ont joué un rôle important dans les Forces armées canadiennes durant la Deuxième Guerre mondiale.

nombre. Contrairement à ce qui s'était passé à la Première Guerre mondiale, ils n'ont pas rencontré d'opposition. Les agents de recrutement se rendaient dans les réserves pour enrôler les volontaires. Mais pourquoi les Canadiens amérindiens se montraient-ils si déterminés à combattre sur un continent étranger un ennemi dont ils ne savaient pas grand-chose ? Il y avait à cela plusieurs raisons. Certains Amérindiens étaient animés d'une grande loyauté envers le Canada et la Couronne parce que leurs ancêtres avaient signé des accords avec la reine Victoria. D'autres voulaient participer personnellement à la défaite de la tyrannie et de l'oppression. D'autres enfin désiraient simplement voir du pays ou toucher un chèque de paie après des années de chômage et de pauvreté.

Comme celle des Amérindiens, la situation des Ukrainiens a bien changé de la Première Guerre mondiale à la Deuxième. Alors qu'ils avaient été qualifiés d'étrangers ennemis et internés dans des camps entre 1914 et 1918, ils ont été accueillis chaleureusement dans l'armée en 1939. Environ 50 000 Canadiennes et Canadiens d'origine ukrainienne ont servi dans les forces canadiennes pendant la Deuxième Guerre mondiale. Les années de guerre ont constitué un tournant pour la communauté ukrainienne et l'ont aidée à forger son identité au Canada.

Le Québec a contribué à l'effort de guerre de façon plus importante que lors de la Première Guerre mondiale, fournissant 19 % de l'ensemble des combattants canadiens. Une bonne partie d'entre eux se retrouvaient dans l'armée de terre, souvent au sein de régiments francophones tels que le Royal 22e Régiment, le Régiment de la Chaudière, le Régiment de Maisonneuve, les Fusiliers Mont-Royal et le Régiment de Trois-Rivières. Nombre de Canadiens français étaient également intégrés à des régiments à majorité anglophone. Les recrues du Québec bénéficiaient d'un entraînement en français, mais, de façon générale, l'usage de la langue anglaise était la norme dans l'armée canadienne et les francophones qui voulaient joindre les rangs de l'aviation et de la marine ou qui espéraient monter en grade devaient être bilingues.

Les femmes dans l'armée

La Deuxième Guerre mondiale a aussi marqué le début d'une ère nouvelle pour les Canadiennes. Elles ont pu s'engager dans l'armée et y assumer un éventail de fonctions, même s'il n'a jamais été question qu'elles combattent. Il y avait des infirmières dans l'armée canadienne depuis la guerre des Boers. Environ 2800 Canadiennes avaient participé à la Première Guerre mondiale à titre d'infirmières, et un bon nombre d'entre elles ont repris du service pendant la Deuxième Guerre. Au début, les forces armées refusaient d'admettre des femmes dans d'autres services, de sorte que de nombreuses Canadiennes ont résolu de se préparer par elles-mêmes à prendre une part active dans la guerre. Elles se sont donc inscrites dans des formations paramilitaires comme le Canadian Auxiliary Territorial Service (CATS), qui avait été fondé par un chroniqueur du *Toronto Daily Star*. Là, elles ont appris à conduire et à réparer des camions, à lire des cartes, à utiliser le matériel radio et à donner les premiers soins. Bientôt plus de 3000 femmes chantaient la chanson thème des CATS :

Nous combattons pour la cause
que nous savons juste
et même Mussolini sait
que les CATS savent se battre.

Beaucoup de femmes membres d'organisations bénévoles ont exercé des pressions pour être admises dans les rangs de l'armée proprement dite. Leurs démarches sont restées vaines jusqu'à ce que l'armée manque d'effectifs et que la Grande-Bretagne propose d'envoyer des membres de son Corps auxiliaire féminin travailler dans les écoles de pilotage. Le gouvernement canadien a fondé le Corps auxiliaire féminin de l'Aviation canadienne en juillet 1941, le Service féminin de l'Armée canadienne en août 1941 et le Service féminin de la Marine royale du Canada en 1942. L'armée de l'air a donc été la première à admettre des femmes dans ses rangs. En 1945, plus de 17 400 femmes avaient servi dans le Corps auxiliaire

Le titre de cette affiche signifie : « Si le chapeau te va, porte-le ! » Cette affiche encourageait les Canadiens à faire leur part pour la victoire. Que symbolise chacun de ces chapeaux ? Combien sont destinés aux femmes ?

féminin de l'Aviation canadienne, plus de 21 500 s'étaient jointes au Service féminin de l'Armée canadienne et 7100 s'étaient enrôlées dans le Service féminin de la Marine royale du Canada.

Les fonctions des femmes dans les forces armées ont pris une importance grandissante au cours de la guerre. Ainsi, le nombre d'occupations ouvertes aux femmes dans l'armée de l'air était passé de 11 à 50 en février 1943, et les femmes ont pu devenir artilleuses, mécaniciennes, ajusteuses et soudeuses. Finalement, en mai 1944, quelques groupes du Service féminin de l'Armée canadienne ont été envoyés dans les zones de combat en Europe. Les femmes ont toutefois dû attendre encore quelques décennies avant d'accéder aux fonctions de combat.

Les femmes s'acquittaient de la lourde responsabilité du soin des blessés, continuant ainsi une tradition établie par Florence Nightingale un siècle plus tôt. Ces infirmières militaires s'occupaient des blessés dans un hôpital canadien ouvert en France après le débarquement de Normandie.

Les femmes ont occupé beaucoup plus de fonctions durant la Deuxième Guerre mondiale que durant la Première. On voit ici des membres de la Royal Canadian Naval Service à bord du HMCS *Sudbury*.

Vingt ans seulement se sont écoulés entre la fin de la Première Guerre mondiale et le début de la Deuxième. Pendant cette brève période, l'évolution des attitudes face aux femmes et aux minorités visibles a permis une transformation radicale de la composition de l'armée canadienne. La tendance s'est maintenue et, de nos jours, les femmes et les minorités visibles occupent une place importante dans les Forces armées canadiennes.

Les Canadiens et la guerre en Europe

En juin 1940, il n'y avait plus que le Commonwealth britannique entre les forces allemandes et la côte anglaise. Adolf Hitler avait conquis la majeure partie de l'Europe. Il ne lui restait à prendre que les Îles britanniques à l'ouest et l'Union soviétique à l'est. Hitler avait déjà conçu le plan d'invasion de la Grande-Bretagne et lui avait donné un nom de code : opération Lion de mer. Vingt-cinq divisions devaient débarquer sur la côte sud de l'Angleterre et foncer sur Londres. Or, les divisions de chars d'assaut, qui formaient l'épine dorsale des forces d'invasion allemandes, ainsi que l'infanterie et le matériel motorisé qui les suivaient ne pouvaient atteindre la Grande-Bretagne qu'en bateau. Pour assurer le transport des troupes et du matériel de l'autre côté de la Manche, l'Allemagne devait d'abord détruire la Royal Air Force et se rendre maîtresse du ciel. C'était la bataille d'Angleterre.

La bataille d'Angleterre

Le 10 juillet 1940, Hitler a lancé une attaque aérienne brutale contre les navires britanniques qui se trouvaient dans la Manche. La bataille d'Angleterre venait de commencer. À la mi-août, près de 2000 avions allemands sillonnaient le ciel d'Angleterre chaque jour. L'aviation britannique comptait deux fois moins d'appareils que l'aviation allemande. L'avenir des Britanniques, et peut-être aussi celui des Nord-Américains, était entre les mains de quelques pilotes. Au début, l'aviation allemande a dévasté les aérodromes et les usines alliées avec une efficacité impitoyable. La Royal Air Force (RAF) ne pouvait pas faire grand-chose contre l'aviation allemande.

Tout a basculé le 7 septembre, lorsque deux pilotes de nuit de l'aviation allemande ont bombardé Londres. Les Allemands craignaient que l'hiver ne retarde leurs projets d'invasion terrestre de la Grande-Bretagne et ils avaient décidé de faire entrer la bataille d'Angleterre dans une nouvelle phase. Ils allaient tenter de démoraliser la population en s'attaquant aux civils.

Par représailles, Churchill, le premier ministre britannique, a ordonné des raids aériens contre Berlin. Hitler était furieux et, lors d'une manifestation gigantesque tenue à Berlin, il a promis aux Allemands que les Britanniques paieraient : « Nous raserons leurs villes. » Habituée aux attaques incessantes de l'aviation allemande contre les villes britanniques, la RAF savait où les Allemands frapperaient, et elle les attendait de pied ferme. Les attaques allemandes ont atteint leur apogée le 15 septembre 1940; en plein jour, plus de 1000 bombardiers et près de 700 chasseurs ont fait contre Londres une attaque massive. Les Spitfires et les Hurricanes de la RAF ont volé à leur rencontre, et le ciel de Londres a été assombri par les traînées de fumée.

Les pertes que l'aviation allemande a subies ce jour-là ont été telles que les Allemands ont admis l'inefficacité de leur tactique. L'Allemagne n'avait pas réussi à maîtriser l'espace aérien au-dessus de la Manche, et elle a renoncé à l'opération Lion de mer. Hitler a envoyé l'aviation allemande dans les Balkans en mai 1941, puis sur le front russe. Le pire était passé pour la Grande-Bretagne.

Les bombardements d'objectifs civils comme Londres ont été parmi les pires infamies de la Deuxième Guerre mondiale. Pourquoi ces bombardements étaient-ils appelés « raids de terreur » ? Peut-on leur trouver une justification quelconque ?

Le Canada et la guerre aérienne

Les Canadiens ont pris une part active à la guerre aérienne, lors de la bataille d'Angleterre et, plus tard, sur le continent européen, en Afrique et dans le Pacifique. Un quart de million de Canadiens ont servi dans la RAF et dans l'Aviation royale canadienne (ARC), à titre de pilotes, de membres d'équipage, de techniciens et d'instructeurs. Au cours de la guerre, 17 101 membres de l'ARC, soit autant que de fantassins canadiens, sont morts au combat. C'est dire l'importance que revêtait la guerre aérienne.

Les Canadiens pilotaient toutes sortes d'avions, et les combats étaient difficiles. Certains pilotes couvraient les divisions d'infanterie ou les divisions blindées en Afrique du Nord. Quand les raids de jour sur l'Angleterre ont cessé, les **escadrons** de chasseurs et de bombardiers de la RAF et de l'ARC se sont tournés vers la France occupée. Les unités canadiennes de bombardiers ont attaqué les bases aériennes, les batteries, les routes, les voies ferrées et les quartiers généraux des Allemands en France.

Les équipages des bombardiers canadiens, bien que travaillant dans l'ombre, accomplissaient des missions dangereuses. Le taux de perte était d'ailleurs terriblement élevé dans leurs rangs. Les unités canadiennes de bombardiers excellaient dans les attaques nocturnes. Leur mission consistait à voler sans visibilité dans l'obscurité et à s'enfoncer en territoire allemand pour y détruire des objectifs.

Au milieu de 1943, les équipages canadiens qui pilotaient les bombardiers Lancaster et Halifax lâchaient d'énormes charges d'explosifs sur les usines et les aciéries de la Ruhr. Ils pilonnaient aussi les villes allemandes de Hambourg, Francfort et Berlin. Le 24 juillet 1943, 800 bombardiers ont détruit le port de Hambourg. Trois jours plus tard, leurs bombes ont allumé un formidable incendie qui a tué près de 50 000 civils, des hommes, des femmes et des enfants. Une semaine plus tard, les bombardiers ont frappé les ruines de Hambourg une troisième fois.

Hitler a dénoncé les attaques contre Hambourg et d'autres villes allemandes en les qualifiant de « raids de terreur ». Pourtant, c'était l'Allemagne qui avait commencé à bombarder des objectifs civils comme Varsovie, Rotterdam, Londres et Coventry. Les Alliés n'avaient fait que riposter avec une redoutable efficacité. Hitler a été contraint de rappeler l'aviation allemande pour protéger les villes et les régions industrielles allemandes contre les bombardements alliés. Au milieu de 1944, les Alliés étaient maîtres dans le ciel d'Europe. L'aviation allemande battait en retraite.

L'as de l'aviation canadienne George Beurling marque une autre de ses victoires sur le fuselage de son avion.

L'invasion de l'Union soviétique

Le 22 juin 1941, Hitler a pris son plus grand risque : il a lancé contre l'Union soviétique une attaque massive, le plan Barberousse. La guerre éclair a mis fin au pacte germano-soviétique, et l'Union soviétique s'est tout d'un coup retrouvée dans le camp des Alliés. Hitler était certain d'écraser l'Union soviétique en quelques mois. Sous-estimant la capacité de résistance des Soviétiques, il comptait prendre Moscou et défaire le gros de l'armée soviétique avant l'hiver.

Pour le plan Barberousse, les nazis ont donné à la guerre éclair des dimensions inédites. Au début, les Soviétiques ont été incapables d'arrêter les forces allemandes et ils ont perdu plus de un million de soldats, soit deux fois plus que les Allemands. Mais en dépit de l'efficacité de la guerre éclair, la grandeur du pays rendait une victoire rapide presque impossible. L'armée soviétique pouvait reculer presque indéfiniment.

L'armée allemande a atteint les abords de Moscou à la fin de l'automne de 1941. Elle avait prévu s'emparer de la ville bien avant l'hiver, et elle n'était pas préparée à affronter des températures de -50 °C. Il faisait si froid que la soupe gelait dans les gamelles aussitôt servie. Les soldats allemands ne possédaient pas de vêtements chauds et ils n'avaient pas non plus de liquide antigel ni d'huile adaptée au froid à mettre dans leurs chars et dans leurs véhicules de transport. Ils ont terriblement souffert du froid russe. Pendant ce

Les bombardiers, comme ce Lancaster (photographié ici accompagné de trois Spitfires et un Hurricane), vont jouer un rôle crucial dans l'éventuelle défaite de l'Allemagne nazie. Plusieurs de ces Lancasters ont été construits au Canada. Comment peut-on distinguer un bombardier d'un avion de chasse?

temps, les troupes sibériennes bien emmitouflées approchaient pour défendre Moscou. Ces hommes savaient comment se battre en hiver, et ils ont refoulé l'armée allemande à 50 km à peine de la ville.

Hitler avait perdu son pari. L'armée soviétique, bien que malmenée, lui résistait. Les troupes allemandes ont dû renoncer à une victoire rapide et décisive. Elles étaient confrontées à une longue et épuisante bataille contre une armée soviétique disposant d'une énorme réserve d'effectifs.

La guerre dans le Pacifique

Pendant que le plan Barberousse s'enlisait dans les neiges de Russie, une partie de la flotte américaine était ancrée dans les eaux de Pearl Harbor, à Hawaii. Les offensives japonaises dans le Pacifique et les effets catastrophiques des droits de douane imposés par les États-Unis avaient amené les relations entre le Japon et les pays occidentaux au point de rupture. Les États-Unis avaient donc posté leur flotte à Hawaii en prévision d'une guerre dans le Pacifique. De même, la Grande-Bretagne avait renforcé ses positions dans la région, même si la défense de son territoire accaparait presque toutes ses troupes. La Grande-Bretagne a demandé au Canada d'envoyer des soldats dans la colonie britannique de Hong-Kong, sur la côte méridionale de la Chine. Au début de décembre 1941, deux **brigades** canadiennes se trouvaient dans la garnison britannique de Hong-Kong.

L'attaque de Pearl Harbor

Pendant ce temps, les États-Unis tentaient de négocier un traité de paix avec le Japon. En Occident, cependant, personne ne savait que les Japonais avaient décidé trois mois plus tôt de faire la guerre aux États-Unis et à la Grande-Bretagne. Le Japon ne participait donc aux pourparlers de paix que pour détourner l'attention des Alliés pendant qu'il se préparait à une attaque. Le Japon avait l'intention de conquérir les riches colonies occidentales en Asie de l'Est et dans le Pacifique.

Le seul obstacle majeur que rencontrait le Japon en Orient était la base américaine de Pearl Harbor, qui était hors de portée d'une offensive terrestre. L'amiral japonais Isoroku Yamamoto a résolu de la bombarder par surprise avec des chasseurs décollant de porte-avions. Les Japonais ont décidé aussi d'attaquer le même jour la base américaine aux Philippines ainsi que la Malaisie et Hong-Kong, deux possessions britanniques.

Le 7 décembre 1941, à 8 h, la première vague d'avions japonais est apparue dans le ciel de Pearl Harbor et a commencé à lâcher ses bombes. Le Japon n'avait pas déclaré la guerre aux États-Unis, et personne à Hawaii ne s'attendait à une attaque. Quand le bombardement s'est terminé, au bout de deux heures, il ne restait presque rien de la flotte américaine dans le Pacifique. Dix-huit navires de guerre et 349 avions étaient détruits ou endommagés; 3581 militaires et 103 civils américains étaient morts ou blessés.

L'entrée en guerre des États-Unis

L'attaque surprise de Pearl Harbor a scandalisé les Américains. Les États-Unis ont immédiatement déclaré la guerre au Japon, joignant ainsi leurs forces à celles des Alliés dans la lutte contre l'Allemagne et l'expansion japonaise. En 1941, les États-Unis étaient le pays le plus riche du monde. Avec une industrie sidérurgique qui se classait au premier rang mondial et une population 10 fois plus nombreuse que celle du Canada, les États-Unis pouvaient consacrer d'énormes ressources financières, militaires et humaines à l'effort de guerre. Les Américains ont mis du temps à se mobiliser, mais, quand ils ont été prêts, les Alliés ont pu songer à libérer l'Europe. Pendant ce temps, le Canada et les autres pays alliés livraient toujours un combat sanglant en Europe et en Extrême-Orient.

Les Canadiens à Hong-Kong

Quelques heures à peine après l'attaque de Pearl Harbor, les Japonais ont commencé à envahir Hong-Kong. Les Canadiens qui y étaient postés ignoraient que, avant l'attaque de Pearl Harbor, plus de 50 000 soldats japonais s'étaient massés à 50 km de Hong-Kong en vue d'une invasion. Bien équipés, ces soldats avaient fait partie de la force d'invasion de la Chine en 1937 et quatre années de combat les avaient endurcis. Les Japonais avaient élaboré le plan d'invasion de Hong-Kong plus d'un an auparavant et lui avaient donné le nom de code de *Hana-Saku*, ce qui signifiait « fleurs écloses, fleurs écloses ».

Les soldats canadiens, au contraire, n'étaient pas prêts à la bataille de Hong-Kong. Ils avaient reçu la

Lors de l'attaque de Pearl Harbor par les Japonais, 18 bateaux de guerre et 349 avions ont été perdus ou endommagés, et près de 3700 Américains – civils et militaires – ont été tués ou blessés. Cette attaque a provoqué l'entrée en guerre des États-Unis. Quelle ressource importante les Américains vont-ils apporter à l'effort de guerre des Alliés?

cote C, ce qui voulait dire qu'ils étaient insuffisamment entraînés ou qu'ils avaient besoin de recyclage et que leur envoi au combat n'était pas recommandé. Près de 30 % d'entre eux n'avaient jamais été entraînés au tir. Ils se sont joints à une petite troupe défensive du Commonwealth qui comptait moins de 14 000 personnes, y compris des infirmières et des civils volontaires. Les Canadiens étaient en garnison sur le continent chinois, mais leur mission était de défendre des positions situées sur l'île de Hong-Kong.

Le 8 décembre 1941 (soit le 7 décembre au Canada), le Japon a lancé son offensive contre Hong-Kong. Moins de deux semaines plus tard, les troupes canadiennes ont entendu les premiers hurlements des sirènes annonçant une attaque aérienne. L'aviation japonaise a détruit les quais, les casernes, les batteries et les cinq vieux avions de la RAF posés sur le terrain d'aviation britannique. Désormais, les défenseurs n'avaient plus de protection dans les airs. Ils n'en avaient pas plus sur la mer : les Japonais avaient ravagé la flotte américaine à Pearl Harbor, et ils avaient coulé les deux grands navires de guerre britanniques, le *Prince of Whales* et le *Repulse*, au large de la Malaisie.

Les forces alliées sur le continent chinois n'avaient ni les effectifs ni les armes nécessaires pour résister à une attaque japonaise. Les troupes ont reçu l'ordre de battre en retraite jusqu'à l'île de Hong-Kong, que de

L'invasion japonaise à Hong-Kong en 1941

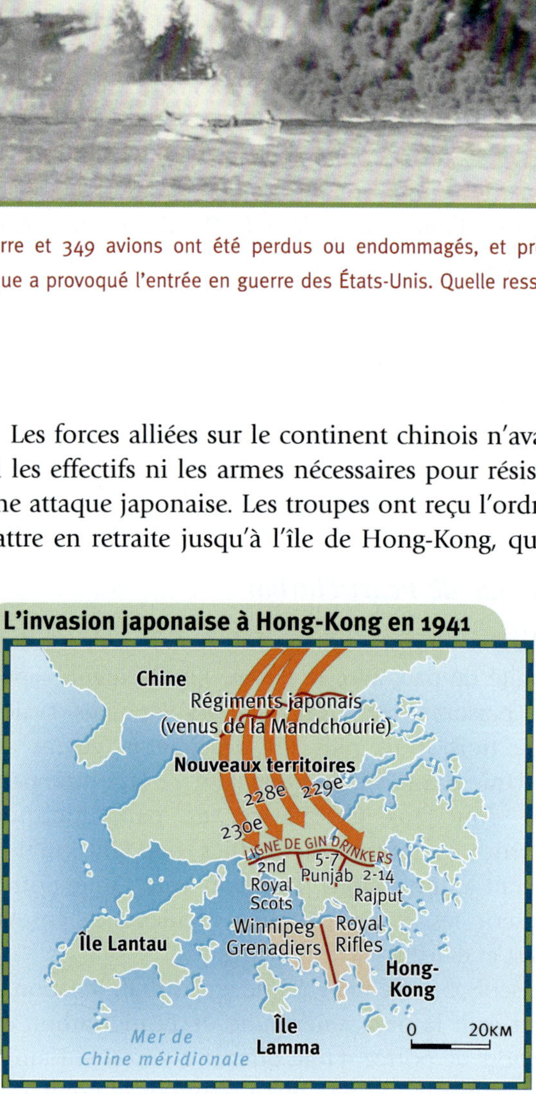

Le Japon a presque réussi à s'emparer de la région du Pacifique au complet. Selon le nom des régiments, combien de pays britanniques différents ont participé à la défense de Hong-Kong?

nombreux soldats canadiens croyaient imprenable. Mais le soir du 18 décembre 1941, des milliers de soldats japonais ont traversé le détroit qui sépare Hong-Kong du continent dans des canots pliants et des sampans (de petites embarcations à fond plat mues par deux avirons). Le 19 décembre, les Winnipeg Grenadiers ont aperçu dans Happy Valley des centaines de buissons qui montaient vers eux. C'étaient des soldats japonais camouflés. Les Canadiens se battaient à 10 contre 1 et, le jour de Noël 1941, Hong-Kong a capitulé officiellement.

Les Japonais avaient tué ou capturé tous les soldats canadiens qui se trouvaient dans l'île de Hong-Kong. Au cours des trois ans et demi qui ont suivi, les prisonniers de guerre canadiens ont été entassés dans des baraques et réduits aux travaux forcés. Les Japonais les ont obligés à construire des pistes d'atterrissage, à travailler dans des chantiers navals près de Tokyo ou à extraire du charbon dans les mines du nord du Japon. Ces traitements forcés allaient contre les Conventions de Genève qui dataient de 1864.

Les prisonniers ne recevaient que trois portions de riz par jour. Ceux qui souffraient d'épuisement, de malnutrition, de pneumonie, de diphtérie ou de choléra avaient très peu de chances de survivre. Les Japonais saisissaient les colis de la Croix-Rouge et les vendaient sur le marché noir. Ils confisquaient aussi les médicaments, de sorte que les médecins des camps n'avaient aucun moyen de soulager les malades. Le taux de mortalité était six fois plus élevé dans les camps de prisonniers des Japonais que dans ceux des Allemands.

Ces soldats canadiens ont survécu aux terribles conditions des camps de prisonniers des Japonais. On les voit ici en train de recevoir des paquets de cigarettes après leur libération. Trouves-tu des signes d'uniformes militaires parmi les ex-prisonniers?

Pendant l'été de 1945, les Japonais ont envoyé tous les prisonniers canadiens survivants dans les mines de charbon, et ils avaient reçu l'ordre de les exécuter si jamais le Japon était envahi. Heureusement, cet ordre a été annulé plus tard.

La guerre en Europe de 1942 à 1945

Les deux premières années de la guerre avaient apporté victoire sur victoire à l'Allemagne nazie. Par bonheur, le conflit approchait d'un tournant. Mais avant que les Alliés ne prennent le dessus, le Canada a participé à un autre combat tragique : la bataille de Dieppe.

La bataille de Dieppe

En août 1942, 5000 soldats canadiens postés en Grande-Bretagne ont reçu l'ordre d'attaquer le port de Dieppe, en France. Ces soldats s'y étaient entraînés pendant près de trois ans. Ils devaient se lancer à l'assaut des solides défenses du port avec un millier de commandos britanniques (spécialement entraînés aux raids éclair) et de Rangers américains (soldats d'un corps d'élite). Les Alliés avaient organisé cette attaque afin de déterminer les moyens qui permettraient de réussir une invasion en règle sur le continent européen. De plus, ils cherchaient à éloigner les forces allemandes du front russe.

Le sort des soldats canadiens était scellé avant même que ne commence l'offensive. Des forces défensives allemandes bien postées au sommet des falaises qui surmontaient les plages ont fait feu sur les chalands. De nombreux Canadiens ont été tués alors qu'ils débarquaient. Les rares soldats qui sont parvenus jusqu'aux plages ont été abattus pendant qu'ils tentaient de se mettre à couvert. Quelques hommes seulement ont réussi à atteindre la ville de Dieppe, où ils ont livré aux défenseurs allemands un combat serré.

La bataille n'a duré que quelques heures. Sur les 5000 Canadiens qui sont partis pour Dieppe, près de 1000 sont morts, plus de 500 ont été blessés et environ 2000 ont été capturés et faits prisonniers de guerre. Seuls 2210 hommes sont revenus en Grande-Bretagne.

La bataille de Dieppe a soulevé maints débats chez les historiens. Certains ont avancé qu'elle a été mise sur pied pour satisfaire Staline; celui-ci demandait en effet une attaque à l'ouest afin d'y attirer les troupes allemandes qui assiégeaient l'Union soviétique. Si ces experts ont raison, alors des milliers de Canadiens ont été sacrifiés pour contenter Staline. D'autres historiens ont remis en question la pertinence d'une attaque qui a coûté autant de vies humaines. Fallait-il confier à des soldats une mission qui avait si peu de chances de réussir ? Les renseignements fournis par l'attaque ont-ils vraiment facilité le débarquement de Normandie deux ans plus tard ? Les victoires futures justifiaient-elles une offensive de ce genre ? Pour donner à ces épineuses questions des réponses éclairées, il faut se replacer dans le contexte de la guerre et non se reposer sur les connaissances obtenues avec le recul du temps.

L'espoir revient aux Alliés

En dépit de la tragédie de Dieppe, la situation a tourné en faveur des Alliés. De grandes armées américaines combattaient les puissances de l'Axe en Afrique du Nord (l'Italie et l'Allemagne avaient envahi l'Égypte), et l'armée soviétique retenait l'armée allemande. Après six mois de combats acharnés à Stalingrad en Russie, les Soviétiques ont réussi à encercler les forces allemandes et à couper leurs lignes de ravitaillement. Les Alliés marquaient des points décisifs. En Égypte, les forces britanniques ont remporté une importante victoire à El Alamein. Les troupes alliées ont défait l'Afrika Korps du célèbre général allemand Erwin Rommel, surnommé le renard du désert. En même temps, les Alliés ont pris pied en Algérie et au Maroc et se sont dirigés vers l'est de l'Afrique du Nord.

L'attaque de Dieppe a été un véritable massacre et a fait près de 1000 victimes parmi les soldats canadiens. On en voit ici quelques-uns, étendus entre les chars et les chalands abandonnés du régiment de Calgary.

Les Canadiens en Sicile et la campagne d'Italie

À l'été de 1943, les soldats canadiens qui n'avaient pas pris part à la bataille de Dieppe se trouvaient en Grande-Bretagne depuis près de trois ans et demi, attendant l'occasion de se battre. Le 26 juin, ils ont enfin reçu l'ordre de plier bagages. Les Canadiens ont pris le chemin de la Sicile, l'île qui est située au bout de la botte italienne, pour rejoindre les forces britanniques et américaines. Leur plan : envahir la Sicile et y prendre les Allemands et les Italiens au piège avant qu'ils ne s'échappent en Italie. Les Alliés prévoyaient ensuite attaquer l'Italie, la plus faible des puissances de l'Axe.

La Sicile est tombée rapidement, et les Alliés ont capturé un grand nombre d'Italiens. Néanmoins, le « piège » des Alliés s'était refermé trop lentement, et des dizaines de milliers de soldats allemands se sont échappés en Italie. Les Alliés, les Canadiens y compris, étaient alors prêts à envahir la péninsule italienne. Ils l'ont atteinte le 3 septembre 1943 et ont commencé à la remonter, aidés de forces canadiennes fraîches venues de Grande-Bretagne.

Les Italiens appuyaient Mussolini tant que la guerre se livrait loin de chez eux. À présent que leur patrie étaient envahie, ils se sont détournés du Duce. Mussolini a été cité à comparaître devant le roi Victor-Emmanuel III, destitué de sa fonction de premier ministre et emprisonné. À la fin de septembre 1943, les Italiens se sont rendus aux Alliés. La campagne d'Italie ne s'est pas terminée pour autant, car les Allemands ont redoublé d'efforts. Quelques soldats allemands ont même poussé l'audace jusqu'à délivrer Mussolini, qui a alors institué une République sociale italienne dans le nord du pays. La libération du dictateur n'a fait que déclencher une guerre civile dans le nord de l'Italie. Finalement, Mussolini a été capturé et exécuté. Le fondateur du fascisme a connu une mort atroce : on s'est servi de cordes de piano pour suspendre son cadavre par les pieds sur une place publique.

L'Europe occupée en 1943

Même si à cette époque les forces de l'Axe contrôlaient la majeure partie de l'Europe, en 1943 les Alliés ont commencé à contre-attaquer, ce qui a donné lieu au début de la fin de l'Allemagne nazie. Quelles batailles ont été des points tournants de la guerre?

Les montagnes de la péninsule italienne ont été un cauchemar pour les troupes alliées. Les Allemands avaient en effet fortifié la crête des montagnes qui parcourent l'Italie du nord au sud. En outre, les soldats de l'armée allemande étaient des combattants expérimentés. Par conséquent, la capture des positions allemandes a été beaucoup plus coûteuse en hommes et en matériel que sa défense. Néanmoins, les Alliés gagnaient lentement du terrain. À la fin de l'automne de 1943, les Canadiens avaient avancé de 650 km dans les montagnes du centre de l'Italie et les Alliés se dirigeaient vers Rome.

Les Canadiens à Ortona

En novembre, la progression des Alliés vers Rome a été arrêtée à Ortona, une ville ancienne située sur les falaises qui surplombent la mer Adriatique. Les forces canadiennes ont reçu l'ordre d'attaquer Ortona. Les Allemands avaient l'avantage: ils avaient fait exploser tous les ponts de la région et ils étaient fermement retranchés dans les fortifications qu'ils avaient bâties au sommet des pentes abruptes de la région. La défense allemande était assurée par une division blindée célèbre pour son ardeur au combat depuis les batailles d'Afrique du Nord.

Les troupes canadiennes étaient affaiblies; depuis leur traversée du fleuve Moro, la 1re Division canadienne avait perdu 2339 soldats. Seize mille autres avaient été évacués pour cause de maladie ou d'épuisement. Malgré tout, les Canadiens ont affronté les troupes d'élite allemandes et les ont vaincues. Ils ont pris Ortona le 27 décembre. La ville est tombée aux mains d'un régiment d'Edmonton et les soldats ont installé un panneau qui portait l'inscription « Une ville de l'Ouest canadien ». La bataille d'Ortona est restée dans les mémoires comme l'un des hauts faits des Canadiens dans la Deuxième Guerre mondiale.

Des soldats du Princess Patricia's Canadian Light Infantry marchent dans une rue de Valguarnera, en Sicile. Ces hommes faisaient partie des forces canadiennes qui ont pris la Sicile. Pourquoi le succès remporté en Sicile a-t-il constitué un pas important vers la victoire des Alliés sur les puissances de l'Axe ?

Sur la route d'Ortona, une compagnie du Royal 22e Régiment s'est illustrée en s'emparant d'un point stratégique, Casa Berardi, et en tenant la place durant trois jours sous les attaques allemandes. Le capitaine Paul Triquet, commandant de la troupe, s'est vu décerner à cette occasion la Croix de Victoria.

Les Canadiens ont défait les Allemands à Ortona le 27 décembre 1943. On voit ici un char du régiment des Trois-Rivières sur la grande place de la ville. La bataille d'Ortona constitue l'une des plus grandes victoires militaires du Canada dans la Deuxième Guerre mondiale.

Au cours du printemps et de l'été de 1944, les forces canadiennes ont combattu au centre de la péninsule italienne. Elles ont grandement contribué à percer les lignes de défense allemandes. Les Alliés se sont emparés de Rome en juin 1944. Les forces canadiennes ont continué de se battre en Italie jusqu'en février 1945; à ce moment-là, toutes les troupes canadiennes ont été réunies dans le nord-ouest de l'Europe et ont formé la 1re Armée canadienne.

Le jour J et l'invasion de la Normandie

Deux jours après la prise de Rome, une autre armée alliée a envahi la France. Forts des leçons apprises à Dieppe, les Alliés avaient mis en place une gigantesque force de frappe aérienne et navale et ils avaient amélioré les communications entre la mer et la côte. Ils avaient perfectionné le char Sherman de sorte que le véhicule pouvait avancer dans l'eau, abattre les obstacles, faire exploser les mines et lancer des jets de flamme. Les soldats alliés s'étaient minutieusement préparés à l'action. Au début de juin, plus de 30 000 Canadiens étaient parés au jour J, le jour de l'invasion alliée en Europe. Les Alliés avaient prévu que cinq divisions débarqueraient sur un front long de 80 km. Les Américains devaient attaquer dans la partie ouest de la plage de Normandie et les Britanniques et les Canadiens, dans la partie est. La 3e Division canadienne devait débarquer avec la première vague d'attaquants, sur une plage appelée Juno. Les bombardiers de la RAF, dont plusieurs étaient pilotés par des équipages canadiens, devaient protéger le ciel de Juno. La force d'invasion comprenait en plus 171 escadrons aériens dont le rôle était de battre l'aviation allemande et de détruire les chars ennemis. Plus de 7 000 navires alliés de tous genres, des chalands, des contre-torpilleurs, des croiseurs, des corvettes, des frégates, des torpilleurs et des dragueurs de mines, devaient aussi participer à l'invasion.

Le matin du jour J

Il aura fallu beaucoup de précautions et énormément de chance aux Alliés pour réussir à garder secrets les plans d'invasion. À l'aube du 6 juin 1944, les défenseurs allemands ont aperçu à leur grande surprise une flotte immense qui s'approchait de la côte française. « Il y avait des bateaux à perte de vue, a dit un marin qui se trouvait à bord du dragueur de mines canadien *Canso*. J'ai toujours dit qu'un gars capable de faire des

En juin 1944, les Canadiens ont débarqué en Normandie avec les Américains et les Britanniques. Cette photo montre des soldats qui s'efforcent d'établir une tête de pont sur le rivage. Quels signes de la bataille trouves-tu à l'arrière-plan?

sauts de 100 verges aurait pu retourner en Angleterre sans se mouiller les pieds. C'est vous dire combien il y avait de bateaux. »

L'invasion ne s'est pas faite sans problèmes, car les bombardements navals et aériens des Alliés n'avaient pas détruit toutes les positions allemandes. Beaucoup de soldats ont dû ramper vers les abris sur des plages découvertes où les obus pleuvaient. À cause des récifs et des vagues, le débarquement de la 3e Division canadienne a été retardé d'une heure et demie. Au moment où les forces canadiennes ont atteint la plage de Juno, l'ennemi était prêt à les affronter. Le pire problème, toutefois, s'est présenté à la plage d'Omaha, dans le secteur américain. Les forces américaines étaient à la merci des défenseurs allemands, qui tiraient sur elles du haut des falaises. Les pertes ont été lourdes, et 7500 soldats américains ont péri.

Malgré d'importantes difficultés, l'invasion a été considérée comme une réussite. À la fin du jour J, plus de 155 000 soldats, 6000 véhicules et 3600 tonnes de matériel avaient été débarqués en France. Les combats livrés sur les plages avaient anéanti les forces défensives allemandes, et les Alliés ont pénétré à quelques kilomètres en territoire français. Les Canadiens sont parvenus jusqu'à 5 km de la ville de Caen, plus loin à l'intérieur des terres que tous les autres détachements alliés. Les pertes canadiennes ont été moins lourdes qu'on ne l'avait craint. Il n'en reste pas moins que près de 1000 soldats canadiens ont été tués, blessés ou capturés ce jour-là.

L'Allemagne, dès lors, livrait une guerre terrestre sur trois fronts : en Union soviétique, en Italie et en France. Sur le front de l'Est, l'Union soviétique continuait de la faire reculer. En Italie, les Alliés progressaient vers le nord. Il était presque certain que l'invasion de la France allait consacrer la défaite de l'Allemagne.

Une nouvelle Europe se dessine

En février 1945, la défaite de l'Allemagne semblait imminente. Les trois chefs des forces alliées, Winston Churchill de Grande-Bretagne, Joseph Staline d'Union soviétique et Franklin Delano Roosevelt des États-Unis se sont alors réunis pour discuter du sort de l'Allemagne vaincue et préparer l'après-guerre en Europe. La conférence tenue à Yalta, en Crimée, a donné lieu à d'importantes décisions. Une fois vaincue, l'Allemagne serait démilitarisée (dépouillée de toutes ses forces militaires) et le Parti nazi serait démantelé. L'Allemagne serait en outre divisée en quatre zones d'occupation confiées à la Grande-Bretagne, à la France, aux États-Unis et à l'Union soviétique. Les chefs d'État réunis à Yalta ont enfin convenu de remplacer la Société des Nations par un nouvel organisme. Baptisé Organisation des Nations Unies, ce regroupement de pays allait jouer un rôle prépondérant dans le monde de l'après-guerre. Pour l'heure, cependant, la guerre faisait toujours rage.

L'entrée en Allemagne

Pendant que les Alliés se dirigeaient vers le Rhin, Hitler a fait une dernière tentative pour reculer l'inévitable défaite. Il a modifié les règlements de son armée de manière à recruter tous les hommes âgés de 16 à 50 ans. Il est ainsi parvenu à rassembler 750 000 soldats et 3000 chars d'assaut en vue de contrer l'avance des forces alliées. Or, Hitler a perdu ce dernier pari, et ce qui restait de l'armée allemande a été forcé de reculer. L'ultime offensive de l'Allemagne n'a rien changé à son sort, mais elle a probablement modifié la carte de l'Europe de l'après-guerre. L'attaque a retardé la marche vers l'ouest des Alliés pendant six à huit semaines et a donné à l'Union soviétique le temps de traverser l'Europe de l'Est vers Berlin et de s'emparer de territoires sur son chemin.

À la fin de mars 1945, les Américains, Britanniques et Canadiens ont traversé le Rhin d'ouest en est et envahi l'Allemagne. Le 30 avril, les premières troupes soviétiques se frayaient un chemin à travers les ruines de Berlin. Il y avait déjà des soldats à quelques coins de rue de l'abri souterrain de la chancellerie (édifice du gouvernement) où Hitler se cachait. Celui-ci avait conclu un pacte de suicide avec sa compagne Eva Braun. Leurs corps ont été transportés à l'extérieur de l'abri, aspergés d'essence et brûlés. Tout de suite après la mort de Hitler, l'amiral Karl Donitz a pris la tête du Troisième Reich, conformément aux dernières volontés du Führer. Le 7 mai 1945, Donitz a rendu l'armée allemande aux forces alliées. Ce jour a été appelé jour de la Victoire en Europe.

Le 13 avril 1945, des foules remplies de joie ont envahi les rues de Delden, aux Pays-Bas, pour accueillir la 3e Division canadienne et célébrer leur libération. Les Canadiens sont encore chaleureusement accueillis aux Pays-Bas.

Les mouvements des forces alliées en 1944-1945

Vers la fin de la guerre, l'armée allemande était chassée de l'Europe de l'Est par l'Union soviétique et de l'Europe de l'Ouest par une coalition de pays, dont faisaient partie la Grande-Bretagne, le Canada et les États-Unis.

La libération des Pays-Bas

Il existe peu d'endroits dans le monde où les Canadiens sont accueillis aussi chaleureusement qu'aux Pays-Bas. Les Néerlandais ont été sous le joug des nazis de 1940 à 1945. Ils mangeaient tout juste assez pour rester en vie, et un grand nombre d'hommes étaient réduits aux travaux forcés. La mission de libérer les Pays-Bas a été confiée aux Canadiens commandés par le général Harry Crerar. L'armée canadienne devait se déployer dans le pays et y éliminer tout ce qui restait d'Allemands pendant que le gros des forces alliées avançait vers Berlin.

L'issue de la guerre ne faisait plus aucun doute, mais les soldats canadiens se sont quand même heurtés à une forte opposition tout au long des mois d'avril et de mai 1945. Les deux vastes cimetières militaires de Groesbeek et de Holten témoignent des sacrifices que les soldats canadiens ont consentis pour libérer les Pays-Bas. Les Néerlandais pensent encore au printemps de 1945 comme au « plus doux des printemps ». Triomphe et tragédie se sont alors entremêlés. En 1945, les Néerlandais reconnaissants ont accueilli les soldats canadiens avec des baisers et des fleurs. En 1995, les anciens combattants canadiens sont retournés dans les villes où ils avaient combattu; les enfants et les petits-enfants des gens qu'ils avaient libérés 50 ans plus tôt les ont reçus en héros. Les Néerlandais n'ont pas oublié non plus ceux qui sont morts pour leur redonner la liberté. Encore aujourd'hui, les écoliers néerlandais font une visite annuelle dans les cimetières canadiens pour fleurir les tombes des braves jeunes hommes qui ont donné leur vie pour la liberté du pays.

L'Holocauste, une guerre dans la guerre

Pendant que l'Allemagne faisait la guerre aux pays alliés, elle livrait un autre combat, plus sinistre encore, aux Juifs d'Europe. Son but: l'annihilation totale des Juifs. Le **génocide** fera six millions de victimes, dont deux millions d'enfants.

La persécution des Juifs

L'**antisémitisme** (la haine des Juifs) était l'un des fondements du nazisme. Hitler tenait les Juifs responsables des problèmes de l'Allemagne, et les nazis ont persécuté les Juifs allemands sans merci tout au long des années 1930. Pourtant, les Juifs faisaient partie intégrante de la société allemande depuis des siècles.

La persécution des Juifs est entrée dans une nouvelle phase au début de la Deuxième Guerre mondiale. Près de trois millions de Juifs sont tombés aux mains des nazis lors de l'invasion de la Pologne, en 1939. Des centaines de milliers d'autres ont connu le même sort quand l'Allemagne a conquis le Danemark, la Norvège, les Pays-Bas et la France. Les nazis délogeaient les Juifs et les entassaient dans des quartiers misérables appelés ghettos. Là, il arrivait souvent que plusieurs familles vivent dans une seule pièce. Les nazis obligeaient les Juifs à porter une étoile jaune et à travailler pour le régime. La nourriture était si rationnée et les conditions de vie si brutales dans les ghettos que des milliers de Juifs y sont morts de faim et de maladie.

La « solution finale »

Quand l'armée allemande est entrée en Union soviétique, en 1941, les nazis ont élaboré une nouvelle solution du « problème juif ». Ils ont constitué des formations de police appelées *Schutzstaffel*, ou SS.

Les SS ont commencé à exécuter massivement les Juifs durant l'hiver 1941-1942, et ils ont alors abattu un demi-million de gens. Le massacre russe, qui a scellé le sort des Juifs d'Europe, a marqué le commencement d'un des épisodes les plus sombres de l'histoire. En janvier 1942, les dirigeants SS se sont réunis à Wannsee, en banlieue de Berlin, pour mettre au point « la solution finale de la question juive ». Ils ont alors planifié d'exterminer secrètement 11 millions de Juifs en Europe.

Après la conférence de Wannsee, les nazis ont accéléré la construction d'immenses chambres à gaz dans des camps spéciaux. Ils confinaient les Juifs dans les ghettos en attendant que les camps de concentration soient prêts. Puis, la police des ghettos arrêtait des groupes de Juifs et les livrait aux SS. Ceux-ci envoyaient les Juifs dans les camps de concentration, à Auschwitz, Treblinka, Bergen-Belsen et ailleurs.

Lorsque les Alliés ont chassé les nazis d'Europe, le monde a pris la pleine mesure des atrocités commises dans les camps de concentration. Des millions de gens sont morts dans les camps d'extermination, exécutés, gazés, privés de nourriture ou épuisés de travail. Cet homme, photographié dans la boue d'Auschwitz, porte les marques des privations imposées aux victimes de l'Holocauste.

Les camps de la mort étaient dirigés par des unités SS appelées « brigades à la tête de mort ». À leur arrivée dans un camp, les Juifs déportés étaient séparés en deux groupes : ceux qui étaient aptes au travail et ceux qui ne l'étaient pas. Les premiers étaient mis aux travaux forcés et les seconds, principalement des personnes âgées, des mères et des enfants, étaient tués sur-le-champ dans les chambres à gaz. Un prisonnier a décrit comme suit ce qu'il a aperçu en arrivant dans un camp de travail : « Nous sommes dans une carrière de gravier. Les prisonniers en vêtements rayés pellettent des cailloux. Ils sont émaciés. Couverts de marques de coups. Un Capo (surveillant) invective les prisonniers et les bat avec le manche d'une pelle. Ce sont des squelettes ambulants. Est-ce que nous deviendrons comme eux un jour ? » Les nazis avaient pour objectif de faire mourir les prisonniers à force de travaux épuisants et de mauvais traitements. C'était ce qu'ils appelaient l'« annihilation productive ».

Pour étouffer toute résistance de la part des prisonniers, les nazis leur faisaient croire qu'ils les préparaient à la déportation. Le camp de Treblinka, par exemple, avait une façade en trompe-l'œil qui imitait la devanture d'une grande gare, avec ses panneaux indicateurs et son horloge. Dans certains camps, les chambres à gaz étaient maquillées en douches. Les nazis ont dit à certains prisonniers qu'ils seraient envoyés au Canada et leur ont ordonné de placer tous leurs effets dans la « salle du Canada ». Ils les ont ensuite entassés dans les lugubres « douches ». À Auschwitz, les nazis pouvaient gazer environ 2000 personnes à la fois. Quand la chambre était pleine d'adultes, les nazis plaçaient de petits enfants par-dessus leur tête. Alors, ils libéraient le gaz mortel, le zyklon B, dans la chambre hermétique.

Le secret du massacre a peu à peu filtré hors des camps de la mort. En août 1942, le journal *Montreal Star* titrait « Les Allemands massacrent des millions de Juifs dans les camps de la mort ». Les manchettes et les reportages, cependant, n'ont pas suscité de réactions immédiates. Ce n'est qu'en 1944, au moment où les nouvelles d'Auschwitz sont parvenues en Grande-Bretagne et aux États-Unis, qu'on s'est mis à établir des plans d'action sérieux. Entre-temps, les Juifs de Varsovie et des autres ghettos d'Europe ont lutté vaillamment, malgré leur infériorité numérique et leurs armes insuffisantes. Les nazis ont mis des mois à venir à bout de la résistance à Varsovie. Ils ont fini par incendier systématiquement les maisons du ghetto.

Hyperliens

www.dlcmcgrawhill.ca

Visite le site Internet dont l'adresse apparaît ci-dessus pour parfaire tes connaissances sur Anne Frank, une jeune fille juive qui vivait pendant la Deuxième Guerre mondiale. Clique sur ***Matériel complémentaire/Primaire et secondaire***, puis sur ***Regard sur le Canada***, et on t'indiquera où aller ensuite.

L'horreur de l'Holocauste

La cruauté des nazis s'est révélée dans toute son étendue à la fin de la guerre. Au Canada, bien des gens avaient pris pour de la propagande de guerre les rumeurs qui couraient à propos des camps de concentration. En arrivant sur place, cependant, les Alliés ont découvert des horreurs indescriptibles : des amas de cadavres, des charniers, des survivants squelettiques. Les nazis avaient incarcéré des millions de gens dans les camps de concentration : des prisonniers politiques, des communistes, des membres de groupes religieux comme les témoins de Jéhovah, des homosexuels, des prisonniers de guerre, des résistants, des Tziganes, des Polonais mais surtout des Juifs, six millions de Juifs.

On estime que près des deux tiers des Juifs d'Europe sont morts pendant la guerre. Seulement un million de personnes ont survécu aux camps de la mort. À la vue des premières photos des survivants, le monde a été atterré. Comment une chose pareille avait-elle pu se produire ?

Aujourd'hui, le souvenir de l'Holocauste n'a rien perdu de son atrocité. Pire, il semble que l'humanité n'a pas appris sa leçon, car d'autres génocides ont eu lieu par la suite : au Cambodge et en Ouganda dans les années 1970, au Rwanda, en Bosnie et au Kosovo dans les années 1990. La question demeure : Comment pouvons-nous empêcher les génocides ?

Le Camp Belsen, quartier des femmes. Ce tableau de Leslie Cole témoigne bien de l'horreur qui a accueilli les premiers soldats britanniques arrivant au camp de Bergen-Belsen. Ces femmes émaciées sont étonnées de voir des soldats portant l'uniforme britannique.

La bombe atomique et la victoire dans le Pacifique

En 1944, les États-Unis ont repris au Japon la Nouvelle-Guinée, les îles Salomon et les Philippines. Au début de 1945, les forces du Commonwealth britannique ont reconquis la Birmanie avec l'aide de la Chine. La flotte du Japon était presque anéantie, et l'étau se refermait lentement autour de son armée. Néanmoins, les Japonais résistaient fortement en construisant des tunnels et en défendant leurs positions. Quand les forces américaines ont envahi Okinawa, en mars 1945, les 100 000 soldats japonais qui s'y trouvaient se sont battus jusqu'au dernier. Des pilotes japonais appelés kamikazes écrasaient volontairement leurs avions bourrés de dynamite sur les navires américains. Ils périssaient en même temps que les marins dans l'explosion.

Certains dirigeants de l'armée américaine croyaient que les Japonais étaient trop fiers pour se rendre. Selon eux, une invasion du Japon aurait fait un nombre excessif de victimes civiles et militaires. Or, les États-Unis développaient une nouvelle arme de guerre au pouvoir terrifiant : la bombe atomique. Le nouveau président des États-Unis, Harry Truman, estimait que la bombe lui permettrait d'obtenir la capitulation du Japon en évitant de sacrifier un demi-million de vies dans une invasion.

Les arts

L'ART PERDU D'AUSCHWITZ

Auschwitz est probablement le plus tristement célèbre des camps de concentration nazis. Là, de mai 1940 à janvier 1945, près de deux millions de gens, dont 90 % étaient des Juifs, ont été assassinés. À Auschwitz, comme dans tous les autres camps de concentration, les prisonniers qui possédaient une habileté particulière avaient une chance d'éviter la mort ou, à tout le moins, de la retarder. En effet, les nazis exploitaient les talents des médecins, des architectes, des ingénieurs, des mécaniciens, des tailleurs, des musiciens, des dentistes, des barbiers, des charpentiers, des cordonniers et des artistes. Ces derniers étaient forcés de produire des œuvres de propagande, comme des affiches pour l'anniversaire de Hitler, et de peindre des croix gammées et des aigles sur les chars d'assaut capturés aux Alliés.

Beaucoup d'artistes ont mis leur vie en péril pour peindre en cachette des scènes de leur vie dans les camps. On a découvert depuis la fin de la Deuxième Guerre mondiale quelques-unes des œuvres que ces artistes avaient dissimulées aux nazis. On trouve parmi ces œuvres des slogans, des murales représentant des prisonniers au travail et des décorations qui avaient orné des salles de bain.

Ballerine, block 18, sous-sol du camp principal.

La colonie pénitentiaire « Königsgraben », Birkenau, block 1.

L'art secret d'Auschwitz avait une double fonction : remonter le moral des prisonniers et consigner les événements de leur vie. Pablo Picasso, le peintre célèbre, a écrit : « La peinture est un instrument de la guerre contre la brutalité et l'obscurité. » Telle était la nature de l'art « perdu » d'Auschwitz.

La fabrication de la bombe atomique

Le gouvernement américain travaillait depuis quelques années à la fabrication de la bombe atomique. Le programme, entouré du plus grand secret, portait le nom de code de projet Manhattan. Un groupe de scientifiques dirigé par le brillant physicien Robert Oppenheimer tentait de résoudre, sous la plus étroite surveillance, la kyrielle de problèmes posés par la mise au point de la bombe atomique. Les scientifiques avaient le milieu de l'année 1945 comme échéance. Leur travail était une course contre la montre, car ils croyaient que l'Allemagne nazie s'était fixé le même objectif.

L'explosion de la bombe atomique

Le président Truman a appris que la bombe atomique était prête en juillet 1945. Le 26, il a intimé au Japon de se rendre ou d'accepter « une destruction rapide et totale ». Truman a promis aux Japonais de laisser leur économie, leur culture et leurs traditions intactes s'ils capitulaient. Le premier ministre du Japon, Kantaro Suzuki, a répliqué que son gouvernement ferait *mokusatsu* à l'ultimatum allié, c'est-à-dire qu'il le tuerait par le silence. Truman et ses conseillers militaires ont rejeté l'idée d'une démonstration dissuasive des terribles pouvoirs de la bombe. Truman a décidé de lâcher la bombe sur une ville japonaise.

Le 6 août 1945, un bombardier B-29 américain, l'*Enola Gay*, a survolé Hiroshima, la septième ville en importance du Japon. L'*Enola Gay* transportait une bombe atomique appelée « Little Boy ». À 8 h 15, « Little Boy » est tombé sur Hiroshima. C'était la première bombe atomique jamais utilisée en temps de guerre. Elle a fait 70 000 morts et 61 000 blessés; 20 000 des personnes tuées ou portées disparues étaient des écoliers. Seulement 10 % des gens qui se trouvaient à moins de 500 m du centre de l'explosion ont survécu. Les passants ont été calcinés dans les rues; il n'est resté que leur ombre imprimée sur les murs. D'autres personnes ont été brûlées par les radiations, tuées par des projectiles ou ensevelies sous les débris des édifices. Un grand nombre de ceux qui ont survécu à l'explosion proprement dite sont morts plus tard des suites de l'exposition aux rayons gamma. Dans les années qui ont suivi, l'incidence du cancer et d'autres maladies a augmenté chez les survivants. Ceux-ci risquaient en outre de transmettre des anomalies génétiques à leurs enfants et à leurs petits-enfants.

L'utilisation de la bombe atomique a mis fin rapidement à la guerre, mais elle a laissé les villes d'Hiroshima et de Nagasaki en ruine. On voit ici le centre d'Hiroshima quelques semaines après l'explosion. Quels projets de reconstruction sont déjà en cours?

Les États-Unis ont lancé au Japon un second ultimatum qui est resté sans réponse. Trois jours plus tard, le 9 août 1945, les Américains ont lâché une autre bombe atomique, appelée « Fat Man », sur la ville japonaise de Nagasaki. L'explosion a fait 40 000 victimes. Ce soir-là, l'empereur Hirohito a dit à ses militaires : « Le temps est venu pour nous de supporter l'insupportable. » Le Japon a accepté de se rendre inconditionnellement le 10 août 1945, le jour de la Victoire sur le Japon. Le ministre des Affaires étrangères du Japon Momoru Shigemitzu et le chef d'état-major général Yoshijiro Umezu ont signé sa capitulation à bord du cuirassé américain *Missouri* dans la baie de Tokyo. La Deuxième Guerre mondiale était enfin terminée.

La fin du cauchemar

Les Canadiens ont applaudi la nouvelle de la capitulation du Japon. Le premier ministre Mackenzie King a déclaré fête nationale le jour de la Victoire sur le Japon. Les Canadiens n'avaient pas le cœur à s'interroger sur les aspects moraux de la victoire. Ils étaient tout simplement heureux que la paix revienne après six interminables années de guerre. Ils laissaient les questions morales à ceux qui avaient conçu et lancé la bombe. Plus tard, lorsque d'autres pays se sont munis de la bombe atomique et que la guerre froide s'est intensifiée, les Canadiens allaient se mettre à réfléchir aux choix que le monde avait faits. En août 1945, cependant, ils se contentaient de savourer la victoire.

La technologie

LA PARTICIPATION DU CANADA AU PROJET MANHATTAN

Le 6 août 1945, le monde a changé pour toujours. Ce jour-là, la ville de Hiroshima, au Japon, a presque totalement été détruite par la première bombe atomique. La ville de Nagasaki a connu le même sort trois jours plus tard. « Little Boy » et « Fat Man » ont tué environ 110 000 personnes et en ont blessé 110 000 autres. Les bombardements ont eu l'effet escompté : le Japon a capitulé et la guerre s'est terminée. Mais l'ère atomique venait de commencer.

La recherche sur le nucléaire avait commencé bien avant 1939, mais l'ascension d'Adolf Hitler et le réarmement de l'Allemagne nazie ont insufflé une énergie nouvelle aux scientifiques. Les travaux reliés à la mise au point de la bombe atomique, qui portaient le nom de code de projet Manhattan, ont constitué le plus vaste projet de recherche que le monde ait jamais connu. Plus de 200 000 personnes y ont participé, et ils ont coûté plus cher que la préparation de la première mission lunaire de la NASA.

Les Canadiens en général ne se doutent pas que leur pays a joué un rôle primordial dans la fabrication de la bombe atomique qui a détruit Hiroshima et Nagasaki. Dès les débuts du projet Manhattan, le gouvernement canadien a coopéré avec les gouvernements américain et britannique afin que les Alliés réussissent à se munir de la bombe avant les puissances de l'Axe.

Le principal constituant d'une bombe atomique est l'uranium, un métal lourd radioactif. Or, les nazis avaient fait main basse sur toutes les raffineries d'uranium d'Europe. La seule qui restait aux Alliés était l'Eldorado Refinery de Port Hope, en Ontario. C'est là qu'a été traité tout l'uranium utilisé au cours du projet Manhattan, après avoir été extrait des mines situées au bord du Grand lac de l'Ours, dans les Territoires du Nord-Ouest. L'eau lourde utilisée dans la fabrication de la bombe au plutonium (« Fat Man ») provenait de la Consolidated Mining and Smelting Company située à Trail, en Colombie-Britannique.

Le Canada ne s'est pas limité à fournir des matières premières. Il a offert aux scientifiques britanniques un lieu de travail sûr, loin des champs de bataille. De plus, les scientifiques canadiens ont joué un rôle essentiel dès les débuts du projet. Ils ont découvert l'uranium 235 (le composant fondamental de la bombe atomique), contribué à provoquer la première réaction en chaîne à l'aide d'uranium 235 et mis au point une méthode de purification de l'élément. Ils ont aussi fait partie de l'équipe qui a fabriqué le noyau de la première bombe au plutonium au Nouveau-Mexique en 1945.

Certains Canadiens ont participé à leur insu au projet Manhattan. Les hommes du peuple amérindien Sahtugot'ine, un groupe nomade qui vivait près du Grand Lac de l'Ours, ont été engagés pour transporter l'uranium. En dépit des mises en garde lancées par les scientifiques du gouvernement fédéral à propos des substances radioactives, on a laissé les Sahtugot'ine transporter des tonnes d'uranium sans leur fournir d'équipement de protection et sans les prévenir du danger. Ils apportaient l'uranium radioactif dans leurs tentes et contaminaient leurs familles sans le savoir.

Les effets à long terme de l'exposition à l'uranium ont été catastrophiques pour la communauté des Sahtugot'ine. Gina Bayha, de Deline, dans les Territoires du Nord-Ouest, a fait la remarque suivante : « Les hommes de la génération de ma grand-mère étaient nombreux à vivre jusqu'à 90 ou 100 ans. Aujourd'hui, rares sont les hommes qui dépassent les 65 ans. Ils meurent tous du cancer. » En août 1998, des représentants des Sahtugot'ine se sont rendus à Hiroshima, au Japon, pour rencontrer les survivants du bombardement. Ils leur ont présenté des excuses pour la part qu'ils avaient indirectement prise dans la destruction des villes d'Hiroshima et de Nagasaki en 1945.

Certains Canadiens considèrent la participation du pays à la mise au point de la bombe atomique comme un remarquable accomplissement technologique. Un grand nombre d'autres, cependant, ont honte que le Canada ait contribué à la fabrication d'une arme de destruction massive. Quelle que soit leur opinion, il est important que les Canadiens comprennent le rôle que leur pays a joué dans l'avènement de l'ère nucléaire.

Récapitulation

RÉSUMÉ DU CHAPITRE

Dans ce chapitre, tu as appris :

- que la composition de l'armée canadienne a beaucoup changé entre les deux guerres mondiales;
- que la participation des Canadiens aux batailles d'Ortona et de Normandie a grandement favorisé la victoire des Alliés sur l'Allemagne nazie;
- que l'entrée en guerre des États-Unis et de l'Union soviétique a fait pencher la balance en faveur des Alliés;
- que le racisme et l'intolérance ont abouti à l'Holocauste.

RÉSUME TES CONNAISSANCES

1. Explique l'importance historique des personnes, des lieux ou des événements suivants :

Miracle de Dunkerque	Bataille de Dieppe
Bataille d'Angleterre	Bataille d'Ortona
Plan Barberousse	Jour J
Pearl Harbor	Holocauste
Bataille de Hong-Kong	Projet Manhattan

2. Qu'est-il arrivé aux soldats canadiens à la bataille de Dieppe ?
3. À l'aide d'un croquis de la côte et des plages de Normandie, présente le plan du jour J. Le débarquement s'est-il déroulé comme prévu ?
4. Décris le traitement dont les Juifs et les autres prisonniers faisaient l'objet dans les camps de concentration nazis.

EXPRIME TON OPINION

1. Pourquoi de nombreux anciens combattants du Canada reprochent-ils au gouvernement d'avoir envoyé des troupes canadiennes à Hong-Kong en 1941 ?
2. L'attaque de l'Union soviétique par Hitler a été un facteur déterminant de la défaite allemande. Est-ce que le plan Barberousse était un pari téméraire ? Est-ce qu'il aurait pu réussir ? Justifie ta réponse.
3. Choisis trois événements qui, selon toi, ont été décisifs pour l'issue de la Deuxième Guerre mondiale. Place-les en ordre d'importance et justifie ton classement.
4. Aurait-on pu faire plus pour empêcher les atrocités commises contre les Juifs pendant l'Holocauste ? Prépare une liste de mesures que les gouvernements pourraient prendre pour éviter de telles atrocités à leurs citoyens ou à d'autres peuples. Compare tes suggestions à celles de tes camarades.
5. Est-ce que l'utilisation d'armes de destruction massive comme la bombe atomique a une quelconque justification ? Est-ce que l'invention de la bombe atomique a favorisé ou entravé la paix dans le monde ? Justifie ta réponse.

ANALYSE LES FAITS HISTORIQUES

1. Pendant la Deuxième Guerre mondiale, il y avait un petit pont au-dessus d'un ravin qui séparait l'Allemagne de la Suisse. Ce pont était gardé par un soldat allemand qui avait ordre de tirer sur quiconque tentait de fuir l'Allemagne et de refouler quiconque tentait d'y entrer de Suisse sans les papiers nécessaires. Posté du côté allemand du pont, le soldat sortait de sa guérite toutes les trois minutes pour inspecter les lieux.

   Une femme qui cherchait désespérément à sortir d'Allemagne savait qu'elle ne pouvait pas passer à côté de la guérite et traverser le pont en moins de six minutes. Le pont n'offrait aucune cachette et le soldat allemand était exact comme une horloge. Il voyait tous les piétons qui traversaient le pont et ne se laissait jamais acheter. Pourtant, la femme est entrée saine et sauve en Suisse. Comment s'y est-elle prise ?

CHAPITRE

16 Le Canada pendant la Deuxième Guerre mondiale

Les travailleurs canadiens ont joué un rôle fondamental dans l'effort de guerre du Canada. Cette œuvre du peintre Frederick B. Taylor, intitulée *Applying the tracks* (*La pose des chenilles*), montre les efforts de travailleurs du Canadien Pacifique à Montréal pour ajuster les chenilles d'un char d'assaut. Pourquoi une usine de locomotives convient-elle pour devenir une usine de chars d'assaut ?

RETOUR AUX SOURCES

- **Pourquoi des groupes tels que les mennonites et les huttérites s'opposaient-ils à ce que le Canada participe à la Deuxième Guerre mondiale ?**
- **Pourquoi plusieurs Canadiens croyaient-ils que les Canadiens japonais représentaient une menace ?**
- **En quoi le gouvernement a-t-il abordé l'effort de guerre et l'économie en temps de guerre de façon différente que lors de la Première Guerre mondiale ?**
- **En quoi le gouvernement a-t-il abordé la conscription au Canada pendant la Deuxième Guerre mondiale de façon différente que lors de la Première Guerre mondiale ?**

TERMES IMPORTANTS

Convois

Guerre totale

Internement

Objecteurs de conscience

Plébiscite

Rationnement

Zombies

CHRONOLOGIE

NOVEMBRE 1941 ▶
Entrée en vigueur du contrôle des salaires et des prix afin de contrôler l'inflation.

ÉTÉ 1942 ▶
Tous les Canadiens japonais sont expulsés de la côte Ouest.

OCTOBRE 1942 ▶
Les sous-marins allemands coulent le traversier *SS Caribou* sur le Saint-Laurent.

NOVEMBRE 1944 ▶
Début de la conscription.

Ces jeunes enfants attendent impatiemment l'arrivée du roi George VI et de la reine Elisabeth. Comment montrent-ils leur patriotisme britannique ? S'intéresserait-on autant à une visite royale aujourd'hui ?

Le 17 mai 1939, le roi George VI et la reine Elisabeth ont amorcé à Québec une tournée éclair des provinces canadiennes. C'était la première fois qu'un monarque britannique posait le pied au Canada. Partout où le couple royal apparaissait, des foules se formaient pour l'acclamer. Mais cette visite royale avait une signification particulière et inquiétante. Le roi venait au Canada pour obtenir l'appui de ses loyaux sujets. Hitler se faisait de plus en plus menaçant et la Grande-Bretagne prévoyait avoir bientôt besoin de toute l'aide que le Canada pourrait lui apporter.

En 1939, plus de la moitié de la population canadienne était d'origine britannique (anglaise, écossaise ou irlandaise) et le tiers était d'ascendance française. Les Canadiens anglais commençaient à se dire simplement « Canadiens », mais des liens solides unissaient encore le Canada et la Grande-Bretagne. Pourtant, le premier ministre Mackenzie King, comme beaucoup de ses compatriotes, avait de fortes réticences face à la guerre. Les Canadiens, en effet, avaient assez de problèmes chez eux. « L'idée que notre pays doit automatiquement et naturellement prendre part tous les 20 ans à une guerre à l'étranger, avait grommelé le premier ministre, fait figure pour plusieurs de cauchemar et de folie pure. » Mackenzie King n'a jamais remis en question la participation du Canada. Seulement, il était déterminé à la restreindre le plus possible. Le 10 septembre 1939, il a demandé au parlement de voter sur la participation du Canada à la Deuxième Guerre mondiale. La décision d'aller en guerre a pratiquement fait l'unanimité. Une autre génération de Canadiens allait bientôt se rendre en Europe pour participer à ce conflit sanglant qu'était la Deuxième Guerre mondiale.

L'opposition à la guerre

Pour la plupart des Canadiens, Adolf Hitler et les nazis représentaient le mal en personne. Toutefois, les Canadiens ne souhaitaient pas tous que le Canada participe à une autre guerre européenne. Plusieurs communistes canadiens ont milité activement contre la participation du Canada jusqu'à ce que l'Union soviétique entre en guerre en 1941. Le Québec continuait toutefois à s'opposer fortement à la guerre. Certains insistaient pour que le Canada déclare une « neutralité partisane », où le Canada resterait en marge du conflit mais offrirait de la nourriture et autres ressources essentielles à la Grande-Bretagne, à la France et à la Pologne.

Les pacifistes et les objecteurs de conscience

Tout comme lors de la Première Guerre mondiale, certains Canadiens refusaient d'appuyer la participation du Canada à la guerre pour des raisons d'éthique : ils croyaient que le recours à la force pour régler des conflits était une erreur. Ceux qui s'opposaient à toute forme de guerre étaient appelés les pacifistes. Pendant la Deuxième Guerre mondiale, les Canadiens dont les croyances étaient compromises par la participation à la guerre pouvaient s'inscrire comme **objecteurs de conscience.**

Cette affiche de propagande laissait présager que les nazis envahiraient le Canada s'ils n'étaient pas arrêtés en Europe. Selon toi, est-ce que cette affiche pouvait réussir à mobiliser les Canadiens pour l'effort de guerre ?

Voix canadiennes

Les mennonites

Ma grand-mère était une mennonite à l'ancienne. Pendant son enfance, elle portait des robes simples et un bonnet de prière en mousseline sur la tête et elle se déplaçait en charrette. Plusieurs mennonites portent les mêmes vêtements et conservent les mêmes pratiques aujourd'hui. Je suis mennonite. Je porte des jeans et des t-shirts, j'ai les cheveux courts et je conduis une voiture rouge. Plusieurs mennonites vivent aussi de cette façon. Alors, comment se fait-il que nous soyons tous mennonites ?

La religion mennonite diffère depuis sa fondation au XVIe siècle par une volonté de non-résistance. Nous recherchons la paix parce que nous croyons en elle. Mais que signifie la non-résistance dans un pays comme le Canada, qui a participé à la guerre ?

Lorsqu'il est devenu inévitable qu'une nouvelle guerre mondiale allait éclater, les mennonites canadiens se sont préparés au pire. En mars 1939, six mois avant le début de la guerre, des représentants de sept groupes de mennonites différents et de deux autres églises qui œuvraient pour la paix se sont rencontrés lors d'un congrès à Chicago. C'était le début d'une longue discussion sur le rôle que les mennonites devaient jouer en temps de guerre.

Bien que les chefs mennonites de l'époque étaient unanimes à refuser de participer au combat militaire, ils ne s'accordaient pas sur les gestes à poser par la suite. Certains mennonites préféraient attendre de connaître la décision du gouvernement canadien, puisque les mennonites étaient dispensés de service militaire depuis la Première Guerre mondiale. La plupart des mennonites, toutefois, savaient qu'ils auraient à proposer leur aide d'une façon ou d'une autre si jamais l'exemption était révoquée. Plusieurs ont commencé à réfléchir sur la manière dont ils pouvaient, avec leurs enfants, servir le Canada de façon non violente mais productive.

Les mennonites ont alors discuté longuement entre eux et avec le gouvernement sur la possibilité d'offrir des services parallèles. Les mennonites en âge d'être conscrits ont donc été dispensés de service militaire à titre « d'objecteurs de conscience ». Cependant, les mennonites ont joué un rôle vital en agriculture et au sein de l'industrie, fournissant ainsi à l'étranger des articles de première importance tels que la nourriture.

Je suis mennonite. Cela représente bien des choses pour moi, mais peut-être plus précisément, cela signifie que j'essaie de suivre la voie de la paix. Il est facile d'essayer de se mêler à la foule et de faire comme tout le monde, mais lorsque j'entends parler de mes ancêtres qui ont refusé de rejeter leurs croyances, je crois alors que je peux, moi aussi, travailler pour bâtir la paix.

Un texte d'Alissa Bender. Mme Bender appartient à une famille mennonite de la ville de Waterloo en Ontario. Elle étudie à l'Université Wilfrid-Laurier.

En 1939, plusieurs des groupes religieux du Canada étaient issus de mouvements pacifistes. Parmi ces groupes aux croyances pacifistes, on comptait les mennonites, les huttérites et les doukhobors. Un fort sentiment nationaliste régnait pendant la guerre; pour bien des gens, refuser de soutenir l'effort de guerre du Canada était donc « anticanadien » et les groupes pacifistes étaient souvent victimes d'hostilité. D'autres facteurs venaient également nourrir cette hostilité, entre autres les racines allemandes des mennonites et des huttérites. Pendant la guerre et par la suite, comme chacun de ces groupes pacifistes réagissait différemment à la guerre, le degré d'hostilité pouvait varier. La communauté mennonite était la mieux acceptée de tous ces groupes. Les mennonites ont répondu aux accusations de progermanisme en diminuant volontairement le nombre de leurs services religieux et en fermant provisoirement leurs écoles de langue allemande. Les objecteurs de conscience travaillaient sur des fermes et dans des usines afin de soutenir l'effort de guerre. De plus, presque la moitié des jeunes mennonites admissibles au service militaire ont abandonné leurs convictions pacifistes pour se joindre à l'armée.

À l'opposé, les huttérites, qui vivaient dans de vastes communes en Alberta, demeuraient isolés de la plupart des Canadiens. Leurs racines germaniques et leur retrait de la vie publique étaient source d'inquiétude, particulièrement chez plusieurs Canadiens pour qui la guerre représentait une lutte pour l'individualisme et la démocratie. Les doukhobors, bien qu'ils ne parlaient pas l'allemand, devaient leur mauvaise réputation aux gestes d'une secte radicale de Colombie-Britannique connue sous le nom de *Sons of Freedom*, les « fils de la liberté ». Tout au long des années 1930, les *Sons of Freedom* défrayaient souvent la chronique en participant à des défilés nus et en mettant des bombes et brûlant leurs propriétés afin de démontrer leur foi. À l'approche de la guerre, les Canadiens percevaient ce groupe religieux, dont ils ne connaissaient presque rien, avec méfiance et hostilité. Le journaliste Richard Needham, du *Calgary Herald*, a bien saisi la réaction des Canadiens à ces groupes : « Les mennonites jouent un rôle bien plus important dans la guerre que ces isolationnistes d'huttérites ou ces têtus de doukhobors. »

La formation de pilotes tels que ceux-ci a permis au Canada de jouer un rôle critique dans l'issue de la guerre.

Le Programme d'entraînement aérien du Commonwealth

En 1939, le Canada tout entier se préparait à la guerre. Mackenzie King espérait que le Programme d'entraînement aérien du Commonwealth, annoncé le 17 décembre 1939, représenterait la principale contribution du Canada. Le Programme prévoyait que la formation des pilotes, des navigateurs, des mitrailleurs de l'air, des bombardiers et des radios de tout le Commonwealth se ferait au Canada. Loin de la portée de l'aviation allemande, le Canada fournissait les terrains d'aviation, les avions et les services de base, tandis que la Grande-Bretagne fournissait les instructeurs. Plus de 130 000 hommes, dont 50 000 pilotes, ont ainsi été formés; près de 73 000 des diplômés étaient canadiens.

La guerre aux portes du Canada : la côte Est

Peu de temps après le début de la guerre, Mackenzie King craignait de ne plus pouvoir limiter la participation du Canada à l'effort de guerre. La terrifiante série de victoires de l'Allemagne et de ses alliés en Europe et en Afrique inquiétait les Canadiens. Bientôt, l'ombre de la guerre s'est étendue jusque sur la côte est du Canada.

Halifax était le centre des opérations de la marine canadienne dans l'Atlantique Nord; de plus, la ville servait de base au transport britannique et allié. Un commandant britannique a dit de Halifax que c'était le port allié le plus important du monde. Les soldats et les marins du pays de Galles, du nord de l'Angleterre et de l'Écosse côtoyaient ceux de la Nouvelle-Zélande, de l'Afrique du Sud et de l'Australie et les rues retentissaient de tous les accents du Commonwealth. Jour après jour, des **convois** de navires, comprenant des navires marchands chargés de troupes et de fournitures vitales telles que des fusils, des chars d'assaut, des obus et de la nourriture, mouillaient l'ancre dans le port de Halifax pour ensuite traverser l'Atlantique Nord vers l'Europe.

La bataille de l'Atlantique et la bataille du Saint-Laurent

Lorsqu'elle s'est aperçue que le Canada envoyait des articles essentiels à la survie de l'Angleterre, l'Allemagne a tout fait pour couper les lignes d'approvisionnement. Au cours de ce qu'on appelle aujourd'hui la bataille de l'Atlantique, des vaisseaux allemands minaient ou torpillaient des navires de convois parfois en vue du port de Halifax. Le sous-marin allemand

Grâce à des convois comme celui-ci, la guerre a transformé Bedford Basin à Halifax en un port bourdonnant d'activité. Pourquoi le rôle de Halifax dans l'effort de guerre a-t-il attiré l'attention des Allemands et comment les Allemands auraient-ils pu essayer de freiner l'envoi de fournitures depuis Halifax ?

était le plus meurtrier de tous. Des équipes de sous-marins surnommées « meutes de loups » déjouaient les navires de guerre qui escortaient les convois pour ensuite s'en prendre un par un aux navires marchands. À la fin de la guerre, les sous-marins allemands avaient coulé 175 navires de guerre alliés et 500 navires marchands (et des millions de tonnes en cargaison), tuant 50 000 marins. Pour répondre à ces attaques, le Canada a amorcé la production rapide de « corvettes », de petits navires qui protégeaient les navires marchands transportant des ressources vitales sur l'Atlantique.

À Halifax et dans la région, des « traceurs » de la marine suivaient les mouvements des navires, y compris les dangereux et silencieux sous-marins allemands, dans l'Atlantique Nord. Plusieurs de ces traceurs provenaient du Service féminin de la Marine royale du Canada (SFMRC). Un traceur du SFMRC a dit plus tard : « La plupart des Canadiens ne savaient pas du tout à quel point les sous-marins allemands se sont avancés dans le Saint-Laurent. »

À l'été 1942, la réalité et la fiction commençaient à se confondre. Alors que la propagande du gouvernement canadien laissait croire que le Canada remportait la bataille de l'Atlantique, les sous-marins allemands étaient de plus en plus audacieux. Au départ, ils s'étaient limités aux eaux côtières de Terre-Neuve et de la Nouvelle-Écosse, mais ils attaquaient maintenant des navires en plein Saint-Laurent. Le 27 août 1942, le navire américain *Chatam* a été coulé sur le Saint-Laurent; c'était la première fois qu'une attaque avait lieu en eaux canadiennes. Au cours de l'été et de l'automne de 1942, les sous-marins allemands ont coulé 21 navires dans le Saint-Laurent, causant la mort de 259 marins, mais sans souffrir une seule perte. L'attaque la plus gratuite est survenue le 31 octobre, alors que le traversier pour voyageurs *SS Caribou*, en route de Port-aux-Basques, à Terre-Neuve, vers Sydney, en Nouvelle-Écosse, a été coulé par une seule torpille. Cent trente-sept civils sont morts des suites de l'attaque. La bataille du Saint-Laurent a fait comprendre aux Canadiens la réalité de la **guerre totale.**

Le rôle de Terre-Neuve pendant la guerre

Terre-Neuve ne faisait pas encore partie de la Confédération en 1939, mais elle était prête à coopérer avec le Canada pour la première fois. L'île, en effet, était la clé de la défense de l'Amérique du Nord, mais elle ne possédait ni l'argent ni les effectifs pour contrer une attaque allemande, qui risquait pourtant de se produire réellement : on voyait souvent des sous-marins allemands rôder au large des côtes de Terre-Neuve. Afin de protéger le port de St. John's contre le torpillage, on avait étendu un filet fermant la passe qui reliait le port à l'océan Atlantique. Pendant la bataille de l'Atlantique, ce filet a retenu au moins deux torpilles allemandes.

Avec le consentement de Terre-Neuve, le gouvernement canadien a posté des troupes sur l'île et les appareils de l'Aviation royale canadienne (ARC) décollaient des aéroports de Gander et de Goose Bay, au Labrador. Terre-Neuve a fourni des troupes à l'armée canadienne, dont deux bataillons d'infanterie (des unités composées de fantassins), deux régiments antiaériens, trois batteries côtières (un assemblage d'artillerie lourde) et plusieurs unités administratives et combattantes.

Portrait de Canadiennes et de Canadiens

Bridget « Bride » Fitzpatrick et le désastre du *SS Caribou*

Ce n'est qu'aujourd'hui que les habitants de Terre-Neuve savent à quel point la guerre est à nos portes; ce mercredi restera une triste journée dans notre histoire car le SS Caribou a été coulé à environ 15 milles au large de Port-aux-Basques. Bien des gens avaient un être cher sur ce navire. Mercredi était une journée bien sombre à l'école. Les deux professeurs ont essayé de montrer aux élèves à quel point cette perte est un désastre pour Terre-Neuve.
Extrait du journal d'un professeur de Terre-Neuve, octobre 1942

Bride Fitzpatrick était parmi les passagers qui ont péri lorsque le traversier *SS Caribou* a été coulé par un sous-marin allemand. Le souvenir de cette affreuse soirée, au lendemain de l'Action de grâce, est imprimé dans la mémoire de la plupart des Terre-Neuviens. Aujourd'hui encore, plusieurs foyers possèdent, accrochée au mur, une image de cet infortuné navire et les membres survivants de la famille de Bride Fitzpatrick se souviennent toujours avec tendresse de son héroïsme, ce soir-là, et de la vivacité qui la caractérisait.

Bridget « Bride » Fitzpatrick avait grandi dans le petit village de Bay Roberts, à Terre-Neuve. La seule femme au sein de l'équipage du *SS Caribou*, Fitzpatrick était reconnue pour son cran. Lors d'une traversée entre Port-aux-Basques, Terre-Neuve, et North Sydney, Nouvelle-Écosse, on a rapporté qu'une lumière était apparue sur le pont. Ayant découvert d'où provenait cette lumière, Fitzpatrick a sévèrement réprimandé un passager américain en lui rappelant qu'allumer des lumières sur le pont, c'était inviter les sous-marins allemands à passer à l'attaque.

Le danger qu'elle essayait justement de prévenir en ce mois de juin aura finalement pris la vie de Bride Fitzpatrick et de 136 autres passagers. Pendant la bataille de l'Atlantique, les sous-marins allemands rôdaient autour du golfe du Saint-Laurent dans l'espoir de freiner les convois de navires qui transportaient des fournitures vers la Grande-Bretagne. Malheureusement, bien des civils étaient au nombre des victimes.

L'attaque contre le *SS Caribou* s'est produite très tôt le matin, le 14 octobre 1942. Alors que le *SS Caribou* s'approchait de Port-aux-Basques, il s'est trouvé dans la ligne de mire du sous-marin allemand *U-69*. Visant avec une précision meurtrière, le *U-69* a lancé une seule torpille et a ainsi frappé le *SS Caribou*. Des centaines de passagers pris de panique se sont précipités pour fuir le traversier qui coulait. L'équipage du *SS Caribou* luttait vaillamment pour rescaper le plus grand nombre possible de passagers. Bride Fitzpatrick travaillait fébrilement parmi eux. Alors que les radeaux de sauvetage se remplissaient, elle a offert sa place à une mère et à son jeune enfant. Le lendemain matin, on a retrouvé son corps sans vie qui flottait à 25 kilomètres plein ouest de Grand Bay, Terre-Neuve.

La destruction du *SS Caribou* n'avait pas d'importance stratégique réelle, mais les Terre-Neuviens se sont sentis dévastés. Plusieurs des communautés très serrées qui parsèment le littoral de Terre-Neuve ont perdu quelqu'un dans la destruction du *SS Caribou*. C'était le coup le plus dur porté à Terre-Neuve pendant la guerre, mais la mémoire de ses victimes héroïques, telles que Bridget « Bride » Fitzpatrick, persiste encore.

Activité

Au cours des jours qui ont suivi la destruction du *SS Caribou*, plusieurs journaux du Canada ont publié des reportages sur ce qu'on a appelé « la plus sombre tragédie maritime de l'histoire de la guerre maritime au large de la côte est du Canada ». Le *Ottawa Journal* a déclaré : « La brutalité répugnante de l'âme nazie s'est dévoilée de nouveau lors du meurtre de femmes et d'enfants sans défense. » Imagine que tu travaillais pour un journal canadien pendant la Deuxième Guerre mondiale. Écris un reportage sur la destruction du *SS Caribou*.

Craignant une invasion japonaise, le gouvernement canadien a construit sur la côte Ouest des batteries défensives comme celle-ci, située à Alert Head, en Colombie-Britannique. Comment cette batterie navale est-elle vulnérable à une attaque aérienne ?

La guerre dans le Pacifique et sur la côte ouest du Canada

Pendant que la guerre faisait entendre ses échos sur la côte est du Canada, la tension régnait aussi sur la côte Ouest. Les Japonais avaient envahi de grandes parties de la Chine et, lors d'attaques surprises effectuées en 1941, ils avaient presque paralysé les flottes américaine et britannique dans le Pacifique. Trois mois plus tard, ils déferlaient aux Philippines, en Malaisie, en Birmanie et à Singapour et ils se dirigeaient vers l'Indonésie et l'Australie.

L'extension de la guerre dans le Pacifique préoccupait les Canadiens de la côte Ouest. Surpris par les attaques des Japonais, le nombre de leurs cibles et la facilité de leurs victoires, les Canadiens de l'Ouest craignaient une offensive japonaise en Colombie-Britannique. Pendant les nuits qui ont suivi les attaques de Pearl Harbor et de Hong-Kong, la ville de Vancouver a imposé le *black-out*. Les écoliers s'exerçaient à réagir à une attaque au gaz et les adultes essayaient nerveusement de se préparer à une invasion. Dans les faits, la seule attaque directe des Japonais au Canada a été la destruction d'un phare de l'île de Vancouver par un sous-marin en juin 1942. Il n'en reste pas moins que les Japonais ont occupé les îles Aléoutiennes, au large de l'Alaska, au milieu de l'année 1942; des forces alliées canadiennes et américaines les ont éventuellement chassés.

L'internement des Canadiens japonais

Au début des années 1940, environ 22 000 personnes d'origine japonaise vivaient en Colombie-Britannique. Les premiers immigrants japonais de la Colombie-Britannique travaillaient dans les chantiers ferroviaires, dans les mines et dans les camps de bûcherons. Ensuite, beaucoup de Japonais se sont établis sur la côte, où ils ont acheté des bateaux de pêche ou des parcelles de terre. La plupart vivaient de la pêche, de la culture maraîchère et du commerce. Ils travaillaient dur et quelques-uns prospéraient. Mais leur succès soulevait l'animosité de nombreux habitants de la Colombie-Britannique.

Avant même le début de la guerre, les Canadiens japonais avaient été la cible d'émeutes antiasiatiques et étaient considérés comme des citoyens de seconde classe. Ils n'avaient pas le droit de voter, d'enseigner, de devenir fonctionnaires ni de pratiquer certaines professions. Les attaques japonaises à Pearl Harbor et à Hong-Kong ont déclenché une hostilité raciale qui couvait depuis longtemps. Soudainement, les Canadiens japonais étaient perçus comme des espions et des étrangers ennemis qui cherchaient à aider le Japon à détruire le Canada.

À Vancouver, la GRC surveillait de près les Canadiens japonais depuis 1938. Ses agents ont conclu que la communauté japonaise était loyale au Canada. Les Canadiens japonais avaient ardemment appuyé le travail de la Croix-Rouge et la vente des obligations de la Victoire et un grand nombre de ses membres ne demandaient pas mieux que de se battre pour le Canada. On n'a jamais décelé chez eux la moindre volonté de trahison, ni à cette époque ni par la suite.

Des milliers de Canadiens d'origine japonaise ont été envoyés dans des camps d'internement situés dans le nord de la Colombie-Britannique et de l'Ontario. Comment pouvons-nous éviter aujourd'hui de telles injustices ?

De sa propre initiative, le gouvernement de Mackenzie King n'aurait jamais pris de mesures sévères contre les Canadiens japonais qui vivaient sur la côte Ouest. Mais l'hostilité envers les Japonais grandissait sans cesse en Colombie-Britannique. Des rumeurs d'invasion japonaise se sont répandues en s'amplifiant. Les journaux, les sociétés patriotiques, les clubs de militaires et les conseils municipaux blâmaient les personnes d'origine japonaise. Dans une lettre à son frère, Muriel Kitagawa, une Canadienne d'origine japonaise de 21 ans, soulignait l'ironie des gestes posés par les Canadiens.

> *C'est étrange comme ces manifestants sont encore plus féroces contre les Japonais nés au Canada que contre les Allemands nés en Allemagne, qui pourraient être réellement loyaux à leur pays de naissance, comme nous le sommes pour le Canada. J'imagine que c'est simplement parce que nous n'avons pas la même apparence. De toute façon, il s'agit simplement d'une question d'antagonisme racial, contre lequel se battent les démocraties.*

Ottawa a fini par céder aux pressions. Au début, seuls les hommes qui n'avaient pas encore la citoyenneté canadienne ont été arrêtés et envoyés dans des camps d'**internement** situés loin de la côte. Mais bientôt, la conquête de Singapour, une possession britannique, par les Japonais a fait la une des journaux. La nouvelle a alimenté le racisme et les habitants de la Colombie-Britannique ont insisté pour qu'Ottawa éloigne tous les Japonais des régions côtières. En vertu de la *Loi des mesures de guerre* et des *Règlements pour la défense du Canada,* le gouvernement a étendu l'ordre d'internement à tous les Japonais d'origine, qu'ils soient ou non citoyens canadiens.

On a donc entassé les Canadiens japonais dans des trains pour les envoyer dans des camps situés dans les montagnes intérieures de la Colombie-Britannique, dans des plantations de betteraves à sucre en Alberta ou même au Manitoba et en Ontario. Le gouvernement a également incarcéré environ 70 Canadiens japonais jugés dangereux dans un camp entouré de fils barbelés, dans le nord de l'Ontario.

Les Canadiens japonais internés en Colombie-Britannique vivaient dans des baraques de quatre mètres sur huit. Certains de ces abris rudimentaires n'avaient ni l'eau courante ni l'électricité et aucun n'était construit pour résister au froid glacial de l'hiver. Beaucoup de familles ont été séparées : on envoyait le père dans un camp; la mère et les enfants dans un autre. Les hommes construisaient des routes, telles que l'autoroute Transcanadienne, et abattaient des arbres.

Les Canadiens japonais qui étaient internés devaient laisser la majeure partie de leurs possessions soi-disant à la garde d'un agent du gouvernement appelé curateur des biens de l'ennemi. Les autorités ont toutefois vendu aux enchères tous les biens saisis, y compris les bateaux de pêche, les voitures, les maisons, les magasins et les effets personnels.

Cette pratique honteuse ne s'est pas arrêtée à la fin de la guerre. Après celle-ci, Ottawa a adopté une loi pour déporter les Canadiens japonais et près de 4000 d'entre eux ont été envoyés au Japon avant l'abrogation de la loi en 1947. Beaucoup parmi eux n'étaient jamais allés au Japon de leur vie. Pendant plusieurs années après la guerre, les Canadiens japonais devaient avertir la GRC chaque fois qu'ils s'éloignaient de plus de 80 km de chez eux. En 1949, cependant, les Canadiens japonais ont obtenu le droit de voter aux élections fédérales et provinciales. Le gouvernement canadien n'a présenté ses excuses officielles pour les injustices commises qu'en 1988; le gouvernement de Brian Mulroney a alors offert 20 000 $ à chaque survivant ou survivante de l'internement des Japonais.

Un camp d'internement pour les Canadiens japonais. Imagine comment le gouvernement aurait pu rassurer les Canadiens quant à leur sécurité d'une manière plus juste.

Les Canadiens japonais : un autre regard

La plupart du temps, on discute des Canadiens japonais pour parler de leur internement, du racisme et du mauvais traitement que leur ont fait subir leurs concitoyens. De nombreux Canadiens japonais ont toutefois fait leur part grandement pendant la guerre. À la suite de la *Loi des mesures de guerre,* bien que tous les

Jeunesse canadienne

Réflexions personnelles sur l'internement des Canadiens japonais pendant la Deuxième Guerre Mondiale

Comment parler à une femme,
une mère qui est aussi une étrangère
parce que son fils ne sait pas qui elle est ou
ce qu'elle est ? Dis-moi, maman, qui es-tu ?
Que signifie être Japonais ?
John Okada, *No-No Boy*

Dans le roman *No-No Boy* de John Okada, publié en 1957, un jeune homme japonais nommé Ichiro regarde sa mère et cherche à briser le silence qui les sépare. Par moments, je croyais aussi que les silences, les mots non exprimés, les histoires jamais racontées, me séparaient inutilement de ma mère et de mon père. Comme Ichiro, je cherche à briser ce silence.

J'ai grandi dans une famille unie d'origine japonaise, de la classe ouvrière canadienne. Je suis une Sansei, c'est-à-dire une Canadienne japonaise de troisième génération. Mes parents sont nés tous les deux en Colombie-Britannique. Ils étaient des Nisei, des Canadiens japonais de deuxième génération. Tous mes grands-parents, des Issei, ont grandi dans la préfecture de Fukuoka au Japon et ont immigré au Canada vers la fin du XIXe siècle. Le père de mon père était un imprimeur au service d'un des journaux de langue japonaise de Vancouver. Ma *ba-chan* (grand-mère) était une ménagère méticuleuse qui faisait tout à la main — depuis les rideaux jusqu'au savon, aux cornichons et au saké. La famille de ma mère possédait une exploitation de petits fruits à Haney, en Colombie-Britannique. Sur leur terre, ils ont élevé cinq enfants, qui ont tous travaillé la terre, tous les jours, avant et après l'école et pendant les mois d'été. En saison, pour gagner un peu d'argent, ma *ba-chan* travaillait également dans une poissonnerie voisine. Bien qu'ils aient sans doute fait face à l'indignité d'un racisme ouvert, mes grands-parents ont réussi à vivre tant bien que mal, tirant leur force de la communauté canadienne japonaise de la côte Ouest, petite mais organisée.

C'est là l'histoire que j'ai apprise dans les années 1960 et 1970, dans le quartier anglo-saxon de Toronto où j'ai passé mon enfance. À l'âge adulte, je voyais bien qu'il y avait des lacunes dans l'histoire de ma famille, des silences. Dans ma famille, le silence était relié à l'internement des Canadiens japonais pendant la Deuxième Guerre mondiale. L'internement a appris à mes parents qu'il était mauvais, honteux, d'être d'origine japonaise et que cela entraînait de dures pénalités.

Pendant la Deuxième Guerre mondiale, mes parents ont tous les deux été internés dans des camps. Ma mère, alors adolescente, se souvient d'avoir acheté à toute vitesse des vêtements, de la vaisselle, des chaudrons et des poêles, d'avoir donné son chien à des voisins — tout cela pendant les 24 heures accordées avant que la GRC ne vienne les chercher. Elle peut encore voir et même sentir sa famille s'arrêter à Hastings Park, où des écuries servaient maintenant de « centre d'acheminement » pour les Canadiens japonais pendant la guerre. Elle se souvient avec encore plus de précision de son voyage en train de la Colombie-Britannique vers l'Ontario. Après la guerre, le gouvernement fédéral a défendu aux Canadiens japonais de retourner à ce qui restait de leurs maisons sur la côte Ouest. Suivant les conseils de fonctionnaires du gouvernement, elle s'est trouvé un poste d'employée de maison logée au sein d'une famille riche dans le quartier très aisé de Rosedale, à Toronto. Elle a alors passé des journées sans fin à polir l'argenterie, à passer l'aspirateur sur des tapis orientaux de grande valeur et à nourrir et s'occuper des trois enfants d'un avocat respecté et de sa femme, une femme au foyer. Ma mère travaille encore comme domestique à ce jour.

Pour mon père, l'internement s'est déroulé autrement. Lorsqu'il a entendu parler de la décision du gouvernement, mon père a résisté ouvertement. Fâché et blessé d'être perçu comme une menace par son pays de naissance, il a refusé de quitter le seul foyer qu'il connaissait. La GRC l'a saisi dans les rues de Vancouver, sans même lui permettre d'informer ses parents de l'endroit où il se trouvait. Parce qu'il avait résisté, on l'a incarcéré dans un camp de prisonniers de guerre à Petawawa, en Ontario. Il se souvient d'avoir eu à porter un gilet blanc avec un cercle rouge dans le dos. Pendant la guerre, le gouvernement l'a mis au travail, d'abord à Petawawa, puis à la construction de routes partout en Ontario. Après la guerre, comme ma mère, il n'avait nulle part où aller.

Il s'est finalement retrouvé à Toronto où, jusqu'à la fin de sa vie, il a travaillé pendant d'interminables journées pour gagner un salaire comme chauffeur de taxi. Mon père est mort avant que le gouvernement canadien n'offre des excuses officielles à la communauté canadienne japonaise. On ne lui a remis aucune indemnisation pour les pertes économiques qu'il a subies avec sa famille pendant la guerre.

Il est clair que les forces du racisme ont façonné leurs vies. Ma mère et mon père ont tous les deux fait bien des efforts pour m'en protéger, en cachant leur expérience pendant la guerre derrière un mur de silence. Aujourd'hui, je suis mère à mon tour. J'ai une fille de quatre ans, une Yonsei (quatrième génération) de race mixte. Elle me dit qu'elle veut apprendre le japonais. Dans ses jeux imaginaires, elle parle de vivre au Japon. Quand elle sera plus vieille et qu'elle me demandera de parler de l'histoire de ma famille, je lui raconterai ces histoires, afin que le silence soit brisé à jamais.

UN TEXTE DE PAMELA SUGIMAN. D[re] SUGIMAN EST PROFESSEURE TITULAIRE DE SOCIOLOGIE À L'UNIVERSITÉ MCMASTER DE HAMILTON EN ONTARIO.

Canadiens japonais aient été éloignés de la côte de la Colombie-Britannique, ils n'ont pas tous été envoyés dans des camps. Plus de 2600 d'entre eux ont été dirigés vers l'Alberta, où leur travail sur les champs de betteraves à sucre s'est avéré vital. La pénurie chronique de main d'œuvre causée par la guerre menaçait la récolte des betteraves à sucre. Les Canadiens japonais préféraient largement gagner un salaire et garder leurs familles auprès d'eux plutôt que de se retrouver dans un camp d'internement. À la suite de la guerre, plusieurs de ces familles sont restées dans le sud de l'Alberta, où elles ont continué à contribuer de manière importante au bien-être de leurs communautés.

Le centre du Canada : se rééquiper pour soutenir la guerre

Avec l'avancée des nazis en Europe et celle des Japonais en Extrême-Orient, les Canadiens ont commencé à parler de la « guerre totale », c'est-à-dire de tout subordonner à l'effort de guerre. À la fin de 1941, les ouvriers d'usine du pays entier faisaient des heures supplémentaires pour fabriquer du matériel militaire. Le chômage a disparu. De fait, la demande de main-d'œuvre est devenue telle que le gouvernement a créé le Service sélectif national (SSN) pour diriger les travailleurs dans les industries qui avaient le plus besoin d'eux. Un travailleur ou une travailleuse qui acceptait un emploi sans l'approbation du Service était passible d'une amende de 550 $ et d'une année d'emprisonnement. L'économie du Canada, que la crise des années 1930 avait minée, était maintenant rétablie.

L'industrie manufacturière a connu de grands changements. Les aciéries de Hamilton, les usines de munitions de Toronto et les avionneries de Montréal ne fermaient jamais. Bien que la plus grande part de la production provenait surtout du cœur du sud de l'Ontario et du Québec, plusieurs nouvelles usines ont ouvert leurs portes partout au Canada. Winnipeg, entre autres, est devenue un fournisseur de munitions et de technologie des communications de premier ordre et Vancouver s'est vue dotée d'une avionnerie Boeing et d'un chantier de construction navale.

Les Canadiens ont également commencé à fabriquer des articles qu'ils avaient l'habitude d'importer. Pour la première fois, ils produisaient des moteurs diesel, du caoutchouc synthétique, des roulements à billes, du matériel électronique, de l'essence à haut indice d'octane et bien d'autres produits. Le ministre responsable de la production industrielle, C.D. Howe, a déclaré : « Jamais plus on ne doutera que le Canada puisse fabriquer tout ce qui se fabrique ailleurs. » Il avait raison. Plusieurs des nouvelles industries ont subsisté après la guerre et se sont intégrées pour de bon à l'économie canadienne.

La renaissance des fermes des prairies : la guerre et l'agriculture

Si les industries du centre du Canada produisaient rapidement, les fermes de l'Ouest canadien ont, elles aussi, participé à l'effort de « guerre totale ». Après des années de sécheresse, le temps est redevenu favorable et les prairies étaient de nouveau fertiles. Les fermiers ont commencé à produire des récoltes exceptionnelles qui leur ont rapporté des profits appréciables. En 1942, des étudiants venus d'écoles et d'universités ainsi que des Amérindiens du Nord se sont retrouvés en Saskatchewan pour aider à moissonner une récolte de blé record. Les Britanniques affamés avaient désespérément besoin de nourriture et il fallait bien nourrir les soldats outre-mer. Les fermiers canadiens ont commencé à offrir un plus large éventail de produits afin de satisfaire à la demande : porc, bœuf, produits laitiers, lin et graines oléagineuses. Ces contributions vitales à la guerre provenaient de divers groupes ethniques établis dans l'Ouest.

La contribution des Amérindiens à l'effort de guerre

Pendant la guerre, les Amérindiens du Canada ont contribué de plusieurs façons. Bien que généralement très pauvres, les Amérindiens ont donné plus de 23 000 $. Dans certains cas, certains groupes d'Amérindiens ont offert le 5 $ que chaque membre recevait du gouvernement fédéral comme somme payable en vertu d'un traité. Parfois aussi, ils amassaient de l'argent en vendant des mocassins et des fourrures. En plus de ces dons, ils ont également soutenu l'effort de guerre en tricotant des bas, des cache-col et d'autres vêtements.

Les Amérindiens ont également soutenu l'effort de guerre en augmentant l'étendue des terres sur leurs réserves destinées à l'agriculture. Selon la campagne *Greater Production* (« production accrue »), le gouvernement soutenait les fermiers amérindiens en leur fournissant des graines, du bétail, de la volaille, des chèvres et des arbres fruitiers. On a ainsi pu remarquer une augmentation stable de la production alimentaire pendant la guerre. Les Amérindiens qui ne s'étaient pas engagés dans l'armée ou trouvé du travail sur une ferme travaillaient plutôt sur les chemins de fer ou dans les usines d'empaquetage, les manufactures et les aciéries. Plus de 200 hommes amérindiens refusés pour le service militaire avaient été déplacés de l'Ouest vers l'Ontario pour travailler dans des fabriques de munitions et dans des forêts. Lors d'une rencontre avec des chefs amérindiens à Regina, Mackenzie King s'est déclaré reconnaissant de leur loyauté à la Couronne, ajoutant qu'il était fier de voir « l'unité totale dans l'effort de guerre du dominion ».

La contribution des femmes à l'effort de guerre

L'effort de guerre a été pour les femmes une occasion d'améliorer leur condition, au moins pendant la guerre. Les hommes qui partaient à l'étranger laissaient des postes vacants et le gouvernement fédéral a commencé à recruter des femmes dans la population active. « Femmes ! Soutenez-les — pour les ramener », déclarait une affiche lors d'une campagne gouvernementale pour encourager les femmes à travailler dans l'industrie des munitions. « Relevez les manches pour la victoire ! », proclamait une autre affiche.

De nombreuses usines, telle que cette usine Inglis de Toronto, ont été transformées en fabriques d'armes ou de munitions. Ces travailleurs ont joué un rôle primordial dans l'approvisionnement en armes des forces alliées. Quelles habiletés de travail ces femmes pourront-elles utiliser après la guerre ?

La pénurie de travailleurs causée par la guerre a permis aux femmes d'explorer de nombreux nouveaux domaines. Plusieurs d'entre elles ont travaillé dans l'industrie lourde, afin de construire des armes et des machines. Parmi les surnoms qu'on donnait aux femmes qui travaillaient en usine, on retrouve « la mitrailleuse » et « Rose la riveuse ». Peux-tu expliquer ces surnoms ?

Au début, la campagne du gouvernement visait les femmes célibataires, mais en septembre 1942, la pénurie de main-d'œuvre était telle que toutes les femmes de 20 à 24 ans étaient tenues de s'inscrire au Service sélectif national. Plus tard, le gouvernement s'est adressé aux femmes mariées puis, vers la fin de la guerre, aux mères de famille. Avec l'aide du fédéral, l'Ontario et le Québec ont ouvert quelques garderies pour permettre aux mères de travailler dans les industries de guerre. En 1944, on comptait près de un million de travailleuses au Canada.

Les femmes dans l'industrie

Quand la production de guerre a atteint son point culminant, les femmes représentaient 30 % de la main-d'œuvre employée dans les usines d'aviation (qui se composait de 25 000 personnes). On comptait plus de 260 000 femmes dans les usines de munitions, 4000 dans les chantiers navals et 4000 dans le domaine de la construction. Les femmes assemblaient des transistors et des mitrailleuses légères Bren et travaillaient à la soudure, à l'assemblage d'automobiles, au rivetage et à la boucherie. L'ouvrière des années de guerre, avec son pantalon et le bandeau qui retenait ses cheveux pour les protéger des machines, est devenue une sorte d'héroïne nationale. Parfois surnommée « la mitrailleuse » ou « Rose la riveuse », la femme au travail apparaissait presque aussi souvent sur les affiches que le soldat canadien.

Les femmes gagnaient encore des salaires inférieurs à ceux des hommes (bien que la différence était moindre qu'avant) et leurs patrons étaient presque toujours des hommes. Plusieurs d'entre elles effectuaient un travail que la tradition réservait aux femmes, mais un bon nombre accomplissaient des tâches généralement effectuées par des hommes. La distinction entre « travail de femme » et « travail d'homme » commençait à disparaître.

Les femmes dans l'agriculture

Beaucoup de jeunes hommes et de jeunes femmes ont quitté la ferme familiale pour servir outre-mer ou pour prendre des emplois plus payants que l'agriculture dans l'industrie de la guerre. Par conséquent, les plus de 800 000 femmes qui étaient restées sur les fermes devaient souvent assumer le fardeau de la production agricole. Les femmes avaient toujours contribué au

La recherche de services fiables de garderie représentait un défi majeur pour les femmes au travail pendant la guerre. Pour résoudre ce problème, cette femme micmac transportait son enfant sur son dos, en route vers les chantiers navals de Pictou, en Nouvelle-Écosse, où elle travaillait.

travail agricole, mais pendant les années de guerre, elles ont souvent dû s'acquitter en plus des tâches de leur mari et des ouvriers absents. L'une d'entre elles se chargeait du travail lourd, entretenait le matériel, s'occupait des enfants et de la maison et trouvait du temps pour pratiquer la chasse et le curling. Lorsque son mari est revenu de la guerre, elle lui a tendu le livret de banque. « Il y a plus d'argent là-dedans, lui a-t-elle dit fièrement, que nous n'en avons jamais eu de notre vie. »

Le nouveau rôle du gouvernement

La guerre a souvent pour effet de pousser les gouvernements à s'éloigner de leurs rôles traditionnels. Au cours des deux guerres, le gouvernement canadien a participé plus directement au fonctionnement quotidien de la société. Dans les deux cas, ce nouveau rôle du gouvernement dans la vie des Canadiens se sera prolongé de manière définitive dans la société canadienne d'après-guerre.

L'économie de guerre et l'intervention gouvernementale

Le premier ministre Mackenzie King était déterminé à faire de l'effort de guerre une entreprise efficace, ordonnée et honnête. Il a ainsi chargé un groupe de ministres d'assurer la transition à l'économie de guerre et le ministre des Munitions et Approvisionnements, C.D. Howe, de la production de guerre. La Grande-Bretagne avait désespérément besoin de toutes sortes de marchandises. Howe a réussi à décrocher contrat après contrat pour la fabrication de fusils, de chars d'assaut, de camions, d'uniformes, de bateaux et bien plus encore.

Or, beaucoup des contrats obtenus par Howe visaient la production d'articles que le Canada n'avait jamais fabriqué. Howe a donc demandé l'aide de gens d'affaires reconnus. Il les a incités à « prendre congé » du travail et à devenir fonctionnaires jusqu'à la fin de la guerre. Ces gens d'affaires ont été surnommés les « hommes à un dollar par année », à cause du salaire symbolique que le gouvernement leur versait. (Beaucoup de sociétés ont continué à payer ces hommes pendant qu'ils travaillaient pour le Ministère de Howe.) Les usines canadiennes qui avaient fabriqué des réfrigérateurs sont passées à la fabrication de mitrailleuses légères ou de chenilles de chars. Les ateliers de matériel ferroviaire ont commencé à produire des chars d'assaut. Les fabricants d'automobiles se sont convertis à la fabrication de camions militaires.

En peu de temps, le Canada était prêt pour la production de guerre. En 1944, les Canadiens fabriquaient 4000 camions et 450 véhicules blindés par semaine. La revue américaine *Fortune* s'en émerveillait : « Lorsqu'on pense que l'industrie canadienne d'avant-guerre n'avait jamais fabriqué un char d'assaut, un avion de chasse ni un fusil à tir rapide de fort calibre, la vitesse à laquelle elle s'est organisée fait figure de miracle économique. »

Cette photo illustre la production quotidienne de camions par la Ford Motor Company à Windsor pendant la Deuxième Guerre mondiale. Le Canada aura produit plus de 815 000 véhicules militaires à la fin de la guerre.

Le gouvernement étend son pouvoir sur l'industrie

L'autorité exercée sur l'entreprise privée par le ministère des Munitions et Approvisionnements que dirigeait C.D. Howe s'est alors intensifiée. Le Ministère pouvait dire aux entreprises quoi fabriquer, où vendre leurs produits et même à quel moment les livrer. Si une entreprise refusait de coopérer, le Ministère pouvait la prendre en charge et organiser lui-même la production.

Le Ministère de Howe créait des sociétés de la Couronne chaque fois que l'entreprise privée était incapable de satisfaire à une demande précise. À la fin de la guerre, il existait 28 sociétés de la Couronne qui fabriquaient de tout, du bois (Veneer Log Supply Limited) au caoutchouc (Polymer Corporation). L'une de ces sociétés, L'Eldorado Mining and Refining, a traité en secret l'uranium destiné aux bombes atomiques que les États-Unis ont lâchées sur le Japon en 1945. Jamais auparavant un gouvernement canadien n'était intervenu autant dans l'entreprise privée.

La déclaration de Hyde Park

Parmi les sociétés de la Couronne, l'une des plus importantes était la War Supplies Limited. Elle avait été formée à la suite d'une rencontre entre le premier ministre Mackenzie King et son ami Franklin Delano Roosevelt, le président des États-Unis, à la demeure familiale de ce dernier, à Hyde Park dans l'État de New York. Mackenzie King a expliqué à Roosevelt que le Canada, à force d'aider la Grande-Bretagne, aurait bientôt des difficultés financières s'il ne pouvait pas équilibrer le déficit commercial avec les États-Unis. Au fur et à mesure que la guerre s'intensifiait, le Canada dépendait de plus en plus des États-Unis pour alimenter les usines. Cette situation avait entraîné un énorme déficit commercial avec les États-Unis. Cependant, si les États-Unis achetaient à peu près autant au Canada que le Canada achetait aux États-Unis, le problème serait résolu. La proposition de Mackenzie King a plu à Roosevelt et les deux dirigeants ont signé une entente appelée « déclaration de Hyde Park ». Par la suite, les États-Unis ont acheté pour plus de un milliard de dollars de produits canadiens. La déclaration marquait le début d'une ère nouvelle de coopération économique entre les deux pays.

La gestion de l'économie de guerre : le problème de l'inflation

L'essor de l'économie de guerre a apporté aux Canadiens une prospérité nouvelle. Plus de gens travaillaient et ils avaient plus d'argent que jamais. La plupart des ressources canadiennes étaient toutefois consacrées à la production de guerre, si bien qu'on trouvait peu de biens de consommation sur les étagères des magasins. Les conseillers financiers de Mackenzie King craignaient « qu'autant d'argent à la recherche de si peu de biens » entraînerait une hausse des prix dont le résultat serait une inflation écrasante. C'est ce qui s'était produit pendant la Première Guerre mondiale et Mackenzie King était déterminé à empêcher que cela se reproduise.

C'est alors que le gouvernement a donné à James Ilsley, un avocat de la Nouvelle-Écosse, la responsabilité des finances du Canada. Ilsley a contré la hausse des prix grâce à des augmentations de taxes importantes, des épargnes forcées et la vente des obligations de la Victoire. En limitant la quantité d'argent que les Canadiens pouvaient empocher, le gouvernement diminuait également leur pouvoir d'achat. La demande pour les biens de consommation ainsi réduite, le gouvernement a réussi à contrôler la hausse des prix (l'inflation). L'impôt sur le revenu des particuliers, qui n'avait procuré que 42 millions à Ottawa en 1938, a rapporté 815 millions en 1943. Ilsley a également lancé neuf campagnes de publicité monstres pour annoncer les emprunts de guerre et les emprunts de la Victoire. Les publicitaires ont fait appel à des célébrités comme Shirley Temple et les jumelles Dionne pour mousser la vente des obligations de la Victoire. Des slogans du type « Les hommes sont prêts… C'est à VOUS de leur donner des ailes » sont apparus sur les murs et dans les magazines. La publicité a remporté un succès éclatant et a ainsi rapporté 8,8 milliards de dollars pour l'effort de guerre.

Hyperliens

www.dlcmcgrawhill.ca

Visite le site Internet dont l'adresse apparaît ci-dessus pour parfaire tes connaissances sur l'utilisation des affiches pour obtenir l'appui de la population à la guerre. Clique sur ***Matériel complémentaire/Primaire et secondaire***, puis sur ***Regard sur le Canada***, et on t'indiquera où aller ensuite.

Le rationnement faisait partie du quotidien pendant la guerre. Chaque personne avait droit à une quantité limitée de nourriture et de biens de consommation qui s'obtenaient avec des coupons de rationnement. Comment aurais-tu adapté ton régime alimentaire en fonction du rationnement ?

Le gel des prix et des salaires et le rationnement

Malgré les efforts d'Ilsley, les prix ont tout de même augmenté en 1941. Le gouvernement de Mackenzie King craignait une inflation galopante. En novembre 1941, la Commission des prix et du commerce en temps de guerre, un organisme gouvernemental chargé de contrôler le **rationnement** de produits de première nécessité et de la nourriture, a pris une mesure révolutionnaire : le gel des prix et des salaires pour prévenir l'inflation. La Commission régissait également l'achat des biens de consommation rares. Les consommateurs qui désiraient acheter des articles tels que les cuisinières électriques, les machines à écrire et les pneus de caoutchouc devaient d'abord obtenir un permis de la Commission. Il fallait pour cela démontrer que l'usage de l'article en question allait contribuer à l'effort de guerre.

En 1942, le gouvernement a commencé à rationner des denrées alimentaires et à limiter certains biens d'usage courant. Les Canadiens n'avaient droit qu'à 250 g de sucre, 250 g de beurre, 30 g de thé, 115 g de café et 1 kg de viande par personne par semaine. Le gouvernement a distribué plus de 11 millions de carnets de rationnement, et les coupons de rationnement faisaient maintenant partie de la vie quotidienne des Canadiens. La Commission prêchait : « Ne gaspillez rien, usez tout jusqu'au bout, débrouillez-vous et passez-vous-en. » Les groupes de femmes donnaient des cours sur la manière de cuisiner des plats nourrissants avec peu de moyens. Elles ont également dirigé une imposante campagne de recyclage qui avait pour slogan « Fouillez et trouvez les débris ». Elles ont ainsi amassé du papier, des chiffons, du fer, de l'aluminium, des gras comestibles, des bouteilles et même des os afin de faire de la colle pour avion et de l'herbe à coton pour fabriquer des gilets de sauvetage. Mais le rationnement était davantage ennuyeux qu'éprouvant. Aux yeux des Européens, les Canadiens vivaient encore dans l'abondance. Même les Américains étaient plus sévèrement rationnés que les Canadiens.

La querelle de la conscription

Pendant la Première Guerre mondiale, la question de la conscription avait opposé les Canadiens français et les Canadiens anglais. Mackenzie King comptait éviter un renouvellement de la querelle. Il a fait entrer le Canada en guerre en promettant solennellement qu'aucun Canadien ne serait forcé de se battre en Europe. Les Canadiens français ont accepté la déclaration de guerre à cette condition.

Plusieurs vedettes ont appuyé l'effort de guerre. On peut voir ici les célèbres jumelles Dionne – (de gauche à droite) Cécile, Émilie, Marie, Yvonne, Annette – avec leurs parents. Elles ont attiré durant la Grande Dépression plus de monde dans leur ville natale Corbeil, en Ontario, que les fameuses chutes Niagara, lors d'une saison estivale.

Mais Hitler remportait victoire sur victoire et la question de la conscription a refait surface au Canada. La pression augmentait des deux côtés et Mackenzie King a donc fait un compromis en faisant voter la *Loi sur la mobilisation des ressources nationales*. Cette loi, comme le disait King, permettait au gouvernement d'appeler tous les hommes du Canada au service militaire pour la défense du Canada. La loi prévoyait que les hommes seraient conscrits uniquement pour la défense du territoire canadien et qu'ils ne seraient pas envoyés outre-mer.

De plus en plus de Canadiens anglais en sont venus à considérer que les hommes conscrits pour servir au pays manquaient de patriotisme parce qu'ils refusaient d'aller se battre en Europe. Bientôt, ils les avaient surnommés les «**zombies**». Cette expression provenait sans doute de ces films d'Hollywood où l'on voyait des êtres sans âme qui n'avaient qu'un semblant d'existence. De la même manière, on accusait les conscrits conformes à la Loi mais qui avaient refusé de se porter volontaire de n'offrir qu'un semblant d'appui à l'effort de guerre. Les Canadiens anglais croyaient à tort que la majorité de ces «zombies» étaient des Canadiens français et ils leur reprochaient de «rester à ne rien faire» au Canada pendant que la bataille faisait rage en Europe.

L'armée a tout essayé, des menaces jusqu'aux promesses, pour convaincre ces soldats d'entrer dans le service actif. Ses tactiques étaient parfois rudes et beaucoup de «zombies» ont fini par y céder. Mais un noyau dur de conscrits, parfaitement entraînés au combat, refusaient obstinément d'aller à la guerre. King était pris entre deux feux. D'une part, il avait promis de ne pas instituer la conscription et, d'autre part, l'opinion publique commençait à se ranger du côté du Parti conservateur. L'architecte de la conscription pendant la Première Guerre mondiale, Arthur Meighen, a alors accepté de prendre la direction du Parti conservateur. Comme lors de la Première Guerre mondiale, il semblait bien que la question de la conscription allait entraîner la défaite du Parti libéral.

C'est alors que Mackenzie King a eu une idée. Il tiendrait un **plébiscite**, un référendum national. Il demanderait aux Canadiens s'ils consentaient à délier le gouvernement de sa promesse. Le 27 avril 1942, près de quatre millions de Canadiens sont allés aux urnes. Le plébiscite a remporté la victoire: le Québec a voté NON à 71 % tandis que les autres provinces ont voté OUI à 77 %, ce qui a résulté pour le vote national en un oui à 64 %. Quatre-vingt-cinq pour cent des Canadiens français ont voté NON et 80 % des Canadiens anglais ont voté OUI. Donc, King était libéré de sa promesse. Une fois de plus, la question de la conscription divisait le Canada et le gouvernement de King en deux camps hostiles. Les Canadiens français se sentaient insultés par ce qu'ils percevaient comme une trahison.

Mackenzie King, désormais, était libre d'établir la conscription, mais il n'était nullement pressé de le faire. Il craignait en effet un soulèvement massif du Québec. Il avait dit un jour lors d'un caucus libéral que si la conscription était instituée, «il faudrait agrandir nos prisons et tourner nos chars et nos fusils contre nos propres citoyens». King a résumé son point de vue par une formule devenue célèbre: «Pas nécessairement la conscription, mais la conscription si nécessaire.»

Le premier ministre Mackenzie King avait promis: «Pas nécessairement la conscription, mais la conscription si nécessaire.» En 1944, la guerre durait déjà depuis cinq ans et une issue semblait enfin possible. Cette affiche voulait encourager tous les Canadiens à fournir un effort suprême pour ce qu'on appelait «l'année décisive». Aurais-tu appuyé la conscription en 1944?

Les enrôlements volontaires ont suffi à la demande pendant un certain temps. Éventuellement, toutefois, le nombre de volontaires s'est mis à diminuer et les batailles d'Italie et de France ont emporté de nombreux soldats canadiens. Les troupes canadiennes ont perdu 23 000 soldats en Italie et en France, des fantassins pour la plupart. En 1944, il ne restait personne pour les remplacer.

Voyant qu'il ne pouvait plus compter sur le volontariat, Mackenzie King a approuvé la conscription de 16 000 hommes et l'envoi outre-mer d'environ 12 000 soldats conscrits pour le service au pays. La guerre tirait alors à sa fin, mais 2463 conscrits se sont rendus au front et 69 d'entre eux y sont morts. À la suite de sa volte-face, King a dû confronter une certaine hostilité. De brèves émeutes ont eu lieu à Montréal et, en Colombie-Britannique, une brigade de conscrits pour le service au pays s'est barricadée dans son camp d'entraînement. Mais avant d'annoncer la conscription, King s'était assuré l'appui de son ministre de la Justice, Louis Saint-Laurent, et la présence de ce dernier a contribué à calmer l'opinion publique au Québec. Mackenzie King a d'ailleurs reconnu que Saint-Laurent avait sauvé tant son gouvernement que la Confédération.

La crise de la conscription avait divisé le pays une fois de plus et le Canada français n'était pas près d'oublier comment le Canada anglais l'avait traité. Aux élections de 1945, pourtant, le Parti libéral de Mackenzie King faisait toujours meilleure figure aux yeux des Canadiens français que les autres partis. Le gouvernement libéral a repris le pouvoir. Le Québec, bien que mécontent, était tranquille. La transition de la guerre à la paix s'est faite sans heurts et le Canada, plus prospère que jamais, voyait briller devant lui un avenir de paix et de sécurité.

Le meilleur et le pire

Les Canadiens d'un bout à l'autre du pays s'étaient mobilisés devant le défi que représentait une nouvelle guerre et, grâce aux précieuses leçons tirées de la Première Guerre mondiale, ils s'étaient montrés à la hauteur. À la fin de la guerre, les Canadiens pouvaient être fiers des obstacles qu'ils avaient surmontés dans l'harmonie. On avait bien commis quelques erreurs, certaines personnes avaient été maltraitées et la conscription avait fait de nouveau une apparition bien malvenue. Cependant, le Canada avait non seulement contribué de manière vitale à la guerre en Europe et dans le Pacifique, mais il avait également fait preuve d'un fort sentiment d'unité. La guerre avait fait ressortir tout ce que le Canada avait de meilleur… et de pire.

Récapitulation

RÉSUMÉ DE CHAPITRE

Dans ce chapitre, tu as appris :

- que, bien que la plupart des Canadiens appuyaient l'effort de guerre, certains s'opposaient au conflit armé;
- que, par crainte que l'ennemi soit parmi nous, certains Canadiens se sont vus privés de leurs droits fondamentaux;
- comment le gouvernement canadien a géré l'économie de façon à affronter les exigences de la guerre sans provoquer une inflation écrasante;
- comment les diverses régions et groupes du Canada ont choisi de soutenir l'effort de guerre;
- que la question de la conscription a menacé de nouveau l'unité du pays.

RÉSUME TES CONNAISSANCES

1. Explique l'importance historique des personnes, des lieux ou des événements suivants :

   Bataille de l'Atlantique
   SS Caribou
   Internement des Japonais
   Loi des mesures de guerre
   Service sélectif national
   « La mitrailleuse »
   C.D. Howe
   Déclaration de Hyde Park
   La Commission des prix et du commerce en temps de guerre
   Loi sur la mobilisation des ressources nationales
2. Dessine un réseau conceptuel pour représenter comment le Canada et ses habitants ont contribué à l'effort de guerre. Au centre de ton réseau, écris « Les contributions du Canada à l'effort de guerre ».
3. Explique le rôle critique du Programme d'entraînement aérien du Commonwealth dans l'effort de guerre des forces alliées.
4. Trace un tableau qui illustre en quoi le rôle du gouvernement pendant la Deuxième Guerre mondiale était différent du rôle qu'il a joué pendant la Première Guerre mondiale.
5. Décris comment le rôle des femmes dans la société canadienne a évolué au cours de la Première et de la Deuxième Guerre mondiale.

EXPRIME TON OPINION

1. Explique la signification de la phrase « Pas nécessairement la conscription, mais la conscription si nécessaire ». Pourquoi penses-tu que Mackenzie King a utilisé cette phrase ?
2. Peu de gens croient que le traitement des Canadiens japonais par le gouvernement canadien était justifié. Comment peut-on assurer la sécurité du Canada sans violer les droits fondamentaux de la personne ?
3. Choisis l'affiche de propagande qui te semble la plus efficace dans ce chapitre et explique son attrait. Choisis un problème relié à la Deuxième Guerre mondiale et compose ta propre affiche pour soutenir l'effort de guerre ou illustrer le point de vue d'un groupe qui s'oppose aux actes du gouvernement.
4. Les Canadiens devraient-ils avoir le droit de décider s'ils veulent ou non participer à la guerre d'une façon ou d'une autre, ou devrait-on les obliger à contribuer d'une façon quelconque à l'effort de guerre ? Défends ta position.
5. Le gouvernement canadien continue toujours de jouer un rôle beaucoup plus direct et actif dans l'économie qu'avant la guerre. Crois-tu qu'il s'agit-là d'un heureux développement ou non ? Explique ta réponse.

ANALYSE LES FAITS HISTORIQUES

1. Les autoroutes à plusieurs voies, largement répandues dans les villes après la Deuxième Guerre mondiale, ont tout d'abord été créées par les nazis vers la fin des années 1930. Ces derniers ne cherchaient pas à soulager la congestion des routes ou à faciliter la conduite. Pourquoi les nazis ont-ils inventé ce type d'autoroute ?
2. Frank Fender est un collectionneur passionné d'enjoliveurs de voitures. Au fil des ans, il est parvenu à dénicher des enjoliveurs de chaque année de 1920 à 1999, sauf pour les années 1942, 1943, 1944 et 1945. Pourquoi n'a-t-il pas pu trouver d'enjoliveurs pour représenter ces années ?

CHAPITRE

17 Les conséquences de la guerre au Canada et dans le monde

De retour d'Europe, des soldats canadiens débarquent à Halifax le 30 juin 1945 brandissant des trophées de guerre. Quelles difficultés ces hommes vont-ils éprouver en tentant de se réadapter à la vie civile ?

RETOUR AUX SOURCES

- **Quelles ont été les conséquences économiques et sociales de la Deuxième Guerre mondiale au Canada ?**
- **Quels pays sont devenus des superpuissances à la suite de la guerre ?**
- **Quelles ont été les applications civiles de la technologie militaire ?**
- **Quels étaient les principaux objectifs de l'Organisation des Nations Unies lors de sa création ?**

TERMES IMPORTANTS

Endiguement

Espionnage

Goulags

Guerre civile

Guerre froide

Pays non alignés

Pays satellites

Puissance moyenne

Superpuissances

CHRONOLOGIE

AVRIL 1945
Les Nations Unies tiennent leur première assemblée.

JUILLET 1945
Le gouvernement du Canada commence à verser des allocations familiales.

SEPTEMBRE 1945
L'affaire Gouzenko révèle la présence d'espions au Canada.

AVRIL 1949
L'Organisation du traité de l'Atlantique Nord (OTAN) est créée.

La paix est revenue en 1945, mais à quel prix ! Les armes atomiques avaient donné à la race humaine le pouvoir de s'autodétruire. La menace d'une guerre nucléaire assombrissait l'avenir. Beaucoup de ceux qui avaient participé à la fabrication de la bombe étaient profondément troublés par les conséquences de leur invention. Robert Oppenheimer, le directeur de l'équipe qui avait mis au point la première bombe atomique, a dit au président des États-Unis Harry Truman : « J'ai du sang sur les mains. » Il a déclaré plus tard que l'invention des armes atomiques rendait la paix « plus probable… parce qu'elle intensifie l'urgence de nos espoirs — à franchement parler, parce que nous avons peur ».

L'avènement de la paix a apporté joie et soulagement aux Canadiens. Les anciens combattants sont revenus dans un pays plus prospère que celui qu'ils avaient quitté. Ils avaient hâte de s'établir et de reconstruire leur vie. Un grand nombre de Canadiens étaient fiers de ce que leur pays avait accompli pendant la Deuxième Guerre mondiale. En effet, la marine du Canada occupait le troisième rang mondial et son aviation, le quatrième. Le Canada était devenu un important partenaire de la Grande-Bretagne et des États-Unis, et il avait participé aux principaux projets de guerre. Les Canadiens commençaient à croire que leur pays était capable de jouer un rôle important sur la scène mondiale.

Le monde en 1945

Pendant que l'Amérique du Nord jouissait de sa prospérité nouvelle, de nombreux pays devaient tout reconstruire. L'Europe était une terre désolée où les villes en ruine succédaient aux campagnes dévastées. Les gouvernements d'Europe étaient en déroute, et leur économie chancelait. Les pénuries de nourriture étaient telles que la famine guettait des millions de gens. L'occupation allemande avait fait beaucoup de tort à la France. Les coûts exorbitants de la guerre avaient sapé la force économique de la Grande-Bretagne. En dépit de l'aide considérable du Canada et des États-Unis, la Grande-Bretagne a mis des années à reprendre sa place dans l'économie mondiale.

Conformément aux accords conclus à la conférence de Yalta, les grandes puissances alliées, les États-Unis, la France, la Grande-Bretagne et l'Union soviétique, ont divisé l'Allemagne vaincue en quatre zones d'occupation. Elles ont fait de même avec Berlin, la capitale, qui se trouvait en plein cœur de la zone soviétique. L'Allemagne demeurait un pays indépendant, mais les puissances alliées prenaient toutes les décisions importantes pour son avenir. L'Union soviétique a mis en place une forme très limitée de démocratie dans les pays placés sous sa juridiction. On avait beau y tenir des élections, seuls les membres du Parti communiste

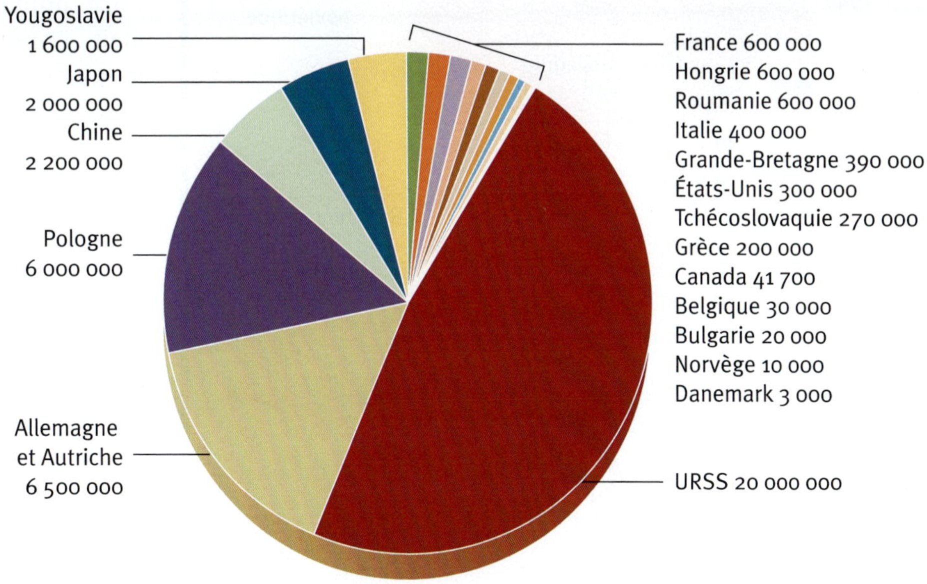

Le coût de la guerre : victimes civiles et militaires de 1939 à 1945.

Après la Deuxième Guerre mondiale, la majeure partie de l'Europe était en ruine. Essaie d'imaginer les difficultés que les Européens ont dû surmonter pour reconstruire leurs villes.

avaient le droit de se porter candidats. Les États compris dans la zone soviétique ont ainsi été dirigés jusqu'à la fin des années 1980 par des gouvernements communistes unis à Moscou par des liens étroits.

À l'autre bout du monde, le Japon avait capitulé après l'explosion des bombes atomiques à Hiroshima et à Nagasaki et il s'était soumis à une force d'occupation américaine. La Chine, bien que gigantesque, était fragile. Les Japonais l'avaient occupée pendant la guerre et, à présent, la **guerre civile** qui la déchirait depuis les années 1920 reprenait de plus belle. Les nationalistes de Chiang Kai-shek s'opposaient aux rebelles communistes de Mao Zedong.

Les nouvelles superpuissances : l'Union soviétique et les États-Unis

Même si la Grande-Bretagne et la France avaient beaucoup souffert de la guerre, elles gardaient le statut de grandes puissances qu'elles possédaient avant les hostilités. La Chine, de même, demeurait au rang de grande puissance malgré ses difficultés, à cause de ses dimensions et de sa population. Néanmoins, les deux **superpuissances** étaient désormais l'Union soviétique et les États-Unis.

L'Union soviétique avait été ravagée par la guerre, mais, grâce à sa population considérable, à son territoire immense et à ses richesses naturelles abondantes, elle constituait indéniablement une puissance mondiale. Sa force militaire, en particulier, était impressionnante. Après la guerre, l'Union soviétique possédait encore 6 millions de soldats, 50 000 chars d'assaut et 20 000 avions. Son armée occupait l'Europe du centre et de l'Est ainsi que la Mandchourie et la Corée du Nord, en Asie de l'Est.

Les zones d'influence en Europe de 1945 à 1949

Entre autres conséquences, la Deuxième Guerre mondiale a entraîné la division de l'Europe entre l'Est (communiste) et l'Ouest (démocratique).

Portrait de Canadiennes et de Canadiens

LA DEUXIÈME GUERRE MONDIALE RACONTÉE PAR FARLEY MOWAT

Pour Farley Mowat comme pour beaucoup de jeunes hommes en 1939, la guerre représentait une grande aventure romantique. Quand Mowat s'est embarqué pour l'Angleterre, en juillet 1942, il avait hâte de se battre. Les horreurs qu'il a constatées sur le champ de bataille ont tôt fait de dissiper toutes ses illusions. En tant que membre de la force canadienne qui a débarqué en Sicile et traversé l'Italie vers le nord, Mowat a participé à des combats sanglants.

Farley Mowat a survécu à la guerre et il est devenu écrivain. Des œuvres comme *Perdus dans le Grand Nord* (1974) et *Mes amis les loups* (1974) lui ont valu une réputation internationale. Les extraits présentés ci-après sont tirés de *And No Birds Sang*, (pas encore traduit en français) que certains considèrent comme son meilleur livre. Mowat y fait le récit poignant de son expérience personnelle de soldat. Lis ces extraits et réfléchis au message que Mowat transmet à ses lecteurs. Selon toi, est-ce que Mowat serait en faveur d'une autre guerre ? Si oui, dans quelles circonstances ? Sinon, pourquoi ?

[Un mot que l'auteur a écrit à ses parents avant son départ du Canada]

Dieu merci, nous y voici ! Cela valait les deux ans d'attente. Un mois ou deux d'entraînement avec le régiment et puis, Dieu soit loué, nous aurons l'occasion de montrer ce que nous avons dans le ventre. [...] Sauf pour vous deux, je n'ai pas le moindre regret de quitter le Canada, même s'il y a des risques que je n'y revienne jamais. Si nous réussissons à flanquer un bon coup aux Boches, cela en aura valu la peine. [...]

[Souvenirs d'une bataille]

En un mouvement brusque, je m'approchai d'une hutte dont les murs de pierre à demi écroulés paraissaient encore offrir une certaine protection et, entendant le hurlement sinistre des fusées Moaning Minnie, je me précipitai frénétiquement vers les ruines. Je les atteignis juste au moment où les bombes explosèrent, à une vingtaine de verges de distance. Le souffle me projeta dans l'embrasure vide de la porte avec une violence telle que je m'étendis de tout mon long par-dessus un corps humain couché qui émit un gargouillement horrible. C'était là une protestation inconsciente, car l'homme et deux de ses trois compagnons, des parachutistes vêtus de gris, étaient morts. Ils gisaient sur le sol, dans la boue et le fumier de chèvre. Le quatrième homme, presque invisible dans la pénombre, était assis bien droit dans un coin de la petite pièce sans toit. Ses yeux rencontrèrent les miens pendant que j'essayais de me relever.

À cet instant, j'étais tellement convaincu que ma dernière heure était venue, que l'homme allait tirer sur moi, que je ne tentai même pas de saisir la carabine que je portais en bandoulière. Je restai pétrifié pendant un temps qui parut interminable puis, par un réflexe instinctif de survie, je fis un mouvement de côté et sautai sur mes pieds. Au moment où, titubant, je passais le seuil, je perçus une voix faible :

– Vasser... affez... fou... vasser ?

Je refrénai mon élan et m'appuyai au mur extérieur, certain alors que l'homme n'avait rien de menaçant et que j'étais hors de danger. Inexplicablement, je crus reconnaître l'homme, comme si j'avais déjà entendu sa voix. Précautionneusement, je repassai le seuil.

La main gauche de l'homme était refermée sur les chairs lacérées de son bras droit, coupé juste en dessous du coude. Un sang sombre s'égouttait encore entre ses doigts et formait une flaque noire entre ses jambes écartées. Mais le plus terrible était la plaie béante dans son flanc, d'où sortait une masse sombre et luisante qui devait être son foie. Au-dessus de cette bouillie, ses yeux étaient grands et lumineux dans son visage juvénile, pâle jusqu'à la transparence.

– Vasser... s'il fou plaît donnez... vasser.

À regret, je secouai la tête. « Désolé, mon vieux, je n'en ai pas. Nein vasser. Seulement du rhum et ça n'est pas bon pour toi. »

Les yeux, si vivants dans le corps mourant, m'implorèrent. Et puis tant pis, me dis-je, il n'en a pas pour longtemps de toute façon. Ça ne peut pas lui faire plus de mal.

Je portai la bouteille à ses lèvres, et il avala le rhum à grandes gorgées spasmodiques jusqu'à ce que je lui retire la bouteille et que j'y boive moi-même. Et alors... et alors nous nous sommes soûlés ensemble. Et peu de temps après il mourut...

La couverture qui masquait la porte fracassée de la cave se souleva, et un groupe de brancardiers fit irruption parmi nous. Al Park était étendu sur l'une des civières. Il était vivant, mais à peine, [...] inconscient, une balle dans la tête.

Je me penchai sur son visage éteint et vide couronné de pansements écarlates, et je me mis à pleurer.

Je me demande aujourd'hui [...] si je pleurais sur Alex, Al et tous les autres qui étaient partis et qui allaient partir.

Ou si je pleurais sur moi-même [...] et sur ceux qui restaient.

Le seul pays qui pouvait égaler la force militaire de l'Union soviétique était les États-Unis. Comme le Canada, les États-Unis n'avaient subi ni bombardements ni invasions pendant la guerre et ils avaient été capables de se doter de redoutables forces armées. Ils étaient les seuls à posséder la bombe atomique et cela suffisait à dissuader leurs ennemis potentiels. De plus, les États-Unis avaient remplacé la Grande-Bretagne en tant que principale puissance impériale. Ils avaient établi des colonies et des bases militaires dans le Pacifique, dans la mer des Caraïbes et en Amérique latine. Par-dessus tout, les États-Unis étaient le pays le plus riche du monde. Avec les sommes colossales qu'ils consacraient aux armements et à l'aide au développement, les États-Unis faisaient sentir leur présence presque partout dans le monde.

Cette affiche colorée a été créée pour les Nations Unies par le célèbre artiste américain Norman Rockwell. Le texte se lit comme suit : « Fais aux autres ce que tu voudrais qu'ils te fassent. » Que révèlent l'image et le texte à propos des objectifs des Nations Unies ?

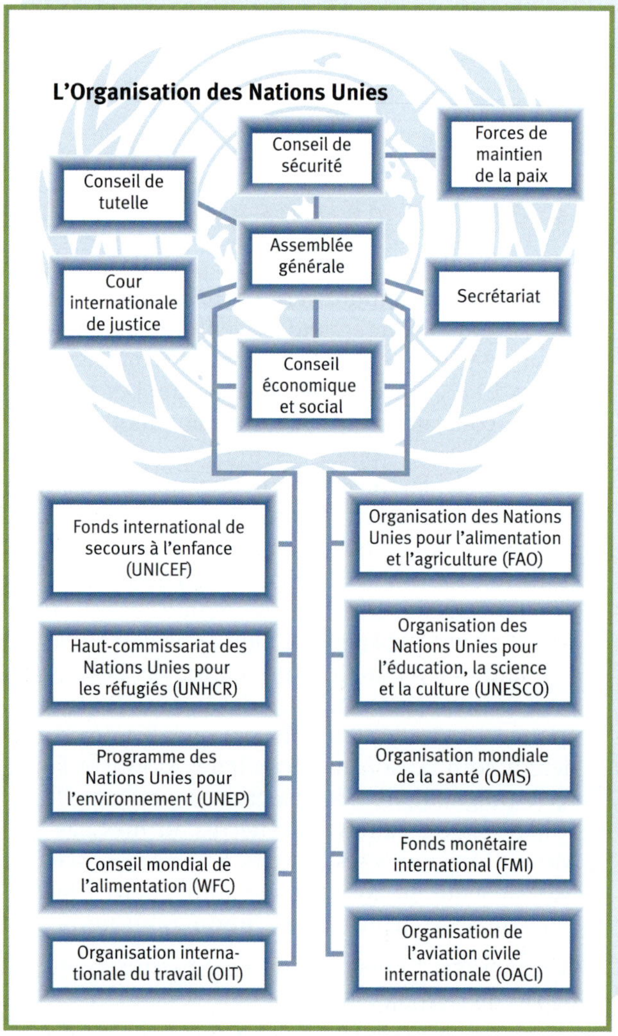

L'Organisation des Nations Unies

En 1945, les « cinq grands » (l'Union soviétique, les États-Unis, la Grande-Bretagne, la France et la Chine) ont décidé de prendre des mesures pour assurer la paix future. Ils avaient du reste commencé à préparer la paix avant même la fin de la guerre. À l'automne de 1944, en effet, des représentants des États-Unis, de la Grande-Bretagne, de l'Union soviétique et de la Chine s'étaient réunis à Dumbarton Oaks, un manoir situé dans la ville de Washington. Là, ils avaient jeté les bases d'un organisme international, l'Organisation des Nations Unies (ONU), dont le mandat consistait à trouver des solutions pacifiques aux conflits mondiaux.

L'essentiel de la charte des Nations Unies a été rédigé à Dumbarton Oaks, mais l'organisation n'a vu le jour qu'après la guerre. En avril 1945, les délégués

Lester Pearson, qui est devenu plus tard premier ministre du Canada, a pris la parole lors de la conférence internationale tenue à San Francisco en 1945. C'est pendant cette conférence que la charte des Nations Unies a été rédigée.

de 51 pays se sont rassemblés à San Francisco pour fonder officiellement les Nations Unies. Le préambule de la charte définit l'objectif premier des Nations Unies : « Nous, peuples des Nations Unies, résolus à préserver les générations futures du fléau de la guerre qui, deux fois en l'espace d'une vie humaine, a infligé à l'humanité d'indicibles souffrances [...] établissons par les présentes une organisation internationale qui prendra le nom de Nations Unies. » L'article premier de la charte énonce ensuite les buts de l'organisation :

- maintenir la paix et la sécurité internationales;
- développer entre les nations des relations amicales;
- réaliser la coopération internationale;
- être un centre où s'harmonisent les efforts des nations vers ces fins communes.

Le Canada, puissance moyenne

Le premier ministre du Canada, W. L. Mackenzie King, était au nombre des dirigeants qui ont assisté à la conférence de San Francisco. Le Canada n'était pas parmi les « cinq grands », mais il les suivait de près dans l'échelle internationale et il était devenu une **puissance moyenne** dont il fallait tenir compte. Avec son économie florissante, ses industries intactes et ses forces armées considérables, le Canada était l'un des pays les plus prospères du monde en 1945. À la fin de la guerre, plus de un million de Canadiens portaient l'uniforme. Enfin, le Canada avait été un allié essentiel des Britanniques et des Américains.

Pour la première fois peut-être, le Canada ne pouvait plus être ignoré. Mackenzie King voulait s'assurer que les cinq grands ne forceraient plus jamais les petits pays comme le Canada à entrer en guerre. Il s'est clairement fait entendre à la conférence. Grâce à l'acharnement du Canada, il a été inscrit dans la charte des Nations Unies que l'Organisation devait consulter à propos de ses opérations de sécurité tout pays à qui elle demanderait de fournir des troupes ou de l'argent. King réclamait aussi des pouvoirs spéciaux pour les puissances moyennes comme le Canada, l'Australie, la Nouvelle-Zélande et les Pays-Bas. Or, seuls les membres du Conseil de sécurité en ont reçus. Tous les autres pays membres de l'ONU ont obtenu de jouir d'un traitement égal et de disposer d'un vote à l'Assemblée générale.

Les origines de la guerre froide

La tension qui montait entre les deux nouvelles superpuissances a sérieusement menacé l'avènement de la paix après la Deuxième Guerre mondiale. Pour la première fois dans l'histoire, deux superpuissances s'opposaient sur le plan idéologique. L'Union soviétique voulait instituer le communisme partout où elle le pouvait, tandis que les États-Unis prônaient la démocratie à l'américaine, les élections libres et l'économie de marché. Dans un important discours prononcé en 1947, le président américain Harry Truman a jeté les bases de ce qui allait devenir la doctrine Truman :

> *Nous sommes à un point de l'histoire du monde où presque toutes les nations doivent choisir entre deux modes de vie. [...] L'un repose sur la volonté de la majorité [...] et l'autre, sur la volonté d'une minorité imposée à la majorité. [...] J'estime que la politique des États-Unis doit consister à appuyer les peuples libres qui résistent aux tentatives de soumission déployées par des minorités armées ou des forces extérieures.*

Ce discours allait déterminer la politique étrangère des États-Unis pendant tout l'après-guerre.

Au cours des années qui ont suivi, l'hostilité a grandi entre l'Union soviétique et les États-Unis et, une fois de plus, certains pays ont pris parti. Le terme **guerre froide** a été créé en 1947 pour désigner la lutte que se faisaient les deux superpuissances sans employer les armes. Comme les deux camps craignaient une « guerre chaude » qui aurait forcément été nucléaire, ils se battaient à coup de propagande, d'**espionnage**, de pressions économiques et politiques ainsi que d'agressions militaires limitées. Ces tactiques leur servaient à gagner l'appui des **pays non alignés**. C'était une guerre des nerfs : chaque camp accumulait des armes de plus en plus puissantes et destructrices pour effrayer ses ennemis.

Le Canada et le début de la guerre froide

L'un des premiers signes de l'aggravation des tensions s'est manifesté en sol canadien. Le 5 septembre 1945, un jeune employé de l'ambassade soviétique à Ottawa, Igor Gouzenko, est sorti de son bureau en transportant 109 documents ultra-secrets. Il a annoncé aux autorités que l'Union soviétique avait placé des espions dans la fonction publique et l'état-major du Canada. Gouzenko a affirmé que les Soviétiques essayaient de se renseigner sur les activités politiques, les mouvements de troupes et les secrets scientifiques. Il a dit que les Soviétiques cherchaient en particulier à obtenir de l'information sur la bombe atomique, que le Canada avait mise au point avec la Grande-Bretagne et les États-Unis.

Le gouvernement a accueilli les propos de Gouzenko avec indifférence. Puis des employés de l'ambassade soviétique ont forcé la porte de l'appartement où Gouzenko se cachait avec sa famille, et le gouvernement a ouvert les yeux. La Gendarmerie royale du Canada a interrogé Gouzenko pendant cinq heures et l'a placé sous sa garde. Mackenzie King, incrédule, a appris les révélations de Gouzenko. Il en a aussitôt averti le nouveau président des États-Unis, Harry Truman, et le premier ministre de la Grande-Bretagne, Clement Attlee.

L'affrontement Est-Ouest

Les révélations de Gouzenko ont fait les manchettes dans le monde entier. Beaucoup de Canadiens étaient aussi atterrés que Mackenzie King d'apprendre que l'Union soviétique essayait de dérober des secrets militaires à ses anciens alliés. Or, de nombreux autres Canadiens avaient gardé une grande méfiance à l'égard des communistes et de leurs intentions. Le dirigeant soviétique, Joseph Staline, continuait de réprimer brutalement toute opposition. Sa police secrète arrêtait les citoyens soviétiques soupçonnés de s'objecter à lui. Elle en exécutait certains et en envoyait d'autres dans d'ignobles camps de travail appelés **goulags**.

En 1944 et 1945, l'armée soviétique occupait de vastes territoires en Europe de l'Est. Les troupes soviétiques sont demeurées en Roumanie, en Bulgarie, en Hongrie, en Pologne, en Allemagne de l'Est et en Tchécoslovaquie à la fin de la guerre. On entendait dire que les Soviétiques violaient les libertés individuelles dans ces pays et qu'ils y établissaient des gouvernements communistes totalitaires. L'ingérence soviétique en Europe de l'Est a culminé en 1948 avec le renversement du gouvernement social-démocrate

C'est le visage recouvert d'une cagoule qu'Igor Gouzenko circulait après avoir dénoncé l'existence d'un réseau d'espionnage soviétique au Canada. Pourquoi devait-il cacher son identité ?

de la Tchécoslovaquie. Les États d'Europe de l'Est étaient appelés **pays satellites** de l'Union soviétique, car leurs gouvernements communistes étaient assujettis à Moscou.

Le communisme gagnait aussi du terrain en Europe de l'Ouest. Pendant la guerre, les mouvements de résistance avaient compté de nombreux communistes. Ils avaient lutté dans l'ombre contre l'occupation nazie, et plusieurs d'entre eux étaient devenus des héros nationaux. À la fin des années 1940, on trouvait des partis communistes bien enracinés dans quelques pays d'Europe de l'Ouest. En Italie et en France, en particulier, les partis communistes organisaient des grèves et des manifestations d'envergure qui perturbaient l'économie et la politique. Beaucoup de gens voyaient là une machination communiste pour affaiblir l'économie de l'Europe occidentale et engendrer le chaos social. Ils craignaient que Staline ne devienne un second Hitler et n'étende la puissance soviétique en Europe et dans le monde entier.

Louis Saint-Laurent, le successeur de W. L. Mackenzie King comme premier ministre du Canada, était au nombre des dirigeants occidentaux qui se méfiaient de l'Union soviétique. Dès la première année de son mandat, en 1948, il s'est engagé avec passion dans la lutte contre la propagation du communisme. « L'isolement ni l'indifférence, a-t-il dit, même si nous voulions nous y retirer, ne peuvent nous offrir de refuge. Des événements encore récents ont fait comprendre à chacun de nous la menace croissante que constitue, pour notre existence de nation démocratique, la vague montante du communisme totalitaire. » Le seul pays qui était assez fort pour s'opposer à l'Union soviétique était les États-Unis. Les diplomates canadiens craignaient qu'avec la fin de la guerre les États-Unis ne se retirent de leurs engagements en Europe. Ils voulaient que les Américains prennent une position ferme contre l'expansion soviétique.

Un grand nombre d'Américains partageaient les soupçons et les craintes de Saint-Laurent. De plus, ils étaient disposés à jouer sur la scène internationale un rôle de plus en plus affirmé. Les dirigeants américains travaillaient déjà à une nouvelle politique étrangère, inspirée de la doctrine Truman, destinée à contrer l'Union soviétique : l'**endiguement**. Cette politique visait à endiguer, c'est-à-dire à refréner, la propagation du communisme en Europe et ailleurs dans le monde. Comment ? De toutes sortes de manières et notamment par l'aide économique et le soutien militaire aux forces anticommunistes.

L'Organisation du traité de l'Atlantique Nord

Même si le Canada encourageait l'opposition américaine à l'Union soviétique, il voulait que les États-Unis le consultent avant de l'attirer dans une éventuelle guerre. Les diplomates canadiens ont donc résolu de proposer une alliance aux pays démocratiques de la région de l'Atlantique Nord. Ils espéraient ainsi accroître l'influence du Canada sur la politique de défense des États-Unis.

Les diplomates canadiens n'ont jamais vu leurs espoirs se matérialiser mais, en 1949, ils ont persuadé les États-Unis de signer un traité d'alliance avec le Canada, la Grande-Bretagne, la France et huit autres pays. Ce traité, l'Organisation du traité de l'Atlantique Nord (OTAN), contenait des clauses relatives aux échanges culturels et commerciaux entre les pays membres, mais il constituait d'abord et avant tout un pacte de défense mutuelle. Les États membres acceptaient de mettre leurs forces militaires en commun pour décourager tout coup de force soviétique en Europe de l'Ouest.

Hyperliens

www.dlcmcgrawhill.ca

Visite le site Internet dont l'adresse apparaît ci-dessus pour parfaire tes connaissances sur l'Organisation du traité de l'Atlantique Nord. Clique sur ***Matériel complémentaire/Primaire et secondaire***, puis sur ***Regard sur le Canada***, et on t'indiquera où aller ensuite.

Le pacte de Varsovie

Les Soviétiques voyaient d'un mauvais œil la nouvelle alliance occidentale. Ils affirmaient n'avoir aucune intention malveillante envers l'Europe de l'Ouest. Au contraire, disaient-ils, c'était plutôt l'Union soviétique qui avait été deux fois envahie par des puissances occidentales au cours du XXe siècle. Les Soviétiques soutenaient qu'ils cherchaient uniquement à se protéger contre une autre invasion. De plus, ils dénonçaient les intentions impérialistes des États-Unis. L'Union soviétique a riposté en 1955 à la création de l'OTAN en formant sa propre alliance défensive, le pacte de Varsovie, avec ses pays satellites d'Europe de l'Est.

Dès lors, l'Est et l'Ouest se faisaient face le long d'une ligne qui allait de la mer Baltique au nord à la mer Adriatique au sud. On trouvait du côté est les pays communistes sous la tutelle de l'Union soviétique et, du côté ouest, les pays coalisés avec les États-Unis. Winston Churchill avait déclaré en 1946 qu'un rideau de fer était descendu sur l'Europe. Les deux nouvelles alliances, l'OTAN et le pacte de Varsovie, ont approfondi le fossé qui séparait l'Est et l'Ouest. La Deuxième Guerre mondiale avait fait place à la guerre froide.

Le Canada et le plan Marshall

La reconstruction des pays d'Europe de l'Ouest a provoqué l'une des premières escarmouches de la guerre froide. La Grande-Bretagne et les États-Unis voulaient aider leurs alliés à se remettre de la guerre, tandis que l'Union soviétique cherchait à empêcher une reprise économique chez les alliés des États-Unis en Europe de l'Ouest. La faiblesse économique aurait en effet facilité la pénétration du communisme et placé l'Union soviétique et ses alliés en position d'autorité dans l'Europe de l'après-guerre.

En 1948, le secrétaire d'État des États-Unis, George Marshall, a lancé un plan de reconstruction de l'Europe. Le Canada, qui avait déjà prêté d'énormes sommes d'argent à la Grande-Bretagne, s'est joint au plan Marshall et a consacré 706 millions de dollars à l'envoi de nourriture, de matériel et de matières premières en Europe. De 1948 à 1953, l'Europe a reçu des États-Unis et, dans une moindre mesure, du Canada une aide économique se chiffrant à 13,5 milliards de dollars. La reconstruction s'est effectuée à un rythme qui a dépassé tous les espoirs de ceux qui y avaient contribué. En 10 ans, la stabilité et la prospérité sont revenues en Europe de Ouest, Italie et Allemagne y compris.

Un fermier français admire son nouveau tracteur. Essaie d'imaginer les effets que le plan Marshall a eus sur la vie de cet homme et de sa famille.

La société canadienne après la guerre

Peu d'événements ont eu autant de répercussions que la Deuxième Guerre mondiale sur la société canadienne. Après 10 ans de crise économique et 6 ans de guerre, les Canadiens avaient de nouvelles attentes face à la vie et à la société. À présent que nous avons fait tant de sacrifices et que les économies de marché (caractérisées par un faible degré d'intervention gouvernementale) semblent avoir échoué, se disaient-ils, nous avons droit à une qualité de vie supérieure. Avant la guerre, ils considéraient les bons emplois, les soins médicaux compétents, les maisons à prix abordable, les pensions et les services à l'enfance comme des privilèges. Désormais, ils y voyaient des droits inhérents à la citoyenneté canadienne.

L'intervention gouvernementale à la fin de la guerre

L'intervention massive du gouvernement dans l'économie de guerre paraissait bénéfique. Le Canada réussissait à maîtriser l'inflation sans ralentir l'économie. De fait, il surpassait en ce domaine tous les autres pays du monde. Les nombreuses réglementations gouvernementales, qu'elles aient touché la main-d'œuvre (comme le Service sélectif national, qui orientait

Membres de l'OTAN et de l'ancien pacte de Varsovie

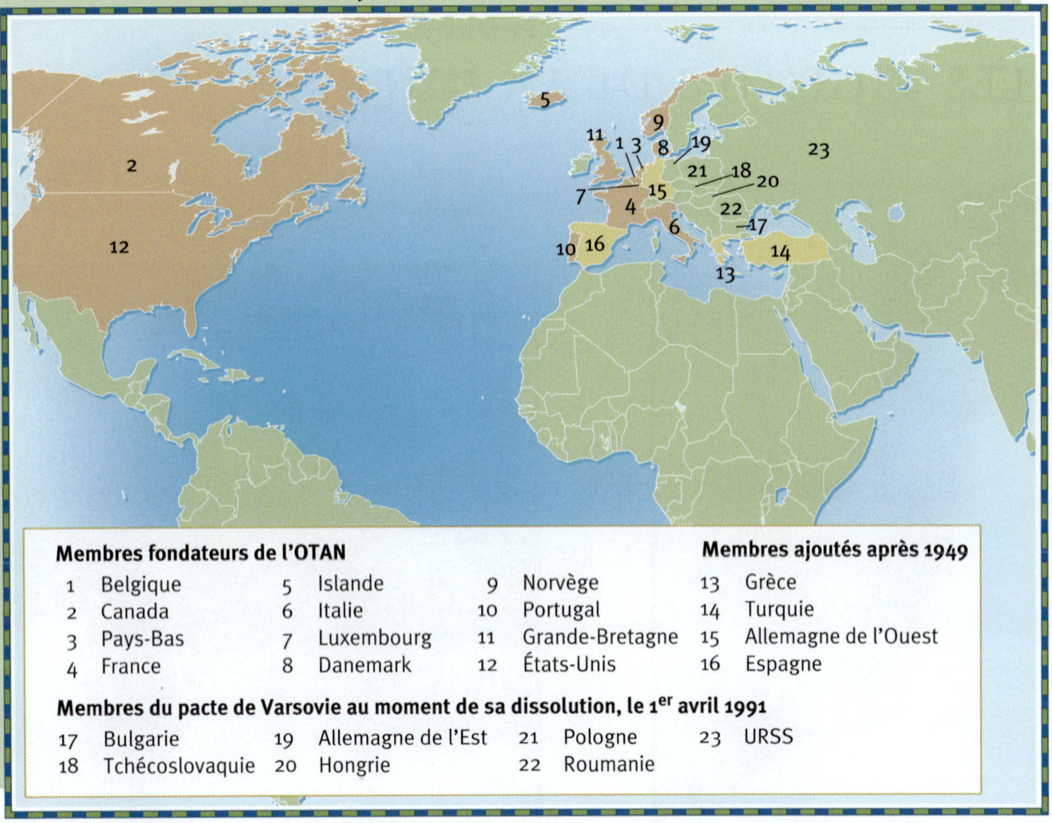

L'OTAN constituait initialement un pacte de défense mutuelle destiné à freiner l'expansion de l'Union soviétique. L'Organisation a subi une restructuration à la fin de la guerre froide et veille depuis à la sécurité de l'Europe entière. Trois anciens membres du pacte de Varsovie, la République tchèque, la Hongrie et la Pologne, se sont joints à l'OTAN en mars 1999.

les travailleurs vers les secteurs en manque de main-d'œuvre), le rationnement ou les prix et les salaires, avaient considérablement limité la liberté d'action des Canadiens pendant la guerre. En revanche, le partage des biens entre les Canadiens avait été relativement équitable, et beaucoup de travailleurs jouissaient d'un haut niveau de vie. À la fin de la guerre, cependant, les Canadiens ont craint un retour de la crise. Beaucoup jugeaient que le gouvernement fédéral devait continuer à diriger l'économie. Le gouvernement de Mackenzie King avait déjà créé l'assurance-chômage en 1940 et les allocations familiales (une prestation mensuelle pour la nourriture et l'habillement des enfants) en 1945.

Les fondations de l'État-providence ont été jetées dans les premières années de l'après-guerre. Le gouvernement libéral de Mackenzie King a augmenté les prestations versées aux anciens combattants et remédié à une grave pénurie de logements en subventionnant la construction domiciliaire. Il a aussi créé des programmes pour aider les industries à se réadapter à une production normale et à se lancer dans l'exportation. Enfin, le gouvernement fédéral a augmenté l'aide aux soins de santé. Les programmes de Mackenzie King étaient populaires, et son gouvernement a été réélu en 1945. C'était le début de l'intervention du gouvernement dans les affaires sociales et économiques.

Mackenzie King voyait grand avec sa réforme sociale. Après sa réélection, en 1945, il a présidé la Conférence du Dominion et des provinces sur la reconstruction. Là, le gouvernement fédéral a présenté son Livre vert, un ensemble de programmes nationaux élaborés pour venir en aide aux personnes âgées, aux malades et aux chômeurs.

P H O T O R E P O R T A G E

LES VICTIMES DE LA GUERRE

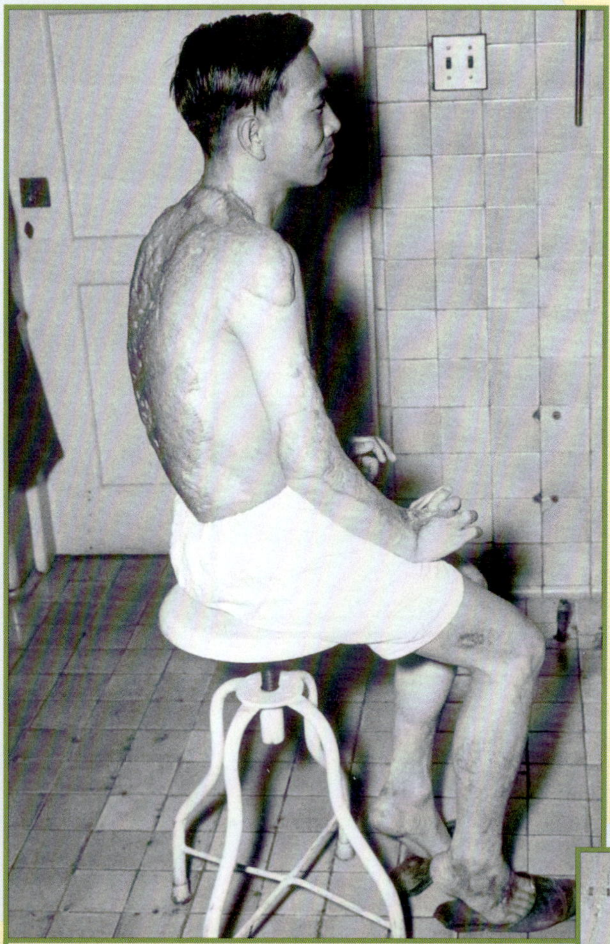

Un survivant de la bombe atomique d'Hiroshima.

Des survivants de l'Holocauste.

Une ville d'Europe à la fin de la guerre.

Des prisonniers de guerre canadiens.

Le dernier adieu à un compagnon d'armes.

Des enfants canadiens d'origine japonaise en route vers un camp d'internement.

Un aumônier de l'armée administre les derniers sacrements à un soldat blessé.

Où trouver un logement abordable pendant que papa est à la guerre ?

Les représentants du gouvernement fédéral affirmaient qu'ils avaient besoin des revenus tirés de l'impôt sur le revenu des particuliers et des sociétés ainsi que des droits de succession pour financer les nouveaux programmes. Les provinces ne l'entendaient pas de cette oreille et ont déclaré qu'elles ne pourraient pas faire face à leurs obligations sans toucher une part de ces entrées d'argent. Les pourparlers se sont rompus après neuf mois de négociations stériles. Les groupes de pression favorables aux entrepreneurs, telle la Chambre de Commerce du Canada, se sont mis de la partie pour faire obstacle au gouvernement fédéral, et celui-ci a dû modérer ses ambitions. La réforme sociale projetée dans le Livre vert a pourtant vu le jour. La crise économique et la Deuxième Guerre mondiale avaient semé le germe du changement.

Un avenir rempli de promesses

À présent que la crise économique et la guerre étaient choses du passé, les Canadiens pensaient à l'avenir avec un optimisme qu'ils avaient rarement ressenti jusqu'alors. Ils étaient passés au travers de temps difficiles et les épreuves leur avaient permis de réinventer leur pays. À la fin des années 1940, le Canada était déjà sur la voie du multiculturalisme. L'économie progressait, la population augmentait : la prospérité souriait aux Canadiens. Fort d'une avantageuse réputation sur la scène internationale, le Canada pouvait aspirer à un rôle de chef de file dans les domaines du commerce international et du maintien de la paix. La prospérité, la sécurité et les généreux programmes sociaux du Canada faisaient l'envie du monde entier. Le Canada comptait déjà parmi les pays qui jouissaient de la meilleure qualité de vie.

Récapitulation

RÉSUMÉ DU CHAPITRE

Dans ce chapitre, tu as appris :

- que la Deuxième Guerre mondiale a fait place à une guerre froide entre les deux nouvelles superpuissances, les États-Unis et l'Union soviétique;
- que le Canada est devenu une importante puissance moyenne après la guerre et qu'il a joué un rôle de premier plan dans les affaires internationales;
- que le Canada a aidé les pays dévastés d'Europe à reconstruire leur économie;
- que le gouvernement est intervenu de plus en plus dans la vie des Canadiens.

RÉSUME TES CONNAISSANCES

1. Explique l'importance historique des personnes, des lieux ou des événements suivants :

Organisation des Nations Unies (ONU)	Organisation du traité de l'Atlantique Nord (OTAN)
W. L. Mackenzie King	Pacte de Varsovie
Guerre froide	Rideau de fer
Igor Gouzenko	Plan Marshall
Louis Saint-Laurent	

2. Compare la force du Canada à celle d'autres pays importants après la Deuxième Guerre mondiale. Pourquoi le Canada se classait-il parmi les puissances moyennes ?
3. Pourquoi considère-t-on que l'affaire Gouzenko a marqué le commencement de la guerre froide ?
4. Quelles actions de l'Union soviétique ont fait craindre l'expansion communiste aux pays occidentaux ? Quelle a été leur réaction ?
5. Qu'était la doctrine Truman ? Quel a été son effet sur la politique étrangère des États-Unis dans l'après-guerre ?

EXPRIME TON OPINION

1. Imagine que tu fais partie de l'équipe de conseillers de Mackenzie King au moment où Harry Truman prononce le discours dans lequel il expose les principes de sa doctrine. Quels conseils donnerais-tu au premier ministre à propos de la politique étrangère future du Canada ? Réfléchis aux questions suivantes. a) Le Canada doit-il aider les États-Unis à protéger les « peuples libres » et à freiner la propagation du communisme ? b) Le Canada doit-il approuver le recours à la force militaire pour lutter contre le communisme ?
2. Un grand nombre de gens pensent que les armes nucléaires, malgré leur inimaginable pouvoir de destruction, ont constitué la clé du maintien de la paix depuis 50 ans. À l'aide d'un tableau, compare les avantages et les inconvénients des armes nucléaires.
3. Les Nations Unies devraient-elles avoir le droit d'envoyer des troupes dans un pays qui enfreint les droits de ses propres citoyens ? Décris le genre de situation qui dicterait une telle intervention.
4. Après des années de crise économique et de guerre, les Canadiens s'attendaient que leur gouvernement joue un rôle plus actif. Ils semblaient en outre considérer un niveau de vie confortable comme un droit et non comme un privilège. Par conséquent, les interventions des gouvernements se sont multipliées après la guerre. Dresse un tableau en deux colonnes dans ton cahier. Dans la première colonne, énumère les secteurs dans lesquels les gouvernements devraient intervenir selon ton point de vue. Dans la deuxième colonne, énumère les secteurs dont les gouvernements ne devraient pas s'occuper d'après toi. Pense à la santé, à l'éducation, à l'enfance, aux routes, au chômage et au logement.

ANALYSE LES FAITS HISTORIQUES

1. Lorsque les quatre grandes puissances ont divisé l'Europe en zones d'influence, après la guerre, elles ont décidé de tenir des élections démocratiques au bout de quelques années. En 1950, l'Allemagne de l'Est a reçu le nom de République démocratique allemande et l'Union soviétique a affirmé que le gouvernement avait été démocratiquement élu. Le pays, cependant, était communiste. Comment l'Union soviétique pouvait-elle justifier son affirmation ?

Révision de la partie 4

PLEINS FEUX SUR LE PASSÉ

RÉVISE LES FAITS HISTORIQUES

1. Si la Première Guerre mondiale n'a jamais directement menacé le territoire canadien, la Deuxième s'est dangereusement approchée de nos côtes. À l'aide de symboles appropriés, indique sur une carte du monde les menaces qui planaient sur le Canada pendant la Deuxième Guerre mondiale. Rends compte de l'expansion japonaise en Asie et dans le Pacifique sud, de l'activité militaire près des côtes est et ouest du Canada ainsi que des attaques des ballons japonais dans l'Ouest canadien.

2. Établis une chronologie illustrée qui rend compte des principaux événements de la Deuxième Guerre mondiale, du début du conflit en septembre 1939 jusqu'à sa conclusion en août 1945. Indique au moins huit dates. Choisis au moins cinq photos ou illustrations montrant des batailles, des gens ou des événements.

3. Le premier ministre William Lyon Mackenzie King a fait de l'indépendance du Canada sa priorité tout au long de sa carrière politique. Qu'a-t-il fait pendant la Deuxième Guerre mondiale pour atteindre cet objectif ?

4. Compare les rôles que le Canada a joués pendant les deux guerres mondiales. Traite de ses contributions militaires, technologiques et économiques. Présente ta comparaison à l'aide d'un tableau.

5. De 1939 à 1945, l'humanité a montré qu'elle était capable du pire. Remplis le tableau qui apparaît au bas de la page pour donner un aperçu des crimes dont elle s'est rendue coupable.

6. La Deuxième Guerre mondiale a été une époque d'intolérance extrême pendant laquelle des êtres humains ont été torturés et tués à cause de leur race et de leur religion. Quels signes prouvent que le Canada s'efforçait de cultiver la tolérance ? Réfléchis à la composition de l'armée canadienne, à la situation des femmes et au traitement des minorités. Le Canada a fermé ses portes à des Juifs qui fuyaient l'Europe et il a maltraité ses citoyens d'origine japonaise. Faut-il en conclure que le Canada pratiquait l'intolérance ?

À TOI LA PAROLE

Choisis l'une des deux questions suivantes. Prépare soigneusement tes réponses. Justifie tes opinions à l'aide d'exemples tirés de l'histoire.

1. L'impuissance des pays occidentaux et de la Société des Nations devant la montée du nazisme et la persécution des Juifs est souvent considérée comme l'un des pires échecs du XXe siècle. La politique étrangère du Canada dans l'entre-deux-guerres visait à promouvoir l'apaisement et à éviter une autre guerre dévastatrice. L'apaisement constituait-il un choix opportun ? Aurait-il fallu prendre une position ferme contre Hitler ? Réponds à ces questions en te replaçant dans le contexte de l'époque et non en te basant sur tes connaissances actuelles des événements.

2. Dans quelle mesure le déclenchement de la guerre a-t-il résolu la crise économique que les gouvernements canadiens semblaient incapables de résoudre ? Appuie ta réponse sur une analyse du taux d'emploi, du produit national brut, de la valeur des exportations et du revenu moyen avant, pendant et après la guerre. (Tu devras faire quelques recherches pour cette analyse.) Présente l'évolution de la situation à l'aide de graphiques à colonnes et de graphiques linéaires.

GROUPE	TRAITEMENTS INFLIGÉS	COUPABLES
Juifs d'Europe	[illegible]	[illegible]
Soldats canadiens à Hong-Kong	[illegible]	[illegible]
Canadiens d'origine japonaise	[illegible]	[illegible]

3. Au bout d'un an de guerre, il était devenu évident que Hitler parviendrait sans peine à conquérir toute l'Europe et à établir la domination du Troisième Reich. En 1943, pourtant, le Troisième Reich montrait des signes de faiblesse et l'armée nazie battait en retraite. Quels événements ont permis aux forces alliées de reprendre le dessus ? Lesquels ont découlé d'erreurs de l'armée allemande et des dirigeants nazis ? Lesquels sont attribuables aux tactiques et aux ressources des Alliés ?

4. Imagine que tu es stratège militaire pendant la Deuxième Guerre mondiale. Fais-tu partie de ceux qui recommandent de lancer des bombes atomiques sur Hiroshima et Nagasaki ? Avant de répondre, réfléchis à ce qu'une invasion du Japon coûterait en argent et en vies humaines. Si tu es pour le bombardement atomique, combien de temps comptes-tu laisser aux Japonais avant d'exiger une capitulation ? Prévois-tu lancer une seconde bombe sur Nagasaki afin de maîtriser le Japon et d'en interdire l'accès à l'Union soviétique ?

ÉTABLIS DES LIENS

Lorsqu'on étudie la Deuxième Guerre mondiale, on s'aperçoit que plusieurs événements auraient pu tourner autrement et entraîner de profondes conséquences. Lis les scénarios hypothétiques suivants et indique le cours que chacun aurait pu donner à la guerre (et même à l'après-guerre).

Politique d'apaisement	Atterrées par le réarmement de l'Allemagne et le mépris de Hitler face au traité de Versailles, les puissances occidentales décident d'empêcher l'*Anschluss* (l'annexion de l'Autriche par l'Allemagne). Hitler est confronté dès le début de 1938 à la possibilité d'une guerre contre les pays du Commonwealth britannique, la France et les États-Unis.
Dunkerque	Le brouillard se dissipe et l'aviation allemande peut lancer une attaque dévastatrice qui empêche les forces alliées de fuir les côtes françaises.
Bataille d'Angleterre – opération Lion de mer	Aucune bombe ne tombe sur Londres pendant les raids aériens destinés à anéantir l'aviation britannique. L'aviation allemande réussit à détruire les avionneries et les réserves de pétrole britanniques, ouvrant ainsi la porte à une invasion nazie en Grande-Bretagne.

PERSPECTIVES

1. Imagine que tu es de religion juive, que tu vis au Canada pendant la Deuxième Guerre mondiale et que tu as des parents en Allemagne et ailleurs en Europe. Tu te fais du souci à leur propos et tu décides d'exprimer tes inquiétudes au gouvernement fédéral. En un paragraphe, fais part de ta réaction face aux événements suivants.
   a) Les nouvelles du *Kristallnacht* arrivent au Canada.
   b) Les journaux canadiens parlent des camps de la mort.

2. Imagine que tu fais partie de la communauté mennonite. Le pacifisme a toujours été au centre de tes croyances religieuses et morales. Pourtant, tu crains que des dictateurs fascistes ne réussissent à conquérir le monde libre. Est-ce que tu renonces à tes croyances pour combattre ces dictateurs ? Justifie ta décision.

3. La Première Guerre mondiale a vu les empires coloniaux se dresser les uns contre les autres. En tant que Canadien français, tu ne voyais aucune raison d'aller te battre en Europe dans une guerre dont les enjeux regardaient peu le Canada et encore moins les Canadiens français. Le monde se retrouve encore en guerre 20 ans plus tard. Compte tenu des nouvelles causes de la guerre et des menaces qui planent sur le Canada, comment envisages-tu l'enrôlement dans l'armée et l'éventualité de la conscription ?

4. Tout au long de la guerre, toi et les femmes que tu connais avez rempli des fonctions auxquelles les femmes n'ont jamais eu accès, que ce soit dans les usines, les fermes ou l'armée. Les femmes ont comblé les vides laissés par les hommes partis à la guerre, et leur action a largement contribué au succès du Canada. Maintenant, la fin de la guerre approche. Que prévois-tu pour les femmes dans l'après-guerre ? Vont-elles conserver les rôles qu'elles ont joués pendant la guerre ou, au contraire, retrouver leur situation d'avant-guerre ?

PARTIE 5

Un pays prend son essor : le Canada de 1945 à 1968

L'Exposition universelle de Montréal, 1967.

« Les Canadiens peuvent [...] sans cesse améliorer la qualité de vie des citoyens du Canada tout en [...] [aidant] le monde à se remettre de ses blessures profondes. »

– EXTRAIT DE *THIS NEW CANADA* DE MARGARET MCWILLIAMS, 1948.

CHRONOLOGIE

1945
Début du *baby-boom*.

1956
Les forces canadiennes de maintien de la paix sont créées en réponse à la crise de Suez.

Par certains aspects, le Canada de 1968 ressemblait toujours au Canada de 1945. Le pays entretenait encore des liens avec la Grande-Bretagne et il continuait d'accueillir des immigrants et des réfugiés. Les nouvelles technologies et les nouvelles industries contribuaient à la prospérité de la population et de l'économie, et les États-Unis étaient devenus le plus important partenaire commercial du pays. Le Canada jouait de plus un rôle d'arbitre et de force de maintien de la paix de plus en plus important. Mais que de différences ! De 1945 à 1968, la population canadienne a doublé. Le Grand Nord canadien est devenu un lieu privilégié pour l'exploration des ressources et les avant-postes de la défense nationale, et les Amérindiens ont commencé à affirmer leurs droits et leurs revendications territoriales. Les femmes ont commencé à remettre leur rôle en question, les Canadiens français ont amorcé leur lutte contre la domination de la culture canadienne-anglaise et les Canadiens se sont mis à exiger des mesures pour empêcher l'appropriation accablante de la culture et de l'économie du pays par les Américains. Au moment de célébrer son centenaire en 1967, le Canada pouvait fièrement proclamer son héritage multiculturel et son rôle sur le plan international.

REMUE-MÉNINGES

1. Comment le Canada a-t-il contribué à promouvoir la paix et la sécurité mondiales après la Deuxième Guerre mondiale ?
2. Quels événements ont transformé radicalement le profil démographique du Canada ?
3. Pourquoi le nationalisme québécois s'est-il développé après la Deuxième Guerre mondiale ? Comment cela a-t-il affecté les rapports entre anglophones et francophones ?
4. Comment le gouvernement s'est-il investi davantage dans la vie des Canadiens ?
5. Comment les croyances et les valeurs des Canadiens ont-elles changé dans les années 1950 et 1960 ? Qu'est-ce qui a occasionné ces changements ?

1961
Jean Lesage amorce la Révolution tranquille au Québec.

1965
Le Canada se donne un nouveau drapeau.

CHAPITRE

18 Le Canada en mutation

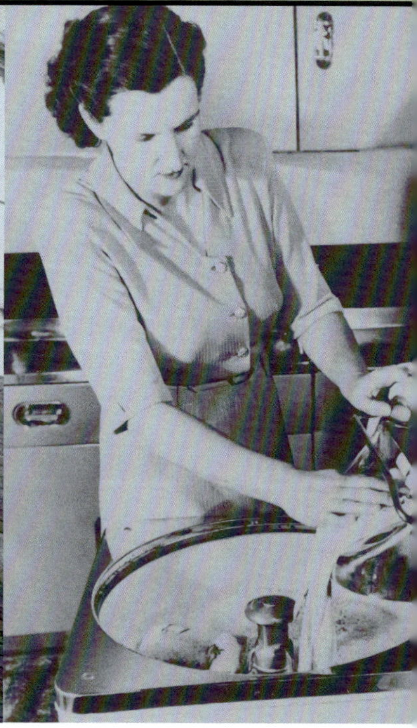

Plusieurs changements d'ordre social ont transformé la vie des Canadiennes et des Canadiens pendant les années 1960. Selon ces deux photos, quels types de changements les femmes ont-elles pu vivre ?

RETOUR AUX SOURCES

- **Comment la société canadienne s'est-elle vue transformée par une deuxième vague d'immigrants ? Qui étaient ces immigrants ?**
- **Qu'est-ce que le *baby-boom* ? Comment a-t-il influencé le Canada pendant les années 1950 et 1960 et pour combien de temps par la suite ?**
- **Comment l'influence américaine transformait-elle la culture canadienne ?**
- **La population entière a-t-elle profité de la prospérité du Canada après la guerre ? Qui en a été exclu ?**

TERMES IMPORTANTS

- ***Baby-boom***
- **Banlieue**
- **Conflit des générations**
- **Contre-culture**
- ***Hippies***
- **Jeune génération**
- **Survivance**

CHRONOLOGIE

1945
Début du *baby-boom*.

1949
La Commission Massey recommande au Canada de renforcer ses programmes de soutien artistique afin de lutter contre la culture américaine dominante.

1962
Africville, une agglomération de Noirs canadiens en Nouvelle-Écosse, est entièrement rasée.

1967
Début de l'enquête de la Commission royale sur la condition des femmes.

De 1945 à 1968, le Canada a subi d'importantes transformations. La guerre était terminée, l'économie était de nouveau florissante et l'on pouvait se remettre à rêver d'avenir. Les Canadiens aspiraient à la belle vie et un vent d'optimisme soufflait sur tout le pays. Les maisons, les voitures, la télévision, le rock and roll et les *hippies* faisaient maintenant partie de la société canadienne. Mais n'y avait-il que des avantages pour le Canada ? Les Canadiens partageraient-ils tous cette prospérité ?

L'accroissement de la population

Au cours des années qui ont suivi la Deuxième Guerre mondiale, le Canada a connu une explosion démographique sans précédent. Deux facteurs en étaient largement responsables : une deuxième vague d'immigration et le ***baby-boom***.

En route vers le Canada

L'immigration a considérablement augmenté après la Deuxième Guerre mondiale et près de 1,5 million de personnes sont venues s'établir au Canada de 1945 à 1957. Environ 20 % des nouveaux arrivants de 1945 à 1957 provenaient de Grande-Bretagne. Parmi eux se trouvaient des mariées de la guerre qui suivaient leur mari au Canada. Environ 48 000 mariées de la guerre sont venues au Canada après la guerre. Parmi les immigrants se trouvaient également des travailleurs spécialisés qui avaient quitté la Grande-Bretagne, leurs fabriques ayant subi de sérieux dommages pendant la guerre ou ayant fermé leurs portes une fois terminée la production de guerre. La plupart des autres immigrants venaient des Pays-Bas, d'Allemagne, de Pologne, de Hongrie, du sud de l'Italie et d'Ukraine.

Bien des immigrants étaient en fait des « personnes déplacées » qui avaient vécu dans les camps de réfugiés qui parsemaient l'Europe. Il leur était impossible de retourner dans leur pays d'origine, soit parce que leurs maisons avaient été détruites, soit parce que la guerre civile et l'agitation représentaient un danger pour eux. La plupart des immigrants arrivaient au Canada à la recherche d'une vie meilleure et ils étaient prêts à travailler très dur pour y arriver.

La plupart des immigrants s'installaient dans les villes, principalement Toronto, Montréal et Vancouver. À la fin des années 1950, la communauté italienne de Toronto comptait 140 000 personnes et les Torontois

La guerre n'était pas aussitôt terminée que des milliers de mariées de la guerre, la plupart d'Angleterre et de Hollande, sont arrivées au Canada. À quels défis allaient-elles être confrontées au cours de leur adaptation à la vie canadienne ?

Pourquoi le Canada représentait-il un nouvel espoir pour des immigrants tels que cette famille juive ?

Le baby-boom

L'importante vague d'immigration de l'après-guerre coïncidait avec une augmentation de la population que l'on appelle le *baby-boom*. Puisque la guerre était maintenant chose du passé et que l'avenir économique semblait prometteur, les jeunes couples étaient plus nombreux à se marier et à fonder des familles. Entre 1945 et 1965, le taux de natalité a monté en flèche. Au plus fort du *baby-boom*, en 1959, 20 % des femmes dans la vingtaine ont accouché, entraînant ainsi une augmentation rapide de la population canadienne. La famille moyenne avait de trois à quatre enfants. Au fur et à mesure qu'ils vieilliraient, ces enfants du *baby-boom* exerceraient une influence continue et diversifiée sur la société canadienne. Au cours des années 1950 et 1960, cette explosion démographique a donné naissance à son tour à l'une des caractéristiques les plus connues de la vie canadienne : la **banlieue.**

découvraient les joies des pâtes, des fromages importés et d'autres délices méditerranéennes. À Vancouver, les immigrants allemands ont ouvert des boutiques sur la rue Robson, offrant pâtisseries viennoises, saucisses bavaroises et journaux en langue allemande aux passants curieux.

À la fin des années 1950, l'immigration avait changé de visage. L'Europe de l'Est s'était assez bien remise des pertes de la guerre et plusieurs travailleurs spécialisés pouvaient profiter de nouvelles occasions de travail en Europe. Alors que la volonté d'émigrer s'amoindrissait, l'Amérique du Nord affrontait une grave récession économique. Lorsque le climat économique s'est amélioré au début des années 1960, plusieurs industries canadiennes se sont mises à chercher des travailleurs spécialisés qui possédaient une formation technique et professionnelle. Puisque le nombre d'Européens désireux de venir au Canada avait diminué, celui-ci a accueilli un plus grand nombre d'immigrants des pays du Commonwealth. La plupart d'entre eux provenaient de l'Asie du Sud, puis des Caraïbes, de l'Amérique latine et de l'Afrique. De plus, le Canada accueillait plusieurs nouveaux réfugiés. Tout comme leurs prédécesseurs européens, ces immigrants envisageaient avec optimisme la possibilité de refaire leur vie. Malheureusement, les Canadiens n'appréciaient guère ces nouvelles « minorités visibles » et les anciens préjugés ainsi que la discrimination faisaient de nouveau surface partout où les nouveaux arrivants s'installaient.

Hyperliens

www.dlcmcgrawhill.ca

Visite le site Internet dont l'adresse apparaît ci-dessus pour parfaire tes connaissances sur l'immigration au Canada suivant la Deuxième Guerre mondiale. Clique sur ***Matériel complémentaire/Primaire et secondaire***, puis sur ***Regard sur le Canada***, et on t'indiquera où aller ensuite.

Les années 1950

La banlieue

Après la guerre, les Canadiens désiraient posséder leur propre maison pour y élever leurs nouvelles familles. Au début des années 1900, les nouveaux réseaux de tramways avaient permis le développement de banlieues autour de quelques villes plus importantes. La fermeture de ces réseaux, la crise de 1929 et la Deuxième Guerre mondiale avaient freiné l'expansion des banlieues, mais la génération du *baby-boom* avait un grand besoin de nouvelles maisons. Afin de satisfaire à la demande, on a construit plus de 1,1 million de nouveaux logements et les années 1950 ont été

L'apparition de lotissements était un signe indiscutable de la prospérité des années 1950. Don Mills, en Ontario, a été l'une des premières banlieues du Canada. Pourquoi les familles aimaient-elles les banlieues, et pourquoi les critiques les détestaient-ils tant ?

la première décennie « d'expansion tentaculaire ». Les lotissements poussaient comme des champignons en périphérie des villes. Les fermes et les pâturages cédaient la place à des douzaines de nouveaux quartiers composés de maisons individuelles à prix abordable destinées aux jeunes familles qui se précipitaient pour acheter leur première maison.

Les rues des banlieues étaient bordées de maisons parfaitement identiques, équipées de fenêtres panoramiques, flanquées d'un abri d'auto ou d'un garage, et entourées d'une pelouse fraîchement ensemencée. Chaque année, 50 000 personnes au moins contractaient une hypothèque pour acheter une première maison. Bien que de nombreux critiques décriaient l'aspect terne des banlieues ainsi que la conformité et le matérialisme qu'elles représentaient, pour bien des Canadiens des années 1950, une maison en banlieue répondait à tous leurs désirs.

L'automobile

Les banlieues n'auraient jamais existé sans l'automobile. En 1949, on ne comptait au Canada que 16 000 km de routes asphaltées. Les automobilistes réclamaient plus de routes comme la Queen Elizabeth Way, l'impressionnante autoroute qui reliait Toronto et Hamilton, et qui est devenue un modèle dans le reste du Canada. Le gouvernement fédéral a également entrepris la construction de l'autoroute transcanadienne en 1949, exemple probant de l'importance que prenait l'automobile. Au cours des années 1950 et 1960, l'Ontario a étendu l'autoroute est-ouest 401 et, au nord de Toronto, l'autoroute 400. En 1970, ces autoroutes avaient remplacé le train comme moyen de transport partout au Canada.

Mais l'automobile était plus qu'un moyen de transport. Les Canadiens raffolaient des merveilles chromées qui sortaient des usines Chrysler, Ford et General Motors de Windsor, Oakville et Oshawa. Les voitures n'étaient jamais trop grosses, trop rapides ni trop luxueuses. Les jeunes passaient des mois à bricoler de vieilles voitures et à les transformer en voitures de rêve.

L'histoire d'amour entre les Canadiens et l'automobile a atteint un nouveau sommet dans les années 1950. Chaque année, les fabricants proposaient de nouveaux modèles de voitures qu'ils ornaient de pneus à flanc blanc et d'imposantes moulures chromées.

C'est au cours des années 1950 que les concerts rock sont devenus un événement social important pour les adolescents.

Les adolescents

Grâce au *baby-boom*, une certaine génération formait maintenant une tranche importante de la population, si bien que pendant les années 1950, des milliers de Canadiens sont devenus adolescents au même moment. Bien que l'adolescence ne soit pas un phénomène nouveau, le nombre alors sans précédent d'adolescents a entraîné de nouveaux problèmes pour les Canadiens. Dans les années 1950, plusieurs communautés ont construit des arénas, des centres récréatifs et des organismes destinés au nombre grandissant de jeunes Canadiens. Bien que plusieurs adolescents se joignaient à des équipes sportives ou à des fanfares, ils aimaient également se réunir dans les centres commerciaux, les ciné-parcs et les restaurants. Partout où ils se retrouvaient, ils écoutaient les chansons de la vedette de rock de l'heure, dont Elvis Presley, Chuck Berry et Paul Anka, lui-même originaire d'Ottawa. Le rock and roll est devenu une sous-culture pour les jeunes de l'Amérique du Nord. Dans les années 1950, on a reconnu pour la première fois que l'adolescence était une étape distincte du développement humain. De leur côté, les publicitaires ont découvert l'énorme revenu disponible des adolescents et ils ont commencé à s'adresser directement à eux pour leur vendre musique, films, livres et automobiles.

La réforme de l'éducation

La salle de classe traditionnelle devait elle aussi s'adapter à l'arrivée des *baby-boomers*. Dans les années 1950, beaucoup d'écoliers canadiens devaient encore se conformer à un code vestimentaire sévère, entrer par des portes séparées pour les filles et les garçons, et s'asseoir en rangs bien ordonnés face au professeur. Toutefois, les attitudes ont changé au cours des années 1960 et beaucoup d'élèves et de professeurs réclamaient une réforme de l'enseignement. Pour plusieurs, l'école devait être un lieu plus détendu où les étudiants pouvaient apprendre à leur rythme et à leur manière, sans compétition ni peur de l'échec. Certaines écoles ont aboli les méthodes traditionnelles d'enseignement, les uniformes, les règles de discipline, les cours obligatoires, les horaires stricts et, dans certains cas, les notes et les examens.

Les années 1960 ont constitué un tournant important pour les Franco-Ontariens en matière d'éducation. Jusqu'à cette époque, il n'existait pas d'écoles secondaires publiques françaises : ceux qui voulaient poursuivre leurs études après le primaire, et qui n'avaient pas les moyens financiers pour fréquenter un collège privé, se retrouvaient dans des classes anglophones. À la suite des pressions de l'Association canadienne-française de l'Ontario (ACFO), le gouvernement a annoncé en 1968 la création d'écoles secondaires francophones publiques et de classes francophones au sein d'écoles anglophones : il était désormais possible pour les Franco-Ontariens de poursuivre des études secondaires dans leur langue maternelle.

La vie dans les années 1960

La contre-culture

La période que l'on nomme les « années 60 » s'est en réalité prolongée jusque dans les années 1970. C'était l'époque de la « **jeune génération** », celle des deux millions d'enfants nés pendant l'explosion démographique de la fin des années 1940, jusqu'au milieu des années 1960. Pour la première fois dans l'histoire du Canada, les jeunes étaient à l'avant-scène. Beaucoup d'entre eux vivaient comme leurs parents, à peu de chose près. Mais certains, surnommés ***hippies*** ou « révolutionnaires », rejetaient l'ordre établi et ses institutions, comme la police, le gouvernement et le milieu des affaires. Ils prônaient la « libération », c'est-à-dire la liberté personnelle et le changement social. Le mot « **contre-culture** » est apparu pour désigner la culture de ceux qui rejetaient les valeurs de la génération précédente. Tous, hommes et femmes, portaient des t-shirts teints par nouage, de vieux jeans, des sandales (s'ils n'étaient pas pieds nus…) et de longs cheveux flottant au vent.

Jeunesse canadienne

LA RÉVOLUTION DE L'ÉDUCATION : LE RAPPORT HALL-DENNIS

Les années 1960 étaient caractérisées par un retour à la prospérité et à l'optimisme de l'après-guerre. Les enfants du *baby-boom* allaient à l'école et la technologie allait bientôt transformer les types de carrières envisagées par les jeunes, une fois leur diplôme en main. Afin d'affronter les nouveaux défis de l'éducation, le gouvernement de l'Ontario a commandé la rédaction d'un rapport qui permettrait de dégager et suggérer un cadre de travail. Publié en 1968, *Vivre et s'instruire* (en anglais, *Living and Learning*, mais mieux connu sous le nom de rapport Hall-Dennis d'après ses deux coprésidents, les juges Emmett Hall et Lloyd Dennis) a révolutionné l'enseignement scolaire en Ontario. Voici un bref extrait des pages d'introduction de *Vivre et s'instruire*. L'esprit du rapport est-il toujours présent dans le système d'éducation d'aujourd'hui ?

LA VÉRITÉ, SOURCE DE LIBERTÉ

Le but de l'éducation est d'aider l'homme dans sa recherche sans fin de la vérité. Lorsqu'il possède les moyens de l'atteindre, tout devient à sa portée. La sagesse et la compréhension, la sensibilité, la compassion et la responsabilité, tout comme l'honnêteté intellectuelle et l'intégrité, le guideront au cours de l'adolescence et seront ses compagnons à l'âge adulte.

C'est ce qu'il faut graver dans l'esprit et le cœur de tous les enfants de l'Ontario. C'est la clé qui ouvre toutes les portes. C'est l'instrument qui brisera les chaînes de l'ignorance, du doute et de la frustration, qui tirera tous ceux qui écoutent son appel de la pauvreté, des bidonvilles et du désespoir, qui portera les plus talentueux vers de nouveaux sommets et assurera le succès à tous les enfants, qui illuminera le monde si sombre des aveugles et permettra aux sourds de se joindre aux entendants, qui saura réconforter les esprits confus, qui offrira des images aux esprits plus simples et apportera le calme aux esprits troublés, qui fera des hommes des frères, tous également dignes à défaut d'être également habiles, et qui ne souffrira aucune forme de discrimination par la race, la couleur ou la croyance.

Nous sommes aujourd'hui à l'aube de notre second siècle et nous devons évaluer l'avenir de l'éducation. Entourés du plus impressionnant assemblage d'outils pédagogiques jamais vu et imprégnés de nouvelles connaissances, nous ne devons pas perdre de vue les besoins humains en cette nouvelle ère. Nous sommes à la fois les héritiers du passé et les intendants du futur et bien que nous soyons fiers de notre héritage, nous ne pouvons pas nous permettre d'étouffer nos talents sous le poids de la satisfaction. Nous avons entre les mains des outils nécessaires à l'amélioration du sort de l'homme dont jouissent bien peu des peuples du monde. Nous devons trouver un moyen de les utiliser afin de jeter les bases d'une vie plus enrichissante non seulement pour les habitants de l'Ontario, mais pour tous les Canadiens et, souhaitons-le, dont l'humanité entière récoltera les fruits.

Nous avons toujours cru au principe que l'argent et l'effort investis dans l'éducation représentent un placement profitable, un investissement en ressources humaines qui rapportera beaucoup non seulement en matière d'économie, mais aussi en bonheur et en bien-être pour l'humanité. C'est un investissement auquel tous les jeunes de l'Ontario méritent de pouvoir participer.

On reconnaît aujourd'hui partout le droit des enfants de recevoir la meilleure éducation qui soit. C'est un droit fondamental que personne n'oserait remettre en question. Il est hors de tout doute que nos jeunes doivent tous recevoir une meilleure éducation et une formation plus complète et plus poussée si le Canada et l'Ontario désirent survivre dans cette nouvelle ère si compétitive de l'électronique, de la spécialisation et de l'automatisation.

ACTIVITÉ

En tant qu'élève du système scolaire ontarien, crois-tu que l'éducation que tu reçois est à la hauteur et te permettra de réussir suivant l'obtention de ton diplôme ? Écris une critique du système d'éducation, selon ton expérience. Compare ton évaluation des écoles d'aujourd'hui aux souvenirs de tes parents sur leur expérience scolaire. Y a-t-il eu des progrès et si oui, lesquels ?

EXTRAIT DE LIVING AND LEARNING, TORONTO, SERVICE DES PUBLICATIONS, DÉPARTEMENT D'ÉDUCATION DE L'ONTARIO, 1968, PAGE 9.

Une « enfant fleur » photographiée dans une ville canadienne vers la fin des années 1960. Les cheveux longs et les lunettes « à l'ancienne » étaient le symbole d'un ***hippie*** typique des années 1960.

Un grand nombre de jeunes se rassemblaient dans les quartiers *hippies* du Canada comme la 4e Avenue à Vancouver, Yorkville à Toronto et la rue Saint-Denis à Montréal. Ils dansaient sur la musique de Janis Joplin, Jimi Hendrix, les Doors, les Rolling Stones et les Beatles. Ils écoutaient également des musiciens canadiens comme Joni Mitchell, the Band, Neil Young, Buffy Sainte-Marie, the Guess Who et Gordon Lightfoot.

Au Québec, cette période a été marquée par la vague yé-yé : les chansons populaires américaines étaient traduites et reprises en français. Les Michel Louvain, Pierre Lalonde et Donald Lautrec ainsi que des groupes comme les Baronets et les Classels ont connu un grand succès à cette époque. Mais c'est avec les chansonniers que l'on a vu se développer une musique proprement québécoise : Félix Leclerc dans les années 1950 et, par la suite, Gilles Vigneault (*Mon Pays*), Claude Léveillée, Claude Gauthier et Jean-Pierre Ferland. Il faudra attendre l'arrivée sur la scène musicale de Robert Charlebois pour entendre du rock vraiment québécois. L'année 1968 constitue à ce titre un point tournant : Charlebois a donné en compagnie de Louise Forestier un spectacle appelé l'*Osstidcho*. Par la suite, de nombreuses chansons de Charlebois devaient connaître un succès sans précédent, notamment le célèbre *Lindbergh*.

Les drogues comme la marijuana, le LSD, les amphétamines et les barbituriques faisaient partie du mode de vie des *hippies*. Les jeunes parlaient et écrivaient ouvertement sur la sexualité et la censure était décriée. La « libération » avait son côté sombre, toutefois. Les drogues et l'alcool ruinaient beaucoup de jeunes vies. La « liberté de parole » revendiquée par les jeunes faisait taire la censure désuète, mais laissait le champ libre à d'autres formes d'expression plus troublantes, comme la pornographie violente. Les aspects plus néfastes de la contre-culture troublaient tellement de Canadiens d'âge mûr que le terme « **conflit des générations** » est apparu dans le vocabulaire. Très peu de gens sont restés complètement à l'abri de ce que l'on a surnommé « la vague de fond chez les jeunes ». Les années 1960 ont laissé des marques profondes et indélébiles dans le système de valeurs des Canadiens.

Les manifestations sociales et politiques

Les années 1960 ont été une période de contestations sociales et politiques. Des centaines de jeunes Canadiens portaient des bannières ou arboraient des macarons avec les mots « *Peace and love* » et « Le pouvoir au peuple ». La course aux armements nucléaires et la guerre du Viêtnam étaient au centre de leurs préoccupations. Les troupes du Viêtnam du Nord communiste s'introduisaient au Viêtnam du Sud pour y renverser le gouvernement soutenu par les États-Unis. Par peur du communisme, les États-Unis ont envoyé des troupes afin d'aider le gouvernement du Viêtnam du Sud. Les combats se sont intensifiés au milieu des années 1960, si bien que l'on comptait près de 500 000 soldats américains au Viêtnam en 1967. C'était une guerre brutale et destructrice et pour la première fois, la télévision déversait ses horreurs dans les foyers du monde entier. Les manifestations contre la guerre du Viêtnam et les armes nucléaires par de jeunes Canadiens sont devenues monnaie courante au cours des années 1960 et au début des années 1970.

L'artiste amérindienne Buffy Sainte-Marie a atteint la renommée mondiale dans les années 1960. Peux-tu nommer d'autres Amérindiens populaires ?

La lutte contre l'influence américaine

Pendant les années 1950 et 1960, le Canada croulait sous une véritable avalanche de produits culturels américains : émissions de radio et de télévision, films, livres et magazines ont envahi le marché canadien. Au même moment, le gouvernement canadien réduisait ses subventions à la Société Radio-Canada et à l'Office national du film (ONF). Tout cela inquiétait bien des Canadiens, qui voyaient d'un mauvais œil l'influence grandissante des États-Unis sur la culture canadienne.

En fait de popularité, les films américains surpassaient de beaucoup la production canadienne. En musique, bien que certains artistes et groupes tels que Paul Anka, les Diamonds, Joni Mitchell, Neil Young et Buffy Sainte-Marie réussissaient à s'imposer aux États-Unis, les Canadiens désiraient toujours entendre des artistes populaires américains tels qu'Elvis Presley, Jerry Lee Lewis, Bob Dylan, Janis Joplin et Jimi Hendrix, et bien des artistes canadiens en étaient presque réduits au silence. La télévision américaine dominait le Canada entier dans les années 1950 et seule *La Soirée du hockey* parvenait à concurrencer des émissions comme *I Love Lucy* et *The Ed Sullivan Show*.

Pendant les années 1960, des manifestations comme celle-ci, à Edmonton en 1967, s'élevaient contre la participation des États-Unis à la guerre du Viêtnam. Les manifestations sont-elles un moyen efficace d'atteindre nos buts ? Pour quelles idées serais-tu prêt à manifester ?

La Commission Massey

En 1949, le gouvernement canadien a fondé la Commission Massey (dirigée par Vincent Massey) afin d'enquêter sur le développement des arts au Canada. La Commission Massey exigeait du gouvernement qu'il soutienne davantage la Société Radio-Canada et l'ONF et qu'il fonde un service officiel pour venir en aide aux artistes canadiens. Six ans plus tard, le gouvernement créait le Conseil des Arts du Canada. Les organismes artistiques canadiens tels que le Théâtre du Nouveau Monde, les Grands Ballets Canadiens de Montréal, le Musée des Beaux-Arts et plusieurs orchestres symphoniques ont commencé à s'épanouir grâce au soutien du Conseil des Arts du Canada.

Fondée par madame Ludmilla Chiriaeff, la compagnie *Les Grands Ballets Canadiens de Montréal* a bénéficié dès la création du Conseil des Arts du Canada de son soutien financier. On voit ici madame Chiriaeff, accompagnée de Roger Rochon et de Brydon Paige, présenter une chorégraphie de M. Hyrst sur une musique de Brahms dans le cadre d'une émission télévisée de Radio-Canada, en 1956.

PHOTOREPORTAGE

IMAGES D'UN CANADA NOUVEAU

L'histoire d'amour du Canada avec l'automobile.

Barbara Ann Scott remporte la première médaille d'or olympique du Canada en patinage artistique.

La télévision au foyer.

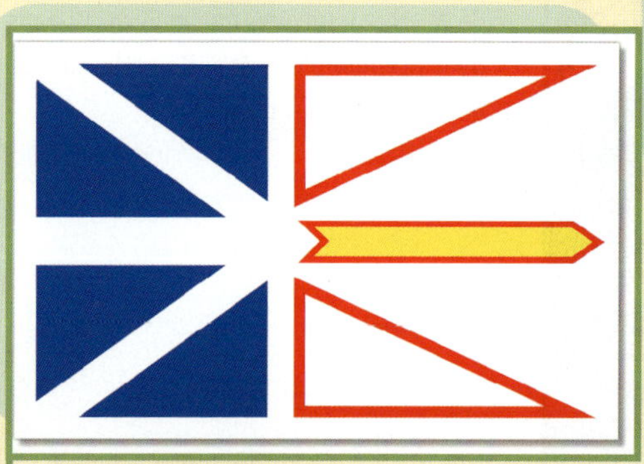

Terre-Neuve entre dans la Confédération.

Le transport aérien.

L'Office national du film.

La banlieue.

Les auteurs d'expression française et anglaise ont pris de l'importance après la Deuxième Guerre mondiale. Au Québec, des romanciers comme Gabrielle Roy (*Bonheur d'occasion*) et Roger Lemelin (*Les Plouffe*) ont décrit le Québec urbain et Yves Thériault a connu un succès international grâce à son roman sur les Inuits, *Agaguk*. D'autres écrivains des années 1950 et 1960 devaient également marquer la littérature québécoise : André Langevin (*Poussière sur la ville*), Jacques Ferron (*Contes du pays incertain*), Marie-Claire Blais (*Une saison dans la vie d'Emmanuel*), Jacques Godbout (*Salut Galarneau !*) et Anne Hébert (*Les chambres de bois*). En Ontario, Jacqueline Martin publie en 1966 *Trois pièces en un acte*. Des auteurs canadiens-anglais tels que Robertson Davies, Morley Callaghan, Hugh MacLennan, Margaret Atwood et Alice Munro ont également connu un succès international.

Exclusion et insatisfaction au royaume de l'abondance

Malheureusement, d'importantes minorités du Canada se voyaient exclues de la prospérité de l'après-guerre. Des minorités visibles comme les Noirs canadiens, les Asiatiques et les Amérindiens avaient été isolées dans des enclaves culturelles séparées où il était presque impossible de profiter de la prospérité économique qui, pour certains, représentait la « belle vie ». D'autres citoyens, comme les femmes et les handicapés, plus « invisibles » mais tout aussi isolés, se sentaient ignorés par les politiques, les programmes, les chefs et les modes de vies traditionnels. À la fin des années 1950 et 1960, ces minorités étaient prêtes à s'engager pour provoquer des changements et obtenir l'équité et la justice sociale.

Les Noirs canadiens

Les communautés de Noirs canadiens, établies depuis longtemps, étaient souvent tenues à l'écart de la prospérité et des occasions dont pouvait profiter la majorité des Canadiens. Parmi les minorités visibles, les Noirs canadiens devaient souvent affronter la discrimination raciale la plus ouvertement déclarée. Malgré leur nombre assez important, les Noirs canadiens étaient victimes de discrimination au travail, à l'école et même quand il s'agissait de trouver un logement. Leur état désespérant a été dévoilé au monde entier en 1961, lorsque la ville de Halifax a décidé de démolir Africville.

Depuis les années 1850, la communauté d'Africville avait abrité la population noire de Halifax et faisait partie de la capitale. Mais les conseillers municipaux négligeaient Africville, qui ne jouissait même pas des besoins essentiels comme l'eau courante, le service de collecte des eaux usées ou le service de collecte des déchets. En 1962, désireux de créer un nouvel espace pour les grosses industries, le conseil de la ville de Halifax a évacué les 400 citoyens d'Africville afin de raser la communauté, sans même en consulter les résidants. Bien que certains aient reçu une indemnisation pour leur propriété, on avait fait preuve, à leur égard, d'un cruel manque de respect. Les Noirs canadiens ont toutefois formé un organisme afin de lutter contre la discrimination. La NSAACP (Nova Scotia Association for the Advancement of Coloured People) a été l'un des premiers organismes noirs canadiens et en 1968, on formait le BUF (Black United Front) pour provoquer des changements.

La discrimination se manifestait également dans plusieurs communautés de l'Ontario. En 1949, la Cour d'appel de l'Ontario a maintenu une clause en acte de propriété qui interdisait aux Juifs et aux Noirs d'acheter des propriétés à Beach O'Pines, près de Sarnia. La ville de Dresden, en Ontario, avait institué la ségrégation des services commerciaux et ce n'est qu'en 1967 que le comté d'Essex a aboli le dernier système scolaire qui encourageait la ségrégation raciale. Bien que la ségrégation de plusieurs services ait cessé vers la fin des années 1960, les attitudes racistes quant aux Noirs canadiens persistaient bien souvent.

Les Canadiens d'origine asiatique

Bien que la plupart des Canadiens chinois avaient longtemps été exclus des principaux emplois, plusieurs ont prospéré dans les industries de services qui leur étaient autorisées. Dans les grandes villes de Vancouver, de Toronto et de Montréal, les communautés ségréguées, surnommées « Chinatown » ou « quartier chinois », existaient depuis longtemps. Dans les années 1960, plusieurs de ces communautés ont été morcelées par des opérations de rénovation urbaine ou par des règlements municipaux punitifs. Près de la moitié du quartier chinois de Toronto a été rasée dans les années 1960 pour céder la place au nouvel hôtel de ville.

Les Pakistanais et les Indiens souffraient également de discrimination de la part des autres Canadiens. Bien que plusieurs d'entre eux avaient reçu une éducation et une formation poussée dans leurs pays d'origine, les fonctionnaires canadiens refusaient de reconnaître

Voix canadiennes

AFRICVILLE

Africville était une petite communauté de Noirs canadiens dans le nord de la ville de Halifax. Les premiers arrivants s'y étaient installés au début du XIXe siècle et la communauté a ensuite accueilli les réfugiés noirs américains de la guerre de 1812. Bien qu'Africville faisait partie de la ville de Halifax, cette dernière préférait l'ignorer. La communauté se voyait refuser la plupart des services urbains tels que des routes revêtues d'asphalte et l'eau courante, et la ville avait resitué son dépotoir près de la communauté.

En 1962, la ville de Halifax a saisi Africville pour y étendre le développement urbain, sans consulter la communauté. L'indemnisation moyenne versée aux résidents d'Africville pour leur propriété était de 500 dollars. L'agglomération a été rasée en 1962.

Depuis, la ville de Halifax a construit un parc commémoratif sur le site de l'ancienne communauté d'Africville. Certains des résidants manifestent encore contre la destruction forcée de leur communauté et ont demandé à y être réétablis. Le poème suivant a été composé par David Woods, en souvenir de cette communauté perdue.

Africville

Les rails du Canadien Pacifique
Se détachent, blancs et durs, de la noirceur de ce qui reste d'Africville.
Elle survit ici — Symboles mythiques de ce nouveau pays,
La volonté de fer d'hommes modernes et de modernes ambitions
Qui laissaient derrière eux d'autres mondes de rêves.

Deux cents ans d'histoire — Soudain rasés
Jetés dans les montagnes de déchets.
Une mort – Putride et anonyme,
On songe aux esclaves dans leur lente torture,
Leurs lourdes chaînes,
Leur trismus et leur pneumonie.
Leurs tombes sans nom.

Était-ce la destruction de l'église Seaview Baptist ?
Ou l'effondrement de Deacon Jones ?
Ou le défi solitaire de Pa Carvery ?
Ou était-ce Mom Sooks ?
Laura Howe ? Stan Dixon ?
Des visages nerveux et beaux en rang, à l'hôtel de ville —
Qui signaient le retrait de bien plus qu'ils ne pouvaient comprendre.
Le gâchis confus que nous avons accepté
Parce que nous ne savions pas —
Ne pouvions pas savoir —
La simple conviction de nos ennemis,
Les facettes complexes de ceux qui nous ont trahis,
Le mal qui avait creusé des pistes partout au pays.

Je me déplace parmi les montagnes de déchets —
À la recherche de l'endroit où ma maison reposait,
Elle est ici — une pile de vieilles photos, de bois brûlé.
Au loin, une ville continue sa vie —
La circulation lourde qui s'empresse pour traverser le nouveau pont,
Un clocher appelle des paroissiens souriants.
Un subdivision prudente s'élève
Mais Africville —
Ses églises rasées, ses enfants éparpillés
Son âme trahie
Paraît dans le bourbier puant de ces images brisées,
Pleurant dans les yeux silencieux et les voix cachées —
Enfouie sous des siècles de déchets et de douleur.

DAVID WOODS EST UN AUTEUR ET UN ARTISTE DE DARTMOUTH, EN NOUVELLE-ÉCOSSE.

Les résidants d'Africville n'avaient pas accès aux services de base tels que l'eau potable.

L'humour dans l'histoire

Johnny Wayne (1918-1990) et Frank Shuster (né en 1916) étaient les deux partenaires du populaire duo comique Wayne et Shuster. Leur première apparition à la télévision canadienne remonte à 1952. En 1958, ils ont amorcé une série record de 67 apparitions à la très populaire émission de variétés américaine *The Ed Sullivan Show*. Bien que leur émission de télévision soit l'une des premières du genre produite au Canada à connaître un succès à l'étranger, Wayne et Shuster ont choisi de vivre et de travailler au Canada. Voici un extrait du scénario d'une de leurs saynètes les plus connues.

Un match de baseball shakespearien
par Wayne et Shuster

(Orchestre : *fanfare*.)

(Zoom avant super : LES ROYAL WAYNE AND SHUSTER FESTIVAL PLAYERS)

PRÉSENTATEUR (voix hors champ) : Les Royal Wayne and Shuster Players vous présentent...

(Zoom avant : UNE COMÉDIE DE COUPS SÛRS, DE CIRCUITS ET D'ERREURS...)

PRÉSENTATEUR : Une comédie de coups sûrs, de circuits et d'erreurs.

(*Fondu sur l'abri des joueurs, vide. Deux arbitres entrent de chaque côté. Orchestre : fanfare.*)

Premier : Holà, Bernardo...

Deuxième : Je vous salue, Antonio. Détenez-vous les formations ?

Premier : Si... L'ordre des frappeurs dûment signé par messires les directeurs.

Deuxième : Bien... Qu'indique la pendule ?

Premier : Deux heures sonnent.

(*Musique : petite fanfare modale.*)

Deuxième : Mais, qu'entends-je... Les joueurs s'amènent. Vite, à nos places. Allons-y : vous au premier et moi, derrière le marbre.

Premier : Ci-fait. (*Il tourne et le deuxième lui prend le bras.*)

Deuxième : Ce match ne tient qu'à votre jugement. Adieu, je lancerai l'appel du départ !

(*Ils quittent la scène. Musique : fanfare bruyante pour annoncer l'entrée des équipes. Ils entrent avec grand style.*)

Frank : Mes chers, mes excellents amis, que la fortune daigne bénir nos moindres gestes aujourd'hui. À titre de directeur de cette équipe si vaillante,
Je jure par tous les saints,
Je n'aurai de repos que lorsque le fanion flottera sur Stratford...

[Plus tard, Frank et Johnny se demandent s'il faut ou non téléviser le match.]

Johnny : Être ou ne pas être télévisé, là est la question...

leur expérience et les reléguaient à du travail de manœuvre et les obligeaient à vivre dans des conditions qui rappelaient les ghettos.

Les femmes d'origine asiatique devaient accepter les emplois les moins bien payés et les plus difficiles dans les fabriques de grandes villes comme Montréal, Toronto et Vancouver. Les Asiatiques formaient également la majorité des travailleurs agricoles dans le delta du Fraser, en Colombie-Britannique, où, sans aucune protection, ils devaient moissonner des récoltes traitées aux pesticides et vivre dans des granges converties en logements sans eau courante ni électricité.

Les Amérindiens et les Inuits

Les peuples amérindiens du Canada étaient sans doute privés plus que tous les autres de la prospérité de l'après-guerre. Plusieurs d'entre eux vivaient dans des petites réserves éparpillées ou dans de grandes villes comme Vancouver, Edmonton, Winnipeg et Toronto, où il était plus facile de trouver du travail non qualifié. De tristes statistiques sur l'espérance de vie, le revenu, le chômage, la dissolution des familles, la criminalité et le suicide démontraient combien la vie était douloureuse pour bien des Amérindiens. Leur vie était toujours régie par le ministère des Affaires indiennes, qui contrôlait leur accès aux subventions, à l'éducation et aux services sociaux tels que les hôpitaux et les programmes communautaires.

Les conditions étaient tout aussi pénibles pour les Inuits. La construction du RAPA (réseau avancé de préalertes) au nord du cercle arctique avait profondément changé la vie des Inuits. D'un côté, le gouvernement versait d'importantes sommes d'argent pour construire des dizaines d'aéroports et offrir un service aérien régulier, en plus d'améliorer les installations portuaires et le transport maritime. Le gouvernement fédéral acceptait de prendre en charge l'éducation, la santé et le bien-être des Inuits. Grâce à de meilleurs services de transport, les médecins et les infirmières pouvaient se rendre dans des régions isolées, et les soins de santé dispensés aux Inuits se sont lentement améliorés. L'éducation a connu également un nouvel essor. Le gouvernement a consacré 20 millions de dollars à la construction de nouvelles écoles pour les communautés nordiques. Le taux de scolarisation a monté en flèche chez les enfants inuits, passant de 19 % en 1957 à 66 % en 1963. Mais cette augmentation de l'intervention gouvernementale dans la vie des Inuits n'était pas sans conséquences : le mode de vie ancestral des Inuits s'en trouvait sérieusement bouleversé.

Les Inuits avaient toujours été nomades, se déplaçant d'un endroit à l'autre pour chasser, pêcher et prendre des animaux au piège. Or, le gouvernement fédéral encourageait les Inuits à se sédentariser dans des agglomérations où il était plus commode de leur fournir les services. Beaucoup d'Inuits ont délaissé leurs activités traditionnelles pour adopter un mode de vie qui leur était complètement étranger dans les nouvelles communautés permanentes. Les Inuits n'étaient pas invités à se prononcer sur la planification et la construction qui se déroulaient chez eux. Même les avantages de leur situation bouleversaient leur mode de vie. L'éducation était en anglais ou en français et les manuels scolaires étaient conçus pour les élèves de centres urbains qui vivaient plus au sud. Les professeurs ne connaissaient presque rien de la langue et de la culture de leurs élèves inuits. Toute une génération a ainsi reçu une éducation partielle et n'arrivait plus à s'intégrer réellement ni chez leur peuple, ni chez les Occidentaux.

Contre leur gré, certains groupes d'Inuits ont été redirigés vers des régions lointaines de l'Arctique par le gouvernement fédéral. Entre autres, les Inuits de Port Harrison dans le nord du Québec ont été relogés à Grise Fiord, sur l'île d'Ellesmere où on leur promettait un gibier plus abondant. Or, des documents gouvernementaux ont révélé plus tard que l'Arctique avait pris une importance stratégique cruciale dans les années 1950. Le gouvernement avait donc établi des Inuits sur l'île d'Ellesmere pour affirmer sa souveraineté en Arctique.

Ce dessin exprime le point de vue des Inuits, qui ont accusé le gouvernement fédéral de s'être servi d'eux comme de drapeaux humains pour affirmer sa souveraineté sur l'Arctique. Est-ce une évaluation juste des faits ?

Au début des années 1970, les rapports entre Occidentaux et Inuits étaient tendus dans de nombreuses colonies de l'Arctique. Certains Inuits avaient trouvé du travail de manœuvre dans les colonies, mais leur salaire était en général moindre que celui des travailleurs occidentaux qui effectuaient le même travail.

D'autres Inuits n'ont trouvé aucun emploi. Ils vivaient dans des logements beaucoup plus modestes que leurs voisins blancs venus du sud et ils étaient souvent traités comme des inférieurs par la communauté blanche. Tout comme les Amérindiens dans le sud du Canada, au cours de la décennie suivante, les Inuits ont lutté pour éviter la disparition de leur culture.

La « deuxième vague » féministe

Après avoir participé de manière si vitale à l'effort de guerre au cours de la Deuxième Guerre mondiale, bien des femmes comptaient pouvoir continuer à travailler à l'extérieur. Au retour des soldats, toutefois, on ne percevait plus les femmes au travail de la même façon. Alors que le taux de mariage montait en flèche et que s'amorçait le *baby-boom*, on demandait aux femmes de reprendre leur rôle traditionnel au foyer. On parlait surtout de l'importance de la femme comme épouse et mère. Le gouvernement a instauré de nouvelles politiques pour inciter les femmes à rester au foyer, dont la fermeture des garderies ouvertes pendant la guerre et le renouvellement des règlements qui empêchaient les femmes d'accéder à la fonction publique. Les quelques emplois accessibles aux femmes se limitaient aux postes traditionnels : l'enseignement, le travail de bureau et les soins infirmiers. En 1960, toutefois, de nombreuses femmes ont commencé à remettre en question leur rôle en société. Plusieurs d'entre elles se demandaient pourquoi leurs besoins étaient subordonnés à ceux de la famille et pourquoi tant de possibilités étaient réservées aux hommes.

Une deuxième vague de féminisme s'est soulevée dans les années 1960. La première vague avait eu lieu vers la fin du XIXe siècle et le début du XXe siècle et s'était consacrée surtout au droit de vote. La deuxième vague, plus tard connue sous le nom de mouvement de libération des femmes, désirait des réformes sociales et économiques plus globales telles que la législation sur l'égalité des rémunérations, les congés de maternité payés et l'accès à des emplois non traditionnels. Les femmes ont également commencé à prendre en main la planification des naissances. Avec l'arrivée de meilleurs moyens de contraception, dont la pilule anticonceptionnelle, en vente au Canada en 1966, les femmes avaient davantage le contrôle de leur propre corps. Au sein du mouvement, une aile plus énergique et au franc-parler évident s'est formée. Appelées féministes radicales, elles croyaient que la société était entièrement asservie aux besoins des hommes et que la seule façon d'accéder au pouvoir était de le retirer aux hommes.

Hommes et femmes contestaient tous deux la deuxième vague et tout particulièrement les féministes radicales. Plusieurs craignaient qu'un changement du statut des femmes ne représente une menace pour la structure familiale traditionnelle. De plus, puisque le mouvement était surtout dirigé par des femmes blanches de classe moyenne, celles qui ne faisaient pas partie du courant dominant doutaient d'être adéquatement représentées.

La Commission royale d'enquête sur la condition de la femme

Malgré l'opposition, la seconde vague du mouvement féministe finissait par transformer les attitudes quant aux rôles des femmes dans la société canadienne. En 1966, 30 groupes féministes ont formé le Comité pour l'égalité des femmes. Ils croyaient qu'il était temps de former une commission royale d'enquête pour se pencher sur les inquiétudes des femmes.

En 1967, la Commission royale d'enquête sur la condition de la femme, présidée par la journaliste torontoise Florence Bird, a amorcé sa tournée nationale. La tâche de la Commission consistait à étudier la situation de la femme et à recommander « des mesures que le gouvernement fédéral pourrait prendre pour assurer aux femmes l'égalité avec les hommes dans tous les secteurs de la société canadienne ». La Commission a découvert que :

- en 1970, seulement 3,9 % des directeurs étaient des femmes;
- bien que 8 des 10 provinces possédaient des lois sur l'équité salariale, les femmes étaient toujours moins bien rémunérées que les hommes pour le même travail;
- les deux tiers des bénéficiaires de l'aide sociale étaient des femmes.

À sa publication en 1970, le rapport contenait 167 recommandations qui devaient permettre l'égalité entre hommes et femmes. On recommandait, entre autres :

- qu'il soit défendu aux employeurs de discriminer en fonction du « sexe » et de « l'état civil »;
- que les programmes de formation offerts par le gouvernement soient ouverts aux femmes;
- que le gouvernement fédéral nomme davantage de femmes juges dans toutes les cours de sa juridiction;
- que davantage de femmes qualifiées de chaque province soient nommées au Sénat au fur et à mesure que les sièges se libèrent, jusqu'à ce qu'un équilibre plus juste soit atteint entre hommes et femmes;
- que l'on accorde aux femmes 18 semaines de prestations d'assurance-chômage pour leurs congés de maternité.

La Commission a ainsi contribué à l'élaboration d'un plan d'action pour les groupes féministes dans les années 1970.

Au cours des années 1960, les femmes ont commencé à remettre en question leur rôle et à lutter pour l'égalité des droits.

Les Canadiens français

Le Québec cherchait depuis longtemps à assurer sa **survivance**, c'est-à-dire la survie de sa langue et de ses traditions. Pour y parvenir, les Québécois étaient restés fermement attachés à la religion catholique romaine, aux valeurs rurales traditionnelles et au respect des autorités, particulièrement des autorités ecclésiastiques. Mais au cours des années 1950, il devenait de plus en plus clair qu'une telle stratégie n'était pas économiquement viable pour les Canadiens français et le soutien à la survivance a commencé à s'effriter. La conjoncture économique des Canadiens français était plus favorable que celle des Noirs ou des Amérindiens, et une économie en santé signifiait que plusieurs d'entre eux jouissaient d'une prospérité nouvelle. Mais à bien y regarder, les Québécois faisaient face à de nombreux obstacles.

En 1961, près de un demi-million de jeunes Québécois avaient quitté les régions rurales pour les centres urbains à la recherche de travail. Ils ont découvert que bien des industries québécoises étaient dirigées par des gens d'affaires anglophones et que les emplois allaient de préférence à ceux qui pouvaient parler l'anglais. Dans bien des régions, telles que Montréal, les salaires des Canadiens anglais étaient de 50 % supérieurs aux salaires des Canadiens français. Hors Québec, les Canadiens français devaient surmonter des obstacles encore plus difficiles, vu leur situation minoritaire. On commençait à croire que parler français était une barrière à l'emploi. De plus, les écoles de langue française hors Québec recevaient très peu de soutien de la part du gouvernement. Au cours des années 1960, les Québécois se sont aperçus que le Québec rural, agricole et religieux était chose du passé. Ils voulaient faire entrer l'économie, le gouvernement et l'éducation dans le XXe siècle. Cette volonté de progrès a donné lieu à la Révolution tranquille.

Les transformations d'une époque

Au cours des années 1950 et 1960, le mode de vie des Canadiens a changé de manière radicale. Plus que jamais, les Canadiens possédaient des maisons et des voitures, la jeunesse dominait et la télévision amenait le monde entier dans les foyers canadiens. Mais la prospérité n'était pas répartie également et la culture canadienne subissait de plus en plus l'influence inquiétante de son voisin du sud. À la fin des années 1960, plusieurs de ceux qui souffraient de discrimination ont commencé à former des organismes pour exiger des changements et le Canada a commencé à créer des organismes pour protéger sa culture. Chacun de ces groupes connaîtrait un certain succès, mais la lutte n'était pas près de finir.

Récapitulation

RÉSUMÉ DU CHAPITRE

Dans ce chapitre, tu as appris :

- qu'une seconde vague d'immigrants et le *baby-boom* ont profondément marqué la société canadienne;
- que le Canada a créé des institutions afin de contrer l'influence grandissante de la culture américaine;
- comment des groupes de notre société tels que les Noirs canadiens, les Canadiens asiatiques, les Amérindiens, les Inuits et les Canadiens français, tout comme les femmes, ont dû combattre la discrimination et lutter pour changer les choses.

RÉSUME TES CONNAISSANCES

1. Explique l'importance historique des personnes, des lieux ou des événements suivants :

Baby-boom	Africville
Banlieue	Inuits sur l'île d'Ellesmere
Contre-culture	Commission royale sur la condition de la femme
Rapport Hall-Dennis	
Commission Massey	

2. Qu'a fait le gouvernement canadien pour contrer l'influence de la culture américaine et promouvoir une identité canadienne commune ?
3. Comment les femmes ont-elles commencé à se percevoir différemment au cours des années 1950 et 1960 ? Qu'ont-elles fait pour que la société les regarde autrement ?
4. Quel impact le *baby-boom* a-t-il eu sur l'industrie et la société canadiennes dans les années 1950 et 1960 ? Trace un réseau avec le *baby-boom* pour centre. Réfléchis, entre autres, au problème du logement, à l'éducation, au secteur des services et à la culture.
5. Qu'est-ce que la « jeune génération » et comment est-elle parvenu à avoir un tel impact sur la société canadienne ?

EXPRIME TON OPINION

1. Le chef amérindien Harold Cardinal a déclaré que le gouvernement fédéral semblait croire que « le seul Amérindien valable était un non-Amérindien ». Que voulait-il dire par cette remarque et quels sont les faits énumérés dans ce chapitre qui pourraient appuyer cette impression ? Imagine que tu es un adolescent amérindien au cours des années 1950. Écris un poème ou une lettre au Parlement qui exprime tes inquiétudes quant au traitement que le gouvernement fédéral réserve aux Amérindiens.
2. Pendant les années 1950 et 1960, la « jeune génération » a pris une place dominante au sein de la société. Les adolescents sont-ils un groupe culturel distinct ou s'agit-il simplement d'un concept créé par les publicitaires et les critiques sociaux ? Explique ta réponse.
3. Bien des gens s'opposaient à la deuxième vague du mouvement féministe et parmi eux, des femmes. Pourquoi certaines femmes s'y opposaient-elles ?

ANALYSE LES FAITS HISTORIQUES

1. Le symbole de la paix était monnaie courante dans les années 1960. Quelles sont les origines de ce symbole ?

CHAPITRE 19

Le Canada dans la fleur de l'âge

Louis Saint-Laurent, John Diefenbaker, Lester Pearson et Pierre Elliott Trudeau ont dominé la politique canadienne.

RETOUR AUX SOURCES

- Pourquoi les efforts du gouvernement fédéral pour la création de programmes nationaux tels que l'assurance-maladie étaient-ils sources de conflits avec les gouvernements provinciaux ?
- Quelles mesures diverses les différents paliers de gouvernement ont-ils prises afin d'éviter aux Canadiens un retour à la misère de la Grande Dépression ?
- Pourquoi Terre-Neuve a-t-elle adhéré à la Confédération en 1949 ?
- Quelle influence la télévision a-t-elle eue sur la politique canadienne ?

TERMES IMPORTANTS

Déclaration canadienne des droits

Régime d'assistance publique du Canada

Régime d'assurance-maladie

Régime de pensions du Canada

Régime de sécurité sociale

Trudeaumanie

CHRONOLOGIE

1948
Le premier ministre Mackenzie King cède la place à Louis Saint-Laurent.

1957
John Diefenbaker et les progressistes-conservateurs accèdent au pouvoir.

1960
Les libéraux de Jean Lesage remportent la victoire contre l'Union nationale du Québec.

1968
Trudeau est élu premier ministre du Canada.

Durant l'après-guerre, il fallait faire preuve de vision et d'engagement sur tous les plans pour diriger le pays. Malgré des conflits de juridiction permanents, les dirigeants de tous les partis et de tous les paliers de gouvernement semblaient partager le rêve d'un renouveau canadien où tous pourraient profiter de la prospérité de la nation.

De la fin des années 1940 au milieu des années 1950, l'unité canadienne semblait assurée grâce à une vision partagée et à la sagesse et la bienveillance du gouvernement fédéral de Louis Saint-Laurent. En 1957, toutefois, et jusqu'au début des années 1960, l'économie canadienne a traversé une profonde récession et les rapports entre les gouvernements fédéral et provinciaux sont demeurés tendus tout au long des années 1960. En 1968, l'unité nationale du Canada semblait sur le point d'éclater et plusieurs Canadiens craignaient la dissolution complète de la nation.

Mackenzie King (à gauche) et le futur chef Louis Saint-Laurent assistent à un congrès d'investiture libéral.

L'après-guerre : King et Saint-Laurent

Le Parti libéral avait dominé le gouvernement canadien pendant 22 ans, de la réélection de Mackenzie King en 1935 jusqu'à l'élection fédérale de 1957. En 1948, c'est un Mackenzie King souffrant qui a lui-même désigné son successeur : Louis Saint-Laurent, alors ministre des Affaires extérieures. Par sa dignité, sa probité et son courage, Saint-Laurent s'était attiré l'estime des Canadiens. La presse l'avait surnommé « oncle Louis » parce qu'il était un peu comme « l'oncle favori de tout le monde ». La plupart des Canadiens croyaient qu'il resterait longtemps au pouvoir.

L'adhésion de Terre-Neuve à la Confédération

Sur une carte éducative de 1945, le Canada et Terre-Neuve sont présentés comme deux entités politiques distinctes au sein du Commonwealth britannique. En 1897, Terre-Neuve avait décidé de conserver ses liens avec la Grande-Bretagne et avait refusé de se joindre à la Confédération canadienne. En 1945, toutefois, la conjoncture économique de Terre-Neuve était désespérée. Les industries de la pêche et du bois de sciage de Terre-Neuve ne s'étaient pas remises de la Grande Dépression et la Grande-Bretagne d'après-guerre ne pouvait pas se permettre de subventionner ses colonies. Les États-Unis, toutefois, s'intéressaient aux possibilités stratégiques et économiques de Terre-Neuve et du Labrador.

Joey Smallwood, un journaliste et politicien de Terre-Neuve, a réussi presque à lui seul à créer une vague de soutien pour son projet de joindre Terre-Neuve à la Confédération canadienne. L'économie de Terre-Neuve continuait de chuter et Smallwood croyait qu'en se joignant au Canada, celle-ci recevrait l'argent dont elle avait tant besoin pour les écoles, les hôpitaux et les routes. De nombreux Terre-Neuviens refusaient toutefois d'adhérer à la Confédération et c'est de justesse que les « confédérés » ont remporté la victoire lors d'un référendum (78 323 votes en faveur de l'union, 71 334 votes contre). Terre-Neuve est devenue la dixième province canadienne le 31 mars 1949.

Joey Smallwood a mené la campagne pour l'adhésion de Terre-Neuve à la Confédération. On le voit ici signer les documents d'union entre la colonie britannique et le Canada. Selon toi, pourquoi plusieurs Terre-Neuviens refusaient-ils de faire partie de la Confédération ?

La fin du règne libéral

Lorsque le gouvernement de Saint-Laurent a annoncé qu'il accordait non seulement le contrat pour la construction d'un oléoduc pour le transport de l'huile et du gaz naturel entre l'Alberta et l'Est canadien, mais aussi un prêt de 80 millions de dollars à une société constituée à 83 % de capitaux américains, de nombreux Canadiens ont été scandalisés. « Pourquoi, demandaient-ils, remettre le contrat et l'argent du gouvernement à une société américaine ? Pourquoi ne pas choisir une société canadienne ? » Le projet de loi sur l'oléoduc transcanadien a soulevé une violente controverse au Parlement. Le gouvernement n'est parvenu à faire voter le projet de loi qu'en mettant fin au débat et en procédant au vote forcé. Mais pour bien des Canadiens, il s'agissait d'une preuve d'arrogance et la réputation du gouvernement était ruinée. Au même moment, une voix et un style nouveaux faisaient surface dans l'Ouest canadien et commençaient à attirer l'attention des citoyens.

Les années Diefenbaker

Le nouveau chef du Parti progressiste-conservateur, John Diefenbaker, prononçait des discours enflammés contre les « pirates américains du pétrole ». Il promettait de soustraire le Canada à l'influence américaine. Cet avocat né dans une petite ville de la Saskatchewan était un orateur aussi doué que passionné. Il semblait donner un regain d'énergie à une politique canadienne devenue terne. Saint-Laurent, pour sa part, semblait âgé et fatigué, usé par des années de vie publique. La campagne électorale de 1957 a été la première à être télévisée et les différences frappantes entre les deux candidats n'ont pas échappé aux Canadiens. Les conservateurs ont finalement remporté la victoire de justesse et ont formé un gouvernement minoritaire. Un an plus tard, Lester Pearson remplaçait Louis Saint-Laurent à la tête du Parti libéral. Lors des élections déclenchées en 1958, Diefenbaker a su de nouveau convaincre les Canadiens par ses promesses passionnées de « nouvelle vision » pour le Canada. Le Parti progressiste-conservateur a ainsi remporté une victoire écrasante contre un Pearson plus discret et ses libéraux.

Selon les progressistes-conservateurs, Ottawa devait veiller au bien-être, à la prospérité et aux droits de tous les Canadiens. « Tous les Canadiens devraient profiter de l'avancement économique du pays », disait Diefenbaker aux électeurs. « Il ne devrait pas y avoir une classe de riches et une classe de pauvres au Canada. » Le gouvernement de Diefenbaker a augmenté les pensions de vieillesse et a lancé un programme de travaux d'hiver pour créer des emplois et maintenir la construction pendant la saison morte. Il a institué des subventions et des prêts agricoles et, en 1960, il a vendu à la Chine 19,9 millions de tonnes de blé. De plus, le gouvernement de Diefenbaker a subventionné des projets provinciaux de création d'emplois dans la région de l'Atlantique et, notamment, la mise sur pied de petites usines de poisson, de textile et de panneaux durs en Nouvelle-Écosse. Malheureusement, la récession économique qui s'était abattue sur l'Amérique du Nord à la fin des années 1950 résistait aux politiques gouvernementales. Le Canada a donc souffert du chômage et des durs coups de la récession jusqu'au début des années 1960.

Le Nord selon Diefenbaker

Pendant la campagne électorale de 1958, Diefenbaker a dévoilé sa « vision » pour le Nord canadien. Il voulait exploiter les richesses naturelles du Bouclier canadien et de l'Arctique. « Je vois un nouveau Canada, a-t-il déclaré, un Canada du Nord. » Il proposait, entre autres, la prospection pétrolière et minière massives,

Les arts

L'ORCHESTRE DE « GUY LOMBARDO AND HIS ROYAL CANADIANS »

Alors que les yeux du monde entier se tournent chaque année vers Times Square à New York pour le spectacle du Nouvel An, on peut entendre au coup de minuit les premières notes d'une ballade de Robert Burns, *Auld Lang Syne* (*Ce n'est qu'un au revoir*), interprétée par un groupe du nom de « The Royal Canadians ». Cette tradition, moment tant attendu du spectacle du Nouvel An, est issue de la vie de trois frères nés à London, en Ontario.

Les frères Lombardo, Guy, Carmen et Lebert, sont nés au début du XXe siècle. Les sept enfants de cette famille d'origine italienne ont tous étudié la musique. Alors qu'ils étaient adolescents, leur père a formé la Lombardo Brothers Concert Company et ils se sont produits dans le cadre de fêtes dans la région de London.

En 1923, les frères Lombardo et leur groupe ont quitté l'Ontario pour aller à la « conquête du monde » aux États-Unis. Afin de se démarquer, ils ont changé leur nom en 1924 pour « Guy Lombardo and His Royal Canadians ». Ils ont par la suite connu beaucoup de succès à Chicago, pour finalement s'installer à New York en 1929. Ils étaient alors les musiciens officiels du restaurant Roosevelt Grill, très populaire à Manhattan. Au cours de la Deuxième Guerre mondiale, période surnommée « l'époque du Big Band », Guy Lombardo and his Royal Canadians (dont on disait souvent qu'ils étaient « l'orchestre le plus harmonieux hors paradis ») ont joué dans plusieurs films populaires et sont devenus célèbres grâce à leurs disques.

Le succès du groupe s'est prolongé après la guerre. En 1964, les Royal Canadians ont offert le plus important spectacle du Nouvel An jamais présenté en Amérique du Nord. Ils ont loué la Grand Central Station de New York pour la nuit du 31 décembre afin d'y offrir une représentation de bienfaisance pour 2 000 invités. Évidemment, ils ont interprété à minuit leur chanson fétiche, *Auld Lang Syne*.

Guy Lombardo a continué à travailler jusqu'à sa mort en 1977. Le groupe est demeuré une institution new-yorkaise pendant plus de quatre décennies. The Royal Canadians continuent aujourd'hui de faire des tournées, sous la direction de Bill Lombardo, le fils de Lebert.

ACTIVITÉ

Pourquoi les frères Lombardo ont-ils tenté leur chance aux États-Unis ? Agiraient-ils différemment aujourd'hui ? Dresse une liste d'autres artistes canadiens qui ont quitté le pays pour travailler aux États-Unis.

En 1957, John Diefenbaker, orateur puissant et émotif, a réussi à gagner les Canadiens à sa vision d'un Canada uni. Comment la télévision a-t-elle transformé l'approche du discours politique ?

d'imposants programmes de construction de liaisons routières, l'établissement de villages et l'expansion des services gouvernementaux au Yukon et dans les Territoires du Nord-Ouest. De 1958 à 1963, le Nord canadien a connu un développement sans précédent dans l'histoire du Canada. Pourtant, les résultats n'étaient pas à la mesure des promesses électorales de Diefenbaker. Au cours de la récession, les acheteurs de ressources étaient moins nombreux qu'on ne l'avait cru et les coûts d'exploitation, plus élevés. Malgré la construction et les subventions, on n'a ouvert qu'une seule mine d'or et une mine de tungstène, et deux mines d'uranium ont fermé leurs portes. Malheureusement, la « vision du Nord » de Diefenbaker n'a pas permis au Canada de réaliser sa grande « destinée » économique et, sans le vouloir, elle a été la cause de graves problèmes d'adaptation pour les peuples inuits du Canada.

À la recherche d'un Canada uni

Fils d'immigrants allemands, John Diefenbaker croyait fermement à l'égalité des Canadiens, sans égard à la race ou à la religion. Il donnait à sa politique le nom de « canadianisme sans trait d'union ». Une fois au pouvoir, Diefenbaker a nommé un Amérindien au Sénat et un député d'origine ukrainienne au poste de ministre du Travail. Il a également été le premier à confier un ministère à une femme : il a nommé Ellen Fairclough secrétaire d'État. Mais l'adoption de la **Déclaration canadienne des droits,** en 1960, était sans doute l'accomplissement qui lui a procuré le plus de fierté. Le titre complet de la Déclaration était *Loi pour la reconnaissance et la protection des droits humains et des libertés fondamentales*. Elle contenait des dispositions relatives à la liberté d'expression, à la liberté de religion, à la liberté de la presse, à la liberté de réunion et d'association et à l'égalité juridique. Toutefois, comme pour les autres programmes de Diefenbaker, cette nouvelle loi avait ses limites. Il s'agissait d'une loi fédérale et non d'une garantie constitutionnelle, et le Parlement pouvait la modifier ou l'abolir à son gré. De plus, la Déclaration ne s'appliquait pas dans les domaines de juridiction provinciale et rien n'obligeait les provinces à s'y conformer. Cependant, elle a inspiré certaines provinces à voter des lois similaires au cours des années 1960 et elle a établi clairement certains des principes fondamentaux du Canada en matière de droits de la personne. Enfin, elle a servi de base à la *Charte canadienne des droits et libertés*, incorporée à la Constitution en 1982.

Les années Pearson

En 1963, le charme de Diefenbaker avait perdu de son éclat et son gouvernement souffrait tout comme les Canadiens d'une profonde récession qui limitait l'étendue de sa « nouvelle vision ». Le libéral Lester Pearson, d'une discrète assurance sans être imposant, a remporté la victoire contre les progressistes-conservateurs, mais n'est parvenu qu'à former un gouvernement minoritaire. Pearson a réussi malgré tout à gouverner pendant quatre années fructueuses. Pendant la récession qui s'était abattue sur le Canada de 1957 jusqu'au début des années 1960, le taux de chômage avait doublé et les ressources réservées à l'assurance-chômage avaient pratiquement disparu, entraînant une forte demande d'aide sociale partout au pays. Devant cette situation dramatique, le gouvernement Pearson a instauré plusieurs nouveaux programmes d'emplois et d'aide sociale.

John Diefenbaker était particulièrement fier de la Déclaration canadienne des droits, qu'il avait fait adopter en 1960. Pourquoi une déclaration des droits est-elle une législation importante ?

Ces timbres émis par Postes Canada célèbrent divers aspects des traditions et de la vie des Inuits. La « vision du Nord » de Diefenbaker a-t-elle amélioré le sort des habitants et de l'environnement du Nord canadien ?

Le « régime de sécurité sociale »

En 1966, le gouvernement a instauré le **Régime de pensions du Canada** pour les personnes âgées et des programmes de prêts à faible taux d'intérêt pour les études postsecondaires. De plus, le **Régime d'assistance publique du Canada** permettait à tous les Canadiens d'avoir recours à l'aide sociale. Le gouvernement fédéral a alors accepté de partager avec les provinces les coûts de tout un éventail de programmes, y compris les allocations familiales, les soins de santé aux plus démunis, les projets d'emploi et l'aide aux personnes en difficulté comme les veuves et les personnes handicapées.

Le **Régime d'assurance-maladie** a peut-être été le plus important des programmes sociaux fédéraux créés par le gouvernement de Pearson. Le régime était inspiré d'un audacieux système que le gouvernement néo-démocrate de la Saskatchewan avait mis sur pied en 1962. Le gouvernement fédéral a offert de partager avec chacune des provinces les coûts d'une assurance-maladie qui assumerait les frais des soins médicaux pour ses habitants. Suivant l'institution du régime en 1968, les Canadiens n'avaient plus à payer les services médicaux. Ils pouvaient enfin se faire soigner sans crainte de s'endetter.

Le gouvernement fédéral a également veillé aux besoins en logement des Canadiens à plus faible revenu. Les gouvernements fédéral et provinciaux ont construit davantage de logements subventionnés au cours des années 1960. Le souvenir de la Grande Dépression toujours en mémoire et profitant de la prospérité du milieu des années 1960, les libéraux de Pearson ont intensifié plus que jamais l'intervention gouvernementale tout en tissant un **régime de sécurité sociale** qui ferait l'envie du monde entier.

Préserver l'unité canadienne

Alors qu'il était premier ministre, Lester Pearson a également tenté de résoudre les tensions entre francophones et anglophones. Un nouveau drapeau national faisait partie des solutions proposées. À l'époque, l'Union Jack britannique apparaissait sur le drapeau du Canada, surnommé le « Red Ensign ». Beaucoup de Canadiens français rejetaient ce drapeau parce que le « Red Ensign » était un symbole britannique et qu'il ne représentait pas les Français parmi les peuples fondateurs du Canada. L'abandon du « Red Ensign », toutefois, passait aux yeux de nombreux Canadiens anglais pour un rejet de l'héritage britannique. Pearson voulait un nouveau drapeau propre au pays qui représenterait tous les Canadiens et contribuerait, souhaitait-il, à unifier le pays. Après avoir passé en revue plus de 2 000 choix, le « Red Ensign » a été remplacé par l'unifolié en février 1965.

En 1963, le gouvernement Pearson a mis sur pied la Commission royale d'enquête sur le bilinguisme et le biculturalisme, dont les présidents étaient André Laurendeau et Davidson Dunton. Laurendeau avait été dans les années 1940 le chef d'une formation politique, le Bloc populaire, et il occupait, au moment de sa nomination à la tête de la commission, le poste de rédacteur en chef du quotidien *Le Devoir*. La commission devait enquêter sur la situation du bilinguisme et du biculturalisme au Canada et recommander des mesures pour assurer l'égalité entre les deux peuples fondateurs. Le rapport de la commission recommandait notamment le bilinguisme dans les institutions fédérales, ce qui allait donner lieu à un vaste programme de formation linguistique pour les fonctionnaires fédéraux. Selon le rapport, les Canadiens français devaient voir le Canada comme leur patrie, sinon le pays se diviserait.

Le début d'un temps nouveau

La politique américaine exerçait une influence croissante sur le Canada au cours des années 1960. Plusieurs Canadiens, fatigués des dirigeants politiques à l'ancienne, admiraient le charisme, l'intelligence et la détermination du jeune et séduisant président américain, John F. Kennedy. Il semblait incarner l'optimisme et l'ambiance même des années 1960. La nouvelle approche en politique semblait lui aller comme un gant : il était beau, avait une jeune famille charmante et une formidable présence à l'écran. Dans cette nouvelle ère politique, sa réussite semblait assurée. À l'aube du centenaire du Canada, l'optimisme était à son comble et plusieurs Canadiens étaient à la recherche d'un nouveau premier ministre plus moderne. En 1967, plusieurs croyaient l'avoir trouvé en la personne du nouveau chef libéral, Pierre Elliott Trudeau.

Hyperliens

www.dlcmcgrawhill.ca

Visite le site Internet dont l'adresse apparaît ci-dessus pour parfaire tes connaissances sur Lester Pearson. Clique sur ***Matériel complémentaire/Primaire et secondaire***, puis sur ***Regard sur le Canada***, et on t'indiquera où aller ensuite.

Le début de la Trudeaumanie

C'est avec Pierre Elliott Trudeau, un politicien nouveau genre, que le Canada a goûté pour la première fois au charisme politique moderne. Au cours de ses 18 années au pouvoir, Trudeau est plutôt demeuré une énigme. Aimé de certains, détesté tout autant, il ne laissait personne indifférent. Bien qu'il avait près de

Afin de mieux refléter l'héritage multiculturel du Canada, le « Red Ensign » (en haut, à droite) a été remplacé par le drapeau canadien d'aujourd'hui. On peut voir aussi 4 des modèles parmi plus de 2 000 proposés. Le Canada a-t-il effectué le bon choix ? Crois-tu que ce drapeau représente tous les Canadiens ?

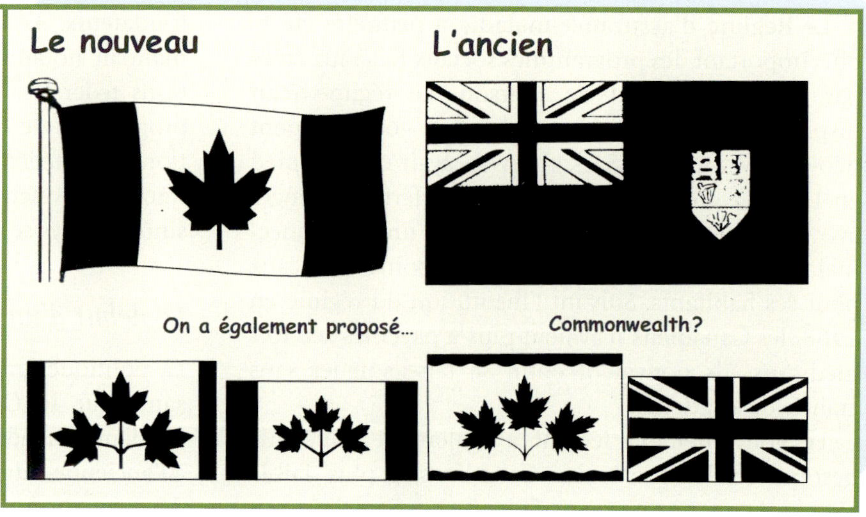

50 ans lorsqu'il est entré en fonction, il n'avait ni l'apparence ni le comportement d'un politicien d'âge mûr. Le millionnaire célibataire portait des vêtements décontractés, conduisait des voitures sport et séduisait les femmes. Il faisait le clown devant les journalistes et lançait des phrases choc qui faisaient immédiatement la une des journaux. Il descendait en glissant les rampes d'escalier et faisait des pirouettes devant les caméras. En 1968, il en était encore à ses débuts en politique fédérale. Il avait été député en 1965 puis, en 1967, il avait été nommé ministre de la Justice par Pearson.

À titre de ministre de la Justice, Trudeau s'était fait une réputation de réformateur. Affirmant que l'État n'avait pas sa place dans les chambres à coucher du pays, il avait libéralisé les lois fédérales sur le divorce, l'homosexualité et l'avortement. Ses réformes plaisaient aux jeunes qui protestaient contre les vieilles conventions sociales. Sa vigoureuse opposition à l'indépendance du Québec, sa province natale, lui a valu aussi l'estime de nombreux Canadiens anglais. Au cours du congrès d'investiture du Parti libéral, il a vaincu peu à peu les membres du parti qui souhaitaient un chef plus traditionnel et a pris le pouvoir après Pearson.

Pendant la campagne électorale de 1968, Pierre Trudeau est devenu une célébrité partout au Canada. Son immense popularité n'était pas sans rappeler la « Beatlemanie » et on a bientôt parlé de « **Trudeaumanie** ». Les conservateurs, quant à eux, avaient choisi Robert Stanfield, un homme d'affaires habile et prospère originaire de Nouvelle-Écosse, pour diriger le parti après une pénible course à la direction. Malheureusement, Stanfield était de la vieille école et les médias se moquaient sans retenue de son apparence et de ses propos lents et mesurés. Trudeau semblait parfaitement représenter l'esprit des années 1960 et les libéraux ont remporté les élections de 1968 sans difficulté.

Rêves nationaux, réalités régionales

De 1945 à 1968, King, Saint-Laurent, Diefenbaker, Pearson et Trudeau avaient tous poussé le gouvernement fédéral à jouer un rôle plus important dans la vie des Canadiens. Souhaitant diminuer les inégalités régionales et individuelles, Ottawa avait essayé de partager les ressources des provinces plus riches avec les provinces plus pauvres et avait établi un filet de sécurité sociale. Les premiers ministres espéraient faire naître ainsi un sentiment d'appartenance et de fierté qui unirait profondément les citoyens canadiens et les provinces. Mais à bien y regarder, malgré les rêves nationaux, certaines provinces n'appréciaient guère l'ingérence fédérale dans les affaires provinciales. Dans l'Ouest comme au Québec, les gouvernements provinciaux ont lutté contre le contrôle d'Ottawa.

De 1968 jusqu'à sa retraite en 1984, Pierre Elliott Trudeau a dominé la scène politique canadienne. Ici photographié alors qu'il jouait au baseball, Trudeau a rajeuni l'image du premier ministre et il a ainsi conquis de nombreux Canadiens.

L'isolement grandissant de l'Ouest

Depuis la politique nationale de John A. Macdonald, au XIXe siècle, l'Ouest a toujours eu le sentiment que les politiques du gouvernement fédéral profitent davantage au centre du Canada, au détriment des provinces de l'Ouest. Cette impression d'isolement croissant de l'Ouest provoque un rejet périodique des principaux partis politiques et un appui soutenu aux partis régionaux. Plusieurs de ces partis régionaux, comme le Crédit Social, la Fédération du commonwealth coopératif (FCC) et, plus tard, le Parti réformiste de l'Alliance, ont finalement atteint la notoriété nationale.

Bien que les Partis libéral et conservateur traditionnels contrôlent le gouvernement provincial du Manitoba, ils ont toujours tenu des rôles d'arrière-plan dans les trois autres provinces de l'Ouest. La Fédération du commonwealth coopératif, tant provinciale que fédérale, est née en Saskatchewan. Sa constitution, le manifeste de Regina, composée en 1933 au plus fort de la Grande Dépression, faisait part de l'intérêt de la fédération pour la démocratie sociale et les besoins régionaux. Sous son chef Tommy Douglas, la FCC (qui est devenue le Nouveau Parti démocratique en 1961) a dominé la politique de la Saskatchewan

Objectifs nationaux contre besoins régionaux

Afin d'unir les efforts pour contrer les effets de la Grande Dépression et de la Deuxième Guerre mondiale, le gouvernement fédéral a commencé à s'approprier certains pouvoirs de taxation et de planification qui, selon la Constitution, relevaient du domaine provincial. En 1945, le gouvernement libéral de Mackenzie King a proposé d'étendre à nouveau le pouvoir du fédéral afin de diriger l'économie pour améliorer le sort de toutes les régions du pays. Bien des dirigeants provinciaux sentaient qu'ils perdaient peu à peu les rênes de leurs propres provinces et critiquaient vivement ces projets. En 1947, l'adoption d'un compromis, la « location de domaines fiscaux », a permis l'augmentation de l'impôt fédéral et l'affirmation des droits provinciaux. En 1957, le gouvernement a modifié ce système pour instaurer les « subventions de péréquation ». Ces subventions permettaient de partager la prospérité des provinces plus riches, telles que l'Ontario, l'Alberta et la Colombie-Britannique, avec les provinces moins prospères, comme la Saskatchewan et les provinces maritimes. Les problèmes d'unité nationale d'aujourd'hui proviennent en partie de ces débats sur la répartition de la prospérité de l'après-guerre.

Tommy Douglas, chef de la FCC, a dirigé la Saskatchewan de 1944 à 1961 et est ensuite devenu le premier chef du Nouveau Parti démocratique. Dans sa jeunesse, Douglas avait failli perdre une jambe parce que sa famille n'avait pas accès aux soins médicaux appropriés. Selon toi, quelle influence cette situation a-t-elle eue sur les politiques de Tommy Douglas ?

Les arts

« LE CHANDAIL DE HOCKEY » DE ROCH CARRIER

Roch Carrier est l'un des plus célèbres écrivains québécois. Plusieurs de ses romans et nouvelles ont été traduits en anglais et lus dans le Canada entier. Dans « Le chandail de hockey », Carrier raconte sur un ton humoristique le dilemme auquel fait face un jeune Québécois qui reçoit un chandail des Maple Leafs de Toronto au lieu d'un chandail des Canadiens de Montréal. Après avoir lu ce récit, réfléchis à ce qu'il véhicule à propos de la culture québécoise et des relations entre francophones et anglophones.

Les hivers de mon enfance étaient des saisons longues, longues. Nous vivions en trois lieux : l'école, l'église et la patinoire; mais la vraie vie était sur la patinoire. Les vrais combats se gagnaient sur la patinoire. La vraie force apparaissait sur la patinoire. Les vrais chefs se manifestaient sur la patinoire. L'école était une sorte de punition. Les parents ont toujours envie de punir les enfants et l'école était leur façon la plus naturelle de nous punir. De plus, l'école était un endroit tranquille où l'on pouvait préparer les prochaines parties de hockey, dessiner les prochaines stratégies. Quant à l'église, nous trouvions là le repos de Dieu : on y oubliait l'école et l'on rêvait à la prochaine partie de hockey. À travers nos rêveries, il nous arrivait de réciter une prière : c'était pour demander à Dieu de nous aider à jouer aussi bien que Maurice Richard.

Tous, nous portions le même costume que lui, ce costume bleu, blanc, rouge des Canadiens de Montréal, la meilleure équipe de hockey au monde; tous, nous peignions nos cheveux à la manière de Maurice Richard et, pour les tenir en place, nous utilisions une sorte de colle, beaucoup de colle. Nous lacions nos patins à la manière de Maurice Richard, nous mettions le ruban gommé sur nos bâtons à la manière de Maurice Richard. Nous découpions dans les journaux toutes ses photographies. Vraiment nous savions tout à son sujet.

Sur la glace, au coup de sifflet de l'arbitre, les deux équipes s'élançaient vers le disque de caoutchouc; nous étions cinq Maurice Richard contre cinq autres Maurice Richard à qui nous arrachions le disque; nous étions dix joueurs qui portions, avec le même brûlant enthousiasme, l'uniforme des Canadiens de Montréal. Tous nous arborions au dos le très célèbre numéro 9.

Un jour, mon chandail des Canadiens de Montréal est devenu trop étroit; puis il était déchiré ici et là, troué. Ma mère me dit : « Avec ce vieux chandail, tu vas nous faire passer pour pauvres ! » Elle fit ce qu'elle faisait chaque fois que nous avions besoin de vêtements. Elle commença de feuilleter le catalogue que la compagnie Eaton nous envoyait par la poste chaque année. Ma mère était fière. Elle n'a jamais voulu nous habiller au magasin général; seule pouvait nous convenir la dernière mode du catalogue Eaton. Ma mère n'aimait pas les formules de commande incluses dans le catalogue; elles étaient écrites en anglais et elle n'y comprenait rien. Pour commander mon chandail de hockey, elle fit ce qu'elle faisait d'habitude; elle prit son papier à lettres et elle écrivit de sa délicate calligraphie d'institutrice : « Cher Monsieur Eaton, auriez-vous l'amabilité de m'envoyer un chandail de hockey des Canadiens pour mon garçon qui a dix ans et qui est un peu trop grand pour son âge, et que le docteur Robitaille trouve un peu trop maigre ? Je vous envoie trois piastres et retournez-moi le reste s'il en reste. J'espère que votre emballage va être mieux fait que la dernière fois. »

Monsieur Eaton répondit rapidement à la lettre de ma mère. Deux semaines plus tard, nous recevions le chandail. Ce jour-là, j'eus l'une des plus grandes déceptions de ma vie ! Je puis dire que j'ai, ce jour-là, connu une très grande tristesse. Au lieu du chandail bleu, blanc, rouge des Canadiens de Montréal, M. Eaton nous avait envoyé un chandail bleu et blanc, avec la feuille d'érable sur le devant, le chandail des Maple Leafs de Toronto. J'avais toujours porté le chandail bleu, blanc, rouge des Canadiens de Montréal, tous mes amis portaient le chandail bleu, blanc, rouge; jamais, dans mon village, quelqu'un n'avait porté le chandail de Toronto, jamais on n'y avait vu un chandail des Maple Leafs de Toronto.

De plus, l'équipe de Toronto se faisait terrasser régulièrement par les triomphants Canadiens. Les larmes aux yeux, je trouvai assez de force pour dire :

– J'porterai jamais cet uniforme-là.

– Mon garçon, tu vas d'abord l'essayer. Si tu te fais une idée sur les choses avant de les essayer, mon garçon, tu n'iras pas loin dans la vie…

Ma mère m'avait enfoncé sur les épaules le chandail bleu et blanc des Maple Leafs de Toronto et, déjà, j'avais les bras enfilés dans les manches. Elle tira le chandail sur moi et s'appliqua à aplatir tous les plis de cette abominable feuille d'érable sur laquelle, en pleine poitrine, étaient écrits les mots Toronto Maple Leafs. Je pleurais.

– J'pourrai jamais porter ça.

– Pourquoi ? Ce chandail-là te va bien… Comme un gant…

– Maurice Richard se mettrait jamais ça sur le dos…

– T'es pas Maurice Richard. Puis, c'est pas ce qu'on se met sur le dos qui compte, c'est ce qu'on se met dans la tête…

– Vous me mettrez pas dans la tête de porter le chandail des Maple Leafs de Toronto.

Ma mère eut un gros soupir désespéré et elle m'expliqua :

– Si tu gardes pas ce chandail qui te fait bien, il va falloir que j'écrive à M. Eaton pour lui expliquer que tu veux pas porter le chandail de Toronto. M. Eaton, c'est un Anglais; il va être insulté parce que lui, il aime les Maple Leafs de Toronto. S'il est insulté, penses-tu qu'il va nous répondre très vite ? Le printemps va arriver et tu auras pas joué une seule partie parce que tu auras pas voulu porter le beau chandail bleu que tu as sur le dos.

Je fus donc obligé de porter le chandail des Maple Leafs. Quand j'arrivai à la patinoire avec ce chandail, tous les Maurice Richard en bleu, blanc, rouge s'approchèrent un à un pour regarder ça. Au coup de sifflet de l'arbitre, je partis prendre mon poste habituel. Le chef d'équipe vint me prévenir que je ferais plutôt partie de la deuxième ligne d'attaque. Quelques minutes plus tard, la deuxième ligne fut appelée : je sautai sur la glace. Le chandail des Maple Leafs pesait sur mes épaules comme une montagne. Le chef d'équipe vint me dire d'attendre; il aurait besoin de moi à la défense, plus tard. À la troisième période, je n'avais pas encore joué; un des joueurs de défense reçut un coup de bâton sur le nez, il saignait; je sautai sur la glace : mon heure était venue! L'arbitre siffla; il m'infligea une punition. Il prétendait que j'avais sauté sur la glace quand il y avait encore cinq joueurs. C'en était trop ! C'était trop injuste ! C'est de la persécution ! C'est à cause de mon chandail bleu ! Je frappai mon bâton sur la glace si fort qu'il se brisa. Soulagé, je me penchai pour ramasser les débris. Me relevant, je vis le jeune vicaire, devant moi :

– Mon enfant, ce n'est pas parce que tu as un petit chandail neuf des Maple Leafs de Toronto, au contraire des autres, que tu vas nous faire la loi. Un bon jeune homme ne se met pas en colère. Enlève tes patins et va à l'église demander pardon à Dieu.

Avec mon chandail des Maple Leafs de Toronto, je me rendis à l'église, je priai Dieu; je lui demandai qu'il m'envoie au plus vite des mites qui viendraient dévorer mon chandail des Maple Leafs de Toronto.

SOURCE : ROCH CARRIER, *LES ENFANTS DU BONHOMME DANS LA LUNE*, MONTRÉAL, ÉDITIONS STANKÉ, 1979.

pendant les années 1940, 1950 et 1960 et a créé le premier système de santé publique du Canada en 1962.

L'Alberta était également contrôlée par un parti politique non traditionnel. Issu de la Grande Dépression, le Crédit Social, sous la direction d'Ernest Manning au cours des années 1950 et 1960, abordait les programmes sociaux de manière très prudente. Le Crédit Social avait également de nombreux partisans en Colombie-Britannique. Dirigé par l'excentrique et extraverti W.A.C. Bennett, le Crédit social a dominé la politique de la Colombie-Britannique. De 1945 à 1970, la politique de l'Ouest canadien était contrôlée par des partis qui voulaient à la fois recevoir de l'argent d'Ottawa et s'affranchir du contrôle d'un gouvernement fédéral installé au centre du pays.

La « grande noirceur » : les années Duplessis au Québec

Décidé à protéger la culture canadienne-française dans toute sa différence, y compris la religion et la langue (la « survivance »), le Québec résistait lui aussi à l'intrusion croissante du gouvernement fédéral dans les affaires de la province. Maurice Duplessis, chef de l'Union nationale et premier ministre du Québec pour la plupart des années de 1936 à 1959, désirait ardemment préserver l'importance de la foi catholique romaine et de la langue française au Québec. Pour Duplessis, le Québec devait s'isoler de l'influence anglaise en refusant les nouveaux programmes fédéraux qui influaient sur la vie des Québécois. Ainsi, il a décliné de substantielles subventions fédérales pour les soins de santé et l'éducation, estimant qu'elles constituaient une menace pour les traditions québécoises.

On a surnommé le règne de Maurice Duplessis au Québec « la grande noirceur ». Comment a-t-il protégé la « survivance » du Québec ?

D'un autre côté, Duplessis ne s'opposait nullement à ce que des gens d'affaires anglophones, particulièrement les Américains, établissent des industries au Québec. Au contraire, il leur offrait des privilèges spéciaux et des avantages fiscaux. Les investisseurs américains et canadiens-anglais ont construit des barrages hydroélectriques et des usines sur les rives du Saint-Laurent, à quelques pas des églises. Les jeunes Québécois ont quitté les fermes familiales pour travailler dans les industries d'après-guerre. En 1961, un demi-million de personnes avaient quitté les campagnes du Québec pour travailler dans les nouvelles industries. La plupart étaient mal payées et devaient travailler dur pour joindre les deux bouts.

Les ouvriers québécois se sont rapidement révoltés contre leurs conditions de travail et les années 1940 et 1950 ont été marquées par de pénibles conflits de travail. L'Union nationale, toutefois, tentait de dissuader l'action syndicale et prenait la part des propriétaires anglophones contre les travailleurs en majorité francophones lorsqu'il y avait grève. En 1949, lors de la triste et célèbre grève d'Asbestos, Duplessis a ordonné à la police provinciale de briser les piquets de grève et d'arrêter les dirigeants syndicaux.

Pour les Québécois qui luttaient pour le renouveau social, les politiques de Duplessis semblaient démodées et restrictives. Les Québécois en avaient assez des vieilles habitudes et des vieux pouvoirs. L'Église catholique perdait son autorité sur les affaires publiques. Le Québec devenait une société laïque (non religieuse). La province devenait également plus urbaine, plus industrialisée et les Québécois se sont aperçus que le Canada français rural, rassemblé autour de l'église paroissiale, n'était plus. Ils voulaient faire entrer l'économie, le gouvernement et l'éducation dans le XXe siècle. De jeunes intellectuels, dont un jeune avocat et journaliste nommé Pierre Elliott Trudeau, ont commencé à publier des revues dirigées contre l'Union nationale, telles que le magazine *Cité Libre*. Ils réclamaient un Québec moderne et ont commencé à surnommer le régime de Duplessis « la grande noirceur ».

La Révolution tranquille

En 1960, les libéraux du Québec ont remporté les élections de justesse contre l'Union nationale, qui sombrait dans la confusion après la mort de Duplessis et les scandales de corruption qui entachaient la réputation du parti. D'entrée de jeu, le nouveau gouvernement libéral, sous la direction de Jean Lesage, a amorcé un processus de réforme et de modernisation rapides mais non violentes connu sous le nom de « Révolution tranquille ». « Il faut que ça change », lançait-il. Bien des gens qui auparavant se considéraient comme Canadiens français se disaient maintenant Québécois. Bien qu'ils désiraient demeurer au sein du Canada, ils exigeaient un nouveau partenariat qui reconnaîtrait l'égalité des Québécois à titre de peuple fondateur.

Le gouvernement Lesage a entrepris des changements profonds. Dans la fonction publique, il a remplacé les partisans de Duplessis par des professionnels. Il a modernisé le système d'éducation jusque-là dirigé par l'Église catholique. Auparavant, la plupart des Canadiens français ne poursuivaient pas leurs études après l'élémentaire et les écoles secondaires ne préparaient pas les élèves à une carrière en sciences ou en affaires. À la fin des années 1960, le gouvernement Lesage a créé un ministère de l'Éducation : le système d'éducation voyait ainsi sa population scolaire augmenter de plus de 500 000 élèves. Plus de 40 000 étudiants fréquentaient les cégeps (collèges d'enseignement général et professionnel).

Lesage a poussé le nationalisme québécois encore plus loin en exigeant que le gouvernement fédéral reconnaisse au Québec un « statut spécial ». Le Québec avait besoin selon lui d'une plus grande part d'autorité afin de protéger la langue et la culture françaises. Il a exigé que le gouvernement fédéral lui remette des sommes d'argent pour la création de régimes de santé, d'éducation et de sécurité sociale propres au Québec. Le gouvernement fédéral a donc promis de reconnaître davantage les Canadiens français et a permis au Québec de diriger ses propres régimes de pension, de prêts étudiants et d'assurance-maladie. Quelques radicaux et intellectuels citadins désiraient des changements encore plus profonds, y compris le retrait de la Confédération. Vers la fin des années 1960, un groupe extrémiste, le Front de Libération du Québec (FLQ), exécutait des attentats à la bombe et des raids violents pour faire valoir ses idées séparatistes.

Jean Lesage, premier ministre du Québec de 1960 à 1966, est célèbre pour son slogan « Maîtres chez nous ». Que signifiait cette expression pour les Québécois ? A-t-elle la même signification aujourd'hui ?

Le nationalisme et la Révolution tranquille

La Révolution tranquille avait une forte coloration nationaliste. En 1962, Lesage avait fait campagne avec le slogan « Maîtres chez nous ». Sans être indépendantistes, les nationalistes voulaient obtenir plus d'autonomie pour la province. Les anglophones, bien que minoritaires, dominaient le milieu des affaires au Québec. Ils possédaient 47 des 50 sociétés les plus importantes et occupaient la plupart des postes de direction dans les grandes entreprises. Le gouvernement souhaitait inverser ce rapport et les Québécois étaient largement d'accord. En 1963, le gouvernement réalisait la nationalisation de l'électricité, un projet cher à René Lévesque, alors ministre des Richesses naturelles. Les sociétés d'électricité privées ont alors été intégrées à Hydro-Québec, créée en 1944, qui allait devenir un modèle d'entreprise québécoise. La langue au travail était le français et les centrales ont été dessinées et construites par des administrateurs et des ingénieurs francophones. Le succès d'Hydro-Québec a ravivé la confiance des Québécois.

« Vive le Québec libre ! »

À la fin des années 1960, un événement présageait les tensions futures entre le Québec et la fédération canadienne. En 1967, on avait invité le président de la France, Charles de Gaulle, à visiter l'exposition internationale qui se déroulait à Montréal. Le 24 juillet 1967, de Gaulle s'est présenté au balcon de l'hôtel de ville de Montréal pour y prononcer quelques mots devant une foule épanouie. À la fin de son discours, de Gaulle a levé les bras en forme de « V » pour « victoire ». Il a ensuite prononcé ces mots qui ont secoué le Canada : « Vive le Québec libre ! »

De nombreux Canadiens se sentaient menacés par ces quatre mots. En 1963, une bombe incendiaire avait explosé à l'édifice du Canadien National à Montréal et les mots « Vive le Québec libre ! » avaient été tracés sur un mur voisin. C'était la première attaque du FLQ. Affichant son slogan « L'indépendance ou la mort », le FLQ a commis des attentats à la bombe dans plusieurs lieux de résidence ou de travail anglophones. Bien que la plupart des Québécois n'appréciaient pas ces tactiques violentes, de plus en plus de gens jugeaient que le Canada anglais était injuste envers le Québec depuis la Confédération. Au cours de l'Exposition universelle 67, certains avaient même placé des étiquettes sur leurs plaques d'immatriculation qui déclaraient « 100 ans d'injustice ». La phrase « Vive le Québec libre ! » signalait les problèmes à venir.

Vers un Canada nouveau

De 1945 à 1968, la qualité de vie des Canadiens a connu une extraordinaire prospérité. Au même moment, la plupart des Canadiens reconnaissaient que tous les citoyens méritaient la protection d'un régime de sécurité sociale. Pourtant, à la fin des années 1960, de nombreux Canadiens ne pouvaient plus accepter les structures économiques et politiques responsables de leur prospérité et de leur sécurité. Au cours de ces années, des antagonismes déjà anciens (fédéral contre provincial, région contre région, Anglais contre Français) ont continué de s'intensifier et de frustrer les efforts des Canadiens qui souhaitaient l'unité nationale.

Les mots « Vive le Québec libre ! » prononcés par le président français Charles de Gaulle, lors de son discours à Montréal en 1967, ont suscité l'ardeur de plusieurs nationalistes. Un dirigeant étranger devrait-il intervenir ainsi dans les affaires internes du Canada ?

Récapitulation

RÉSUMÉ DU CHAPITRE

Dans ce chapitre, tu as appris :

- que les Canadiens ressentaient une fierté nouvelle après la Deuxième Guerre mondiale;
- que le gouvernement fédéral a fourni d'importants services sociaux à toutes les régions du Canada;
- que malgré une vision canadienne commune, les différences régionales ont continué à se développer.

RÉSUME TES CONNAISSANCES

1. Explique l'importance historique des personnes, des lieux ou des événements suivants :

Louis Saint-Laurent	Pierre Elliott Trudeau
John Diefenbaker	Tommy Douglas
Déclaration canadienne des droits	Maurice Duplessis
Lester Pearson	Révolution tranquille

2. Qu'est-ce que la Révolution tranquille ? Quelles sont ses origines et ses causes ?
3. Crée un tableau qui montre comment le gouvernement fédéral s'est engagé davantage dans la vie des Canadiens de 1945 à 1970.
4. Sur une carte muette du Canada, dresse la liste des besoins et des inquiétudes de chaque région, comme il a été discuté au cours de ce chapitre. Autour d'Ottawa, dresse la liste des initiatives du gouvernement fédéral. Enfin, choisis une région autre que l'Ontario et explique si, selon toi, le gouvernement ignorait ou veillait adéquatement à ses intérêts.

EXPRIME TON OPINION

1. Les partis fédéraux devraient-ils tous alterner chefs anglophones et chefs francophones, comme le fait le Parti libéral ? Explique ta réponse.
2. Le régime de sécurité sociale du Canada, développé au cours des années 1960, a-t-il créé davantage de problèmes qu'il n'en a résolus ? Es-tu d'accord qu'une partie de la richesse produite par les particuliers à revenu moyen et supérieur soit réservée, grâce aux impôts, au maintien de programmes sociaux pour venir en aide aux particuliers à faible revenu ? Justifie ta réponse.
3. Les « doreurs d'image » sont des conseillers qui aident les politiciens à améliorer leur image ou à parler de certains problèmes de manière positive. Le rôle des doreurs d'image est aujourd'hui particulièrement important, à l'ère de la télévision. Joue le rôle d'un doreur d'image auprès d'un des politiciens de ce chapitre. S'il n'y a pas de photo de ce politicien dans le chapitre, trouves-en une à la bibliothèque. Tu dois refaire l'image de ce politicien afin qu'il puisse séduire l'électorat d'aujourd'hui. Tu devras travailler l'aspect tant physique (cheveux, lunettes, vêtements) que politique.
4. Que signifiaient les concepts de « survivance » et de « Maîtres chez nous » ? Ces concepts s'opposaient-ils, ou ont-ils contribué à aider le Québec à atteindre le statut de société distincte qu'il convoitait ?

ANALYSE LES FAITS HISTORIQUES

1. En 1959, un nouveau véhicule qu'on pourrait surnommer « la motocyclette du Nord » fait son apparition sur le marché mondial. Ce véhicule muni de skis et activé par des chenilles transformera la vie des Inuits et des communautés de l'Arctique. Quel nom a-t-on donné à ce véhicule ? Qui l'a inventé ?

CHAPITRE

20 Un pays, cent régions

L'exploitation des ressources dans le Nord canadien a pris son essor dans les années 1950 et 1960. Quelles ont été les conséquences de ce développement pour les régions du Nord ?

RETOUR AUX SOURCES

- **Quels ont été les effets de la prospérité de l'après-guerre pour les Canadiens ?**
- **La croissance économique des années 1950 et 1960 a-t-elle touché toutes les régions du Canada ? Quelles régions n'en ont pas profité ? Pourquoi ?**
- **Qu'est-ce que la commercialisation de masse a changé à la manière de vendre des produits au Canada ? Quels nouveaux moyens les publicitaires ont-ils employés pour faire la promotion des produits ?**
- **Quels ont été les avantages et les inconvénients de la présence américaine dans l'économie canadienne ?**

TERMES IMPORTANTS

Commercialisation de masse

Filiales

Société de consommation

CHRONOLOGIE

OCTOBRE 1958 ▶
Une explosion fait 74 victimes dans une mine de Springhill, en Nouvelle-Écosse.

1959 ▶
La voie maritime du Saint-Laurent est inaugurée.

1960 ▶
Trois foyers canadiens sur quatre possèdent un téléviseur.

1965 ▶
Le Canada et les États-Unis signent le Pacte de l'automobile.

« Comme tu grandis vite ! » Quiconque aurait regardé le Canada dans les années 1950 aurait été étonné de voir à quelle vitesse le pays se développait. L'économie, en effet, grandissait de manière fulgurante. Les revenus des Canadiens moyens augmentaient et, par le fait même, leur pouvoir d'achat aussi. La classe moyenne grossissait. Les Canadiens achetaient plus de biens de consommation que leurs parents n'avaient jamais rêvé d'en posséder. Les dépenses pour des biens de consommation alimentaient l'essor des industries canadiennes. La découverte et l'exploitation des ressources du Nord apportaient la prospérité à plusieurs provinces. Les accords commerciaux et les projets communs avec les États-Unis liaient l'économie du Canada à celle de son voisin du Sud. Comme l'a dit un auteur, les Canadiens « ont appris à vivre dans la richesse au cours de cette décennie ».

La révolution de la consommation

Les industries nord-américaines avaient fait sans problème la transition de la guerre à la paix. Grâce aux techniques de la production en série, les biens de consommation étaient soudainement offerts à des prix abordables. Les réfrigérateurs, les radios et même les voitures étaient désormais à la portée de la classe moyenne. Les augmentations de salaire s'ajoutant aux économies accumulées pendant la guerre, les gens avaient de l'argent à dépenser.

Le salaire moyen des Canadiens a augmenté rapidement après la guerre. Le Canada occupait le deuxième rang mondial pour le niveau de vie. Toronto, par exemple, se classait au quatrième rang mondial pour les achats de Cadillac par habitant. Les Canadiens accouraient pour se procurer les produits qui sortaient des chaînes de montage et, de simples acheteurs, ils sont devenus des consommateurs. C'était le début de l'ère de la **société de consommation**.

Les nouveaux produits et la commercialisation de masse

Les techniques inventées pendant la guerre ont donné naissance à toute une panoplie de produits, tels le microsillon, l'ordinateur numérique, le nylon, le cellophane, l'avion à réaction, les antihistaminiques, les aérosols et la machine à écrire électrique. Toutes sortes de produits spécialisés, de gadgets et de jeux ont fait leur apparition sur les tablettes des magasins. Les consommateurs canadiens, presque étourdis, découvraient le stylo à bille, les plats congelés, les « permanentes maison », le hula-hoop, l'ouvre-boîte électrique et le jeu de Scrabble. Mais, par-dessus tout, il y avait la télévision. Des millions de téléviseurs ont fait leur entrée dans les salons du Canada, et la vie familiale a changé pour toujours. Les conversations, les habitudes alimentaires, l'humour, les attitudes politiques, la mode et les valeurs sociales n'ont plus jamais été les mêmes après l'avènement de la télévision.

Les années 1950 ont aussi été marquées par l'apparition de la **commercialisation de masse**. Les manufacturiers se sont mis à dépenser d'énormes sommes d'argent pour convaincre les consommateurs canadiens de choisir leur produit et non celui du concurrent (souvent appelé « marque X » dans les messages publicitaires télévisés). Les Canadiens étaient inondés de réclames pour des produits de toutes sortes, des papiers mouchoirs Kleenex aux céréales Corn Flakes. Vance Packard, l'auteur du succès de librairie de 1957, *La persuasion clandestine*, a affirmé que les publicitaires manipulaient les consommateurs de manière malhonnête. Packard soutenait que les publicitaires utilisaient les nouvelles techniques de la psychologie pour miser

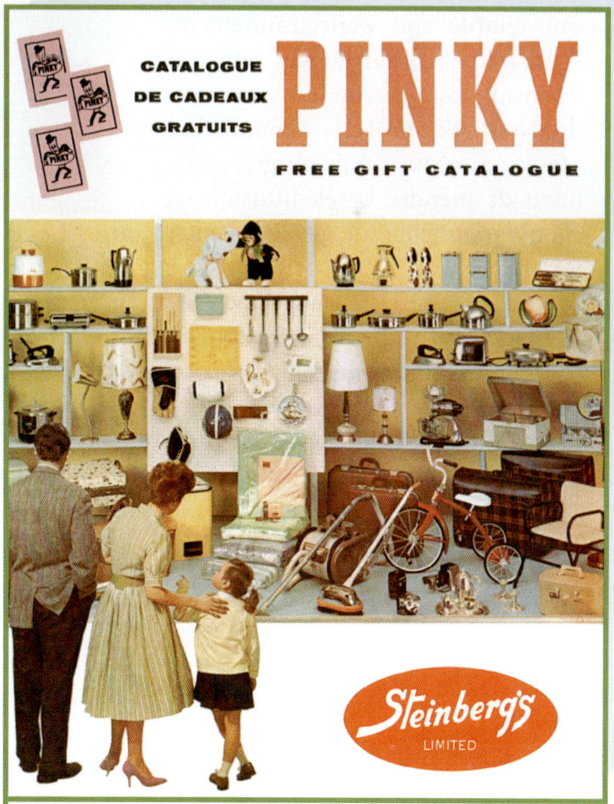

Avec l'augmentation du pouvoir d'achat et la multiplication des produits offerts sur le marché, de nouvelles méthodes de commercialisation sont apparues. Ainsi, les marchands se sont mis à donner des timbres-primes que les consommateurs pouvaient échanger contre des « cadeaux » comme ceux qui apparaissaient sur la couverture du catalogue Pinky. Ce genre de stratégie est-il encore en usage aujourd'hui ? Peux-tu en citer quelques exemples ?

La technologie

LA TÉLÉVISION ET LA SOCIÉTÉ CANADIENNE

Peu d'innovations technologiques ont autant influencé la société que la télévision. Beaucoup de gens ont dit que l'entrée de la télévision dans les foyers canadiens a affaibli les liens communautaires, réduit les familles au silence et détourné les enfants de la lecture et du travail scolaire. Or, quoi qu'en aient dit certains pessimistes, la télévision n'a pas ruiné la société canadienne. Au contraire, l'avènement de la télévision a contribué à l'essor culturel en Amérique du Nord et mis l'information à la portée de tous.

La télévision a été inventée en 1926, en Grande-Bretagne, mais la crise et la Deuxième Guerre mondiale ont retardé son perfectionnement. Puis, au début des années 1950, la télévision est apparue en Amérique du Nord. En 1951, la Commission Massey a recommandé au gouvernement de prendre la télédiffusion en charge plutôt que de la laisser entre les mains de l'entreprise privée, comme cela se faisait aux États-Unis. En 1952, la Société Radio-Canada (SRC), fondée en 1936 pour fournir un service de radiodiffusion de qualité, a commencé à produire des émissions de télévision. Le mandat de la SRC était de promouvoir l'unité nationale.

Radio-Canada offrait déjà dans les années 1950 une programmation variée. Le théâtre, diffusé en direct, à l'époque, occupait une place importante, de même que les concerts de musique classique. Parmi les émissions les plus populaires, on retrouvait les téléromans, comme *Le Survenant* ou *La Famille Plouffe*, le premier téléroman diffusé à Radio-Canada. La programmation comptait des jeux télévisés comme *La poule aux œufs d'or*, des émissions pour enfants comme *Pépinot*, des émissions d'information, tel le fameux *Point de mire*, animé par René Lévesque de 1956 à 1959, sans oublier *La Soirée du hockey* qui permettait aux amateurs d'admirer le talentueux Maurice Richard, vedette du club de hockey Les Canadiens de Montréal.

Beaucoup de Canadiens étaient pessimistes quant aux conséquences de la télévision pour la société canadienne. Ils craignaient que la télévision américaine nuise à l'identité canadienne et que les jeunes ne deviennent des récepteurs passifs plus attirés par le petit écran que par la réussite scolaire.

Aujourd'hui, le nombre de chaînes accessibles aux Canadiens est pratiquement illimité. Les craintes des premiers détracteurs de la télévision se sont-elles concrétisées ? Quelle part de ton emploi du temps consacres-tu à la télévision ? Y a-t-il quelque chose à faire pour assurer la qualité de la programmation canadienne. Si oui, quoi ?

sur les peurs et les désirs inconscients des consommateurs et les persuader d'acheter les produits annoncés. La publicité de masse a quand même continué à se répandre, et les ventes de biens de consommation n'ont pas cessé d'augmenter.

Une ère de croissance ?

Plusieurs provinces canadiennes ont connu une période de prospérité après la Deuxième Guerre mondiale. La demande de gadgets et de nouveaux produits y était pour quelque chose, mais les ressources naturelles du Nord constituaient le principal facteur de la croissance économique. La découverte de ces ressources a soulevé une vague d'exploration et d'exploitation minière qui a valu le surnom de « dernière frontière » au Nord canadien. Dans un pays aussi vaste que le Canada, cependant, la prospérité n'était pas distribuée également entre les régions.

Les provinces de l'Atlantique

La guerre avait à certains égards favorisé l'économie des provinces de l'Atlantique, mais l'après-guerre n'y a pas été aussi prospère que dans le reste du Canada. Les industries du charbon et de l'acier, qui constituaient le pivot de l'économie, se sont effondrées à la suite d'une baisse de la demande et de la concurrence des régions productrices des États-Unis et du centre du Canada. Des milliers de travailleurs ont dû trouver d'autres emplois ou s'exiler. Pendant les années 1950, plus de 80 000 personnes ont quitté les provinces de l'Atlantique. L'industrie minière de la Nouvelle-Écosse, déjà mal en point, a essuyé un autre coup du sort en 1956 et 1958, alors que des explosions dans les mines de charbon de Springhill ont tué plus de 100 travailleurs. Beaucoup de gens ont vu dans ces catastrophes le symbole d'une déchéance des provinces de l'Atlantique au milieu d'une ère de richesse. Une forte proportion des familles de la région gagnaient presque 30 % de moins que les familles des autres provinces.

Dans les années 1960, le gouvernement fédéral a mis sur pied plusieurs programmes destinés à soutenir l'économie chancelante des provinces de l'Atlantique. Il a, par exemple, créé l'Office d'expansion économique de la région atlantique en 1962 afin de démarrer des projets et de favoriser la construction de routes et de voies ferrées. Il a accordé des subventions à l'industrie de la pêche de la Nouvelle-Écosse afin de compenser la chute des prix et de la demande de poisson sur les marchés mondiaux. De même, le gouvernement fédéral a fortement subventionné la production houillère et sidérurgique au cap Breton. Il a par ailleurs établi plusieurs usines, dont une usine de fabrication de voitures de luxe au Nouveau-Brunswick, une raffinerie de pétrole à Terre-Neuve et une usine d'eau lourde en Nouvelle-Écosse. La plupart de ces entreprises ont cependant fait faillite au bout de quelques années.

Une terrible explosion a tué 74 travailleurs à la mine de Springhill, en Nouvelle-Écosse, en 1958.

Le Québec

L'économie du Québec se portait beaucoup mieux que celle des provinces de l'Atlantique. Après la Deuxième Guerre mondiale, le gouvernement de Maurice Duplessis a courtisé les entreprises américaines et ontariennes pour qu'elles investissent au Québec, si bien que l'argent « étranger » s'est mis à couler à flots dans la province. Tous les secteurs de l'économie québécoise ont progressé, mais celui des ressources naturelles a connu l'essor le plus fulgurant. Le Québec vendait du minerai de fer, du cuivre, du plomb, de l'aluminium et de l'amiante aux États-Unis, et est ainsi devenu leur principal fournisseur de matières premières.

L'exploitation des ressources naturelles a été à l'origine du développement de régions éloignées telles la Côte-Nord et le Nouveau-Québec. De nouvelles villes ont été développées par des compagnies, comme Schefferville, fondée en 1953 par la compagnie Iron Ore. D'autres villes ont connu un essor remarquable, notamment Sept-Îles, qui a vu sa population passer de 2 000 à 14 000 habitants en 10 ans. Grâce à des lignes de chemin de fer, ces villes sont devenues accessibles et se sont rapprochées des grands centres urbains.

L'emploi agricole, cependant, poursuivait son déclin. Des milliers d'agriculteurs déménageaient dans les villes avec l'espoir de trouver un emploi rémunérateur et des bénéfices sociaux avantageux dans les usines et les services. En 1961, il ne restait plus que 11 % des Québécois dans les fermes, comparativement à 25 % en 1935. Les exploitations agricoles diminuaient en nombre, mais celles qui demeuraient augmentaient en surface. Cette tendance a mis fin au mythe d'un Québec rural et agricole.

L'Ontario

C'est l'Ontario qui a le plus profité de la prospérité de l'après-guerre. On venait des autres provinces et des autres pays pour s'y établir. La demande de produits alimentaires, de logements, de voitures et de routes augmentait et les possibilités d'emploi se multipliaient. La découverte de zinc, de nickel, de cuivre et d'autres minerais dans le riche sous-sol de la province attirait les investisseurs. L'énergie atomique, que l'on avait commencé à exploiter pendant la guerre, stimulait la demande d'uranium. À la suite de la découverte d'uranium à Elliott Lake, en 1954, 11 mines se sont ouvertes dans la région ; l'une d'entre elles, la mine Consolidated Denison, est devenue la plus grande mine d'uranium du monde. La société minière Inco, à Sudbury, se classait parmi les principaux producteurs de nickel du monde. De même, l'extraction de matières premières s'intensifiait à Kirkland Lake et à Timmins, tant et si bien qu'en 1960, l'Ontario assurait près de 60 % de la production minière au Canada. L'industrie forestière du nord de la province avait peu à envier à l'industrie minière, puisque la demande de bois de construction, de pâte et de papier atteignait des sommets.

Dans le sud de l'Ontario, les fermiers prospéraient grâce à la forte demande de fruits, de légumes et de produits laitiers. La construction de centrales hydroélectriques et nucléaires a permis l'électrification de la province entière au milieu des années 1950. Dans le riche Golden Horseshoe qui s'étend de St. Catharines à Oshawa, des milliers de fermes familiales ont été vendues et transformées en lotissements, en écoles et en centres commerciaux.

L'achèvement de la voie maritime du Saint-Laurent en 1959 a ouvert les Grands Lacs aux navires océaniques. Port Arthur et Fort William (qui forment aujourd'hui Thunder Bay) se sont vite établis comme le terminus est des Grands Lacs pour le transport des céréales, des minéraux et des produits forestiers. Sarnia s'est affirmée dans sa vocation de centre pétrolier lorsque la construction de l'oléoduc transcanadien s'est terminée en 1959. L'industrie sidérurgique de Hamilton, qui s'alimentait aux gisements de minerai de fer nouvellement découverts, s'est développée pour remplir les commandes des secteurs de la construction et de la fabrication. Toronto, enfin, continuait d'attirer les industries manufacturières de même que les entreprises et les sièges sociaux.

La prospérité de l'après-guerre a par ailleurs bénéficié à l'industrie du tourisme en Ontario. Les vacanciers se précipitaient dans les centres de villégiature comme Grand Bend, Wasaga Beach, les Muskokas, Bala, Picton et Killaloe. Les parcs privés et provinciaux attiraient un nombre croissant de campeurs prêts à endurer les mouches et les moustiques pour communier avec la beauté des lacs et des forêts. Le gouvernement vendait des terres publiques dans le nord à des acheteurs désireux de se construire un chalet. Les amateurs de sports d'hiver n'étaient pas oubliés : des stations de ski s'ouvraient à Collingwood, et les pistes de ski de fond et de motoneige se multipliaient.

Les Prairies

Les provinces des Prairies étaient elles aussi richement pourvues en ressources naturelles. Un après-midi d'hiver de 1947, un jet de pétrole, de gaz et de boue s'est élevé à 15 m de hauteur dans le ciel de Leduc, près d'Edmonton, en Alberta. L'Imperial Oil venait de découvrir de l'or noir et, par le fait même, de donner le coup d'envoi à l'industrie gazière et pétrolière de l'Alberta. L'exploration et la production pétrolières ont créé un grand nombre d'emplois. L'Alberta cherchait à vendre son pétrole et son gaz au centre du Canada, mais la région s'approvisionnait à bon compte aux États-Unis. Comment conquérir ce vaste marché ? Conscient du problème, le gouvernement fédéral a construit l'oléoduc transcanadien, dont l'inauguration a eu lieu en 1959. L'industrie pétrolière de l'Ouest a bénéficié de cette mesure, mais n'a connu son véritable essor que dans les années 1970.

Le pétrole découvert en Alberta en 1947 a rapporté des milliards de dollars à l'économie canadienne et fait de l'Alberta l'une des provinces les plus riches du pays, surtout après la construction de l'oléoduc transcanadien.

La découverte d'autres minéraux, de potasse notamment, a donné un coup de pouce à l'économie de la Saskatchewan. De plus, on a découvert l'une des mines d'uranium les plus importantes qui a conduit à la fondation de Uranium City.

En dépit de ces développements, la plupart des communautés rurales et agricoles des Prairies n'ont pas profité du boom économique de l'après-guerre. La récession de 1960 à 1963 a frappé très durement les fermiers de l'Ouest. La surproduction de blé à l'échelle mondiale a fait chuter les prix, à mesure que l'offre dépassait la demande. Le gouvernement a bien tenté de soutenir la production d'autres cultures, mais les agriculteurs désertaient les provinces des Prairies pour tenter leur chance ailleurs.

La Colombie-Britannique

Pendant les années 1950 et 1960, la Colombie-Britannique attirait un nombre croissant de travailleurs et d'investisseurs. Fort St. John, dans le nord-est de la province, a connu à son tour une ruée vers le pétrole. La production d'aluminium sur le littoral central a aussi fortement stimulé l'économie de la côte Ouest. Les travailleurs étaient si nombreux dans la centrale hydroélectrique et la fonderie de l'Aluminium Company of Canada (Alcan) que la société a construit au beau milieu de la nature sauvage du nord de Vancouver la première agglomération à caractère suburbain, avec des écoles, un centre commercial et un complexe sportif: la ville de Kitimat. Les habitants de cette nouvelle ville travaillaient dans les usines d'aluminium pour les barrages hydroélectriques et des projets de même nature. À la même époque, le gouvernement provincial voyait à la construction d'immenses barrages hydroélectriques sur le fleuve Columbia et la rivière de la Paix, créant ainsi des milliers d'emplois.

D'autres facteurs ont contribué au développement de l'économie en Colombie-Britannique. La vallée de l'Okanagan, par exemple, s'est révélée extrêmement propice à la culture des cerises, des pommes, des prunes et des pêches. Le bois se vendait très bien dans le reste du Canada et ailleurs dans le monde. Vancouver et Prince Rupert occupaient une situation privilégiée à l'extrémité ouest des deux chemins de fer transcontinentaux. Les possibilités d'emploi y abondaient, car c'était là que s'effectuait le transbordement des marchandises des trains aux navires. Comme l'Ontario, enfin, la Colombie-Britannique souriait aux touristes canadiens et étrangers. Les skieurs, en particulier, pouvaient s'adonner à leur passion dans les centres de ski qui, comme Whistler, s'ouvraient dans les montagnes de la chaîne côtière.

Comme plusieurs autres villes du Canada, Vancouver a connu un développement rapide dans les années 1960. Selon toi, que demandaient les habitants des grandes villes à leurs gouvernements ?

Le militantisme syndical

Quand les emplois sont rares, les travailleurs craignent le congédiement et n'osent pas réclamer d'augmentation de salaire ou d'amélioration des conditions de travail. Mais quand l'économie se porte bien et que les emplois abondent, les travailleurs sont en mesure de faire des revendications. C'est ainsi que la prospérité de l'après-guerre a contribué à renforcer le mouvement syndical. Les grèves étaient fréquentes dans les industries des années 1950 et 1960. Les salaires, les avantages sociaux et les conditions de travail constituaient les principaux enjeux des différends entre travailleurs et employeurs. La plupart des syndicats canadiens étaient affiliés au Congrès du travail du Canada, qui avait été fondé en 1955 pour coordonner l'action ouvrière. Les travailleurs syndiqués se faisaient de plus en plus nombreux et cherchaient à augmenter leur poids politique. En 1961, par conséquent, le Congrès du travail du Canada et la Fédération du commonwealth coopératif se sont unis pour former le Nouveau Parti démocratique (NPD).

Les relations économiques avec les États-Unis

La Grande-Bretagne a été un important partenaire commercial du Canada jusqu'à la Deuxième Guerre mondiale. Après le conflit, cependant, l'économie britannique demeurait faible, et les relations commerciales entre le Canada et la Grande-Bretagne se sont relâchées. L'économie américaine, en revanche, était en plein essor. Le Canada se trouvait juste à côté des États-Unis, et beaucoup d'industries canadiennes écoulaient facilement leurs produits sur le marché américain. Comme les consommateurs, les industries canadiennes ne demandaient pas mieux que d'acheter des produits américains. Les États-Unis sont donc devenus le principal partenaire commercial du Canada, et vice versa.

La voie maritime du Saint-Laurent

La construction de la voie maritime du Saint-Laurent a symbolisé l'expansion des relations économiques entre le Canada et les États-Unis. Cette colossale voie navigable allait permettre aux grands cargos océaniques de franchir les dangereux rapides du fleuve

La voie maritime du Saint-Laurent

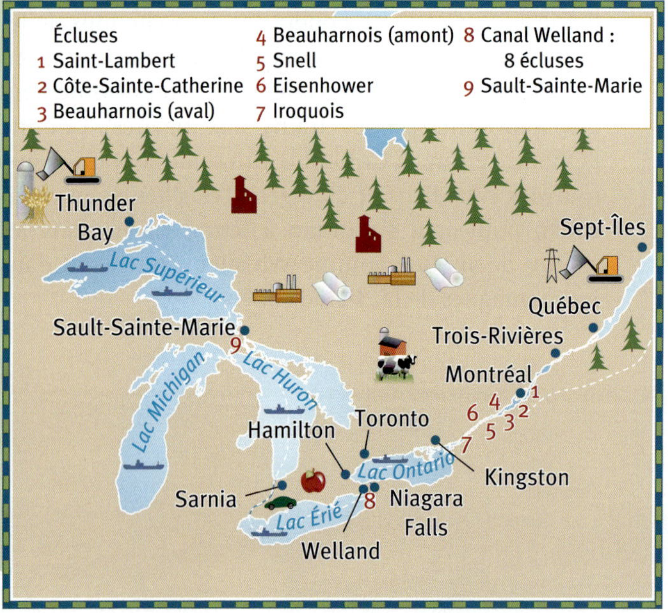

La voie maritime du Saint-Laurent permet aux navires de s'enfoncer de 3 700 km dans le centre industriel de l'Amérique du Nord. Pour la construire, il a fallu déplacer des villes entières et détourner des routes et des voies ferrées. En quoi la voie maritime a-t-elle favorisé la prospérité des industries canadiennes ?

Saint-Laurent et d'atteindre les Grands Lacs. Le Canada et les États-Unis caressaient le projet d'une voie maritime depuis des décennies, mais ne le concrétisaient jamais. En 1949, le gouvernement canadien a décidé de passer à l'action, avec ou sans l'aide américaine. Les États-Unis ont adhéré au projet en 1954. Chaque pays a accepté de financer le segment de la voie maritime qui se trouvait à l'intérieur de son territoire.

La voie maritime du Saint-Laurent a été planifiée, dessinée et en grande partie construite par les Canadiens. L'envergure du projet était stupéfiante. Les ingénieurs ont dynamité d'énormes rapides qui ont inondé des villes et des villages. On estime à 6 500 le nombre de personnes qui ont dû déménager. Les ingénieurs ont également détourné des voies ferrées et des autoroutes. Ils ont érigé sept nouvelles écluses, dont cinq en territoire canadien. En juin 1959, la reine Elisabeth II et le président Dwight Eisenhower ont inauguré officiellement la voie maritime. Un observateur canadien a comparé l'ouvrage à « une immense fermeture éclair économique reliant les deux pays ».

Hyperliens

www.dlcmcgrawhill.ca

Visite le site Internet dont l'adresse apparaît ci-dessus pour parfaire tes connaissances sur la voie maritime du Saint-Laurent. Clique sur ***Matériel complémentaire/Primaire et secondaire***, puis sur ***Regard sur le Canada***, et on t'indiquera où aller ensuite.

Le Pacte de l'automobile

Le Pacte de l'automobile, signé en 1965, a rapproché davantage les deux économies. Au milieu des années 1960, le déficit de la balance commerciale avec les États-Unis devenait inquiétant. Le Canada, en effet, achetait plus de produits, d'automobiles et de pièces en particulier, qu'il n'en vendait aux États-Unis. En 1962, par exemple, les exportations canadiennes de pièces se chiffraient à 62 millions de dollars, tandis que les importations s'établissaient à 642 millions de dollars. Le gouvernement canadien estimait qu'un nouvel accord s'imposait avec les États-Unis. Les Canadiens achetaient plus de 7 % des voitures fabriquées par Ford, Chrysler et General Motors, mais les usines de ces « trois grands » situées à Oshawa, Oakville et Windsor, en Ontario, produisaient seulement 4 % des voitures.

Le gouvernement canadien tenait à faire correspondre le nombre de voitures achetées au Canada au nombre de voitures produites ici. Les négociations ont débuté en juillet 1964 et, en janvier 1965, le Canada et les États-Unis ont signé le Pacte de l'automobile. Cet accord établissait le libre-échange des automobiles entre les deux pays. Les fabricants pouvaient bâtir leurs usines là où ils le voulaient et vendre leurs voitures en franchise dans les deux pays. Les trois grands n'avaient qu'une condition importante à respecter : fabriquer autant de voitures au Canada qu'ils y en vendaient. Le Pacte de l'automobile instituait de plus une taxe sur les voitures importées du Japon, de l'Allemagne et de la Grande-Bretagne. Le Pacte a apporté d'authentiques bénéfices au Canada, mais il a rattaché son économie d'encore plus près qu'avant à celle des États-Unis.

L'industrie de l'automobile est une composante essentielle de l'économie du Canada, de celle de l'Ontario et du Québec en particulier. Les usines comme celle-ci emploient des milliers de travailleurs.

LES MÉTHODES DE L'HISTOIRE

L'HISTOIRE ORALE : INTERROGER ET ÉCOUTER

As-tu déjà entendu tes parents, tes grands-parents ou d'autres membres de ta famille parler de leur « jeune temps » ? As-tu déjà écouté une personne qui parlait de sa vie dans un pays étranger ? Si oui, tu faisais de l'histoire orale sans le savoir.

L'histoire orale consiste à enregistrer ou simplement à écouter les propos d'une personne. Dans de nombreuses sociétés, et notamment chez les peuples amérindiens, l'histoire orale constitue un important moyen de transmettre les souvenirs du groupe d'une génération à l'autre. Les immigrants, de même, ont recours à l'oralité pour enseigner l'histoire de leur famille et de leur pays d'origine à leurs enfants.

Pour faire de l'histoire orale, on peut simplement écouter les récits ou les expériences passées d'une personne. Aux fins de recherche, cependant, l'histoire orale nécessite un peu plus de rigueur. Les historiens utilisent cette technique pour obtenir des sources de première main en interviewant et en enregistrant une personne qui se remémore une époque ou un événement particulier. Ces souvenirs aident les étudiants et les historiens à mieux comprendre ce qui s'est passé durant cette période. Sans l'histoire orale, les grandeurs, les joies, les misères et les erreurs des gens ordinaires tomberaient dans l'oubli.

Comme une dissertation ou un travail écrit, une entrevue d'histoire orale demande du temps et de la préparation. Les plus riches sont les mieux planifiées.

LA PRÉPARATION DE L'ENTREVUE

Voici les principales étapes que tu dois suivre pour bien préparer une entrevue d'histoire orale.

1. **Documente-toi sur le sujet.** Une fois que tu as choisi ton sujet, la première chose à faire est de te documenter à ce propos. Consulte des manuels, des ouvrages de référence et des sites Internet. Il n'est pas nécessaire que tu connaisses tous les détails du sujet, mais tu dois posséder des connaissances solides pour poser des questions pertinentes pendant l'entrevue.
2. **Détermine ce que tu cherches.** Quels renseignements espères-tu obtenir au moyen de l'entrevue ? En déterminant ce que tu cherches, tu pourras établir ta liste de questions.
3. **Écris des questions pertinentes.** Le succès de ton entrevue repose en grande partie sur le type de questions que tu poseras. La rédaction de questions judicieuses suppose que tu procèdes par essais et erreurs. Les questions générales sont habituellement peu efficaces et dénotent un manque de préparation. Les questions précises, en revanche, aident l'interlocuteur à fournir des renseignements utiles. Par exemple, au lieu de poser une question comme « C'était comment en 1960 ? », demande : « Parlez-moi de ce qui se passait de fascinant à Halifax dans les années 1960. » Essaie d'éviter les questions fermées, c'est-à-dire les questions auxquelles on peut répondre par oui ou par non. « Avez-vous participé à des manifestations antinucléaires parce que vous étiez en colère contre le gouvernement ? » est une question fermée. Tu obtiendras une réponse beaucoup plus détaillée si tu demandes : « Pourquoi avez-vous participé à des manifestations antinucléaires ? »
4. **Choisis les personnes que tu interrogeras.** Ton sujet de recherche te dictera les personnes à interroger. Les candidats seront évidemment plus nombreux si tu choisis un sujet contemporain que si tu décides d'étudier la Deuxième Guerre mondiale. Adresse-toi en premier lieu à tes amis, à ta famille et aux membres de ta collectivité. Qui sait, ton éventuel interlocuteur est peut-être tout près de toi !
5. **Prends rendez-vous.** Une fois que tu as déniché un candidat, téléphone-lui. Nomme-toi, explique l'objet de ton appel et expose à la personne les raisons pour lesquelles son témoignage t'intéresse. Si la personne accepte ton invitation, prends rendez-vous avec elle à une heure qui vous convient à tous les deux. Qu'il s'agisse d'une connaissance de ta famille ou d'un parfait étranger, affiche une attitude sérieuse. Propose à la personne de lui envoyer une

copie de tes questions à l'avance afin qu'elle puisse se préparer. Certains sujets peuvent faire surgir des souvenirs douloureux ou complexes, alors il est important de toujours faire preuve de courtoisie et de sensibilité envers les personnes interrogées.

L'ENTREVUE

Maintenant que tu as fait les recherches, rédigé les questions et pris rendez-vous, il est temps de procéder à l'entrevue proprement dite.

1. **Notes.** Il existe trois façons de prendre des notes pendant une entrevue.

a) **Papier et crayon.** La bonne vieille méthode des notes écrites est celle qui demande le moins de préparation. Cependant, tu ne pourras pas te concentrer pleinement sur les propos de la personne si tu essaies de transcrire toutes ses paroles. Alors prends des notes brèves, mais n'interromps pas ton interlocuteur pour lui demander d'épeler des mots ou de préciser des dates. Tu obtiendras ces détails plus tard.

b) **Magnétophone.** L'usage du magnétophone te donne plus de liberté. Avant de commencer l'entrevue, demande à ton interlocuteur la permission d'enregistrer la conversation. Exerce-toi au maniement de l'appareil et vérifie la qualité du son avant l'entrevue. La présence d'un magnétophone peut intimider : évite de placer le tien sous les yeux de la personne.

c) **Caméscope.** Comme un magnétophone, un caméscope te permet de participer à la conversation tout en prenant des notes générales. Rappelle-toi que certaines personnes sont mal à l'aise devant une caméra et demande la permission de ton interlocuteur avant de commencer l'enregistrement vidéo.

2. **Pas de panique !** Les silences qui ponctuent une conversation sont normaux mais peuvent être embarrassants. Essaie tout de même d'attendre un peu avant de poser ta prochaine question. Une courte pause indique à l'interlocuteur que tu désires en savoir plus et peut l'inciter à poursuivre. Si la pause s'étire trop, ne t'acharne pas et lance une autre question.

3. **Durée de l'entrevue.** La durée d'une entrevue dépend de la manière dont elle se déroule. Laisse à ton interlocuteur le temps de s'exprimer, mais ne le retiens pas trop longtemps. S'il te reste des questions à poser ou des éclaircissements à obtenir à la fin de l'entrevue, demande un second rendez-vous à ton interlocuteur ou téléphone-lui un peu plus tard.

4. **Préparation de la transcription.** Après l'entrevue, tu dois en établir la transcription ou le résumé. Il serait courtois et judicieux que tu soumettes tes notes à ton interlocuteur avant de les mettre au propre. La personne appréciera que tu lui montres la manière dont tu présenteras ses souvenirs.

Et voilà ! Tu possèdes maintenant un document d'histoire orale unique et précieux. Tu pourras le citer, le paraphraser et le consulter pour préparer tes exposés, tes dissertations et tes récits.

L'ANALYSE DES SOURCES ORALES

Comme toutes les autres sources en histoire, les documents oraux doivent être rigoureusement analysés. Que tu procèdes à une entrevue ou que tu lises le document établi par une autre personne, pose-toi les questions suivantes.

1. **Que cherche l'intervieweur ?** Il arrive souvent que l'on fasse une entrevue afin de trouver un renseignement précis. Par conséquent, l'historien peut poser des questions tendancieuses et délaisser d'importantes informations.

2. **Quels sont les partis pris de la personne interrogée ?** Tout comme un auteur, la personne interrogée peut avoir des partis pris qu'il est important de déceler. Ces partis pris la détournent-ils de la vérité ? La poussent-ils à cacher des faits ?

Ouvre grandes tes oreilles. Tu auras tôt fait de t'apercevoir que chaque jour apporte sa moisson de récits historiques !

L'investissement américain au Canada

Après la Deuxième Guerre mondiale, le Canada s'est aperçu qu'il possédait des ressources naturelles dont les États-Unis avaient besoin pour maintenir leur développement économique. Les Américains voulaient du pétrole, et le gisement que l'on venait de découvrir à Leduc, en Alberta, en contenait justement beaucoup. Les Américains ont aussi acheté de l'aluminium produit à Kitimat, en Colombie-Britannique, et de l'uranium extrait des mines du nord de la Saskatchewan et d'Elliott Lake, en Ontario. Ils ont en plus importé du nickel, du gaz naturel et une foule de nouveaux produits chimiques.

L'exploitation des ressources naturelles a toujours été une activité risquée. Ainsi, l'Imperial Oil a dû dépenser 23 millions de dollars et creuser 133 puits avant de trouver de l'or noir à Leduc, en 1947. La plupart du temps, les investisseurs américains, et non canadiens, étaient prêts à prendre les risques. Par le fait même, c'était eux qui récoltaient la plus grande part des profits. Néanmoins, le succès des investisseurs américains a favorisé la prospérité du Canada. Grâce aux emplois créés, en effet, beaucoup de Canadiens ont amélioré leur niveau de vie.

Dans les années 1950, de nombreux Canadiens accueillaient favorablement l'afflux d'investissements américains. En 1957, cependant, la Commission Gordon (la Commission royale d'enquête sur les perspectives économiques du Canada) a publié ses observations à propos de la propriété étrangère au Canada, révélant qu'une grande part des industries et des ressources était entre des mains étrangères, américaines en particulier. Les entreprises américaines établissaient des **filiales** ici et prenaient la majeure partie des bénéfices. En 1967, la valeur des investissements étrangers au Canada s'élevait à 34,7 milliards de dollars et 81 % de cette somme provenait de sources américaines. Le public s'est ravisé : un sondage réalisé en 1967 a révélé que les deux tiers des Canadiens voulaient que le gouvernement fédéral limite l'investissement américain au Canada. Divers autres rapports gouvernementaux, et notamment le rapport Watkins de 1968, ont souligné l'étendue inquiétante de l'investissement étranger au Canada.

L'économie forte du Canada

L'économie canadienne s'est développée à un rythme très rapide dans les années 1950 et 1960. Le gouvernement et la population visaient la prospérité économique et matérielle et l'heure était à l'optimisme. Mais qu'allaient être les conséquences des investissements américains ? On peut affirmer sans craindre de se tromper que l'économie canadienne était forte de 1945 à 1970. Il faut toutefois se rappeler que l'aisance économique faisait des oubliés dans la population.

Récapitulation

RÉSUMÉ DU CHAPITRE

Dans ce chapitre, tu as appris :

- que la prospérité de l'après-guerre a entraîné une révolution des habitudes de consommation en Amérique du Nord;
- que la commercialisation de masse a modifié le caractère du commerce de détail au Canada;
- que les différentes régions du Canada n'ont pas profité également de la croissance économique des années 1950 et 1960;
- que les relations économiques étroites avec les États-Unis ont favorisé la prospérité du Canada mais aussi soulevé des inquiétudes dans la population.

RÉSUME TES CONNAISSANCES

1. Explique l'importance historique des personnes, des lieux ou des événements suivants :

   Office d'expansion économique de la région atlantique
   Oléoduc transcanadien
   Congrès du travail du Canada
   Voie maritime du Saint-Laurent
   Pacte de l'automobile
   Commission Gordon

2. Parmi tous les produits qui sont apparus sur le marché au cours des années 1950, la télévision est celui qui a eu le plus de répercussions sur la culture et le mode de vie des Canadiens. Place l'élément « télévision » au centre d'un réseau de concepts afin de présenter les effets du phénomène dans la vie canadienne.
3. Inscris les noms de régions suivants dans un tableau : provinces de l'Atlantique, Québec, Ontario, Prairies et Colombie-Britannique. Décris la situation économique de chacune dans les années 1950 et 1960 et indique au moyen d'un symbole si elle a progressé ou stagné.
4. L'industrie de l'automobile est l'un des pivots de l'économie du centre du Canada depuis la signature du Pacte de l'automobile. Établis un réseau de concepts pour démontrer que la vitalité de cette industrie détermine celle des industries connexes.
5. À partir des renseignements fournis dans ce chapitre, énumère les villes et les industries qui ont bénéficié de la voie maritime du Saint-Laurent.

EXPRIME TON OPINION

1. Pendant les années 1950 et 1960, certaines régions du Canada ont connu un fort développement économique, tandis que d'autres n'ont pas progressé. Le gouvernement fédéral a-t-il le devoir de répartir la richesse du pays également entre les régions ? Si oui, de quelle manière doit-il encourager la croissance économique dans les régions les moins prospères ?
2. Es-tu d'accord avec les syndicats pour dire qu'en période de prospérité les travailleurs devraient toucher une part de la richesse des sociétés sous la forme d'augmentations de salaire et d'amélioration des bénéfices sociaux ? Justifie ta réponse.
3. Les investissements américains au Canada ont augmenté de façon stupéfiante depuis 1945. Selon toi, ces investissements ont-ils été bénéfiques ou nuisibles pour le Canada ? Tiens compte de leurs effets sur la croissance économique ainsi que sur l'industrie (l'industrie pétrolière notamment), la culture (l'édition, le cinéma et la musique) et le secteur manufacturier. Le gouvernement devrait-il encourager ou limiter les investissements américains au Canada ?

ANALYSE LES FAITS HISTORIQUES

1. Nikita et Alexandra partent en voiture d'Atikokan, en Ontario, pour aller à une fête à Thunder Bay. Nikita doit ramener Alexandra chez elle avant minuit samedi soir. Ils quittent donc la fête à 22 h 30 et entament le trajet d'environ 200 km. Au volant, Nikita ne dépasse jamais la limite de vitesse permise. Pourtant, il réussit à déposer Alexandra chez elle à l'heure prescrite. Comment cela est-il possible ?

CHAPITRE

21 L'entrée du Canada sur la scène mondiale

Les programmes de maintien de la paix constituent l'une des plus importantes contributions du Canada à la sécurité mondiale après la Deuxième Guerre mondiale. Crois-tu que ces programmes ont eu une influence sur l'image internationale des Canadiens ?

RETOUR AUX SOURCES

- **Quel impact la course aux armements nucléaires et la montée du communisme ont-elles eu sur la guerre froide ?**
- **Comment la position mondiale du Canada a-t-elle été transformée par les bombardiers à réaction et les missiles téléguidés ?**
- **Comment le Canada et le monde ont-ils profité des programmes canadiens de maintien de la paix et de l'aide à l'extérieur ?**
- **Pourquoi le Canada voulait-il préciser sa propre politique extérieure ?**

TERMES IMPORTANTS

ACDI

Maccarthysme

Missiles balistiques

ONG

Puissance moyenne

CHRONOLOGIE

1949
L'Union soviétique se dote d'armes nucléaires.

1956
Lester Pearson élabore le plan pour la création de la force de maintien de la paix de l'ONU.

1962
Un conflit nucléaire mondial est évité de justesse lors de la crise de Cuba.

1968
Le premier ministre Pierre Elliott Trudeau révise entièrement la politique extérieure du Canada.

Profitant de la croissance économique provoquée par la guerre, la plupart des Canadiens, toutes origines confondues, envisageaient un avenir prospère pour eux comme pour leurs enfants. La découverte de nouvelles ressources importantes et la création massive de nouvelles industries concrétisaient leurs espoirs. Mais tout comme le Canada, le monde lui aussi se transformait de 1945 à 1968. En relevant les nouveaux défis de façon positive, le Canada a dévoilé sa force, sa fierté et sa volonté de prendre sa place parmi les leaders mondiaux.

Pris entre deux feux : le Canada et la guerre froide

Les années qui ont suivi la Deuxième Guerre mondiale marquent le début d'une féroce lutte de pouvoir entre les deux superpuissances mondiales, les États-Unis et l'Union soviétique. De 1945 à 1949, ce conflit, surnommé « guerre froide », se limitait à l'Europe, où les citoyens de nations dévastées par la guerre tentaient de retrouver la stabilité politique et la démocratie, en plus de raviver une économie ravagée. Les Canadiens ont d'ailleurs soutenu leurs efforts grâce à leur contribution financière au programme de relèvement européen, le plan Marshall. Le Canada est également devenu membre de l'Organisation du Traité de l'Atlantique Nord (l'OTAN), une alliance militaire qui devait protéger l'Europe de l'Ouest contre une invasion soviétique. En 1949, toutefois, deux événements viendraient transformer la nature et l'étendue de la guerre froide et le Canada chercherait plus que jamais à trouver un terrain d'entente entre deux rivaux déterminés.

La guerre froide s'intensifie

Le premier de ces événements s'est produit le 29 août 1949 : l'Union soviétique a fait exploser une bombe atomique sur un site d'essai en Sibérie. La propagande soviétique y voyait une preuve de la puissance et des possibilités du communisme. L'Ouest ayant perdu le monopole des armes nucléaires, l'équilibre militaire était profondément transformé : les camps opposés de la guerre froide avaient tous deux en main une puissance destructrice sans précédent. C'est ainsi qu'a débuté une nouvelle course aux armements afin de développer une arme thermonucléaire encore plus puissante, la bombe à hydrogène. En 1952, les États-Unis ont fait exploser la première bombe à hydrogène au monde sur une petite île du sud du Pacifique. Les États-Unis n'ont toutefois pas conservé longtemps leur avance; en 1953, l'Union soviétique faisait exploser sa propre arme thermonucléaire. Au cours des 40 prochaines années, les deux camps vont amasser de plus en plus rapidement d'immenses quantités de bombes toujours plus puissantes.

La course aux armements s'est intensifiée lorsque les États-Unis et l'Union soviétique ont obtenu la bombe à hydrogène.

Le second événement s'est produit le 1er octobre 1949, lorsque les communistes chinois, dirigés par Mao Zedong, ont décrété l'instauration d'un nouveau régime communiste, la République populaire de Chine. Leurs adversaires nationalistes se sont enfuis vers l'île de Taiwan, où ils déclaraient former toujours le gouvernement chinois légitime. Les nations de l'Ouest étaient bouleversées par la chute de leur allié de guerre, le gouvernement nationaliste chinois. En réaction, les États-Unis, qui craignaient la montée du communisme, ont exigé que ses alliés de l'OTAN refusent de reconnaître le gouvernement communiste de Beijing. La plupart des nations ont accédé à la requête américaine jusqu'à la fin des années 1960.

Les États-Unis ont également exigé que le gouvernement de Taiwan continue de représenter officiellement la Chine au sein de tous les conseils des Nations Unies. Depuis 1949, les Américains fournissent d'ailleurs une aide économique et militaire à la petite république insulaire pour qu'elle puisse résister aux attaques de la Chine. Pendant ce temps, la guerre froide s'étendait vers l'Asie, alors que les communistes du monde entier, et particulièrement en Union soviétique, clamaient haut et fort la légitimité du gouvernement de Mao Zedong. La République populaire de Chine devait attendre les années 1970 avant d'être finalement reconnue mondialement comme gouvernement officiel de la Chine. Toutefois, les deux gouvernements chinois rivaux continuent toujours de s'affronter dans de douloureux conflits diplomatiques, économiques et militaires.

Le 2e bataillon du Princess Patricia's Light Infantry, en Corée, en 1951. Pourquoi la guerre de Corée a-t-elle été aussi dévastatrice pour les Coréens et pour les États-Unis ?

Le Canada et l'anticommunisme

Au Canada, l'affaire Gouzenko a confirmé les craintes des anticommunistes en Amérique du Nord (*voir le chapitre 17*). De 1950 à 1954, une véritable folie anticommuniste s'est emparée des États-Unis alors que le sénateur Joseph McCarthy dirigeait des enquêtes contre les communistes. Finalement, les déclarations excessives et non fondées de Joseph McCarthy à l'égard des communistes se sont retournées contre lui, mettant fin à sa campagne contre les « rouges ». Il avait cependant déjà gravement endommagé les vies, la liberté et les politiques gouvernementales des Américains, aux États-Unis comme à l'étranger.

Bien que le Canada ait évité les excès du **maccarthysme,** la crainte du communisme était bien réelle et, pour certains, lourde de conséquences. En réaction à l'anticommunisme ambiant, la Gendarmerie royale du Canada effectuait des enquêtes secrètes ou illégales. Ceux qui désiraient immigrer au Canada mais que l'on soupçonnait d'être communistes ou sympathisants étaient refoulés. Les communistes reconnus étaient souvent déportés ou se voyaient même refuser le droit de visite.

Pour la stabilité mondiale

Depuis la fin de la Deuxième Guerre mondiale, les nations ont toutes évité le déclenchement d'un conflit à l'échelle mondiale. Toutefois, au cours des 50 dernières années, des centaines de guerres régionales ont provoqué la mort de millions de personnes et causé des dommages incalculables. Tout au long de ces années, le Canada s'est hissé au premier plan des nations qui luttent pour la paix et la stabilité mondiales. Depuis la guerre de Corée en 1950, les Canadiens ont joué un rôle de premier plan dans la quête d'une paix durable.

La guerre de Corée

Après la Deuxième Guerre mondiale, les États-Unis et l'Union soviétique se sont partagé la Corée qui était sous domination japonaise. Les premiers ont occupé la Corée du Sud et la seconde, la Corée du Nord. Il était prévu que la Corée serait un jour unifiée et indépendante. Mais en juin 1950, les Nord-Coréens ont envahi la Corée du Sud avec 100 000 hommes équipés d'armes russes. Plusieurs Américains y voyaient un autre exemple d'agression communiste internationale. Les États-Unis ont demandé au Conseil de sécurité des Nations Unies de discuter de la situation en Corée au cours d'une assemblée extraordinaire. L'Union soviétique boycottait alors le Conseil de sécurité pour protester contre l'exclusion de la République populaire de Chine au sein de l'ONU. En l'absence des Soviétiques, les États-Unis ont exigé que l'ONU déploie une armée pour défendre la Corée du Sud. Le Conseil de sécurité a rapidement décidé d'envoyer en Corée du Sud des forces des Nations Unies sous commandement américain. Bien que 14 pays membres de l'ONU aient fourni des troupes à l'opération, les États-Unis étaient de loin les mieux représentés.

Le Canada a d'abord envoyé trois contre-torpilleurs et un escadron de transport aérien, puis des troupes terrestres. Au cours des trois longues années qu'ont duré les hostilités, 22 000 Canadiens ont combattu en Corée. On a compté plus de 1 000 blessés et au-delà de 300 morts dans leurs rangs. Les tirs ont cessé la nuit du 27 juillet 1953, mais la Corée est restée divisée.

Hyperliens

www.dlcmcgrawhill.ca

Visite le site Internet dont l'adresse apparaît ci-dessus pour parfaire tes connaissances sur les Canadiens qui ont combattu à la guerre de Corée. Clique sur ***Matériel complémentaire/Primaire et secondaire***, puis sur ***Regard sur le Canada***, et on t'indiquera où aller ensuite.

L'Égypte et la crise de Suez : l'ONU et le maintien de la paix

Peu de temps après la trêve de la guerre de Corée, le Canada est devenu une véritable « **puissance moyenne** » capable d'agir comme médiatrice. Plusieurs pays africains désiraient s'affranchir des puissances coloniales qui les dirigeaient après la Deuxième Guerre mondiale. En 1952, un nouveau gouvernement nationaliste a pris le pouvoir en Égypte, décidé à former une nation indépendante et moderne et à contrôler ses propres ressources, dont le canal de Suez.

En 1956, le président d'Égypte, Gamal Abdel Nasser, a nationalisé le canal de Suez. La Grande-Bretagne et la France, craignant la perte d'une voie d'accès vers l'Orient, se sont jointes à Israël pour attaquer l'Égypte et tenter de reprendre le canal.

L'invasion a causé un incident international. L'Union soviétique a menacé de s'allier à l'Égypte et de s'en prendre à la Grande-Bretagne et à la France. Les combats se sont intensifiés dans la zone du canal. Une guerre mondiale était à l'horizon. Lester Pearson, alors ministre des Affaires extérieures, a pris les choses en main. Il a proposé aux Nations Unies de créer une force d'urgence à Suez pour « pacifier les frontières en attendant un règlement politique ». L'idée a reçu un accueil positif par les Nations Unies. Quelques jours plus tard, les belligérants s'étaient retirés de la zone de combat pour faire place aux Casques bleus des Nations Unies. La paix est ainsi revenue sur les rives du canal de Suez et les Nations Unies avaient prouvé leur valeur. En 1957, Pearson a reçu le prix Nobel de la paix pour son intervention.

Après la crise de Suez, le Canada a continué de remplir son rôle de médiation et de maintien de la paix. De 1960 à 1964, plusieurs troupes et citoyens canadiens participaient à des programmes de maintien de la paix des Nations Unies au Zaïre, nouveau pays indépendant d'Afrique aujourd'hui appelé Congo. En 1964, lorsque les affrontements entre Turcs et Grecs sur l'île de Chypre semblaient annoncer une guerre, le Canada s'est porté volontaire pour envoyer des forces de maintien de la paix. Les troupes canadiennes, avec leurs casques bleus aujourd'hui bien connus, ont réussi à tracer une ligne de démarcation entre les deux camps. Ceux-ci ont su respecter cette « ligne verte » tout au long de l'intervention des Nations Unies. Le Canada a également participé aux commissions

Voici un membre des Casques bleus en poste. Pourquoi les membres des forces de maintien de la paix portent-ils tous des casques ou des bérets bleus et conduisent-ils des véhicules blancs ?

Canal de Suez

Pourquoi la prospérité économique d'un si grand nombre de pays dépendait-elle autant de la situation géographique du canal de Suez ?

d'enquête des Nations Unies au Viêtnam, au Yémen et au Cachemire. Lors d'un nouveau conflit armé entre Israël et ses voisins arabes en 1967, le Canada s'est à nouveau porté volontaire pour envoyer des forces de maintien de la paix. Le Canada a participé à toutes les missions de maintien de la paix des Nations Unies depuis 1956.

La course des armements nucléaires en crise

L'Union soviétique a fait exploser des bombes nucléaires en 1949 et en 1953, marquant ainsi le début de la course aux armements. Au milieu des années 1950, les armées américaine et soviétique avaient accumulé d'énormes quantités de bombes à hydrogène, plus neuves, plus imposantes et beaucoup plus dévastatrices. Les dirigeants des deux camps menaçaient de déployer leur arsenal nucléaire. Afin de lancer leurs bombes, les deux camps avaient créé d'immenses flottes de bombardiers à long rayon d'action ainsi que des systèmes de défense aérienne pour s'en protéger. Partout en Amérique du Nord, les gouvernements et les citoyens construisaient frénétiquement des abris nucléaires dans des coins reculés, sous de gros édifices et même dans leurs sous-sols. En 1956, un stratège américain a qualifié l'impasse provoquée par l'accumulation énorme d'armements d'un nom et d'un acronyme terrifiants : Mutually Assured Destruction (destruction mutuelle assurée), ou MAD.

Au cours des années 1950, le Canada et les États-Unis ont collaboré à la construction d'un système d'emplacements radar nommé le réseau d'alerte avancé, ou réseau DEW (de l'anglais « Distant Early Warning ») et des bases d'avions de combat dans le Nord canadien pour détecter et intercepter les bombardiers soviétiques. Un système plus important, North American Air Defence (NORAD), a été établi en 1957 pour assurer la coordination des programmes de défense aérienne. Au cours de la même année, la guerre froide s'est de nouveau intensifiée. L'Union soviétique a utilisé une fusée balistique pour lancer le premier satellite artificiel de la Terre, le *Spoutnik*.

Les missions canadiennes de maintien de la paix

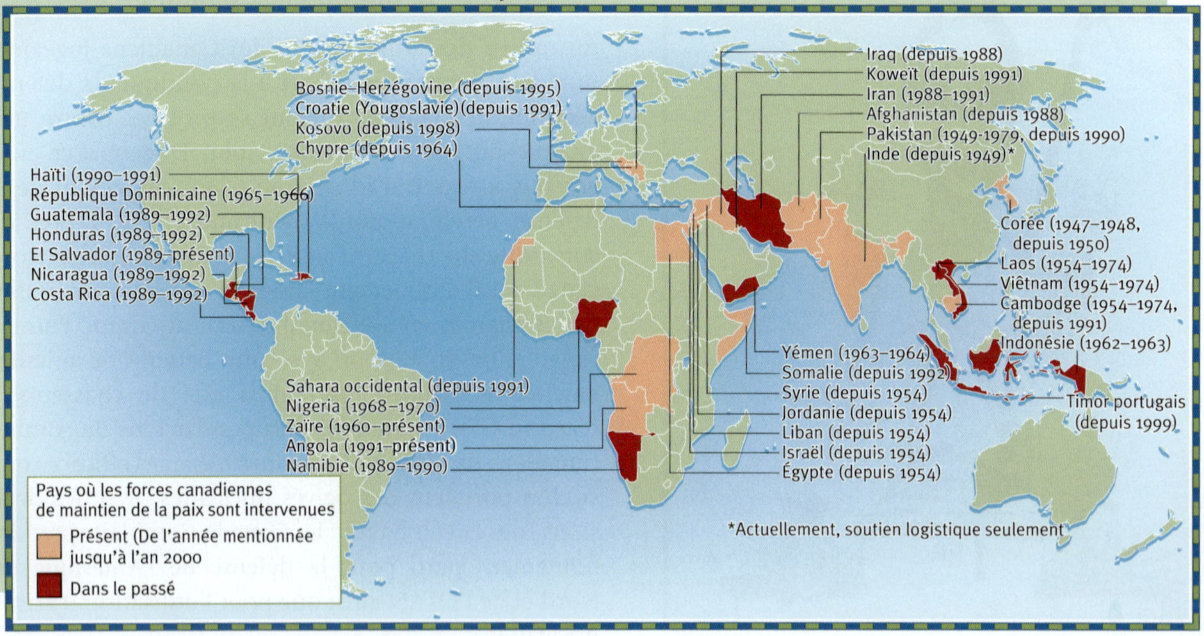

La participation du Canada à des missions de maintien de la paix.

Le *Spoutnik* était la preuve que les Soviétiques pouvaient utiliser des missiles pour envoyer des ogives nucléaires en plein cœur de l'Amérique. De leur côté, les États-Unis mettaient tout en œuvre pour ne pas céder la place aux Soviétiques. Les militaires soviétiques et américains s'efforçaient de produire des **missiles balistiques** de plus en plus imposants pour transporter des charges de plus en plus meurtrières. Tout était en place pour qu'une confrontation entre les deux superpuissances menace réellement la planète d'une destruction totale.

La crise de Cuba

En 1959, les forces communistes cubaines dirigées par Fidel Castro ont réussi à renverser le gouvernement proaméricain de Cuba, une île située à 150 kilomètres à peine au sud des États-Unis. Castro avait accepté le soutien économique et militaire que l'Union soviétique avait envoyé à Cuba. De 1959 à 1962, les rapports entre les États-Unis et Cuba et son allié, l'Union soviétique, se sont progressivement envenimés. Puis, en octobre 1962, les États-Unis ont découvert que l'Union soviétique installait des missiles contenant des ogives nucléaires à Cuba. Le monde entier regardait avec anxiété le président américain John F. Kennedy et le chef de l'Union soviétique Nikita Khrouchtchev menacer tour à tour de déclencher une guerre nucléaire. Des unités aériennes américaines et canadiennes étaient mises en « alerte rouge », prêtes à attaquer si les navires de ravitaillement soviétiques en route vers Cuba refusaient de faire demi-tour. Fort heureusement, la crise de Cuba s'est terminée soudainement grâce au retrait des missiles soviétiques. Malgré le relâchement des tensions, on savait de chaque côté du rideau de fer que l'ère de la destruction complète de la vie était arrivée.

L'élaboration d'une politique extérieure canadienne autonome

Au cours des années 1940 et 1950, les politiques extérieures du Canada et des États-Unis partageaient toujours les mêmes objectifs, surtout lors de la campagne américaine contre les communistes. Par son

Quel message le caricaturiste véhicule-t-il à propos de la course aux armements ? Est-ce que tu trouves ce message pessimiste ou réaliste ?

adhésion à l'OTAN et à NORAD, le Canada soutenait les décisions militaires et la politique extérieure des États-Unis. La participation canadienne au maintien de la paix en Égypte et au Liban, qui avait réussi à pacifier une situation qui risquait d'être explosive, semblait également représenter un appui à la politique extérieure américaine. À la fin des années 1950, toutefois, les rapports plutôt inégaux entre les deux pays étaient devenus extrêmement tendus. Sous l'effet de pressions américaines, le Canada avait annulé son projet de l'avion supersonique Avro Arrow et installé des missiles américains Bomarc en sol canadien, au grand mécontentement des nationalistes canadiens. De plus en plus, les journalistes canadiens refusaient de critiquer les gouvernements communistes, comme le voulait la politique américaine. En 1959, le journal canadien *The Globe and Mail* a accepté l'offre de la Chine et est devenu le premier quotidien de l'Ouest à se rendre en République populaire de Chine. Malgré la réaction des Américains, Ottawa a entretenu des rapports diplomatiques avec le gouvernement communiste de Castro et des sociétés canadiennes sont demeurées actives à Cuba.

La controverse des missiles Bomarc

Au milieu des années 1950, les Canadiens jugeaient qu'il leur suffisait de s'allier à la politique de défense aérienne des États-Unis pour se protéger contre une attaque nucléaire soviétique. John Diefenbaker avait accepté, à regret, d'adhérer au Commandement de la défense aérienne nord-américaine (NORAD) et de construire un réseau d'alerte à distance dans le Nord canadien. Il a également laissé les Américains installer des Bomarc-B en sol canadien et il a équipé l'armée canadienne en Europe avec une batterie de missiles américains Honest John ainsi que de chasseurs à réaction CF-140 pour les groupes d'avions de combat canadiens de l'OTAN. Ces armes n'étaient efficaces que si elles portaient des ogives nucléaires. Avec les décisions de Diefenbaker, le Canada semblait prendre fermement parti pour la défense de l'Amérique du Nord et de l'OTAN ainsi que pour l'utilisation d'armes nucléaires.

Toutefois, le premier ministre a refusé d'équiper les missiles et les avions des forces canadiennes d'armes nucléaires américaines. La présence d'armes nucléaires au Canada avait en effet soulevé un déluge de protestations. La Fédération du commonwealth coopératif (FCC), le Parti libéral, les groupes de femmes et les intellectuels, en particulier, s'opposaient vivement aux armes nucléaires. Le premier ministre a déclaré à Kennedy « qu'étant donné l'opinion publique au

Malgré une sympathie apparente, John Kennedy et John Diefenbaker ne s'entendaient pas. Quel impact la position du Canada par rapport à Cuba a-t-elle eu sur les relations entre les deux chefs ?

La technologie

L'AVRO ARROW

Au plus fort de la guerre froide, dans les années 1950, la possibilité d'une attaque soviétique inquiétait beaucoup les Canadiens. Pour se protéger, le Canada avait besoin d'avions supersoniques modernes. Les CF-100 que l'aviation utilisait depuis 1953, bien que fiables, étaient lents et désuets. En 1949, déjà, le gouvernement canadien avait donné son appui à la société A.V. Roe, qui projetait de construire l'un des avions supersoniques les plus rapides au monde : l'Arrow.

L'avion conçu par la société A.V. Roe était un bimoteur capable de voler quelles que soient les conditions météorologiques. On disait que c'était l'intercepteur le plus rapide et le plus perfectionné de l'époque. Les pilotes d'essai vantaient sa vitesse et sa maniabilité. Malgré la réputation de l'Arrow, le gouvernement en a fait cesser la construction le 20 février 1959, éliminant ainsi 14 000 emplois. Il se trouvait au nombre des chômeurs des scientifiques et des ingénieurs de premier plan qui ont quitté le Canada pour trouver un emploi dans le programme spatial américain de la NASA.

Pourquoi le gouvernement a-t-il renoncé à un avion qui avait autant de potentiel ? À cause, peut-être, des coûts élevés du projet. À l'origine, on estimait à deux millions de dollars le coût de production d'un appareil. À ce prix, le Canada pouvait s'attendre à exporter l'Arrow et il a résolu d'en faire construire environ 600. En cours de production, cependant, les coûts ont augmenté de 600 % et se sont établis à 12,5 millions de dollars par avion. Par conséquent, le gouvernement n'a pas réussi à vendre l'Arrow sur les marchés internationaux. Il a abandonné l'Arrow et a opté pour le chasseur Voodoo F-101, de fabrication américaine.

Le gouvernement, alors dirigé par John Diefenbaker, a été sévèrement critiqué. Les Canadiens lui reprochaient d'avoir fait des chômeurs, d'avoir porté un dur coup à l'industrie aéronautique du pays et de s'en remettre encore une fois à la technologie militaire des Américains. Quel conseil aurais-tu donné au premier ministre Diefenbaker ? Est-ce que son gouvernement a eu raison d'abandonner le projet ?

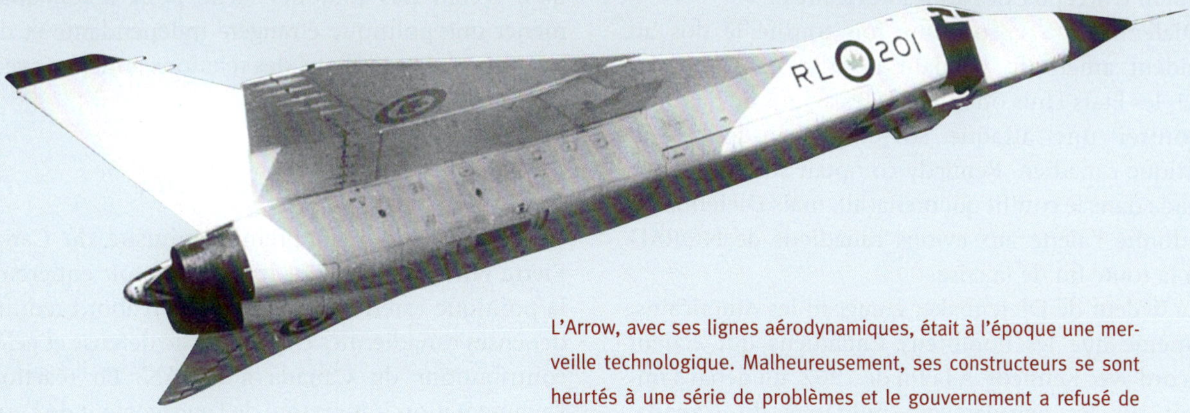

L'Arrow, avec ses lignes aérodynamiques, était à l'époque une merveille technologique. Malheureusement, ses constructeurs se sont heurtés à une série de problèmes et le gouvernement a refusé de l'acheter.

Un missile Bomarc-B américain à North Bay, en Ontario. Puisque le Canada s'en remettait aux États-Unis pour sa puissance militaire, crois-tu que le pays se devait d'accepter les missiles américains ?

Canada, il serait politiquement impossible en ce moment d'accepter des armes nucléaires ».

Diefenbaker a encore une fois tourné le dos au président américain pendant la crise de Cuba. En 1962, les États-Unis ont préparé les avions de NORAD à contrer une attaque soviétique au-dessus de l'Arctique canadien. Kennedy comptait sur l'appui du Canada dans le conflit qui menaçait, mais Diefenbaker n'a donné l'alerte aux avions canadiens de NORAD qu'à la toute fin de la crise.

La tiédeur de Diefenbaker enrageait les Américains, de même que les nombreux Canadiens qui étaient d'accord avec Kennedy. À la fin de 1962, un débat s'imposait sur les engagements militaires du Canada. Le Nouveau Parti démocratique (NPD), nouvellement issu de la FCC, s'opposait fermement à l'utilisation d'armes nucléaires. Le chef libéral Lester Pearson, qui lui aussi s'était prononcé contre les armes nucléaires, avait changé d'opinion et appuyait maintenant les ogives nucléaires. Le premier ministre Diefenbaker restait indécis et a prononcé à la Chambre des communes un discours ambigu qui pouvait être interprété dans un sens comme dans l'autre. Conséquemment, en février 1963, son gouvernement a fait l'objet d'un vote de censure sur la question des armes nucléaires. Lorsque les libéraux ont pris le pouvoir, le premier ministre Lester Pearson a discrètement accepté les armes nucléaires obsolètes.

Divergences sur le Viêtnam

Les rapports entre Lester Pearson et le gouvernement américain n'ont pas toujours été faciles, particulièrement au cours d'un affrontement direct avec le président Lyndon Johnson à propos de la guerre du Viêtnam, un conflit aussi sanglant que décrié. Dans un discours prononcé à l'Université Temple de Philadelphie, en 1965, Pearson a incité aimablement les Américains à « repenser leur position » quant aux bombardements au Viêtnam du Nord. Lyndon Johnson était furieux. On s'est empressé d'arranger les choses, mais les tensions persistaient. En effet, de plus en plus de Canadiens s'élevaient contre l'action militaire américaine au Viêtnam. Les manifestants américains et les « insoumis » qui fuyaient le service militaire obligatoire se réfugiaient au Canada. Les fonctionnaires canadiens refusaient toutes les tentatives américaines pour obliger le retour des insoumis aux États-Unis. Ces incidents rappelaient aux Canadiens qu'il n'était pas toujours facile pour le Canada de mener une politique étrangère indépendante et d'entretenir en même temps des relations amicales avec les États-Unis.

Une nouvelle politique extérieure

En 1968, le nouveau premier ministre du Canada, Pierre Elliott Trudeau, a décidé de revoir entièrement la politique extérieure du pays. Il a d'abord réduit les dépenses canadiennes en matière de défense et gelé les contributions du Canada à l'OTAN. En réaction à l'augmentation importante de l'engagement de l'armée américaine au Viêtnam, Trudeau voulait s'éloigner de la politique officielle des États-Unis. Il est devenu le premier leader de l'Ouest à rencontrer l'ennemi

Dans les années 1960, les Canadiens étaient conscients des dangers de la course aux armements nucléaires. Aurais-tu fait partie d'une manifestation antinucléaire comme celle-ci ? Si oui, pourquoi ? Sinon, pourquoi ?

suprême des États-Unis, Fidel Castro. Au cours de cette visite, les fonctionnaires du gouvernement ont élargi les relations commerciales et touristiques entre le Canada et Cuba. Trudeau a également tenté de créer des liens plus profitables avec d'autres nations, entre autres les membres de la Communauté économique européenne.

En 1970, le Canada a reconnu officiellement la République populaire de Chine et a appuyé son adhésion à la Société des Nations. Trudeau annonçait ainsi une nouvelle politique extérieure canadienne et défiait la politique américaine qui refusait de reconnaître le Parti communiste chinois comme gouvernement officiel. Le Canada a également tenté d'élargir les rapports commerciaux avec la Chine, le Japon et les autres pays asiatiques du Pacifique et d'en établir de nouveaux. Trudeau a de plus effectué une visite d'amitié de l'Union soviétique afin de promouvoir des échanges culturels et de conclure de nouvelles ententes commerciales avec les nations du Pacte de Varsovie de l'Europe de l'Est.

L'adhésion du Canada à des organismes internationaux

Dans le cadre de leurs engagements en matière de défense pendant la guerre froide, les Forces armées canadiennes ont participé activement à des exercices militaires et des échanges avec leurs alliés de l'OTAN. Au cours des années 1950 et 1960, le Canada maintenait toujours des troupes prêtes à combattre en Allemagne. De plus, le Nord canadien, dont la géographie et le climat rappelaient l'Union soviétique, était devenu un lieu important pour l'entraînement des troupes de l'OTAN. La marine, l'armée et l'armée de l'air canadiennes ont joué des rôles importants au cours de jeux de guerre qui servaient de préparation à une guerre mondiale pressentie. Les Forces armées canadiennes et américaines collaboraient également à l'expansion des systèmes d'alerte et de défense de NORAD dans le Nord canadien. Le Canada a de plus approfondi son rôle de médiateur afin de traiter de questions autres que la guerre. Depuis 1931, le gouvernement canadien était membre actif d'un organisme regroupant d'anciennes colonies britanniques et devenu le Commonwealth.

Le Canada ainsi que d'autres nations prospères du Commonwealth, comme la Grande-Bretagne, l'Australie et la Nouvelle-Zélande, ont contribué à l'établissement de programmes d'aide et de développement pour les pays les moins prospères parmi les membres. Dans les années 1950, le Canada a contribué au plan Colombo, qui fournissait une aide précieuse aux nations asiatiques du Commonwealth. Les Canadiens ont aidé à construire des fabriques, des centrales énergétiques et des projets d'irrigation au Pakistan, en Inde et au Sri Lanka. Des échanges culturels, des festivals et des compétitions sportives d'envergure ont contribué à tisser d'autres liens importants entre les membres du Commonwealth.

Depuis le milieu des années 1960, le Canada a également développé des liens avec un organisme regroupant les nations francophones, la Francophonie. Des leaders du tiers-monde avaient, en 1960, lancé l'idée de former un regroupement international basé sur le partage d'une langue commune, le français. Au cours des années qui ont suivi, de nombreux organismes ont été mis sur pied, comme l'Association des Universités Partiellement ou Entièrement de Langue Française (1961), l'Association internationale des parlementaires de langue française (1967), etc. En 1970, a été fondée l'Agence de coopération culturelle et technique, le premier organisme intergouvernemental de la Francophonie et dont le Canada a été un membre

L'Empire britannique a été remplacé en 1931 par le Commonwealth britannique. Depuis lors, de nombreuses rencontres ont eu lieu entre le monarque régnant et les chefs d'État des anciennes colonies britanniques. Qu'est-ce que la coopération avec les autres pays du Commonwealth peut apporter au Canada ?

fondateur. Cette agence porte depuis 1996 le nom d'Agence de la Francophonie. En 1986 a eu lieu à Paris le premier sommet qui réunissait les chefs d'État et de gouvernement des pays d'Europe, d'Amérique, d'Afrique et d'Asie qui font partie de la Francophonie. Le Québec et le Nouveau-Brunswick ont obtenu le statut de gouvernement participants au sein de l'Agence et ont tous deux été les hôtes du Sommet de la Francophonie, à Québec en 1987 et à Moncton en 1999. Après des débuts modestes, les contributions du Canada à des programmes d'aide, tout particulièrement pour les nations francophones de l'Afrique de l'Ouest, ont augmenté de plus en plus, pour former aujourd'hui une part considérable du budget canadien réservé à l'aide extérieure.

Les programmes d'aide extérieure du Canada

Bien que certaines des nouvelles nations qui ont vu le jour après la Deuxième Guerre mondiale soient stables et autosuffisantes, de nombreux pays sont non seulement instables, mais souffrent d'une pauvreté désespérante occasionnée par la rareté de leurs ressources, par les lacunes de leur commerce et de leur industrie et par l'accroissement considérable de leur population. L'éducation et la formation professionnelle y sont grandement insuffisantes. La population de certains pays est privée de nourriture, de logement, de vêtements, d'eau potable et de soins médicaux. Au fil des ans, les Canadiens se sont efforcés d'éliminer la pauvreté et d'aider les pays en difficulté à affermir leur économie. Pendant longtemps, les principaux volontaires qui travaillaient à améliorer le sort des populations du tiers-monde étaient des membres des communautés religieuses. Bon nombre de communautés religieuses catholiques se sont impliquées dans des missions en Afrique, en Asie et en Amérique du Nord ou du Sud : les Missionnaires d'Afrique (sœurs Blanches et pères Blancs), les Oblats, les frères et les sœurs de la Charité, les Franciscains et les Franciscaines, les Jésuites, etc. Un Jésuite, le père Jean Boubhard, a d'ailleurs été le fondateur en 1958 du Centre d'études missionnaires, devenu par la suite le Centre canadien d'étude et de coopération internationale. Une autre personnalité, le cardinal Paul-Émile Léger, s'est distinguée à cette époque pour son travail envers la populations du tiers-monde, notamment en Afrique. Outre les communautés religieuses, des milliers de jeunes bénévoles canadiens ont participé à des programmes d'aide au tiers-monde durant ces années. Des organismes privés tels que le Service universitaire canadien outre-mer (SUCO) et l'Entraide universitaire mondiale du Canada (EUMC) ont apporté une assistance financière et technologique aux pays en voie de développement.

Le Canada cherche toujours à venir en aide aux pays du tiers-monde. Le gouvernement canadien a créé l'Agence canadienne de développement international (ACDI) afin d'aider et d'apprendre des pays en voie de développement.

Dans les années 1950, le gouvernement canadien consacrait des ressources modestes à l'aide au développement. Par exemple, en 1957, le budget de l'aide au développement s'établissait à 50 millions de dollars. Toutefois, l'aide au développement a augmenté et s'est diversifiée dans les années 1960, lorsque Lester Pearson était au pouvoir. Le Canada a alors commencé à fournir de l'aide alimentaire, à consentir des prêts à faible taux d'intérêt pour les projets de développement économique et à offrir des bourses d'études et de l'aide technique aux gens du tiers-monde. En 1968, le Canada a créé l'Agence canadienne de développement international **(ACDI)**, qu'il a chargée de coordonner tous les projets d'aide canadiens, qu'ils émanent d'organisations gouvernementales ou non gouvernementales.

Les organisations non gouvernementales **(ONG)** sont des groupements privés qui commanditent des programmes d'aide. Les ONG reçoivent un peu d'argent de l'ACDI, mais la majeure partie de leurs revenus provient des dons de particuliers. Parmi les ONG les plus connues, on retrouve la Société canadienne de la Croix Rouge, CARE Canada, Oxfam-Québec et Oxfam-Canada, le Unitarian Service Committee of Canada et l'Aide à l'enfance-Canada.

La place du Canada sur la scène mondiale

De 1945 à 1970, le Canada a pris une place importante sur la scène mondiale. Les Canadiens ont participé activement à tous les conseils et à toutes les agences des Nations Unies. Le concept et la pratique du maintien de la paix proviennent du Canada et les Forces armées canadiennes ont participé à toutes les missions de maintien de la paix des Nations Unies. Les Canadiens se sont profondément engagés dans les problèmes et les conflits de la guerre froide. Dans les années 1960, alors que le Canada devenait de plus en plus multiculturel et encore plus déterminé à se protéger de l'influence culturelle et économique des Américains, il fallait trouver une nouvelle voie. En s'affranchissant des liens étroits qu'il entretenait avec les attitudes et les politiques américaines, le Canada a développé sa propre politique extérieure. Le Canada a ainsi précisé son rôle de médiateur international ainsi que sa volonté d'aider au développement de nations défavorisées et de lutter pour la protection des droits humains.

Le tribut du Canada

L'EXPOSITION UNIVERSELLE DE 1967

En 1962, lorsque l'Union soviétique a décidé de ne plus accueillir l'exposition internationale de 1967, le maire de Montréal, Jean Drapeau, a proposé que Montréal en soit le site. Drapeau a donc présenté un projet au Bureau International des Expositions (BIE). Le BIE a accordé l'exposition de 1967 au Canada, la première exposition de ce type en Amérique du Nord.

L'Exposition universelle de 1967 était le résultat d'une entente entre trois parties, soit le gouvernement fédéral (50 %), le gouvernement du Québec (37,5 %) et la ville de Montréal (12,5 %). Lors d'une rencontre pour choisir un thème central et développer la philosophie de l'Exposition, les trois gouvernements ont préféré « Terre des hommes », qui permettait de représenter toute l'étendue de l'activité de l'humanité contemporaine.

Il fallait ensuite trouver un site. Après avoir étudié plusieurs propositions, on a choisi d'agrandir l'île Sainte-Hélène, située au centre du Saint-Laurent, et de créer une nouvelle île, l'île Notre-Dame, spécialement pour l'occasion. Pour ce faire, on aurait recours à de la terre du fond du Saint-Laurent et issue de l'excavation du nouveau métro. Ensemble, ces deux îles formeraient le site de l'Exposition universelle de 1967.

Les pays qui désiraient participer à l'Exposition universelle de 1967 devaient construire leur propre pavillon ou travailler de concert avec d'autres pays pour former un pavillon régional. En tout, 120 gouvernements étaient représentés à l'Exposition et répartis dans 60 pavillons. De plus, des milliers d'exposants privés et de commanditaires ont coopéré pour installer des expositions dans 50 pavillons privés. À la fin de l'événement, le 27 octobre 1967, plus de 50 millions de personnes avaient franchi les portes de l'Exposition — près de deux fois plus de gens que ce que les organisateurs avaient prévu.

Que pouvait-on voir à l'Exposition universelle de 1967 ? Il s'agissait d'une exposition internationale spectaculaire sur l'art, la musique, l'architecture, la nourriture, les langues, la couleur, les gens, la littérature, la sculpture, l'histoire, la haute technologie et la politique. À vrai dire, on y retrouvait tout ce que l'expression « Terre des hommes » pouvait évoquer. C'était surtout une façon magnifique de célébrer et d'honorer le centenaire du Canada.

En bref, l'Exposition universelle de 1967 a remporté un succès sans précédent pour une exposition internationale, par le nombre de visiteurs, par le nombre de pays participants et par les éloges de tous ceux qui ont visité Montréal au cours de cette fabuleuse période d'avril à octobre 1967. Quelle façon admirable de célébrer le centenaire du pays !

Richard B. Gibb

RICHARD B. GIBB A VISITÉ L'EXPOSITION UNIVERSELLE DE 1967 DANS SA JEUNESSE. IL EST AUJOURD'HUI UN PROFESSEUR D'HISTOIRE À LA RETRAITE ET VIT PRÈS DE FEVERSHAM, EN ONTARIO.

Récapitulation

RÉSUMÉ DU CHAPITRE

Dans ce chapitre, tu as appris :

- que l'escalade de la guerre froide a donné lieu à une course aux armements nucléaires;
- que le Canada a amorcé sa longue participation, aujourd'hui reconnue, aux missions de maintien de la paix des Nations Unies en 1956;
- qu'au cours des années 1960, le Canada a développé sa propre politique extérieure et son rôle indépendant de médiateur de puissance moyenne sur la scène internationale;
- que le Canada a augmenté graduellement son soutien financier aux programmes d'aide à plusieurs pays en voie de développement au cours des années 1960.

RÉSUME TES CONNAISSANCES

1. Explique l'importance historique des personnes, des lieux ou des événements suivants :

Maccarthysme	Politique extérieure
Canal de Suez	Avro Arrow
MAD	Commonwealth
Réseau d'alerte avancé	Francophonie
NORAD	ACDI
Crise de Cuba	

2. À l'aide d'un diagramme de cause à effet, démontre l'impact de l'explosion d'armes nucléaires par l'Union soviétique sur l'équilibre international pendant la guerre froide.
3. Explique pourquoi la victoire des communistes chinois était si importante pour les deux superpuissances en 1949 et pour les nouvelles nations du monde.
4. Imagine que tu te retrouves au sein du comité de sélection pour le prix Nobel. En regard des figures et des événements importants de l'année (1957), tu crois qu'il faudrait remettre un prix à Lester Pearson. Écris un texte d'une page pour défendre ton choix en soulignant le travail de Pearson, particulièrement la création du concept de maintien de la paix.
5. Décris les objectifs principaux de la politique extérieure du Canada pendant l'après-guerre. Dresse une liste et décris quatre exemples de la politique étrangère du Canada avant 1970.
6. Explique ce que signifie la position de « puissance moyenne » pour le Canada.

EXPRIME TON OPINION

1. Si les armes nucléaires n'avaient jamais été inventées, crois-tu que l'on aurait assisté à une guerre importante entre les États-Unis et l'Union soviétique suivant la Deuxième Guerre mondiale ? Explique ta réponse. Quelle aurait été la cause des tensions entre ces deux superpuissances ?
2. En tant que puissance moyenne, quel rôle le Canada devrait-il jouer pour garantir la paix mondiale et la stabilité économique ? Le Canada devrait-il jouer un rôle avant tout militaire ou non militaire dans les affaires internationales ? Explique ta réponse.
3. Les pays prospères ont-ils le devoir moral d'aider les pays pauvres ? Quelles seraient les conséquences possibles (pour les pays riches comme pour les pays pauvres) du refus des pays riches de venir en aide aux pays pauvres ?
4. On parle souvent des deux décennies de l'après-guerre comme de « l'âge d'or » de la politique extérieure du Canada. Est-ce exact ? Explique ta réponse.

ANALYSE LES FAITS HISTORIQUES

1. Au cours des années 1960 et 1970, les intervenants canadiens en développement international se rendaient souvent en Afrique pour aider les habitants à creuser des puits d'eau potable pour l'irrigation et pour d'autres usages. Malgré toutes leurs bonnes intentions, ces intervenants ont parfois créé des problèmes pires que ceux qu'ils tentaient de régler. Pourquoi ?

Révision de la partie 5

PLEINS FEUX SUR LE PASSÉ

RÉVISE LES FAITS HISTORIQUES

1. De 1945 à 1968, trois premiers ministres ont dominé la politique canadienne : Louis Saint-Laurent, John Diefenbaker et Lester Pearson. Dresse le profil de la personnalité ou dessine et identifie une caricature pour chacun de ces premiers ministres, en mettant en valeur des éléments de leur histoire, de leur personnalité, de leurs réalisations majeures et de leurs échecs les plus importants. Si tu écris un profil, utilise des sous-titres pour guider le lecteur. Si tu dessines une caricature, n'oublie pas d'ajouter des éléments qui symbolisent les divers aspects de la personnalité de chacun.

2. Imagine que deux amis, un anglophone et un francophone, Québécois tous les deux, sont devant l'hôtel de ville de Montréal lorsque le président de la France, Charles de Gaulle, s'écrie : « Vive le Québec libre ! » Écris le dialogue qui pourrait se dérouler entre les deux amis suivant la phrase du général de Gaulle.

3. Crée un collage pour illustrer les différences entre les adolescents des années 1950 et des années 1960. Utilise des photos, des articles de journaux, des feuilles de musique, des pochettes de disques et des affiches publicitaires. Une fois ton collage terminé, écris un texte de 300 à 400 mots pour expliquer à laquelle de ces deux époques tu aurais le mieux aimé être adolescent.

4. Copie et remplis le tableau suivant.

L'INFLUENCE DES ÉTATS-UNIS SUR LE CANADA DE L'APRÈS-GUERRE

SPHÈRE D'INFLUENCE	EFFETS BÉNÉFIQUES	EFFETS NÉFASTES
Musique	[illegible]	[illegible]
Télévision	[illegible]	[illegible]
Politique	[illegible]	[illegible]
Économie	[illegible]	[illegible]

5. Explique l'impact du développement de la technologie, y compris les télécommunications, sur les Canadiens dans les années 1950 et 1960 et comment les nouveautés ont transformé l'économie du pays.

À TOI LA PAROLE

1. Explique les différences entre l'immigration canadienne avant et après la Deuxième Guerre mondiale. Utilise l'un des groupes d'immigrants qui se sont installés au Canada au cours des 20 années qui ont suivi la Deuxième Guerre mondiale pour démontrer comment la diversification de la population canadienne a permis d'enrichir la société grâce à la contribution de nouvelles cultures.

2. Selon certains historiens, au cours des années 1960, les Canadiens n'étaient pas conscients des dangers du racisme parce qu'ils n'étaient pas confrontés aux problèmes qui sévissaient aux États-Unis, où le racisme menait souvent à la violence. Crois-tu que le racisme était un problème qu'on choisissait d'ignorer malgré son importance ? Explique ta réponse avec des faits.

3. Pourquoi crois-tu que cette partie porte le titre « Un pays prend son essor : Le Canada de 1945 à 1968 » ? Crois-tu qu'il s'agit d'un titre qui représente bien le Canada suivant la Deuxième Guerre mondiale ? Explique ta réponse à l'aide d'exemples illustrant la croissance économique, l'engagement international et la création du régime de sécurité sociale.

ÉTABLIS DES LIENS

Tu trouveras ci-dessous une liste d'événements, de tendances ou de questions importantes au cours des années 1950 et 1960. Choisis un sujet dans trois domaines et explique en quoi il est possible de les relier.

PERSPECTIVES

1. La guerre froide et la menace de destruction totale par les armes nucléaires a fortement divisé la société nord-américaine. Certains croyaient que pour obtenir une paix durable, il fallait utiliser la force et ils étaient donc en faveur des armes nucléaires. D'autres s'opposaient aux armes nucléaires et cherchaient à obtenir la paix par la coopération et le désarmement. Écris un paragraphe en faveur de l'armement nucléaire pour obtenir la paix et un deuxième paragraphe qui valorise plutôt la destruction des armes nucléaires.

2. Au cours des années 1960, des chansons telles que *Times are a Changin'* de Bob Dylan, *My Generation* du groupe the Who et *C' est le début d' un temps nouveau* de Stéphane Venne proclamaient que les jeunes de l'Amérique du Nord n'étaient pas compris de leurs parents parce qu'ils ne partageaient pas les mêmes valeurs. C'est ce qu'on appelait souvent le conflit des générations. Invente une conversation entre un adolescent canadien des années 1960 et ses parents. Essaie de saisir l'essence de la contre-culture et le choc des valeurs entre les deux générations.

3. Les années 1960 étaient une décennie de prospérité. Les emplois abondaient, les nouveaux programmes sociaux facilitaient la vie et les Canadiens semblaient avoir tout l'argent nécessaire pour acheter les nouveaux produits qui leur étaient proposés. Mais les Canadiens ne partagent pas tous les mêmes souvenirs des années 1960. Écris deux paragraphes différents pour exprimer le point de vue de deux groupes issus de la liste ci-dessous et commençant par la phrase « Je me souviens des années 1960... »

   Les peuples amérindiens
   Les peuples inuits
   Les Canadiens asiatiques
   Les Noirs canadiens
   Les adolescents
   Les femmes
   Les travailleurs

4. Selon toi, quels groupes de Canadiens auraient tiré le plus d'avantages de la nouvelle technologie, particulièrement en télécommunications, au cours des années 1950 et 1960 ? Quels groupes auraient tiré le moins d'avantages ou auraient le plus souffert de la nouvelle technologie au cours de cette même période ? Explique ta réponse et propose des exemples.

DOMAINE INTERNATIONAL	**DOMAINE NATIONAL**	**DOMAINE RÉGIONAL**	**DOMAINE PERSONNEL**
Baby-boom	Politique extérieure	Grande noirceur	Automobile
Guerre froide	Fleuve Saint-Laurent	Banlieue	Télévision
Rapports avec les Américains	Réseau d'alerte avancé	Africville	Pensionnats
Crise de Cuba	Régime de sécurité sociale	Isolement de l'Ouest	Manifestations antinucléaires

PARTIE 6

Le Canada contemporain : de 1968 à 2000

« Ce que nous continuons de créer aujourd'hui était à l'origine un projet politique, alors que les Français rencontraient les peuples amérindiens pour la première fois il y a 450 ans. C'est une expérience ancienne, complexe et, dans l'ensemble, plutôt réussie. À tâtons dans le noir, puis filant dans la lumière, nous avons persisté dans la création d'une civilisation canadienne. »

— ADRIENNE CLARKSON, GOUVERNEURE GÉNÉRALE

CHRONOLOGIE

1970
La crise d'Octobre éclate, provoquée par les enlèvements effectués par le Front de libération du Québec.

1982
L'Acte du Canada est ratifié et la constitution canadienne est ainsi rapatriée de Grande-Bretagne.

CHAPITRE 22 : Le Canada face aux tendances mondiales
CHAPITRE 23 : L'économie canadienne
CHAPITRE 24 : La diversité culturelle canadienne
CHAPITRE 25 : L'identité canadienne

Au cours des dernières décennies du XXe siècle, le Canada est devenu un chef de file reconnu dans plusieurs domaines. À quelques reprises au cours des années 1990, les Nations Unies ont déclaré que le Canada offrait les meilleures conditions de vie au monde. Pourtant, au cours de cette période de succès semble-t-il sans précédent, la pauvreté infantile sévissait, le nombre de sans-abri était sans cesse croissant et les Canadiens étaient toujours à la recherche d'une identité commune qui permettrait d'unifier le pays. L'arrivée de millions d'immigrants des quatre coins du monde rendait de plus en plus complexe la recherche d'une identité canadienne englobante. Au cours des chapitres de cette partie, tu étudieras les triomphes et les défis du Canada de 1968 à aujourd'hui. Tu découvriras les efforts du gouvernement pour promouvoir la culture canadienne et tu seras confronté à des problèmes tels que le multiculturalisme officiel. De plus, tu apprendras l'origine de l'expression « village global » et tu comprendras davantage le rôle de la technologie pour le présent et l'avenir de nos modes de vie et de travail.

REMUE-MÉNINGES

1. Que signifie l'expression « village global » ? Comment la technologie a-t-elle contribué au développement du village global ?
2. Comment l'économie canadienne a-t-elle changé au cours des dernières décennies ?
3. Comment le Canada a-t-il modifié ses politiques quant au traitement des peuples amérindiens ?
4. Comment le nouveau profil ethnique du Canada a-t-il à la fois consolidé l'identité canadienne tout en la remettant en question ?

1992
L'Accord de libre-échange nord-américain crée un bloc commercial entre le Canada, les États-Unis et le Mexique.

2000
Le gouvernement canadien affiche de larges surplus budgétaires pour la première fois depuis plusieurs décennies.

CHAPITRE

22 Le Canada face aux tendances mondiales

De 1985 à 1987, le Canadien paraplégique Rick Hansen a traversé plus de 40 000 kilomètres dans 34 pays dans le cadre de sa tournée mondiale « L'humain en mouvement ». La tournée (ici sur la Grande Muraille de Chine) a amassé des millions de dollars et a permis de sensibiliser le monde entier à l'importance de la recherche sur la moelle épinière.

Retour aux sources

- **Pourquoi les superpuissances ont-elles amorcé un désarmement ?**
- **Quels sont les objectifs principaux de la politique étrangère du Canada ?**
- **Comment les premiers ministres Trudeau et Mulroney envisageaient-ils différemment leurs rapports avec les États-Unis ?**
- **La science et la technologie transforment-elles les rapports commerciaux du Canada avec l'étranger ?**

Termes importants

Coexistence pacifique
Désarmement
Détente
Guerres locales
Pluies acides
Village global

Chronologie

FIN DES ANNÉES 1960, DÉBUT DES ANNÉES 1970
Détente dans la guerre froide.

1983
Pierre Elliott Trudeau amorce une mission de paix internationale.

1988
L'Accord sur la coopération dans l'Arctique diminue les tensions entre les États-Unis et le Canada.

2000
À Montréal, négociations du Protocole de biosécurité des Nations Unies pour contrôler le commerce des organismes génétiquement modifiés.

Passe en revue le développement rapide du Canada au cours de la dernière moitié du XXe siècle. Aujourd'hui, les Canadiens exportent des articles aux quatre coins du monde et consomment des produits de toutes les provenances. Membres actifs d'un réseau mondial grandissant, les Canadiens ont signé des traités et des ententes dans le but d'obtenir la paix, de protéger l'environnement et de promouvoir des pratiques commerciales équitables. La Deuxième Guerre mondiale et la guerre froide qui l'a suivie ont mené la planète au seuil de la destruction. Grâce au relâchement de la guerre froide à la fin des années 1980, le Canada et le monde ont pu se tourner vers la recherche de solutions globales.

La détente et la fin de la guerre froide

Après la crise de Cuba, les superpuissances ont pris conscience des risques qu'elles couraient. Elles avaient échappé de justesse à la guerre nucléaire et elles ne tenaient pas à recommencer. À la fin des années 1960 et au début des années 1970, la **détente** a succédé à la guerre froide. Une ligne téléphonique directe a été installée entre Moscou et Washington de sorte que les dirigeants pouvaient régler entre eux tout malentendu susceptible de déclencher une guerre nucléaire de façon accidentelle.

De plus, les États-Unis et l'Union soviétique ont signé en 1963 un traité par lequel ils s'engageaient à cesser les essais atomiques. C'était le premier pas vers une politique de **coexistence pacifique**. Les deux superpuissances ont entamé ensuite une série de pourparlers axés sur le **désarmement**, visant à freiner la course aux armements et à réduire les arsenaux nucléaires. Ces négociations ont donné lieu en 1979 à la signature de deux traités sur la limitation des armes stratégiques, qui limitaient certains types d'armes nucléaires.

Bien qu'ils marquaient une étape importante de la marche vers la paix mondiale, ces traités n'ont pas mis fin à la guerre froide. Plutôt que de s'affronter directement, les deux superpuissances nucléaires ont offert un soutien militaire à d'autres pays où s'affrontaient communisme et démocratie capitaliste. Les États-Unis et l'Union soviétique ont ainsi continué à s'opposer dans des « **guerres locales** » en Asie, en Afrique et en Amérique du Sud.

Le Viêtnam, un pays divisé du sud-est de l'Asie, était sans doute le territoire le plus fortement disputé. Dans le nord du pays, les rebelles viêt-công, soutenus par la Chine et l'Union soviétique, avaient entrepris une « guerre de libération » contre l'autorité impériale française. Lorsque la France s'est retirée du Viêtnam, les États-Unis sont intervenus. Les Américains craignaient que, si le Viêtnam devenait communiste, tout le Sud-Est asiatique ne tombe aux mains des Soviétiques. Au début, les États-Unis ont tenté d'aider le gouvernement vietnamien par l'entremise de conseillers militaires, mais ces mesures étaient de toute évidence insuffisantes. Il fallait donc envoyer également des troupes américaines. À la fin de 1960, les deux camps opposés se sont affrontés dans une guerre qui n'a pris fin qu'en 1975.

Les guerres locales recevaient également de l'aide extérieure. Le Sud-Est asiatique recevait de l'aide des superpuissances et de leurs alliés. Les États-Unis et l'Union soviétique ont chacun envoyé à l'Inde, un pays neutre, des millions de dollars en aide. Le Canada a

Les tensions de la guerre froide se manifestaient aussi dans les milieux sportifs. La série de matchs de hockey opposant le Canada et l'Union soviétique est devenue la « guerre froide sur glace ». Sur la photo, Paul Henderson compte le but qui a permis au Canada de remporter la victoire, l'un des buts les plus mémorables de toute l'histoire du hockey.

contribué, par un montant de 35 millions de dollars, au plan Colombo, un programme d'aide pour les pays du Commonwealth en Asie. Les Canadiens acceptaient d'accorder de l'aide pour des raisons humanitaires, mais il s'agissait également de combattre le communisme. Le premier ministre Lester Pearson avait déclaré que « si le Sud-Est et le Sud asiatiques tombent entre les mains des communistes, les représentants de la démocratie doivent démontrer que ce sont eux, et non les Russes, qui représentent la véritable libération nationale et le progrès social et économique ».

En 1979, la guerre froide s'est à nouveau intensifiée. L'Union soviétique a placé 350 missiles à tête nucléaire en Europe de l'Est. Les États-Unis ont riposté en annonçant leur intention d'installer des missiles de croisière en Europe de l'Ouest. La même année, l'URSS a envahi l'Afghanistan. En signe de protestation, le Canada, les États-Unis et d'autres pays occidentaux ont boycotté les Jeux olympiques de Moscou en 1980. (L'Union Soviétique a boycotté à son tour les Jeux olympiques de Los Angeles en 1984.) En 1981, le président des États-Unis, Ronald Reagan, a fait de vigoureuses attaques verbales contre l'Union soviétique, qu'il a qualifiée d'« empire du mal ». Il a également évoqué les moyens de « gagner » une guerre nucléaire et il a ajouté 180 milliards de dollars au budget de la défense. Il a annoncé ensuite la création d'un programme appelé Initiative de défense stratégique (IDS). Ce programme coûteux, surnommé « Guerre des étoiles », prévoyait la construction d'engins spatiaux destinés à détruire les missiles soviétiques dirigés vers les États-Unis.

La fin de la guerre froide

Puis, une série d'événements complètement inattendus se sont produits en Europe de l'Est. À la fin des années 1980, rien n'allait plus en Union soviétique. Mikhaïl Gorbatchev, le nouveau leader de l'Union soviétique, a tenté d'effectuer des réformes nécessaires en prônant la *perestroïka,* c'est-à-dire la restructuration économique, et la *glasnost,* c'est-à-dire l'ouverture dans les affaires publiques. Ces réformes tant attendues visaient à rendre le système économique et politique de l'Union soviétique semblable à celui de l'Ouest.

Gorbatchev a relâché l'autorité que l'Union soviétique exerçait sur les pays du pacte de Varsovie. À l'automne de 1989, les Soviétiques n'ont rien fait pour empêcher la levée du « rideau de fer » qui s'étendait des Balkans à la mer Baltique. Le monde entier a assisté dans le plus grand étonnement à la chute du mur de Berlin. L'Allemagne de l'Est communiste (officiellement appelée la République démocratique allemande) a été réunie avec l'Allemagne de l'Ouest, démocratique (la République fédérale d'Allemagne).

En 1961, les autorités communistes de Berlin-Est ont décidé d'ériger un mur pour empêcher les gens de s'enfuir dans Berlin-Ouest, la partie capitaliste. En 1989, les Berlinois ont démoli le mur qui divisait leur ville en deux. Selon toi, pourquoi ont-ils mis autant d'ardeur à la tâche ?

D'autres pays du pacte de Varsovie — la Pologne, la Tchécoslovaquie et les pays baltes — se sont également dotés de gouvernements démocratiques et ont tranché les liens qui les unissaient à l'Union soviétique. En décembre 1991, l'URSS elle-même s'était décomposée en 15 États indépendants, dont la Russie, l'Ukraine, le Géorgie, la Moldavie et le Tadjikistan. Avec l'effondrement de l'URSS, la guerre froide se terminait.

La politique étrangère canadienne de 1968 à 2000

En 1968, Lester Pearson quittait le poste de premier ministre du Canada. Son expérience diplomatique après la Deuxième Guerre mondiale l'avait convaincu que le Canada se devait de participer activement aux affaires internationales. Mais en tant que puissance moyenne, le Canada ne pouvait espérer exercer autant d'influence que les pays plus puissants comme les États-Unis, la Grande-Bretagne, la France et l'Union soviétique. Le Canada agirait donc plutôt comme médiateur. Les diplomates canadiens travaillaient discrètement dans les coulisses aux Nations Unies afin de désamorcer des crises internationales, comme celle du canal de Suez, en 1956.

Lorsque le successeur de Pearson, Pierre Elliott Trudeau, a pris le pouvoir, toutefois, la situation internationale avait changé. Au sein de l'Organisation des Nations Unies qui avait pris de l'expansion, les diplomates canadiens ne jouissaient plus de la même influence qu'avant. Les pays en voie de développement, qui critiquaient la domination des superpuissances, étaient tout aussi méfiants à l'égard de leurs alliés, dont le Canada. Depuis le relâchement de la guerre froide dans les années 1960, on s'inquiétait moins de la menace soviétique.

Une fois élu, Trudeau a entrepris une révision de la politique extérieure du Canada. Le gouvernement a préparé un document, *La politique extérieure au service des Canadiens,* fixant trois objectifs, dont la croissance économique et la protection de la souveraineté canadienne. S'il demeurait important de lutter pour la paix et la sécurité mondiales, il ne fallait pas négliger les intérêts nationaux du Canada. Comme l'a déclaré un historien : « Pour Trudeau, le Canada ne serait plus le boy-scout du monde. »

Le maintien de la paix est toujours une part importante de la politique étrangère du Canada.

Les armes nucléaires et la défense

Après avoir passé en revue la politique de défense du Canada, le premier ministre Trudeau a décidé de réduire radicalement les dépenses en matière de défense et de paralyser les contributions canadiennes à l'Organisation du traité de l'Atlantique Nord. On a éliminé peu à peu les armes nucléaires du Canada. De 1970 à 1972, les forces canadiennes de l'OTAN en Europe se sont débarrassées des missiles nucléaires *Honest John*. Dans les bases allemandes, l'armée canadienne a remplacé les missiles nucléaires des avions CF-104 par des roquettes conventionnelles. Certains Canadiens ont exprimé leur désaccord, tout comme certains des alliés canadiens membres de l'OTAN.

Pendant que le gouvernement retirait peu à peu ses armes nucléaires de l'OTAN, l'armée démantelait les rampes de lancement des missiles Bomarc de NORAD dans le nord du Canada. En 1984, elle a substitué les Hornets CF-18 porteurs d'armes conventionnelles aux vieux Voodoos achetés par le gouvernement de Diefenbaker. Finalement, en juillet 1984, juste avant la fin du mandat de Trudeau, il ne restait plus d'ogives nucléaires en sol canadien.

Mais le Canada n'était pas encore entièrement à l'abri du nucléaire. Le gouvernement ouvrait encore ses ports aux navires américains porteurs d'armes nucléaires et l'industrie de la défense du Canada restait associée à celle des États-Unis. Les sociétés canadiennes continuaient d'accepter des millions de dollars pour concevoir, construire et tester des composantes nucléaires de lance-missiles et de systèmes de guidage.

Malgré les réductions militaires, le Canada participait toujours au maintien de la paix. En 1975, 1 500 Canadiens étaient en poste un peu partout dans le monde. Ils formaient la plus grande force de maintien de la paix de tous les pays du monde.

Le Canada et les pays en développement

Les puissances politiques ont exploité les ressources des régions coloniales du monde pendant des centaines d'années; au moment d'obtenir leur indépendance, plusieurs de ces colonies étaient donc extrêmement pauvres. Pendant les années 1950 et 1960, le Canada a aidé les pays en voie de développement pour des raisons humanitaires, mais aussi pour combattre le communisme. Sous le premier ministre

Un grand nombre de Canadiens travaillent dans les pays en voie de développement pour en améliorer les conditions de vie. On voit ici une infirmière canadienne qui explique à un père somalien qu'il faut boire beaucoup de liquide pour éviter la déshydratation.

Trudeau, le Canada a augmenté ses dépenses en aide extérieure. Trudeau était convaincu que, « à long terme, la menace la plus écrasante pour le Canada ne proviendra pas des investissements étrangers… ou même des armes nucléaires étrangères. Elle viendra plutôt des deux tiers de la planète qui s'éloignent de plus en plus des conditions de vie qu'ils désirent atteindre ».

Avant les années 1970, l'aide canadienne allait principalement aux pays anglophones du Commonwealth. Puis, pendant le mandat de Pierre Elliott Trudeau, le Canada a ajouté les anciennes colonies françaises à la liste des pays qu'il aidait. Trudeau, en effet, tenait à ce que la politique étrangère canadienne reflète aussi l'importance de la langue et de la culture françaises du pays. De 1960 à 1968, les 21 pays francophones d'Afrique n'ont reçu du Canada que 300 000 $ en aide technique. En 1973, en revanche, cette somme est passée à 80 millions de dollars, soit un cinquième du budget de l'Agence canadienne de développement international (ACDI). Dès lors, le Canada se classait au deuxième rang mondial après la France pour l'aide apportée aux pays francophones d'Afrique.

Grâce à des fonds de l'ACDI, le Canada aide également les pays en voie de développement grâce au Service universitaire canadien outre-mer (SUCO). Depuis 1961, plus de dix mille spécialistes canadiens ont été envoyés aux quatre coins du monde, du Bangladesh à la Bolivie. Au début, les bénévoles étaient pour la plupart des diplômés d'universités à qui l'on confiait des postes d'enseignants. Aujourd'hui, on demande plutôt au SUCO des agronomes, des ingénieurs forestiers, des experts en exploitation minière et des ouvriers spécialisés.

Les rapports canado-américains sous Trudeau

Le Canada a toujours accordé beaucoup d'importance à ses rapports avec les États-Unis. Pendant les années Pearson, on utilisait l'expression « relation spéciale » pour décrire les rapports canado-américains. Ottawa acceptait le leadership américain en matière de politique extérieure et n'essayait pas de freiner les investisseurs américains. L'American State Department parlait au nom du Canada lorsqu'une nouvelle loi débattue au Congrès risquait de compromettre les intérêts du Canada. On réglait les désaccords en coulisse par une « diplomatie discrète », sans confrontation publique.

Au seuil des années 1970, toutefois, les Canadiens acceptaient plus difficilement l'autorité américaine. Les sondages d'opinion publique dévoilaient que la quantité d'investissements américains au Canada inquiétait de nombreux Canadiens. Les États-Unis étaient aux prises avec une guerre très peu populaire au Viêtnam, les manifestations raciales étaient fréquentes

Portraits de Canadiennes et de Canadiens

MARSHALL McLUHAN: PROPHÈTE DE L'ÈRE DE L'INFORMATION

Peu importe ce qui se passait dans la salle de classe, les étudiants du professeur Marshall McLuhan à l'Université de Toronto savaient qu'ils ne s'ennuieraient pas. Né en 1911 à Edmonton, en Alberta, Marshall McLuhan était l'un des plus importants théoriciens du monde des communications. Il est surtout connu pour les expressions « le médium est le message » et « **village global** ».

Que voulait-il dire par « le médium est le message » ? Selon McLuhan, la façon dont l'information est enregistrée et transmise détermine souvent les caractéristiques d'une culture et a davantage d'influence sur les gens que le message lui-même. McLuhan s'intéressait surtout à l'influence de l'ordinateur et de la technologie sur l'humanité. La façon dont on utilise l'ordinateur pour enregistrer et transmettre de l'information a eu une plus grande influence sur nous que l'information transmise par l'ordinateur.

Prends quelques instants pour réfléchir à la puissance de la technologie Internet. Dès les années 1960, bien avant qu'Internet soit aussi répandu, McLuhan avait compris qu'un réseau d'information électronique transformerait le monde en un « village global ». Les barrières géographiques et linguistiques ont dans certains cas disparu grâce à Internet. McLuhan avait-il visé juste en prédisant que la technologie transformerait le monde en « village global » ?

Par ses théories et sa vision de l'avenir, Marshall McLuhan est reconnu comme l'un des grands intellectuels du XXe siècle.

dans les villes américaines et avaient entaché l'image de la société américaine. Pendant ce temps, l'Exposition universelle de 1967 (*voir le chapitre 21*) avait stimulé un sentiment de fierté nationale et un désir d'indépendance dans l'esprit de bien des Canadiens. Pendant son premier voyage à Washington, le premier ministre Trudeau a déclaré lors d'une conférence de presse qu'il ne souhaitait pas que le Canada devienne une « copie conforme » des États-Unis. Ce discours représentait tout à fait l'état d'esprit des Canadiens.

Les Canadiens n'ont pas eu à attendre bien longtemps pour mettre à l'épreuve leur nouveau sentiment d'indépendance. En 1969, le *Manhattan*, un superpétrolier américain, a traversé le passage du Nord-Ouest afin de savoir s'il était possible de transporter du pétrole en toute sécurité dans les eaux de l'Arctique. Ce voyage a soulevé la crainte de pollution environnementale en Arctique. Le Parlement a riposté en créant la *Loi sur la prévention de la pollution des eaux arctiques*, qui établissait une zone de 65 kilomètres sous contrôle environnemental canadien.

L'année suivante, le Canada a de nouveau mis son autonomie à l'épreuve en s'écartant de la politique officielle des États-Unis envers la République populaire de Chine. Les États-Unis, en effet, refusaient de reconnaître le gouvernement communiste que Mao Zedong avait établi en Chine continentale en 1949 et continuaient de soutenir l'ancien gouvernement en exil à l'île de Taiwan. Mais le Canada a reconnu officiellement la République populaire de Chine et a appuyé son adhésion aux Nations Unies.

La réaction des États-Unis

Au début des années 1980, l'atmosphère avait changé aux États-Unis. Ronald Reagan, élu président en janvier 1981, avait promis de « redonner sa puissance

Le premier ministre Pierre Elliott Trudeau voulait raffermir l'influence du Canada sur la scène internationale. On le voit ici avec le leader chinois Chou En-Lai.

à l'Amérique » en développant à nouveau ses effectifs militaires. Les Américains jugeaient que le Canada s'en remettait trop aux États-Unis pour sa défense et le gouvernement de Reagan a pressé le Canada de collaborer. Reagan voulait tester les nouveaux missiles de croisière dans le Nord canadien. Puisque la défense de l'Amérique du Nord était liée à l'OTAN, les alliés du Canada au sein de l'OTAN étaient eux aussi en faveur de tests en sol canadien.

L'annonce publique de la demande des Américains a soulevé beaucoup de protestations. Des pancartes contre les missiles de croisière sont apparues dans tout le pays. Malgré ces manifestations massives contre les armes nucléaires, et malgré son propre malaise, Trudeau se sentait incapable de refuser. Pour expliquer la décision du gouvernement, il a déclaré qu'à titre d'allié de l'OTAN le Canada se devait de contribuer à son programme de défense. En 1983, le Canada et les États-Unis ont signé un accord d'une durée de cinq ans qui permettait aux États-Unis d'effectuer annuellement six essais de missiles de croisière non armés dans l'espace aérien canadien. Le premier essai a eu lieu à la base de Primrose Lake, près de Cold Lake, en Alberta, en mars 1984.

La mission de paix de Trudeau

En 1983, alors que Trudeau s'approchait de sa 16e année au pouvoir, la guerre froide s'est de nouveau intensifiée. Un avion de la Korean Air Lines a été abattu alors qu'il survolait l'espace aérien soviétique. Une « guerre de mots » s'est alors amorcée entre l'Union soviétique et les États-Unis et Trudeau craignait un renouveau de la guerre froide. Après avoir élaboré une série de propositions pour mettre fin aux hostilités, il a visité de nombreuses capitales européennes, des pays du Commonwealth et la Chine afin d'obtenir un appui. Il a également contacté des dignitaires en Union soviétique et aux États-Unis.

Les deux superpuissances n'ont pas vraiment réagi. L'Union soviétique traversait un changement de leadership et le président Reagan se méfiait de Trudeau. Bien que la mission de celui-ci n'a eu que peu d'influence, le public canadien a soutenu le premier ministre, tout comme les chefs de l'opposition Brian Mulroney et Ed Broadbent.

Mulroney et les rapports canado-américains

Pierre Trudeau avait cédé à contrecœur aux États-Unis et ses relations personnelles avec Reagan étaient froides. Mais lorsque le nouveau chef du Parti progressiste-conservateur, Brian Mulroney, est devenu premier ministre peu de temps après le départ de Trudeau, les rapports entre le Canada et les États-Unis sont devenus plus chaleureux. Bien qu'il soit lui aussi originaire du Québec et qu'il soit également avocat, Mulroney ne provenait pas du même milieu que Trudeau. Il avait été cadre pour une société américaine de minerai de fer et favorisait les intérêts commerciaux. Le premier soin de Mulroney a été de raviver l'amitié entre le Canada et les États-Unis. Le 24 septembre 1984, il a dit à un journaliste américain : « De bonnes relations, d'excellentes relations avec les États-Unis seront la pierre angulaire de notre politique étrangère. »

Le jour de la Saint-Patrick, en 1985, le président Reagan s'est rendu à Québec pour s'entretenir avec le premier ministre Mulroney. Les deux hommes étaient d'ascendance irlandaise et, à la fin d'un concert de gala auquel ils ont assisté ce soir-là, ils ont entonné à l'unisson *When Irish Eyes Are Smiling*. Leur rencontre a vite été baptisée « Sommet de la Saint-Patrick ». Les deux dirigeants ont annoncé de nombreux accords, dont de nouveaux accords de défense et, dans le

À la fin des années 1970, les essais des missiles de croisière dans l'espace aérien du Canada ont soulevé une vive polémique. Déterminés à interdire le territoire canadien aux missiles, des milliers de Canadiens ont manifesté leur opposition.

domaine aérospatial, ils se sont entendus pour poursuivre les programmes de coopération canado-américaine qui avaient abouti à des réalisations comme le bras canadien des navettes spatiales.

Bien que Mulroney croyait qu'une amitié avec les États-Unis avantageait directement le Canada, il n'était pas toujours d'accord avec les Américains. Ainsi, il a refusé de participer à l'initiative de défense stratégique (IDS), ou « Guerre des étoiles », proposée par Reagan, mais a laissé le champ libre aux sociétés canadiennes qui désiraient accepter des contrats reliés à l'IDS.

Après la guerre froide

Au cours des dernières années du gouvernement Mulroney, la guerre froide a pris fin. Devant les changements importants qui se produisaient en Europe de l'Est, le monde, lassé de la guerre froide, reprenait courage. Mais de nouveaux conflits ont rapidement détruit ces rêves d'espoir. En 1990, l'Iraq a envahi le Koweït, saisissant ainsi des gisements de pétrole d'une grande importance pour les pays occidentaux : le golfe Persique était en guerre. Les Nations Unies ont condamné l'invasion et ont envoyé des troupes qui sont parvenues à repousser les forces irakiennes.

La crise des Balkans

Une autre crise majeure a eu lieu, cette fois dans les Balkans, où la Yougoslavie s'est trouvée divisée par de violents conflits ethniques. Après la mort du leader yougoslave Joseph Tito, aucun chef d'envergure ne s'est présenté pour prendre la relève. Les troubles économiques et financiers créaient de nombreux obstacles pour ses successeurs, qui ont exploité les conflits ethniques et nationaux pour saisir le pouvoir. En 1991, deux des six républiques de la Yougoslavie, la Slovénie et la Croatie, ont déclaré leur autonomie, statut vite reconnu par les Nations Unies.

La Bosnie, où 40 % de la population était musulmane, était la prochaine région à déclarer son indépendance. La minorité serbe de la région a réagi violemment à la déclaration d'indépendance bosniaque et, en 1992, la Bosnie était devenue le principal foyer de la guerre civile. Après trois années de luttes intenses, les camps opposés ont finalement accepté les accords de Dayton, négociés grâce au secours de diplomates américains. Selon cette entente, la Bosnie se trouvait divisée en une région musulmane-croate et

Le premier ministre Mulroney et le président Ronald Reagan étaient unis par une amitié personnelle. Quels sont les avantages et les inconvénients d'une alliance entre le Canada et les États-Unis ?

Les innovations comme le bras articulé de la navette spatiale témoignent du talent des scientifiques canadiens. Connais-tu d'autres exemples qui démontrent que le Canada se situe à l'avant-garde de la technologie ?

une république serbe, avec un gouvernement central à Sarajevo. Malgré cette entente, seule la présence de troupes des Nations Unies (y compris un contingent canadien) a pu prévenir un retour à la violence.

Jean Chrétien devient premier ministre

À l'époque des accords de Dayton, Brian Mulroney n'était plus premier ministre. Il avait démissionné en 1993 et Kim Campbell avait brièvement pris la relève. Mais les conservateurs de Campbell ont perdu les élections de septembre et les libéraux ont formé un nouveau gouvernement sous la direction de Jean Chrétien. Le gouvernement Chrétien a consulté de nombreux groupes et citoyens canadiens pour connaître leur opinion sur la politique étrangère du Canada. Le maintien de la paix, l'aide extérieure, les marchés ouverts, les droits de la personne et le rôle du Canada dans les affaires extérieures sont devenus des priorités.

Il était clair, toutefois, que la politique étrangère du gouvernement libéral était régie par des facteurs économiques. Roy McLaren, ministre du Commerce international, a déclaré sans détour: « La politique étrangère est une politique commerciale. » Le premier ministre a dirigé des missions commerciales, baptisées « Équipe Canada », en Asie et en Amérique latine. Selon *Le Canada et le monde*, un document qui décrivait en détail les objectifs de la politique étrangère du gouvernement libéral, l'aide extérieure représentait une occasion pour le Canada de développer des rapports économiques avec certains pays dont la croissance était la plus rapide.

Le gouvernement Chrétien s'est fortement opposé aux mines antipersonnel. Pendant des décennies, les mines antipersonnel ont mutilé et tué des civils longtemps après la fin des guerres. Après de nombreux débats internationaux et de fortes pressions politiques, la plupart des pays ont signé en 1998 le « traité d'Ottawa » contre les mines antipersonnel. Le traité non seulement interdisait l'utilisation future de mines antipersonnel, mais il proposait également un échéancier pour le retrait de mines abandonnées suivant la résolution de conflits. Le ministre des Affaires extérieures Lloyd Axworthy a réussi à établir une date limite pour la ratification du traité par les nations participantes.

L'équilibre entre les intérêts nationaux et les enjeux mondiaux

La croyance selon laquelle ce qui se passe au sein d'un pays ne concerne que lui n'a plus cours. La plupart des gouvernements ont compris l'importance des ententes internationales, particulièrement en ce qui a trait à l'environnement: la pollution n'a pas de frontières. Au cours des dernières décennies, le Canada a participé à la rédaction de nombreuses ententes internationales.

La souveraineté dans l'Arctique : l'affaire du Polar Sea

En 1985, le Canada et les États-Unis se sont de nouveau affrontés sur des questions environnementales. Le *Polar Sea*, un navire de la garde côtière américaine, a fait en août 1985 la traversée du Groenland à l'Alaska. Par mesure de courtoisie, la garde côtière américaine avait mis les autorités canadiennes au courant de son projet, mais elle n'avait pas jugé à propos de demander leur autorisation. Les Américains, en effet, considéraient le passage du Nord-Ouest comme une voie d'eau internationale. Le gouvernement canadien, pour sa part, estimait que le passage du Nord-Ouest appartenait au Canada et que les navires étrangers devaient demander la permission d'y naviguer.

Le navire de la garde côtière américaine *Polar Sea* prévoyait naviguer par le passage du Nord-Ouest sans demander la permission du Canada. Selon le Canada, pourquoi s'agissait-il d'un acte hostile ?

Lorsque la nouvelle s'est ébruitée, il y a eu dans l'opinion publique un mouvement de contestation inattendu. Mulroney avait donné son autorisation sans même qu'on ne la lui demande, et le chef de l'opposition, Jean Chrétien, a accusé le premier ministre de faire bon marché des intérets canadiens. Puis, Mulroney a fait volte-face en annonçant aux Américains que le refus de reconnaître la souveraineté canadienne sur l'Arctique constituait un « acte hostile ». Il a déclaré : « Ce territoire nous appartient. Nous y revendiquons notre souveraineté. » En plus de ces déclarations, Mulroney a amorcé avec les Américains des pourparlers qui ont abouti en 1988 à l'accord sur la coopération dans l'Arctique. Les États-Unis ont accepté d'obtenir une autorisation chaque fois qu'un navire sous propriété ou sous contrôle du gouvernement américain voulait se déplacer en Arctique.

Des solutions globales à des problèmes mondiaux

Au milieu des années 1960, les Canadiens ont commencé à comprendre que le problème de l'environnement dépassait les frontières et qu'il devenait nécessaire de conclure des ententes internationales pour améliorer la situation. Les Canadiens prenaient conscience de la pollution de l'air et de l'eau, de la dégradation des forêts et des terres arables ainsi que de l'extinction des espèces. Les voitures et les fabriques laissaient échapper des gaz dangereux dans l'atmosphère et les Grands Lacs étaient en train de mourir : les poissons et les autres formes de vie marine ne pouvaient plus survivre dans ces eaux polluées. Dans le Nord ontarien, les usines de pâtes et papiers empoisonnaient les eaux du système de rivières English-Wabegoon et les pêcheurs ojibwé ainsi que les exploitants d'entreprises touristiques y perdaient leur gagne-pain. On avait trouvé en Arctique des doses massives de mercure et d'autres éléments contaminateurs dans les baleines, les phoques et les ours polaires, menaçant ainsi la santé des animaux et des Inuits qui les chassaient.

Les pluies acides : les négociations canado-américaines

Jusqu'en 1990, les forêts et les lacs canadiens étaient victimes des **pluies acides,** des averses nocives d'oxydes de soufre et d'azote produites par les industries et les automobiles partout en Amérique du Nord. Emportés par les vents, ces polluants parcouraient des centaines de kilomètres dans l'atmosphère avant de retomber sous forme de poussière, de pluie ou de neige. À cause du mouvement des vents, plus de la moitié des pluies acides du Canada provenaient des États-Unis, principalement des aciéries de la Pennsylvanie et de l'Ohio. Mais le Canada n'en était pas simplement la victime : des pollueurs canadiens y contribuaient eux aussi.

Le Canada avait besoin de l'aide des États-Unis pour résoudre le problème des pluies acides. Lors de la première rencontre entre le premier ministre Mulroney et le président Reagan en 1984, le premier ministre avait dit au président que l'élimination des pluies acides était sa « priorité numéro un ». Le gouvernement Reagan était toutefois fort peu enclin à lutter contre les pluies acides. Les groupes d'écologistes et le gouvernement canadien, malgré leur zèle, ont dû attendre l'élection de George Bush comme président pour avoir satisfaction. En 1990, le Congrès des États-Unis a enfin adopté une loi visant à réduire les pluies acides. En mars 1991, le président Bush a admis que les pressions du premier ministre Mulroney avaient joué un rôle décisif dans l'adoption de cette loi.

La protection de l'environnement

Plus les Canadiens étaient sensibilisés aux problèmes environnementaux, plus leur désir d'agir s'intensifiait. Des douzaines de groupes environnementaux se sont formés d'un océan à l'autre, dont le groupe de Vancouver Greenpeace, la Société pour l'environnement. En 1971, le gouvernement fédéral a créé le ministère de l'Environnement et les gouvernements

PHOTOREPORTAGE

LES SYMBOLES DU CANADA

A MARI
USQUE
AD MARE
PATRIAM

Les Canadiens et les Américains doivent travailler ensemble à éliminer les pluies acides qui détruisent les lacs et les forêts du Canada. Pourquoi avons-nous besoin de la coopération des États-Unis pour résoudre le problème ?

provinciaux ont fait de même. Ils ont établi des normes de qualité de l'air et de l'eau et les industries étaient obligées de réduire leurs émissions polluantes. Ceux qui négligeaient de se plier aux normes pouvaient être poursuivis en justice et étaient passibles d'amende. On a également tenté de contrôler l'utilisation et la destruction de produits chimiques toxiques et de nettoyer les rivières, les lacs et les décharges pollués. On a créé des parcs pour protéger des écosystèmes fragiles. En 1994, l'Ontario a voté une *Déclaration des droits de l'environnement*. Cette déclaration accordait aux citoyens le droit de forcer le gouvernement à enquêter sur les pratiques de pollueurs éventuels.

Hyperliens

www.dlcmcgrawhill.ca

Visite le site Internet dont l'adresse apparaît ci-dessus pour parfaire tes connaissances sur Greenpeace Canada. Clique sur ***Matériel complémentaire/Primaire et secondaire***, puis sur ***Regard sur le Canada***, et on t'indiquera où aller ensuite.

Une contribution mondiale

Afin de traiter le problème de la pollution sous toutes ses formes, la collaboration entre pays était nécessaire. Le Canada, tout comme d'autres nations, a participé à de nombreuses conférences et ententes internationales sur l'environnement, parmi lesquelles :

- la conférence des Nations Unies de 1972 sur l'environnement humain à Stockholm, en Suède, où l'on a préparé une déclaration des droits de l'environnement et une liste de suggestions pour la protection de l'environnement;
- le Protocole de Montréal de 1987, signé par 163 pays, qui limitait l'utilisation des CFC (chlorofluocarbures, utilisés dans les conditionneurs d'air et les réfrigérateurs) et fixait un échéancier pour l'élimination éventuelle des CFC et d'autres produits chimiques qui détruisent la couche d'ozone;
- le Sommet de Rio en 1992, au Brésil, où l'on a élaboré des ententes internationales pour la protection de l'environnement mondial;
- le Protocole de Kyoto en 1997, où l'on a décidé qu'il fallait atteindre une réduction de 5 % de la pollution mondiale d'ici 2012.

On s'inquiète aussi de plus en plus des organismes génétiquement modifiés (OGM). Lors d'une réunion organisée par les Nations Unies à Montréal en janvier 2000, des délégués ont négocié le Protocole de biosécurité des Nations Unies afin de réglementer le commerce des OGM. Selon cette entente, les nations peuvent bloquer l'importation d'organismes génétiquement modifiés s'il existe des preuves scientifiques qu'ils constituent un danger pour la santé des consommateurs ou pour l'environnement.

Pensée globale, action locale

Dans les années 1980, c'était au tour des simples citoyens de prendre le « virage vert ». Beaucoup de gens se sont mis à composter leurs déchets et à recycler les boîtes de conserve, le verre et le papier. Plusieurs ont cessé d'acheter des produits fabriqués par des pollueurs reconnus et ont utilisé de l'essence sans plomb et acheté des fruits et légumes cultivés sans pesticides. Ils ont exigé que tous les paliers de gouvernement prennent une position ferme quant aux grands problèmes environnementaux. Les gouvernements ont donc interdit l'utilisation des CFC et de l'essence avec plomb et ils ont lancé des programmes de recyclage.

Malgré ces mesures, nous n'avons pas encore réussi à nettoyer l'environnement, au Canada et dans le monde. Il reste encore beaucoup à faire.

Récapitulation

RÉSUMÉ DU CHAPITRE

Dans ce chapitre, tu as appris :

- comment les nouvelles technologies ont créé de nouveaux défis au sein du réseau mondial;
- comment le Canada a choisi d'aider divers pays du monde;
- comment la détente de la guerre froide a provoqué des changements radicaux partout sur la planète;
- les objectifs principaux de la politique étrangère du Canada.

RÉSUME TES CONNAISSANCES

1. Explique l'importance historique des personnes, des lieux ou des événements suivants :

Pierre Elliott Trudeau	Jean Chrétien
ACDI	Affaire du *Polar Sea*
Marshall McLuhan	Ministère de l'Environnement
Brian Mulroney	Protocole de Montréal
« Sommet de la Saint-Patrick »	Protocole de biosécurité
Bosnie	

2. Crée un réseau qui illustre comment le Canada fait partie du « village global ».
3. Au cours de la guerre froide, les tensions ont sans cesse fluctué. Crée un graphique linéaire simple pour illustrer les variations de la guerre froide. Identifie chacun des événements qui ont mené à des hauts et des bas dans les tensions internationales.
4. Copie le tableau ci-dessous dans ton cahier. Complète le tableau en choisissant quatre manières utilisées par le Canada pour venir en aide à d'autres pays.

EXPRIME TON OPINION

1. Parmi les objectifs principaux de la politique étrangère canadienne, on trouve la croissance économique, la protection de la souveraineté canadienne et la promotion de la paix et de la sécurité mondiales. Si tu étais le ministre des Affaires extérieures du Canada, quelle priorité accorderais-tu à chacun de ces objectifs ? Décris une stratégie possible pour chacun des objectifs.
2. Crée un tableau qui contient la liste des avantages et des dangers de tisser des liens plus étroits avec les États-Unis. Une fois le tableau terminé, explique pourquoi, si tu étais le premier ministre du Canada, tu serais en faveur ou non d'un rapprochement avec les États-Unis.
3. Alors que les pays du monde se rassemblent de plus en plus autour des questions environnementales, les ententes multinationales et les sommets internationaux qui en découlent sont de plus en plus nombreux. Crois-tu qu'un gouvernement mondial avec une véritable autorité serait possible un jour ? Écris un éditorial de 250 mots ou dessine une caricature qui reflète les avantages et les dangers d'un gouvernement mondial.

ANALYSE LES FAITS HISTORIQUES

1. Imagine qu'on te lance le défi de créer un symbole qui représenterait l'essence même du Canada au XXIe siècle lors d'événements internationaux. À quoi ton symbole ressemblerait-il ? Tu peux décrire ou dessiner le symbole.
2. Au cours des élections de 1998, l'accord de libre-échange avec les États-Unis avait davantage d'opposants que de partisans. Malgré tout, Brian Mulroney et le Parti progressiste-conservateur pouvaient en toute légitimité décider qu'ils avaient la majorité dont ils avaient besoin pour voter l'entente au Parlement. Pourquoi ?

Nom du programme/ de l'organisme	**Description du type d'aide**	**Régions du monde qui reçoivent l'aide**
[illegible]	[illegible]	[illegible]
[illegible]	[illegible]	[illegible]

CHAPITRE

23 L'économie canadienne

L'Accord de libre-échange nord-américain (en cours de signature sur cette photo) soulignait la création d'un bloc commercial entre le Canada, les États-Unis et le Mexique et compte parmi les événements qui ont le plus marqué l'économie contemporaine du Canada. Pourquoi certains Canadiens étaient-ils en faveur de l'accord, alors que d'autres s'y opposaient ? Est-ce que l'ALENA représente tous les pays de l'Amérique du Nord ?

RETOUR AUX SOURCES

- **Quels sont les avantages et les désavantages de l'investissement étranger au Canada ?**
- **Pourquoi certaines régions étaient-elles satisfaites des tentatives de contrôle du prix de l'essence et du pétrole au Canada, alors que d'autres ont réagi avec colère ?**
- **Quels avantages ont découlé de l'accord de libre-échange ? Quels en ont été les désavantages ?**
- **Comment le gouvernement canadien devrait-il utiliser les surplus budgétaires pour le bien des Canadiens ?**

TERMES IMPORTANTS

ALENA

« Choc Nixon »

Dette nationale

GATT

OMC

Stagflation

CHRONOLOGIE

1971 ▶
Création de l'Agence d'examen de l'investissement étranger pour gérer les prises de contrôle de sociétés canadiennes.

1980 ▶
Création du Programme énergétique national pour contrôler les prix et l'approvisionnement du pétrole et de l'essence au Canada.

1992 ▶
L'Accord de libre-échange nord-américain crée un bloc commercial entre le Canada, les États-Unis et le Mexique.

2000 ▶
Le ministre des Finances Paul Martin dévoile son budget, avec les premières réductions d'impôts depuis des décennies.

Alors qu'en 1900 les Canadiens travaillaient surtout dans les industries primaires (telles que l'agriculture, les mines et la foresterie) et secondaires (domaine manufacturier), un nombre croissant d'entre eux se retrouve aujourd'hui dans les industries de service. La population active a également profondément changé. Les femmes sont beaucoup plus présentes dans un large éventail d'emplois salariés, et la population active est aussi beaucoup plus scolarisée.

D'autres changements au sein du pays et à travers le monde sont venus eux aussi transformer l'économie canadienne. En effet, alors que l'informatique et la technologie des satellites se développaient, l'économie mondiale subissait elle aussi des changements. Le système financier international s'était libéré après la Deuxième Guerre mondiale. D'imposantes multinationales américaines et européennes ont commencé à s'étendre vers d'autres parties du globe, mondialisant ainsi la production de marchandises, les investissements et les services. Les frontières perdaient leur raison d'être. En 1990, plusieurs multinationales détenaient davantage de pouvoir que plusieurs États-nations.

Les défis des années 1970

La vivacité économique des années 1960 a fait place à une période de turbulences dans les années 1970. Une série de crises nationales et internationales ont sérieusement affecté l'économie canadienne, provoquant une augmentation du taux de chômage et des prix et, à la fin de la décennie, une hausse des taux d'intérêt de 20 %. L'élection d'un gouvernement séparatiste au Québec en 1976 avait inspiré la crainte chez les investisseurs étrangers et la valeur du dollar canadien avait chuté, passant de la quasi-égalité avec le dollar américain à environ 0,70 $ américain.

La crise du pétrole

À l'automne 1973, l'interdépendance des économies du monde ne laissait plus de doute. Au cours de la guerre entre Arabes et Israélites en octobre 1973, plusieurs pays occidentaux, y compris le Canada et les États-Unis, ont appuyé Israël. Après la guerre, le cartel de pétrole connu sous le nom de l'Organisation des pays exportateurs de pétrole (OPEP) a riposté en imposant un embargo sur les cargaisons de pétrole vers tous les pays qui avaient soutenu Israël. Deux mois plus tard, l'OPEP a décidé d'augmenter radicalement le prix du pétrole, de 4 $ à 16 $ le baril. Une telle hausse des prix a sérieusement affecté l'économie canadienne.

Dans l'est et au centre du Canada, régions qui dépendaient du pétrole et de l'essence pour chauffer leurs foyers et pour le fonctionnement de leurs industries, l'augmentation du prix du pétrole entraînait une hausse du prix de nombreuses marchandises. Les usines haussaient les prix afin de compenser les coûts de production plus élevés et les consommateurs payaient davantage pour se garder au chaud et conduire leurs automobiles. Afin de combattre la hausse des prix du pétrole, plusieurs ont délaissé les imposantes voitures « dévoreuses » d'essence, typiques des années 1970, pour acheter des voitures plus petites et plus économiques de type japonais. Les décisions de l'OPEP ont cependant affecté tout autrement les provinces de l'Alberta et de la Saskatchewan. L'Alberta, en particulier, se réjouissait de la hausse des prix du pétrole et de l'essence. C'était le début de la prospérité de l'Ouest.

Le Programme énergétique national

Après avoir souffert de l'instabilité des prix et de l'approvisionnement du pétrole de l'étranger pendant des années, le gouvernement canadien a décidé de protéger les Canadiens des caprices de l'économie mondiale. C'est ainsi qu'il a créé le Programme énergétique national (PEN) en 1980, pour assurer l'approvisionnement futur du Canada en pétrole, régir les prix du pétrole et porter à 50 % en 10 ans la part canadienne dans l'industrie pétrolière. Par l'intermédiaire de ce programme, le gouvernement a accordé des subventions et des avantages aux sociétés pétrolières qui voulaient faire de la prospection dans le Nord. On projetait des oléoducs pour transporter le pétrole brut de l'Ouest vers l'Est. Le programme a également permis au gouvernement d'accroître les revenus qu'il tirait du pétrole et du gaz. Les pétrolières américaines étaient indignées, mais les producteurs de pétrole de l'Alberta et de la Saskatchewan l'étaient tout autant d'apprendre que le PEN comptait établir un prix du pétrole fixe pour le Canada. Les habitants de l'Ouest voyaient dans le PEN un exemple de la priorité dont jouissait le centre du Canada sur les autres régions et ils ont chaudement combattu le programme. Cependant à l'exception des provinces de l'Ouest, la « canadianisation » de l'industrie pétrolière avait beaucoup de partisans au pays.

La société Pétro-Canada a été fondée dans les années 1970 par le gouvernement libéral de Pierre Elliott Trudeau. Son rôle était de raffermir la présence canadienne dans l'industrie du pétrole et du gaz. Crois-tu que le gouvernement est justifié d'intervenir pour favoriser l'autosuffisance énergétique des Canadiens ?

Entre l'arbre et l'écorce : la stagflation

Au cours des années 1970, la hausse importante des prix du pétrole et la chute du dollar canadien, en plus d'autres facteurs, ont contribué à maintenir un taux d'inflation élevé tout au long de la décennie. Le taux d'inflation était accompagné d'un taux de chômage tout aussi très élevé. La conjoncture économique qui en résultait était surnommée **stagflation.** Il n'est pas facile de stimuler une économie aux prises avec une récession, un fort taux de chômage, des taux d'intérêt en hausse continue et un fort taux d'inflation. Les Canadiens devaient faire preuve d'imagination pour redresser leur économie et la réorienter vers la haute technologie.

La contribution américaine à l'économie canadienne

Dans les années 1950, de nombreux Canadiens accueillaient favorablement l'afflux d'investissements américains. En 1967, cependant, on a constaté que la valeur des investissements étrangers au Canada s'établissait à 34,7 milliards de dollars et que 81 % de cette somme provenait de sources américaines. L'opinion publique a changé : un sondage réalisé en 1967 a révélé que les deux tiers des Canadiens voulaient que le gouvernement limite l'investissement américain au Canada. Divers rapports gouvernementaux, et notamment le rapport Watkins de 1968 et le rapport Gray de 1971, soulignaient l'étendue inquiétante de l'investissement étranger.

L'Agence d'examen de l'investissement étranger et Investissement Canada

En 1971, le gouvernement de Trudeau a créé l'Agence d'examen de l'investissement étranger (AEIE) pour étudier les demandes étrangères d'investissement et d'acquisition de sociétés canadiennes et pour s'assurer qu'elles comportent des bénéfices appréciables pour le Canada, tels que la création d'emplois ou l'augmentation des exportations. L'AEIE avait le pouvoir d'interdire tout investissement étranger qui ne servait pas les intérêts du Canada, particulièrement dans le domaine culturel (les magazines et les journaux, entre autres). Mais l'AEIE n'a eu que peu d'influence sur le flot d'investissements étrangers. Au moment de la

L'investissement américain au Canada est visible partout. L'économie canadienne pourrait-elle survivre sans la participation des États-Unis ?

fondation de l'AEIE, les Américains possédaient plus de 25 % des actions des sociétés canadiennes (à l'exclusion des institutions financières). Dix ans plus tard, la proportion était restée la même. En 1982, l'AEIE approuvait les neuf dixièmes des demandes étrangères d'acquisition de sociétés canadiennes.

Le gouvernement Mulroney a démantelé l'AEIE en 1984 pour la remplacer par Investissement Canada. Le rôle de cet organisme était davantage restreint et consistait à examiner les offres étrangères qui dépassaient cinq millions de dollars. Investissement Canada gardait un droit de regard sur toutes les acquisitions d'entreprises culturelles, mais son objectif premier était de rouvrir la porte aux investissements américains. À l'occasion du premier grand discours qu'il a prononcé aux États-Unis, Mulroney a déclaré à l'Economic Club de New York que le Canada était « de nouveau ouvert aux affaires ».

Trouver un marché pour les produits canadiens

Dans le domaine économique, les Américains faisaient bien plus qu'investir au Canada : ils achetaient 70 % des exportations canadiennes. De même, le Canada était le principal acheteur des produits américains. Toute variation de la politique économique américaine se répercutait sur l'économie canadienne comme une onde de choc. Au moyen d'une comparaison devenue célèbre, Pierre Elliott Trudeau a décrit l'inconfortable dépendance du Canada à l'égard de l'économie américaine : « Vivre à vos côtés, c'est un peu comme dormir avec un éléphant. Même si la bête est amicale et placide, on ressent chacun de ses soubresauts et de ses grognements. »

Quelques mois à peine après ce commentaire, l'éléphant a tressauté et les gens d'affaires canadiens ont frémi. En 1971, le président Richard Nixon a imposé un droit de douane de 10 % sur les marchandises importées aux États-Unis. C'est ce qu'on a surnommé le **« choc Nixon ».** Par conséquent, les marchandises canadiennes coûtaient plus cher aux Américains et les gens d'affaires canadiens se voyaient déjà perdre 300 millions de dollars en exportations. Les pressions internationales ont forcé les États-Unis à abolir le droit de 10 % quelques mois plus tard, mais les Canadiens avaient eu le temps de constater leur dépendance économique envers les États-Unis et leur vulnérabilité quant aux revirements de la politique économique américaine.

La troisième option

Après le « choc Nixon », le Canada avait le choix entre trois possibilités : ne rien changer à sa relation avec les États-Unis, resserrer cette relation ou tendre vers l'autonomie économique. Le gouvernement de Trudeau a choisi la dernière possibilité. Le Canada a commencé à se chercher d'autres partenaires commerciaux que les États-Unis.

Pendant les années 1970, le Canada a tenté de former des liens commerciaux avec l'Europe, l'Asie et l'Afrique, mais au milieu des années 1980, il semblait que les États-Unis étaient le seul grand marché à s'intéresser aux produits manufacturés canadiens. Or, les États-Unis songeaient justement à adopter des mesures protectionnistes.

Ottawa s'est mis à craindre que le Canada ne trouve plus de place sur les marchés internationaux, y compris sur le marché américain. Trudeau songeait sérieusement à resserrer les liens avec les États-Unis. En septembre 1985, la Commission royale d'enquête sur l'union économique et les perspectives de développement du Canada recommandait que le Canada « coure le risque » du libre-échange avec les États-Unis. Le premier ministre Trudeau s'était alors retiré et c'est Brian Mulroney et les progressistes-conservateurs qui ont mené le Canada vers le libre-échange.

« Courir le risque » du libre-échange

Une fois au pouvoir, le premier ministre Mulroney a proposé un accord de libre-échange en bonne et due forme entre le Canada et les États-Unis. Étant donné les négociations qui avaient eu lieu au sein du **GATT** (Accord général sur les tarifs douaniers et le commerce) et de l'**OMC** (Organisation Mondiale du Commerce) depuis la Deuxième Guerre mondiale, environ 80 % des barrières tarifaires qui existaient entre le Canada et les États-Unis en 1935 avaient été abolies. L'Accord de libre-échange a permis au Canada et aux États-Unis de partager librement leurs marchés pour la plupart des marchandises, et les deux pays s'engageaient à éliminer en 10 ans les droits de douane applicables au commerce transfrontalier. Ils s'entendaient aussi sur d'autres facettes du commerce et notamment sur l'énergie, sur la circulation des gens d'affaires, sur l'investissement et sur les services financiers. Le libre-échange était le thème principal de la campagne électorale de 1988, tout comme la réciprocité l'avait été en 1911. Les

Portraits de Canadiennes et de Canadiens

ROBERT CAMPEAU: LE ROI DE L'IMMOBILIER

Robert Campeau est né le 3 août 1923 dans la ville de Sudbury en Ontario. Son père est un col bleu canadien-français. Sa famille compte six autres enfants. Très tôt, à l'âge de 14 ans, Robert quitte l'école, car ses parents ne peuvent pas lui offrir des études plus avancées.

Étant déterminé à travailler malgré son jeune âge, Robert réussit à obtenir un emploi comme machiniste à l'Inco : il a menti sur son âge. À la fin de la Deuxième Guerre mondiale, il devient contremaître à la compagnie Canadian International Paper située à Ottawa. C'est à cette époque que Robert se lance dans la construction résidentielle. Il a 25 ans.

Sa première maison, il la construit avec son cousin Antonio. La maison étant à peine terminée, il reçoit une offre d'achat qui lui rapporte un profit de 3 000 $, somme qui, en 1949, est considérable. Avec cet argent, il achète trois terrains pour la construction de trois autres maisons. L'année suivante, il acquiert cette fois une ferme à un prix très bas : il va y construire 40 maisons.

En 1953, Robert fonde la société Campeau Construction ltée. Du secteur résidentiel, il passe au secteur commercial : il construit des tours à bureaux, des hôtels et des centres commerciaux. Il change aussi de nom de société pour Campeau Corporation.

En 1969, sa société connaît certaines difficultés. C'est alors que Paul Desmarais, autre homme d'affaires franco-ontarien connu (il est propriétaire de la société Power Corporation), achète la majorité des actions de Campeau Corporation.

En 1971, Robert Campeau déménage en Floride afin de se refaire une santé financière. Lors d'une partie de golf avec le délégué apostolique, il lui confie qu'il aimerait reprendre le contrôle de sa compagnie; mais pour cela, il a besoin de capitaux. C'est ainsi que Robert Campeau se rend au Vatican et revient au Canada avec la somme de 27 millions de dollars. Reprenant le contrôle de sa société, il va ensuite élargir ses activités jusqu'aux États-Unis.

Au tableau de ses réalisations, voici les projets dont il a été le premier responsable : le London Eaton Square à London (Ontario), le square Place de Ville à Ottawa, le Northwood Mall à Edmonton et le mail New Sudbury Centre à Sudbury, sans oublier le complexe Scotia Plaza de Toronto, qui compte 68 étages.

En 1986, le célèbre magazine américain *Fortune 500* a choisi Robert Campeau comme l'une des personnalités les plus fascinantes de l'actualité économique et financière de l'année. Il est le seul Canadien à avoir reçu cet honneur.

Aujourd'hui, Robert Campeau vit en Europe. Avec sa femme Ilsa, il mène une « vie de château » puisqu'il habite un château qui surplombe un lac et est entouré par les Alpes. Il a développé un mégaprojet domiciliaire pour la banlieue de Berlin, en Allemagne.

Voici les principaux promoteurs du libre-échange. Peux-tu nommer les personnages représentés ?

arguments pour et contre le libre-échange fusaient de partout. Le jour des élections, la majorité des sièges est allée aux progressistes-conservateurs et l'Accord de libre-échange a été proclamé le 1er janvier 1989.

De l'Accord de libre-échange à l'ALENA

Peu de temps après l'Accord de libre-échange, le Mexique désirait former des liens commerciaux étroits avec le Canada et les États-Unis. En 1992, après une autre ronde de pourparlers, les dirigeants du Canada, du Mexique et des États-Unis ont signé l'Accord de libre-échange nord-américain (ALENA). L'**ALENA** a créé la plus grande zone de libre-échange au monde : il rassemble en une même région commerciale 370 millions de personnes, des consommateurs qui possèdent à eux seuls 31 % de la richesse mondiale. L'opinion publique canadienne était de nouveau divisée pour une question de libre-échange. Les opposants croyaient que les États-Unis en seraient les principaux bénéficiaires, parce que les employeurs américains pourraient profiter de la main-d'œuvre bon marché du Mexique et du faible coût des matières premières canadiennes. Toutefois, malgré l'opposition, l'ALENA a été proclamé en 1993.

Était-ce un risque ?

Quelles sont les conséquences du libre-échange, 10 ans plus tard ? Avait-on raison de courir le risque ? Les résultats sont incertains. Les statistiques de 1998 nous dévoilent une augmentation des exportations canadiennes vers les États-Unis. C'est l'Ontario qui enregistre la plus grande augmentation, suivi du Québec et de l'Alberta. Il faut noter, toutefois, que cette augmentation des exportations est également imputable à la faiblesse du dollar canadien. Mis à part l'Ontario et le Québec, où les pièces automobiles constituaient le plus important produit d'exportation, on exportait surtout des ressources. Autrement dit, on n'avait nullement modifié le profil économique du pays. Le commerce nord-sud était à la hausse dans toutes les régions, ce qui contribuait à une plus grande intégration de l'économie canadienne à l'économie américaine. Seule l'Île-du-Prince-Édouard exportait davantage au Canada qu'à l'étranger. On remarquait une augmentation de la production manufacturière, mais elle n'atteignait pas les taux qu'avaient souhaités les partisans du libre-échange. Il était de plus impossible de savoir si l'ALENA avait entraîné la création d'emplois. Chose certaine, on ne remarquait aucune augmentation des salaires.

À cause de l'ALENA, il est peut-être plus difficile pour les pays participants de contrôler leur environnement. Une disposition controversée de l'ALENA

De nombreux Canadiens craignaient de perdre leur emploi et de devoir s'en remettre à des services sociaux affaiblis si l'ALENA était ratifié. Pourquoi ?

LES MÉTHODES DE L'HISTOIRE

COMPRENDRE LES POINTS DE VUE HISTORIQUES

L'histoire s'intéresse aux changements au fil du temps. Plus qu'une simple énumération de faits, elle est tout autant le fruit de l'historien qui l'écrit. Deux historiens qui se penchent sur les mêmes événements ou la même époque tirent souvent des conclusions différentes. Peut-être interprètent-ils différemment les mêmes documents historiques, ou peut-être n'ont-ils pas les mêmes sources. Le point de vue de l'historien est le produit de plusieurs influences. Les historiens peuvent envisager l'histoire d'un point de vue donné et ne s'attarder qu'à l'histoire sociale, politique ou économique. D'autres sont influencés par leur propre expérience. Un chercheur né et élevé dans le sud de l'Ontario pourrait avoir un « préjugé ontarien ». Plusieurs historiens québécois francophones envisagent l'histoire d'un point de vue différent de leurs collègues anglophones.

Jusqu'à récemment, on étudiait surtout l'histoire politique ou économique du Canada et souvent du point de vue du centre du pays. Depuis les années 1970, les historiens ont bien élargi leur point de vue. Dans les universités, on peut étudier l'histoire des femmes, des Franco-Ontariens, des travailleurs, des peuples amérindiens, des Noirs, des immigrants et il existe encore bien d'autres possibilités. Plus on présente de points de vue, plus il y a de Canadiens qui ont la chance de raconter leur histoire.

Lorsque tu consultes des documents sur l'histoire, tu dois te rappeler que les historiens interprètent le passé. Les documents choisis par les historiens reflètent leurs préjugés, tout comme le choix d'événements auxquels ils s'attardent. Lorsque tu effectues des recherches, tu dois consulter plus d'une source pour comprendre les divers points de vue historiques. Lorsque tu rédiges un texte, examine bien tes sources, qu'elles soient primaires ou secondaires. Tu dois reconstruire le passé à partir de faits que tu découvres et à partir de l'interprétation qui te semble la plus logique.

ACTIVITÉ

Imagine comment deux historiens pourraient interpréter différemment l'impact du libre-échange selon leur point de vue. Choisis les points de vue des deux historiens à partir du réseau ci-dessous.

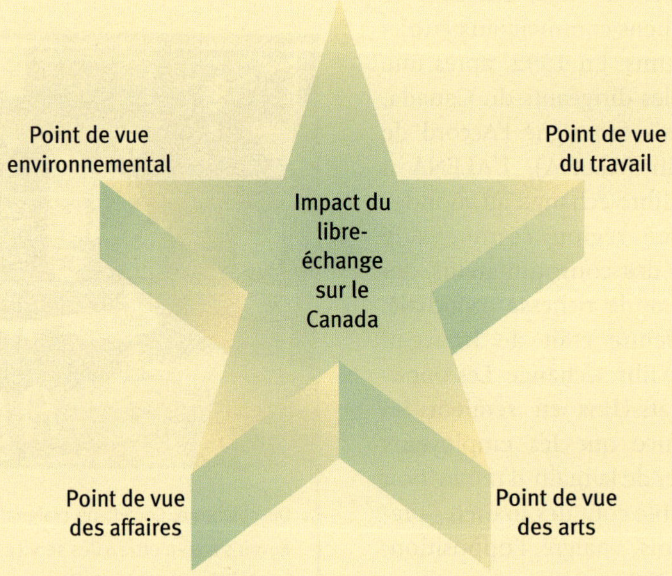

La technologie de la robotique a profondément changé la production automobile canadienne. Quels sont les avantages de la fabrication robotisée ? Quels en sont les désavantages ?

permet à des sociétés d'entamer des poursuites si elles subissent une perte de leur chiffre d'affaires à cause d'une loi sur l'environnement. Lorsque le gouvernement canadien a banni l'utilisation de MMT, un produit ajouté à l'essence, l'Ethyl Corporation of Virginia a entamé une poursuite pour dommages. Plutôt que de subir la poursuite, Ottawa a payé la compagnie 19 millions de dollars et a accepté de révoquer la loi sur les MMT. On pourrait croire en regard de ces événements qu'il est peut-être impossible d'établir des lois pour l'environnement et la santé.

L'économie transformée par la technologie

L'économie canadienne s'est transformée de manière importante au cours des 100 dernières années. Un visiteur qui aurait traversé le Canada en 1900 aurait pu voir que la plupart des Canadiens vivaient de l'exploitation des vastes ressources naturelles du pays, qu'elles proviennent de la mer, des forêts ou des champs. Seuls certains centres importants dans le sud de l'Ontario et du Québec pouvaient compter sur une activité manufacturière d'envergure. Dans les années 1950, toutefois, l'industrie manufacturière jouait un rôle important dans l'économie canadienne. Aujourd'hui, seul un quart de la population salariée du Canada travaille dans les industries primaires et secondaires. Étonnamment, près des trois quarts des Canadiens travaillent maintenant dans les industries de service comme les communications, la vente, la santé et l'éducation. La création d'une économie postindustrielle doit beaucoup à la technologie développée au cours des décennies qui ont suivi la Deuxième Guerre mondiale. Les ordinateurs, la fibre optique et le génie génétique sont parmi les technologies issues des années 1960. Ces technologies avaient toutes le pouvoir de changer la vie, les modes de travail et les loisirs des Canadiens. L'ordinateur reste sans doute l'invention la plus importante. Avec les satellites artificiels en orbite autour de la Terre, les ordinateurs pouvaient traiter et transmettre d'impressionnantes quantités d'information en un clin d'œil.

Les nouvelles technologies ont permis d'améliorer le rendement de certains travailleurs, mais des emplois ont aussi été éliminés. Les fermes, les mines, les exploitations forestières et les fabriques pouvaient fonctionner avec un nombre réduit d'employés. La robotisation d'usines telles que celle de Honda à Alliston, en Ontario, a permis à un plus petit nombre d'employés de produire davantage de produits de très haute qualité à des prix concurrentiels. Les banques ont remplacé plusieurs travailleurs par des ordinateurs mieux connus sous le nom de « guichets automatiques ». Bell Canada a licencié des centaines de téléphonistes en automatisant les services d'interurbains et le commerce électronique a permis aux détaillants de vendre leurs marchandises tout en réduisant leurs effectifs.

L'arrivée de l'ère de l'informatique a eu un impact profond sur l'économie canadienne. Chacun peut choisir, selon les circonstances, d'y voir des avantages ou des inconvénients. La restructuration et les

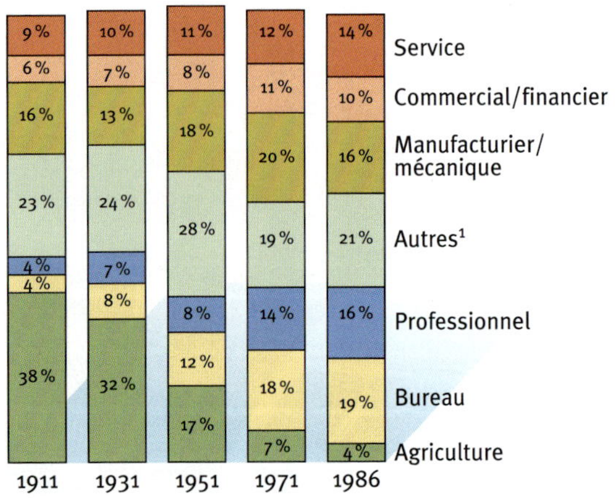

[1]Gestion, transport, construction, foresterie, pêche et mines.
Source : Statistique Canada, Recensement du Canada et Catalogue 93-151.

Quelles conclusions peux-tu tirer sur les changements de la population active canadienne depuis 1911 en examinant ce tableau ?

compressions ont entraîné l'élimination de nombreux emplois et les produits de consommation de plus en plus nombreux ne sont pas tous accessibles aux personnes à faible revenu. L'écart entre les riches et les pauvres s'est élargi. Par contre, aux yeux de certains, l'informatique a libéré le marché du travail : la révolution de l'informatique et des télécommunications leur permet de travailler au foyer grâce à leur modem.

L'économie canadienne en 2000

Le Canada profitera-t-il de l'économie mondiale du XXIe siècle ? Le pays semble au seuil d'une grande prospérité pour les décennies à venir. Les années 1990 étaient des années de défi et de changement. À la fin de la décennie, presque toutes les provinces du Canada déposaient des budgets équilibrés et le gouvernement fédéral prévoyait un surplus de 95 millions de dollars sur une période de cinq ans. Voici un bref aperçu des économies régionales du Canada à l'aube du XXIe siècle.

Les provinces de l'Atlantique

L'économie des Maritimes dépendait surtout des industries primaires : l'industrie minière au Cap Breton, l'industrie forestière au Nouveau-Brunswick, l'agriculture à l'Île-du-Prince-Édouard et la pêche dans toutes les provinces. Au cours des années 1990, des facteurs économiques et environnementaux ont profondément ébranlé la côte Est, alors que des découvertes récentes et de nouvelles technologies ravivaient une économie fatiguée.

En 1992, après l'effondrement de l'industrie de la morue provoqué par la pêche excessive, des milliers de familles de Terre-Neuve et du Labrador risquaient de perdre leur gagne-pain. Partout dans la province, des familles quittaient les villages de pêcheurs pour se trouver du travail. Toutefois, si le coup semblait dur, Terre-Neuve et le Labrador ont retrouvé leur vitalité avec la remontée rapide de l'économie en 1999. L'avenir semble très prometteur pour cette province : le champ de pétrole Hibernia a créé des milliers d'emplois et le gouvernement provincial dispose maintenant de revenus importants. De plus, une fois développée, la baie de Voisey au Labrador pourrait devenir un producteur de nickel de premier plan.

Les autres provinces de l'Atlantique ont également souffert de l'effondrement de l'industrie de la pêche, pour retrouver la vitalité économique grâce à de nouveaux développements. Partout dans les Maritimes, de nouvelles industries, particulièrement les industries de services telles que le tourisme, venaient arrondir l'économie traditionnelle axée sur les ressources maritimes. La construction du pont de la Confédération a créé un lien fixe entre l'Île-du-Prince-Édouard et le reste du Canada, permettant un mouvement plus efficace de marchandises dans les deux sens, tout en stimulant l'industrie touristique. Le Nouveau-Brunswick est parvenu à attirer plusieurs sociétés en leur proposant de faibles impôts. Certaines, telles que la Federal Express, ont ainsi préféré quitter l'Ontario

Situé dans 80 mètres d'eau, à 315 kilomètres à l'est-sud-est de St. John's, à Terre-Neuve, le champ pétrolier Hibernia est une impressionnante structure construite sur une nappe de pétrole sous-marine. Un employeur de premier ordre, Hibernia a ravivé l'économie de Terre-Neuve et représente 12 % du total de la production pétrolière du Canada.

pour installer leurs centres d'appels au Nouveau-Brunswick.

Le centre du Canada

On considère depuis longtemps que l'Ontario et le Québec sont les moteurs de l'économie du Canada. La plus grande densité de population, d'industries et de richesse se retrouve dans les régions de Toronto et de Montréal. Le climat d'incertitude créé par la montée du mouvement souverainiste au Québec a entraîné un exode massif vers Toronto des sièges sociaux de nombreuses sociétés installées à Montréal dans les années 1980. Ce phénomène a limité la croissance économique du Québec au cours des dernières décennies. L'Ontario, par contre, amorce le XXIe siècle par un boom économique, avec en tête le secteur des services et les industries de haute technologie. Ottawa reflète visiblement cette tendance. En effet, le gouvernement fédéral n'est plus l'employeur le plus important de la ville. En l'an 2000, c'est dans l'industrie de la haute technologie qu'on retrouve le plus grand nombre d'emplois à Ottawa.

Les Ontariens n'ont cependant pas tous profité également du renouveau économique de la province. Une étude publiée en janvier 2000 révélait que malgré les réductions d'impôts proposées par le gouvernement progressiste-conservateur de l'Ontario et son chef, le premier ministre Mike Harris, la plupart des familles de l'Ontario gagnaient un salaire plus faible que 10 ans auparavant. Seuls les plus riches semblaient profiter de la santé économique de la province. On remarque généralement peu d'agitation ouvrière dans les périodes de prospérité économique. Pourtant, l'Ontario a été victime de plus de manifestations ouvrières à la fin des années 1990 que pendant la récession des années 1980. Ce phénomène était surtout attribuable aux fonctionnaires, travailleurs de la santé et éducateurs qui ressentaient les effets des vastes compressions budgétaires. De plus, plusieurs travailleurs syndiqués croyaient que leur salaire devait refléter l'augmentation des profits enregistrés par les sociétés.

Malgré la croissance économique de l'Ontario, plusieurs secteurs d'emplois de la province, tels que l'éducation et la santé, ont subi des compressions budgétaires. Sur une période de deux ans, des travailleurs ont participé à des « journées d'action », des grèves pour protester contre les compressions du gouvernement Harris.

Certains Franco-Ontariens ont participé à la prospérité de la province. Bon nombre d'entre eux ont quitté les fermes et les petites villes pour un emploi stable et un salaire régulier en ville. Ce processus d'urbanisation date des années 1960. En ville, les familles franco-ontariennes se sont adaptées à la routine des quarts de travail pour les parents, à celle de l'école secondaire pour les enfants, à celle de la société de consommation pour tous.

Depuis 1960, les Franco-Ontariens ont développé leur économie au point que plus de 8 000 entreprises appartiennent aujourd'hui à des Franco-Ontariens. Plus de 60 caisses populaires franco-ontariennes gèrent plus de 1,7 milliard de dollars. Cependant, au plan individuel, le revenu moyen des Franco-Ontariens accusait un écart de près de 800 $ par année (chiffres de 1985) avec celui de l'ensemble des Ontariens. Ceux qui n'ont pas profité de la vague de prospérité appartiennent aux secteurs agricole et forestier.

À la fin des années 1990, le mouvement des travailleurs a décidé de manifester contre les changements proposés aux lois du travail et contre ce qui, pour eux, constituait des compressions massives dans le réseau social de la province. Pendant deux ans, ils ont tenté de paralyser plusieurs villes de l'Ontario par une série de grèves rotatives d'un jour, afin d'envoyer un message clair au gouvernement Harris. Surnommées « journées d'action », ces manifestations ont attiré des foules de partisans et provoqué la colère de bien des villes.

Les Prairies

Grâce à leurs ressources abondantes en pétrole et en gaz naturel, l'Alberta et la Saskatchewan ont pu profiter d'une source de revenus relativement stable au cours des dernières décennies du XXe siècle. Toutefois, malgré la prospérité apparente engendrée par

L'inondation de la rivière Rouge au Manitoba en 1997 a durement frappé les Prairies et a provoqué l'évacuation de 28 000 personnes. Peux-tu nommer d'autres désastres environnementaux canadiens survenus au cours des dernières décennies ?

l'industrie pétrolière, l'exploitation agricole familiale était menacée et avec elle, la vie même des Prairies. Pendant de nombreuses années, les agriculteurs des Prairies se débattaient pour vivre décemment de leur terre. Puis, dans les années 1990, le gouvernement fédéral a commencé à réduire ou à éliminer des subventions telles que le taux du Nid-de-corbeaux, qui datait de l'époque de Macdonald pour financer le transport du blé. Plusieurs familles de l'Ouest sentaient qu'on les sacrifiait pour que les centres urbains se procurent de la nourriture à bas prix.

Alors qu'il hésitait à contribuer à la survie des fermes familiales des Prairies, le gouvernement fédéral envisageait de soutenir les équipes de la Ligue nationale de hockey (LNH), provoquant ainsi la colère des agriculteurs. Après avoir dévoilé ses intentions, le ministre de l'Industrie, John Manley, s'est vu forcé de retirer sa proposition d'aide financière aux équipes canadiennes de la LNH. En plus d'un climat plutôt froid et d'une courte saison de croissance, les agriculteurs devaient maintenant subir les contrecoups des compressions budgétaires des gouvernements fédéral et provinciaux. La ferme familiale pourra-t-elle survivre et prospérer au cours du nouveau siècle ?

Alors qu'il éliminait les subventions aux agriculteurs des Prairies, le gouvernement fédéral désirait offrir un soutien financier aux équipes de la LNH. Qu'essaie de dire le caricaturiste par ce dessin ?

La Colombie-Britannique

En 1986, Vancouver faisait la fête et le monde entier y était invité. Il s'agissait de l'Exposition universelle de 1987. Grâce à cet événement, la Colombie-Britannique, soudain mise en valeur, a accueilli des foules non seulement de partout au Canada, mais aussi de l'étranger. De nombreux visiteurs ont subi le charme de Vancouver et de la beauté naturelle de la province. Peu de temps après cet événement, plusieurs familles de Hong-Kong se sont installées à Vancouver ou ont investi dans l'économie de la Colombie-Britannique. Craignant les conséquences du retour de Hong-Kong à la Chine communiste en 1997, plusieurs de ses habitants cherchaient à mettre leurs biens en lieu sûr. Cet afflux de gens et d'argent a entraîné un important boom économique. Le prix des maisons a monté en flèche, des milliers d'emplois ont été créés et la Colombie-Britannique, particulièrement la vallée du bas Fraser autour de Vancouver, a joui de plusieurs années prospères.

En marge des pays côtiers du Pacifique, l'économie de la Colombie-Britannique dépendait largement des économies du Japon, de la Corée et d'autres pays asiatiques. Lorsque certains investisseurs ont commencé à rapporter leurs biens à Hong-Kong, sentant qu'ils ne seraient plus menacés malgré la conversion au communisme, l'économie de Vancouver, alors en pleine expansion, s'est considérablement ralentie. D'autres domaines ont également souffert. L'industrie forestière devait maintenant lutter contre les intérêts américains qui s'opposaient à ce que le Canada exporte du bois de conifères : et la pêche au saumon, tout comme celle de la morue, était menacée par la pêche excessive. Malgré les difficultés de la fin des années 1990, la Colombie-Britannique demeure, cependant, l'une des provinces les plus riches du Canada.

Hyperliens

www.dlcmcgrawhill.ca

Visite le site Internet dont l'adresse apparaît ci-dessus pour parfaire tes connaissances sur l'économie, la géographie et la démographie du Canada, entre autres. Clique sur ***Matériel complémentaire/ Primaire et secondaire***, puis sur ***Regard sur le Canada***, et on t'indiquera où aller ensuite.

Les programmes sociaux du Canada de 1968 à 2000

Grâce à la croissance de l'économie canadienne après 1963, le gouvernement fédéral avait les ressources nécessaires pour étendre les programmes sociaux existants et en créer de nouveaux. Le régime de sécurité sociale tissé petit à petit était plus ou moins complet à la fin des années Pearson. Les divers programmes sociaux n'étaient pas parvenus à réduire l'écart entre riches et pauvres, mais ils protégeaient les Canadiens des insécurités du milieu économique contemporain.

Pendant la campagne électorale de 1968, Pierre Elliott Trudeau a proposé l'idée d'une « société juste », une société où les droits de la personne, garantis par la loi, seraient protégés. On protégerait également les régions et les groupes sociaux qui n'avaient pas profité de la richesse matérielle dont certains avaient joui. L'image de Trudeau intriguait les Canadiens. Une fois Trudeau au pouvoir, toutefois, ils ont découvert un aspect qu'ils ne lui connaissaient pas : celui d'un politicien arrogant et froid. Hors du centre du Canada, et particulièrement dans l'Ouest, les gens jugeaient que le gouvernement de Trudeau était indifférent à leurs problèmes. Sa popularité a décliné considérablement au cours des quatre années qui ont suivi.

Afin de regagner l'appui du Parlement et celui de la population, Trudeau s'est mis à dépenser sans compter et à voter des législations populaires, y compris des programmes pour augmenter les prestations d'assurance-chômage, les pensions de vieillesse et les allocations familiales. Le développement rural et régional a profité d'une véritable pluie de subventions. À la fin des années 1970, le gouvernement fédéral consacrait un demi-milliard de dollars par année à son programme d'expansion économique régionale.

Régime de sécurité contre dette nationale

Malheureusement, les recettes fiscales ne suffisaient pas à combler ces dépenses. Le gouvernement payait pour ces programmes à l'aide d'emprunts. Les taux d'intérêt étaient élevés et les paiements de dettes avaient augmenté en conséquence. En 1978, la dette du gouvernement fédéral augmentait si rapidement que le vérificateur général a déclaré aux Canadiens que le gouvernement « avait perdu ou était sur le point de perdre tout contrôle sur les dépenses publiques ». La communauté des affaires insistait fortement pour que le gouvernement réduise ses dépenses. Sous l'effet de ces pressions, Trudeau a déclaré que la seule manière de réduire l'énorme déficit fédéral était de trancher dans les dépenses gouvernementales.

Les Canadiens étaient mécontents que le gouvernement diminue ses prestations aux familles, aux personnes âgées et aux chômeurs, d'autant plus que le chômage était élevé. Le Parti progressiste-conservateur de Joe Clark a défait le gouvernement de Trudeau en 1979. À l'occasion de son premier budget, le gouvernement a imposé une taxe de quatre cents par litre sur l'essence. Les recettes de cette taxe serviraient à payer le déficit, mais les Canadiens s'y opposaient fortement. Les partis d'opposition ont fait front commun contre le budget et ont forcé le gouvernement de Clark à démissionner en 1980. À la grande surprise de certains, Trudeau a été reporté au pouvoir.

Sous Trudeau, il devenait clair qu'une nouvelle approche de la sécurité sociale se développait. L'idée que les personnes en difficulté pouvaient compter sur l'aide du gouvernement ne tenait plus. On insistait davantage pour que chacun devienne responsable de son propre bien-être.

Le gouvernement conservateur de Brian Mulroney a pris le pouvoir en 1984. Mulroney avait promis de sauvegarder les programmes sociaux, mais il a hérité d'une **dette nationale** colossale. Les conservateurs affirmaient que le Canada n'avait pas les moyens d'offrir des allocations familiales et des pensions de vieillesse à tous les Canadiens. En 1989, le gouvernement de Mulroney a taxé certaines prestations sociales versées aux citoyens les mieux nantis. En 1992, il a aboli les allocations familiales pour les remplacer par un supplément de revenus pour les parents qui travaillaient. Le principe d'universalité à la base même des programmes sociaux était menacé; certains observateurs affirmaient que les programmes sociaux du Canada s'effritaient petit à petit.

Annonçant un surplus budgétaire pour la première fois depuis plusieurs décennies, le ministre libéral des Finances Paul Martin a déposé en février 2000 un budget fédéral qui promettait d'injecter des fonds dans le système de santé et dans les programmes sociaux. Pour plusieurs critiques, c'était trop peu, et trop tard.

La position du gouvernement libéral de Jean Chrétien était clairement exposée dans son rapport de 1994 intitulé *La sécurité sociale dans le Canada de demain.* Le rapport admettait que les programmes sociaux du Canada faisaient partie intégrante de l'identité canadienne et parlait du devoir du gouvernement « de permettre à nos enfants de partir du bon pied dans la vie » et de permettre à tous les Canadiens et leurs familles de « vivre dignement ».

Le gouvernement Chrétien désirait également réduire le déficit. Le Régime d'assistance publique du Canada a été remplacé par un versement de fonds moindres aux provinces, qui pouvaient les dépenser comme bon leur semblait. De nombreux services ont ainsi subi des compressions. Les provinces ont commencé à privatiser les soins de santé et à imposer des honoraires dissuasifs. La responsabilité des soins pour les malades et les personnes âgées reposait de plus en plus sur les familles. Pendant ce temps, l'écart entre les riches et les pauvres s'élargissait de nouveau et à la fin de la décennie, le nombre d'enfants canadiens vivant sous le seuil de pauvreté avait augmenté. Il peut paraître étonnant que, malgré les changements apportés au régime de sécurité sociale, le Canada était toujours au premier rang de l'Indice du développement humain des Nations Unies en 1999.

Un besoin d'équilibre

Le Canada a quitté le XXe siècle un peu comme il y était entré : sur une vague de prospérité et d'optimisme. En 1900, un pays centré sur l'agriculture allait se transformer en une société urbaine et industrialisée. Aujourd'hui, une transformation semblable est sur le point de s'opérer alors que le Canada se refait une économie postindustrielle. Le type d'emploi des Canadiens se transforme rapidement, mais les principaux défis du XXIe siècle ressemblent étrangement à ceux du XXe siècle. Comment le Canada peut-il s'assurer que la prospérité du pays soit répartie de façon que tous les Canadiens jouissent des besoins essentiels ? Comment le Canada préparera-t-il les jeunes à jouer un rôle important dans l'économie ? Et comment équilibrer les exigences insatiables d'une économie de consommation avec un environnement de plus en plus menacé ? Peut-être que la différence la plus importante du nouveau siècle provient du fait qu'il faut maintenant envisager de répondre à ces questions selon une perspective mondiale.

Récapitulation

RÉSUMÉ DU CHAPITRE

Dans ce chapitre, tu as appris :

- l'influence d'événements internationaux tels que l'augmentation des prix du pétrole par l'OPEP sur le Canada;
- que les premiers ministres Trudeau et Mulroney envisageaient bien différemment les dangers et les avantages de la participation des Américains à l'économie canadienne;
- que les Canadiens ne s'accordaient pas sur la question du libre-échange avec les États-Unis et le Mexique ainsi que sur les conséquences de l'ALENA;
- que des surplus budgétaires entraînent des réductions d'impôts et des débats sur la façon d'utiliser ces surplus.

RÉSUME TES CONNAISSANCES

1. Explique l'importance historique des personnes, des lieux ou des événements suivants :

OPEP	Libre-échange/ALENA
Programme énergétique national	Hibernia
AEIE	Grèves « journées d'action »
Investissement Canada	Exposition universelle de Vancouver 1986
« Choc Nixon »	Jean Chrétien

2. Quels sont les faits qui soutiennent la déclaration de Trudeau : « Vivre à vos côtés, c'est un peu comme dormir avec un éléphant. Même si la bête est amicale et placide, on ressent chacun de ses soubresauts et de ses grognements. »
3. Après le « choc Nixon », le Canada envisageait trois options pour son développement économique. Quelles étaient ces options et laquelle a été choisie ?
4. À l'aide de photos, de symboles ou de diagrammes, dresse une carte économique du Canada qui met en valeur les principales sources de revenus pour chacune des régions du pays. Utilise des étiquettes pour la clarté, au besoin.
5. Le Canada est reconnu partout pour son régime de sécurité sociale, qui aide les Canadiens à conserver un très haut niveau de vie. Dessine le tableau suivant dans ton cahier et, pour chacun des premiers ministres indiqués, explique brièvement comment le gouvernement de chacun a modifié le filet de sécurité sociale du Canada. (A-t-il contribué à approfondir, à démanteler ou à réparer le régime de sécurité sociale ?)

PIERRE ELLIOTT TRUDEAU	BRIAN MULRONEY	JEAN CHRÉTIEN

6. Quels groupes de Franco-Ontariens ont participé à la prospérité de la région du centre du Canada ? Quels groupes sont encore désavantagés ?

EXPRIME TON OPINION

1. Après avoir réfléchi longuement à la nature de l'économie canadienne (ce que l'on produit, où nos produits se vendent, etc.), compare les avantages et les désavantages du libre-échange avec les États-Unis et le Mexique. S'il y avait un référendum sur le libre-échange, offrirais-tu ton appui à l'ALENA ou crois-tu que le Canada devrait se retirer de l'accord ? Explique ta réponse.
2. Dans les années 1990, le gouvernement devait décider s'il valait mieux effectuer des compressions dans les programmes sociaux afin de réduire les impôts ou protéger les programmes sociaux. Lorsque les gouvernements fédéral et provinciaux ont commencé à afficher des surplus budgétaires, le débat s'est intensifié. Doit-on utiliser les surplus pour réduire la dette nationale, réduire les impôts ou soutenir les programmes sociaux (la santé, l'éducation et le bien-être) ? À titre de ministre des Finances, que ferais-tu d'un surplus de 10 milliards de dollars ?

ANALYSE LES FAITS HISTORIQUES

1. Un fabricant canadien reçoit une commande pour 10 000 patins de hockey de première qualité pour une franchise américaine d'articles de sport avant la proclamation de l'Accord de libre-échange de 1988. À cause du tarif existant, l'exportation de patins n'était pas profitable. Comment le fabricant a-t-il envoyé les patins de hockey aux États-Unis sans payer le tarif ?

CHAPITRE

24 La diversité culturelle canadienne

Certains observateurs de la politique canadienne pensent que le Canada est un pays fragile qui risque d'éclater à cause de sa diversité culturelle. Es-tu d'accord avec cette opinion ? Que signifie le NON sur les affiches de cette photo datant de 1994 ?

RETOUR AUX SOURCES

- **De quelle manière le mouvement indépendantiste québécois a-t-il suscité des changements constitutionnels et des conflits politiques au cours des dernières décennies ?**
- **Comment les régions du Canada, les groupes de femmes ainsi que les peuples amérindiens et inuits ont-ils fait entendre leurs revendications dans le processus de réforme constitutionnelle ?**
- **Quels étaient les principaux objectifs du Reform Party ? Pourquoi Preston Manning a-t-il réuni le Reform Party et le Parti progressiste-conservateur en un nouveau parti ?**
- **De quelle manière les amendements de la *Loi sur les Amérindiens* et les négociations relatives aux revendications territoriales ont-ils remédié aux injustices dont les Amérindiens et les Inuits du Canada ont été victimes pendant des décennies ?**

TERMES IMPORTANTS

Loi des mesures de guerre

Rapatriement

Référendum

CHRONOLOGIE

1970 ▶
Pierre Elliott Trudeau promulgue la *Loi des mesures de guerre* à la suite des enlèvements commis par le Front de libération du Québec.

1982 ▶
La reine Elisabeth II signe la *Loi constitutionnelle*, ce qui marque le rapatriement de la Constitution canadienne.

1992 ▶
L'électorat canadien rejette l'*Accord de Charlottetown* lors d'un référendum national.

1999 ▶
Le gouvernement fédéral dépose un projet de loi sur la clarté de la question référendaire.

Les quatre colonies qui se sont réunies lors de la Confédération étaient toutes des sociétés distinctes et elles se querellaient fréquemment avec Ottawa. Depuis que la Confédération comprend 10 provinces et 3 territoires, les motifs de conflit se sont multipliés : répartition du pouvoir, partage des ressources, la langue, la religion, etc. Le pays a semblé à quelques reprises au bord de l'éclatement.

Les trois premiers ministres d'origine québécoise

Les trois principaux premiers ministres que le Canada a eus depuis 1968 venaient du Québec. Paradoxalement, les deux chefs de gouvernement libéraux, Pierre Elliott Trudeau et Jean Chrétien, ont souvent été accusés de trahir leur province d'origine et jouissaient d'une plus grande popularité dans le reste du Canada qu'au Québec. Lorsque le premier ministre conservateur Brian Mulroney a échoué dans ses tentatives de réforme constitutionnelle, plusieurs de ses députés du Québec ont quitté le Parti progressiste-conservateur et fondé un parti fédéral indépendantiste appelé Bloc québécois. En dépit des critiques ou des louanges, il faut admettre que Trudeau, Mulroney et Chrétien ont gouverné le Canada à une époque tumultueuse. Chacun a imprimé sa marque sur le tissu social et économique du Canada.

Pierre Elliott Trudeau

Pierre Elliott Trudeau s'est acquitté de ses fonctions de premier ministre avec une prestance qui faisait défaut jusqu'alors chez un chef de gouvernement canadien. Son intelligence et son esprit hors du commun allaient de pair avec une conscience sociale aiguisée. Au cours des années qu'il a passées au pouvoir (soit de 1968 à 1979 et de 1980 à 1984), il a contribué à libéraliser les lois sur le divorce, à étendre les programmes sociaux et à renforcer le rôle du Canada dans le monde. Défenseur passionné du Canada, il considérait les divisions régionales comme dangereuses pour le pays et refusait d'accorder un statut particulier au Québec. Il pensait en effet que traiter le Québec différemment des autres provinces revenait à admettre que les Québécois étaient moins aptes que les autres Canadiens à défendre leurs intérêts. Depuis qu'il a quitté la scène politique, en 1984, Trudeau a rarement pris la parole en public. Il est cependant sorti de sa retraite au moment de l'*Accord du lac Meech*, alors qu'il était question d'accorder un statut particulier au Québec. Il s'est prononcé non pas contre le Québec mais en faveur d'un Canada uni où tous les citoyens jouiraient de privilèges égaux.

Brian Mulroney

L'avènement de Brian Mulroney au pouvoir a marqué un changement de style dans la politique canadienne. Le gouvernement de Mulroney, en effet, était fortement axé sur un mode de gestion copié sur l'entreprise privée. Au cours des neuf années de son mandat de premier ministre (de 1984 à 1993), Mulroney n'a pas cherché à éviter la controverse. Il a tenté d'éliminer l'énorme déficit que le Canada avait accumulé depuis les années 1960. Son gouvernement a provoqué un débat agité en remettant en question l'universalité des allocations familiales et des pensions de vieillesse. Les programmes sociaux devaient-ils être offerts à tous les Canadiens ou seulement aux plus démunis ? En dépit des efforts de Mulroney pour améliorer la situation financière du pays, le déficit frôlait les 40 milliards de dollars et la dette nationale les 600 milliards de dollars à la fin du mandat des conservateurs. Le gouvernement de Mulroney a par ailleurs déclenché des discussions passionnées lorsqu'il a négocié un accord de libre-échange avec les États-Unis, institué la taxe sur les produits et les services (TPS) pour remplacer une taxe de fabrication cachée et proposé d'amender la Constitution pour satisfaire le Québec. Mulroney a formé deux gouvernements majoritaires de suite en

Brian Mulroney est devenu le plus impopulaire de tous les premiers ministres dans l'histoire du Canada. Selon toi, pourquoi a-t-il perdu l'estime de l'électorat ?

1984 et 1988, mais, à la fin de son mandat, il était devenu le plus impopulaire de tous les premiers ministres dans l'histoire du Canada. Lors des élections qui ont suivi la démission de Mulroney, le Parti progressiste-conservateur n'a récolté que deux sièges au Parlement.

Jean Chrétien

Jean Chrétien a entamé sa carrière politique dans les années 1960. Sous Trudeau, il a dirigé plusieurs ministères, dont la Justice et les Finances. « Le p'tit gars de Shawinigan », comme il se plaît lui-même à le dire, a eu la chance de devenir premier ministre en 1993, à l'aube d'une période de croissance économique. Le gouvernement progressiste-conservateur précédent avait fait les frais du débat entourant des enjeux comme le libre-échange et la TPS. Chrétien se déclarait farouchement contre ces deux mesures, mais, une fois élu, il a indiqué que le gouvernement libéral ne pouvait pas les supprimer. Son ministre des Finances, Paul Martin, a beaucoup limité les dépenses du gouvernement, réduisant ainsi les paiements de transfert aux provinces. Jumelées à une reprise de l'économie, les réductions de dépenses ont permis au gouvernement libéral d'éliminer le déficit du Canada. En 1999, on estimait que les excédents budgétaires annuels du Canada pourraient atteindre les 92 milliards de dollars au bout de cinq ans. Pour la première fois depuis des décennies, la question n'était plus de savoir quelles dépenses supprimer mais bien à quoi consacrer les excédents.

Une fois au pouvoir, le premier ministre Jean Chrétien a résolu de maintenir l'accord de libre-échange et la TPS institués par le gouvernement progressiste-conservateur. Selon toi, pourquoi en a-t-il décidé ainsi alors qu'il s'opposait aux deux mesures avant d'être élu ?

Fédéralisme ou séparatisme ? Les droits des francophones

Les francophones hors Québec ont trop souvent été laissés pour compte dans le débat entourant la protection de la culture canadienne-française. Plusieurs provinces, dont le Nouveau-Brunswick, l'Ontario, le Manitoba et l'Alberta, comptent une importante population d'expression française. Au cours des 140 dernières années, presque toutes ces provinces ont adopté à un moment ou à un autre des lois qui allaient à l'encontre du français. Au Nouveau-Brunswick, par exemple, le gouvernement a fermé les écoles catholiques et interdit l'enseignement du français dans les écoles publiques en 1871 et, en 1916, banni l'enseignement du français de tout le système d'éducation. Entre 1912 et 1927, les Franco-Ontariens ont résisté aux efforts du gouvernement de l'Ontario qui voulait fermer toutes les écoles françaises de la province. (*Voir Annexe pour l'évolution de la situation franco-ontarienne jusqu'à aujourd'hui.*) En 1930, le gouvernement de la Saskatchewan a interdit l'enseignement du français même après les heures de classe. Pour les francophones hors Québec, le champ de bataille pour la défense de la culture française était la lutte pour préserver et étendre les écoles de langue française.

La solution fédéraliste : le bilinguisme

Pour protéger leur culture et leur situation parmi les peuples fondateurs du Canada, les Québécois ont réclamé l'égalité. Déterminé à refuser un statut particulier au Québec, le premier ministre Pierre Elliott Trudeau a décidé d'instituer le bilinguisme officiel. Il croyait que l'unité du Canada reposait sur le bilinguisme et sur l'égalité des chances pour tous les Canadiens, qu'ils soient anglophones ou francophones.

Le gouvernement de Trudeau a adopté la *Loi sur les langues officielles* en 1969. Dès lors, tous les Canadiens avaient le droit d'employer le français ou l'anglais dans leurs rapports avec le gouvernement fédéral. De plus, l'emballage de tous les produits devaient être étiqueté dans les deux langues. Les provinces ont étendu leurs services d'éducation en français et offert, par exemple, des programmes d'immersion. Cependant, la politique du bilinguisme n'a pas suffi à calmer les ardeurs indépendantistes au Québec.

Pendant la crise d'Octobre 1970, les Montréalais pouvaient voir déambuler dans les rues des membres des Forces armées canadiennes en tenue de combat. Selon toi, pourquoi s'en étonnaient-ils ?

La montée de l'indépendantisme

Au Québec, la Révolution tranquille a engendré une nouvelle forme de nationalisme. Les Québécois francophones n'acceptaient plus d'être traités comme des citoyens de seconde classe dans leur propre province. À la fin des années 1960, des groupes radicaux voués à l'indépendance du Québec ont eu recours aux tactiques terroristes pour obtenir gain de cause : attaques à la bombe d'abord, puis enlèvement d'un politicien québécois et d'un diplomate britannique.

La crise d'Octobre 1970

Le matin du 5 octobre 1970, quatre membres armés du Front de libération du Québec (FLQ) ont enlevé l'attaché commercial britannique, James R. Cross, de sa résidence de Montréal. Les ravisseurs réclamaient une rançon de 500 000 $, des sauf-conduits pour Cuba et la libération des felquistes incarcérés à la suite d'attentats. Ils exigeaient aussi que le manifeste du FLQ soit lu aux bulletins de nouvelles télévisés. Cinq jours plus tard, un autre groupe du FLQ kidnappait le ministre Pierre Laporte devant chez lui.

Au début de la crise, beaucoup de francophones avaient une certaine sympathie à l'égard du FLQ. Puis, le 17 octobre, la police a trouvé le corps de Pierre Laporte dans le coffre d'une voiture stationnée près de l'aéroport de Saint-Hubert. Beaucoup de ceux qui avaient sympathisé avec le FLQ ont été horrifiés par ce crime violent.

Après consultations avec le gouvernement fédéral, le premier ministre du Québec Robert Bourassa a consenti à diffuser le manifeste du FLQ et à laisser les ravisseurs quitter le pays en échange de la libération de Cross. Il a toutefois refusé de libérer les felquistes incarcérés. Les ravisseurs restaient introuvables, et Bourassa a demandé au gouvernement fédéral d'envoyer des soldats à la rescousse de la police. Le premier ministre Trudeau a envoyé les troupes fédérales au Québec et imposé la ***Loi des mesures de guerre***. C'était la première fois que cette loi très restrictive était proclamée en temps de paix. En vertu de cette loi, l'appartenance au FLQ devenait une infraction criminelle, les rassemblements politiques étaient interdits et la police pouvait arrêter sans mandat des suspects, les interroger et les détenir pendant 90 jours.

Selon Trudeau, la promulgation de la *Loi des mesures de guerre* était justifiée par un risque d'insurrection. La police a passé le Québec au peigne fin, effectué des milliers de perquisitions et arrêté plus de 400 personnes. Deux mois plus tard, la GRC et la police du Québec ont découvert que James R. Cross était retenu prisonnier dans une maison du nord de Montréal. En échange de sa libération, ses ravisseurs et leurs familles ont obtenu des sauf-conduits pour Cuba. En tout, 23 personnes ont été citées à procès et condamnées à la prison pour les actes terroristes commis pendant la crise d'Octobre.

Le Québec et la question linguistique

La crise d'Octobre a mis fin à l'indépendantisme extrémiste. Certains problèmes demeuraient cependant sans solution, et parmi ceux-ci la question du rôle de la langue et de la culture françaises au Canada. La protection du français devenait une priorité pour un nombre croissant de Québécois. Le taux de natalité du Québec, qui avait été le plus élevé au Canada avant la Deuxième Guerre mondiale, s'est effondré soudainement dans les années 1960, de sorte qu'il était le plus faible du pays à la fin de la décennie. L'immigration, en revanche, avait monté en flèche et les nouveaux arrivants s'installaient majoritairement à Montréal. La plupart d'entre eux envoyaient leurs enfants à l'école anglaise en se disant que l'anglais était la langue de l'Amérique du Nord.

Devant la diminution du taux de natalité, d'une part, et l'augmentation de l'immigration, d'autre part, les francophones du Québec se sont mis à craindre pour la survie de leur langue et de leur culture. Ils n'étaient en effet que 6 millions parmi 280 millions d'anglophones. Un grand nombre de Québécois estimaient que la politique de bilinguisme officiel de Trudeau ne suffirait pas à sauvegarder la langue française. C'est pourquoi le gouvernement de Robert Bourassa a adopté la *Loi sur la langue officielle* (« loi 22 ») en 1974. Cette loi faisait du français la langue officielle du Québec, renforçait l'usage du français au travail et limitait le choix de la langue d'enseignement. Seuls les enfants qui réussissaient un examen montrant qu'ils savaient l'anglais pouvaient s'inscrire à l'école anglaise. Par conséquent, les enfants des nouveaux immigrants devaient pour la plupart fréquenter une école française. La *Loi sur la langue officielle* du Québec a fait l'objet de débats enflammés, mais le gouvernement du Québec la jugeait nécessaire à la survie du français.

En 1976, le gouvernement Bourassa était en perte de popularité. Il courait à propos des libéraux du Québec des rumeurs de scandale et de corruption. Les déboires économiques du Québec tracassaient beaucoup la population, mais le gouvernement de Bourassa n'avait pas de réponse à lui apporter. Les gens commençaient à chercher une solution ailleurs, notamment auprès du Parti québécois (PQ) nouvellement formé et de son chef populaire, René Lévesque. Le PQ était un parti démocratique qui visait l'indépendance du Québec par des moyens politiques pacifiques. Lévesque et le Parti québécois apparaissaient comme le meilleur choix.

Le Parti québécois et la Charte de la langue française

Le matin du 16 novembre 1976, un choc attendait le Canada anglais. La veille, les électeurs du Québec avaient porté le Parti québécois au pouvoir. Le PQ avait remporté 41 % des votes et 71 des 110 sièges à l'Assemblée nationale. « Nous devons maintenant construire le pays du Québec », avait dit Lévesque à la foule en délire. Le Parti québécois avait promis de réaliser l'indépendance; pour certains Canadiens, son élection paraissait annoncer la fin de la Confédération.

Le Parti québécois a fait adopter en 1977 une loi encore plus ferme que la *Loi sur la langue officielle*. La *Charte de la langue française* (projet de loi 101), imposait de sévères restrictions à l'usage de l'anglais au Québec. Elle faisait du français la langue du gouvernement, des tribunaux et des affaires dans la province.

Lorsque René Lévesque a été élu, il a lancé à la foule en délire : « Nous devons maintenant construire le pays du Québec. » Qu'entendait-il par là ? Selon toi, que voulaient vraiment ses partisans : un changement de gouvernement ou l'indépendance du Québec ?

Pendant la campagne référendaire de 1980, la population du Québec était divisée entre partisans du OUI et partisans du NON. Toi, aurais-tu voté pour ou contre la souveraineté-association ? Justifie ta réponse.

À l'extérieur du Québec, un grand nombre de Canadiens jugeaient que la *Charte de la langue française* enfreignait les droits des non-francophones en faisant du français la seule langue officielle du Québec. Selon toi, cette charte était-elle nécessaire à la survie de la culture française ? Que tente d'exprimer ce manifestant à propos de la *Charte de la langue française* ?

De plus, elle obligeait les commerçants à afficher en français seulement et elle limitait sévèrement l'accès aux écoles anglaises. Seuls les enfants qui fréquentaient déjà une école anglaise ou dont un des parents au moins avait fréquenté une école anglaise au Québec (la « clause Québec ») avaient le droit d'étudier en anglais. Quant aux enfants des immigrants récents, ils n'avaient pas le choix: ils devaient fréquenter une école française. Certaines personnes jugeaient que le Québec enfreignait les droits des nouveaux arrivants pour sauvegarder la langue française. Lévesque soutenait cependant que la *Charte de la langue française* était nécessaire à la survie de la culture française.

Les anglophones et les immigrants du Québec étaient indignés par la *Charte de la langue française*. De nombreuses sociétés québécoises dont le président était anglophone ont déménagé leur siège social de Montréal à Toronto ou à Calgary, comme d'autres l'avaient fait lors de l'élection du PQ. Les anglophones ont, par ailleurs, formé un groupement appelé Alliance Québec pour contester la *Charte* devant les tribunaux.

Le référendum sur la souveraineté-association

Pendant la campagne électorale de 1976, René Lévesque a promis à la population de tenir un **référendum** sur l'indépendance. Quatre ans plus tard, le PQ était prêt à tenir promesse. Les sondages révélaient cependant que seule une minorité de Québécois était en faveur de l'indépendance. Lévesque a donc proposé un vote sur la souveraineté-association, un système dans lequel le Québec administrerait lui-même ses impôts, ses politiques industrielles et sociales ainsi que ses lois en matière de citoyenneté et d'immigration, tout en gardant des liens économiques étroits avec le Canada.

Le 20 mai 1980, jour du référendum, près de 90 % des électeurs du Québec se sont rendus dans les bureaux de scrutin. Ils ont voté NON à près de 60 %. La défaite référendaire a été un dur échec pour le Parti québécois.

La crise constitutionnelle

Après sa réélection, en février 1980, Pierre Elliott Trudeau a amorcé un processus de renouvellement de la Constitution. L'élément central de la Constitution canadienne, l'*Acte de l'Amérique du Nord britannique* (*AANB*), existait depuis plus de 100 ans. À la demande du gouvernement canadien, l'*AANB* était resté sous la juridiction du Parlement britannique. Les tentatives passées de **rapatriement** avaient toutes échoué, en partie parce que les provinces n'arrivaient pas à s'entendre sur une formule d'amendement.

Après le référendum, Trudeau était plus déterminé que jamais à effectuer un changement constitutionnel. Il tenait en particulier à la formule selon laquelle tout amendement devait recevoir l'assentiment du gouvernement fédéral et d'un certain nombre de gouvernements provinciaux. Trudeau voulait aussi ajouter à la Constitution une charte des droits et libertés qui, entre autres dispositions, garantirait à tous les Canadiens le droit à l'éducation dans la langue officielle de leur choix. C'étaient là des dispositions auxquelles le Québec s'était opposé dans le passé.

Les arts

LA VIE CULTURELLE FRANCO-ONTARIENNE

La vie culturelle franco-ontarienne existe depuis 1884 avec la construction du premier théâtre à Ottawa sur l'initiative des Oblats. Cependant, sa véritable envolée se fait à partir des années 1970 et va toucher le théâtre, la littérature, la musique, les médias d'information et de divertissement, et les festivités.

Le théâtre

Il existe déjà une vingtaine de troupes de théâtre quand la CANO (Coopérative des artistes du Nord-Ontario) est créée en 1970. Un vent nouveau souffle : on présente maintenant des créations franco-ontariennes au lieu des œuvres classiques. *La Parole et la loi*, une création collective de la Corvée de Vanier, remporte un vif succès. Le dramaturge André Paiement défend la cause franco-ontarienne dans ses œuvres *La vie et les temps de Mérédric Borleau* et *Lavalléville*. En 1999, le Centre de théâtre de langue française ouvre ses portes à Ottawa, où logent quatre troupes de théâtre : le théâtre du Trillium (*sic*), Vox Théâtre, le théâtre de la Vieille 17 et le théâtre de la Catapulte.

La littérature

La littérature franco-ontarienne contient près de 2000 œuvres. Ses romancières et romanciers les plus populaires sont Hélène Brodeur (*Chroniques du Nouvel-Ontario*), Gabrielle Poulin et Daniel Poliquin. *La vengeance de l'orignal* par Doric Germain a été lu par des milliers d'élèves du niveau secondaire.

La recherche universitaire

Parmi les chercheurs universitaires qui ont dédié leur vie à mieux connaître et faire connaître la culture et l'histoire franco-ontarienne, il y a le père Germain Lemieux qui a créé le Centre franco-ontarien de folklore et Gaëtan Gervais, tous deux de l'Université Laurentienne. Professeurs à l'Université d'Ottawa, Robert Choquette et Roger Bernard se sont intéressés aux aspects religieux, linguistiques et sociologiques des Franco-Ontariens.

Les médias

Le Droit d'Ottawa est le seul quotidien français de l'Ontario. Cependant, il existe plusieurs hebdomadaires : *Le Carillon* de Hawkesbury, *Le Voyageur* de Sudbury, *Le Rempart* de Windsor, *Le Nord* de Hearst, *Le Goût de vivre* de Penetanguishene, *L'Express* de Toronto, *Le Journal de Cornwall*, *Le Reflet* d'Embrun et *L'Express* d'Orléans, *Vision* de Rockland, ainsi que *Métropolitain* de Toronto.

La télévision française de l'Ontario (TFO) est depuis 1987 une station indépendante et autonome à mission éducative.

Les grands rassemblements culturels

Quatre événements célèbrent la vie culturelle franco-ontarienne : *La Nuit sur l'étang* à Sudbury, *Les Festivals de Théâtre Action* à l'échelle de la province, *Le Festival franco-ontarien* à Ottawa et *La Francofête* à Toronto.

Les Jeux franco-ontariens organisés par la Fédération des écoles secondaires franco-ontariennes (FESFO) depuis 1994 réunissent des jeunes qui participent à ses volets culturels, artistiques et sportifs.

Les quatrièmes jeux de la Francophonie mondiale de 2001 se tiendront en Ontario. Du 14 au 24 juillet, près de 3000 athlètes et artistes venus de 43 pays francophones y prendront part.

Trudeau a proposé ses changements constitutionnels lors d'une conférence des premiers ministres (fédéral et provinciaux) tenue en septembre 1980. Il n'a obtenu l'appui que de deux provinces, l'Ontario et le Nouveau-Brunswick. Trudeau a alors annoncé que le gouvernement fédéral réaliserait ses projets de changement constitutionnel, que les provinces soient d'accord ou non. L'opposition conservatrice a réussi à contrecarrer Trudeau et l'a obligé à attendre que la Cour suprême se prononce sur la validité de ses initiatives.

La Cour suprême a déclaré que le gouvernement fédéral avait le droit selon la loi de rapatrier la Constitution. Les juges ont toutefois précisé que le gouvernement enfreindrait une longue tradition de la politique canadienne s'il agissait sans consulter les provinces. Le gouvernement fédéral et les gouvernements provinciaux ont compris qu'ils devraient travailler très fort pour parvenir à un nouvel accord.

Les 11 premiers ministres ont donc tenu une autre conférence à Ottawa, au début de novembre 1981. Après plusieurs jours de négociations harassantes, ils ne s'étaient toujours pas mis d'accord. Puis, dans la nuit du 4 au 5 novembre, tous les premiers ministres sauf René Lévesque se sont rassemblés pour étudier un compromis de dernière minute.

À son réveil, Lévesque s'est aperçu que Trudeau et les neuf premiers ministres provinciaux s'étaient réunis sans le prévenir. Trudeau a annoncé à la presse que les premiers ministres avaient accepté une nouvelle entente constitutionnelle (comprenant une formule d'amendement et une charte des droits et libertés). Le Québec s'est senti trahi. On lui avait promis de modifier la Constitution conformément à ses besoins, et on lui imposait des changements qu'il n'avait pas approuvés.

Le Québec n'était pas le seul à protester. Les Amérindiens, en effet, n'avaient pas été représentés aux pourparlers amorcés en 1978 à propos du rapatriement. Ils jugeaient cette omission inacceptable. Les femmes, par ailleurs, réclamaient elles aussi des changements. Le Comité national d'action sur le statut de la femme exigeait que la Constitution comprenne des garanties d'égalité. Il a réussi à persuader le gouvernement d'ajouter des articles sur le droit à l'égalité (articles 15 à 28) dans la *Charte des droits et libertés*, un élément essentiel de la Constitution proposée. Une fois ces changements (et plusieurs autres) apportés, le Parlement a adopté la loi le 2 décembre 1981, puis il a officiellement demandé à la Grande-Bretagne de l'approuver.

Le 17 avril 1982, la reine Elisabeth II a signé la Constitution sur le parvis du Parlement d'Ottawa. Le premier ministre Trudeau était à ses côtés. Avec ce trait de plume, la Constitution canadienne était enfin rapatriée, assortie d'une formule d'amendement et d'une *Charte des droits et libertés*. Une seule province, le Québec, n'assistait pas à la cérémonie. Ce jour-là, au Québec, on a mis les drapeaux en berne, et René Lévesque a marché à la tête des manifestants dans les rues de Montréal.

L'Accord du lac Meech

Ce n'est que cinq ans plus tard que le Québec a accepté de signer la Constitution. Le Parti québécois avait été défait par les libéraux qui étaient revenus au pouvoir sous la direction de Robert Bourassa.

Pierre Elliott Trudeau à ses côtés, la reine Elisabeth II a signé la nouvelle Constitution canadienne le 17 avril 1982. Les Québécois, dont les besoins avaient été méconnus, se sont sentis trahis.

Au fédéral, le premier ministre progressiste-conservateur Brian Mulroney avait promis de « rétablir la réconciliation nationale ». Il espérait que la Constitution mette un terme à la discorde qui régnait entre le Québec et le reste du Canada. En avril 1987, il a invité les 10 premiers ministres provinciaux à une maison de campagne située sur les bords du lac Meech, dans les montagnes près de Hull, au Québec. L'objectif de Mulroney était de rédiger une entente constitutionnelle satisfaisante pour toutes les provinces, le Québec y compris. À l'étonnement de la plupart des observateurs, les provinces sont parvenues à une entente, l'*Accord du lac Meech*, dont les principaux points étaient les suivants :

- Le Québec serait reconnu comme une société distincte;
- Trois des neuf juges de la Cour suprême viendraient du Québec;
- Les amendements constitutionnels portant sur la structure ou sur les pouvoirs du gouvernement (le Sénat, la Cour suprême ou la création de nouvelles provinces, par exemple) devraient être approuvés par les 10 provinces;
- Les provinces pourraient se retirer des nouveaux programmes fédéraux et en utiliser les fonds pour créer elles-mêmes des programmes correspondants;
- Le Québec administrerait lui-même sa politique d'immigration.

Tenant à la main une plume symbolisant la force spirituelle, le député manitobain Elijah Harper a voté contre l'*Accord du lac Meech* et en a par le fait même précipité l'échec. Pourquoi les Amérindiens s'opposaient-ils à l'accord ?

Les 10 premiers ministres ont signé l'*Accord du lac Meech* en 1987. Le premier ministre Mulroney a déclaré que l'entente marquait le retour du Québec dans la famille canadienne. La Chambre des communes, partis d'opposition y compris, a entériné l'*Accord du lac Meech*. Dès lors, les 10 législatures provinciales avaient 3 ans, soit jusqu'au 23 juin 1990, pour ratifier l'accord. Le Québec a été le premier à le faire.

De 1987 à 1990, cependant, la situation a changé au Canada. De plusieurs régions du pays, des voix se sont élevées pour critiquer l'accord. Certains Canadiens anglais étaient outrés par la *Loi modifiant la Charte de la langue française* (« loi 178 ») votée sous le gouvernement de Robert Bourassa, qui limitait l'affichage en anglais. Les groupes de femmes anglophones craignaient que la clause de la société distincte ne nuise aux droits constitutionnels des Québécoises garantis par la *Charte des droits et libertés*. (Les groupes de femmes du Québec, cependant, ne partageaient pas cette inquiétude.) Les chefs amérindiens estimaient que l'*Accord du lac Meech* ne satisfaisait pas leurs exigences. Par ailleurs, le Nouveau-Brunswick, le Manitoba et Terre-Neuve avaient changé de gouvernement. Leurs nouveaux premiers ministres n'avaient pas assisté à la réunion du lac Meech, et ils ne se sentaient pas liés à l'accord. Le temps filait.

Mulroney et les 10 premiers ministres provinciaux se sont réunis à Ottawa en juin 1990 pour tenter de sauver l'accord. Le compromis auquel ils sont parvenus au bout d'une semaine devait être ratifié par le Nouveau-Brunswick, Terre-Neuve et le Manitoba. La date d'échéance approchait, et ces deux premières provinces ont consenti à l'accord. À la législature du Manitoba, cependant, le député amérindien Elijah Harper a voté contre l'entente. L'*Accord du lac Meech* tombait. Pour la seconde fois, on n'avait pas réussi à faire une place au Québec dans la Constitution canadienne. « C'est un jour sombre pour le Canada », a déclaré le premier ministre Mulroney. L'échec du lac Meech représentait un dur refus pour le Québec et le gouvernement Mulroney.

L'Accord de Charlottetown

L'*Accord du lac Meech* a été surnommé la « ronde de négociations du Québec », car il visait principalement à satisfaire le Québec et à le ramener dans la Constitution canadienne. Or, son échec était en partie attribuable au mécontentement de groupes qui, tels les Amérindiens, les petites provinces et les défenseurs des droits sociaux et économiques, s'étaient sentis désavantagés. Quelques mois après l'échec du lac Meech, la « ronde du Canada » a commencé. Le Québec avait élaboré un nouvel ensemble de propositions et déclaré que, faute d'une acceptation ou de contre-propositions acceptables de la part du Canada, il tiendrait un référendum sur l'indépendance en octobre 1992.

La « ronde du Canada » a comporté une série de commissions et de forums publics tenus tant à l'échelon fédéral qu'à l'échelon provincial. Parallèlement à ces débats, des groupes de pression ont organisé des douzaines de conférences. Toutes ces rencontres avaient pour but de consulter le public sur la nouvelle entente constitutionnelle. Finalement, les représentants d'Ottawa, des 10 provinces, des 2 territoires et des 4 grandes nations amérindiennes se sont réunis à Charlottetown et sont parvenus le 28 août 1992 à une entente appelée l'*Accord de Charlottetown*.

L'*Accord de Charlottetown* proposait des changements profonds à la Constitution canadienne : l'autodétermination des nations amérindiennes, une réforme du Sénat, une nouvelle répartition des pouvoirs entre le fédéral et les provinces ainsi qu'une union sociale et économique qui déterminait les politiques canadiennes en matière de soins de santé, de droits des travailleurs et de protection de l'environnement. L'*Accord de Charlottetown* contenait aussi la « clause Canada », l'article qui définissait les valeurs et les principes fondamentaux du Canada et qui affirmait le caractère distinct du Québec. La *Loi constitutionnelle de 1982* contenait une clause qui supplantait la clause québécoise sur la *Charte de la langue française* (projet de loi 101). La clause Canada permettait aux enfants de fréquenter l'école anglaise si au moins un de leurs parents avait étudié en anglais n'importe où au Canada.

Après avoir projeté un second référendum provincial sur la souveraineté, le Québec a plutôt résolu de tenir une consultation populaire sur l'*Accord de Charlottetown*. Ottawa a alors décidé que tous les Canadiens devaient voter sur la question et il a organisé un référendum national. La question était la suivante : « Acceptez-vous que la Constitution du Canada soit renouvelée conformément à l'accord conclu le 28 août 1992 ? »

Le mouvement indépendantiste est encore très vigoureux au Québec. D'ailleurs, l'échec de l'*Accord de Charlottetown* lui a insufflé une ardeur nouvelle. Selon toi, pourquoi le rejet de l'accord a-t-il eu cet effet ?

Les trois grands partis politiques ont fait campagne pour le OUI. Puis, dans les semaines précédant le référendum, l'opinion publique s'est rangée contre l'accord. La campagne pour le NON était dirigée par un nouveau parti de l'Ouest, le Reform Party, ainsi que par des groupes de pression comme le Comité national d'action sur le statut de la femme. Les chefs de l'Assemblée des Premières Nations ont également refusé de faire campagne pour le OUI aux côtés du chef Ovide Mercredi. En effet, ils doutaient des garanties constitutionnelles que Mercredi avait obtenues en matière d'autodétermination amérindienne.

D'autres personnes sont passées dans le camp du NON parce qu'elles jugeaient que les propositions de Charlottetown donnaient trop au Québec et pas assez à leur propre région. Presque tous les articles de l'accord ont été décriés par un groupe ou un autre. Enfin, beaucoup de Canadiens étaient dépassés par l'envergure de l'accord et se demandaient comment ils pourraient faire un choix éclairé. Devaient-ils voter sur l'accord entier même s'ils n'en comprenaient pas certaines parties ?

Le 26 octobre 1992, les Canadiens ont rejeté l'*Accord de Charlottetown*. Quatre provinces seulement l'ont approuvé : Terre-Neuve, le Nouveau-Brunswick, l'Île-du-Prince-Édouard et l'Ontario. La longue bataille constitutionnelle avait épuisé les Canadiens. Le premier ministre de la Colombie-Britannique, Michael Harcourt, a déclaré : « Nous devrions mettre la Constitution de côté pour un temps, puis l'oublier complètement. » Il semblait parler au nom du pays entier. La priorité de la plupart des Canadiens était désormais de survivre à la récession qui leur coûtait leurs emplois et qui minait l'économie canadienne.

L'après-Charlottetown

En 1993, le nouveau premier ministre Jean Chrétien, un Québécois francophone, a incité les Canadiens à « mettre de côté les querelles constitutionnelles ». Il craignait en effet que la poursuite des pourparlers sur le rôle du Québec dans la Confédération ne déchire le pays pour de bon. Or, lors des dernières élections, les Québécois avaient élu 54 candidats du Bloc québécois, un parti fédéral mais indépendantiste comme le Parti québécois. Avec ses 54 sièges, le Bloc québécois formait l'opposition officielle au Parlement et disposait d'une tribune pour faire connaître ses revendications à travers le Canada.

La question constitutionnelle n'est pas restée longtemps de côté. En 1995, le PQ a tenu le référendum sur la souveraineté qu'il s'était engagé à organiser pendant la campagne électorale de 1994. Après une campagne houleuse, les partisans du NON l'ont emporté, mais avec une très faible majorité de 54 000 voix. En effet, 50,6 % des électeurs se sont prononcés contre la souveraineté, tandis que 49,4 % ont voté pour.

Le débat entourant la réforme constitutionnelle a révélé les profondes divisions qui existent dans la société et la politique canadiennes. Les différends entre le Québec et le gouvernement fédéral font souvent la manchette, mais ce ne sont pas les seuls. D'autres régions et d'autres groupes ont aussi une vision particulière de la société canadienne idéale. Les Canadiens de l'Ouest et les Amérindiens sont de ceux-là.

En 1997, les premiers ministres provinciaux se sont attelés à la recherche d'un consensus national. En septembre de cette année-là, tous sauf Lucien Bouchard du Québec se sont réunis à Calgary afin de jeter les bases d'une entente qui, espéraient-ils, satisferait une majorité de Canadiens, Québécois y compris. Dans l'accord qu'ils ont alors rédigé, appelé *Déclaration de Calgary*, ils proposaient de reconnaître le Québec comme une société distincte et de laisser à son gouvernement le soin de préserver le caractère particulier de la province. L'entente stipulait aussi que tous les Canadiens étaient égaux et que toutes les provinces jouissaient d'un statut égal. Les premiers ministres précisaient enfin que tous les amendements constitutionnels futurs devraient s'appliquer également à toutes les provinces. Le premier ministre Jean Chrétien et le chef du Reform Party, Preston Manning, ont endossé la *Déclaration de Calgary*. Les chefs amérindiens, cependant, étaient très déçus que l'entente ne traite pas des questions qui leur tenaient à cœur. Le premier ministre Bouchard, quant à lui, a rejeté la déclaration; il jugeait absurde de prétendre que le Québec était unique comme toutes les autres provinces canadiennes. La *Déclaration de Calgary* n'a pas changé grand-chose aux problèmes constitutionnels du Canada.

Le gouvernement fédéral est retombé dans les sables mouvants de la réforme constitutionnelle à la fin de 1999, avec sa *Loi sur la clarté de la question référendaire*. Cette loi exige que, lors des futurs référendums sur la souveraineté, le Québec pose une question claire et obtienne une majorité non équivoque, faute de quoi le gouvernement du Canada ne négociera pas avec les indépendantistes. Le gouvernement fédéral juge en effet que les questions posées aux électeurs à l'occasion des référendums passés étaient

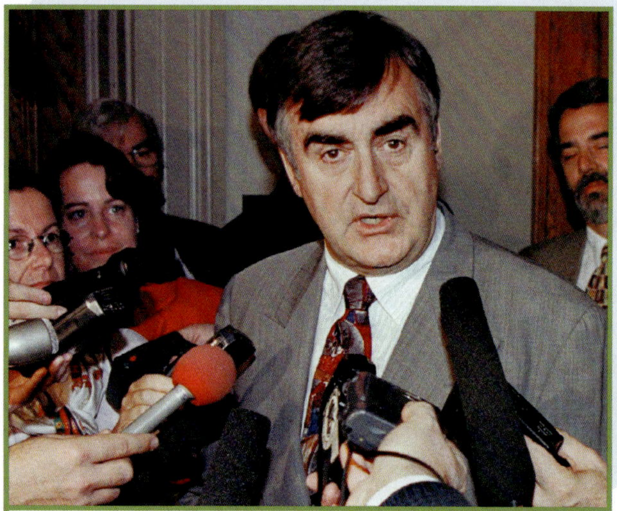

Le premier ministre du Québec Lucien Bouchard a rejeté la *Déclaration de Calgary*. Selon lui, il était absurde de reconnaître un caractère particulier au Québec si on le reconnaissait aussi à toutes les autres provinces. Es-tu d'accord avec cette opinion ?

vagues et qu'elles se prêtaient à plusieurs interprétations. Ainsi, certains électeurs auraient pu croire que l'accession du Québec à la souveraineté ne les empêcherait pas de conserver leur citoyenneté canadienne, d'utiliser la monnaie canadienne et de bénéficier des accords commerciaux négociés par le Canada. Le gouvernement fédéral pense qu'une question référendaire claire permettra aux électeurs du Québec de se faire une idée précise des conséquences d'un vote pour le OUI.

L'Ouest veut être écouté

Il serait incorrect de considérer les trois provinces des Prairies comme un bloc uniforme. Aux Amérindiens qui y vivaient depuis des siècles se sont ajoutés des colons venus de la Grande-Bretagne, du continent européen, des États-Unis et de l'est du Canada. Les économies des trois provinces sont différentes : celle de l'Alberta repose sur le pétrole et le gaz naturel, celle de la Saskatchewan dépend des céréales et de la potasse et celle du Manitoba est plus diversifiée. Les trois provinces de l'Ouest ont tout de même deux points en commun : elles sont convaincues qu'Ottawa ne les écoute pas et elles ont uni leurs forces pour s'opposer au centre du Canada.

La *Loi sur les langues officielles* de 1969 a soulevé une vague de mécontentement dans l'Ouest. Le gouvernement fédéral l'a adoptée afin que les francophones se sentent chez eux partout au Canada. L'Ouest, cependant, est multiethnique, et l'on parle surtout l'anglais. Malgré la présence de Franco-Albertains, des Fransasquois et des Franco-Manitobains, les anglophones de l'Ouest ont perçu le bilinguisme officiel comme une politique injuste typique d'un gouvernement fédéral trop préoccupé par le Québec. La majorité des Canadiens se disaient d'accord avec cette loi, mais 70 % des habitants de l'Ouest s'y opposaient.

L'Ouest, en outre, était excédé par les conflits entourant les ressources comme le pétrole et le gaz naturel. Le gouvernement de Trudeau a lancé le Programme énergétique national en 1980 pour éviter que l'industrie canadienne du pétrole et du gaz naturel ne passe aux mains d'intérêts étrangers. Le programme visait à protéger les réserves canadiennes de pétrole, à régir le prix du pétrole et à fixer à 50 % la proportion des intérêts canadiens dans l'industrie pétrolière en date de 1990. Or, le programme a aussi augmenté la part des revenus attribuée au gouvernement fédéral. Le premier ministre de l'Alberta Peter Lougheed a qualifié le programme de « tentative délibérée de s'emparer des ressources » de sa province. Un grand nombre de gens se rangeaient à cette opinion en Alberta et en Saskatchewan.

Contrairement aux indépendantistes du Québec, les habitants de l'Ouest ne souhaitaient pas sortir de la Confédération mais plutôt être pris au sérieux. Comme cela s'était souvent produit dans le passé, l'insatisfaction régionale s'est exprimée dans l'arène politique. En 1987, un groupe appelé Western Reform Association a formé un parti politique, le Reform Party, et confié sa direction à Preston Manning. Les réformistes reprochaient au système de partis existant d'être insensible aux désirs de la population. Ils jugeaient que trop de décisions s'étaient prises derrière des portes closes, et ils citaient à l'appui de leurs dires l'exemple de l'*Accord du lac Meech*. Les réformistes proposaient de tenir des référendums sur les politiques de première importance afin de démocratiser le processus politique. Ils critiquaient par ailleurs les politiques fédérales en matière de bilinguisme et de multiculturalisme. Ils réclamaient une diminution des interventions gouvernementales et une réduction des programmes sociaux pour remédier aux déficits. Lors du scrutin fédéral de 1993, le Reform Party a fait élire 52 députés. Malgré ce succès, il a dû attendre jusqu'en 1997 pour former l'opposition officielle à la Chambre des communes.

Le 25 mars 2000, près de 92 % des membres du Reform Party ont voté en faveur de la création d'un parti politique appelé Alliance canadienne. Quels étaient les espoirs de Preston Manning pour ce nouveau parti ?

L'Alliance canadienne

Pendant que le Reform Party continuait à promouvoir son programme à travers le Canada, Preston Manning et un certain nombre de réformistes ont entrepris en 1998 de former un nouveau parti national, l'Alliance canadienne. Cette formation politique vise à rassembler les réformistes, les progressistes-conservateurs désenchantés et les électeurs qui cherchent à déloger le gouvernement libéral de Jean Chrétien. L'Alliance canadienne veut mettre fin à la domination libérale dans la politique fédérale. À l'été 2000, les membres du nouveau parti ont choisi Stockwell Day, ancien ministre dans le gouvernement provincial albertain, pour mener la lutte contre le gouvernement Chrétien.

Enfin l'acceptation ? Les Amérindiens du Canada

Les Amérindiens affichent depuis les 50 dernières années le taux de natalité le plus élevé au Canada. Or, le respect et la reconnaissance des droits ne vont pas nécessairement de pair avec l'accroissement démographique. Les Amérindiens, en effet, ont dû lutter pendant des années simplement pour être reconnus comme l'un des peuples fondateurs du Canada.

La « société juste » et les Amérindiens du Canada

En 1968, Pierre Elliott Trudeau a pris l'engagement de faire du Canada une « société juste », un endroit où tous seraient égaux. Bien des gens se demandaient si le projet de société juste adoucirait le sort des Amérindiens et mettrait fin à la discrimination dont ils faisaient l'objet depuis des dizaines d'années. Dans les années 1960, beaucoup d'Amérindiens vivaient soit dans de petites réserves isolées, soit dans de grandes villes comme Vancouver, Edmonton, Winnipeg et Toronto, où les emplois non spécialisés étaient faciles à trouver. D'alarmantes statistiques sur l'espérance de vie, le revenu, le chômage, les problèmes familiaux, la criminalité et le suicide traduisaient la pénible situation des Amérindiens. Dans un discours prononcé lors d'une des fêtes du centenaire tenues à Vancouver en 1967, le chef Dan George a exprimé sa tristesse :

> *Ô Canada, comment puis-je célébrer avec toi ce centenaire, ce siècle ? Dois-je te remercier pour ce que tu m'as laissé de mes belles forêts ? Pour les boîtes de poisson pêché dans mes rivières ? Pour la perte de ma fierté et de mon autorité au sein de mon propre peuple ? Pour mon peu de détermination à me battre ?*

Dan George avait encore espoir en l'avenir malgré tout. Il a souhaité que les Amérindiens deviennent « le plus fier segment de la société canadienne » au cours du deuxième siècle de la Confédération.

Les propositions de Trudeau

Dans les années 1960, la vie des Amérindiens était encore régie par le ministère des Affaires indiennes, conformément à la *Loi sur les Amérindiens*. Beaucoup d'Amérindiens se plaignaient du traitement qu'ils recevaient du Ministère. En 1969, le premier ministre Trudeau a proposé d'abolir la « loi sur les Amérindiens ». Sa suggestion s'inscrivait dans le cadre d'une politique visant à éliminer graduellement le statut juridique particulier que la loi accordait aux Amérindiens, jusqu'à ce que ceux-ci aient exactement les mêmes droits que tous les autres Canadiens. La proposition de Trudeau a soulevé une tempête de protestations. Beaucoup d'Amérindiens ont pensé qu'Ottawa voulait les assimiler, les forcer à se fondre dans la culture dominante et les contraindre à abandonner leur culture. Dans un livre intitulé *The Unjust Society* (1969), le chef amérindien Harold Cardinal a accusé Trudeau d'essayer de détruire les cultures amérindiennes. Ottawa, a affirmé Cardinal, semblait penser que « le seul bon Indien est un non-Indien ». Les Amérindiens se sont opposés si farouchement à l'abolition de la « loi sur les Amérindiens » et des droits découlant des traités que le gouvernement a finalement renoncé à son projet.

Les groupes amérindiens avaient franchi un tournant. Ils avaient constaté que l'action politique énergique et concertée portait ses fruits. Les chefs amérindiens ont créé des organisations pour défendre et valoriser le statut spécial des Amérindiens. C'était le début d'un nouvel activisme. Au cours des décennies qui ont suivi, les collectivités amérindiennes ont pris en main l'administration de leurs écoles, de leurs cliniques et de leurs organismes d'aide à l'enfance. Certaines collectivités ont même rétabli les formes traditionnelles de gouvernement autonome.

En 1970, le ministre des Affaires indiennes et futur premier ministre Jean Chrétien a rencontré les représentants de l'Aboriginal Association of Alberta et d'autres groupes amérindiens à Ottawa. Les porte-parole amérindiens s'étaient rassemblés pour protester contre l'abolition de la « loi sur les Amérindiens ». Pourquoi voulaient-ils conserver cette loi ?

Les revendications territoriales

L'activisme amérindien des années 1970 était centré autour des revendications territoriales. En effet, ni le gouvernement britannique ni, par la suite, le gouvernement canadien n'avaient signé de traités officiels avec les Amérindiens à propos de l'occupation du nord du Québec, des Territoires du Nord-Ouest et de la majeure partie de la Colombie-Britannique. Les Amérindiens de ces régions affirmaient qu'ils n'avaient jamais renoncé à leurs droits territoriaux parce qu'ils avaient occupé le Canada avant l'arrivée des Européens. Les Nisga'a du nord de la Colombie-Britannique, par exemple, réclamaient des titres de propriété depuis les années 1890. Les gouvernements successifs avaient cependant ignoré leurs revendications.

Dans les années 1970, le gouvernement fédéral s'est aperçu qu'il devait consulter les groupes amérindiens. Il a alors commencé à accorder des fonds aux organisations amérindiennes pour qu'elles puissent faire avancer leurs revendications territoriales. En 1973, la Cour suprême du Canada a confirmé l'existence des droits des Amérindiens, et le gouvernement a entrepris un long processus de négociation. Les enjeux étaient de taille : des millions de dollars de fonds publics en échange de territoires. En outre, les bandes amérindiennes cherchaient à obtenir des droits sur des ressources comme le bois et les minéraux de même que des droits de chasse, de piégeage et de pêche.

Le gouvernement du Québec, qui projetait la construction d'énormes barrages hydroélectriques à la baie James, a été le premier à conclure un règlement global avec les Amérindiens et les Inuits. Il a accordé aux Cris et aux Inuits du nord du Québec l'usage exclusif de près de 14 000 kilomètres carrés de territoire ainsi que des droits exclusifs de chasse, de piégeage et de pêche sur plus de 155 000 kilomètres carrés; en contrepartie, les Cris et les Inuits ont renoncé à leurs revendications sur plus de 60 % du territoire du Nord québécois. Malgré les critiques de nombreux autres groupes amérindiens, ce règlement a constitué un important précédent. Il signifiait que les groupes amérindiens pouvaient formuler des revendications (dites globales) à l'égard des régions qui n'avaient pas fait l'objet de traités.

À la suite de leurs revendications globales à l'égard de l'ouest de l'Arctique, les Inuits ont obtenu environ 90 000 kilomètres carrés de terre, 45 millions de dollars et d'autres dédommagements. L'Inuit Tapirisat a formulé une revendication beaucoup plus étendue relativement à l'est de l'Arctique. Le Conseil des Amérindiens du Yukon a réclamé 70 % du Yukon et plus de 20 groupes amérindiens ont revendiqué la majeure partie de la Colombie-Britannique.

La crise d'Oka

Ces dernières années, les Amérindiens ont pris, pour affirmer leurs droits, des moyens de plus en plus durs. Pendant l'été de 1990, près de Montréal, au Québec, un conflit territorial entre les autorités de la petite ville d'Oka et les Mohawks de la réserve voisine de Kanesatake a dégénéré en un affrontement armé qui a duré 78 jours. Le litige portait sur l'aménagement d'un terrain de golf qui aurait empiété sur un secteur que les Mohawks considéraient comme sacré.

L'affrontement a débuté quand une centaine de policiers provinciaux ont tenté de franchir une barricade que les guerriers mohawks avaient érigée sur la route. Il y a eu des coups de feu et une balle perdue a atteint mortellement un policier. Dans les semaines qui ont suivi, malgré d'intenses négociations, les

Un face à face tendu entre le soldat Patrick Cloutier et le guerrier mohawk Brad Laroque à la réserve de Kanesatake, près d'Oka. Selon toi, pourquoi les Mohawks ont-ils choisi de défendre leurs droits de manière radicale ?

guerriers lourdement armés ont refusé de démanteler la barricade. Puis, le 26 septembre, les guerriers mohawks se sont rendus à la police. Les Amérindiens ont estimé que l'opération avait réussi, car elle avait attiré l'attention du Canada sur leurs problèmes.

La création du Nunavut

Le 1er avril 1999, la carte du Canada a changé. Un nouveau territoire s'y ajoutait : le Nunavut. Le mot *Nunavut* signifie « notre terre » en inuktitut. La superficie du Nunavut est plus grande que celle de Terre-Neuve, de l'Île-du-Prince-Édouard, de la Nouvelle-Écosse, du Nouveau-Brunswick et du Québec réunis. Les Inuits, qui représentent plus de 85 % de la population du Nunavut, revendiquaient depuis les années 1970 leur autonomie territoriale et gouvernementale. En 1993, lors de l'*Accord sur les revendications territoriales du Nunavut*, Ottawa a enfin consenti à leur accorder des terres d'une superficie de 350 000 kilomètres carrés ainsi que des droits miniers sur un territoire de 36 000 kilomètres carrés.

Le gouvernement autonome du Nunavut est décentralisé : ses ministères sont répartis sur tout le territoire. Il a graduellement pris en charge les responsabilités qui étaient autrefois assumées par le gouvernement des Territoires du Nord-Ouest. Le transfert des responsabilités s'achèvera en 2009. Afin que la culture inuite se perpétue, le *Quajimajatugangit* (l'ensemble des connaissances inuites traditionnelles) jouera un rôle important dans l'élaboration des politiques gouvernementales. Le nouveau gouvernement a adopté

Le Nunavut couvre un cinquième de la superficie du Canada.

Le drapeau du Nunavut est orné de l'*inuksuk*, le monument de pierre qui balise les routes et marque les lieux sacrés, ainsi que de *Niqirtsuituq*, l'étoile polaire qui guide les navigateurs. Le bleu et l'or symbolisent les richesses de la terre, de la mer et du ciel, tandis que le rouge rappelle le Canada.

l'inuktitut comme langue officielle dans l'espoir de favoriser sa survie à une époque où un grand nombre de jeunes Inuits ne parlent que l'anglais.

La création du Nunavut a enfin permis aux Inuits de gouverner eux-mêmes leur territoire et leur destinée. Cependant, le futur réserve encore bien des difficultés au nouveau gouvernement territorial. Le chômage, le suicide et le décrochage scolaire sont autant de graves problèmes qui affligent la population relativement jeune du Nunavut.

Hyperliens

www.dlcmcgrawhill.ca

Visite le site Internet dont l'adresse apparaît ci-dessus pour parfaire tes connaissances sur le Nunavut. Clique sur ***Matériel complémentaire/ Primaire et secondaire***, puis sur ***Regard sur le Canada***, et on t'indiquera où aller ensuite.

Un Canada divisé ?

Les différences que l'on observe aujourd'hui au Canada ont pour la plupart des origines historiques. De fortes identités régionales ont engendré des partis politiques fédéraux à caractère régional et poussé de fougueux premiers ministres provinciaux à réclamer des pouvoirs, voire la séparation d'avec le Canada.

Se sentant de plus en plus menacés par la majorité anglophone, les Canadiens francophones défendent énergiquement leur langue et leur culture. Les Amérindiens et les Inuits luttent sans cesse pour une reconnaissance constitutionnelle de leurs droits. Depuis quelques décennies, la politique canadienne consiste en grande partie à réparer des déchirures qui ont divisé le pays à différentes époques.

Si certains observateurs de la politique canadienne pensent depuis 1968 que le pays est au bord de l'éclatement, une réflexion attentive révèle que la vigueur des revendications régionales témoigne en réalité du succès du Canada. Il serait donc plus juste de voir le Canada comme un pays où les différences régionales et politiques alimentent un débat politique pacifique et productif.

Récapitulation

RÉSUMÉ DU CHAPITRE

Dans ce chapitre, tu as appris :

- que trois premiers ministres originaires du Québec ont dominé la scène politique canadienne depuis 1968;
- que le mouvement indépendantiste du Québec a eu d'importantes répercussions sur la réforme constitutionnelle ainsi que sur les relations entre les francophones et les anglophones du Canada;
- que l'Ouest estime souvent que le centre du Canada influence trop les actions du gouvernement fédéral;
- qu'après des décennies de mauvais traitements, les Amérindiens et les Inuits du Canada commencent à se faire entendre et à prendre leurs affaires en main.

RÉSUME TES CONNAISSANCES

1. Explique l'importance historique des personnes, des lieux ou des événements suivants :

   Taxe sur les produits et les services (TPS)
   Crise d'Octobre 1970
   René Lévesque
   Charte de la langue française (« loi 101 »)
   Accord du lac Meech
   Elijah Harper
   Accord de Charlottetown
   Bloc québécois
   Loi sur la clarté de la question référendaire
   Preston Manning

2. Établis une chronologie illustrée qui rend compte de l'évolution du mouvement indépendantiste au Québec, de la crise d'Octobre 1970 jusqu'à aujourd'hui. Rédige pour chaque date une brève légende donnant les explications appropriées.
3. Quelles limites la *Loi sur la langue officielle* (« loi 22 ») et la *Charte de la langue française* (« loi 101 ») imposaient-elles aux familles anglophones du Québec ? Quel était l'objectif de ces lois ?
4. Pourquoi l'*Accord du lac Meech* a-t-il été appelé la « ronde de négociations du Québec » et l'*Accord de Charlottetown*, la « ronde du Canada » ?
5. Qui s'est opposé à l'*Accord de Charlottetown* ? Pour quelles raisons ?

EXPRIME TON OPINION

1. Pendant que Brian Mulroney était premier ministre, il a mis fin à l'universalité des programmes sociaux, institué la TPS et négocié un accord de libre-échange avec les États-Unis et le Mexique. À la fin de son mandat, Mulroney était devenu l'un des premiers ministres les plus impopulaires de l'histoire du Canada. Le Parti progressiste-conservateur n'a obtenu que deux sièges à la Chambre des communes lors des élections qui ont suivi sa démission. Mulroney méritait-il les reproches que les Canadiens lui ont adressés ? Faudrait-il plutôt le féliciter de s'être attaqué à des problèmes épineux et d'avoir pris des décisions bénéfiques à long terme ? Appuie ta réponse sur des faits historiques.
2. En 1970, les nationalistes québécois pensaient que la langue et la culture françaises étaient menacées et que les gouvernements fédéral et provincial n'agissaient pas en conséquence. Cherchant sans grand espoir une solution, un petit nombre d'entre eux ont eu recours à des tactiques extrêmes comme les attaques à la bombe et les enlèvements. De telles actions peuvent-elles parfois se justifier ? Les gens qui commettent des crimes pour atteindre des objectifs politiques doivent-ils être traités différemment des autres criminels ? Justifie ta réponse.
3. Compte tenu de l'échec de l'*Accord du lac Meech* et de l'*Accord de Charlottetown*, penses-tu qu'il soit possible d'accomplir des réformes constitutionnelles qui satisferont toutes les régions du Canada ? Justifie ta réponse.
4. Peut-on être optimiste/pessimiste au sujet de l'avenir de l'Ontario français ?

ANALYSE LES FAITS HISTORIQUES

1. Les plaques d'immatriculation du Québec ont porté l'inscription « La belle province » jusqu'à la fin des années 1970. Depuis, on peut y lire la devise du Québec : « Je me souviens. » Que signifie cette phrase pour les Québécois ?

CHAPITRE 25

L'identité canadienne

RETOUR AUX SOURCES

- **Comment la technologie a-t-elle transformé la vie quotidienne des Canadiens au cours des dernières décennies ? Quel en a été l'impact sur l'éducation et la santé ?**
- **Comment l'immigration a-t-elle modifié le profil démographique du Canada depuis 1968 ?**
- **Comment la culture canadienne a-t-elle été affectée par l'immigration et l'influence américaine ?**
- **Existe-t-il une véritable identité canadienne ?**

TERMES IMPORTANTS

Creuset ethnique

Génération X

Identité

Mosaïque

Multiculturalisme

Réfugiés

Le chansonnier canadien Murray McLaughlan laissait entendre dans l'une de ses chansons que, bien que le quartier des affaires de Bay Street à Toronto forme le cœur du Canada, l'âme du pays est ailleurs, loin des centres urbains. Selon toi, que voulait-il dire ?

CHRONOLOGIE

1968 ▶
Pierre Elliott Trudeau s'engage à faire du Canada une « société juste ».

1978 ▶
Le Canada vote une nouvelle loi sur l'immigration plus ouverte et plus humaine.

1984 ▶
Jeanne Sauvé devient la première femme à être désignée gouverneure générale du Canada.

1999 ▶
Adrienne Clarkson, réfugiée chinoise arrivée au Canada en 1942, est désignée gouverneure générale du Canada.

Au cours des 30 dernières années, de nombreux facteurs de changement ont contribué à rapprocher progressivement le Canada du reste du monde. La technologie transformait les modes de vie et de travail des Canadiens et leur donnait accès au monde entier. Des changements d'ordre démographique sont venus diversifier le profil ethnique du pays et les Canadiens ont dû rajuster leurs croyances et leurs valeurs en fonction des transformations de leur société. Le « village global » de Marshall McLuhan est devenu réalité et le Canada ne peut plus se percevoir uniquement comme le simple miroir culturel de la Grande-Bretagne et de la France. Le Canada est aujourd'hui un pays d'une grande diversité ethnique, et la recherche d'une identité proprement canadienne est beaucoup plus complexe.

Le développement technologique du Canada contemporain

Il y a un demi-siècle, de nombreux Canadiens n'avaient pas l'électricité ou l'eau courante et, dans les régions rurales, la plupart des enfants se retrouvaient dans des écoles d'une seule classe. Aujourd'hui, on retrouve des lecteurs DVD, des fours à micro-ondes et des ordinateurs qui relient les Canadiens au reste du monde dans de nombreux foyers. La technologie a transformé la vie des Canadiens, à la maison et au travail.

La technologie au quotidien

Depuis la caisse de l'épicerie jusqu'au thermostat dans la plupart des foyers, l'informatique fait aujourd'hui partie de la vie quotidienne de tous les Canadiens. Grâce à la chute spectaculaire des coûts, de nombreux Canadiens peuvent maintenant se procurer des magnétoscopes à cassettes, des ordinateurs personnels et des téléphones cellulaires. L'accès à Internet a permis à plusieurs jeunes Canadiens de consulter une source presque inépuisable de renseignements et de communiquer partout au Canada et dans le monde. Grâce aux téléphones cellulaires et aux téléavertisseurs, les parents peuvent rester en contact avec leurs adolescents, et les téléviseurs multicanaux sont une source intarissable de divertissements. Le développement technologique, toutefois, n'est pas sans désavantages. Les Canadiens passent trop de temps à regarder la télévision, un nombre trop élevé d'accidents sont provoqués par l'inattention des conducteurs qui conduisent avec leur téléphone cellulaire en main, et Internet permet à de nombreux groupes de diffuser de l'information, des images et des messages plutôt troublants.

Plusieurs Canadiens souhaitent particulièrement protéger la culture canadienne à l'ère de la haute technologie. Comment protéger l'identité culturelle du Canada dans un monde où les consommateurs ont accès à des choix illimités ? Les Canadiens s'intéresseront-ils à des émissions à contenu exclusivement canadien ? Les organismes gouvernementaux devraient-ils tenter de réglementer Internet comme ils le font pour la radio et la télévision ? Les Canadiens seront confrontés à toutes ces questions au cours du XXIe siècle.

La technologie et la réforme de l'éducation

Des changements technologiques rapides ont également affecté les écoles canadiennes. Dans les écoles ontariennes, la technologie de l'information est clairement en vedette. Les bibliothèques sont maintenant beaucoup plus que de vastes collections de livres et possèdent bien souvent plusieurs ordinateurs équipés de lecteurs de cédéroms et donnent accès à Internet. Dans de nombreuses écoles, les cours de mécanique

Afin de préparer les élèves à un monde postindustriel, les provinces ont rebâti leurs programmes d'enseignement. La formation technologique est maintenant au cœur même de l'apprentissage.

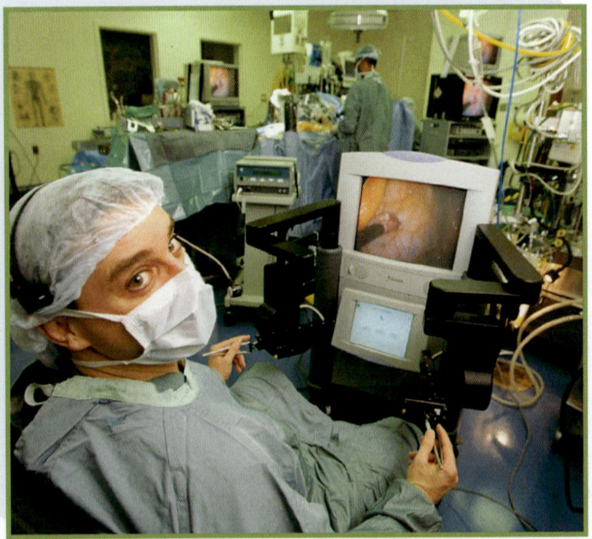

Un chirurgien torontois utilise un robot télécommandé afin d'opérer la colonne vertébrale d'un patient. Les Canadiens sont au premier plan de ce type de chirurgie peu répandu.

automobile, de menuiserie, d'électricité et de soudure ont été remplacés ou complétés par des cours d'informatique. Les élèves y travaillent avec des caméras vidéo, des numériseurs, des appareils de montage et de mixage et les plus récents logiciels afin de créer des produits novateurs, depuis les bulletins d'informations jusqu'aux vidéos de qualité professionnelle d'événements scolaires.

La technologie et la santé

Le système d'éducation canadien n'est pas seul à subir l'influence profonde de la nouvelle technologie. En effet, la révolution technologique s'étend également au domaine de la santé. De nouvelles percées dans la technologie médicale ont augmenté les chances de survie des cancéreux, ont rendu possible la greffe d'organes et ont même permis à des femmes stériles d'avoir des enfants. Certaines chirurgies sont maintenant effectuées par des robots guidés par un médecin à partir d'une console informatique. D'autres médecins offrent leurs services en ligne à des milliers de kilomètres de leurs patients, offrant ainsi de meilleurs soins médicaux aux régions éloignées du Canada. Les scientifiques prédisent que le système de soins de santé canadien subira d'étonnants changements au cours des 20 prochaines années. Entre autres, la plupart des consultations médicales se feront par l'entremise de visioconférences ou par courriel, les faiblesses cardiaques seront traitées par des cellules musculaires créées grâce au génie génétique et on pourra bloquer le cancer dès ses débuts par un système immunitaire conçu pour tuer les cellules cancéreuses.

Les innovations de la technologie médicale ne font toutefois pas toutes l'unanimité. De nombreux Canadiens s'inquiètent de l'explosion des techniques génésiques. Les premiers bébés-éprouvette du Canada, les jumeaux Ian et Sean Cherry, sont nés le 17 mai 1984. À l'époque, la plupart des Canadiens ont applaudi l'ingéniosité médicale qui avait permis à Nomi Cherry d'avoir des enfants alors qu'elle était stérile. Aujourd'hui, toutefois, cette technologie soulève des inquiétudes. Des recherches effectuées par l'Université McGill à Montréal pourraient permettre à de jeunes femmes de faire retirer leurs ovules et de les faire congeler pour une date ultérieure. Quelles seraient les conséquences sociales d'une telle technologie ? Alors que le gouvernement fédéral pense voter des lois pour bannir certaines pratiques relevant de la reproduction, les médecins et les chercheurs s'opposent aux restrictions qu'on leur impose. L'avancement de la technologie médicale est peut-être source d'espoir pour certains, mais il soulève également d'épineux problèmes.

Un nouveau profil démographique

Si la technologie est responsable des plus importants changements dans la vie quotidienne des Canadiens, les transformations démographiques (le profil de la population canadienne) ont changé la face du pays. Lorsque l'on se promène dans les villes importantes du pays, on remarque la diversité qui caractérise la société canadienne d'aujourd'hui.

Les nouvelles tendances en immigration

Parmi les facteurs importants qui ont contribué à la transformation de la culture canadienne, l'immigration tient un rôle de premier plan. Immédiatement après la Deuxième Guerre mondiale, la politique canadienne d'immigration favorisait les immigrants du Royaume-Uni et de l'Europe de l'Ouest. Les Juifs et les Noirs n'étaient pas les bienvenus et les immigrants de l'Europe de l'Est inspiraient la méfiance. On rejetait également les Asiatiques.

Alors que les économies européennes retrouvaient leur vitalité, les immigrants européens étaient moins

La technologie

D^re^ MARLENE RABINOVITCH ET LES PERCÉES DU MONDE MÉDICAL

D[re] Marlene Rabinovitch détient un diplôme de l'Université McGill à Montréal et a étudié la pédiatrie à l'Université du Colorado et la cardiologie pédiatrique au Harvard Medical School. Elle est aujourd'hui chef du programme de recherche cardiovasculaire à l'Hôpital pour enfants de Toronto. Sa recherche porte sur les complications qui découlent des déficiences cardiaques infantiles. D[re] Rabinovitch parle ici de son travail à l'Hôpital pour enfants et plus particulièrement de sa recherche, qui pourrait bien sauver des vies.

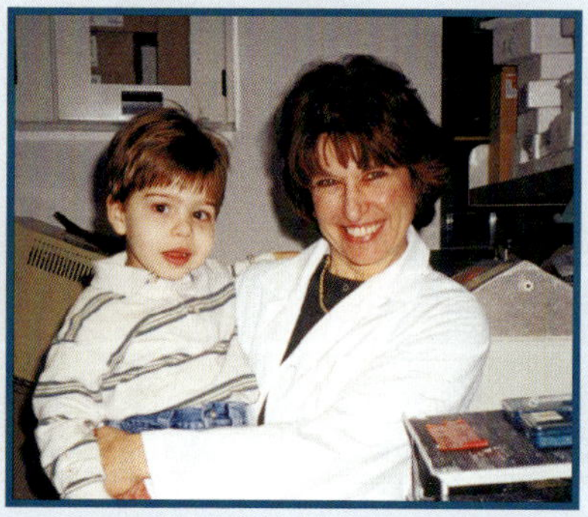

D[re] Rabinovitch avec l'une de ses réussites dans les bras : Adam Pappas, 2 ans et demi, a subi une chirurgie cardiaque alors qu'il n'avait que six jours.

Que faites-vous dans le cadre de votre travail ?

Une partie de mon temps est consacrée au travail en clinique. Je dois soigner des enfants qui souffrent de déficiences cardiaques. J'agis également à titre de consultante internationale pour les enfants qui souffrent de déficiences cardiaques, particulièrement ceux qui ont des vaisseaux sanguins anormaux dans les poumons. Ensuite, bien sûr, il y a ma recherche.

Pourquoi votre recherche sur le conduit est-elle si cruciale ?

Tout d'abord, le conduit est un vaisseau sanguin et il est absolument crucial chez les enfants dont les valves sont bloquées dans l'un des grands vaisseaux du cœur. Le conduit doit rester ouvert : si l'une des valves est bloquée, le conduit sert de deuxième voie pour rediriger le sang. En d'autres termes, si la circulation vers les poumons est bloquée, le conduit sert à rediriger une partie du sang des poumons vers le reste du corps. On s'intéresse également au conduit parce que lorsqu'il se ferme, son comportement rappelle celui d'un vaisseau sanguin malade. Si l'on comprend ce qui provoque la fermeture du conduit, on comprendra mieux pourquoi les vaisseaux sanguins tels que l'artère coronaire se ferment lorsqu'ils sont endommagés.

Comment votre recherche pourrait-elle aider à corriger les déficiences cardiaques chez les enfants ?

Nous savons comment cibler les gênes qui contrôlent le conduit. Cela nous permettrait de traiter la mère par thérapie génétique alors que le bébé est encore à l'état de fœtus. L'enfant aurait toujours besoin de chirurgie à cœur ouvert. Mais on pourrait effectuer la chirurgie lorsque l'enfant est plus vieux et l'opération serait plus sécuritaire.

Quel effet cela aurait-il sur le taux de survie des bébés ?

Effectuer plusieurs opérations sur un très jeune enfant est toujours un risque. Dans certains cas, le taux de mortalité atteint 50 % lors des opérations. On pourrait diminuer ce taux à 5 % si notre recherche s'avère productive.

Quel aspect de votre travail vous satisfait le plus ?

J'aime ressentir le privilège de participer à l'évolution d'une science qui nous permet d'effectuer des percées importantes dans le traitement d'enfants qui souffrent de maladies cardiaques.

Quels sont les autres domaines où l'Hôpital pour enfants contribue de façon importante à la recherche médicale ?

L'hôpital est un chef de file dans le traitement des cancers infantiles, des maladies métaboliques, de la fibrose kystique et des maladies neurologiques. Dans presque toutes les disciplines, l'hôpital fait preuve d'innovation.

nombreux à venir au Canada. Il fallait trouver d'autres sources d'immigration et le Canada a commencé à accueillir des immigrants de pays en voie de développement. Après 1971, la majorité des personnes qui immigraient au Canada provenait d'Asie, puis des Caraïbes, d'Amérique latine et d'Afrique. Certains immigrants se trouvaient du travail dans les industries de services, alors que d'autres étaient des professionnels, des techniciens et des gestionnaires qui venaient combler les besoins du Canada en travailleurs spécialisés.

Les réfugiés

La politique d'immigration canadienne n'avait prévu aucune disposition précise pour les **réfugiés** (ceux qui fuyaient le danger, la persécution ou la mort dans leur propre pays), mais le gouvernement contournait parfois les règles pour en accueillir certains. De nombreux groupes de réfugiés sont venus chercher asile au pays au cours des dernières décennies. En 1972, le Canada a reçu 7000 Ougandais. Il a reçu également plus de 17 000 Chiliens depuis 1973, 72 000 Vietnamiens depuis 1975 et plus de 10 000 Libanais de 1976 à 1978. De 1980 à 1986, le Canada a accepté plus de 130 000 réfugiés, un taux par habitant plus élevé que toute autre nation.

Mais les fonctionnaires de l'immigration canadienne n'étaient pas du tout préparés à la vague de réfugiés qui a déferlé sur le Canada pour y demander asile. Certains sont de véritables réfugiés, mais pas tous. On a remarqué une augmentation du nombre de resquilleurs, de prétendus immigrants qui se font passer pour des réfugiés afin d'avoir la priorité sur les milliers d'autres immigrants potentiels qui remplissent une demande en bonne et due forme depuis l'étranger. Entre autres conséquences de cette crise, on s'oppose aujourd'hui davantage aux immigrants, même ceux qui fuient véritablement la répression.

La Loi sur l'immigration de 1978

Les besoins du Canada et les tendances de l'immigration ayant changé, une révision des lois sur l'immigration s'imposait. Après une série de consultations et de débats parfois enflammés, le Parlement a adopté une nouvelle *Loi sur l'immigration* en 1978. La nouvelle loi avait trois objectifs : promouvoir la réunion des familles, défendre des valeurs humanitaires et stimuler la croissance économique du Canada. La loi divisait les immigrants en trois classes : les indépendants, les familles et les réfugiés. La classe des indépendants était formée des immigrants potentiels qui accumulaient suffisamment de points en fonction de leur niveau d'éducation, de leurs compétences et de leurs ressources, ceux qui projetaient de devenir travailleurs autonomes ou de fonder des entreprises au Canada et enfin, ceux qui avaient au Canada des parents disposés à les parrainer et à faciliter leur établissement. Au cours des années, les familles parrainées sont devenues le plus important groupe d'immigrants au pays.

La classe des familles comprenait les parents proches (mari, femme, père, mère, grand-père, grand-mère et enfants célibataires de moins de 21 ans) de citoyens ou de résidents permanents au Canada. La classe des réfugiés, enfin, était constituée de personnes qui étaient menacées ou qui avaient déjà souffert de persécution dans leur pays, à cause de leur religion, de leur race, de leur nationalité, de leur situation sociale ou de leurs idées politiques. C'était la première fois que l'on reconnaissait explicitement aux réfugiés le statut de « classe ».

Depuis la fin des années 1970, le Canada a accueilli de 200 000 à 250 000 immigrants chaque année. Parmi ces immigrants, 60 % viennent d'ailleurs que des Etats-Unis et d'Europe. Beaucoup de ces immigrants récents ne sont pas de race blanche et forment ce qu'il est maintenant convenu d'appeler les « minorités visibles ». Un grand nombre d'entre eux sont bien instruits et hautement spécialisés. Parmi tous les immigrants qui sont venus au Canada de 1981 à 1991, 17 % détenaient des diplômes universitaires.

Comment cette famille canadienne exprime-t-elle la fierté que lui inspire son héritage ethnique ?

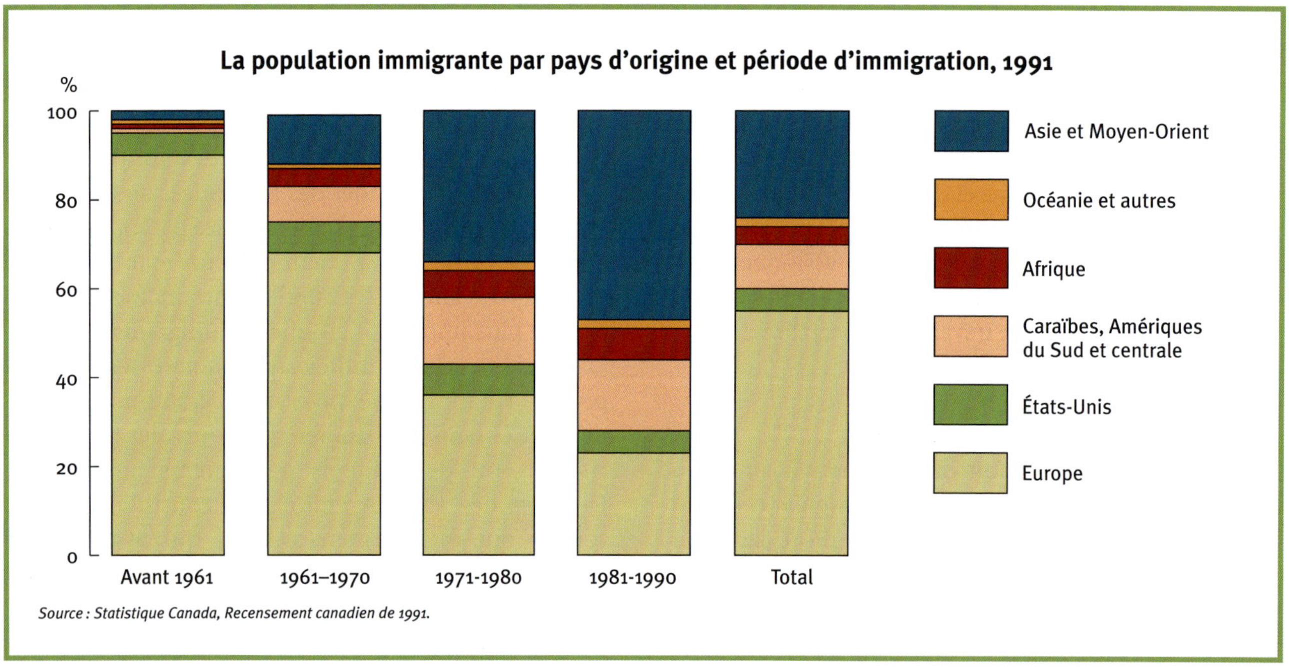

Ce tableau démontre que, depuis la Deuxième Guerre mondiale, l'immigration canadienne en provenance d'Europe a diminué, alors que l'immigration en provenance des pays en voie de développement et de l'Asie a augmenté. Pourquoi ces changements ?

L'écho du baby-boom *: La génération X*

Au milieu des années 1960, le *baby-boom* était en perte de vitesse. L'apparition de la pilule anticonceptionnelle en 1961 et l'envie d'avoir des familles plus réduites ont entraîné une chute en flèche du taux de natalité au Canada. Les *baby-boomers* (les personnes nées pendant le *baby-boom*) profitaient de programmes universitaires élargis, de nouveaux emplois et d'un grand nombre de produits de consommation qui leur étaient tout spécialement destinés. En 1970, les occasions d'emploi avaient commencé à diminuer, l'économie était en baisse et les taux d'intérêt avaient sérieusement augmenté. La génération qui suivait celle des *baby-boomers* trouverait la vie beaucoup plus difficile, bien qu'elle soit la génération la mieux éduquée de toute l'histoire du Canada. Les emplois bien payés étaient plus rares et les possibilités de promotion encore davantage, car à mesure qu'ils vieillissaient, les *baby-boomers* s'attachaient au confort de leurs emplois. En 1980, les gouvernements commençaient à réduire le financement destiné à l'éducation postsecondaire et à diminuer leurs effectifs, ce qui limitait le nombre d'emplois de cols blancs et menaçait davantage la sécurité d'emploi. La génération *postbaby-boom* a été surnommée « **génération X** », d'après le roman du même nom de l'auteur de Vancouver Douglas Coupland. Ce roman, aujourd'hui célèbre, se déroule au début des années 1990 et décrit la frustration et la désillusion de plusieurs jeunes au début de la vingtaine.

L'impact des changements démographiques sur les communautés amérindiennes et inuites

Les peuples amérindiens et inuits connaissent une explosion démographique. Leur taux de fertilité est beaucoup plus élevé qu'ailleurs au Canada et 62 % des plus de 800 000 Amérindiens et Inuits ont moins de 29 ans. Devant ces statistiques, plusieurs Amérindiens se sentent prêts à jouer un rôle important dans la société du XXIe siècle. En Saskatchewan, les peuples Amérindiens représenteront plus de 50 % de la population en l'an 2020. En meilleure santé, mieux instruits et plus confiants que les générations précédentes, plusieurs Canadiens d'origine amérindienne ou inuite commencent à laisser leur empreinte sur la société canadienne. Des musiciens tels que les membres du groupe Kashtin ou Susan Aglukark, des vedettes du hockey telles que Chris Simon et la présentatrice de CBC Newsworld Carla Robinson sont parmi ceux qui proposent des modèles à suivre pour les jeunes Amérindiens et Inuits. Ces peuples commencent à reconquérir ce qu'ils avaient perdu au cours des siècles derniers.

La musicienne et chanteuse Susan Aglukark n'est qu'un exemple des nombreux modèles qu'on propose aujourd'hui aux jeunes Amérindiens et Inuits du Canada.

Terrain mouvant : les femmes et la société canadienne

La « deuxième vague » du mouvement féministe des années 1960 continuait sa montée dans les années 1970. Grâce à ce mouvement, la position des femmes dans la société canadienne a grandement changé.

Au-delà du plafond de verre

Un nombre croissant de femmes travaillaient à l'extérieur du foyer dans les années 1960 et la tendance s'est maintenue dans les années 1990. En 1971, plus d'un tiers des femmes mariées avaient un travail rémunéré. La proportion était passée à un peu moins de 50 % en 1981 et à 69 % en 1991. L'entrée des femmes sur le marché du travail tenait à plusieurs raisons. Auparavant, le mariage était une sorte de frontière : plusieurs femmes travaillaient jusqu'au jour de leur mariage. Elles devaient alors quitter leur emploi pour s'occuper de leur famille. Or, beaucoup de familles avaient besoin d'un second revenu pour boucler leur budget. Malheureusement, malgré le nombre croissant de femmes au travail, très peu sont parvenues à atteindre les postes les plus haut placés dans leurs domaines. C'est cette barrière invisible au sommet de l'échelle de l'emploi qu'on surnomme le « plafond de verre ».

Beaucoup de femmes voulaient combiner travail et famille ou encore se consacrer exclusivement à une carrière. L'apparition des moyens de contraception, dans les années 1960, a permis aux femmes de choisir le nombre et le moment de leurs grossesses. Dès lors, la structure de la vie familiale a changé. Les femmes se sont mariées à un âge plus avancé ou ont choisi le célibat. Elles ont eu moins d'enfants et les ont eus à un âge plus avancé. Aujourd'hui, bien des femmes retournent au travail peu de temps après la naissance d'un enfant et concilient responsabilités professionnelles et responsabilités familiales.

La libération de la femme

De nombreuses jeunes militantes dans les années 1960 et 1970 réclamaient la « libération de la femme » dans une société dominée par les hommes. Certaines avaient recours aux idées de la contre-culture, aux slogans et aux tactiques des pacifistes radicaux pour provoquer un remaniement des rôles destinés aux femmes. Les féministes prônaient une véritable révolution de la société.

En 1969, il existait des mouvements féministes partout au Canada. Les médias faisaient grand état des manifestations percutantes des féministes et des « nouveaux » phénomènes de société comme le sexisme et la domination masculine. L'une des manifestations les plus célèbres reste la dénonciation du concours « Miss Bikini d'hiver » de Toronto. Afin de protester contre l'exploitation du corps féminin, les manifestantes ont brandi un mannequin sur lequel

La Québécoise Julie Payette est une musicienne, une pilote, une athlète, une universitaire et une cosmonaute accomplie. Selon toi, s'agit-il d'un modèle à suivre uniquement pour les jeunes femmes, ou pour la population en général ?

Voix canadiennes

LES MWANZA, UNE FAMILLE D'ORIGINE ZAÏROISE

Le texte qui suit raconte l'intégration d'une famille zaïroise au Canada. Après avoir lu ce texte, demande-toi si notre héritage multiculturel nuit à notre identité nationale ou s'il nous enrichit. Réfléchis à ce que t'inspire ta nationalité canadienne.

Lorsqu'il est arrivé au Canada en 1991, Gabriel Mwanza a dû travailler sans salaire, comme bénévole, pendant plus d'un an.

Sa situation comme immigrant était très difficile, car il avait été professeur d'université et docteur en médecine vétérinaire dans son Zaïre natal.

Mais deux ans plus tard, il mène une équipe de chercheurs dans un laboratoire à Ottawa. Sa famille habite un appartement confortable pas trop loin de ses laboratoires au ministère de la Santé et du Bien-être. Sa femme Marie étudie à l'université en vue d'obtenir un diplôme d'enseignante. Leurs deux enfants fréquentent une école élémentaire francophone d'Ottawa. Roger, qui avait neuf ans au moment d'arriver au Canada, est placé en troisième année, et sa sœur, Ladya, qui avait cinq ans en 1991, est placée en maternelle.

Gabriel avait quitté sa ville natale de Lubumbashi dans le sud-est du Zaïre (aujourd'hui Congo) en 1983 pour étudier en médecine vétérinaire en Belgique. Jeune savant, il espérait rentrer dans son pays natal pour enseigner à l'université. En effet, il a obtenu un poste d'enseignement à l'université de sa ville natale en 1988. Marie, qui avait suivi des cours de nutrition pour les pays en voie de développement pendant le séjour du couple en Europe, espérait enseigner ces mêmes matières au Zaïre. Mais les désordres politiques et la violence les avaient convaincus de quitter le Zaïre pour toujours. Finalement, la fermeture de l'université par les autorités avait privé Gabriel de son emploi.

Après des recherches, ils ont choisi le Canada. « On avait le choix entre le Canada et l'Australie », disait Gabriel, mais le Canada était un pays francophone. Ils étaient des « immigrants indépendants » selon Immigration Canada; cela voulait dire que les Mwanza pouvaient se loger et se nourrir convenablement de leurs propres moyens pendant leurs premiers mois au Canada. Gabriel avait 39 ans et Marie, 34, au moment de leur émigration.

Les agents d'accueil d'Immigration Canada ont aidé Gabriel à obtenir son numéro d'assurance sociale, sa carte d'assurance-maladie et son permis de conduire. On l'a aidé surtout à faire évaluer ses diplômes belges et à en déterminer les équivalences canadiennes. Avec ces détails, il pouvait se mettre en quête d'un emploi comme chercheur scientifique. Mais les centres de recherche n'embauchaient personne. À Santé et Bien-Être Canada, on a accepté l'offre de Gabriel de travailler sans salaire, comme bénévole, dans les laboratoires ! Pendant plus qu'un an, il a travaillé sans gagner un sou. Quand un poste permanent s'est ouvert dans les laboratoires, Gabriel l'a accepté; le salaire ne convient pas à son expérience, mais c'était son premier emploi au Canada.

Marie a connu elle aussi des déceptions. Le Canada n'a pas reconnu ses qualifications d'enseignante. Leur fils, Roger, a connu un début difficile à l'école; il était le premier élève de peau noire et ni les élèves ni les enseignants n'avaient été sensibilisés à cette différence. Après ce début boiteux pour Roger, il s'est fait des amis dans son quartier avec qui il joue au ballon-panier ou au soccer.

À la maison, les Mwanza parlent le souahéli et le français. Marie et Gabriel ont appris le français à l'école, mais pour Roger et Ladya, ils ont deux langues maternelles : le souahéli et le français. Roger s'est mis à l'étude de l'anglais à l'école. Marie a suivi un cours d'anglais donné dans un centre communautaire.

Pendant l'été, Marie s'habille d'un pagne, genre de jupe zaïroise qui se porte par temps chaud. Autrement, le long séjour de la famille en Europe les a accoutumés aux vêtements d'hiver, et pour Roger, au port des jeans. Les Mwanza ont le goût de la cuisine zaïroise et ils réussissent à trouver les mangues, les bananes plantains et le manioc dans les marchés de fruits et de légumes d'Ottawa. Marie a même découvert un épicier du quartier chinois d'Ottawa qui offre un grand choix d'aliments africains.

Quand Gabriel est arrivé au Canada en 1991, un groupe d'accueil composé d'immigrants de divers pays a facilité son intégration dans la communauté locale. À son tour, Gabriel a cherché à aider d'autres immigrants. L'Association canadienne-française de l'Ontario, (l'ACFO), lui a demandé de représenter les néo-Canadiens au sein du Bureau des gouverneurs des collèges francophones de l'Ontario. De plus, Gabriel a été invité à participer à l'organisation d'un comité réunissant les membres de la communauté zaïroise de la région d'Ottawa. Parfois, Marie prépare des plats pour les rassemblements de la communauté.

Marie n'a jamais rompu ses liens avec son pays natal, et si les conditions politiques changeaient, elle serait prête à y retourner. Gabriel, par contre, se montre plus optimiste. Il admet la nostalgie pour son pays, mais il trouve que le Canada est plus accueillant, en comparaison d'autres pays…

PROPOS RECUEILLIS PAR MICHAEL BEGLEY, PROFESSEUR D'HISTOIRE AU COLLÈGE CATHOLIQUE SAMUEL-GENEST D'OTTAWA.

La députée du Nouveau Parti démocratique Michelle Dockrill tient son enfant dans les bras alors qu'elle débat en Chambre. Les femmes ont-elles obtenu le même statut que les hommes ?

elles avaient dessiné un schéma de coupe de viande semblable à ceux que l'on voit dans les boucheries.

Les féministes réclamaient l'égalité avec les hommes et refusaient de n'être définies que par leur sexe et leur situation familiale. Plusieurs d'entre elles rejetaient les symboles traditionnels de la féminité, comme les robes, les bas de nylon, les talons hauts et le maquillage et choisissaient de s'habiller d'un jean et d'un tee-shirt. Nombre de femmes tenaient à garder leur propre nom de famille après le mariage. Au début, les notions de « sexisme », de « chauvinisme masculin » et de « libération de la femme » en faisaient sourire certains. Mais le mouvement féministe a obligé les gens à réfléchir sérieusement au rôle des femmes dans la société et à modifier leurs attitudes. Beaucoup d'idées jugées extrémistes dans les années 1960, telle la féminisation des titres de fonction, sont passées dans les mœurs aujourd'hui.

La réaction du gouvernement au mouvement de libération de la femme

Après la publication des recommandations de la Commission royale d'enquête sur le statut de la femme en 1970, le gouvernement a opéré de nombreux changements. En 1971, le premier ministre Trudeau a fait de la condition féminine une responsabilité ministérielle. Deux ans plus tard, il a formé le Conseil consultatif canadien de la situation de la femme et l'a chargé d'informer le public et de conseiller le gouvernement sur les questions liées à la situation des femmes. À la même époque, un organisme du gouvernement fédéral a commencé à fournir des subventions, du matériel et des conseils aux groupes de femmes du Canada. Pour donner l'exemple, le gouvernement de Trudeau a confié des postes importants à des femmes. Jeanne Sauvé est ainsi devenue présidente de la Chambre des communes en 1978 et gouverneure générale du Canada en 1984. D'autres femmes ont été nommées au Cabinet et à la Cour suprême.

Avec la création de la Commission canadienne des droits de la personne en 1977, les femmes ont fait un autre pas en avant. En effet, la Commission interdisait la discrimination fondée sur le sexe. De plus, elle faisait respecter le principe « à travail égal, salaire égal ». Autrement dit, les employeurs devaient verser un salaire égal aux hommes et aux femmes qui avaient des compétences, des tâches, des responsabilités et des conditions de travail semblables. Autre étape importante, la notion d'égalité des sexes a été incorporée dans la Constitution en 1982. En 1985, enfin, le gouvernement a obligé les sociétés d'État à se doter de plans visant à éliminer la discrimination envers les femmes, les minorités visibles et les personnes handicapées.

Toujours en 1985, le gouvernement a également modifié la « loi sur les Amérindiens » pour mettre fin à la discrimination envers les femmes amérindiennes. Jusque-là, les Amérindiennes qui épousaient des non-Amérindiens (ainsi que les enfants nés de ces unions) perdaient leur statut d'Amérindiennes inscrites et leur qualité de membres d'une bande. Elles ne pouvaient plus se prévaloir de leur droit d'utiliser les terres d'une réserve et les programmes fédéraux (en matière de logement, d'éducation, etc.) destinés spécialement aux Amérindiens. Les hommes amérindiens qui épousaient des non-Amérindiennes, eux, conservaient leur statut. La loi a été modifiée de telle manière que le mariage n'entraînerait plus ni le gain ni la perte du statut d'Amérindien.

La lutte continue

En 1990, bien des femmes considéraient les changements accomplis depuis les années 1960 avec un mélange de satisfaction et de frustration. La situation des femmes s'était améliorée. Les dirigeants politiques

Voix canadiennes

QUI SUIS-JE ?

Bon, maintenant que vous savez que je viens d'une famille mixte, je vais vous faire part des événements qui m'ont permis de découvrir la communauté franco-ontarienne.

Je n'avais jamais vraiment imaginé qu'il y avait une culture francophone en Ontario. Tout a changé lorsque j'ai commencé à m'impliquer. Je dois avouer qu'en 9e année je parlais le plus souvent l'anglais dans les corridors de l'école ! Pour moi, parler français était très rare. Puis lorsqu'on mentionnait franco-ontarien..., je l'associais immédiatement à mon cours *plate* de français.

C'est en 11e année que j'ai été élue ministre des affaires extérieures au conseil des élèves. J'ai eu la chance de faire un premier contact avec des membres d'une communauté qui m'était inconnue. À cause de mon poste au conseil des élèves, je devais garder un contact régulier avec les conseils des autres écoles secondaires. C'est également à ce point-ci que je me suis impliquée dans ma fédération provinciale, la FESFO (la Fédération des élèves du secondaire franco-ontarien).

C'est en 12e année que j'ai commencé à comprendre et à saisir les choses que j'avais apprises dans mon cours d'histoire du Canada en 10e année au sujet des francophones en Ontario. Pour une deuxième année consécutive, j'étais représentante de la région d'Ottawa-Carleton à la FESFO et je participais régulièrement à leurs activités. De plus, j'étais maintenant première ministre du conseil des élèves, donc je représentais au-delà de 1000 élèves.

En 13e année, j'étais souvent à l'extérieur de la salle de classe. J'étais présidente de la FESFO et j'étais porte-parole de ses 25 000 membres.

C'est bien beau ce que je viens de vous raconter : mes cinq années au secondaire. Pourtant, je vous ai dévoilé cela pour démontrer comment j'avais cheminé dans ma fierté culturelle.

Dernièrement, je regardais un vieux test d'histoire de 10e année qui était rempli de questions sans réponses. Soudainement, j'ai éclaté de rire. Aujourd'hui je pourrais répondre à toutes les questions grâce à mon implication; elle m'a donné la possibilité de connaître la communauté franco-ontarienne.

Finalement tout cela est pour vous inviter à participer, à avoir du plaisir dans votre communauté. On dit souvent que nous, les jeunes, sommes la relève de demain, mais selon moi c'est faux; nous sommes la force d'aujourd'hui.

JULIE MITCHELL, AOÛT 1993 • ANCIENNE ÉTUDIANTE AU COLLÈGE CATHOLIQUE SAMUEL-GENEST D'OTTAWA.

accordaient plus d'attention aux problèmes des femmes et il y avait davantage de femmes politiciennes. La néo-démocrate Audrey McLaughlin a été la première femme à prendre la direction d'un grand parti national. Kim Campbell a été élue chef du Parti progressiste-conservateur et elle a succédé à Brian Mulroney au poste de premier ministre. Deux Franco-Ontariennes occupent des postes élevés dans la magistrature et l'administration publique : Louise Arbour est juge à la Cour suprême du Canada et Diane Adam est commissaire aux langues officielles. On trouve aussi de plus en plus de députées, de mairesses et de conseillères municipales. Bien que les femmes ne soient pas encore représentées également en politique, elles y sont de plus en plus nombreuses.

Les attitudes face au rôle des femmes et des hommes sont en mutation. De moins en moins de gens croient que les hommes et les femmes devraient avoir des emplois, des responsabilités familiales et même des loisirs différents. De 1986 à 1991, le nombre d'avocates a augmenté de 71 % et le nombre de femmes économistes, de 65 %. Le nombre de femmes architectes, ingénieures et urbanistes a doublé. Le sport féminin recommence à faire les manchettes et l'on entend des commentatrices sportives sur les ondes. Un sondage récent a révélé que trois personnes sur quatre trouvent bénéfique l'effet qu'a eu le féminisme sur la société canadienne.

Mais il reste encore beaucoup à faire. Les femmes formaient 45 % de la main-d'œuvre en 1991, mais près du tiers d'entre elles occupaient encore des emplois subalternes et mal rémunérés. Les deux tiers des travailleurs payés au salaire minimum étaient des femmes. La discrimination est encore une réalité pour les travailleuses canadiennes; beaucoup de femmes ont de la difficulté à accéder aux emplois autrefois considérés comme masculins. L'égalité véritable est encore à venir.

Pourcentage de femmes par occupation

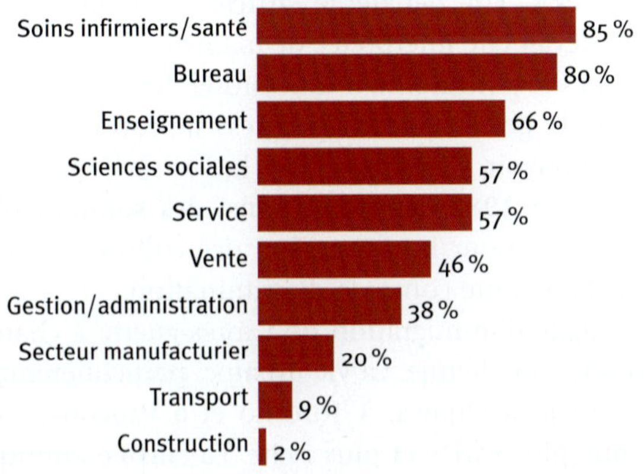

Source : Statistique Canada, Catalogue 71 : 001.

Après avoir examiné ce graphique, peux-tu dire si les types d'emplois occupés par les femmes ont changé depuis 1900 ?

À la recherche d'une identité unique canadienne

Lors de la diffusion de l'émission de télévision *W-5* sur la chaîne CTV le 31 janvier 1995, les participants ont prononcé les affirmations suivantes :

> « Il n'y a pas d'identité canadienne unique. Le Canada n'a pas de culture nationale. » *Diane Finestone, ministre du Cabinet fédéral.*
>
> « Quelqu'un peut-il me dire ce que c'est qu'une valeur canadienne ? » *Cham-Yah Yuen, Association des parents chinois, Richmond, Colombie-Britannique.*

Il y a environ deux générations, de tels commentaires auraient été impensables. Il y avait *vraiment* une culture canadienne. Elle était d'origine britannique et française et reposait sur le respect d'un gouvernement parlementaire, la loyauté à la monarchie et la fierté de l'Union Jack. Les élèves du secondaire en Ontario suivaient un cours d'une année complète sur l'histoire de l'Angleterre. Le premier juillet était le jour du Dominion et l'on chantait souvent *God Save the Queen* à titre d'hymne national non officiel. La voix de Foster Hewitt présentait l'émission *Hockey Night in Canada* tous les samedis soirs et la programmation de Radio-Canada mettait en valeur les questions et les artistes proprement canadiens.

Le Canada français avait sa place, bien que réduite, au sein de cette culture. Pour les Canadiens anglais, le Québec catholique était une province légèrement arriérée. Les peuples amérindiens étaient presque invisibles dans leurs réserves et étaient destinés à être assimilés à la culture blanche. Bien que l'on reconnaissait la contribution des personnes d'origines autres que britannique à la société canadienne, on s'attendait à ce qu'elles se mêlent elles aussi à la culture dominante de langue anglaise.

Mais au cours des années 1960 et 1970, les raisons d'être de la vision britannique de l'identité canadienne n'étaient plus aussi flagrantes. La Révolution tranquille a transformé le Québec en une société laïque moderne, où le rôle de l'église était réduit. Les peuples amérindiens avaient commencé à redéfinir leurs identités diverses et remettaient en question les politiques qui les avaient poussés à l'assimilation. L'arrivée d'immigrants qui ne provenaient ni d'Europe de l'Ouest ni d'Amérique a transformé d'autant plus la société canadienne. Pour certains, il semblait que l'on ne pouvait plus identifier les caractéristiques qui auraient permis de définir une identité proprement canadienne.

La politique du multiculturalisme

En 1967, l'année du centenaire de la Confédération, la Commission royale d'enquête sur le bilinguisme et le biculturalisme a brossé le portrait de la nouvelle société canadienne. Dans leur rapport, les commissaires ont recommandé au gouvernement fédéral de reconnaître deux langues officielles : le français et l'anglais. Ils ont ajouté que le Canada devait officiellement devenir un pays multiculturel qui respecte et valorise l'héritage de tous les groupes ethniques. Un agent de liaison a plus tard défini le **multiculturalisme** comme le fait d'accepter « toutes les bonnes choses et toutes les valeurs que les gens ont apportées ici ».

Trudeau et la « société juste »

En 1971, le gouvernement du premier ministre Pierre Elliott Trudeau a donné suite aux recommandations de la commission d'enquête. Trudeau a proclamé une politique de « multiculturalisme dans un cadre de bilinguisme ». Trudeau remplissait ainsi un engagement électoral qu'il avait pris en 1968 : faire du Canada une « société juste », un endroit où tous les gens seraient égaux. Trudeau croyait que l'idée du

Que pourrais-tu changer dans ton école pour favoriser l'entente entre tous les peuples ?

multiculturalisme pourrait contrer le sentiment nationaliste qui s'était intensifié après la crise du FLQ. Cette politique a réjoui de nombreux groupes ethniques (ni britanniques ni français) qui s'étaient sentis exclus du Canada « biculturel ». Avec ce concept, le gouvernement établissait officiellement que le Canada n'était pas un **creuset ethnique** (*melting-pot*) à l'américaine, mais bien une « **mosaïque** », où tous pouvaient vivre côte à côte, quelle que soit leur origine, et contribuer à la société canadienne.

Des subventions étaient offertes pour appuyer diverses activités culturelles comme la composition de l'histoire des ethnies et l'élaboration de programmes de langues ancestrales. Au cours des 10 années qui ont suivi, le gouvernement a adopté d'importantes lois pour favoriser le multiculturalisme. La *Loi sur la citoyenneté* de 1977 a éliminé le traitement spécial accordé aux sujets britanniques qui demandaient la citoyenneté canadienne. La *Loi canadienne sur les droits de la personne*, votée en 1977, a interdit la discrimination envers les membres de groupes raciaux ou ethniques. Par-dessus tout, deux articles de la *Charte canadienne des droits et libertés* (enchâssée dans la *Loi constitutionnelle* de 1982) ont porté sur les droits individuels et collectifs. Un premier article protégeait les individus contre la discrimination fondée sur « la race, l'origine nationale ou ethnique, la couleur, la religion, le sexe, l'âge ou les déficiences mentales ou physiques ». Un deuxième article stipulait que la *Charte* devait être interprétée de manière à maintenir et valoriser « le patrimoine multiculturel des Canadiens ». Lorsque le gouvernement progressiste-conservateur a pris le pouvoir, il a fait réviser la *Loi sur le multiculturalisme* en 1988, accordant ainsi des sommes plus importantes pour la promotion des cultures minoritaires et à la lutte contre la discrimination.

La vague d'immigration de l'après-guerre a changé la société canadienne. La vie urbaine, particulièrement à Montréal, à Ottawa, à Toronto et à Vancouver, est devenue plus variée et plus riche. La cuisine ethnique a transformé l'alimentation des Canadiens. Le chinois a pris le pas sur l'italien comme troisième langue en importance après l'anglais et le français. Des gens d'origines autres que française ou britannique ont joué des rôles importants dans la vie politique du pays. Une génération après la nomination du premier gouverneur général d'origine canadienne, Vincent Massey, Ramon Hnatyshyn, dont la famille avait émigré d'Ukraine, était nommé à ce même poste de représentant de la Reine. En 1999, Adrienne Clarkson, une réfugiée chinoise, devenait à son tour gouverneure générale.

Ces enfants, issus de diverses origines ethniques, tiennent un drapeau composé de plusieurs drapeaux nationaux. Comment cette photo traduit-elle la véritable nature du Canada ?

Le tribut du Canada

PROTÉGER LES CANADIENS CONTRE LES CRIMES MOTIVÉS PAR LA HAINE

L'une des caractéristiques les plus déplorables de l'histoire du Canada reste la discrimination en fonction de la race, de la religion, de l'origine ethnique ou du sexe dont ont été victimes certains Canadiens. Malgré les lois contre la discrimination votées après la Deuxième Guerre mondiale, certains continuent de diffuser des documents qui cherchent à promouvoir la haine envers quelques groupes bien définis.

La littérature haineuse contre les Noirs canadiens, les peuples amérindiens et inuits, les catholiques et particulièrement les Juifs était très répandue au début des années 1960. La quantité de ces documents a tellement augmenté que, en 1965, le gouvernement canadien a créé un comité sur la propagande haineuse. En 1970, ce comité a publié un rapport, entraînant ainsi la création d'une loi qui interdisait la promotion du génocide, l'incitation à la haine et la diffamation collective. Depuis, bien que rarement invoquée, on a tout de même eu recours à cette loi avec un certain succès. Entre autres, il faut souligner la poursuite contre James Keegstra, un professeur de secondaire en Alberta qui enseignait que les Juifs étaient responsables de révolutions et de conflits internationaux dans le cadre d'un complot secret pour contrôler le monde. Lors du procès en 1993, la Cour suprême du Canada a confirmé que la condamnation était constitutionnelle. Cela a permis d'instaurer une loi qui punit ceux dont les crimes sont motivés par la haine. On l'a utilisée au cours des dernières années contre des groupes d'extrême droite, y compris les responsables du meurtre d'un homme d'origine sikh à Vancouver en 1998.

Après la Deuxième Guerre mondiale, des centaines de milliers d'Européens ont immigré au Canada. Il y avait parmi eux des personnes soupçonnées d'avoir participé à des crimes contre des civils pendant la guerre. La plupart des victimes étaient des Juifs. Bien que les autorités canadiennes étaient au courant, plusieurs des suspects ont réussi à passer à travers les mailles du filet. Malgré l'inquiétude du public, quatre décennies se sont écoulées sans apporter de changement véritable. Puis, en 1985, le gouvernement a finalement créé une commission dirigée par le juge Jules Dêchesnes afin d'enquêter sur la question. Le rapport, publié en 1987, a donné lieu à une loi sur les criminels de guerre. Peu de choses ont changé, toutefois, car le ministère de la Justice pouvait difficilement trouver les preuves et les témoins nécessaires un demi-siècle après la guerre. On a donc modifié la loi en 1997. Les suspects jugés coupables d'avoir falsifié les renseignements sur leurs activités pendant la guerre au moment de leur demande d'admission au Canada seraient dénaturalisés. Leur nationalité canadienne révoquée, ils seraient donc passibles d'être déportés vers leur pays d'origine. À ce jour, trois personnes ont été inculpées grâce à cette loi.

La participation du Canada à la Deuxième Guerre mondiale, la sensibilisation du public à l'Holocauste et la diffusion d'information sur les assassinats collectifs et les génocides d'après-guerre ont poussé les Canadiens à exiger l'interdiction de la promotion de la haine et de l'admission au pays de criminels de guerre. Voilà qui offre un contraste des plus heureux avec l'attitude dont avait fait montre le Canada par le passé, alors que tant de citoyens étaient victimes d'une discrimination sans détour.

UN TEXTE DU DR FRANKLIN BIALYSTOK. LE DR BIALYSTOK EST UN HISTORIEN SPÉCIALISTE DE L'HISTOIRE DE L'HOLOCAUSTE ET DE L'IMMIGRATION ET L'ETHNICITÉ CANADIENNE. IL EST MEMBRE DU CONGRÈS JUIF CANADIEN.

Le multiculturalisme remis en cause

Il était plus facile d'accueillir avec tolérance les nouveaux arrivants et de soutenir le multiculturalisme en période de prospérité. Au début des années 1990, cependant, les attitudes des Canadiens ont commencé à changer. En 1991, la commission Spicer avait révélé que de nombreux Canadiens n'appréciaient pas la politique du multiculturalisme. Des sondages effectués en 1993 et en 1995 avaient permis de découvrir que les Canadiens croyaient que les immigrants qui arrivaient au Canada devaient adopter les valeurs canadiennes.

Certains ont choisi d'exprimer leur colère en critiquant le système d'immigration. Trop de gens profitaient du système de la « catégorie de la famille » afin de parrainer une série interminable de parents lointains. L'accueil généreux que le Canada réservait

Pardeep Singh Nagra, de Brampton, en Ontario, avait d'abord été exclu de la boxe par l'Association canadienne de boxe amateur tant qu'il portait la barbe. Nagra a réussi à défier le règlement en soutenant que sa barbe avait une importance religieuse.

aux immigrants provoquait l'hostilité. Les Canadiens ne semblaient plus aussi tolérants qu'avant. Pourquoi ce revirement ? À cause de la récession du début des années 1990, les services sociaux disposaient de moins d'argent. Certains se plaignaient du fait que l'on dépensait trop pour aider les nouveaux venus à s'adapter au Canada. De plus, le taux de chômage était à la hausse et certains croyaient qu'il était ridicule d'accueillir des immigrants qui se chercheraient eux aussi du travail.

Entre autres problèmes, la signification même du multiculturalisme avait changé. On voulait bien appuyer le multiculturalisme tant qu'il s'agissait de créer des festivals folkloriques, de rédiger l'histoire des ethnies ou même de donner des cours de langues ancestrales. Mais fallait-il aussi tolérer les pratiques et les valeurs qui n'étaient pas en accord avec les lois canadiennes ? Le multiculturalisme allait-il fragmenter la culture canadienne ? Toutes ces questions relèvent du débat sur la culture et l'identité canadiennes.

Hyperliens

www.dlcmcgrawhill.ca

Visite le site Internet dont l'adresse apparaît ci-dessus pour parfaire tes connaissances sur le multiculturalisme. Clique sur ***Matériel complémentaire/Primaire et secondaire***, puis sur ***Regard sur le Canada***, et on t'indiquera où aller ensuite.

Qu'est-ce que la culture ?

Parfois, on utilise le mot « culture » pour parler de l'art, de la musique classique, du ballet et de la littérature. Quand on parle de culture en ce sens, on s'attarde aux peintures d'Emily Carr, aux enregistrements du pianiste Glenn Gould ou aux romans de Michel Tremblay. Ce sont des exemples de la « *haute* culture ». À l'autre bout de l'échelle, on retrouve la culture *populaire.* La musique du groupe Beau Dommage en est un exemple. On peut aussi penser à des films comme *Le Titanic* et à des séries télévisées populaires telles *Anne... La maison aux pignons verts* et *Nikita.*

Mais l'art sous toutes ses formes n'est qu'une partie de la culture. En plus de l'art, la culture comprend « les connaissances, les croyances, le code moral, les lois, l'histoire, les coutumes et toutes les aptitudes et habitudes qu'une personne acquiert en tant que membre d'une société ». C'est là une définition beaucoup plus vaste et qui inclut le mode de vie d'un peuple.

Les différences régionales compliquent également la tâche. Chaque région du Canada a sa propre histoire, son propre mélange démographique et sa propre géographie. Certaines différences s'expriment par l'alimentation, par la façon de gagner sa vie et par l'œuvre des artistes et des auteurs. Les peuples amérindiens, les communautés francophones et les Noirs ajoutent une autre dimension à la culture canadienne. Mais ces groupes ne forment pas une communauté unique et homogène. La langue, les coutumes et l'histoire distinguent les Mohawks des Cris, des Nisga'a et des Inuits. On peut décrire de façon similaire la communauté des Noirs du Canada. Certains de ses membres sont les descendants d'esclaves qui sont arrivés au pays pendant la guerre de l'Indépendance américaine ou par le chemin de fer clandestin juste avant l'éclatement de la guerre de Sécession. Ils sont différents, à bien des égards, des immigrants récents en provenance des Caraïbes. Les Franco-Ontariens, malgré leurs ancêtres québécois, se distinguent des habitants du Québec.

L'américanisation de la culture canadienne

L'auteur canadien Robertson Davies a déjà décrit le Canada comme étant le « grenier » du continent nord-américain : au dernier étage se trouvait le petit pays sans importance nommé Canada et au rez-de-chaussée, la géante superpuissance américaine. Même si le Canada occupe une énorme partie du territoire nord-américain, Davies n'est pas le seul Canadien à percevoir son pays comme une petite nation méconnue juchée au sommet des énormes États-Unis.

Le tribut du Canada

LA SOUVERAINETÉ CANADIENNE : LA FORMATION D'UNE IDENTITÉ PROPRE

Au cours de la dernière partie du XXe siècle, le monde s'est de plus en plus rapproché du village global. Grâce aux télécommunications avancées, on peut voir des émissions de télévision et écouter des émissions de radio américaines au Canada. Avec l'arrivée d'antennes paraboliques abordables mais puissantes, de plus en plus de Canadiens écoutent des émissions et de la musique américaines. Le profil de plus en plus multiculturel du Canada a également incité de nombreux Canadiens à remettre en question l'identité nationale. Bien que le terme de souveraineté relève généralement de problèmes légaux déterminés, on l'utilise souvent de nos jours pour parler de l'habileté d'un pays à gérer sa propre économie et son développement culturel.

L'industrie musicale canadienne: L'énorme marché américain permet aux États-Unis de verser des millions de dollars à l'industrie musicale du pays. Avec son marché limité, les musiciens canadiens doivent lutter pour se faire un nom. En 1971, le gouvernement canadien a créé CanCon, un ensemble de règlements qui exigent des chaînes radiophoniques de diffuser au moins 30 % de musique canadienne. Certains croient que les musiciens canadiens devraient chercher à réussir uniquement en fonction de leur talent, sans le soutien de règlements qui obligent les Canadiens à écouter de la musique canadienne. Crois-tu que les règlements quant au contenu soient utiles à la promotion de la musique canadienne ? Le soutien offert aux musiciens canadiens contribue-t-il à préserver la souveraineté canadienne ?

La Société Radio-Canada: La Société Radio-Canada (SRC) a été créée en 1936 afin de développer et promouvoir la culture canadienne à la radio et, plus tard, à la télévision. Le gouvernement fédéral a aidé la chaîne française à produire des émissions telles qu'*Omerta* et *Scoop* ainsi que des séries documentaires comme *Enjeux* et *Zone libre* et des comédies comme *Un gars, une fille* et *La Petite vie*.

En plus de produire des émissions réalisées au Canada, la SRC importe un grand nombre d'émissions des États-Unis. Certains croient que la SRC devrait recevoir moins de subventions et devrait générer davantage de revenus en diffusant les émissions que le public désire, peu importe qu'elles soient canadiennes ou américaines. Il serait moins coûteux d'importer des émissions américaines, puisqu'il coûte beaucoup plus cher de produire ici des émissions canadiennes que d'acheter des émissions américaines. D'autres croient que la SRC devrait recevoir davantage de subventions et ne montrer que des émissions canadiennes. La SRC devrait-elle avoir pour mandat de faire des profits ou de développer des émissions canadiennes et promouvoir la culture canadienne ? Comment le soutien à la Société Radio-Canada contribue-t-il à assurer la souveraineté canadienne ?

L'Office national du film: Créé en 1939, l'Office national du film (ONF) a produit des films qui reflètent la vie sociale et culturelle du Canada. Le fondateur de l'ONF, John Grierson, voulait faire de l'ONF « l'œil du Canada » et souhaitait que, par son travail, il permette « par le biais du cinéma, de voir le Canada et le voir en son entier : ses gens et son but ».

Au départ, l'ONF produisait des films de propagande pour soutenir l'effort de guerre canadien pendant la Deuxième Guerre mondiale. Deux séries, *Canada Carries On* et *World in Action*, étaient diffusées chaque mois auprès de millions de Canadiens afin de remporter leur appui à l'effort de guerre. Après la guerre, l'ONF a commencé à produire des films d'animation, pour devenir l'un des chefs de file mondiaux de l'animation.

L'ONF compte aujourd'hui plus de 9000 titres, a remporté neuf Oscars, ainsi qu'un Oscar honorifique pour souligner son cinquantième anniversaire et son engagement continu au développement de l'activité et de l'excellence artistique, créatrice et technologique dans tous les domaines du cinéma.

L'ONF a joué un rôle majeur dans la création de l'héritage visuel du Canada, mais de récentes compressions budgétaires l'ont forcé à diminuer sa production de films canadiens.

L'humour dans l'histoire

L'humour occupe depuis quelques décennies une place de choix dans la culture québécoise et l'immense succès de l'émission télévisée *La Petite vie* en constitue certainement le meilleur exemple. Écrite par Claude Meunier, *La Petite vie* a été diffusée pour la première fois en octobre 1993 sur les ondes de la Société Radio-Canada et elle est devenue très rapidement l'émission la plus populaire du petit écran, atteignant des cotes d'écoute record : près de quatre millions de téléspectateurs.

L'émission, véritable parodie des téléromans traditionnels québécois, mettait en scène une famille pour le moins caricaturale : un père bougon obsédé par ses « vidanges » (Ti-Mé ou Popa), une mère, jouée par un homme, habillée de ses éternels bonnets et « jaquettes » (Jacqueline ou Moman), un fils gérant de caisse populaire avare et amoureux de bowling et de *La Bamba* (Rénald), une fille maladivement nerveuse (Thérèse), mariée à un paresseux et un profiteur (Réjean) qui ne cesse de la tromper... plus une dizaine d'autres personnages, parents et amis, nés de l'imagination fertile de Claude Meunier.

Tout ce beau monde s'est retrouvé, semaine après semaine, plongé dans des aventures rocambolesques : Popa et Moman échangeant le voyage en Chine qu'ils venaient de gagner contre 37 voyages à Plattsburg, Rénald participant à un jeu questionnaire sur *La Bamba*, Thérèse et Lison (l'épouse de Rénald) s'affrontant lors d'un concours appelé *Miss Madame*, etc.

L'auteur de *La Petite Vie*, Claude Meunier, est également l'interprète de Popa (droite). Quant à Moman, elle est interprétée par Serge Thériault.

L'absurdité des situations et des dialogues, le côté caricatural des personnages et le jeu des comédiens (Claude Meunier, Serge Thériault, Diane Lavallée, Marc Labrèche, Marc Messier, Josée Deschênes, etc.) ont assuré à *La Petite vie* l'attachement des téléspectateurs québécois qui se sont amusés à voir ou à revoir les soixante épisodes de la série, à partager l'obsession de Popa pour ses « vidanges », celle de Moman pour les dindes et à apprendre par cœur, avec Thérèse, la recette du pâté chinois : steak, blé d'Inde, patates...

Après les célébrations du centenaire de 1967, les Canadiens demandaient au gouvernement fédéral de les protéger contre la vague de culture américaine qui déferlait sur le Canada. En 1968, le gouvernement créait le Conseil de la radiodiffusion et des télécommunications canadiennes (CRTC) afin de contrôler la délivrance des licences de radio et de télévision. Par exemple, 30 % de toute la musique radiodiffusée se devait d'être canadienne. Les chaînes radiophoniques ont donc fait tourner des chanteurs canadiens francophones comme Louise Forestier et Robert Charlebois et des groupes tels que Beau Dommage et Offenbach afin de satisfaire aux nouvelles normes de « contenu canadien ». Soixante pour cent des émissions télévisuelles aux heures de grande écoute devaient être produites au Canada et le contenu provenant de l'étranger ne devait pas dépasser 30 %. Bientôt, des séries télévisées telles que *Moi et l'autre* et *Rue des pignons*, interprétées par des comédiens canadiens francophones, ont fait leur apparition au petit écran.

Le gouvernement fédéral a également dépensé des millions de dollars pour la création d'une industrie cinématographique. Dans les années 1970, des films comme *Goin' down the Road*, *Kamouraska*, *Mon Oncle Antoine* et *Why Shoot the Teacher?* ont donné aux Canadiens la chance de voir leur propre pays au grand écran. Les maisons d'édition canadiennes ont reçu des bourses et des prêts spéciaux pour stimuler la vente de livres canadiens. Les écoles publiques offraient davantage de cours d'histoire canadienne. Les universités ont créé des programmes d'études canadiennes et le ministère de l'Immigration a sérieusement limité l'embauche

Voix canadiennes

LES INDO-CANADIENS

— Pourquoi portez-vous tous des points rouges sur le front ?
— Vous ne mangez pas de viande ? Pourquoi pas ?
— Pourquoi vénérez-vous un éléphant ?

Être un jeune Indien au Canada dans les années 1980... Ma foi, c'était tout un défi, par moments. Originaire des Indes orientales, disons-le bien. Peu importait que je sois né au Canada, au centre-ville de Toronto, pour être précis.

Toutefois, j'ai pu profiter du meilleur et, parfois, goûter au pire de plusieurs mondes. J'ai grandi à Oak Ridges, en Ontario. À l'école, j'étais la seule personne d'une minorité visible jusqu'à ce que je commence ma onzième année. On me posait toutes les questions qui relevaient de sujets non occidentaux. Mais j'ai aussi eu la chance de démontrer à quel point j'étais fier de ma culture. Je n'ai jamais hésité à expliquer la vraie raison pour laquelle les femmes portent un *bindi*, ce joli symbole sur leur front qui exprimait à l'origine la reconnaissance pour le don de l'intelligence accordé par les dieux. Je ne craignais pas non plus les questions sur la politique ou la religion indiennes. J'étais flatté et honoré que l'on s'y intéresse.

Mais je connais bien des gens chez qui ces questions provoquent un malaise. Comment expliquer à ses amis que l'on ne peut pas aller danser le samedi soir ou que votre sœur aînée fait un mariage de convenance ? Répondre à ces questions est difficile et malaisé lorsque l'on est à l'âge où l'on n'est pas convaincu soi-même des réponses et des principes qui les sous-tendent. Bien souvent, il était plus facile de sortir tard, de mentir sur le mariage de sa sœur ou de manger un hamburger chez McDonald, même si on était végétarien.

Grandir au Canada dans les années 1980, c'était aussi profiter de pressions extrêmement positives. Les diverses communautés indiennes de la région de Toronto se soucient beaucoup de la survie de leur culture. On offre de nombreux cours de langues indiennes. On a formé plusieurs sociétés afin de préserver un sentiment de communauté, d'assurer le maintien et expliquer des traditions importantes et de donner la chance aux jeunes de rencontrer d'autres personnes qui partagent le même héritage et le même système de valeurs.

L'indifférence et la tolérance semblent avoir laissé la voie libre à l'acceptation et la compréhension. Dans le nouveau millénaire, la lutte se concentre davantage sur l'identité des jeunes qui sont nés au Canada, mais dont les parents sont nés en Inde. Sommes-nous Indiens ? Sommes-nous Canadiens ? Quelles sont les traditions auxquelles nous croyons ? Quelles traditions avons-nous cherché à comprendre avant de les rejeter ? Sous quelle forme parviendrons-nous à préserver notre culture ? Comment pourrons-nous créer notre propre histoire, notre propre identité non seulement en tant que Canadiens, mais en tant que Canadiens avec des différences ? Ce sont là les défis qui nous attendent en ce nouveau millénaire.

UN TEXTE D'USHA JAMES. MLLE JAMES A GRANDI PRÈS DE TORONTO ET ENSEIGNE MAINTENANT DANS LA RÉGION DE YORK, EN ONTARIO.

La chanteuse québécoise Céline Dion connaît un succès international grâce à sa voix unique. Elle a chanté avec les plus grandes vedettes de l'heure et a reçu les plus grands honneurs. Elle a d'abord fait carrière au Québec, puis au Canada, et ensuite en Europe. Finalement, les États-Unis l'ont reconnue. Comment expliques-tu ce phénomène ?

de professeurs de l'étranger — américains pour la plupart — pour des postes dans des universités canadiennes. On espérait ainsi promouvoir une culture véritablement canadienne.

Y a-t-il une identité canadienne ?

Dans un pays de plus en plus diversifié, on perd parfois la notion de « canadien » au milieu de tous les groupes ethniques qui définissent les communautés dont est composée la population canadienne. Les Italo-Canadiens, les Indo-Canadiens, les Afro-Canadiens et les Canadiens japonais, entre autres, se définissent souvent par ce qui distingue leur **identité** des autres Canadiens. On discute rarement des caractéristiques d'un « Canadien ».

Quelles sont les caractéristiques que partagent tous les Canadiens, peu importe leur origine ethnique ? Comment peut-on définir l'identité canadienne ? Dans un monde où la technologie réduit les distances, dans un pays peuplé de gens qui proviennent de partout dans le monde, la recherche d'une identité canadienne nous échappe toujours.

Tout ne fait que commencer

Ton exploration de l'histoire du Canada au XXe siècle tire à sa fin. Tout comme la fin du XXe siècle marquait le début du XXIe siècle, la fin de cette exploration marque le début de ton voyage vers l'avenir. Tout au long de ce livre, tu as découvert les exploits de nombreux Canadiens et tu as suivi les défis et les triomphes du Canada au cours des 100 dernières années. La route vers le XXIe était parfois cahoteuse. Parfois, le Canada rencontrait des obstacles tels que la guerre et la récession économique. Parfois aussi, la nation empruntait certains sentiers qu'elle a plus tard regrettés, tels que l'internement des Canadiens d'origines ukrainienne et japonaise pendant les deux guerres mondiales et le traitement très dur réservé aux jeunes Amérindiens dans les pensionnats.

Malgré tout, les Canadiens ont persévéré et ont bâti un pays dont ils peuvent être fiers. Il reste encore bien des défis à surmonter, bien que nous inspirions l'envie partout dans le monde. Bientôt, ce sera à toi de prendre les rênes du pays, de protéger les idéaux chers aux Canadiens et d'éliminer les barrières qui empêchent encore de nombreux Canadiens de partager l'abondante richesse du pays. Utilise sagement tes connaissances du passé. Elles peuvent te guider vers l'avenir.

Récapitulation

RÉSUMÉ DU CHAPITRE

Dans ce chapitre, tu as appris :

- comment la technologie a changé et continuera de changer la vie des Canadiens, particulièrement dans les domaines de la santé, de l'éducation et de l'accès à l'information;
- comment l'immigration a changé le profil démographique du Canada;
- que le Canada est devenu une nation multiculturelle;
- que les Canadiens cherchent encore une identité qui leur soit propre.

RÉSUME TES CONNAISSANCES

1. Explique l'importance historique des personnes, des lieux ou des événements suivants :

   Génération X
   « Plafond de verre »
   Multiculturalisme
   « Société juste »
   Charte canadienne des droits et libertés
   Adrienne Clarkson
   Société Radio-Canada
   CRTC

2. Dresse la liste la plus complète possible des moyens utilisés par les gouvernements fédéral, provinciaux et municipaux pour promouvoir et stimuler le développement d'une culture et d'une identité proprement canadiennes. Commence par le fait que tu es obligé de suivre ce cours.
3. Par le passé, la croissance démographique dans les centres urbains tels que Vancouver forçait souvent l'évacuation des peuples amérindiens afin de permettre la construction d'ensembles résidentiels. Cette tendance est aujourd'hui renversée. Explique comment la présente tendance démographique affecte les communautés amérindiennes.
4. Les rôles des femmes ont changé de façon spectaculaire depuis 1968. Essaie de comprendre la nature de ces changements en décrivant une journée dans la vie d'une femme de 25 ans en 1968 et d'une femme du même âge en l'an 2000.

EXPRIME TON OPINION

1. Demande à tes professeurs, à tes parents ou aux amis de ta famille de te décrire comment étaient les écoles lorsqu'ils étaient jeunes. Crée ensuite un réseau pour illustrer comment les écoles canadiennes ont changé grâce à la technologie. Enfin, écris un paragraphe où tu expliques comment tu imagines l'éducation dans 20 ans.
2. Comment la politique canadienne quant aux réfugiés devrait-elle différer de celle qui s'adresse aux autres immigrants ? Devrait-on accepter d'emblée ceux dont la vie est en danger, pour les questionner lorsqu'ils sont hors de danger ? Comment le Canada devrait-il traiter ceux qui ont faussement réclamé le statut de réfugié ?
3. Crois-tu que les normes de contenu (un pourcentage précis de la programmation radiophonique et télévisuelle réservé au contenu canadien) aident à soutenir et à promouvoir l'expression artistique canadienne ? Explique ta réponse.
4. Bien qu'elles aient obtenu l'égalité juridique et politique, les femmes doivent encore lutter pour l'égalité sociale et économique. Selon toi, quelles sont les questions qui devraient d'abord et avant tout préoccuper les féministes d'aujourd'hui ?

ANALYSE LES FAITS HISTORIQUES

1. On entend souvent cette phrase typiquement canadienne sur les ondes de la Société Radio-Canada : « À 20 h, une heure plus tard dans les Maritimes. » Pourquoi ?

Révision de la partie 6

PLEINS FEUX SUR LE PASSÉ

RÉVISE LES FAITS HISTORIQUES

1. La technologie améliore-t-elle la qualité de vie des Canadiens ? Pense à l'influence de la technologie sur le travail, la maison et les loisirs. Quels sont les coûts et les avantages de changements technologiques pour les Canadiens ?
2. Nomme trois façons dont le gouvernement fédéral a tenté de promouvoir une identité canadienne commune. Évalue en deux ou trois phrases l'efficacité de chacun de ces moyens.
3. En consultant la partie 6, trouve des exemples qui illustrent que le Canada est constitué de régions distinctes ayant chacune ses propres besoins et points de vue. Y a-t-il des questions sur lesquelles la majorité des Canadiens de toutes les régions s'entendent ? Explique ta réponse.
4. Imagine que tu visites le Canada en 1970. Imagine ensuite que tu y retournes 30 ans plus tard. Dresse la liste de cinq changements que tu remarquerais entre tes deux visites.

ÉTABLIS DES LIENS

Pour évaluer le rendement des divers premiers ministres du Canada, tu dois décider des éléments essentiels d'un bon leader. Copie le tableau ci-dessous. Une fois que tu l'auras terminé, utilise-le pour évaluer la qualité du leadership des premiers ministres Trudeau, Mulroney et Chrétien. Écris un ou deux paragraphes pour expliquer pourquoi l'un de ces politiciens serait, selon toi, le meilleur premier ministre de la dernière partie du xxe siècle.

À TOI LA PAROLE

1. Au cours des années 1980 et 1990, le communisme a pris fin en Europe, les multinationales ont subi une croissance rapide et l'explosion de la technologie informatique a révolutionné l'industrie bancaire et le monde des affaires sur la planète entière. Décris trois nouveaux défis pour le gouvernement canadien survenus à la suite de ces changements.
2. De nombreux Canadiens ont connu un succès important dans le monde du divertissement : Roch Voisine, Roy Dupuis, Lara Fabian, Céline Dion et le groupe Hart Rouge. Jusqu'à quel point ces artistes reflètent-ils la culture et l'identité canadiennes ? Y a-t-il d'autres artistes moins connus qui représentent mieux l'identité canadienne ? Explique ta réponse.
3. L'une des questions les plus chaudement débattues au cours des dernières décennies reste le rapport du Canada avec les États-Unis. Bien des Canadiens croient qu'un rapport plus étroit avec les Américains représenterait une menace pour les programmes sociaux, le système de santé et les industries culturelles du pays. Crois-tu qu'un rapprochement avec les États-Unis représente une menace pour le Canada, ou penses-tu plutôt que ce rapprochement est essentiel à la santé du pays ? Explique ta réponse.
4. Crois-tu que les événements des 30 dernières années démontrent que le Canada est devenu une société plus tolérante et fraternelle ? Pense au traitement réservé aux peuples amérindiens et inuits, aux réfugiés et aux sans-abri, à la *Loi canadienne sur les droits de la personne* ainsi qu'à la *Charte des droits et libertés* et, enfin, au régime de sécurité sociale.

	Pierre Elliott Trudeau	**Brian Mulroney**	**Jean Chrétien**
Caractéristique 1	[illegible]	[illegible]	[illegible]
Caractéristique 2	[illegible]	[illegible]	[illegible]
Caractéristique 3	[illegible]	[illegible]	[illegible]

PERSPECTIVES

1. Le photoreportage de cette partie illustre plusieurs symboles canadiens. Invente ton propre photoreportage sur le thème « Les nombreux visages du Canada ». Utilise des photographies personnelles, trouvées dans les magazines, sur Internet ou des illustrations que tu dessines toi-même. N'oublie pas de songer à tous les aspects du profil canadien avant de commencer ton projet.

2. Imagine que l'on te demande de présider une réunion des représentants provinciaux sur la Constitution. Pour chacune des régions suivantes, décris en style télégraphique ce qui, selon toi, serait leurs principales inquiétudes et leurs demandes.

Colombie-Britannique	Prairies
Ontario	Québec
Provinces maritimes	Nunavut

3. Consulte la citation de Wilfrid Laurier au début de la première partie : « Le XIXe siècle a appartenu aux États-Unis; selon moi, le XXe siècle appartiendra au Canada. » Rédige un texte de 500 mots pour expliquer comment chacun des individus suivants pourrait interpréter cette citation aujourd'hui.

Un Canadien amérindien	Un Noir canadien
Un Canadien inuit	Une femme canadienne
Un Canadien d'origine asiatique	

ANNEXE

Notre place : L'histoire des Franco-Ontariens

Auteur de l'Annexe
Michael Begley

Groupe de jeunes lors des Jeux franco-ontariens. Organisé par la Fédération des écoles secondaires franco-ontariennes (FESFO), cet événement à la fois sportif, culturel et artistique se tient chaque année au mois de mai.

RETOUR AUX SOURCES

- **Pourquoi les Canadiens français ont-ils immigré en Ontario ?**
- **Comment les Franco-Ontariens ont-ils lutté contre le *Règlement 17* ?**
- **Comment la crise scolaire provoquée par le *Règlement 17* s'est-elle réglée ?**
- **Quelle a été l'évolution de la communauté franco-ontarienne depuis les années 1960 ?**
- **Quelle est la place des Franco-Ontariens au sein de la francophonie canadienne et de la francophonie mondiale ?**

TERMES IMPORTANTS

ACFÉO
ACFO
FESFO
Langue officielle
Régions désignées
Règlement

CHRONOLOGIE

1912-1927
La crise scolaire du *Règlement 17*

1975
L'adoption du drapeau franco-ontarien

1986
La *Loi sur les services en français*

1997
La crise de l'hôpital Montfort

L'immigration des Canadiens français en Ontario remonte aux années 1830. À cette époque, le Bas-Canada vivait un problème de surpopulation : le nombre d'habitants ayant considérablement augmenté, les terres cultivables n'étaient pas assez nombreuses pour faire vivre toute cette population. Bon nombre de Canadiens français ont été obligés d'émigrer pour gagner leur vie : plusieurs sont allés travailler dans les manufactures du Nord-Est des États-Unis, mais ils devaient alors s'assimiler à une population anglophone et protestante. Comme il était préférable pour eux d'émigrer au Haut-Canada pour garder leur langue et leur religion, l'Église catholique a encouragé les Canadiens français à s'établir dans cette province.

Les immigrants francophones se sont d'abord installés dans le sud de la province, sur des terres dans la péninsule sud-ouest puis dans les alentours de Pénétanguishene. Certains ont travaillé dans les commerces et les industries des villes comme Toronto, Hamilton et Windsor, où il était cependant plus difficile de résister à l'assimilation. La ville d'Ottawa, en raison notamment de sa proximité avec le Québec, est rapidement devenue la capitale culturelle de l'Ontario français avec l'Université d'Ottawa, l'Institut canadien-français et le quotidien *Le Droit*. Dès la fin du XIXe siècle, le chemin de fer a permis aux Canadiens français de s'installer plus au nord : North Bay, Sudbury, Sault-Sainte-Marie, Hearst, Kapuskasing… Selon les régions, les Canadiens français ont gagné leur vie grâce à l'agriculture, à l'exploitation minière et à l'exploitation forestière. Dans leur nouveau milieu, ils ont su organiser des paroisses, des écoles et d'autres organismes leur permettant de vivre en français en Ontario.

La lutte contre le Règlement 17

En 1912, le gouvernement de l'Ontario a introduit une série de mesures destinées à réduire et à éliminer l'enseignement en français dans les écoles de la province. Ces mesures portaient le nom de *Règlement 17*. Les Franco-Ontariens les ont combattues de toutes leurs forces jusqu'en 1927. Le gouvernement a alors accepté l'enseignement en français. C'est cette lutte qui a permis aux Franco-Ontariens de s'unir et de se créer une identité.

Le rapport Merchant

Quand les Canadiens français se sont installés en Ontario, ils ont ouvert des écoles de langue française. L'école était toujours catholique, car l'Église était d'avis que la langue était la gardienne de la foi. Bon nombre d'enseignants étaient d'ailleurs membres de congrégations de religieuses ou de frères. À la campagne, il y avait également de petites écoles confiées à une institutrice ou un instituteur laïc. Vers 1912, il existait déjà un grand nombre d'écoles françaises dans les régions de l'Ontario à forte population francophone. Ces écoles ont continué d'exister après l'entrée en vigueur du *Règlement 17* en 1912. De nouvelles écoles françaises ont même été fondées et de nouvelles classes créées dans les écoles existantes. Mais, partout, il ne s'agissait que d'écoles primaires, et la plupart des enseignants venaient de la province de Québec.

Le gouvernement de l'Ontario n'était pas opposé à l'enseignement en français. Egerton Ryerson, le ministre de l'Éducation dans les années 1840, l'avait approuvé. Mais, en 1885, le gouvernement a exigé que tous les enseignants connaissent l'anglais et enseignent au moins deux heures par semaine dans cette langue. Dès 1890, l'anglais doit être la langue de communication dans les écoles. D'autres **règlements** ont suivi ; en 1910, le gouvernement provincial a ouvert une enquête sur les écoles françaises. L'enquête a été confiée à l'inspecteur en chef des écoles, Francis Merchant. Celui-ci concluait, dans son rapport remis en 1912, que l'enseignement de l'anglais était inadéquat dans les écoles françaises.

Le Règlement 17

Le rapport Merchant a servi de prétexte au gouvernement provincial pour tenter d'éliminer tout enseignement en français. En réalité, Merchant avait proposé d'améliorer la formation des enseignants et le programme d'études en français. Mais le gouvernement en a décidé autrement. En juin 1912, le ministre de l'Éducation a annoncé le *Règlement 17*. Ce règlement s'appliquait à toutes les écoles primaires de l'Ontario où on enseignait en français. En voici les principaux éléments :

- Le français pouvait être employé comme langue d'enseignement et de communication, mais cet usage ne devait pas se prolonger au-delà de la deuxième année de l'école primaire.
- Dans les autres années du cours primaire, l'enseignement du français ne devait pas dépasser une heure par jour.
- Dès que l'élève entrait à l'école, il devait être mis à l'étude et à la pratique de la langue anglaise.

- Tout enseignant devait avoir la compétence d'enseigner et de communiquer en anglais. Sinon, il serait congédié.
- Deux inspecteurs, l'un responsable de l'enseignement en anglais et l'autre de l'enseignement en français, visiteraient toutes les écoles. L'inspecteur responsable de l'enseignement en anglais avait plein pouvoir sur les écoles de sa région.

Le *Règlement 17* a été interprété par les Franco-Ontariens comme une déclaration de guerre du gouvernement provincial à la langue et à la culture françaises.

L'Association canadienne-française d'éducation de l'Ontario (ACFÉO)

Dès 1910, les Franco-Ontariens ont décidé de fonder un organisme pour défendre leurs intérêts, l'**ACFÉO**. Plus de 1200 délégués de tous les coins de la province ont participé à Ottawa au congrès de fondation. Le premier président de l'ACFÉO a été Napoléon Belcourt, un sénateur franco-ontarien reconnu pour être un bon orateur. Le premier secrétaire a été le père Charles Charlebois, l'un des fondateurs du quotidien *Le Droit* et son éditeur. On répétait continuellement le slogan « l'union fait la force » et on a commencé à formuler des demandes politiques. L'ACFÉO a développé un ensemble d'arguments historiques, légaux et constitutionnels à l'appui des droits scolaires des Canadiens français en Ontario. Elle a aussi établi des comparaisons avec la situation d'autres minorités linguistiques vivant en Belgique, en Bulgarie, et même au pays de Galles, en Grande-Bretagne. Elle a commencé à réclamer l'enseignement en français, non pas comme un privilège mais comme un droit.

Le rôle de l'ACFÉO

Tous les efforts des Franco-Ontariens pour résister au *Règlement 17* ont été coordonnés par l'ACFÉO. Aussitôt que le gouvernement a annoncé le Règlement, l'ACFÉO a convoqué une réunion des commissaires d'école. Ces commissaires ont exprimé leur opposition au Règlement. Ensuite, l'ACFÉO, avec l'appui des évêques catholiques francophones, a demandé aux parents, partout dans la province, d'exiger des cours en français. Puis, l'Association a contesté la légalité du *Règlement 17* en portant la question devant la Cour suprême de l'Ontario. Cependant, l'ACFÉO disposait de moyens de communication limités pour rejoindre les Franco-Ontariens, éparpillés aux quatre coins de la province.

Les membres de l'ACFÉO comprenaient qu'il fallait fonder un journal pour défendre leurs intérêts et rallier les francophones dans la lutte au *Règlement 17*. C'est ainsi qu'avec l'appui des évêques et des prêtres francophones et un prêt de l'ACFÉO est né le quotidien *Le Droit*, à Ottawa, en 1913. Le journal a pris pour devise *L'avenir est à ceux qui luttent* et s'est lancé dans une campagne d'information. Un des directeurs de l'ACFÉO, le père Charles Charlebois, en est devenu le premier éditeur et a dirigé le journal pendant les années les plus difficiles de la crise du *Règlement 17*. Lors de l'élection provinciale de 1914, il a conseillé aux électeurs de voter contre le gouvernement provincial de James Whitney. Malgré cette campagne, Whitney a été réélu, mais il a perdu la plupart des circonscriptions à forte composition française. *Le Droit* avait réussi sa mission de communiquer avec les francophones de la province.

La résistance à Ottawa

La lutte contre le *Règlement 17* a été féroce dans la ville d'Ottawa. La Commission des écoles séparées d'Ottawa s'est prononcée ouvertement contre le *Règlement 17* en septembre 1912. Sans tarder, le ministre de l'Éducation a supprimé les octrois versés aux écoles catholiques d'Ottawa. En 1914, la commission scolaire a fermé toutes les écoles catholiques anglaises et françaises de la ville pour protester contre les coupures de subventions ; 8000 élèves étaient privés d'école à la rentrée des classes en septembre. C'est seulement après une injonction émise par la Cour suprême de l'Ontario que les écoles ont été ouvertes à nouveau. L'entrée dans les écoles françaises était même interdite à l'inspecteur anglais, sur la recommandation de l'ACFÉO et du journal *Le Droit* ; lorsque celui-ci s'est présenté à l'école primaire Garneau, les 400 élèves ont quitté leurs classes.

La décision du gouvernement provincial de supprimer les octrois n'a pas changé la détermination du président de la commission scolaire d'Ottawa, Samuel Genest, mais elle inquiétait les commissaires de langue anglaise parce que les écoles catholiques anglaises souffraient du manque d'octrois. Malgré leur opposition, Genest a décidé de payer les salaires des enseignants.

Pour venir à bout de la résistance de Genest et des commissaires d'Ottawa, le gouvernement a nommé en 1915 une commission de son choix pour remplacer la commission élue. Cette « P'tite commission », qui était une création illégale du gouvernement provincial, a dû faire face à la résistance acharnée des Franco-Ontariens d'Ottawa et elle n'a pas connu beaucoup de succès.

À l'école Guigues d'Ottawa, deux enseignantes, Béatrice et Diane Desloges, ont été congédiées par la « P'tite commission » pour avoir enseigné en français. Les élèves ont quitté l'école avec les deux institutrices, et les classes ont repris dans deux maisons voisines. L'école est restée vide pendant trois mois. À la rentrée des classes en janvier 1916, les parents des élèves ont décidé de passer à l'offensive en reprenant l'école. Douze policiers et un représentant de la « P'tite commission » leur interdisaient l'accès à l'édifice, mais les femmes ont utilisé l'épingle de leur chapeau comme arme pour les faire reculer. Après avoir repris l'école, les parents montaient la garde jour et nuit. Les classes ont repris, mais les enseignants ne recevaient toujours pas de salaire. La « Ptite commission » sera déclarée illégale par le Conseil privé de Londres.

La résistance à l'extérieur d'Ottawa

À l'extérieur d'Ottawa, les Franco-Ontariens ont souvent établi des écoles « libres » pour contourner le *Règlement 17*. En 1914, la commission scolaire de Green Valley, dans le comté de Glengarry, avait décidé d'ignorer le Règlement et d'embaucher Florence Quesnel pour enseigner en français. Deux commissaires ont été trouvés coupables d'avoir permis l'enseignement en français et d'avoir payé le salaire de Florence Quesnel. Ils ont choisi d'aller en prison en signe de protestation plutôt que de payer l'amende de 500 $ qui leur avait été imposée. C'est alors que les parents des élèves ont décidé d'établir l'école libre de Green Valley. Cette école a existé pendant quelques années avant que la commission scolaire recommence à offrir des classes bilingues dans les écoles séparées.

À Pembroke, en 1923, la commission scolaire a congédié Jeanne Lajoie, une jeune institutrice, pour avoir enseigné en français. Un commissaire d'école francophone, Moïse Lafrance, a cédé une partie de sa maison pour l'y installer avec ses élèves. Nommée l'école Sainte-Jeanne-d'Arc, l'école libre de Pembroke a survécu pendant quatre ans. D'autres écoles libres ont été établies à Welland vers 1920. Dans cette ville, l'éducation de chaque enfant coûtait alors cinquante cents par mois, en plus des taxes régulières. Ce qui prouvait la détermination des Franco-Ontariens à éduquer leurs enfants en francais.

De 1912 jusque dans les années 1920, les Franco-Ontariens ont multiplié les déclarations, les manifestations, les pétitions, les campagnes de publicité, les grèves, les procès et les écoles libres. Malgré tout, le

Les enseignantes de l'école Guigues d'Ottawa en janvier 1916.

Règlement 17 restait en vigueur et le gouvernement n'avait aucune intention de le modifier. Les Franco-Ontariens n'avaient pas réussi à le faire retirer, mais le gouvernement de la province n'avait pas réussi non plus à le faire respecter.

La résolution de la crise scolaire

À partir de 1920, l'ACFÉO, sous l'impulsion de son président, Napoléon Belcourt, a changé de tactique face au gouvernement provincial. Elle a conçu un programme en trois volets pour faire changer le gouvernement d'idée.

La réforme de l'école française

L'élément clé du projet de Belcourt et de l'ACFÉO a été l'amélioration des programmes et de la formation des enseignants des écoles françaises. Entre 1923 et 1925, l'ACFÉO a développé un programme d'enseignement bilingue de haute qualité. Les inspecteurs du gouvernement avaient déjà accepté, d'ailleurs, un programme semblable à Sudbury. Ensuite, l'ACFÉO a préparé un examen bilingue pour permettre aux Franco-Ontariens l'accès à l'Université d'Ottawa. Enfin, l'ACFÉO a organisé une école normale bilingue à Ottawa pour former des enseignants capables d'enseigner le nouveau programme bilingue à la satisfaction des inspecteurs.

Le ministère de l'Éducation ne voyait pas d'un bon œil les démarches de Belcourt et de l'ACFÉO; pourtant, le gouvernement a été obligé de reconnaître la valeur éducative de ce programme. Belcourt a invité James L. Hughes, un inspecteur d'école qui avait plus de quarante années d'expérience, à visiter les écoles françaises d'Ottawa. Selon le rapport de Hughes, les élèves franco-ontariens parlaient, écrivaient, lisaient et comprenaient l'anglais aussi bien que les élèves anglophones. Ce rapport a fait beaucoup pour changer les idées et faire valoir les demandes des Franco-Ontariens d'abolir le *Règlement 17*.

La Unity League

Belcourt a organisé un groupe de pression, la Unity League, pour influencer l'opinion publique des Ontariens anglophones. Cette organisation comptait 150 membres en 1925, tous anglo-protestants, sauf un. Financée par les fonds de l'ACFÉO, la Unity League a entrepris d'organiser des conférences, de publier des brochures et d'écrire des lettres en faveur des demandes scolaires des Franco-Ontariens. La Ligue réclamait les mêmes droits pour les Franco-Ontariens que l'ACFÉO. Elle reconnaissait à la minorité linguistique le droit constitutionnel d'établir ses propres écoles.

D'ailleurs, plusieurs Canadiens anglais avaient déjà indiqué leur opposition au *Règlement 17*, comme sir George W. Ross, un ancien premier ministre de l'Ontario (1899-1905), sir Richard Scott, qui avait rédigé le projet de loi des écoles séparées de 1863, et monseigneur Neil McNeil, l'archevêque de Toronto. De plus en plus de professeurs d'université, d'hommes d'affaires, d'écrivains, de journalistes, et même un ministre presbytérien, commençaient à condamner l'injustice du *Règlement 17* envers les Franco-Ontariens.

L'ACFÉO cherchait des moyens pour influencer le premier ministre de l'Ontario de façon à lui faire accepter les écoles françaises. Lors de l'élection provinciale de 1923, Belcourt a conçu l'idée de faire élire dix ou douze députés francophones qui pourraient influencer le parlement provincial et amener le gouvernement à retirer le *Règlement 17*. Le chef des députés franco-ontariens était l'ancien directeur des écoles françaises d'Ottawa, Aurélien Bélanger.

Le compromis Belcourt-Ferguson

En 1923, George Howard Ferguson, à la tête du parti conservateur, est devenu premier ministre de l'Ontario. Ferguson comprenait qu'il devait accepter l'existence des écoles françaises en Ontario. Orangiste lorsqu'il était un jeune député, il avait été un adversaire tenace des écoles françaises. Occupant maintenant un poste de plus grande responsabilité, Ferguson était conscient qu'il avait un devoir envers tous les citoyens de l'Ontario. En politicien adroit et rusé, il a attendu le moment opportun pour régler la crise scolaire.

À la fin d'avril 1925, le député Aurélien Bélanger a prononcé au parlement provincial un important discours en faveur des écoles bilingues de l'Ontario. Un député conservateur anglo-protestant, Charles Wright, a ensuite pris la parole pour appuyer la demande de Bélanger. Profitant de l'occasion, le premier ministre Ferguson s'est engagé à créer une commission d'enquête pour inspecter les écoles françaises. Formée en octobre 1925, la commission était composée de trois membres : l'inspecteur en chef, F. W. Merchant, l'avocat franco-ontarien Louis Côté et le juge J. H. Scott, un orangiste. Le rapport de ces trois hommes était favorable aux écoles françaises. La commission suggérait même au gouvernement d'accorder à la minorité ontarienne tout ce qu'elle réclamait depuis le premier congrès de l'ACFÉO en 1910.

À la suite du rapport Merchant-Scott-Côté, le gouvernement provincial a accepté de modifier le *Règlement 17*. Le premier ministre Ferguson a décidé d'agir en concluant une entente connue sous le nom de « compromis Belcourt-Ferguson ». L'entente convenait que :

- le *Règlement 17* continuerait d'exister, mais que les Franco-Ontariens pourraient établir et maintenir des écoles là où la demande le justifiait, avec l'approbation du ministre de l'Éducation ;
- le français serait reconnu comme langue de communication et d'enseignement ;
- le ministère de l'Éducation reconnaîtrait l'École normale de l'Université d'Ottawa ;
- des écoles secondaires françaises pourraient être établies ;
- les inspecteurs francophones seraient responsables des écoles françaises.

L'importance de la crise scolaire

Le *Règlement 17* a été maintenu en tant que loi jusqu'en 1944, mais le compromis Belcourt-Ferguson lui enlevait toute sa force. Malgré les protestations de quelques journaux et de quelques orangistes, les efforts de Belcourt ont réussi. Pour sa part, Ferguson a répondu aux attaques concernant sa politique en disant que le *Règlement 17* continuait d'exister, même s'il n'avait plus force de loi.

Les quinze années de lutte des francophones contre le *Règlement 17* ont façonné l'identité des Franco-Ontariens et ont contribué à les distinguer des autres groupes francophones du Canada. Elles les ont unis et ont renforcé leur détermination à défendre leurs droits. À chaque conflit avec le gouvernement provincial, les Franco-Ontariens se rappellent leur victoire contre le *Règlement 17*.

De Canadiens français à Franco-Ontariens

Depuis les années 1960, la communauté franco-ontarienne est devenue plus urbaine, plus instruite, plus multiethnique, plus puissante financièrement et plus consciente de ses droits. Par contre, elle est restée très dispersée dans tout l'Ontario, ce qui la rend vulnérable. Sa survie dépend donc de la capacité de ses jeunes à tirer des leçons du passé et à bâtir des liens entre les différents groupes qui la composent.

L'urbanisation

Pendant longtemps, les Franco-Ontariens sont restés accrochés à la petite ferme familiale ou à la vie dans les villages agricoles. Les raisons en sont multiples : les élites traditionnelles disaient que l'agriculture était une occupation « noble ». L'Église comme l'école dénonçaient le « matérialisme » urbain et l'éloignement des autres membres de la famille qu'entraînait un déménagement à la ville, et agitaient le spectre du chômage. Bien sûr, les grandes villes étaient décrites comme des endroits où l'on risquait de perdre sa langue.

De petites villes et des villages francophones avaient été fondés dans toutes les régions. Dans le nord, il y avait Hearst et Sturgeon Falls ; dans l'est, Hawkesbury et Cornwall ; dans le sud, Paincourt et l'Assomption ; et, dans le centre, Pénétanguishene et Welland. C'est que les Franco-Ontariens avaient les ressources pour organiser leur vie en français dans ces centres : paroisses, écoles, caisses populaires, commerces et services. Ils avaient même la possibilité d'y travailler en français. Le poète Jean-Marc Dalpé parle de ces petites villes et de ces villages dans son poème *Les murs de nos villages*.

La prospérité économique de la province a attiré les Franco-Ontariens vers les grands centres. Depuis 1900, les villes de l'Ontario ont accueilli une population toujours plus nombreuse. En 1961, seulement 8 % de la population était encore rurale. Les premières grandes villes où se sont installés en nombre les Franco-Ontariens ont été Ottawa, Sudbury et Timmins.

Délaissant leur origine rurale et agricole, les Franco-Ontariens se sont urbanisés. Ils sont devenus employés d'entreprises ou entrepreneurs eux-mêmes, professionnels ou fonctionnaires à l'emploi des gouvernements. La structure familiale franco-ontarienne a été transformée par l'urbanisation. Les familles sont moins nombreuses, et les deux parents travaillent à l'extérieur de la maison. Les enfants franco-ontariens, à leur tour, doivent prolonger leur éducation au-delà de l'école élémentaire. En ville, l'Église a perdu de son emprise, et la pratique religieuse a diminué. En ce début du XXIe siècle, les Franco-Ontariens se distinguent de moins en moins des autres habitants de la ville.

En ville, les Franco-Ontariens font face à l'assimilation et à l'anglicisation. Les chiffres démontrent le nombre élevé de « transferts linguistiques », c'est-à-dire de francophones qui ne parlent plus leur langue maternelle à la maison. De nombreux facteurs contribuent à l'assimilation. En effet, les francophones sont dispersés parmi une population multiculturelle et multilingue. Par ailleurs, les mariages mixtes entre francophones et anglophones mènent souvent à l'abandon du français. Pour beaucoup de Franco-Ontariens, parler les deux langues ne constitue pas une menace à leur identité française. L'anglais, pour eux, n'est qu'une « autre » langue, pas une langue étrangère. Mais partout dans la province, la moitié de la population d'origine française est assimilée à l'anglais.

L'éducation secondaire

Pendant la crise scolaire des années 1920 jusqu'aux années 1960, les écoles françaises ont survécu, malgré d'énormes lacunes. Les bas salaires des enseignants et le manque de manuels scolaires et d'équipement empêchaient les écoles bilingues d'offrir un plein service. Ces écoles n'offraient d'ailleurs qu'un enseignement primaire. Il n'existait, avant 1968, aucune école secondaire de langue française. Et pourtant, les emplois les mieux payés exigeaient une éducation secondaire. Seuls les élèves de familles aisées pouvaient fréquenter les écoles privées comme le Collège Notre-Dame à Sudbury ou l'École secondaire de l'Université d'Ottawa. Les autres élèves s'inscrivaient à l'école secondaire anglaise où ils s'assimilaient quand ils ne décrochaient pas en neuvième ou en dixième année.

Pendant les années 1960, le système d'enseignement franco-ontarien a fait des progrès. C'était l'époque de la Révolution tranquille au Québec. En Ontario, les Franco-Ontariens réclamaient un meilleur système scolaire. Poussé par l'Association canadienne-française de l'Ontario (**ACFO**), qui a succédé à l'ACFÉO, le parlement de l'Ontario a voté les projets de lois 140 et 141 en 1968. Ces deux lois ont permis l'établissement de classes et d'écoles secondaires de langue française. Ce système était « public », c'est-à-dire financé par le gouvernement. Pour la première fois, les Franco-Ontariens pouvaient s'instruire en français de la maternelle jusqu'à la 13e année. Puis, en 1984, le premier ministre de l'Ontario, Bill Davis, a fait voter à l'Assemblée législative de l'Ontario un projet de loi pour accorder à tout citoyen de langue française le droit à l'éducation dans sa langue, et cela, sans égard au nombre d'élèves.

De grandes écoles françaises ont vu le jour : à Ottawa, les écoles Charlebois, Garneau et Champlain ; à Timmins, l'école secondaire Thériault ; à Kapuskasing, la Cité des jeunes ; à Cornwall, la Citadelle. Ailleurs, les francophones cohabitaient avec les anglophones dans des écoles dites « mixtes », telles les écoles de Cochrane, de Sturgeon Falls et de Pembroke. Partout, il a fallu trouver des enseignants, acheter des manuels et écrire des programmes d'études pour les milliers de jeunes Franco-Ontariens qui venaient peupler les nouvelles écoles françaises et les classes dans les écoles « mixtes ».

En juin 1984, une opinion unanime de cinq juges de la Cour d'appel de l'Ontario reconnaissait que le droit à la gestion des écoles par les Franco-Ontariens était garanti par la *Charte canadienne des droits et libertés*. Tout de suite, des conseils scolaires de langue française ont été établis. C'est avec la loi réduisant le nombre de conseils scolaires (« loi 104 ») de 1997 que l'on a institué des conseils scolaires de langue française dans toute la province. Selon la loi, huit conseils catholiques français et quatre conseils français publics devaient fournir une éducation en français à tous les élèves francophones de la province. En même temps, une nouvelle formule de financement, plus juste, était appliquée à tous les systèmes scolaires de la province.

Finalement, après une lutte de plus d'un siècle, tous les francophones de l'Ontario ont obtenu non seulement le droit de se faire instruire dans des écoles de langue française, mais le pouvoir de les gérer eux-mêmes selon leurs besoins.

Ces gains en ce qui a trait à l'éducation secondaire ont fait augmenter le degré de scolarisation des Franco-Ontariens. Le retard était considérable : en 1985, par rapport à la moyenne provinciale, il y avait encore deux fois plus de Franco-Ontariens qui avaient moins de neuf ans de scolarité. Dans l'ensemble, au cours des années 1990, les Franco-Ontariens ont rattrapé la moyenne provinciale.

La diversité ethnique et culturelle

Pendant les années 1960, le Canada a ouvert ses portes aux immigrants des Antilles, de l'Asie, de l'Afrique et du Moyen-Orient. La plupart des immigrants se sont installés dans les grandes villes. Leur arrivée a eu pour effet de rendre la société canadienne plus multiculturelle qu'auparavant. Le français constituait la langue maternelle ou la langue seconde de certains d'entre eux. La société franco-ontarienne a ainsi accueilli un nombre important d'Haïtiens, de Vietnamiens, de Zaïrois et de Libanais, entre autres. En 1996, près de 29 000 francophones s'identifiaient comme « minorité » en Ontario. Cela représente 10 % de la population franco-ontarienne. Près de la moitié habitaient la région de Toronto, et l'autre moitié, Ottawa.

Parmi les nouveaux immigrants francophones, les Libanais et les Haïtiens sont les plus nombreux. Les Libanais, pour la plupart des chrétiens, ont immigré à la suite de la guerre civile dans leur pays pendant les années 1970-1980. Souvent commerçants ou professionnels, ils se sont installés surtout dans les grandes villes de l'Ontario. Arrivés eux aussi pendant les années 1980, les Haïtiens se répartissent en deux groupes. Certains sont très pauvres et sans éducation, alors que d'autres sont très instruits et occupent des emplois de professionnels. Eux aussi se sont installés de préférence dans les grands centres comme Ottawa et Toronto.

Un nombre important d'Africains ont aussi immigré au Canada depuis les années 1970. Ceux qui sont venus des pays colonisés par la France en Afrique parlaient le français. Plusieurs, très instruits, se sont intégrés à la classe des professionnels. Un grand nombre sont des réfugiés qui ont fui des guerres civiles comme en Somalie, ou la répression comme au Zaïre (ancien Congo). Ils appartiennent à la religion chrétienne ou musulmane. Les Vietnamiens, également francophones, sont arrivés du Sud-Est asiatique pour fuir la guerre qui a déchiré leur pays jusqu'en 1973. C'est ainsi que la communauté franco-ontarienne s'est transformée pour devenir à la fois multiethnique et multiculturelle.

Ces néo-Canadiens cherchent eux aussi à travailler et à gagner leur vie en français. Les écoles doivent donc adapter leurs programmes, les Églises, leurs cérémonies, et les municipalités, leurs activités sportives. Pour relever ce défi, l'ACFO a travaillé avec l'Association multiculturelle francophone de l'Ontario (AMFO). L'adaptation, de part et d'autre, ne se fait pas sans heurts. Mais la communauté franco-ontarienne est consciente de l'importance, pour son avenir, de trouver les moyens d'intégrer ces nouveaux venus.

L'essor économique

Les années 1960 sont donc caractérisées par une urbanisation massive. L'Ontario connaissait alors une croissance économique importante dans divers secteurs, notamment dans l'industrie automobile, les services bancaires et la fonction publique. Les Franco-Ontariens commençaient à s'enrichir eux aussi. Leur revenu annuel moyen a augmenté pendant les années 1960 et 1970. Cependant, en 1985 il était toujours inférieur de plus de 800 $ au revenu moyen de l'ensemble des Ontariens. Pour combler cet écart, il fallait une meilleure éducation. De plus en plus de Franco-Ontariens fréquentaient l'école secondaire et les nouveaux collèges communautaires. La Cité collégiale est devenue le premier collège communautaire de langue française en 1990 ; en 1993, on a fondé le Collège Boréal, à Sudbury, et le Collège des Grands Lacs, dans la région de Toronto, pour former des techniciens et des technologues franco-ontariens.

Fait plus important, avec l'éducation, l'emploi et le revenu venait également le pouvoir. Les Franco-Ontariens ont découvert qu'ils pouvaient mieux influencer les gouvernements et les entreprises. Ils ont exigé plus de services en français de la part du gouvernement provincial : des permis de conduire en français et des formulaires bilingues, par exemple. Ils ont exercé des pressions sur les entreprises commerciales pour qu'elles tiennent compte du fait français en Ontario. Ils ont demandé à la compagnie Kellogg de mettre du français sur ses boîtes de céréales et à la chaîne de magasins La Baie d'embaucher du personnel bilingue.

Malheureusement, les entreprises ontariennes sont moins rapides à répondre aux demandes linguistiques des Franco-Ontariens que les entreprises canadiennes ou internationales ; les magasins Canadian Tire et Home Hardware, par exemple, affichent rarement en français.

Le nouveau pouvoir économique des Franco-Ontariens a aussi aidé les caisses populaires à grandir. Depuis l'époque du *Règlement 17*, les caisses populaires offraient un service aux Franco-Ontariens, mais elles étaient petites et n'inspiraient pas beaucoup confiance. Elles étaient pauvres, comme la population qu'elles desservaient, et chacune dépendait de sa paroisse. Mais, au cours des années 1970, les caisses se sont regroupées en fédérations et ont commencé à offrir tous les services d'une banque. Le résultat a été que les Franco-Ontariens leur ont fait confiance et qu'elles continuent de connaître un essor important. Aujourd'hui, plus de 60 caisses populaires réunissant environ 200 000 membres gèrent plus de 1,7 milliard de dollars. Cette nouvelle puissance économique contribue au développement de la communauté franco-ontarienne par des prêts et des investissements.

Les Franco-Ontariens sont un atout pour l'économie de l'Ontario. Leur bilinguisme et les ressources qu'ils ont mises sur pied représentent une force pour la province. De nos jours, un nombre important de francophones travaillent dans l'industrie manufacturière. Toutefois, les francophones travaillent surtout dans le secteur des services : l'éducation, le commerce et les professions libérales. Depuis 1960, le milieu des affaires s'est développé de façon importante. En effet, plus de 8000 entreprises appartiennent à des Franco-Ontariens. À part les entreprises agricoles, les gens d'affaires contribuent à l'exploitation des ressources naturelles, notamment dans les secteurs forestier et minier. Pourtant, le défi le plus important pour les Franco-Ontariens reste la création d'une classe de gens d'affaires prête à utiliser son influence pour faire avancer leur situation.

Les nouvelles querelles linguistiques

Les Franco-Ontariens sont également devenus beaucoup plus conscients depuis les années 1960 de leurs droits scolaires, juridiques, linguistiques et même constitutionnels.

Les droits scolaires ont été acquis étape par étape. Les lois de l'Ontario reconnaissent l'obligation du gouvernement provincial de financer un système scolaire en langue française depuis 1984. Ce droit a été renforcé par divers jugements de la Cour suprême du Canada. Un pas important dans cette direction a été franchi en 1987 quand la Télévision française de l'Ontario (TFO) a obtenu son autonomie de TV Ontario (créée dans les années 1960-1970) et a commencé à offrir aux Franco-Ontariens leur propre chaîne de télévision éducative, culturelle et informative.

Les droits linguistiques des Franco-Ontariens ont été renforcés par la *Loi sur les langues officielles*. Cette loi fédérale, défendue par le premier ministre Pierre Elliott Trudeau en 1969, visait à rendre bilingues les services du gouvernement fédéral. Un nombre important de fonctionnaires devaient être bilingues. Un commissaire aux langues officielles a été chargé de veiller à l'application de la Loi. Cette loi a ouvert la porte à un grand nombre de Franco-Ontariens capables de parler les deux langues, mais elle ne s'appliquait pas au gouvernement de l'Ontario.

La Loi sur les services en français

La communauté franco-ontarienne a convaincu le premier ministre provincial, David Peterson, de voter le projet de loi 8 qui prévoyait des services du gouvernement en français dans certaines régions de l'Ontario.

La *Loi sur les services en français* a été le résultat de plusieurs formes de pression pendant les années 1980. L'ACFO faisait campagne pour de meilleurs services et pour la reconnaissance du français comme **langue officielle** en Ontario. Le gouvernement, longtemps dominé par le parti conservateur, a été renversé en 1985 et le nouveau premier ministre libéral, David Peterson, a promis d'étendre les services en français à toutes les **régions désignées** de la province où il y avait un nombre suffisant de Franco-Ontariens. Même la population anglophone semblait prête à accepter ce changement. Finalement, en 1986, le gouvernement Peterson a voté la *Loi sur les services en français*. Plusieurs régions de l'Ontario ont alors été reconnues « bilingues ».

La Loi décrit les services que le gouvernement provincial était prêt à offrir aux francophones. Elle s'appliquait à l'éducation, aux services de la santé et des services sociaux et au secteur des services juridiques (les procès en cours, etc.). De plus, toutes les lois « à caractère public » devaient être adoptées dans les deux langues. La plupart des lois et règlements qui avaient été adoptés en anglais seulement dans le passé et qui étaient encore en application devaient être traduits en français.

La mise en place de la Loi a laissé à désirer, parfois à cause du sous-financement, parfois à cause d'un manque de bonne volonté. En définitive, même si la loi ne donnait pas un statut officiel au français, elle représentait un pas en avant pour les Franco-Ontariens.

Ralliement des Franco-Ontariens au Centre municipal d'Ottawa le 22 mars 1997 pour manifester contre la fermeture de l'hôpital Montfort. Plus de 10 000 personnes étaient présentes.

Tout ce progrès a été arrêté en 1995 avec l'élection d'un nouveau gouvernement conservateur mené par le premier ministre Mike Harris. Sans jamais attaquer les droits acquis des Franco-Ontariens, il les a cependant réduits en comprimant les budgets en éducation, en santé et en services communautaires, entre autres. Quand il a voulu fermer l'hôpital Montfort à Ottawa en 1997, il a provoqué la résistance de la communauté entière. La lutte pour sauver Montfort a été menée par Gisèle Lalonde, une femme dynamique et expérimentée en politique. Montfort est le seul hôpital universitaire francophone en Ontario : les services de santé en français dans la province dépendent de l'existence de cet hôpital pour former les médecins et les infirmières francophones. Les manifestations, les pressions politiques et les poursuites devant les tribunaux se sont succédé pour faire revenir le gouvernement sur sa décision. En l'an 2000, la lutte se poursuit encore. Gisèle Lalonde veut soumettre la question à la Cour suprême. Le gouvernement Harris prétend qu'il n'est pas responsable de protéger la minorité francophone, sauf dans les écoles primaires et secondaires.

Les Franco-Ontariens et la francophonie canadienne

Les années 1960 ont amené d'importants changements pour tous les francophones au Canada. La Révolution tranquille au Québec a été à l'origine de ces changements ; l'arrivée au pouvoir en 1960 des libéraux menés par Jean Lesage a donné le coup d'envoi à ce mouvement de modernisation. Des mouvements semblables se sont produits chez les Acadiens des Provinces maritimes et chez les Franco-Ontariens.

La fin de la vie traditionnelle

Jusque dans les années 1950, la société canadienne-française a vécu selon un mode de vie traditionnel. L'élite petite-bourgeoise (notaires, médecins, journalistes), éduquée dans les collèges classiques, vantait les mérites de la vie rurale et agricole. Le clergé catholique fournissait un strict encadrement moral et religieux. De plus, ce sont les communautés religieuses qui soignaient les malades et enseignaient aux enfants. Ensemble, le clergé et la petite bourgeoisie s'attachaient à la préservation de la langue française et de la religion catholique. Pendant la plus grande partie des années 1930, 1940 et 1950, le premier ministre du Québec, Maurice Duplessis, a tout fait pour maintenir ce genre de vie.

Pourtant, les Canadiens français abandonnaient peu à peu l'agriculture et déménageaient en ville, où ils acceptaient des emplois dans les manufactures. Ces gens gagnaient leur vie dans les usines et découvraient le salaire horaire, les équipes de travail, la semaine de quarante heures, le chômage, etc. Ils contestaient l'autorité de l'Église et ils questionnaient les raisons de leur infériorité économique et sociale par rapport aux Canadiens anglais. En même temps se posait la question des droits linguistiques. Vers la fin des années 1950, les Canadiens français allaient commencer un processus de modernisation sociale.

La « nation » québécoise et les Franco-Ontariens

Les Franco-Ontariens ont vécu également une forme de Révolution tranquille au cours des années 1960. En 1969-1970, l'ACFÉO est devenue l'ACFO et s'est réorganisée. Les bombes et les enlèvements du Front de libération du Québec (FLQ) au Québec ont attiré l'attention des anglophones en Ontario, qui se sont déclarés favorables aux demandes des francophones. Le gouvernement conservateur de Bill Davis a écouté les demandes des Franco-Ontariens en matière d'éducation.

La Révolution tranquille a obligé les Franco-Ontariens à se questionner sur leur identité. Les Canadiens français de la province de Québec, où ils forment la majorité de la population, ont commencé à s'appeler Québécois. Ils s'en remettaient de plus en plus à leur gouvernement provincial pour défendre leurs droits, leur langue et leur culture. Pour eux, en

Le drapeau vert et blanc aux emblèmes du trille et du lys symbolise l'appartenance des Franco-Ontariens à l'Ontario et à la francophonie mondiale.

dehors du Québec, c'était le Canada anglais. Après 1960, ils ont négligé les francophones qui vivaient ailleurs au Canada. Ces minorités, selon les nationalistes québécois, étaient vouées à l'assimilation. Certains indépendantistes les traitaient de « cadavres encore chauds ». Les Franco-Ontariens contestaient la vision des indépendantistes, de même que les Acadiens des provinces maritimes. Les Franco-Ontariens, qui étaient plus de 500 000, constituaient le plus important groupe de francophones à l'extérieur du Québec. Malgré leur très haut taux d'assimilation, ils étaient déterminés à conserver leur identité.

Les Franco-Ontariens se sont donné certains symboles pour affirmer leur identité. En 1975, ils ont adopté un drapeau dont les couleurs reflètent l'été (le vert) et l'hiver ontarien (le blanc) et où figurent le trille, qui est l'emblème floral officiel de l'Ontario, et la fleur de lys, qui traduit l'appartenance à la francophonie mondiale. Plusieurs rassemblements culturels ont vu le jour : la Nuit sur l'étang se déroule chaque année à Sudbury depuis 1973 ; le Festival franco-ontarien a lieu chaque année à Ottawa depuis 1976 ; les Jeux franco-ontariens se déroulent chaque mois de mai depuis 1994. De plus en plus d'écrivains, de chanteurs et d'artistes de la scène célèbrent la vie française en Ontario. Un hymne « national », *Notre place*, composé et interprété par Paul Demers, s'est ajouté à l'identité franco-ontarienne pendant les années 1980.

En plus de ces symboles, les Franco-Ontariens se sont donné des organismes pour exprimer leurs points de vue. Ainsi, TFO permet aux Franco-Ontariens de s'exprimer sur leur propre réseau provincial. L'ACFO est la porte-parole de l'ensemble de la population ; la jeunesse est bien représentée par la Fédération des écoles secondaires franco-ontariennes (**FESFO**), et les minorités « visibles » ont formé l'AMFO.

Les Franco-Ontariens se distinguent de plus en plus des Québécois. Pour les Québécois indépendantistes, leur pays, c'est le Québec ; leur gouvernement, le gouvernement provincial ; leur drapeau, le fleurdelisé. Au Québec, les francophones sont majoritaires ; ils ont *une* langue, le français. Ils se méfient du gouvernement fédéral parce qu'à leurs yeux il empêche leur plein épanouissement. Par contre, les Franco-Ontariens forment une minorité qui représente entre 5 % et 10 % de la population. Il leur faut connaître l'anglais en plus du français. Ils comptent sur le gouvernement fédéral pour les protéger parce qu'ils n'ont pas confiance dans Queen's Park. Ils croient que leur avenir est mieux assuré à l'intérieur de la fédération canadienne.

La francophonie canadienne et la francophonie mondiale

Les Franco-Ontariens sont loin de constituer la seule minorité de langue française au Canada. Les Acadiens sont présents dans les Provinces maritimes depuis le XVIIe siècle. Aujourd'hui, ils forment le tiers de la population du Nouveau-Brunswick, soit près de 250 000 personnes. Au Manitoba, les Franco-Manitobains font commencer leur histoire à partir de Louis Riel, le fondateur de la province en 1870. Tous ces groupes avec d'autres ont formé l'Association des communautés francophones et acadienne hors Québec pour coordonner leurs efforts et s'exprimer d'une seule voix. Ils ont tous opté pour la survivance.

Les Franco-Ontariens s'ouvrent de plus en plus à l'ensemble de la francophonie mondiale. Le Canada fait partie d'un réseau de 52 pays et gouvernements qui ont le français en partage. L'Organisation internationale de la francophonie représente la communauté des peuples parlant le français ou l'utilisant à des degrés divers dans leurs pays respectifs ou dans le cadre de leurs relations internationales. Le Canada jouit du statut d'État membre de la francophonie, alors que le Québec et le Nouveau-Brunswick en sont des gouvernements participants. Chose surprenante, l'Ontario n'en fait pas partie.

Comme minorité, les Franco-Ontariens travaillent en coopération avec d'autres minorités. À l'intérieur de l'Ontario français même, il y a les minorités arabes, européennes et noires. De façon étonnante, le sort des Franco-Ontariens est souvent comparé à celui de la minorité anglophone du Québec, une comparaison souvent défavorable aux Franco-Ontariens. Par contre, le sort des Franco-Ontariens se compare favorablement à celui des groupes francophones des provinces de l'Ouest.

Comme minorité aussi, les Franco-Ontariens doivent travailler en coopération avec le gouverneme nt fédéral. L'ACFO doit coopérer avec ce dernier, surtout le ministère du Patrimoine, qui lui octroie des subventions pour la promotion culturelle et l'éducation. Finalement, les Franco-Ontariens comptent sur l'appui du Commissaire aux langues officielles. Ce poste, créé par la *Loi sur les langues officielles* de 1969, vise à faire reconnaître le statut du français et de l'anglais, les deux langues officielles du Canada. Dyane Adam, une Franco-Ontarienne, est devenue en 1999 la cinquième commissaire aux langues officielles.

Glossaire

ACDI L'Agence canadienne de développement international a été créée en 1968 par le Canada pour coordonner tous les projets d'aide canadiens.

ACFÉO Association canadienne française de l'éducation de l'Ontario; L'ACFÉO devient l'ACFO en 1969.

ACFO Association canadienne-française de l'Ontario.

Âge d'or du jazz Façon de décrire les années 1920, alors que le jazz, une forme de musique révolutionnaire pour certains, remportait un très grand succès.

ALENA Accord de libre-échange nord-américain réunissant le Canada, le Mexique et les États-Unis, signé par ces trois pays en 1992.

Alliances Accords ou traités entre nations dans le but de coopérer sur des questions précises.

Antisémitisme Préjugés contre ou hostilité envers les Juifs.

Apaisement Politique qui consiste à faire des concessions afin de maintenir la paix.

Armistice Arrêt des hostilités afin de négocier un traité de paix.

Assassinat Meurtre commis pour des raisons politiques.

Assimilation Dans une nation, absorption de diverses ethnies et cultures par la culture majoritaire.

Assurance-maladie Programme financé par le gouvernement afin de défrayer les soins médicaux essentiels.

Autonomie Indépendance politique d'une nation qui rejette l'ingérence d'une autre nation dans ses affaires internes.

Baby-boom Importante augmentation du taux de natalité au Canada de 1945 à 1965.

Banlieue Subdivision urbaine importante rendue possible par l'efficacité du transport en commun et la popularité de l'automobile. La banlieue est l'une des caractéristiques les plus importantes de la vie nord-américaine après la Deuxième Guerre mondiale.

Bataillons Unités des forces armées qui font partie d'un régiment.

Belligérant Personne ou pays qui participe à une guerre.

Blocus naval Recours à des navires pour bloquer une voie maritime ou un port afin d'empêcher le commerce maritime.

Brigades Vastes troupes généralement composées de plusieurs régiments, bataillons ou escadrons.

Camps d'internement Camps établis au Canada en temps de guerre pour y loger des gens que l'on croyait étrangers ennemis.

Chemins de fer transcontinentaux Chemins de fer qui traversaient le continent d'un océan à l'autre.

Choc Nixon Imposition d'un tarif de 10 % sur les articles canadiens importés aux États-Unis, décrétée par le président américain Richard Nixon en 1971.

Coexistence pacifique Accord de tolérance entre les pays capitalistes et socialistes.

Colonies Lieux qui sont d'abord occupés, puis gouvernés par une nation étrangère.

Colonisation Installation des premiers fermiers dans la région des Prairies.

Commercialisation de masse Utilisation d'un programme de commercialisation pour vendre des produits destinés au consommateur moyen et à un large secteur de la population.

Communisme Théorie économique qui stipule que l'État devrait posséder et gérer toutes les propriétés, sociétés et industries.

Compromis Accord où chaque partie doit faire des concessions.

Conférence impériale Rencontre entre les nations membres de l'Empire britannique.

Conflit des générations Différences entre les attitudes personnelles et les valeurs sociales des jeunes et celles de leurs parents.

Conscription Obligation pour tous les hommes en âge de faire la guerre de s'enrôler dans l'armée de leur pays.

Conseil privé Conseil britannique, la plus haute cour d'appel pour les cas juridiques canadiens jusqu'en 1949.

Contrebande Vente illégale de boissons alcoolisées.

Contreculture Normes et valeurs d'une génération plus jeune qui a rejeté les normes culturelles de la société établie.

Crédit social Théorie économique britannique qui stipule que la dépression économique est causée par une population sans pouvoir d'achat.

Creuset ethnique Société qui encourage les divers groupes qui forment la population à abandonner leurs identités ethniques pour s'intégrer à la culture majoritaire.

Croix de Victoria La plus grande marque d'honneur décernée par le Commonwealth britannique.

Culture Coutumes, traditions et modes de vie d'un groupe d'individus.

Cycles économiques Alternance de montées et de baisses de l'économie.

Danse du Soleil Cérémonie traditionnelle de certains peuples amérindiens des Prairies.

Débit clandestin Endroit où l'on peut acheter de l'alcool illégalement.

Déclaration canadienne des droits Loi votée par le Parlement en 1960 dans le but de protéger la liberté de parole, de religion, de presse et de réunion et qui visait un traitement équitable pour tous devant la loi.

Démobilisation Licenciement des troupes armées.

Désarmement Réduction des réserves d'armes d'une nation.

Destroyers Vaisseaux de guerre, petits mais bien armés, utilisés pour défendre les navires alliés contre les attaques ennemies.

Détente Relâchement des tensions entre deux nations.

Dette nationale Dette du gouvernement qui résulte des emprunts effectués pour financer ses programmes.

Dictature Gouvernement dirigé par un seul chef ou un seul groupe qui n'accepte aucune opposition.

Diplomatie Gestion des rapports entre diverses nations.

Discrimination Procédure injuste dans la façon de traiter certains individus.

Disparités régionales Développement des différentes économies régionales à un rythme inégal.

Diversité culturelle Société multiculturelle qui encourage les immigrants et leurs descendants à conserver leur héritage culturel. On oppose souvent ce concept au «creuset ethnique», qui vise plutôt à encourager les immigrants à abandonner leur identité culturelle propre pour adopter la culture de leur pays d'adoption.

Divisions Dans l'armée de terre, ensemble réunissnt des régiments et des services différents.

Dominion Nation autonome au sein du Commonwealth britannique.

Empire britannique La Grande-Bretagne et ses nombreuses colonies à travers le monde.

Endiguement Politique étrangère américaine pendant la guerre froide qui visait à freiner l'expansion du communisme à travers le monde.

Épidémie Maladie contagieuse à l'échelle mondiale.

Escadrons Dans l'armée de l'air, groupe de chasseurs et de bombardiers.

Espionnage Recours à des espions pour obtenir des secrets militaires, politiques ou scientifiques d'autres nations.

Étranger ennemi Expression employée en temps de guerre pour décrire tous ceux qui n'avaient pas encore obtenu la citoyenneté canadienne ou qui étaient d'anciens citoyens d'un pays en guerre contre le Canada.

Évangile social L'idée que le but du christianisme ne devrait pas être uniquement de « sauver des âmes », mais plutôt de changer la société.

Exemption Privilège de ne pas être obligé de faire son service militaire.

Exode rural Baisse importante d'une population en raison de la guerre, de la maladie, de la famine ou de l'émigration.

Expansionnisme Politique qui consiste à étendre son influence sur d'autres pays, soit en saisissant des territoires par la force, soit en exerçant un plus grand contrôle économique.

Fascisme Système gouvernemental basé sur un pouvoir très centralisé et qui ne tolère aucune opposition ou critique.

FESFO Fédération des écoles secondaires franco-ontariennes, fondée en 1975

Filiales Sociétés commerciales installées dans un pays donné et qui engagent les habitants de la région, mais dont les activités sont contrôlées par des propriétaires à l'étranger.

Fusil Ross Fusil canadien utilisé par les troupes canadiennes pendant la Première Guerre mondiale.

GATT Accord général sur les tarifs douaniers et le commerce, entre le Canada et 22 pays en 1948, afin d'encourager une réduction des tarifs et d'autres barrières commerciales internationales.

Génération X Expression qui désigne la génération de l'après-*baby-boom*, inventée par Douglas Coupland, auteur de Vancouver, dans son roman du même nom.

Génocide Assassinat collectif d'un groupe ethnique ou religieux.

Grande Dépression Période de dépression économique accompagnée d'une baisse sévère de l'activité commerciale, qui a commencé en 1929 pour persister jusqu'à la fin des années 1930.

Goulags Camps de travail instaurés par Joseph Staline pour les prisonniers politiques en URSS.

Guerre civile Guerre entre deux groupes ou plus au sein d'un même pays.

Guerre de tranchées Combat armé qui se déroule dans des tranchées creusées afin de protéger les troupes dans des zones découvertes.

Guerre totale Guerre qui n'impose aucune limite à la quantité de ressources nécessaires à la victoire.

Guerres locales Guerres entre deux nations qui ne sont pas combattues à l'intérieur de leurs frontières, mais dans le territoire d'autres nations, souvent en soutenant diverses factions dans les guerres de ces autres pays.

Haut-commissaire Ambassadeur d'un pays vivant dans un autre pays.

Hippies Jeunes dans les années 1960 qui avaient adopté les valeurs de la contreculture et qui essayaient de rejeter les idéaux de la classe moyenne.

Identité Caractéristiques culturelles qui définissent le sentiment d'appartenance d'un individu à un groupe plus large.

Immigration Installation permanente dans un nouveau pays de personnes originaires d'autres pays. Les causes sont en général, la guerre, la pauvreté et la discrimination religieuse et ethnique.

Impérialisme Accroissement de l'autorité d'un pays sur d'autres pays par l'entremise de moyens politiques, économiques ou militaires.

Industrialisation Processus que suit une industrie qui prend de l'importance dans l'économie d'une région.

Industries dérivées Sociétés fondées dans le but de fournir des services ou des produits nécessaires à d'autres industries.

Industries secondaires Fabrication de produits à partir de matériaux transformés, ou secondaires, plutôt que de matières premières.

Internement Durant la guerre, politique qui consiste à emprisonner les ennemis de l'État.

Investissement de portefeuille Type d'investissement où l'investisseur achète des actions sans contrôler la société.

Investissement direct Forme d'investissement où les investisseurs établissent une société et en possèdent ainsi le contrôle.

Jeune génération À la fin des années 1960, les deux millions de «baby-boomers» nés entre la fin des années 1940 et le milieu des années 1960.

Kristallnacht « La nuit du verre brisé ». Dans la nuit du 10 novembre 1938 en Allemagne, les Juifs allemands ont été attaqués ; leurs synagogues et leurs commerces ont été pillés et saccagés.

Laissez-faire Expression utilisée pour décrire la politique qui limite sévèrement le contrôle exercé par le gouvernement sur le commerce, les affaires ou l'industrie.

Langue officielle Langue adoptée comme celle de la majorité. Au Canada, les langues officielles sont l'anglais et le français; au Québec, c'est le français; en Ontario, l'anglais; au Nouveau-Brunswick, l'anglais et le français.

La Survivance Survie de la langue et des traditions françaises du Québec.

Libre-échange Exportation et importation sans restriction, sans douane, sans taxes ou sans tarifs de produits commerciaux.

Loi des mesures de guerre Loi votée en 1914 et accordant au gouvernement fédéral d'importants pouvoirs en temps de guerre, d'invasion ou de rébellion. Cette loi limite sérieusement les droits et libertés des Canadiens.

Maccarthysme Crainte du communisme qui caractérisait les enquêtes anticommunistes dirigées par le sénateur américain Joseph McCarthy au début des années 1950.

Manifeste de Regina Déclaration des objectifs politiques de la Fédération du commonwealth coopératif, en 1933.

Marché boursier Lieu où les obligations et les actions, ou le capital-actions, sont achetées et vendues.

Marche sur Ottawa Marche de travailleurs canadiens au chômage vers Ottawa afin de demander un travail payant, en 1935.

Mécanisation Augmentation du nombre de machines pour remplir certaines tâches.

Menace communiste Menace d'une révolution communiste en Amérique du Nord, fortement exagérée mais crainte malgré tout, des années 1920 aux années 1950.

Militarisme Politique d'un pays qui consiste à augmenter sans cesse ses armements et les effectifs de ses forces armées ou à menacer ses voisins d'une attaque armée.

Missiles balistiques Fusées munies d'ogives (bombes).

Mobilisation Opération qui a pour but d'obliger les hommes à devenir soldats et à aller à la guerre.

Mosaïque Société qui encourage ses membres à célébrer leur identité ethnique d'origine en tant que membres d'une société plus large.

Multiculturalisme Politique du gouvernement fédéral qui vise à promouvoir l'héritage de tous les groupes ethniques du Canada.

Nationalisme Dévouement aux intérêts d'une nation, parfois jusqu'à accorder la priorité absolue à ces intérêts au détriment du reste.

Nationaliste Au Canada, personne qui croit que la culture francophone unique du Québec devrait lui permettre d'obtenir un statut de nation plutôt que de simple province.

Nazisme Doctrines totalitaires et racistes du Parti national socialiste de l'Allemagne sous son dictateur, Adolf Hitler.

Neutralité Refus officiel de prendre à partie dans un conflit international.

No man's land Zone non occupée entre les tranchées de factions opposées en temps de guerre.

Objecteurs de conscience Personnes qui refusent de participer au service militaire en raison de leurs croyances morales ou religieuses.

OMC Organisation mondiale du commerce. Nouveau nom donné au GATT depuis 1997. Elle compte 130 pays membres.

ONG Organisations non gouvernementales privées qui commanditent des programmes d'aide. Par exemple, Oxfam-Québec, CARE Canada et la Société canadienne de la Croix Rouge.

Pacifiste Personne qui s'oppose à la guerre pour des raisons morales.

Parapets Murs de défense ou barrières de terre ou de pierres devant une tranchée.

Patriotisme Amour de son pays.

Pays non alignés Pays qui ne sont conformes à aucune des deux superpuissances de l'après-guerre (c'est-à-dire les États-Unis et l'URSS).

Pays satellites Pendant la guerre froide, pays dont les gouvernements étaient directement liés à l'Union soviétique.

Pensionnats Écoles établies par le gouvernement canadien où l'on forçait les enfants amérindiens à abandonner leur culture traditionnelle pour les intégrer à la culture occidentale dominante.

Plébiscite Vote sur un problème d'intérêt public.

Pluies acides Averses mortelles d'oxydes de soufre et d'azote provoquées par les émissions atmosphériques des industries et des automobiles.

Politique étrangère Politique d'une nation basée sur ses relations avec les autres nations.

Politique nationale Politique qui vise le développement du Canada et qui contient trois propositions : un tarif protectionniste pour protéger les fabricants canadiens (une taxe ajoutée au prix des articles américains), l'achèvement d'un chemin de fer national pour déplacer les colons et les marchandises vers l'Ouest et transporter le blé vers l'Est et enfin, la colonisation de l'Ouest à grande échelle afin qu'il devienne le grenier du Canada et un marché pour les industries du centre du Canada.

Potlatch Cérémonie communautaire traditionnelle de certains peuples amérindiens du Nord-Ouest du Pacifique. Il s'agissait d'offrir un don à une tribu rivale afin de l'obliger à être encore plus généreuse lorsque viendrait son tour de faire un *potlatch*. Cette cérémonie pouvait ruiner une tribu si celle-ci décidait de faire un don exagéré de ses biens.

Prestations Allocations payées régulièrement par le gouvernement ou des sociétés à certains groupes tels que les personnes âgées ou les handicapés afin de subvenir à leurs besoins.

Production de masse Production manufacturière de produits fabriqués en très grande quantité à l'aide de chaînes de montage.

Progrès Avancement ou amélioration des conditions sociales et économiques.

Prohibition Interdiction de certaines activités ou produits, tels que l'alcool.

Puissances alliées Pendant la Deuxième Guerre mondiale, forces antifascistes, composés de la Grande-Bretagne et les pays du Commonwealth, la France, la Pologne, les États-Unis et l'Union soviétique.

Puissances de l'Axe Pendant la Deuxième Guerre mondiale, l'Allemagne, l'Italie, le Japon et leurs alliés.

Puissance moyenne Pays (comme le Canada) qui tire avantage de son expertise diplomatique et de sa plus faible force militaire pour jouer un rôle de médiateur dans les conflits entre les grandes puissances mondiales.

Racisme Croyance en la supériorité innée de certains groupes sur d'autres.

Rapatriement Action de renvoyer un individu ou un objet à son pays d'origine ou de remettre le contrôle d'une législation au pays où la loi s'applique, comme l'a fait le Canada avec la Constitution.

Rationnement Pratique utilisée par le gouvernement durant la guerre qui vise à limiter l'achat et la consommation de produits et de biens par la population civile.

Réciprocité Accord commercial entre le Canada et les États-Unis afin de permettre à une plus grande quantité de marchandises de franchir les frontières sans tarif.

Recrutement Action d'engager des hommes pour former une armée.

Référendum Question d'importance générale soumise au vote direct des citoyens pour leur approbation ou leur rejet.

Réformateurs sociaux Personnes qui œuvrent en faveur d'une société plus juste, plus équitable pour tous, mais qui se refusent à promouvoir la révolution, qu'ils jugent trop extrême, voire contre-productive.

Réfugiés Personnes qui fuient le danger, la persécution ou la mort qu'entraînent les gestes posés par le gouvernement ou la guerre dans leur pays d'origine.

Règlement Une ordonnance administrative. Il a force de loi.

Régime d'assistance publique du Canada Plan grâce auquel le gouvernement fédéral acceptait de partager avec les provinces les coûts d'un éventail de programmes, dont l'aide à l'enfance, les soins médicaux pour les pauvres, des projets d'emploi et le soutien pour les groupes défavorisés tels que les veuves et les personnes handicapées.

Régime de pensions du Canada Mesures prises par le gouvernement pous assurer un revenu de base aux personnes âgées.

Régime de sécurité sociale Réseau de programmes gouvernementaux, comprenant l'assurance-maladie, le Régime de pensions du Canada et l'assurance-chômage, conçu pour subvenir aux besoins essentiels de tous les Canadiens.

Régions désignées En vertu de la Loi sur les services en français, certaines régions de l'Ontario ont été « désignées » comme aptes à fournir les services du gouvernement provincial dans les deux langues.

Réparations Sommes d'argent versées par des nations qui ont perdu la guerre afin de rembourser les dommages faits aux civils et aux biens.

Réserves Au Canada, régions octroyées aux Amérindiens par le gouvernement fédéral en compensation de la perte de leurs territoires traditionnels.

Révolution industrielle Passage d'une économie agricole à une économie manufacturière en Europe et en Amérique du Nord entre 1750 et 1850.

Sécheresse Longue période sans pluie.

Secours direct Aide gouvernementale accordée aux chômeurs durant les années 1930.

Secteur des services Secteur de l'économie qui se consacre à des activités autres que la fabrication.

Ségrégation Séparation d'un groupe des autres groupes dans les lieux publiques.

Société de consommation Société dans laquelle une augmentation continue de la quantité des biens de consommation stimule son économie et par le fait même, sa culture.

Sous-marins allemands Appelés les *u-boats*, de l'allemand *Unterseebooten*, ou « bateau sous l'eau », ces sous-marins étaient très redoutés pendant la Première Guerre mondiale.

Souveraineté Gouvernement autonome; capacité d'une nation d'établir ses propres politiques, libre de toute ingérence extérieure dans ses affaires internes.

Stagflation Économie stagnante provoquée par un taux élevé d'inflation en période de chômage élevé.

Suffrage Droit de voter lors d'une élection.

Suffragettes Femmes qui luttaient pour que l'on accorde le droit de vote aux femmes.

Superpuissances Nations qui exercent un très grand pouvoir sur les autres grâce à leur supériorité militaire.

Syndicats Organisations qui ont pour but de protéger de l'exploitation les travailleurs et de promouvoir leurs intérêts communs.

Tirs de barrage Lourde charge de mitraillettes et de canons dans le but de ralentir l'ennemi ou de permettre à des troupes d'avancer en réduisant le nombre de blessés.

Troupes d'assaut Forces armées formées pour une attaque soudaine et efficace.

Trudeaumanie Soutien populaire important pour le charismatique Pierre Trudeau à la fin des années 1960.

Union nationale Parti politique du Québec, dirigé par Maurice Duplessis, au pouvoir durant les années 1936 à 1959.

Vagabonds Personnes sans abri qui se déplacent pour trouver du travail, un gîte et de la nourriture.

Valeur marchande Prix de vente d'un article donné.

Village global Expression inventée par l'expert en communications canadien, Marshall McLuhan, pour décrire un monde où les communications électroniques ont réduit les barrières géographiques et linguistiques entre les nations et ont donné le sentiment à tous les habitants de la planète d'appartenir à une seule et même société.

Volontaires Hommes qui s'enrôlent librement dans l'armée pour aller combattre.

Xénophobie Crainte d'autres cultures ou de personnes qui viennent de l'étranger.

Zombies Expression populaire utilisée pendant la Deuxième Guerre mondiale pour désigner les hommes qui étaient conscrits pour protéger le Canada de l'intérieur. On les appelait ainsi parce que l'on croyait qu'ils ne soutenaient que faiblement l'effort de guerre.

Bibliographie

Ouvrages de référence

KERR, D. et HOLDSWORTH, D.W. (dir), LINTEAU, P.-A. (dir. pour l'édition française), *Atlas historique du Canada*, t. III : Jusqu'au coeur du XXe siècle 1891-1961, Montréal, Les Presses de l'Université de Montréal, 1990.

Encyclopédie du Canada, Montréal, Les éditions Alain Stanké ltée, 3 tomes, 1987.

Encyclopaedia Universalis, Éd. 1988 par C. Grégory et J Bersani, Paris, Encylopaedia Universalis, 23 v., 1988.

Ouvrages généraux, monographies et articles

BEGLEY, M, *Le Canada. Les principales crises du 20e siècle*, t. 2 : La grande dépression, Centre franco-ontarien des ressources pédagogiques, 1993, 35 p.

BRAULT, L., *Le Canada au XXe siècle*, Toronto, Nelson, 1966, 341 p.

BROWN, C.(dir.), *Histoire générale du Canada*, éd. française par P.-A. Linteau, Montréal, Boréal, coll. « Boréal compact », 1990, 694 p.

BRUGE, R., *Faites sauter la ligne Maginot*, Paris, Fayard, 1973, 456 p.

BRUNET, L., *Almanda Walker-Marchand, (1868-1949) : une féministe franco-ontarienne de la première heure*, Ottawa, L'Interligne, 1992, 303 p.

Ces femmes qui ont bâti Montréal, rédaction : M. Carle, Montréal : Centre des femmes de Montréal; Québec, Ministère des affaires culturelles, Archives nationales du Québec, 1992, 32 p.

CHARLAND, Jean-Pierre, *Le Canada, un pays en évolution*, ch.13 « Les Franco-Ontariens », Lidec, 1985.

CHOQUETTE, Robert, *L'Ontario français, historique*, Éditions Études Vivantes, Montréal, 1980.

Explorations et enracinements français en Ontario, 1610-1978, Ministère de l'Éducation, Ontario.

FILTEAU, G., *Le Québec, le Canada et la guerre 1914-1918*, Montréal, Éditions de l'Aurore, 1977, 231 p.

GIESLER, P., Anciens Combattants Canada, *Souvenirs de vaillance : La participation du Canada à la Première Guerre mondiale 1914-1918*, Ottawa, Ministère des affaires des anciens combattants, 1982, 31 p.

GIESLER, P., Anciens Combattants Canada, *Souvenirs de vaillance : La participation du Canada à la Seconde Guerre mondiale 1939-1945*, Ottawa, Ministère des affaires des anciens combattants, 1981, 47 p.

GIESLER, P., Anciens Combattants Canada, *Souvenirs de vaillance : Les Canadiens en Corée*, Ottawa, Ministère des affaires des anciens combattants, 1982, 29 p.

GRIMARD, Jacques, *L'Ontario français par l'image*, Éditions Études Vivantes, Montréal, 1988

JEANEN, Cornelius J. *et al.*, *Les Franco-ontariens*, Les Presses de l'Université d'Ottawa, Ottawa, 1993

Horizon Canada (Edition francaise).Saint-Laurent, Québec, Centre d'études en enseignement du Canada, Vols 1-10, 1984-1987.

LACASSE, R., *Joseph-Armand Bombardier : le rêve d'un inventeur*, Montréal, Libre Expression, 1988, 233 p.

LÉVESQUE, R. et MIGNER, R., *Le curé Labelle : le colonisateur, le politicien, la légende*, Montréal, La Presse, 1979, 203 p.

LINTEAU, P.-A., DUROCHER, R. et ROBERT, J.-C., *Histoire du Québec contemporain*, t. I : De la Confédération à la crise (1867-1929), Montréal, Boréal, coll. « Boréal compact », 1989, 758 p.

LINTEAU, P.-A., DUROCHER, R. et ROBERT, J.-C., *Histoire du Québec contemporain*, t. II : Le Québec depuis 1930, Montréal, Boréal, coll. « Boréal compact », 1989, 834 p.

Ontario, Ministère de l'Éducation et de la Formation, Centre d'études indépendantes, *Histoire-Géographie*, HIGIW-O Leçons 3-7.

__________, *Le Canada et le monde d'aujourd'hui*, Histoire HCV2A-5 Leçons 6-10

SAINT-DENIS, Y., *Nous ! 101 faits historiques de l'Ontario français*, FESFO, 1999, 39 p.

VALLIÈRES, Gaétan, *L'Ontario français par les documents*, Éditions Études Vivantes, Montréal, 1980.

__________, *Travailleurs et gens d'affaires canadiens-français en Ontario*, Éditions Études Vivantes, Montréal, 1986

VENNAT, P., *Les héros oubliés : l'histoire inédite des militaires canadiens-français de la Deuxième Guerre mondiale*, Montréal, Éditions du Méridien, 1997, 3 v.

Voyage en francophonie, Québec, Ministère de l'Éducation, 1987, 40 p.

WADE, M., *Les canadiens francais de 1760 à nos jours*, Ottawa, Cercle du livre de France, 1963, 2 v.

Index

Sources des photos et des illustrations

ANC : Archives nationales du Canada
MDN : Ministère de la Défense nationale

Couverture

Recto, dans le sens des aiguilles d'une montre, à partir du haut, à gauche : *Photo de l'ONU/159289/J. Isaac, Archives Glenbow/NA-863-4, http ://www.inac.gc.ca/nunavut/kit/flag.pdf, Canapress/Paul Chiasson, Agence spatiale canadienne, ANC/PA-001332;* ***verso, dans le sens des aiguilles d'une montre, à partir du haut, à gauche :*** *Musée J.-Armand Bombardier, archives picturales du CP, Tak Toyota/ANC/C-046350, Duncan Cameron/ANC/PA-170161, Collection de la Société historique finnoise canadienne de Thunder Bay (MG8), Archives de la bibliothèque Chancellor Paterson, Université de Lakehead, Archives Glenbouw, Ne-6-1746.*

Sources des photos

Page vi *Musée canadien de la guerre,* Stretcher Bearer Party *de Cyril Henry Barraud CN#8021; ANC/C-033446; ANC/PA-001332; ANC/PA-000880; Musée canadien de la guerre,* Jour de l'armistice *de George Reid/CN#8685; ANC/PA-001017; «* ***page viii*** *ANC/C-080027; ANC/PA-001305, The Toronto Star Syndicate, H.G. Aitman/MND/NA/ « A-108174, ANC/PA-001355; MDN/EKS 1360, MDN/PL 20839, ministère de la Défense, photo des Forces armées canadiennes/IHC88-12-2; Ken Bell/MDN/ANC/PA-132838;* ***page ix*** *MDN/ANC/PA-003747; William Rider, MDN/ANC/PA-002156; ANC/PA-002279;* ***Page 2*** *© courtoisie de la Société canadienne des postes, 1898;* ***page 3*** *Archives picturales du CP/Tom Hanson;* ***page 6*** *Benjamin West/*La mort du général Wolfe*/# d'acc. 8007/Musée des beaux-arts du Canada, Ottawa;* ***page 8*** *ANC/C-011053;* ***page 9*** *Stone/Rosemary Calvert;* ***page 10*** *Artiste, Henry Bishop/Livre : « Out of Past : Into the Future »;* ***page 11*** *ANC/C-003693;* ***page 12*** *ANC/C-014115;* ***page 14 haut*** *Archives Glenbow/NA-470-1,* ***au bas, à gauche*** *ANC/C-002616m* ***au bas, à droite*** *Archives du Manitoba/N7968;* ***page 15 au bas, à gauche*** *ANC/C-027360,* ***au bas, à droite*** *Archives Glenbow/NC-6-1746;* ***page 16*** *ANC/C-0052819;* ***page 18 haut*** *Archives de la ville de Toronto/SC 244-342,* ***bas*** *ANC/C-000932;* ***page 19*** *ANC/C-002616;* ***page 21*** *E.A. Hegg/ANC/C-005142;* ***page 23*** *ANC/PA-110154;* ***page 24*** *Collection Bibliothèque nationale du Canada, Ottawa. Photo provenant du site web du Musée Canadien des civilisations : http ://www.civilization.ca/membrs/canhist/advertis/images/ads6-07b-jpg;* ***page 26*** *Dick Hemingway;* ***page 27*** *Dick Hemingway;* ***page 29*** *Archives provinciales de l'Alberta/Collection E. Brown/B4113;* ***page 30 gauche*** *Toronto Library Board/Canadian Annual Review, 1909,* ***droite*** *Toronto Library Board/Canadian Annual Review, 1909;* ***page 31*** *Archives du Manitoba/N7968;* ***page 32 gauche*** *Collection William Molson Macpherson/ANC/PA-062200;* ***page 32*** *William H. Gibson/ANC/PA-059895;* ***page 33*** *Avec l'autorisation de Sears Canada Inc.;* ***page 34*** *Musées des beaux-arts du Canada/Don de Gordon C. Edwards, Ottawa, 1923, en mémoire du sénateur et de madame W.C. Edwards;* ***page 35 en haut à droite et en bas à gauche*** *Garfield Newman;* ***page 37*** *Archives Glenbow, NA-263-1;* ***page 39*** *Société d'histoire multiculturelle de l'Ontario;* ***page 40*** *Archives provinciales de l'Alberta/B2738;* ***page 41*** *Archives provinciales de l'Alberta/B1004;* ***page 44*** *Archives de l'Église unie du Canada (traduction);* ***page 45*** *Archives, Eaton's of Canada Ltd., avec l'autorisation de Sears Canada Inc.;* ***page 46*** *ANC/PA-0093160;* ***page 47 gauche*** *Archives provinciales de l'Alberta/B4678,* ***droite*** *Archives provinciales du Manitoba/N2438;* ***page 48*** *Archives, Eaton's of Canada Ltd., avec l'autorisation de Sears Canada Inc.;* ***page 48 en haut à droite, toutes les images*** *Archives, Eaton's of Canada Ltd., avec l'autorisation de Sears Canada Inc.,* ***en bas à gauche, toutes les images*** *Thomas Fisher Rare Book Library, trouvé dans MacLean's, Janvier 1912;* ***page 49*** *Archives Glenbow/NA-5055-1;* ***page 50*** *Clarence Gagnon 1881-1942/La Récolte 1928-1933/mix-média sur papier/21.2 X 18.9 cm/Don du Col. R.S. McLaughlin/Collection McMichael d'art canadien/1969.4.27;* ***page 51*** *ANC/C-058596;* ***page 52*** *ANC/PA-013012;* ***page 54*** *Université d'Ottawa, CRCCF, Fonds Fédération nationale des femmes canadiennes-française (c53), Ph 52-40;* ***page 55*** *Archives Glenbow, NC-6-1746;* ***page 56*** *Archives provinciales du Nouveau-Brunswick/P338-200;* ***page 58*** *Toronto Reference Library;* ***page 59*** *Société Canadienne du Micro-film La Patrie, 23 janvier 1901;* ***page 60*** *© Société canadienne des postes, 1898. Reproduction autorisée;* ***page 61*** *ANC/C-006097;* ***page 62 dans le sens des aiguilles d'une montre depuis le coin supérieur droit*** *ANC/PA-031580, Église anglicane du Canada/p7517-464, Archives Glenbow/NA-2685-61;* ***page 63 dans le sens des aiguilles d'une montre depuis le coin supérieur gauche*** *Archives Glenbow/NA-644-11, ANC/PA-066579, ANC/PA-038446 ANC/PA-038446, Musée McCord d'histoire canadienne, Montréal/photo-4205 Library of Congress;* ***page 64 haut*** *ANC/C-027360 (traduite),* ***bas*** *The Montreal Daily Star;* ***page 67*** *The Vancouver Daily Province, septembre 1911/Gracieuseté de la Province (traduite);* ***page 68*** *Archives de la Ville de Toronto/SC 244-343;* ***page 68*** *Société Canadienne du Micro-film. droite : La Patrie, 13 septembre 1911 gauche :*

La Patrie, 18 septembre 1911; ***page 72 haut*** *Musée canadien de la guerre,* Stretcher Bearer Party *de Cyril Henry Barraud/CN#8021,* ***en bas à gauche*** *Collection Carson. Extrait de : Marc H. Choko, « Affiches de Guerre Canadiennes » Éditions du Méridien, Montréal, 1994, p.18* ***en bas à droite*** *ANC/PA-001332;****page 73 gauche*** *ANC/PA-000880,* ***droite*** *Musée canadien de la guerre,* Jour de l'Armistice *par George Reid/CN#8685;* ***page 74*** *ANC/PA-005122;* ***page 75*** *ANC/PA-001735;* ***page 76*** *Musée canadien de la guerre,* La bataille de Courcelette *par Louis Weirter/CN#8931;* ***page 79*** *Avec l'autorisation du conseil d'administration du Imperial War Museum, Londres/Q38705;* ***page 80*** *The Granger Colleciton, New York;* ***page 82 haut*** *ANC/PA-022759,* ***bas*** *ANC/C-039119;* ***page 83*** *Archives picturales du CP/ANC/PA-117875;* ***page 86*** *Musée canadien de la guerre,* Noon Hour in a Munitions Plant *de Frances Loring/CN#8505;* ***page 87*** *ANC/C-097752;* ***page 88*** *ANC/C-118612;* ***page 89*** *Gracieuseté de Community Museum de Windsor/P6110;* ***page 91*** *© Archives de Kithener-Waterloo;* ***page 92*** *Archives Glenbow/NA 1876-0;* ***page 93*** *ANC/PA-0008800;* ***page 94*** *Musée canadien de la guerre/AN#19900348-031;* ***page 95 dans le sens des aiguilles d'une montre depuis le coin supérieur gauche****, ANC/C-095269, ANC/C-095730 ANC/C-95378;* ***page 96*** *Archives de la Ville de Toronto/SC 244-981;* ***page 97*** *ANC/C-018863;* ***page 98*** *ANC/PA-002279;* ***page 99*** *ANC/PA-005734;* ***page 101*** *ANC/C-019945;* ***page 102*** *Collection Carson. Extrait de : Marc H. Choko, « Affiches de Guerre Canadiennes » Éditions du Méridien, Montréal, 1994, p. 111;* ***page 104*** *Musée canadien de la guerre,* La deuxième bataille de Ypres, 22 avril du 25 mai, 1915 *de Richard Jack/CN#8179;* ***page 105*** *Musée canadien de la guerre,* Les maisons d'Ypres *de A.Y. Jackson/CN#8207;* ***page 106*** *ANC/C-080027;* ***page 108*** *ANC/PA-001891;* ***page 109*** *MDN/ANC/"A-000094;* ***page 111*** *MND/ANC/PA-000832;* ***page 113*** *MND/ANC/PA-003747;* ***page 114*** *Banting House National Historic Site;* ***page 115 haut*** *ANC/PA-001651,* ***bas*** *Lafayette/ANC/C-088237;* ***page 116*** *United States National Achives/LC-US762-61939;* ***page 177*** *Conseil d'administration du Imperial War Museum/Q20879;* ***page 118*** *ANC/PA-001017;* ***page 119*** *ANC/PA-001215;* ***page 121*** *William Rider, MND/ANC/PA-002156;* ***page 122*** *ANC/PA-000622;* ***page 124*** *Musée canadien de la guerre,* A War Record *de Stanley F. Turner/CN#8907;* ***page 125*** *Musée canadien de la guerre,* Canadians Outside de Depot, Siberia, Russia *par Louis Keene/CN#8334;* ***page 128*** *ANC/C-000242;* ***page 130*** *ANC/PA-023001;* ***page 131*** *Porf. Terry Copp, LCMSDS;* ***page 132*** *Prof. Terry Copp, LCMSDS;* ***page 133 gauche*** *Musée canadien de la guerre,* Jour de l'Armistice *de George Reid/CN#8685,* ***bas*** *Archives du musée canadien de la guerre/19930003-642;* ***page 134*** *Archives de la Ville de Toronto/SC 244-736;* ***page 136*** *F.M. Gee/ANC/C-026782;* ***page 137*** *Metro Toronto Library Board;* ***page 138 dans le sens des aiguilles d'une montre depuis le coin supérieur gauche*** *ANC/PA-001355 ANC/PA-001305, Ken Bell/MND/ANC/PA-132838, H.G. Aitman/MND/NA/PA-108174;* ***page 139 dans le sens des aiguilles d'une montre depuis le coin supérieur gauche*** *MND/PL 20839, MND/EKS 1360, Ministère de la défense, photographie des Forces canadiennes/IHC88-12-2; The Toronto Star Syndicate;* ***page 140*** *Musée national de l'aviation, Ottawa, Canada;* ***page 144 collage, dans le sens des aiguilles d'un montre depuis le coin supérieur gauche*** *Archives de la ville de Toronto/SC 244-1902, ANC/C-027900, Archives Glenbow/NA-2496-1, Archives du Canadien Pacifique/NS.17076,* ***en bas à gauche*** *ANC/C-009064,* ***en bas à droite*** *Société Canadienne du Micro-film* La Patrie, *29 octobre 1929 – The Toronto Star Syndicate;* ***page 145 gauche*** *Archives de la ville d'Edmonton/EA-10-2016,* ***centre*** *SRC,* ***droite*** *Compagnie pétrolière impériale limitée – Turofsky/Temple de la renommée du hockey;* ***page 146 gauche*** *Mayfair Magazine* ***droite*** *Archives Glenbow/ND-3-6742;* ***page 148*** *ANC/C-036184;* ***page 149 en haut à gauche*** *Société Canadian Tire;* ***en bas à droite*** *Musée J-Armand Bombardier;* ***page 150*** *Collection privée/Musée des beaux-arts de l'Ontario;* ***page 151*** *© Bettmann/CORBIS;* ***page 152*** *Société Canadienne du Micro-film La Patrie, 29 octobre 1929;* ***page 155*** *Archives Glenbow/NA-2496-1;* ***page 158*** *The Montreal Gazette/ANC/Pa-107943;* ***page 160 gauche*** *ANC/C-009064,* ***droite*** *ANC/C-007731;* ***page 163*** *ANC/C-027900 (traduite);* ***page 164 gauche*** *ANC/PA-035133,* ***droite*** *ANC/C-020013;* ***page 165*** *ANC/C-02840;* ***page 166*** *Archives Glenbow/NA-2434-1;* ***page 167*** *ANC/C-029298;* ***page 169*** *ANC/C-009339;* ***page 170 gauche*** *ANC/C-024344,* ***droite*** *Kelsey Studio/ANC/C-006908;* ***page 171*** *Archives de la Ville d'Edmonton/EA-10-2016;* ***page 174*** *ANC/PA-126681;* ***page 175*** *Tom Thomson, 1877-1917/*Afternoon, Algonquin Park *1914/huile sur toile/63,2 X 81,1 cm/Collection McMichael d'art canadien/En mémoire de Norman et Evelyn McMichael/1966.16.76;* ***page 176 haut*** *Emily Carr,* Big Raven, *VAG 42.3.11/Musée des beaux-arts de Vancouver/Trevor Mills,* ***bas*** *Musée des beaux-arts du Canada, Ottawa/Sucession de Paraskeva Clark;* ***page 177 en haut à droite*** *Archives de la Ville de Toronto/SC 244-8054,* ***en bas à gauche*** *Société canadienne Marconi;* ***page 178*** *Compagnie pétrolière impériale limitée – Turofsky/Temple de la renommée du hockey;* ***page 179 haut*** *photo : Francis Meuten, Société Radio-Canada,* ***bas*** *Fondation Craven;* ***page 180 en haut à droite*** *Gracieuseté des archives d'Air Canada;* ***page 180 en bas à gauche*** *Musée national des sciences et de la technologie/CN 28813;* ***page 101 en haut à droite*** *Archives de l'Ontario,* ***en bas à gauche*** *Archives du Manitoba/N1888;* ***page 182 haut*** *© Collection Hulton-Deutsch,* ***en bas*** *Archives de la Ville de Toronto/Sc 244-1856,* ***centre*** *© Collection Hulto-Deutsch/CORBIS,* ***bas***

© *Bettmann/CORBIS;* **page 184** *Temple de la renommée et musée du football canadien;* **page 185 en haut** *Archives provincial de l'Alberta/A11413,* **en bas** *Alexandra Studio/ Temple de la renommée canadien du sport,* **page 186** *The Windsor Star;* **page 187 haut** *Archives du Manitoba/ Collection Foote,* **bas** *Archives du Canadien Pacifique/ B-4002-85;* **page 187** *Archives du Canadien Pacifique/ A.6343;* **page 188** *Université d'Ottawa, CRCCF, Fonds Paroisse Saint-Jean-Baptiste de Pembroke, ph 25-2;* **page 194 haut** © *Le Soleil, Arthur Lemay, 1935 (traduite),* **bas** *ANC/C-001690;* **page 195** *Banting House National Historic Site;* **page 196 haut** *Musée McCord d'histoire canadienne, Montréal/MP-1985.43,* **centre** *Archives du Canadien Pacifique/NS.17076,* **bas** *Archives du Canadien Pacifique/M.1511;* **page 198** *ANC/ C-039555;* **page 199 gauche** *Bibliothèque nationale du Canada,* **droite** *ANC/PA-152168;* **page 204 haut** *Musée canadien de la guerre,* Dieppe Raid *de Charles Comfort/CN#12276,* **en bas à gauche** *ANC/C 24717,* **en bas à droite** *ANC/C-014160;* **page 205 gauche** *US Holocaust Memorial Museum/15137,* **droite** *USA National Archives/80-G-373264;* **page 206** *ANC/C-24717;* **page 208** *ANC/PA-130023;* **page 209** *Archives nationales du Congrès juif canadien;* **page 211 haut** *ANC/PA-802610,* **bas** *ANC/PA-114781;* **page 212** *Prof. Terry Copp, LCMSDS;* **page 214** *ANC/PA-119013;* **page 216** et **217** © *Marc Tessier;* **page 218** *us Holocaust Memorial Museum/86838;* **page 219** *ANC/C-087518 (traduite);* **page 220 en haut à droite** © *Bettmann/ CORBIS,* **centre** © *Bettmann/CORBIS,* **en bas à droite** *Compagnie pétrolière impériale limitée – Turofsky/Temple de la renommée du hockey;* **page 222** *Prof. Terry Copp, LCMSDS;* **page 224** *Musée canadien de la guerre,* Dieppe Raid *par Charles Comfort/CN#12276;* **page 225** *Conseil d'administration du Imperial War Museum;* **page 226** *Archives provinciales du Manitoba/Collection C.A.P.C./N13202;* **page 227** *Musée canadien de la guerre/95-00501l* **page 228 gauche** *ANC/PA-151550,* **droite** *H.G. Aikman/MND/ANC/PA-198174;* **page 229** *Conseil d'administration du Imperial War Museum;* **page 230 haut** *Photographie des Forces canadiennes,* **bas** *Archives picturales du CP;* **page 232** © *CORBIS;* **page 233** *MND/ANC/PA-151738;* **page 234** *ANC/C/ C-014160;* **page 236 haut** *Jack Smith/MND/ANC/ PA-163671,* **bas** *MND;* **page 237** *G. Milne ANC/PA-122765;* **page 238** *D.I. Grant/MND/ANC/PA-145972;* **page 240** *Conseil d'administration du Imperial War Museum;* **page 241** *Conseil d'administration du Imperial War Museum;* **page 242 les deux images** *Atheneum Publishers, une filiale de Macmillan Publishing Company, extrait de Last Traces : The lost Art of Auschwitz, par Joseph P. Czarnecki, introduction de Chaim Potok. Copyright © 1989 Joseph P. Czarnecki. Introduction copyright © 1989 Chaim Potok* **page 243** *US National Archives/80-G-373264;* **page 246** *Musée canadien de la guerre/*Performing One Half of the Operation Known as « Applying the Tracks » to a Valentine Tank *de Fredirick Taylor/CN#72056;* **page 247 en haut à gauche** *ONF/ANC/C-085086,* **en bas à droite** *ANC/C-087131(traduite);* **page 249** *MND/PL-5356;* **page 250** *MND/ANC/PA-112993;* **page 252 en haut à gauche** *ANC/PA-137847,* **en bas à droite** *Tak Toyota/ANC/ C-046350;* **page 253** *Jack Long/ANC/C-049271;* **page 256** *ANC/C-000467;* **page 257 en haut à gauche** *ONF/ANC/C-075211,* **en bas à droite** *ANC/C-029541;* **page 260 en haut** *ANQ.MTL/Fonds Conrad Poirier/ P 48, P 9351, en bas La Presse;* **page 264** *Paul Taillefer/MND/ANC/PA-112367;* **page 268** *Photo des Nations Unies 169325/M. Grant;* **page 269** *Photo des Nations Unies #2131;* **page 270** *ANC/Montreal Gazette/ PA-12965;* **page 272** © *Bettmann/CORBIS;* **page 274 dans le sens des aiguilles d'une montre depuis le coin supérieur gauche** © *Bettmann/CORBIS, US Holocaust Memorial Museum/15137, Grant/MND/ANC/ Pa-132820, Archives du Musée canadien de la guerre/ 19960007-012;* **page 275 dans le sens des aiguilles d'une montre depuis le coin supérieur gauche** *Archives picturales du CP/ANC/PA-130160, ANC/C-047402, ANC/C-028353, Archives picturales du CP/Harold G. Aikman/ANC/PA-142245;* **page 280 haut** *Archives picturales du CP,* **en bas à droite** *Stone/Craig Perman,* **en bas à gauche** *MND/ANC/PA-122737,* **page 281 gauche** *ANC/C-022859,* **droite** *Stone-Chris Cheadle;* **page 282 droite** *Stone/Hulton Getty,* **droite** *CORBIS/ MAGMA* **page 282 gauche** *La Presse;* **page 283** *W.I. Hynes/ANC/PA-147114;* **page 284** *Archives nationales du Congrès juif canadien;* **page 285 en haut à gauche** *Archives de l'Université York/Toronto Telegram Collection B117/F844/#1123,* **en bas à droite** *General Motors du Canada Ltée;* **page 286** *ANC/PA-093759;* **page 288 en haut à gauche** *Joan Latchford,* **en bas à droite** *Archives picturales du CP;* **page 289 haut** *Gracieuseté des archives provinciales de l'Alberta/J127/1,* **bas** *Gracieuseté des Grands Ballets Canadiens de Montréal;* **page 290 dans le sens des aiguilles d'une montre depuis le coin supérieur gauche** *ANC/PA-112691,* © *Petrified Collection/The Image Bank, ANC/PA-111390, http ://fotw.digibel.be/flags/ canf-en.html;* **page 291 haut** *Archives picturales du CP,* **centre** *Office national du film du Canada,* **bas** *Gracieuseté de Patty Pappas;* **page 292** *Archives publiques de la Nouvelle-Écosse/photo : Bob Brooks;* **page 294** *ANC;* **page 295** *Globe and Mail/Anthony Jenkins, réimpression autorisée par le Globe and Mail;* **page 297** *La Presse;* **page 299 de gauche à droite** *ANC/C-011415, ANC/ C026963, ANC/C031797, ANC/PA-128080;* **page 300** *Archives picturales du CP;* **page 308** *Société Canadienne du Micro-film* **page 301** *ANC/PA-128080;* **page 302** © *Bettmann/CORBIS;* **page 303** *ANC/C-074147;* **page 304 en haut à droite** *Duncan Cameron/Anc/PA-112659;* **page 304 en bas à gauche toutes les images** *Société canadienne des postes;* **page 306** *Archives picturales du CP;* **page307 en haut à gauche** *ANC/PA-115163,* **en bas**

à droite *Archives picturales du CP;* ***page 308*** *Société canadienne du Microfilm;* ***page 315*** *Steinberg's Limited;* ***page 316*** *Détail de la photo p.290 bas droite ANC/PA-11390;* ***page 317*** *Archives picturales du CP;* ***page 319 haut*** *Vancouver Sun;* ***bas*** *Archives picturales du CP;* ***page 321*** *General Motors du Canada limitée;* ***page 326*** *MND/ANC/PA-122737;* ***page 327*** *© Bettmann/CORBIS;* ***page 328*** *ANC/PA-114888;* ***page 329*** *MND/Photographie des Forces canadiennes/Img0023;* ***page 332 en haut à gauche*** *John Larter (traduite),* ***en bas à droite*** *US National Archives/79-AR-6363A;* ***page 333*** *Archives picturales du CP;* ***page 334*** *MND;* ***page 335*** *Archives picturales du CP;* ***page 336*** *ANC/C-000012/Collection Lester B. Pearson;* ***page 337*** *CIDA Photo : Michel Faugère;* ***page 338*** *ANC/C-030085;* ***page 342 collage dans le sens des aiguilles d'une montre à partir du coin supérieur gauche*** *Archives picturales du CP/Paul Chiasson, Archives picturales du CP/Kevin Frayer, Archives picturales du CP/Shaney Komulainen, MND/Photographie des Forces canadiennes/99-061-14, Dick Hemingway, Archives picturales du CP/Ryan Remiorz, NASA,* ***en bas à gauche*** *Archives picturales du CP,* ***en bas à droite*** *Archives picturales du CP/Ron Poling;* ***page 343 gauche*** *Archives picturales du CP/Pat Sullivan,* ***droite*** *Archives picturales du CP/Tom Hanson;* ***page 334*** *Archives picturales du CP;* ***page 345*** *The Toronto Star/F. Lennon;* ***page 346*** *Wide World Photos Inc.;* ***page 347*** *MND/Photo des Forces canadienne/99-061-14;* ***page 348*** *Archives picturales du CP/Andrew Vaughan;* ***page 349*** *Archives picturales du CP;* ***page 350*** *Archives picturales du CP;* ***page 351 en haut à gauche*** *Archives picturales du CP;* ***page 351 en bas à droite*** *Archives picturales du CP;* ***page 352*** *NASA;* ***page 353*** *Archives picturales du CP;* ***page 354 dans le sens des aiguilles d'une montre depuis le coin supérieur gauche*** *Stone/Rosemary Calvert, gracieuseté de Madeleine Harrington, Garfield Newman, Archives picturales du CP/Fred Chartrand Archives picturales du CP/Fred Chartrand, Garfield Newman;* ***page 355 dans le sens des aiguilles d'une montre depuis le coin supérieur gauche*** *Victor Last Geographical Visual Aids, Garfield Newman, Ministère du Patrimoine canadien/www.canada.gc.ca/canadiana/armm-e.html, Dick Hemingway, © Gloria Chomica/Masterfile;* ***page 356*** *Cuyler Black (traduite);* ***page 358*** *Archives picturales du CP/Pat Sullivan;* ***page 360 haut*** *Bibliothèque de Petro-Canada,* ***bas*** *Archives picturales du CP/Phil Snel;* ***page 362*** *La Presse;* ***page 363 en haut à gauche*** *Caricature de Phaneuf sur le libre-échange, paru dans* Le Devoir, *29 décembre 1988, p.12,* ***en bas à droite*** *Reuters/John Hryniuk/photos d'archives;* ***page 365*** *Stone/Adam Lubroth;* ***page 366*** *Archives picturales du CP/Jonathan Hayward;* ***page 367*** *Archives picturales du CP/Jeff McIntosh;* ***page 368 haut*** *Phil Snel/Maclean's,* ***bas*** *Halifax Herald;* ***page 370*** *Archives picturales du CP/Tom Hanson;* ***page 372*** *Archives picturales du CP/Ryan Remiorz;* ***page 373*** *Archives picturales du CP/Fred Chartrand;* ***page 374*** *Archives picturales du CP/Mike Pinder;* ***page 375*** *Archives picturales du CP/ron Poling;* ***page 378*** *Gracieuseté des IVe Jeux de la Francophonie Ottawa-Hull Canada 2001;****page 380*** *Archives picturales du CP/Wayne Glowacki;* ***page 381*** *Archives picturales du CP/Paul Chiasson;* ***page 382*** *Archives picturales du CP/Jacques Boissinot;* ***page 383*** *Archives picturales du CP/Fred Chartrand;* ***page 385*** *Duncan Cameron/ANC/PA-170161;* ***page 386*** *Archives picturales du CP/Shaney Komulainen;* ***page 387*** *Archives picturales du CP/Kevin Frayer;* ***page 389 dans le sens des aiguilles d'une montre depuis le coin supérieur gauche*** *Archives picturales du CP/Michael Peake, Garfield Newman, Victor Last Geographical Visual Aids, Maurice Shumanski;* ***page 390*** *Dick Hemingway;* ***page 391*** *Phil Snel/Maclean's;* ***page 392*** *photo gracieuseté de Patty Pappas;* ***page 393*** *Edmonton Journal;* ***page 395 en haut à gauche*** *Archives nationales du CP/Shaun Best,* ***en bas à droite*** *Agence spatiale canadienne;* ***page 397*** *Archives picturales du CP/Tom Hanson;* ***page 400 en haut à gauche*** *Gouvernement du Canada,* ***en bas à droite*** *Ministère de la Culture, du Tourisme et des Loisirs;* ***page 402*** *Archives picturales du CP/Kevin Frayer* ***page 404*** *La Petite vie, photographe Michel Tremblay, producteur Avanti-Ciné Vidéo;* ***page 406*** *La Presse;* ***page 410*** *photographe Mathieu Goulet;* ***page 413*** *Archives de la ville d'Ottawa;* ***page 418*** *photo journal Le Droit d'Ottawa;* ***page 419*** *Université d'Ottawa, Centre de recherche en civilisation canadienne-française (CRCCF). Fonds Association canadienne-française de l'Ontario, C_2 Ph2-29/94.*

Sources des citations

Page 23 *Extrait de* Literary Lapses *de Stephen Leacock, Toronto : McClelland & Stewart, 1989, © 1957;* ***page 79*** *Extrait de* Regard sur le Canada, *1/e de Garfield Newman et Diane Eaton, Whitby : Éditions de la Chenelière, 1996;* ***page 81*** *Extrait de* Regard sur le Canada, *1/e de Garfield Newman et Diane Eaton, Whitby : Éditions de la Chenelière, 1996;* ***page 84****; Chanson «* Vive la Canadienne *», extraite de La bonne chanson, album de l'abbé Gadbois* ***page 90*** *George Borden (traduction libre);* ***page 100*** *Extrait de* The Halifax Explosion *élaboré et édité par Graham Metson, Toronto : McGraw-Hill Ryerson Limited, 1978;* ***page 107*** *Extrait de* Regard sur le Canada, *1/e de Garfield Newman et Diane Eaton, Whitby : Éditions de la Chenelière, 1996;* ***page 112*** *Extrait de* Generals die in bed *de Charles Yale Harrison, Waterdown, Ontario : Potlatch Publications, 1999, © 1974;* ***page 120*** *Extrait de* Letters From Home, *de John Macfie, © 1990 (traduction libre);* ***pages 126-127*** Maclean's, *janvier 1919, p. 89 (traduction libre);* ***page 129*** *Extrait de* Regard sur le

Canada, *1/e de Garfield Newman et Diane Eaton, Whitby : Éditions de la Chenelière, 1996;* **page 147** *Extrait de l'Atlas historique du Canada, Vol. 3, Les Presses de l'Université de Montréal, 1990, planche 16;* **page 147** *Extrait de l'Atlas historique du Canada, Vol. 3, Les Presses de l'Université de Montréal, 1990, planche 16;* **page 156** *Extrait de* Next-Year Country : Voices of Prairie People *de Barry Broadfoot. Copyright © 1988 par Barry Broadfoot. Avec l'autorisation de McClelland & Stewart, Inc.* The Canadian Publishers *(traduction libre);* **page 168** *Extrait de La petite poule d'eau de Gabrielle Roy, Éditions du Boréal, 1993, Collection « Boréal Compact » (no 48), pp 68, 249-254;* **pages 216-217** *Adapté de* The Art of Decoding Political Cartoons : A Teacher's Guide *de Charles et Cynthia Hou, Vancouver : Moody's Lookout Press, 1998;* **page 221** *Extrait de* Regard sur le Canada, *1/e de Garfield Newman et Diane Eaton, Whitby : Éditions de la Chenelière, 1996;* **page 267** *Extrait de* And No Birds Sang *de Farley Mowat, Toronto : McClelland & Stewart, © 1979, avec l'autorisation de Farley Mowat Limited (traduction libre);* **page 268** *Extrait de* Regard sur le Canada, *1/e de Garfield Newman et Diane Eaton, Whitby : Éditions de la Chenelière, 1996;* **page 287** *Extrait de* For the Love of Learning, *Toronto : Publications Ontario, Department of Education, 1968, page 9;* **page 293** *David Woods;* **page 294** *The Johnny Wayne Estate et Frank Shuster Enterprises Limited;* **pages 308-309** *Extrait de* Les enfants du bonhomme dans la lune *de Roch Carrier, Montréal, Éditions Stanké, 1979;* **page 331** *Steven Fick/*Canadian Geographic, *nov/déc 1992;* **page 366** *Statistiques Canada, Recensement du Canada et catalogue 93-151;* **page 394** *Statistiques Canada, Recensement canadien de 1991;* **page 396** *Propos recueillis par Michael Begley, professeur d'histoire au Collège catholique Samuel-Genest d'Ottawa;* **page 398** *© Julie Mitchell* **page 399** *Statistiques Canada, Catalogue 71-001.*